INDICE

SEZIONE A
L'economia finanziaria pubblica

UNITÀ 1

UNITÀ 2

IN DIGITALE

Approfondimenti:

- **A3** La rete uguale per tutti ha vinto in Europa

UNITÀ 3

SEZIONE B

La politica della spesa

UNITÀ 1

IN DIGITALE

Approfondimenti:

- **B2** Le nuove tematiche e i nuovi problemi del Welfare State

UNITÀ 2

SEZIONE D
Il Bilancio pubblico

UNITÀ 1

IN DIGITALE

Approfondimenti:

- **D1** Gli enti locali e i vincoli di finanza pubblica

SEZIONE E
La politica economica internazionale

UNITÀ 1

UNITÀ 2

UNITÀ 3

IN DIGITALE

Approfondimenti:

- **E2** La disoccupazione giovanile: un problema strutturale europeo
- **E2** Il programma Erasmus per tutti
- **E3** Le sfide etiche della globalizzazione

SEZIONE F
Il sistema tributario italiano

UNITÀ 1

UNITÀ 2

IN DIGITALE

Approfondimenti:
- **F1** L'evoluzione storica del sistema tributario italiano
- **F2** Il coordinamento Iva all'interno dell'Unione Europea

UNITÀ 3

UNITÀ 4

SEZIONE A L'economia finanziaria pubblica

Proseguendo il viaggio intrapreso lo scorso anno, alla scoperta della città di **Economia**, impareremo che, per utilizzare al meglio le risorse, ridurre gli sprechi, conseguire il maggior benessere collettivo, regolare le relazioni internazionali, spesso si renderà opportuno l'intervento dello Stato (o degli Stati). Ci renderemo conto di quanto la politica economica influenzi la nostra vita e sia in grado di migliorarla, con un percorso che alternerà dubbi e certezze.

La conoscenza infatti non si trova per caso, non si riceve, ma si costruisce mattone su mattone. Il commediografo inglese George Bernard Shaw così spiega la straordinaria natura dello scambio che avviene nella costruzione del sapere: «Se tu hai una mela, e io ho una mela, e ce la scambiamo, allora tu ed io abbiamo sempre una mela per uno. Ma se tu hai un'idea, e io ho un'idea, e ce la scambiamo, allora abbiamo entrambi due idee».

COMPETENZE

- Essere consapevoli del ruolo del settore pubblico nel sistema economico, della sua struttura e delle sue funzioni. Conoscere i criteri individuati dagli studiosi dell'Economia del benessere per definire la configurazione ottimale di un sistema economico e le situazioni in cui è ammesso l'intervento pubblico
- Essere consapevoli delle ragioni, soprattutto inerenti al problema dell'efficienza, che inducono a ridurre l'impegno statale e a trasformare il ruolo dello Stato da produttore a regolatore. Valutare gli aspetti positivi e i rischi delle politiche di dismissione e di privatizzazione

UNITÀ 1

L'intervento dello Stato nell'economia

Stato, mercato e democrazia

Come le fratture nascoste minacciano ancora l'economia globale

«Il problema centrale del capitalismo fondato sulla libera impresa in una democrazia moderna è sempre stato quello di riuscire a bilanciare il ruolo del Governo e quello del mercato. Ma, nonostante molta energia intellettuale sia stata spesa nel tentativo di definire il campo di manovra appropriato a ciascuno di essi, l'interazione fra i due rimane una fonte di fragilità fondamentale. In una democrazia il Governo (o la Banca centrale) non può semplicemente permettere che le persone soffrano un danno collaterale per lasciare che la dura logica del mercato si esprima. [...] Dobbiamo anche riconoscere che una buona economia non può essere separata da una buona politica – e questa, forse, è la ragione per cui un tempo la teoria economica era nota come economia politica. L'errore degli economisti è stato credere che, una volta sviluppato un forte telaio di istituzioni all'interno di un Paese, le influenze politiche al suo interno si sarebbero stemperate e il Paese si sarebbe emancipato per sempre da una condizione "in via di sviluppo". Ma dovremmo ora ammettere che istituzioni quali i regolamentatori hanno influenza soltanto finché la politica è ragionevolmente ben bilanciata.»

Raghuram G. Rajan
Terremoti finanziari, *Einaudi, Torino 2012*

attività

1. Perché nelle moderne democrazie è importante bilanciare il rapporto fra Stato e mercato?
2. Quali sarebbero le conseguenze se trovasse espressione solo la logica del mercato?
3. Perché una buona economia non può essere separata da una buona politica?

1 L'ATTIVITÀ FINANZIARIA PUBBLICA

Nelle moderne società industrializzate l'attività economica, diretta alla produzione e alla distribuzione di beni e servizi, è svolta sia da soggetti privati sia dallo Stato e da altri enti pubblici.

All'interno del sistema economico si possono distinguere **due settori**:

- il **settore privato**, che si sviluppa nel mercato e interessa le attività realizzate dalle imprese (*produttori*) e dalle famiglie (*consumatori*). Questo settore si caratterizza per:
  - le decisioni che ciascun operatore effettua per conto proprio, al fine di trarre il massimo beneficio "individuale";
  - la "libertà" che hanno i singoli operatori economici di poter contrattare il prezzo (libero gioco tra domanda e offerta);
- il **settore pubblico**, che si sviluppa al di fuori del mercato e riguarda le attività realizzate dallo Stato e dagli altri enti pubblici. Questo settore si contraddistingue per:
  - le scelte, che sono effettuate direttamente dallo Stato, per raggiungere gli obiettivi che riguardano l'intera collettività, sulla base di meccanismi e regole (leggi, decreti, regolamenti) emanate dagli organi competenti;
  - la "coattività" del prelievo che lo Stato opera sulle famiglie e le imprese, per finanziare il costo dei beni e servizi pubblici forniti.

Il **settore privato** è studiato dall'economia politica, mentre il **settore pubblico** dall'economia pubblica.

Lo studio dell'economia pubblica consente di scoprire le ragioni della presenza pubblica in una moderna economia di mercato, i motivi delle dimensioni assunte dal settore pubblico, l'organizzazione dell'apparato statale, i comportamenti dello Stato e gli strumenti della sua azione.

Come potremmo sintetizzare le attività svolte dello Stato?

Richard Abel Musgrave (1910 - 2007), uno dei più importanti studiosi di finanza pubblica del XX secolo, autore dell'opera *The Theory of Public Finance*, articola l'attività finanziaria pubblica in tre grandi settori (la parola usata da Musgrave è "branches") che hanno come oggetto tre fondamentali attività (descritte nella tabella 1 della pagina seguente):

- attività di **allocazione**;
- attività di **redistribuzione**;
- attività di **stabilizzazione**.

Allocation
Allocazione
Budjet policy of the fiscal department proceeds in the assumption of full employment of resources and therefore securing the distribution of resources or funds from the center to peripheral levels.

Redistribution
Redistribuzione
Fiscal policies assume that full employment of income is available and therefore are concerned with changing the existing distribution or allocation of income and wealth in support of ethical justice through satisfaction of public wants. The measures taken are: progressive income taxation, public services and welfare programs to benefit the poorer members of society, as the rich have an obligation to assist the poor, thus creating a more financially egalitarian society.

Stabilization
Stabilizzazione
Fiscal and monetary policies aimed at reducing the normal fluctuations of the business cycle in order to secure economic stabilization; the term can also refer to measures taken to resolve a specific economic crisis such as recession or inflation.

Tabella 1 – Articolazione dell'attività finanziaria pubblica

ALLOCAZIONE	REDISTRIBUZIONE	STABILIZZAZIONE
Con tale attività lo Stato persegue modalità efficienti di offerta dei servizi pubblici e di prelievo fiscale attraverso: • **produzione pubblica**; • **regolamentazione di attività private** (legislazione antitrust o regolazione delle tariffe dei servizi di pubblica utilità, costituzione di authority, ecc.); • **regolazione sociale** (politiche ambientali, protezione dei consumatori, sicurezza dei prodotti, salute e sicurezza nell'ambiente di lavoro).	Con tale attività lo Stato corregge la distribuzione delle risorse realizzata dal mercato attraverso: • **trasferimenti monetari** (pensioni, sussidi); • **offerta di servizi reali** (asili, scuole, polizia, ecc.); • **imposte**.	Con tale attività lo Stato regola il livello dell'attività economica, garantendo il pieno impiego e il controllo dell'inflazione attraverso: • **manovra delle spese e delle entrate fiscali** (politica fiscale); • **misure che incentivano l'attività produttiva**.

2 L'ORGANIZZAZIONE DEL SETTORE PUBBLICO

Il nostro oggetto di studio è l'analisi, dal punto di vista economico, del settore pubblico.

Come già sappiamo dallo studio dell'economia politica, mentre un sistema di mercato distribuisce le risorse grazie al meccanismo dei prezzi, secondo la legge della domanda e dell'offerta, il settore pubblico le ripartisce sulla base di meccanismi e regole (leggi, decreti, regolamenti) emanate dagli organi competenti.

Nei sistemi economici contemporanei, accanto al settore pubblico, esistono altri soggetti che operano al di fuori dei meccanismi del mercato. Ricordiamo, in primo luogo, il settore non profit, costituito dalle organizzazioni senza fini di lucro.

Come è organizzato il settore pubblico?

Il settore pubblico ha una organizzazione alquanto complessa.

In Italia esso è articolato nei seguenti livelli di governo:

- Stato centrale;
- amministrazioni locali (Regioni, Comuni e altri enti non territoriali, quali Asl, Università, Camere di Commercio, ecc.).

Lo **Stato centrale** è formato dagli organi che detengono i poteri legislativo, giudiziario ed esecutivo.

La struttura del potere esecutivo è molto rilevante per i nostri fini. Essa è, di norma, articolata in quattro tipi di organizzazioni diverse:

- **Ministeri**: sono apparati costituiti da un insieme di organi e uffici che sovrintendono alla cura di un determinato settore della Pubblica amministrazione. Ogni Ministero si basa su una organizzazione gerarchica a capo della quale vi è il ministro competente; è retto da procedure burocratiche e ha il compito di svolgere le attività istituzionali tipiche (Esteri, Difesa, Istruzione, ecc.);
- **agenzie pubbliche**: sono strutture create negli ultimi anni con lo scopo di introdurre forme organizzative più flessibili e procedure più snelle rispetto a quelle dei Ministeri. L'esempio più tipico è quello della Banca Centrale, un altro è costituito dall'Agenzia delle Entrate e dall'Antitrust;
- **imprese a partecipazione pubblica (totale o parziale)**: sono organizzazioni di tipo industriale, non gestite in modo burocratico, il cui compito è quello di produrre beni e servizi che vengono, di norma, ceduti in base a un sistema di prezzi pubblici diversi da quelli che fisserebbe un imprenditore privato. Ne ricordiamo alcune: Ferrovie, Finmare, Poste italiane, Monopoli di Stato, Anas;
- **enti previdenziali**: sono strutture che operano nel campo della previdenza sociale e svolgono attività sostanzialmente di tipo assicurativo e finanziario. L'elemento che le contraddistingue è costituito, da un lato, dalla presenza di contribuenti obbligati a versare somme in base a determinate loro caratteristiche e, dall'altro, di beneficiari a cui è riconosciuto il diritto di prelevare, a certe condizioni, le risorse accantonate. I sistemi pensionistici sono finanziati dai contributi versati dai datori di lavoro e dai lavoratori: questi ultimi, al termine della loro vita lavorativa, potranno godere di una pensione erogata attingendo alle risorse della gestione. L'istituzione degli enti previdenziali, che comporta autonomia dagli apparati di governo istituzionali, è giustificata dalla specificità e complessità delle attività svolte che sono essenzialmente di tipo assicurativo e finanziario, quali raccolta, amministrazione ed erogazione di somme di denaro. I principali enti previdenziali sono Inps e Inail.

INPS
Istituto Nazionale
Previdenza Sociale

Ministries
Ministeri
Governmental and bureaucratic departments, headed each one by a minister, who is meant to manage a specific sector of public administration.

Public agencies
Agenzie pubbliche
Permanent organizations in the machinery of government, responsible for the oversight and administration of specific functions.

Public enterprises
Imprese a partecipazione pubblica
Business organizations wholly or partly owned by the state and controlled through a public authorirty.

Social security agencies
Enti previdenziali
State and local government offices which provide social security and welfare services, such as inability, old-age pension, retirement, unemployment, social allowance and survivors' benefits, sickness and maternity benefits. They provide a wide range of services, including determining citizen eligibility and premium payments for the Medicare program.

Public administrations
Amministrazioni pubbliche
It is the implementation of government policy which is carried out in public interest. It covers all the three branches of government machinery, the executive, the legislative and the judicial and it interacts with various private groups and individuals in providing services to the community.

Quali sono i principali aggregati di settore pubblico utilizzati nelle statistiche?

Le statistiche fanno riferimento, in genere, a tre aggregati di settore pubblico:

- **settore pubblico allargato**;
- **amministrazioni pubbliche** (AP);
- **settore statale**.

Le **AP** comprendono tutti gli enti le cui funzioni principali consistono nella:
- produzione di beni e servizi non destinabili alla vendita, cioè forniti senza l'applicazione di un prezzo o a un prezzo non significativo (per convenzione inferiore al 50% del costo di produzione);
- redistribuzione del reddito e della ricchezza del Paese.

Esse, in sostanza, riguardano:
- tutti i soggetti sopra esaminati che costituiscono lo Stato centrale, con esclusione delle imprese pubbliche;
- tutte le Amministrazioni locali.

Se alle AP aggiungiamo le imprese pubbliche, che producono beni e servizi la cui domanda è influenzata dal prezzo, otteniamo il **settore pubblico allargato**.

I processi di privatizzazione delle imprese pubbliche, in corso già da diversi anni, hanno contribuito a ridurre notevolmente la differenza tra i due settori.

Il **settore statale** comprende i Ministeri e gli organi costituzionali.

3 IL MINISTERO DELL'ECONOMIA E DELLE FINANZE

Il **Ministero dell'Economia e delle Finanze**, noto anche con l'acronimo **MEF**, è uno dei più importanti e influenti ministeri del Governo italiano; ha il compito di controllare le spese, le entrate dello Stato, nonché sovraintendere alla politica economica e finanziaria, ai processi e agli adempimenti di bilancio.

Sono uffici propri del MEF i quattro dipartimenti da cui è costituito:
- Tesoro;
- Ragioneria generale dello Stato (RGS);
- Amministrazione generale del personale e dei servizi (DAG);
- Finanze.

Sede del Ministero è lo storico Palazzo delle Finanze (costruito negli anni 1872-1876).

In stretto coordinamento con il Ministero operano le agenzie fiscali, istituite a seguito della riforma del 1999 e operative dal 1° gennaio 2001, dotate di autonomia regolamentare, amministrativa, patrimoniale, organizzativa, contabile e finanziaria. Esse sono:
- **Agenzia delle Entrate**, che si occupa dei tributi dello Stato curandone l'accertamento, l'amministrazione, la riscossione, provvedendo a contrastare l'evasione fiscale, a interpretare le norme attraverso l'emissione di circolari, a gestire le controversie in materia tributaria. Dal 2012 incorpora l'**Agenzia del Territorio**, che gestisce i servizi catastali e cartografici, i servizi di pubblicità immobiliare, i servizi tecnici ed estimali e l'Osservatorio del mercato immobiliare;
- **Agenzia del Demanio**, che si occupa dell'amministrazione e manutenzione degli immobili di proprietà statale ed è quindi l'unica a non avere funzioni di natura tributaria;
- **Agenzia delle Dogane e dei Monopoli**, che ha competenze in materia di amministrazione, riscossione dei tributi doganali e gestione delle controversie a essi relative.

Le sedi centrali delle Agenzie sono a Roma. In tutto il territorio nazionale troviamo gli Uffici periferici.

Infine, sempre nell'ambito del Ministero operano alcuni uffici ad ordinamento particolare: ricordiamo l'Amministrazione autonoma dei Monopoli di Stato (AAMS), la Scuola superiore dell'Economia e delle Finanze (SSEF), il Servizio consultivo e ispettivo tributario.

Dal Ministro dell'Economia e delle Finanze dipende funzionalmente anche la **Guardia di Finanza**, forza di polizia a ordinamento militare con compiti di accertamento, prevenzione e repressione delle violazioni amministrative e penali in materia tributaria, doganale e fiscale in genere. Il corpo dipende gerarchicamente dal Comando generale della Guardia di Finanza con sede a Roma.

Militari della guardia di Finanza impegnati in operazioni contro le frodi fiscali.

Presso il Ministero dell'Economia e delle Finanze ha sede il **Consiglio di presidenza della giustizia tributaria**, organo di autogoverno dei Giudici tributari, con compiti simili al Consiglio superiore della Magistratura. I giudici tributari operano presso le Commissioni tributarie e hanno lo status di magistrati onorari; sono nominati dal Ministro dell'Economia e delle Finanze su designazione del Consiglio di presidenza della giustizia tributaria.

ECONOMIA PUBBLICA

studia

le ragioni della presenza pubblica in una moderna economia di mercato

in quanto lo Stato svolge

diversi tipi di attività finanziaria pubblica:
- attività diretta a procurarsi le entrate per soddisfare i bisogni pubblici
- attività allocativa
- attività redistributiva
- attività stabilizzatrice

si occupa del settore pubblico

il settore pubblico è costituito da tre aggregati

Settore statale

Amministrazioni centrali:
- Organi costituzionali
- Ministeri

Amministrazioni pubbliche
- Enti dell'Amministrazione centrale
- Enti previdenziali
- Agenzie pubbliche
- Amministrazioni locali
- Amministrazioni centrali

Settore pubblico allargato
- Amministrazioni pubbliche
- Imprese pubbliche

tra i Ministeri un ruolo fondamentale è assunto

dal **Ministero dell'Economia e delle Finanze** (**MEF**) che sovraintende alla politica economica e finanziaria dello Stato, al controllo delle spese ed entrate dello Stato e ai processi e agli adempimenti di bilancio.
Da esso dipende la Guardia di Finanza.
I suoi uffici sono:
- Tesoro
- Ragioneria generale dello Stato
- Amministrazione generale, del personale e dei servizi
- Finanze

Essi operano in stretto coordinamento con autonome agenzie fiscali:
- Agenzia delle Entrate (comprende l'Agenzia del Territorio)
- Agenzia del Demanio
- Agenzia delle Dogane e dei Monopoli

Verifiche 1

1) TROVA L'ERRORE IN OGNI FRASE

Competenza: acquisire e riconoscere i contenuti chiave

A. La politica fiscale rientra nell'attività redistributiva dello Stato.
B. Le Amministrazioni pubbliche comprendono gli enti dello Stato centrale, le Agenzie pubbliche, le Amministrazioni locali e centrali, incluse le imprese pubbliche.
C. Il settore pubblico allargato è costituito dal settore statale, dalle imprese pubbliche con l'esclusione delle Amministrazioni pubbliche.
D. Attraverso le imposte lo Stato svolge un'attività di allocazione delle risorse.
E. Attraverso l'offerta di asili lo Stato svolge un'attività di stabilizzazione.

2) COLLEGA LE ESPRESSIONI CONTRASSEGNATE DA UNA LETTERA CON QUELLE INDICATE DA UN NUMERO

Competenza: individuare collegamenti e relazioni

A. Antitrust	1. Amministrazioni pubbliche
B. Istat	2. Imprese pubbliche
C. Camere di Commercio	3. Agenzie pubbliche
D. Poste italiane	4. Enti previdenziali
E. Inail	5. Amministrazioni locali

A	B	C	D	E

3) INDICA SE LE SEGUENTI AFFERMAZIONI SONO VERE O FALSE. SE LE RITIENI FALSE GIUSTIFICA LA RISPOSTA

Competenza: acquisire, interpretare l'informazione e comunicare

	VERO	FALSO
A. Inps e Inail sono imprese a partecipazione pubblica.		
B. Le Amministrazioni pubbliche non comprendono le Amministrazioni locali.		
C. L'Agenzia delle entrate è un'Agenzia pubblica.		
D. Le Università fanno parte delle Amministrazioni locali.		
E. Le Poste italiane sono Agenzie pubbliche.		
F. L'Istat è un ente dell'Amministrazione centrale.		

4) RISOLVI IL SEGUENTE PROBLEMA

Competenza: risolvere problemi

Al 30 settembre 2016 le uscite totali del settore statale ammontavano a 870 milioni di euro. Nell'ultimo trimestre dell'anno vengono sostenute le seguenti spese pubbliche (in milioni di euro).

Retribuzioni dipendenti dei Ministeri e degli organi costituzionali	70
Retribuzione dipendenti Enti locali	20
Acquisti di beni e servizi effettuati dai Ministeri	40
Acquisti di beni e servizi effettuati dagli Enti locali	20
Prestazioni sociali erogate da enti previdenziali	120
Interessi passivi sui titoli del debito pubblico	60
Investimenti finanziari effettuati dal Ministero dell'Economia e delle Finanze	50

Calcola l'ammontare delle uscite totali sostenute nel 2016 dal settore statale.

5) RISPONDI AI SEGUENTI QUESITI IN UN MASSIMO DI 5/6 RIGHE

Competenza: saper organizzare e sintetizzare i contenuti

A. Definisci i termini di "settore pubblico" e "settore privato", precisando le discipline di cui sono, rispettivamente, oggetto di studio.

B. Definisci i concetti di settore statale, amministrazioni pubbliche, settore pubblico allargato.

C. Quali sono le funzioni che caratterizzano l'attività finanziaria pubblica secondo l'analisi proposta da R. Musgrave?

D. In che cosa si differenzia l'aggregato delle amministrazioni pubbliche da quello del settore pubblico allargato e perché tale distinzione va perdendo importanza?

ENGLISH EXERCICES 1

1) Choose the right words among the ones listed below and fill in the gaps

The undisputed standard graduate public finance textbook when I was in graduate school in the 1960's was Richard Musgrave's The Theory of Public Finance. In this book, Musgrave proposes that the main economic .... of government could be divided among three .... , the .... , the .... , and the .... Branches of government. The job of the Allocation Branch is to "secure adjustments in the allocation of .... ". The job of the Distribution Branch is to "secure adjustments in the distribution of .... and .... ", and the job of the Stabilization Branch is to secure " .... stabilization". Musgrave suggests that we think of each branch as run by a " .... " who is instructed to "plan his job on the assumption that the other two branches will perform their functions properly." Thus the Allocation Branch proceeds on the "assumption of full .... of resources and that the proper distribution of income has been secured." The distribution branch assumes that "a full-employment income is available for distribution and that the .... of public wants is taken care of." Similarly for the Stabilization Branch–(but I'm afraid my class never got as far as the stabilization part of Musgrave's book.) Musgrave's proposed .... of labor was and is an attractive one. A good part of the appeal of this separation is that it approximately coincides with lines of specialization in the .... world. The Stabilization Branch could be staffed by .... , the Allocation Branch by .... and the Distribution Branch by welfare ...., ethical philosophers, and perhaps a few stray theologians and .... scientists.

[academic, allocation, branches, distribution, division, economic, economists, employment, functions, income, macroeconomists, manager, microeconomists, political, resources, satisfaction , stabilization, wealth]

2) Put the words listed below in the right box

Allocation	
Redistribution	
Stabilization	

a) anti-inflationary policy
b) antitrust policy
c) environmental protection
d) fiscal policy
e) nursery schools
f) pensions
g) public housing
h) public transportation
i) public utilities
l) subsidies
m) taxes
n) full employment policy

UNITÀ 2 La politica economica

L'impatto di Facebook sull'economia italiana? 6 miliardi di dollari l'anno. Lo dice Deloitte

Secondo l'istituto, solo nel 2014 Facebook avrebbe generato un impatto economico di 227 miliardi di dollari, con 4,5 milioni di posti di lavoro creati

Con 1,35 miliardi di "abitanti", Facebook sarebbe già la nazione più popolosa al mondo. Ora scopriamo che il suo impatto economico sarebbe anch'esso tutt'altro che irrilevante, pari all'incirca al PIL di un Paese di medie dimensioni, come il Portogallo: secondo una indagine Deloitte, Facebook solo nel 2014 ha generato economia per circa 227 miliardi di dollari, con 4,5 milioni di posti di lavoro creati in tutto il mondo, grazie alla sua capacità di generare connessioni tra persone e aziende, abbattere barriere al marketing, stimolare l'innovazione anche attraverso la sua piattaforma per sviluppatori.

Per fare i calcoli, Deloitte ha considerato tutte le sfaccettature del social: ha assegnato un valore a ciascun "like", sostenendo che ognuno ha avuto un impatto amplificato sulle imprese con pagine su Facebook, ha considerato le applicazioni e i giochi che i consumatori usano su Facebook, andando a misurare tutta l'attività economica che risulta da tali azioni. È stata considerata anche la domanda di gadget e servizi di connettività on-line che sono generati da Facebook. Per esempio, quando una società pubblicizza prodotti su Facebook, alcune delle vendite risultanti possono essere attribuite direttamente a Facebook.

Il report rende disponibile anche un dettaglio per macro aree e singoli Paesi: in Italia, l'impatto economico di Facebook sarebbe stato nel 2014 pari a 6 miliardi di dollari, e avrebbe prodotto circa 70 mila posti di lavoro.

Lorenzo Mosciatti
20 gennaio 2015

attività

1. Come si possono definire i siti di reti sociali?
2. Chi è il fondatore di Facebook?
3. A tuo avviso Facebook è strumento di marketing o strumento di socializzazione o entrambi gli strumenti? Spiega il motivo.
4. A quali risultati è giunta la ricerca di Deloitte, un'azienda che offre servizi di consulenza?

1 ECONOMIA POLITICA E POLITICA ECONOMICA

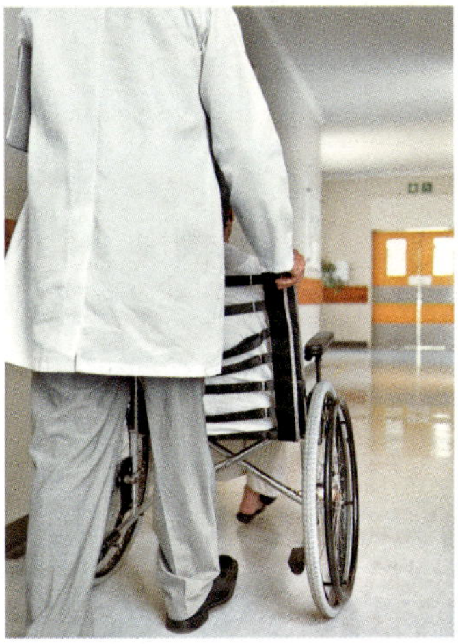

Non esiste una definizione universalmente accettata di **politica economica**, ma in generale si può definire come quel ramo dell'economia politica indirizzato:

- a studiare i provvedimenti di natura fiscale e finanziaria che permettono allo Stato di perseguire obiettivi economici e sociali variabili nel tempo e da luogo a luogo;
- a esaminare quegli strumenti di intervento pubblico che, pur non implicando la diretta gestione da parte del settore pubblico di risorse finanziarie, comunque possono avere una notevole influenza sull'impiego e lo sviluppo delle risorse disponibili nella collettività. Per fare qualche esempio: è di competenza della politica economica lo studio di strumenti adottabili dallo Stato utili al controllo delle situazioni monopolistiche, al controllo di alcune attività rivolte alla produzione di beni e servizi di pubblica utilità, ecc.;
- ad analizzare le cause del malfunzionamento del mercato per suggerire le modalità più opportune di intervento delle autorità responsabili della politica economica al fine di eliminare o ridurre le cause di inefficienza dello stesso.

Qual è la distinzione tra economia politica e politica economica?

La **politica economica** costituisce l'**aspetto normativo dell'economia politica**.

Per capire che cosa si intende con questa affermazione occorre premettere che i fenomeni economici, oggetto di studio dell'economia politica, possono essere studiati sotto due diversi punti di vista, quello della teoria positiva e quello della teoria normativa (come si è già accennato nella Sezione A del primo volume).

La **teoria positiva** esamina la realtà economica quale essa si presenta alla nostra osservazione. In altre parole, mira allo studio di "ciò che è" e, pertanto, la sua finalità è quella di descrivere i fenomeni economici, spiegandone le cause attraverso la costruzione di teorie e modelli e prevedendone gli effetti. Esempio: affermare che "la disoccupazione è in aumento" è un dato di fatto, quindi si tratta di un'affermazione di tipo positivo.

La teoria **normativa** mira allo studio di "ciò che dovrebbe essere" o, più esattamente, di "ciò che si desidererebbe che fosse". Essa spiega cosa dovrebbe succedere affinché ci sia un cambiamento e, pertanto, ha una finalità prescrittiva basata su giudizi di valore. Affermare per esempio che "per ridurre il tasso di disoccupazione, dovrebbe aumentare l'inflazione" è un'affermazione di tipo normativo.

Alla luce delle due teorie sopra enunciate, la **politica economica** rappresenta la parte normativa dell'economia politica perché il suo com-

Arthur Cecil Pigou

pito è quello di essere guida dell'azione pratica nella ricerca di regole di condotta tendenti a influire sui fenomeni economici al fine di orientarli nel senso desiderato. Essa presuppone però la teoria positiva, perché prima di ricercare gli strumenti che consentono di raggiungere un determinato obiettivo occorre capire, tramite l'analisi positiva, le basi del fenomeno economico sul quale si vuole intervenire per modificarlo secondo gli obiettivi prefissati.

2 LA POLITICA ECONOMICA E I FALLIMENTI DEL MERCATO

Welfare Economics
Economia del benessere
A branch of economics that study the optimal allocation of resources and goods and how this affects the economic well-being at the aggregate economy level.

Pareto efficiency criterion
Principio di efficienza paretiano
A situation of allocation of resources in which it is impossible to make any one individual better off without making at least one individual worse off.

Il contesto storico più appropriato per discutere gli aspetti normativi dell'economia pubblica è l'"**economia del benessere**", una disciplina che nasce tra il 1930 e il 1950, la cui denominazione si deve all'opera dell'economista inglese **Arthur Cecil Pigou** (1877-1959). L'intento normativo dell'economia del benessere è quello di prescrivere dei suggerimenti per il raggiungimento del massimo benessere collettivo (ottimo sociale). Per i suoi sostenitori questo obiettivo coincide con l'efficienza allocativa (ottima allocazione delle risorse), che deve essere misurata con un criterio oggettivo e completamente estraneo a valutazioni morali quale è, a loro avviso, il "**principio di Pareto**".

Il **principio di efficienza paretiano** afferma che un sistema economico raggiunge una Pareto-efficiente allocazione delle risorse quando, in una situazione in cui le risorse iniziali sono date, la riorganizzazione della produzione arriva a un punto in cui, se lo si oltrepassa, non è più possibile migliorare le condizioni di un individuo senza peggiorare il benessere di un altro individuo. Tuttavia, finché tale situazione di efficienza non è raggiunta, sarà sempre possibile un **miglioramento paretiano**. Per esempio, un "miglioramento paretiano" che provoca un aumento di 1 euro a favore del soggetto A, individuo ricco, senza peggiorare la situazione di B, individuo povero, determina una allocazione efficiente o per lo meno un miglioramento della situazione di partenza.

Idea di fondo dell'Economia del benessere
Individuare le condizioni di efficienza economica (ottimo paretiano), partendo da una data distribuzione iniziale di risorse.

Ottimo paretiano (o efficienza paretiana)
Una situazione di ottimo paretiano è raggiunta quando non si può più migliorare la situazione di qualcuno senza danneggiare la situazione di qualcun altro.

Quindi per il principio di efficienza paretiana conta solo il fatto che il mercato sia in grado di funzionare in modo efficiente anche se non equo?

Il primo problema di un mercato così impostato è che non ci dice nulla su come il reddito tra gli individui viene ripartito. Un equilibrio di piena efficienza in senso paretiano è compatibile con una situazione di assoluta iniquità distributiva. Infatti, potrebbe risultare efficiente che un soggetto abbia "100" e l'altro nulla. D'altra parte una situazione non equa può non essere accettabile dalla società e ciò giustifica l'intervento da parte dello

Stato per redistribuire le risorse tra gli individui in modo più equo. In tale situazione però si realizza il cosiddetto *trade-off*, cioè per guadagnare più equità lo Stato costringe gli individui a rinunciare a una parte di efficienza, in quanto impone imposte distorsive che inducono a cambiare i comportamenti degli individui per non pagarle, a tutto scapito dell'efficienza.

Da qui la necessità di specifiche politiche volte ad attenuare e correggere le conseguenze indesiderabili dell'attività economica anche quando i mercati funzionano in modo efficiente, per esempio con sussidi e con imposte "neutrali" che redistribuiscono risorse senza influenzare i "prezzi relativi", quali le "**imposte in somma fissa**", commisurate a fattori che gli individui colpiti non possono controllare e definite in misura diversa per ciascun individuo della società. Per fare alcuni esempi, pensiamo a un'imposta commisurata al colore degli occhi o alla possibilità che ha il contribuente di produrre reddito grazie a una sua "abilità personale". Era tale nel Medioevo l'imposta chiamata "testatico", gravante sulle persone facenti parte di una comunità: comune, feudo, regno. Essa fu ripresa in Inghilterra negli anni Novanta del XX secolo da parte del governo Thatcher attraverso l'imposizione della *Community charge* (detta comunemente *Poll tax*), un'imposta gravante su tutti gli individui ammessi al voto (*poll*), indipendentemente dal reddito percepito.

Lump sum tax
Imposta in somma fissa
Tax that is a fixed amount, levied on everyone regardless of income level.

Perfect competition
Concorrenza perfetta
A market in which no buyer or seller has the power to influence the price, characterized by a large number of small firms, a homogenous product, and where buyers and sellers can freely enter or leave the market.

Perché è così importante il concetto di efficienza paretiana per i teorici dell'economia del benessere?

Sulla base di tale concetto, i teorici dell'economia del benessere elaborano un **1° teorema**, affermando che **un'economia di mercato di concorrenza perfetta** possiede caratteristiche di ottimalità paretiana per due motivi:

- i prezzi che si formano su tale mercato riflettono la scarsità in natura dei beni, dei servizi e dei fattori produttivi secondo il principio della domanda e dell'offerta: se il bene è scarso, e quindi la domanda è superiore all'offerta, il prezzo sarà elevato, viceversa nel caso contrario;
- i beni che vengono prodotti su tale mercato rispecchiano i desideri del consumatore, alle condizioni di costo più basse e quindi più efficienti dal punto di vista produttivo.

Di conseguenza, il mercato di concorrenza perfetta è superiore ad altre forme di mercato come il monopolio e l'oligopolio. Non solo, esso è in grado di correggere una allocazione Pareto-efficiente non equa con una combinazione di imposte "neutrali" e sussidi (**2° teorema dell'economia del benessere**).

Essi dimostrano, tuttavia, che ci sono situazioni in cui il mercato concorrenziale o non funziona o perlomeno non funziona in modo efficiente, per cui è necessario l'intervento pubblico al fine di raggiungere l'efficienza paretiana.

1° TEOREMA DELL'ECONOMIA DEL BENESSERE
Un'economia di mercato di concorrenza perfetta possiede caratteristiche di ottimalità paretiana.

2° TEOREMA DELL'ECONOMIA DEL BENESSERE
Un'economia di mercato di concorrenza perfetta è in grado di correggere una allocazione Pareto-efficiente non equa con una combinazione di imposte "neutrali" e sussidi.

Si parla in tal caso di **fallimenti del mercato** provocati da:

1. presenza di beni pubblici;
2. esternalità;
3. mercati non concorrenziali.
4. asimmetrie informative.

Esaminiamo separatamente i casi di "fallimento del mercato".

1 • Presenza di beni pubblici

L'osservazione della realtà ci mostra la presenza di beni e servizi che, anziché essere forniti da imprese private, sono, sia pure con modalità diverse, gestiti dallo Stato. Pensiamo, come esempi, alla difesa, ai trasporti pubblici, ai servizi autostradali, ai servizi radiofonici e televisivi.

Lo Stato fornisce alla collettività vari tipi di beni:

- i **beni pubblici**: beni e servizi prodotti esclusivamente dal settore pubblico. Essi presentano due caratteristiche:
  - **non rivalità**: il consumo da parte di un soggetto non riduce la disponibilità per il consumo di un altro;
  - **non escludibilità**: nessuno può essere escluso dal consumo di tale bene.

  Sono tali, per esempio, il servizio della difesa contro il nemico esterno (un antimilitarista, infatti, è difeso, come tutti gli altri cittadini, dall'esercito del suo Paese), il servizio della giustizia, l'illuminazione cittadina, ecc.;
- i **beni meritori**: beni e servizi che non corrispondono pienamente alle preferenze degli individui ma ne anticipano bisogni che, nel lungo periodo, si riveleranno fondamentali per il benessere e la crescita culturale della collettività. A titolo di esempio, basti pensare alle spese sostenute per la conservazione del patrimonio artistico o ai sussidi alla musica e alle attività artistiche. L'economista **R. Musgrave** per tali beni ha coniato il termine di ***merit goods*** (beni meritori): la loro produzione, a lungo termine, si rivelerà un interesse (in altre parole, un merito) per l'intera collettività. Anche tali beni sono prodotti esclusivamente dal settore pubblico;
- i **beni comuni**: presentano le caratteristiche di rivalità e non escludibilità (per esempio un parcheggio pubblico). Data la loro caratteristica di non escludibilità, possono essere prodotti solo dal settore pubblico, perché il produttore privato non avrebbe alcuna convenienza economica. Fra essi rientrano anche i cosiddetti "Commons", beni comuni collegati allo sfruttamento delle risorse naturali, come il patrimonio idrico o forestale (per esempio l'utilizzo di un lago per la pesca o del bosco per la raccolta dei suoi frutti);
- i **beni tariffabili** (o di club): presentano le caratteristiche di non rivalità e di escludibilità (un esempio tipico è l'autostrada, in quanto tutti possono godere del servizio (non rivalità), a condizione che paghino il pedaggio (escludibilità). Questi beni possono essere forniti dal settore pubblico (come scuole, ospedali per ragioni di equità o di carattere sociale), ma in molti casi anche dal settore privato, data la possibilità di escludere le persone che non pagano (musei, piscine, teatri, ecc.).

Market failures
Fallimenti del mercato

It is a situation in which market outcomes are not Pareto efficient. Market failure occurs whenever the individuals in a group end up worse off than if they had not acted in perfectly rational self-interest. Such a group either incurs too many costs or receives too few benefits or pay too much for goods and services. Market failures provide a rationale for government intervention.

Public Goods
Beni pubblici

Goods that are both non-excludable and non-rivalrous, for the reason that individuals cannot be effectively excluded from use and where use by one individual does not reduce availability to others.

Merit goods
Beni meritori

Merit goods are those goods and services that the government feels that people will under-consume, and which ought to be subsidised or provided free at the point of use so that consumption does not depend primarily on the ability to pay for the good or service. Market failure occurs when merit goods and services are under-consumed under free market conditions.

Common goods
Beni comuni

Goods which are rivalrous (one person's use precludes another's use) and non-excludable (it is difficult or impossible to exclude others from using the resource); fish is an example of common good.

Clubs goods
Beni tariffabili (o di club)

Club goods (also artificially scarce goods) are a type of good in economics, sometimes classified as a subtype of public goods that are excludable but non-rivalrous, at least until reaching a point where congestion occurs. Fish stocks in international waters and cable television are examples.

I beni gestiti esclusivamente dal settore pubblico, una volta disponibili, potranno essere goduti da tutti contemporaneamente, chiunque infatti potrà accedere all'utilizzo di tali beni e, pertanto, nessun soggetto si farà avanti per farne esplicita domanda al produttore.

BENE	Escludibile	Non escludibile
Rivale	Bene privato	Bene comune
Non rivale	Bene di club o tariffabile	Bene pubblico

Qual è il ruolo della politica economica in questo caso?

Le caratteristiche dei beni gestiti dal settore pubblico impediscono al consumatore di esprimere sul mercato le sue reali preferenze per essi: ogni individuo, infatti, potrà comunque disporne gratuitamente, o a un prezzo inferiore a quello che dovrebbe pagare a un produttore privato.

Vi è quindi un incentivo a godere del bene lasciando che lo paghi qualcun altro. In pratica, ogni individuo si fingerà non interessato al bene o servizio, per non pagarne il prezzo, sperando di poterne ugualmente usufruire grazie alla richiesta avanzata da un altro soggetto. Si tratta di un comportamento denominato del ***free rider***.

Se tutti gli individui ragionano allo stesso modo, non vi sarà domanda di mercato. In un mercato di libero scambio vi potrebbe essere, pertanto, una allocazione inefficiente del bene pubblico e, quindi, la sua produzione deve avvenire tramite il **settore pubblico** che userà il suo potere impositivo per ottenere le risorse necessarie alla copertura dei costi.

Il ***free rider*** (letteralmente "cavaliere libero") è colui che beneficia di un bene o servizio pubblico senza contribuire alle spese (Buchanan). Si parla, in questo caso, di un *comportamento strategico*, indirizzato a tener nascoste le proprie preferenze riguardo a un determinato bene *non escludibile*, ben sapendo che in tal modo se ne potrà usufruire senza dover pagare alcunché. Questo significa tenere conto anche dei comportamenti degli altri prima di effettuare una scelta.

2 • Esternalità

Le **esternalità** sono gli effetti negativi (**diseconomie esterne**) o positivi (**economie esterne**) provocati dall'attività di produzione o di consumo di un soggetto sull'attività di produzione e/o di consumo di un altro soggetto, senza che chi li ha provocati paghi o riceva alcuna compensazione per gli effetti della sua azione. Nel linguaggio economico si dice che l'esternalità consiste nell'inesistenza di un corrispettivo per il vantaggio o il danno procurati da un soggetto economico ad altri operatori.

Externalities
Esternalità
Externalities refer to situations when the effect of production or consumption of goods and services imposes costs or benefits on third parties which are not reflected in the prices charged for the goods and services being provided.

In che modo l'esternalità provoca inefficienze nel sistema economico?

Nel caso di **esternalità negative** l'attività privata (produzione/consumo), cui è associata la diseconomia esterna, rischia di essere spinta a un **livello superiore al livello socialmente desiderabile**, con costi sociali molto alti. Per esempio: se chi inquina non paga per il danno provocato, potrebbe produrre un livello eccessivo di inquinamento, dove il termine "eccessivo" si riferisce al maggior costo economico subito dai membri della collettività rispetto al beneficio economico che l'inquinatore ottiene dall'inquinamento.

Nel caso di **esternalità positive** (per esempio programmi di vaccinazione che tutelano dai rischi di epidemie e contagi) l'attività privata (produzione/consumo), cui è associata l'economia esterna, rischia di essere spinta a un **livello inferiore al livello socialmente desiderabile**, con

Esternalità positiva
I benefici (non compensati monetariamente) di cui godono agenti non coinvolti direttamente in una transazione. Per esempio: le reti.

Esternalità negativa
I costi (non compensati monetariamente) che sono imposti ad agenti non direttamente coinvolti in una transazione. Per esempio: l'inquinamento.

costi privati molto alti. Nell'esempio, chi decide di vaccinarsi lo fa prendendo in considerazione solo i benefici per se stesso (benefici individuali) ma non quelli di cui godrebbero coloro che, grazie a questa scelta, eviterebbero un possibile contagio (benefici sociali). In questo caso il mercato dà luogo a una domanda insufficiente del servizio.

In tali situazioni **Pigou** sollecita l'intervento pubblico attraverso manovre di natura fiscale. L'ente pubblico dovrebbe applicare nei confronti dell'operatore che ha causato le esternalità negative una vera e propria imposta che compensi i costi sociali e ambientali da lui stesso provocati (la cosiddetta **imposta pigouviana**), i cui proventi potrebbero essere attribuiti ai soggetti che hanno ricevuto un danno dall'esternalità negativa. Nel caso di **esternalità positive** l'ente pubblico, invece, potrebbe erogare un **sussidio** ai soggetti che le generano (**imposta pigouviana negativa**). Al contrario dell'imposta, il sussidio permetterebbe a tali soggetti una diminuzione dei costi medi, che determinerebbe una maggiore produzione. Comunque, sia il sussidio sia l'imposta modificherebbero il comportamento dei produttori.

Pigouvian tax
Imposta pigouviana
It is a tax levied on an agent causing an environmental damage as an incentive to avert or mitigate such externality.

Altre soluzioni proposte da economisti che prevedono l'intervento dello Stato sono le **regolamentazioni**, cioè misure di controllo diretto con cui vengono imposti obblighi o divieti agli operatori economici, oppure la produzione da parte dello Stato dell'attività che causa l'esternalità.

Ronald H. Coase

Non mancano tuttavia economisti come **Ronald H. Coase**, premio Nobel per l'economia nel 1991, che intendono dimostrare che il meccanismo di mercato risolve da solo il problema delle esternalità, generando l'allocazione efficiente delle risorse, solo se coesiste con la piena definizione dei **diritti di proprietà** dei beni tra gli operatori. Per diritto di proprietà deve intendersi il **diritto d'uso** su un particolare bene (terra, fiume, risorse naturali, ecc.).

IN PILLOLE

Rimedi per le esternalità

La gamma di interventi per far fronte al problema delle **esternalità** è molto ampia:
- **regolamentazione del mercato** (prevede l'intervento dello Stato che fissa obblighi e divieti);
- **tasse e sussidi pigouviani** (prevedono l'intervento dello Stato perché l'esternalità ha un prezzo fissato dall'autorità di politica economica);
- **creazione di un mercato dei diritti di proprietà previa definizione degli stessi** (è la soluzione di stampo liberista proposta da R.H. Coase in quanto l'esternalità ha un prezzo fissato dal mercato, cioè dalla libera contrattazione).

Consideriamo il caso di esternalità negative derivanti dall'uso di una risorsa naturale nei cui confronti non sono definiti diritti di proprietà, per esempio un lago. Seguendo il ragionamento di Coase, l'inquinamento derivante dall'insediamento di una fabbrica nelle vicinanze del lago impedirebbe l'esercizio di attività ricreative (la pesca), ma la chiusura della fabbrica provocherebbe comunque un danno (i lavoratori rimarrebbero senza lavoro). Il problema è quindi di natura reciproca, e qualunque sia il rimedio, qualcuno subirebbe un danno. Per Coase è necessario individuare una soluzione che sia desiderabile collettivamente. Non bisogna, quindi, considerare solo un lato del problema.

La soluzione di Coase consiste nell'attribuire alla fabbrica un diritto d'uso sugli impianti inquinanti (per esempio, attraverso dei permessi d'inquinamento) e nell'attribuire agli individui interessati alla conservazione del lago un diritto d'uso sullo stesso per lo svolgimento di attività ricreative. In tal modo viene favorita la nascita di un "**mercato delle esternalità**", da cui emergerà il valore economico dei due usi alternativi del lago:

- se l'inquinamento procura benefici superiori a quelli riguardanti l'utilizzo ricreativo del lago, l'uso più efficiente sarà la produzione che produce inquinamento;
- se l'inquinamento procura benefici inferiori a quelli riguardanti l'utilizzo ricreativo del lago, l'uso più efficiente sarà quest'ultimo.

Il corollario del teorema di Coase è questo: i soggetti che danno vita sul libero mercato a una contrattazione dei diritti di proprietà di cui godono porteranno il sistema economico a raggiungere una situazione di efficienza, indipendentemente da come per legge tali diritti siano stati assegnati (cioè a prescindere da chi ha la legge a proprio favore).

LO SAI CHE ...

La Direttiva europea 2003/87/CE *Emission Trading* istituisce un sistema per lo scambio di quote di emissione dei gas a effetto serra che è il fondamento della politica comunitaria per la lotta contro i cambiamenti climatici ed è uno strumento chiave per ridurre le emissioni in maniera economicamente vantaggiosa.
La Ue si è assunta l'impegno di ridurre, entro il 2020, le emissioni di gas serra dell'8% rispetto al 1990.

È un teorema che ha speranze di successo ed è applicabile facilmente?

Si tratta di un teorema che ha speranza di successo solo se:

- esiste un mercato perfettamente competitivo (non devono manifestarsi situazioni di "monopolio", "monopsonio", ecc.);
- la contrattazione avviene in assenza di costi di transazione (quelli necessari per organizzare gli scambi, come, per esempio, i costi di negoziazione, di redazione ed esecuzione dei contratti);
- vi è la presenza di un'autorità che assicura l'esecuzione e il rispetto dei contratti;
- per gli operatori vi è facilità di raggiungere accordi mutualmente vantaggiosi senza intervento governativo (la cooperazione è un presupposto del teorema, ma potrebbe non verificarsi in quanto dipendente dalla avvenuta distribuzione dei guadagni della società).

Inoltre, il teorema di Coase è di difficile applicabilità perché richiede la privatizzazione di gran parte di quei beni oggi considerati "beni comuni".

3 • Mercati non concorrenziali

La causa fondamentale del monopolio è la presenza di barriere all'entrata di imprese concorrenti sul mercato. Tali barriere possono essere di vario tipo:

- **barriere di tipo oggettivo**, cioè indotte dalla proprietà esclusiva di uno o più input essenziali che non possono essere sostituiti o riprodotti: solo chi possiede quel determinato input può produrre un certo bene o servizio;
- **barriere di tipo legale**: marchi, copyright, diritti esclusivi di vendita, brevetti. È lo Stato che sancisce il monopolio;

- **barriere di tipo economico**: se la produzione presenta costi marginali decrescenti e quindi rendimenti crescenti, le imprese più grandi spingeranno fuori dal mercato le imprese più piccole, fino a quando non vi rimarrà una sola impresa (impresa monopolistica).

A ciò si aggiunge che nel monopolio, a differenza della concorrenza perfetta (in cui i prezzi sono "dati" dal mercato e non decisi dagli operatori), il produttore, essendo unico sul mercato, può scegliere il livello di prezzo in relazione all'andamento della domanda.

Come sappiamo (vedi Sezione B del primo volume), il monopolista sceglierà, come tutti i produttori in qualsiasi tipo di mercato, quel livello di prezzo e quella quantità di prodotto corrispondente al massimo profitto, cioè **all'uguaglianza tra costo marginale e ricavo marginale**.

In **monopolio**, però, questa uguaglianza si verifica a un prezzo che è più alto di quello che si avrebbe in concorrenza perfetta, per cui si violano le condizioni dell'efficienza paretiana.

Marginal cost
Costo marginale
Marginal cost is the increase or decrease in total production cost if output is increased by one more unit.

Monopoly
Monopolio
A market in which a single and large firm has the power to rule the market and set the price for specific goods as it is the only supplier of that kind of goods.

Ne consegue che le posizioni monopolistiche portano a una sottoproduzione e a un minor benessere. Il monopolio non permette, pertanto, di raggiungere l'ottimo paretiano, perché con questa forma di mercato vi sarebbe sempre lo spazio per aumentare il benessere di qualcuno senza diminuire quello degli altri. L'intervento pubblico, in tal caso, può essere giustificato cercando di rimuovere le cause che portano a un solo offerente, promuovendo regole del gioco che consentono la massima estensione della possibilità di entrare da parte di più imprese, imponendo condizioni che si avvicinano a quelle della concorrenza.

Vi sono però casi in cui questa politica può risultare inefficace, perché ci sono situazioni di mercato in cui il formarsi di posizioni monopolistiche risulta inevitabile.

Quali sono i settori di attività in cui vi sono le condizioni, naturali o tecniche, che conducono inevitabilmente alla sopravvivenza sul mercato di un solo produttore?

Si trovano nei servizi come fornitura d'acqua, fognature, illuminazione, telefono, poste, ferrovie, ecc., settori caratterizzati da costi fissi molto elevati. Tali situazioni sono chiamate di **monopolio naturale** (ne abbiamo già accennato nel primo volume, Sezione B).

Per questi servizi vi è spazio sul mercato per una sola impresa. Un'unica grande impresa è in grado di produrre a costi inferiori rispetto alla somma dei costi di un insieme di piccole imprese (**principio della subadditività dei costi**) e quindi la collettività è favorita, nonostante la situazione di monopolio che inevitabilmente si verrebbe a creare.

CONCORRENZA PERFETTA
costo marginale = ricavo marginale = prezzo

MONOPOLIO
costo marginale = ricavo marginale

MONOPOLIO NATURALE:
principio della subadditività dei costi

Per fare un esempio, il capitale investito in centrali elettriche è così grande che la maggior parte del costo di produzione e di trasmissione dell'energia elettrica è rappresentato dai costi fissi.

La preponderanza dei costi fissi rispetto ai costi variabili nella composizione del costo totale permette a un'impresa che gestisce questo servizio, per il quale la domanda è sempre molto elevata, di erogare quantità di energia elettrica a ogni utente aggiuntivo a un **costo medio** via via minore, consentendole di praticare prezzi più bassi dei concorrenti e quindi di eliminarli e di rimanere da sola sul mercato. È chiaro che, se la produzione del bene presenta costi medi decrescenti per l'intero tratto rilevante della domanda, l'offerta da parte di una sola impresa avverrà a costi più bassi dell'offerta ripartita tra più imprese (tanto maggiore è la produzione, tanto meno costa produrre ogni singola unità di bene).

Quando la situazione di monopolio naturale è accertata, è chiaro che per i consumatori l'offerta da parte di una sola impresa, dal punto di vista del prezzo, è più conveniente dell'offerta fatta da più imprese, per cui le politiche volte a favorire la concorrenza non sono corrette.

4 • Asimmetrie informative

I consumatori e i produttori non sono esattamente informati sulle alternative di consumo e di produzione attuali e future come pretenderebbe una delle ipotesi dell'equilibrio concorrenziale. Le azioni di ogni individuo e il raggiungimento dei suoi obiettivi, infatti, dipendono e sono condizionate da un insieme di eventi esterni (compreso il comportamento di altri individui) sui quali il singolo non ha poteri. Pertanto, le carenze e le imperfezioni del mercato costituiscono la principale giustificazione teorica dell'intervento dello Stato nel sistema economico: se il mercato non riesce a usare correttamente le risorse, lo Stato deve intervenire sia come operatore economico sia con funzione di regolamentazione economica.

L'**asimmetria informativa** può essere di due tipi:
- informazione nascosta;
- azione nascosta.

In che cosa consiste l'informazione nascosta?

Il problema dell'**informazione nascosta** (o "**selezione avversa**") si presenta quando, prima della conclusione di un contratto, una delle parti ignora alcune caratteristiche dell'altra parte (o anche del bene scambiato), che sarebbero rilevanti per il contratto stesso.

Prendiamo, come esempio, il mercato delle assicurazioni contro le malattie.

Le società assicuratrici hanno convenienza ad assicurare solo le persone sane. I soggetti maggiormente interessati al contratto sono invece coloro che versano in condizioni di salute problematiche, i quali, però, non hanno interesse a dichiararle all'assicuratore per evitare di pagare premi assai elevati, provocando in tal modo il fallimento del mercato assicurativo.

In che modo la presenza di un'informazione nascosta genera il fallimento del mercato?

Ritorniamo al nostro esempio. Se non ci fosse questo particolare tipo di asimmetria informativa, l'assicuratore potrebbe offrire due tipi di contratti: uno,

Average cost
Costo medio
In economics, average cost and/or unit cost is equal to total cost divided by the number of goods produced (the output quantity, Q).

Asymmetric information
Asimmetria informativa
Information relating to a transaction in which one party has relevant information that is not known by or available to the other party.

Adverse selection
Informazione nascosta
Adverse selection occurs when buyers have better information than sellers prior to a deal and so consumers end up buying a particular product at the highest cost.

CURIOSITÀ

L'economista George Akerlof fu il primo ad analizzare, nel 1970, gli effetti dell'informazione nascosta (o selezione avversa) considerando il mercato delle auto usate (il cosiddetto "mercato dei bidoni") in un articolo dal titolo *The Market for Lemons: Quality Uncertainty and the Market Mechanism*. Poiché infatti la qualità dell'auto usata non è riscontrabile dall'acquirente ma è conosciuta dal venditore (asimmetria informativa) è possibile che l'auto dopo un po' si riveli un vero "bidone" (un *limone*, in americano).

con premi alti, per i soggetti ad alto rischio di contrarre malattie (o già malati) e uno, con premi bassi, per gli individui sani. In questo modo egli non incorrerebbe in perdite e tutti coloro che lo desiderano, sani e ammalati, potrebbero essere assicurati. Se, al contrario, la società assicuratrice non possiede alcuna informazione sullo stato di salute dei soggetti, essa non è in grado di distinguere tra individui sani e individui malati. Dovrebbe, pertanto, verificare le condizioni di salute degli stessi, sostenendo a tal proposito spese molto elevate (per visite di controllo, esami specialistici, ecc.) che farebbero aumentare il costo dell'assicurazione e indurrebbero molte persone sane a rinunciare alla stipulazione del contratto. Si verifica così il fallimento di questo particolare mercato, perché viene meno l'offerta di assicurazione integrale agli individui sani.

Il caso dell'informazione nascosta fornisce una spiegazione fondata sull'opportunità, per motivi di efficienza, dell'intervento del settore pubblico nell'offerta di una assicurazione contro la malattia, poiché la garantisce a tutti ed evita, così, il fallimento derivante dall'assenza di un mercato.

In che cosa consiste l'azione nascosta?

Moral hazard
Azione nascosta
After the conclusion of the contract, either party is unable to monitor compliance by the other party, of the expected services.

Il problema dell'**azione nascosta** (o "**azzardo morale**") si presenta quando, dopo la stipulazione del contratto, una delle parti non è in grado di controllare l'adempimento, da parte dell'altra, delle prestazioni previste.

Prendiamo, come esempio, il mercato delle assicurazioni contro la disoccupazione e consideriamo il caso di una persona che si vuole assicurare.

Una volta stipulato il contratto, se il soggetto non trova lavoro diventa praticamente impossibile per la società assicuratrice accertarne le cause. Infatti lo stato di disoccupazione può essere dovuto a difficoltà del mercato del lavoro ad assorbire, per esempio, persone prive di determinati requisiti, oppure alla mancata ricerca di un posto di lavoro da parte del soggetto assicurato che, comunque, potrebbe contare sull'indennizzo assicurativo.

Nessuna compagnia assicurativa sarà pertanto disposta a stipulare un contratto di questo tipo, determinando così il fallimento di questo particolare mercato.

3 LE TIPOLOGIE MACROECONOMICHE DI POLITICA ECONOMICA

Gli obiettivi che l'azione pubblica vuole raggiungere in campo macroeconomico sono:

- **nel breve termine**, sia il conseguimento della stabilità interna, cioè la massima occupazione e la stabilità dei prezzi, sia il conseguimento della stabilità esterna, cioè l'equilibrio dei conti con l'estero;
- **nel medio e lungo termine**, la crescita, lo sviluppo economico e l'equa distribuzione del reddito e della ricchezza.

Di essi e degli strumenti di tipo fiscale, monetario e commerciale utilizzati per il loro conseguimento si è già parlato nel primo volume, per cui in questa sede se ne farà un breve cenno.

L'obiettivo della **piena occupazione** è finalizzato a migliorare l'efficienza del sistema produttivo, cioè a produrre ricchezza utilizzando tutte le risorse a disposizione (capacità produttiva, forza lavoro, risorse ambientali, materie prime, ecc.). Tale obiettivo è connesso alla crescita non solo del PIL potenziale, ma anche alla capacità della produzione effettiva di adeguarsi all'aumento della produzione potenziale. Infatti, la crescita della quantità di beni che potrebbe essere prodotta non implica necessariamente che gli imprenditori vogliano produrre effettivamente tutti quei beni: li produrranno solo se credono di riuscire a venderli. La politica economica ha quindi il compito di gestire al meglio la domanda aggregata in modo da realizzare il pieno utilizzo della capacità produttiva installata e la piena occupazione di tutti i lavoratori. Pertanto, nelle fasi depressive del sistema economico, i pubblici poteri effettueranno manovre di politica fiscale consistenti nell'accrescere la spesa pubblica e/o la spesa per i trasferimenti pubblici (pensioni, sussidi, ecc.) e/o la riduzione del carico fiscale, allo scopo di evitare la disoccupazione e la sottoutilizzazione della capacità produttiva, dovute a carenze di domanda globale, che accompagnano tali fasi. Nelle fasi espansive, al contrario, per prevenire le tensioni inflazionistiche causate da eccesso di domanda, effettueranno manovre di segno opposto.

La **stabilità dei prezzi** è un obiettivo di politica economica importante in quanto è la condizione per preservare il potere d'acquisto della moneta nel tempo. Se tale stabilità viene a mancare, come accade in presenza dei due fenomeni opposti dell'inflazione e della deflazione, si producono nella collettività dei costi economici e sociali molto elevati.

In sintesi, la stabilità dei prezzi:

- **permette ai consumatori e alle imprese di conoscere in modo più trasparente le variazioni dei prezzi relativi dei beni**, non più offuscate dalle fluttuazioni del livello generale dei prezzi;
- **fa venir meno la richiesta degli investitori di un "premio per il rischio d'inflazione"** da loro avanzata al fine di compensare le potenziali perdite connesse con la detenzione di attività nominali a lungo termine. Di conseguenza si riduce l'incidenza di tali premi sui tassi d'interesse reali (tassi di interesse del mercato depurati del tasso d'inflazione), con conseguente stimolo degli investimenti e del benessere economico;
- **evita il danno provocato dall'inflazione ai detentori di redditi fissi e quello provocato dalla deflazione ai debitori** che si trovano nell'impossibilità di rimborsare il capitale e rischiano persino l'insolvenza;
- **consente di non esporre il valore reale delle attività nominali al pericolo di shock inflazionistici o deflazionistici**, i quali possono minare la solidità dei bilanci bancari;
- **contribuisce in misura significativa al conseguimento di finalità economiche più generali**, quali il miglioramento del tenore di vita e il mantenimento dell'attività economica e dell'occupazione su livelli più elevati, con un riflesso positivo sulla stabilità politica generale.

OBIETTIVI DI POLITICA ECONOMICA:

- crescita continua e stabile;
- piena occupazione delle risorse;
- stabilità dei prezzi;
- equa distribuzione, personale e territoriale, dei redditi;
- pareggio della bilancia dei pagamenti;
- efficienza del mercato.

La stabilità dei prezzi è un obiettivo che le autorità monetarie non possono raggiungere attraverso il controllo diretto dei prezzi ma con operazioni che, incidendo sulle condizioni del mercato monetario e quindi sul livello dei tassi di interesse a breve termine, spingono i prezzi nella direzione desiderata, raggiungendo indirettamente gli obiettivi di contenimento dell'inflazione, di freno alla deflazione, di crescita del PIL, ecc. Per esempio, puntando alla formazione di un certo tasso d'interesse le autorità monetarie influiscono sulla domanda e l'offerta di moneta e credito e, per questa via, incidono sulla domanda e l'offerta di beni e servizi. Altro esempio: modificando la percentuale di riserva obbligatoria o il tasso di sconto, le autorità monetarie influenzano il meccanismo di rifinanziamento delle banche e quindi regolano il credito concesso dalle banche alla clientela, influendo sulla domanda globale.

L'obiettivo della stabilità dei prezzi è complementare a quello di assicurare crescita e occupazione elevate.

Altrettanto importante è il **pareggio della bilancia dei pagamenti**. Il Paese che ha un saldo negativo molto ampio e persistente nel tempo ha l'esigenza di procurarsi la valuta estera necessaria a pagare la differenza tra esportazioni e importazioni, attingendo alle riserve ufficiali con il rischio del loro esaurimento o indebitandosi nei confronti dei Paesi esteri. Disavanzi persistenti rischiano pertanto di diventare insostenibili e potrebbero ostacolare la crescita economica. Compito della politica economica è quindi la riduzione degli squilibri di conto corrente della bilancia dei pagamenti, la promozione degli scambi internazionali e il tentativo di evitare fluttuazioni eccessive dei tassi di cambio.

In campo internazionale vengono adottate **misure di politica commerciale** che generalmente agiscono nelle relazioni commerciali fra Paesi e sono realizzate per intervenire e influenzare il commercio internazionale. Possono essere poste in essere o da singoli Governi o da gruppi di Paesi in concerto. Per esempio, a livello europeo vi è un'unica politica commerciale, mentre Cina, Stati Uniti e Canada gestiscono singolarmente la propria politica. Tali misure possono variare: si va dalla determinazione di dazi e tariffe alla stipulazione di accordi commerciali con nazioni limitrofe, alla volontaria svalutazione dei tassi di cambio fino alle misure d'incoraggiamento dello scambio commerciale. Anche i provvedimenti volti a frenare o a spronare l'internazionalizzazione delle imprese all'estero o l'insediamento di imprese straniere nel proprio Paese possono essere considerati parte della politica commerciale nazionale.

A livello europeo la politica commerciale comune costituisce uno dei principali strumenti delle relazioni esterne dell'Unione europea. Tale politica rientra nella sfera di competenza esclusiva della Comunità europea (articolo 133 del Trattato che istituisce la Comunità europea). Questo argomento sarà sviluppato nell'Unità E2.

In che modo l'obiettivo della crescita e dello sviluppo ha a che fare con un'equa distribuzione della ricchezza?

Lo sviluppo economico è un concetto più vasto di crescita economica perché, come si è già detto nel primo volume, il benessere di una collettività non si può misurare solo con la crescita del PIL, potenziale o effettivo che sia. Lo sviluppo economico è un concetto connotato da una maggiore attenzione verso la qualità, ossia verso tutto ciò che non è sempre calcolabile (come il benessere, l'utilità e l'equità sociale). Lo sviluppo economico, infatti, non è solo materiale ma corrisponde anche a una condizione di progresso sociale (sviluppo sociale) e, in tempi più recenti, anche di compatibilità ambientale (sviluppo sostenibile). Pertanto, le autorità politiche che si pongono l'obiettivo dello sviluppo economico devono affrontare il problema dell'equa ripartizione del reddito derivante dalle attività produttive (impresa, lavoro) tra i componenti del sistema economico, adottando politiche volte a eliminare la povertà, o almeno a ridurla sensibilmente, senza pregiudizio per l'efficienza produttiva del sistema economico. È stato dimostrato, infatti, che una crescita fondata su disuguaglianze crescenti destabilizza l'economia, riportando indietro il livello di benessere della popolazione; che disuguaglianze e sviluppo economico sono inversamente proporzionali; e che sono proprio le carenze distributive, dipendenti anche dall'uso distorto dello strumento fiscale, a deprimere la crescita, perché riducono i consumi e la produttività e rendono il sistema nel complesso meno efficiente. La presenza di disuguaglianza, infine, può far sì che le classi a più basso livello di reddito, in assenza di politiche redistributive a loro favore, si organizzino in movimenti determinando instabilità sociale e politica. L'instabilità genera, a sua volta, un aumento nell'incertezza sulle decisioni economiche da prendere; si stabilirebbe così nuovamente una relazione inversa tra disuguaglianza e crescita attraverso una riduzione degli investimenti.

Le dimensioni della sostenibilità dello sviluppo

Lo sviluppo economico corrisponde anche a una condizione di compatibilità ambientale. Si ha **sviluppo sostenibile** quando si verifica l'interconnessione completa tra economia, società e ambiente.

Nel 1987 **la Commissione Indipendente sull'Ambiente e lo Sviluppo** (World Commission on Environment and Development), presieduta dalla norvegese ambientalista Gro Harlem Brundtland, dette questa definizione: «Lo sviluppo sostenibile è uno sviluppo che soddisfi i bisogni del presente senza compromettere la possibilità delle generazioni future di soddisfare i propri» (WCED,1987).

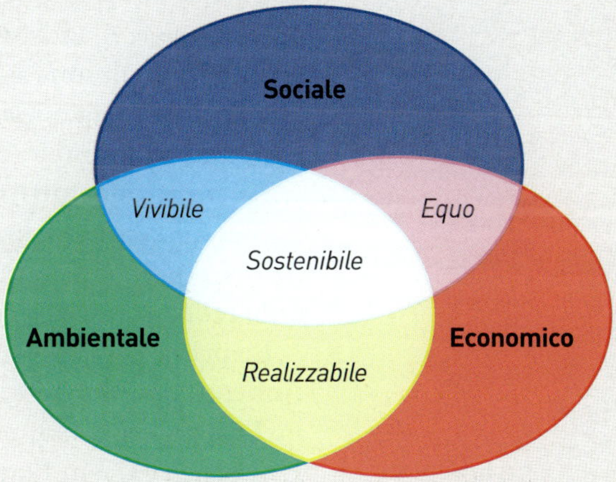

RINFORZO

Anche una ricchezza distribuita in modo non omogeneo sul territorio contribuisce ad aggravare il problema delle diseguaglianze sociali. In Italia le Regioni con i redditi mediani più bassi (Sicilia, Calabria, Puglia e Campania) presentano in effetti diseguaglianze maggiori nella distribuzione del reddito rispetto alle Regioni centro-settentrionali, disuguaglianze causate in parte dalla presenza di un nucleo di imprese in difficoltà, pur essendoci nel Mezzogiorno competenze ed eccellenze locali sia in settori tradizionali (agro-alimentare e sistema moda), sia in quelli a elevato contenuto tecnologico (farmaceutica, aerospazio, meccatronica). La vera questione italiana diventa pertanto quella di riavviare la crescita attraverso politiche che riducano gli squilibri territoriali e valorizzino le potenzialità dei singoli territori.

IL VENTO FA IL SUO GIRO

Film drammatico di Giorgio Diritti, 2005

Il film, basato su una storia realmente accaduta, si svolge in un paesino delle valli occitane del Piemonte, dove Philippe, un ex professore, decide di trasferirsi con la moglie e i tre figli per dedicarsi alla pastorizia e alla produzione di formaggi, vivendo secondo natura. La discreta accoglienza iniziale da parte dei pochi abitanti del paese si trasformerà però ben presto in diffidenza e infine in ostilità, anche a causa di problemi legati ai diritti di proprietà (per esempio le capre di Philippe pascolano su campi altrui, seppur abbandonati). È difficile per la gente del posto accettare l'idea che un "forestiero" possa riuscire dove loro hanno fallito. Alla fine Philippe e la sua famiglia si arrendono alla dura realtà e decidono amaramente di lasciare il piccolo paese di montagna.

- Guarda il film e discutine con i tuoi compagni e l'insegnante.

4 LE TIPOLOGIE MICROECONOMICHE DI POLITICA ECONOMICA

In ambito microeconomico si individuano:
- politiche industriali;
- politiche regionali;
- politiche antitrust.

La **politica industriale** è intesa come un complesso di interventi da parte dello Stato per favorire la competitività, la produttività e la crescita di un sistema economico non legati necessariamente a uno specifico settore industriale. L'obiettivo della politica industriale è quello di creare le condizioni affinché la produzione possa essere realizzata con costi competitivi in modo da soddisfare la domanda sia interna sia estera.

Le **politiche regionali** hanno come obiettivo la redistribuzione geografica del reddito fra le aree territoriali di un'economia. Esse quindi mirano a ridurre gli squilibri di quelle economie cosiddette "duali", come per esempio quella dell'Italia, che si caratterizza per il forte divario in termini economici, di occupazione, produzione e reddito, fra il Nord e il Mezzogiorno, divario che si è andato ampliando già con l'Unità d'Italia. Altri esempi di economie duali sono la Germania con i Länder dell'Est e dell'Ovest, il Regno Unito con la questione del Nord (povero) e del Sud (ricco). Le politiche regionali possono essere stabilite a livello nazionale e locale.

Le **politiche antitrust** sono volte a combattere accordi e intese fra imprese finalizzati a limitare la concorrenza; a contrastare gli abusi di posizioni dominanti; a impedire acquisizioni e fusioni di imprese che determinerebbero minore concorrenza.

Le prime politiche antitrust vennero attuate negli USA, con il Sherman Antitrust Act del 1890. Successivamente, la normativa antitrust si diffuse in Europa e precisamente nel 1957 in Germania, nel 1968 nel Regno Unito, nel 1977 in Francia e nel 1990 in Italia con l'istituzione dell'Autorità garante per la concorrenza e il mercato.

Tipologie micro e macro di politica economica

In ambito macroeconomico	**Politica fiscale**: gestione della spesa pubblica, della spesa per trasferimenti, delle entrate pubbliche per fronteggiare gli squilibri congiunturali tra domanda e offerta **Politica monetaria**: insieme degli strumenti, degli obiettivi e degli interventi, adottati dalla Banca centrale per modificare e orientare la moneta, il credito e la finanza, al fine di garantire la stabilità dei prezzi interni, la stabilità del cambio, la stabilità del sistema finanziario **Politica commerciale**: misure per intervenire e influenzare il commercio internazionale
In ambito microeconomico	**Politiche industriali**: complesso di interventi da parte dello Stato per favorire la competitività, la produttività e la crescita di un sistema economico **Politiche regionali**: politiche che hanno come obiettivo la redistribuzione geografica del reddito fra le aree territoriali di una economia **Politiche antitrust**: politiche economiche volte a combattere accordi e intese fra imprese finalizzati a limitare la concorrenza

IN PILLOLE

La politica antitrust in Europa nasce in ritardo rispetto agli USA per due motivi.

A fine Ottocento, sia gli USA sia i Paesi europei iniziano a sperimentare processi di industrializzazione pesante, con episodi di concentrazione industriale e con la nascita di cartelli industriali.

Gli USA e i Paesi europei scelgono di seguire due strade di intervento correttivo differenti:

- **negli USA lo Stato ricopriva un ruolo di "arbitro"**, quindi non era direttamente presente nel mercato, ma lo sorvegliava dall'esterno e lo svolgimento di tale compito si ripercosse sull'attuazione delle normative antitrust;
- **le Autorità di politica economica europee scelsero invece di fare intervenire direttamente lo Stato nel mercato**, soprattutto incidendo sull'offerta; il ruolo interventista dello Stato portò alla creazione di monopoli pubblici, il cui esercizio, almeno in astratto, si ispirava più all'ottimizzazione del benessere sociale che a quella del profitto. Ciò portava l'autorità di politica economica a disinteressarsi delle normative antitrust.

L'economia statunitense era chiusa e poco propensa agli scambi internazionali, mentre in Europa gli scambi con l'estero erano frequenti e avevano come conseguenza una spiccata concorrenzialità, il che escludeva fisiologicamente la necessità di norme esterne.

MAPPA UNITÀ A2

POLITICA ECONOMICA

↓

costituisce

l'aspetto normativo dell'economia politica, che studia i fenomeni economici attraverso un'analisi sia positiva sia normativa

↓

il contesto teorico per discutere gli aspetti normativi è

l'**economia del benessere**

↓

che definisce

che cosa si deve intendere per "**ottimo sociale**" o "**massimo benessere collettivo**" e prescrive come ottenere il raggiungimento di questo obiettivo, applicando il **concetto di efficienza paretiano**

sulla cui base vengono elaborati

due teoremi:

- il mercato di concorrenza perfetta presenta tutte le caratteristiche di "ottimalità paretiana", cioè di massima efficienza (1° teorema dell'economia del benessere)
- il difetto di equità di tale mercato può essere risolto con un intervento statale che utilizza particolari strumenti di redistribuzione "non distorsivi", quali le imposte o i sussidi in somma fissa, come le lump sum tax (2° teorema dell'economia del benessere)

↓

il mercato, tuttavia, può incorrere

nei cosiddetti **fallimenti del mercato**: casi in cui il mercato di concorrenza perfetta non funziona o funziona in modo inefficiente, rendendo necessario l'intervento statale

i fallimenti del mercato sono costituiti da:

- **beni pubblici "puri"**: beni non rivali nel consumo e non escludibili, per esempio il servizio della difesa
- **esternalità**: effetti positivi o negativi provocati dall'attività di produzione o di consumo di un soggetto sull'attività di produzione e/o di consumo di un'altra persona che non si riflettono nei prezzi pagati o ricevuti. La correzione delle esternalità può avvenire tramite:
  - soluzione di **R. Coase**
  - soluzione di **A.C. Pigou**
- **monopoli**: presenza sul mercato di un unico produttore
- **asimmetrie informative**: carenza o assenza di informazioni rilevanti a disposizione dei soggetti che entrano in un rapporto contrattuale. Possono essere di due tipi:
  - informazione nascosta
  - azione nascosta

MAPPA UNITÀ A2

POLITICA ECONOMICA

analizza

le cause del malfunzionamento dei mercati

studia

i provvedimenti di natura fiscale, finanziaria e di intervento pubblico che permettono allo Stato di perseguire obiettivi economici e sociali

che sono

in ambito macroeconomico
- politica fiscale
- politica monetaria

in ambito microeconomico
- politiche industriali
- politiche regionali
- politiche antitrust

in ambito internazionale
- misure di politica commerciale:
  a) determinazione di dazi e tariffe
  b) stipulazione di accordi commerciali con nazioni limitrofe
  c) volontaria svalutazione dei tassi di cambio
  d) misure d'incoraggiamento dello scambio commerciale
  e) provvedimenti volti a frenare o a spronare l'internazionalizzazione delle imprese all'estero o l'insediamento d'imprese straniere nel proprio Paese

persegue i seguenti obiettivi in ambito macroeconomico

nel breve termine
- conseguimento della stabilità interna, cioè piena occupazione delle risorse e stabilità dei prezzi
- conseguimento della stabilità esterna, cioè equilibrio dei conti con l'estero (pareggio della bilancia dei pagamenti)

nel medio e lungo termine
- crescita del PIL
- sviluppo economico: condizione di progresso sociale (sviluppo sociale) e, in tempi più recenti, anche di compatibilità ambientale (sviluppo sostenibile)
- equa distribuzione del reddito e della ricchezza derivante dalle attività produttive (impresa, lavoro) tra i componenti del sistema economico
- distribuzione omogenea della ricchezza sul territorio

Verifiche 2

1) TROVA L'ERRORE IN OGNI FRASE

Competenza: acquisire e riconoscere i contenuti chiave

A. L'economia politica rappresenta la parte normativa della politica economica.

B. Lo sviluppo economico è un concetto connotato da una maggiore attenzione verso tutto ciò che è sempre calcolabile.

C. L'intento positivo dell'economia del benessere è quello di prescrivere dei suggerimenti per il raggiungimento del massimo benessere collettivo.

D. Nel caso di esternalità negative l'attività di produzione e di consumo a essa associata rischia di essere spinta a un livello inferiore a quello socialmente desiderabile.

E. Le posizioni monopolistiche portano a una sovrapproduzione e a maggiore benessere.

2) COLLEGA LE ESPRESSIONI CONTRASSEGNATE DA UNA LETTERA CON QUELLE INDICATE DA UN NUMERO

Competenza: individuare collegamenti e relazioni

A.	Un'economia di mercato di concorrenza perfetta possiede caratteristiche di ottimalità paretiana	1.	Fallimenti del mercato
B.	Si presenta quando, dopo la stipulazione del contratto, una delle parti non è in grado di controllare l'adempimento, da parte dell'altra, delle prestazioni previste	2.	Informazione nascosta
C.	Il mercato concorrenziale non sempre raggiunge l'efficienza paretiana	3.	2° teorema dell'economia del benessere
D.	Un'economia di mercato di concorrenza perfetta potrebbe utilizzare imposte "neutrali"	4.	Azione nascosta
E.	Si presenta quando, prima della conclusione di un contratto, una delle parti ignora alcune caratteristiche dell'altra parte	5.	1° teorema dell'economia del benessere

A	B	C	D	E

3) INDICA SE LE SEGUENTI AFFERMAZIONI SONO VERE O FALSE. SE LE RITIENI FALSE GIUSTIFICA LA RISPOSTA

Competenza: acquisire, interpretare l'informazione e comunicare

	VERO	FALSO
A. I beni comuni sono rivali ed escludibili.		
B. Un miglioramento paretiano non è mai possibile.		
C. Un equilibrio di piena efficienza in senso paretiano è compatibile con una situazione di assoluta iniquità distributiva.		

	VERO	FALSO
D. Le imposte in somma fissa non sono imposte neutrali.		
E. In caso di monopolio naturale le politiche volte a favorire la concorrenza non sono corrette.		
F. La stabilità dei prezzi è un obiettivo che può essere raggiunto attraverso il loro controllo diretto.		

4) RISOLVI I SEGUENTI PROBLEMI

Competenza: risolvere problemi

A. Tizio ha stipulato un contratto di assicurazione che lo tutela e lo risarcisce totalmente in caso di danni provocati per sua colpa. Spiega:

1. il motivo per cui Tizio è portato a ridurre l'attività di prevenzione, anche se il contratto gli impone il mantenimento di un certo comportamento;
2. a quale tipo di imperfezione del mercato è ricondotta la situazione descritta nell'esempio.

B. Un allevatore e un agricoltore hanno proprietà confinanti e non protette da una recinzione. Il bestiame sconfina e danneggia la coltivazione. Senza la recinzione il danno provocato dal bestiame alla coltivazione è di 100. La legge obbliga uno dei due alla recinzione. Per l'agricoltore il costo di una recinzione attorno alla coltivazione è di 50, per l'allevatore il costo di costruzione di una recinzione attorno all'allevamento è di 75.

1. Per la società quale sarebbe la soluzione più efficiente?
2. Secondo il teorema di Coase quale accordo potrebbero effettuare l'agricoltore e l'allevatore per realizzare la soluzione più efficiente senza che uno dei due ci rimetta più dell'altro?

5) RISPONDI AI SEGUENTI QUESITI IN UN MASSIMO DI 5/6 RIGHE

Competenza: saper organizzare e sintetizzare i contenuti

A. Che differenza c'è tra teoria positiva e teoria normativa?
B. Che cosa si intende per fallimento del mercato?
C. Qual è la differenza tra beni comuni e beni tariffabili?
D. Che cosa sono e qual è lo scopo delle "imposte in somma fissa"?
E. In quale situazione l'ente pubblico dovrebbe applicare le imposte pigouviane?
F. Cosa si intende per principio della subadditività dei costi?
G. Che differenza c'è tra informazione nascosta e azione nascosta?
H. A quali problemi intende porre rimedio la politica fiscale dello Stato?
I. Che cosa si intende per politica industriale?
J. Che cosa si intende per politica commerciale?

ENGLISH EXERCICES 2

1) Connect each letter with the right number

A. Common goods	1. Food
B. Public goods	2. Unemployment insurance
C. Merit goods	3. Toll road
D. Private goods	4. Fishing-lake
E. Club goods	5. Illness insurance
F. Adverse selection	6. Vaccination
G. Moral hazard	7. National defence

A	B	C	D	E	F	G

2) Fill in the blanks with the right entries

A. .... refer to costs or benefits imposed on third parties.

B. .... is a situation where one side of the market (buyer or seller) has more information than the other side (buyer or seller).

C. .... refer to situations in which market outcomes are not Pareto efficient.

D. .... is tax levied on an agent causing an environmental damage as an incentive to avert or mitigate such externality.

E. .... is tax that is a fixed amount, levied on everyone regardless of income level.

F. .... refer to the right to own a good or service and to enjoy the benefits that the use of the good or service provides.

3) Answer the following questions

A. Describe the characteristics of public goods. Explain why private firms are unwilling to produce and sell public goods.

B. Provide two examples of externalities (negative and positive).

C. Suggest a government policy that may be used to correct for a negative externality.

UNITÀ 3

Servizi di gestione pubblica, concorrenza e regolamentazione

Quando il pullman conviene di più

Liberalizzato nel 2012, il trasporto su gomma conosce un grande successo in tutta Europa. E sembra ripetersi quanto già accaduto con l'ingresso sul mercato delle compagnie aeree low cost: prezzi più bassi e una straordinaria espansione del servizio. Sussidi e tutela dei consumatori a basso reddito

Un muro abbattuto in Europa

Il muro eretto e difeso con successo per svariati decenni dalle imprese ferroviarie statali in Europa per sottrarsi alla competizione del trasporto collettivo su gomma sulle medio-lunghe distanze (autobus autostradali) è crollato fragorosamente con i provvedimenti europei del 2012. Nel 2014, a due anni dalla liberalizzazione del mercato, in Germania il numero di viaggi in pullman si attestava a poco meno di 20 milioni, più che raddoppiati rispetto a quelli registrati nel 2013. [...]

E in Italia?

In Italia, il segmento della lunga percorrenza dei servizi da autobus è stato liberalizzato nel 2007, con un periodo transitorio che si è concluso nel dicembre 2013. L'offerta, molto ricca soprattutto al Centro-Sud, sembra destinata a crescere ulteriormente con l'arrivo di nuovi soggetti e la proposta di nuovi collegamenti da parte degli operatori già attivi. [...]

Marco Ponti e Francesco Ramella
«La Voce», 10 giugno 2015

attività

1. È positivo e auspicabile, a tuo avviso, un incremento del trasporto pubblico su gomma? Motiva la risposta.
2. Ritieni che sia una risposta al bisogno di mobilità dei ceti a basso reddito? Motiva la risposta.
3. Con una rapida ricerca, ripercorri sinteticamente la strada delle liberalizzazioni in Italia, iniziata nel 1998, continuata con i decreti del 2006-2007 fino ai decreti di fine novembre 2011 e inizio 2012.

1 L'ATTIVITÀ IMPRENDITORIALE PUBBLICA

Lo Stato, oltre a garantire direttamente la produzione di beni pubblici puri (difesa, giustizia, sicurezza) e l'offerta di servizi sociali (sanità, istruzione, previdenza), svolge un ruolo importante nella produzione e nell'offerta di beni e servizi di pubblica utilità (le cosiddette *public utilities*), che presentano le caratteristiche dell'**escludibilità** e della **rivalità**.

Le **public utilities** si riferiscono a servizi tecnologici distribuiti nel territorio nazionale come l'energia (elettricità, gas) e l'acqua, le comunicazioni (telefoni, radio, Tv, poste), i trasporti (linee aeree, ferrovie, autostrade). Possono rientrare nella categoria anche i settori di base (acciaio, carbone, petrolio, energia nucleare) e le istituzioni finanziarie.

La pubblica utilità di tali servizi o addirittura la loro indispensabilità richiede che essi siano offerti in ogni momento, in maniera adeguata e a prezzi ragionevoli.

Quali sono le motivazioni che giustificano l'intervento statale?

La pubblica utilità di una serie di servizi è stata ribadita dall'art. 43 Cost., il quale prevede espressamente che «*A fini di utilità generale la legge può riservare originariamente o trasferire, mediante espropriazione e salvo indennizzo, allo Stato, ad enti pubblici o a comunità di lavoratori o di utenti determinate imprese o categorie di imprese, che si riferiscano a servizi pubblici essenziali o a fonti di energia o a situazioni di monopolio ed abbiano carattere di preminente interesse generale*».

La riserva allo Stato non significa necessariamente che l'ente pubblico debba assumere in proprio la gestione delle imprese di servizi pubblici, infatti si possono configurare situazioni in cui lo Stato assume, anziché il ruolo di imprenditore, quello di **regolatore**, cioè di soggetto che esercita un con-

La realizzazione di un impianto eolico risponde a finalità di interesse pubblico.

trollo sull'impresa privata attraverso la definizione di regole contrattuali. A partire dagli anni Ottanta del secolo scorso, si è infatti consolidata la tendenza volta a una riduzione dell'impegno diretto dello Stato. In Italia, anche a livello costituzionale (art. 118) si è affermato il **principio di sussidiarietà**, che comporta la priorità dell'intervento privato rispetto al pubblico e, nell'ambito dell'intervento pubblico, del locale rispetto al centrale.

Autostrade per l'Italia è una società per azioni che si occupa della gestione in concessione di tratte autostradali.

Quali sono le motivazioni che giustificano una riduzione dell'intervento dello Stato?

La gestione pubblica può generare situazioni caratterizzate da inefficienza o, in taluni casi, da inefficacia. Le ragioni sono principalmente dovute a:

- costi elevati di esecuzione e controllo, spesso inevitabili all'interno di organizzazioni complesse;
- ridotta produttività del lavoro;
- interessi particolari di politici e manager pubblici.

Che differenza c'è tra efficienza ed efficacia?

L'**efficienza** mette in relazione la quantità di prodotto ottenuto e i fattori produttivi utilizzati. La **produttività** è una misura dell'efficienza. Per esempio la quantità di acqua messa a disposizione della collettività è tanto maggiore e di migliore qualità quanto più gli impianti pubblici di erogazione di acqua sono tecnologicamente avanzati e dotati di sistemi di affinazione organolettici.

L'**efficacia** esprime la relazione che intercorre tra la quantità di produzione diretta di servizi pubblici e il **raggiungimento degli obiettivi** richiesti all'azione pubblica. Per esempio, il servizio di polizia è efficace se ha raggiunto l'obiettivo della riduzione della criminalità.

L'efficienza produttiva su cui si concentrano gli economisti è un concetto importante per valutare le produzioni pubbliche, ma non è sufficiente per valutare una serie di beni e servizi per i quali occorre ragionare anche in termini di efficacia, nonostante si tratti di un'entità non facile da definire.

Prendiamo il caso del servizio istruzione. L'efficacia di tale servizio può infatti essere intesa in vario modo: o come aumento del grado di scolarizzazione, o come aumento del livello di conoscenza posseduto dalla popolazione e misurato in base ad alcuni test, o come una maggiore uguaglianza dei punti di partenza. Inoltre, è condizionata da un insieme di fattori ambientali che il servizio istruzione non può controllare, quali il quoziente intellettivo degli studenti, la loro condizione familiare, l'impatto esercitato dalla televisione, ecc.

Efficiency
Efficienza
Efficiency refers to output per unit of input. Public administration efficiency can be achieved under the conditions of maximizing the results of a public action in relation to the resources used, and it is calculated by comparing the effects obtained in their efforts.

Effectiveness
Efficacia
Effectiveness refers to goal-fulfillment. Public administration effectiveness is the degree to which objectives are achieved and the extent to which targeted problems are solved with the public action.

2 FINANZIAMENTO E PRODUZIONE PUBBLICA O PRIVATA

Quando si parla di intervento pubblico si presuppone che la produzione e il finanziamento pubblico siano entrambi presenti. In realtà è possibile distinguere 5 situazioni sintetizzate nella tabella 1.

Tabella 1 - Modalità di finanziamento e produzione di beni e servizi

	Produzione privata	Produzione pubblica
Finanziamento privato	1. Beni privati offerti sul mercato	2. Situazioni in crescita: per esempio restauro di opere d'arte
Finanziamento pubblico	3. Politiche di concorrenza per il mercato: - concessione (*concession agreement*) - appalto (*contract awarding*) - modello dei quasi mercati	4. Beni pubblici puri, servizi forniti dalla Pubblica amministrazione, ecc.
Finanziamento misto pubblico-privato	5a. Forme di partenariato pubblico-privato: per esempio *project financing* per opere e servizi di pubblica utilità (si tratta della possibilità per un operatore privato, definito come promotore, di proporre la realizzazione di opere pubbliche attraverso un contratto di concessione stipulato con un ente pubblico. Sarà approfondito nella Sezione B, Unità 1, paragrafo 5)	5b. Forme di partenariato pubblico-privato: per esempio *project financing* per opere e servizi di pubblica utilità

Il restauro della **Fontana del Nettuno** *a Bologna è stato finanziato mediante una raccolta di fondi promossa da «Il Resto del Carlino», che ha visto la partecipazione di singoli cittadini, industriali e banche.*

La situazione 3 è oggi la modalità di organizzazione della produzione di beni e servizi pubblici più frequente (anche se si sta diffondendo la 5) ed è su di essa che ci soffermiamo. La scelta di ricorrere a una situazione come la 3 trova giustificazione nel fatto che la produzione pubblica può risultare meno efficiente rispetto a quella di imprese private esposte alla concorrenza, o che si desidera comunque conseguire un risparmio di spesa pubblica, o una migliore corrispondenza del servizio offerto alle preferenze dei cittadini. Un esempio è costituito dai servizi di pulizia e di sorveglianza nelle scuole che, un tempo affidati integralmente a dipendenti pubblici, ora vengono spesso appaltati a imprese private.

Con quali modalità si affida a imprese private la produzione di beni e servizi prima offerti dallo Stato, realizzando una concorrenza per il mercato?

L'affidamento a soggetti privati di tali attività avviene solo se essi risultano vincitori di **aste pubbliche**.

La "**concorrenza *per* il mercato**" può avvenire mediante:

- **concessione** (***concession agreement***): consiste nell'attribuzione a un soggetto privato del diritto esclusivo temporaneo di produrre e/o distribuire sul mercato un servizio di pubblica utilità attraverso il compimento di una gara che individua l'operatore più idoneo a garantire la migliore combinazione qualità-prezzo oppure a esprimere il minore prezzo di offerta;
- **appalto** (***contract awarding***): consiste nell'assegnazione competitiva, mediante gara, a imprese private specializzate del compito di eseguire opere o gestire *public utilities* finanziate con fondi pubblici.
  Alla base del funzionamento del *contract awarding*, vi sono due condizioni:
  - un certo numero di imprese che partecipano alla gara di appalto, per assicurare un altro grado di competizione, tale da garantire prezzi contenuti;
  - l'individuazione delle caratteristiche del prodotto e del servizio, onde controllare il rispetto degli impegni assunti dall'impresa privata a cui affidare la gestione.

  Il punto cruciale che deve essere considerato nel valutare l'efficienza di un processo di *contract awarding* riguarda l'esistenza di costi non recuperabili (**sunk costs**), come costi di contrattazione e, in generale, i costi di partecipazione alla gara di appalto;
- **modello dei "quasi mercati"**: si tratta di un modello che assegna particolare enfasi alla separazione fra funzione di finanziamento del servizio (che resta pubblica) e funzione di erogazione dello stesso. Quest'ultima viene assegnata a diversi fornitori sia pubblici sia privati in competizione tra loro nell'offrire servizi a utenti che possono scegliere autonomamente il fornitore che preferiscono.

Costi irrecuperabili

Sono costi che devono essere sostenuti per affermarsi sul mercato e che non possono essere recuperati in caso di uscita. Si pensi per esempio a un investimento in un impianto produttivo che, in caso di cessazione dell'attività, non può più essere venduto o riconvertito, o a un investimento pubblicitario per un prodotto che non può più essere recuperato, almeno per quanto concerne quella parte delle somme non ancora ammortizzate al momento dell'uscita dal mercato.

Contracting out
Appalto
Method used during a public procurement in order to evaluate the proposals (tender offers) taking part and award the relevant contract.

Sunk costs
Costi irrecuperabili
Costs that have already been incurred for a project or a business and cannot be recovered in case of abandon.

IN PILLOLE

Modello del "contract awarding"

Il fornitore del servizio deve essere *"accountable"* (responsabile) nei confronti dell'ente pubblico con cui ha una relazione contrattuale, ma resta all'ente pubblico la responsabilità principale circa l'offerta del servizio nei confronti dell'utenza.

Modello dei "quasi mercati"

Il fornitore del servizio diventa *"accountable"* (responsabile) direttamente nei confronti del cittadino, oltre a esserlo, ovviamente, nei confronti del finanziatore Stato. Tale modello dà maggiore voce e capacità di controllo e scelta al destinatario del servizio o a un soggetto atto a rappresentarne le esigenze.

In Italia i settori nei quali si è realizzata l'effettiva applicazione di forme di concorrenza per il mercato sono l'assistenza sanitaria, l'istruzione, il servizio di raccolta dei rifiuti urbani.

Che cosa si intende con l'espressione partenariato pubblico-privato?

Con l'espressione **partenariato pubblico-privato** (**PPP**) ci si riferisce a tutte quelle forme di cooperazione tra pubblico e privato finalizzate alla progettazione, costruzione, finanziamento, gestione e manutenzione di opere pubbliche o di pubblica utilità.

Che differenza c'è tra contratto d'appalto e partenariato pubblico-privato?

Ciò che differenzia un contratto d'appalto da uno di partenariato pubblico-privato, specifica l'Autorità nazionale anticorruzione (Anac), è proprio l'assunzione del rischio:

- nel **contratto d'appalto** il privato sopporta il rischio di costruzione e quello imprenditoriale dovuto a valutazioni errate e inadempimenti;
- nei **contratti di PPP**, invece, al rischio dell'appalto si aggiunge il **rischio operativo** legato alla gestione dei lavori o servizi.

Il Nuovo codice degli appalti pubblici e dei contratti di concessione, varato dal Governo nel 2016, oltre a operare una razionalizzazione della disciplina dei contratti di concessione, in accordo con le disposizioni della direttiva 2014/23/Ue, disciplina in maniera sistematica anche il contratto di partenariato pubblico-privato, i cui concetti fino a oggi erano stati attuati in via di prassi e contenuti in vari documenti (quali per esempio: le Comunicazioni della Commissione Ue, le Linee guida dell'Anac, i Documenti Eurostat, ecc.).

I contratti di PPP, pur nella loro utilità, presentano infatti dei rischi. Per essi, oltre al probabile aumento dei costi delle opere da realizzare, si verifica la possibilità che i rischi di costruzione, progettazione e gestione passino dal privato alla Pubblica amministrazione. Per questo motivo l'Anac sostiene che, per il corretto funzionamento della procedura riguardante tali contratti, i rischi vadano individuati in modo preciso.

Le norme contenute nel Nuovo codice degli appalti hanno lo scopo di scoraggiare e prevenire i fenomeni di corruzione, ricorrenti nell'ambito delle opere pubbliche.

Come avviene la valutazione dei rischi e il buon funzionamento del partenariato pubblico-privato?

Secondo l'Anac, la valutazione dei rischi deve essere compiuta attraverso l'elaborazione di una **matrice dei rischi**, che oggi è solo facoltativa, da allegare al contratto. La matrice permette di definire l'ottimale ripartizione del rischio tra soggetto pubblico e privato. Al suo interno sono indicati i tipi di rischio, le possibilità che hanno di verificarsi e gli strumenti per la loro mitigazione.

Altrettanto essenziale, per non sforare i limiti di finanza pubblica, è il **flusso informativo** costante dal privato all'Amministrazione sull'esecuzione del contratto, preferibilmente tramite una piattaforma informatica comune, e un periodico resoconto economico e gestionale del **Responsabile unico del procedimento** (RUP). L'autorità anticorruzione ha inoltre manifestato l'intenzione di elaborare contratti di tipo PPP per la standardizzazione delle principali clausole contrattuali e dell'assunzione dei rischi.

È corretto affermare che la gestione delle public utilities dovrebbe essere affidata preferibilmente a privati in regime di concorrenza?

Non è un'affermazione corretta, in quanto situazioni di inefficienza possono essere rinvenute all'interno sia di imprese pubbliche sia di imprese private. In qualsiasi sistema sociale, mentre è praticamente impossibile che la giustizia o la difesa siano affidati a privati, le soluzioni per le *public utilities* possono essere varie. A questo proposito, per capire le alternative possibili riguardanti la loro gestione, sono fondamentali i concetti di **monopolio naturale** (ne abbiamo parlato nel primo volume) e di **mercati contendibili**.

Monopolio naturale
Si realizza quando una grande impresa, grazie alle economie di scala, produce un servizio a costi assai più bassi di quelli che sosterrebbe una piccola impresa in regime di concorrenza.

Mercato contendibile
Un mercato è contendibile se esiste piena libertà di entrata (concorrenza potenziale). Condizione: assenza di costi non recuperabili (sunk costs).

APPROFONDIMENTO ONLINE
La rete uguale per tutti ha vinto in Europa

Che cosa si intende per mercato contendibile?

Un mercato è definito "**contendibile**" se esiste piena libertà di entrarvi da parte di nuove imprese. Non è necessario che le imprese operanti siano numerose: per potere realizzare situazioni di efficienza è sufficiente che esista una concorrenza **anche solo potenziale**. Pertanto, la contendibilità si verifica anche quando il mercato è occupato da un'unica impresa (monopolio), ma è minacciata dalla possibilità che altre imprese, potenzialmente concorrenti, possano entrare su tale mercato. La presenza di condizioni di contendibilità consente a imprese esterne di effettuare una concorrenza *hit and run* (concorrenza "mordi e fuggi"), cioè di entrare nel mercato praticando un prezzo più basso delle imprese già presenti e di uscire prima che le imprese già presenti reagiscano abbassando a loro volta i prezzi.

Cos'è che fa sì che un mercato sia contendibile?

Una delle condizioni necessarie è l'**assenza** o, per lo meno, la **poca presenza di costi irrecuperabili** (*sunk costs*). Un mercato è tanto più contendibile quanto minori sono i costi irrecuperabili: un'impresa non rischia di entrare in un mercato se deve sostenere spese eccessive, difficilmente recuperabili qualora decidesse di uscire.

Il settore aereo, per esempio, ha un buon grado di contendibilità perché un gruppo di persone con una certa disponibilità finanziaria può dar vita a una compagnia aerea, affittando aerei, assumendo personale di volo e acquistando i diritti di navigazione su alcune rotte. Se l'attività non darà i risultati attesi, il gruppo si può ritirare dal mercato, smobilizzando gli investimenti, senza perdite eccessive. Il settore dell'elettricità è, all'opposto, un mercato poco contendibile per l'esistenza di elevati costi irrecuperabili: una centrale non è facilmente cedibile e, comunque, non è facile trovare compratori disposti a pagare un prezzo corrispondente al valore dell'investimento iniziale.

Alla luce della presenza o meno di situazioni di monopolio naturale e di contendibilità dei mercati, si possono individuare le soluzioni più adeguate per la gestione pubblica o privata delle *public utilities*.

Quali sono le politiche di intervento più opportune nell'ipotesi di una situazione iniziale caratterizzata da un monopolio naturale che gestisce un servizio di pubblica utilità?

Le politiche di intervento più appropriate sono schematizzate nella tabella 2.

Tabella 2 - Politiche di intervento nella gestione delle public utilities

Configurazione di mercato	Tipo di intervento
Monopolio naturale non contendibile	• **Monopolio pubblico o regolamentazione di impresa pubblica** • **Concorrenza *per* il mercato**: l'ente pubblico affida a un'impresa privata la gestione in monopolio (concessione o appalto) attraverso un'asta competitiva • **Concorrenza *nel* mercato**: l'ente pubblico affida la produzione di un bene a un'impresa privata sottoponendola a regolamentazione
Monopolio naturale contendibile o assenza di monopolio naturale	Non vi sono motivazioni di efficienza per la produzione pubblica. Pertanto sono necessarie **politiche di privatizzazione accompagnate da regolamentazione dei mercati** al fine di rendere effettiva: • la minaccia di entrata di nuove imprese (nel caso di monopolio); • l'entrata di nuove imprese (in assenza di monopolio).

Come si può vedere, nel caso di **monopolio naturale non contendibile**, si possono verificare le seguenti situazioni:

- si ricorre alla forma di intervento più tradizionale che è la produzione pubblica (diretta o attraverso un'impresa pubblica): il problema fondamentale è costituito dalla individuazione delle **tariffe** ottimali;
- se la gestione pubblica non è possibile (o non è opportuna), si deve ricorrere a forme di regolamentazione; una possibilità è costituita dalle politiche di **concorrenza per il mercato**, attraverso cui lo Stato affida la gestione del servizio in regime di monopolio a un'impresa che, in seguito a un meccanismo d'asta, risulta la più competitiva;
- una terza possibilità è costituita dall'affidamento della produzione, da parte dello Stato, a un'impresa privata che però viene sottoposta a una **regolamentazione** costituita da una serie di vincoli necessari per conseguire obiettivi di efficienza.

Tariff
Tariffa
Price assigned to a service supplying a public utility.

Regulation
Regolamentazione
Imposition of rules by government, backed by the use of penalties that are intended specifically to modify the economic behaviour of individuals and firms in the private sector.

Se invece la struttura industriale non è idonea alla formazione di un monopolio naturale e il **mercato** è contendibile, l'intervento pubblico non ha ragione di esistere e la politica più appropriata è la **privatizzazione**, eventualmente affiancata da un'attività di regolamentazione.

3 LE TARIFFE

Il problema della individuazione delle tariffe ottimali da parte di un'impresa pubblica che produce un determinato servizio (per esempio servizi telefonici, energia elettrica) è molto rilevante. Il fatto che l'impresa pubblica non persegua il profitto facilita, comunque, la scelta delle politiche ottimali.

Come vengono determinate le tariffe ottimali?

La soluzione migliore per la collettività sarebbe la fissazione di un prezzo o **tariffa pari al costo marginale** (**regola del costo marginale di Hotelling**) perché, in corrispondenza di tale uguaglianza, la quantità di bene prodotta sarebbe quella ottimale, secondo la regola dell'efficienza paretiana. Purtroppo, in tale situazione, per finanziare la perdita di gestione derivante dalla differenza fra costo medio e costo marginale, lo Stato dovrebbe introdurre un'imposta in somma fissa (*lump sum tax*), da ripartire in parti uguali fra tutti i cittadini e quindi di fatto non applicabile.

Per evitare le perdite di gestione si può anche ricorrere a una **tariffa pari al costo medio**. In questo caso il prezzo del servizio, unico per tutti gli utenti, è uguale al costo totale diviso per il numero delle unità prodotte.

Alcuni studiosi dell'Economia del benessere, sviluppando la regola di Harold Hotelling, hanno proposto l'introduzione della **tariffa a due parti**.

In che cosa consiste la tariffa a due parti?

La **tariffa a due parti** è composta da:

- **una prima parte**, fissa, chiamata **canone**, che viene fatta pagare a tutti gli utenti e rappresenta il pagamento necessario per diventare utilizzatori del servizio; serve per coprire i costi fissi;
- **una seconda parte**, variabile, pari al costo marginale, che viene commisurata a ogni unità del servizio consumato.

Un esempio in tal senso lo vediamo nel servizio telefonico in cui tutti pagano un canone fisso annuo per utilizzare il servizio (tariffa fissa) e a questo va aggiunto il consumo per ogni telefonata effettuata, che dipende dalla quantità di servizio di cui si usufruisce. Un altro esempio lo vediamo nel servizio dell'elettricità.

L'uso della tariffa a due parti può suscitare perplessità poiché se la parte fissa (il canone) è elevata, i soggetti meno abbienti possono essere indotti a non consumare il servizio e questo non è equo. Se lo Stato volesse tutelare gli interessi dei più poveri potrebbe fissare la parte variabile a un livello superiore al costo marginale, con il risultato di far diminuire la parte fissa grazie alla maggiore contribuzione dei più abbienti.

Esistono altri metodi per determinare le tariffe?

TARIFFE

a) **Tariffa unica**: regola del costo marginale di Hotelling.

b) **Tariffa a due parti**: fissa e variabile pari al costo marginale.

c) **Tariffe differenziate** per diverse unità di quantità consumata, con finalità di efficienza e contenimento dei consumi, o per diverse tipologie di utenti, con finalità redistributive.

Un'alternativa al metodo della tariffa a due parti è costituita dalla **discriminazione dei prezzi**, con cui si fanno pagare prezzi diversi ai diversi consumatori. Le **tariffe differenziate** sono tariffe singole, ma differenziate in base alle caratteristiche dei consumatori (prezzi multipli) o in base alle quantità consumate.

Con i "prezzi multipli" i consumatori acquistano lo stesso prodotto ma lo pagano in modo differenziato a seconda della loro condizione economica o sociale. Esempi di tariffe differenziate sono i biglietti del treno (1° o 2° classe) o per il teatro (platea, galleria, ecc.).

Con la differenziazione in base alle quantità consumate lo Stato fissa alcuni livelli di consumo e determina la tariffa per ciascuna quantità consumata. Tale metodo è utilizzato per le fonti energetiche e idriche, per motivi di efficienza e di contenimento dei consumi.

4 LA REGOLAMENTAZIONE

La **regolamentazione** è un'attività che consiste nell'imposizione di vincoli e obblighi al comportamento di individui e imprese. La regolamentazione incide in modo significativo sugli interessi dei soggetti coinvolti, quindi può diventare oggetto di conflittualità politica, nel senso che alcune categorie si oppongono mentre altre la rivendicano. Pensiamo, per esempio, alla decisione di un Comune di chiudere al traffico un viale di accesso al centro storico: i proprietari delle case ne avranno un beneficio per l'inevitabile aumento di valore delle stesse; i negozianti vedranno probabilmente diminuire il loro giro d'affari per il calo delle vendite. Vi sono diversi tipi di regolamentazione; ricordiamo in particolare:

- la regolamentazione economica;
- la regolamentazione sociale.

Qual è lo scopo della regolamentazione economica?

La regolamentazione economica si riferisce alle modalità con cui vengono decisi i prezzi, le quantità prodotte e le condizioni di entrata e di uscita dal mercato da parte delle imprese. Essa ha l'obiettivo di migliorare l'efficienza dei produttori e di avvantaggiare i consumatori.

Pensiamo, per esempio, agli effetti prodotti dalla regolamentazione del settore telefonico: imprese diverse possono interconnettersi sulla rete gestita da una sola impresa, creando una situazione concorrenziale che produrrà servizi migliori per gli utenti. La regolamentazione economica si rivolge innanzitutto alle situazioni di monopolio naturale, ma anche a realtà caratterizzate da un numero elevatissimo di imprese che, tuttavia, non garantiscono una situazione di vera concorrenza, per esempio, quella relativa al servizio di taxi o ai liberi professionisti.

Perché si fa ricorso anche a una regolamentazione sociale?

La regolamentazione sociale ha lo scopo prevalente di introdurre elementi di equità in un determinato mercato. L'esempio tipico è la regolamentazione del mercato del lavoro, che cerca di ridurre la situazione di disparità fra datori di lavoro e lavoratori. Un' altra forma è quella ambientale, che mira a ridurre i costi sociali prodotti dalle imprese (o dagli individui) che svolgono attività inquinanti. Anche la regolamentazione del traffico assume oggi un'importanza notevole, in quanto finalizzata alla riduzione di incidenti. In sostanza, in tutti i casi di regolamentazione sociale l'elemento comune è l'esigenza di tutela della vita umana, seriamente compromessa dallo svolgimento di una serie di attività assai frequenti nella società contemporanea.

I principali interventi di regolamentazione nei Paesi industrializzati

Mercati di beni e servizi
- Controlli dei prodotti
- Controlli dei processi produttivi
- Controlli all'entrata nei mercati
- Obblighi di informazione

Consumatori
- Obblighi di informazione sui prodotti
- Divieto di uso di determinate sostanze
- Pubblicità dei prodotti
- Legislazione a tutela

Protezione ambientale
- Emissioni nocive
- Trattamento rifiuti solidi e liquidi
- Valutazione dei rischi ambientali

Gestione del personale
- Orari
- Condizioni di lavoro
- Sicurezza

Telecomunicazioni
- Tariffe
- Interconnessioni

Quando lo Stato affida la produzione di un bene o di un servizio a un'impresa privata è sempre necessaria una regolamentazione economica?

Quando, come spesso accade, la concorrenza per il mercato non è sufficiente, si deve ricorrere a una vera e propria definizione di regole contrattuali che richiedono un ruolo più incisivo dello Stato e anche maggiori costi. Si possono definire:

- le tariffe;

Independent Authorities
Autorità indipendenti
Public agencies, independent from Government, responsible for exercising autonomous authority over some strategic area of human activity in a regulatory or supervisory capacity.

- la quantità erogata del servizio;
- la qualità del servizio;
- gli obblighi dell'ente pubblico nei confronti dell'impresa relativamente a rimborsi di costi, trasferimenti fissi, rendimento normale dell'investimento, ecc.

Ogni forma di regolamentazione, tuttavia, non è mai in grado di garantire una gestione totalmente efficiente da parte dell'impresa regolata; per questo sono state create le **Autorità indipendenti**.

Che cosa sono le Autorità indipendenti?

Sono organi dello Stato titolari di una funzione di controllo di particolare rilevanza e delicatezza in settori ritenuti meritevoli di riconoscimento costituzionale, in cui il conflitto tra interessi pubblici e interessi privati necessita di una specifica attenzione. Si caratterizzano per l'elevata competenza specialistica, per la titolarità di poteri ben definiti miranti a risolvere problemi in un settore specifico, per l'elevata autonomia nei confronti del Governo e del potere politico in generale. Per garantire tale indipendenza, in Italia i membri delle Autorità vengono nominati da persone di alto profilo istituzionale come i Presidenti dei due rami del Parlamento. Le Autorità indipendenti sono state istituite in Italia a partire dagli inizi degli anni Novanta del secolo scorso, in un periodo in cui la Magistratura stava conducendo importanti indagini inerenti a reati di corruzione a carico di molti esponenti dei principali partiti politici. In una prima fase alle Autorità sono stati attribuiti importanti poteri; successivamente i partiti politici e gli apparati burocratici hanno cercato di riprendersi, almeno in parte, i poteri ceduti. Per esempio, quando è stata creata la nuova Alitalia in seguito alla fusione con AirOne, nel trasporto aereo nazionale si è determinata una situazione di quasi monopolio. L'Autorità garante della concorrenza e del mercato non ha però potuto intervenire nel merito, in quanto il Governo l'aveva esonerata dal compito di valutare le conseguenze dell'operazione per quanto riguarda la concorrenza sul mercato.

Le Autorità indipendenti in Italia

Sono piuttosto numerose e sono state create abbastanza di recente.
Ricordiamo:

- la Commissione nazionale per le Società e la Borsa (Consob) nel 1974;
- l'Istituto per la vigilanza sulle assicurazioni private e di interesse collettivo (Isvap) nel 1982;
- l'Autorità garante della concorrenza e del mercato (Agcm) nel 1990;
- la Commissione di garanzia dello sciopero nel 1990;
- il Garante per la protezione dei dati personali nel 1996;
- l'Autorità per le garanzie nelle comunicazioni (Agcom) nel 1997;
- l'Autorità per l'energia elettrica il gas e il sistema idrico (Aeegsi) nel 1997;
- le Autorità garanti del contribuente per il fisco e la burocrazia nel 2000;
- la Commissione di vigilanza sui fondi pensione (Covip) nel 1993;
- l'Autorità di regolazione dei trasporti nel 2011;
- l'Autorità garante per l'infanzia e l'adolescenza nel 2011;
- l'Agenzia per l'Italia digitale nel 2012;
- l'Autorità nazionale anticorruzione (Anac) nel 2014, che ha incorporato l'Autorità per la vigilanza sui contratti pubblici di lavori, servizi e forniture istituita nel 1994.

In Italia si può ritenere soddisfacente il sistema della regolamentazione?

L'Italia è un Paese in cui il ricorso alla regolamentazione è assai esteso. Alle norme emanate dall'Unione europea, che stabiliscono i requisiti minimi inderogabili, va aggiunta la legislazione nazionale e regionale. Il punto debole va però ricercato nelle modalità di applicazione della regolamentazione, ritenute poco efficienti. In base alle classifiche internazionali, l'Italia, rispetto agli altri Paesi europei, ha un indice di qualità in questo campo decisamente più basso, dovuto al fatto che le violazioni vengono scoperte e sanzionate in maniera insufficiente, con ritardi ed errori.

5 LE PRIVATIZZAZIONI

A partire dagli anni '80 del secolo scorso, molti Paesi europei, fra cui il nostro, iniziano un processo volto alla riduzione del numero delle imprese pubbliche attraverso la loro **privatizzazione**.

Privatization
Privatizzazione
The process of transferring ownership of an enterprise, a business, an agency, public service, or public property from the public sector to the private sector.

Perché l'Italia ha deciso di privatizzare gran parte delle imprese pubbliche?

Le principali ragioni che hanno attivato questo processo in Italia sono le seguenti:
- **presenza di un elevato debito pubblico** che ha sollecitato la vendita delle imprese pubbliche per reperire mezzi finanziari straordinari;
- **scarsa qualità dei servizi erogati** dalle imprese pubbliche;
- **atteggiamento di sfiducia nei confronti del settore pubblico**, generato dai fenomeni di corruzione esplosi nei primi anni Novanta;
- **incapacità, anche finanziaria, di molte imprese pubbliche** di effettuare gli investimenti necessari alle nuove esigenze degli utenti (telefonia, elettricità).

Quali operazioni si devono compiere per realizzare una politica di privatizzazione?

Le fasi fondamentali che dovrebbero realizzare il passaggio da un'economia con una forte presenza del settore pubblico a un'economia basata prevalentemente sul ruolo del mercato, sono le seguenti:
- **eventuale modificazione della struttura giuridica delle imprese pubbliche**. Questa operazione è necessaria solo se le imprese coinvolte hanno forme giuridiche disciplinate da norme diverse da quelle delle imprese private, che di solito sono S.p.A.;

Liberalization
Liberalizzazione
Loosening of previous government restrictions such as removal of monopoly, autocracy and state-owned industries in order to promote free market of goods and services.

Golden share
Quota d'oro
A special type of share that gives the right to outvote all other shares in a shareholders-meeting often held by the Government which exercises this special right when ownership of public companies is at stake.

- **creazione dell'Autorità indipendente**. Lo scopo è quello di sorvegliare il settore privatizzato per evitare abusi, soprattutto nella fissazione delle tariffe;
- **attuazione di politiche di liberalizzazione.** Servono per favorire, laddove possibile, la realizzazione di forme di vera concorrenza, eliminando trattamenti privilegiati e barriere all'entrata. Più specificatamente, liberalizzare significa:
  - **ampliare l'offerta del settore e aumentare la concorrenza** nel caso in cui in un determinato settore sia presente un monopolio. Per esempio: liberalizzare il servizio ferroviario significa permettere che più imprese ferroviarie utilizzino le stesse infrastrutture ferroviarie;
  - **liberare il settore da regole d'ingresso o d'uscita** e creare una fitta rete di piccoli attori per cui il settore va verso la concentrazione e la crescita dei migliori attori tra i tanti presenti. Per esempio: liberalizzare il mercato del gas significa che ogni utente può scegliersi il proprio fornitore di gas naturale;
- **realizzazione dell'offerta pubblica di vendita**. È una fase molto delicata in cui deve essere offerta la gestione di un pubblico servizio a un'impresa privata a un prezzo corretto, nel senso che deve tenere conto delle prospettive di redditività del servizio privatizzato. Un elemento eventuale consiste nella specificazione di diritti speciali riservati allo Stato, che abbia mantenuto una quota di proprietà inferiore al 50%, nella gestione dell'impresa privatizzata. È questa la cosiddetta "**quota d'oro**" (*golden share*) che può attribuire il diritto di nominare un certo numero di amministratori, o di disporre del diritto di veto;
- **definizione del programma di regolamentazione**. Dopo avere assegnato il servizio a un'impresa privata, deve essere definito il programma di regolamentazione, con l'individuazione dei diritti e degli obblighi delle parti e delle tipologie di controllo effettuate dalle Autorità indipendenti.

RINFORZO

La ***golden share*** (o **quota d'oro**) è un istituto, di origine britannica, introdotto a partire dagli anni Novanta, con il quale uno Stato, nel corso, o a seguito, di un procedimento di privatizzazione di un'azienda pubblica, si riserva poteri speciali che possono essere esercitati dal Governo al fine di proteggere attività considerate di rilevanza strategica per i cittadini (in particolare difesa, sicurezza nazionale, energia, trasporti e telecomunicazioni). In Italia la *golden share* è stata introdotta nel 1994 con la legge sulle privatizzazioni. La filosofia sottesa all'esercizio di questo potere dello Stato, di tipo autorizzatorio e discrezionale e con un ambito di tipo soggettivo (le imprese ex pubbliche), si è scontrata con la giurisprudenza comunitaria che ha attivato procedure di infrazione non solo per l'Italia ma anche per altri Paesi, come la Francia e la Germania. Il D.P.C.M. 11/12/2000 ha perciò dettato i criteri di esercizio dei poteri speciali dello Stato connessi alla *golden share*, specificando che possono essere esercitati dal Ministero del Tesoro solo in presenza di particolari ragioni di ordine pubblico e comunque in coerenza con la tutela della concorrenza.

☐ In Italia il processo di privatizzazione si è svolto nel rispetto di tutte le suddette fasi?

Purtroppo questo non è accaduto. L'obiettivo di privatizzare soprattutto per far cassa ha impedito una impostazione corretta del processo che, anziché condurre a una riorganizzazione del settore, ha sostituito a un monopolio pubblico un monopolio privato. I vantaggi per i consumatori sono stati molto dubbi, mentre rilevanti, in alcuni casi, sono stati i profitti delle imprese grazie alla possibilità di praticare tariffe elevate. È questo il caso, per esempio, delle autostrade. In qualche settore, invece, grazie alla liberalizzazione del mercato, si è ottenuto un miglioramento della qualità dei servizi e una riduzione dei prezzi, come nel settore delle telecomunicazioni. Sicuramente i benefici per gli utenti di un servizio non dipendono dalla proprietà, pubblica o privata, dell'impresa che fornisce un servizio, ma dalla struttura del mercato e dal grado di concorrenza esistente.

Le liberalizzazioni in Italia

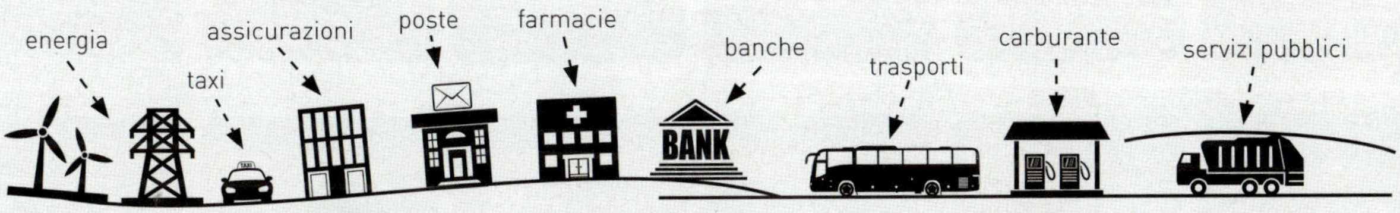

SÌ — **PRO E CONTRO** — **NO**

SÌ	NO
La Corte costituzionale con una sentenza (n. 8/2013) molto significativa e con una chiarezza forse finora mai così esplicita, prende posizione nel dibattito relativo alle virtù della concorrenza sostenendo chiaramente la liberalizzazione delle attività economiche come strumento di crescita del Paese.	Il premio Nobel Paul Krugman e l'economista della FED Gauti Eggertsson hanno mostrato come certi interventi di segno opposto alle liberalizzazioni (tariffe controllate, monopoli pubblici, rafforzamento del potere dei sindacati per favorire la rigidità salariale) abbiano avuto un ruolo positivo nella ripresa economica durante la Grande depressione negli anni '30.

☐ In Italia quali settori sono stati coinvolti nel processo di privatizzazione?

Il processo di privatizzazione ha riguardato, a partire dal 1992, anche se con andamenti alterni, tutti i settori in cui lo Stato era presente come imprenditore. Ricordiamo il settore dell'energia (Enel), degli idrocarburi (Nuovo Pignone, Agip Argentina), delle telecomunicazioni (Telecom Italia), della ristorazione (Autogrill), dell'automobile (Alfa Romeo), delle costruzioni

(Italstrade), delle infrastrutture (Autostrade, Aeroporti di Roma), dell'industria alimentare (Pavesi, Cirio), dell'industria siderurgica (Dalmine, Ilva), dell'editoria e della pubblicità (Seat pagine gialle), del cemento (Cementir), della chimica e delle fibre (Enichem, Montefibre), dell'alluminio (Alumix) e delle banche (Comit, Banca di Roma, Bnl, Banca Mps). Negli ultimi anni sono aumentate le iniziative nei settori di pubblica utilità locali; in molti casi, si è realizzata la trasformazione delle aziende municipalizzate in società per azioni che, tuttavia, di per sé non vuole dire granché, dal momento che, se il settore pubblico mantiene la maggioranza del capitale, la differenza rispetto alla situazione pubblica iniziale non è molto significativa. Ad agosto 2016 il Mef (Ministero Economia e Finanze) detiene ancora il 23,58% dell'Enel, il 30,2% della Finmeccanica, il 99,56% della Rai, il 64,70% delle Poste Italiane, il 100% delle Ferrovie (figura 1).

Figura 1

Società direttamente partecipate (Ministero dell'Economia e delle Finanze, agosto 2016)

Nel corso degli ultimi anni lo Stato ha effettuato altri tipi di interventi, assimilabili alle privatizzazioni, consistenti nel costituire S.p.a. aventi lo scopo di dismettere i beni immobili di sua proprietà o di cedere i suoi titoli di credito al settore privato, attraverso "programmi di cartolarizzazione", ma questi programmi non sempre hanno avuto l'esito sperato per le difficoltà incontrate dalle società costituite nella vendita dei beni patrimoniali o nella realizzazione della cessione del credito.

MAPPA UNITÀ A3

Finanziamento privato/produzione privata
Finanziamento privato/produzione pubblica
Finanziamento pubblico/produzione privata
- politiche di concorrenza per il mercato:
  - Concessione (concession agreement)
  - Appalto (contract awarding)
  - Modello dei quasi-mercati

Finanziamento pubblico/produzione pubblica Finanziamento misto pubblico-privato/produzione privata
- Partenariato pubblico/privato (project financing)

Finanziamento misto pubblico-privato/produzione pubblica
- Partenariato pubblico/privato (project financing)

modalità di finanziamento e di produzione di beni e servizi

SERVIZI DI GESTIONE PUBBLICA, CONCORRENZA E REGOLAMENTAZIONE

criteri di fissazione dei prezzi (tariffe) dei servizi offerti

- **Prezzo pari al costo marginale** (regola del costo marginale di Hotelling)
- **Prezzo pari al costo medio**
- **Tariffa a due parti**
- **Tariffe differenziate**

modi di realizzazione della produzione delle public utilities in caso di monopolio naturale

Mercato caratterizzato da monopolio naturale non contendibile:
- produzione **pubblica** diretta o attraverso un'impresa pubblica regolamentata
- produzione **affidata dallo Stato, attraverso un'asta, a un'impresa privata** che la gestisce in **monopolio**
- produzione **affidata dallo Stato a una impresa privata** che viene sottoposta a **regolamentazione**. **La regolamentazione** può essere regolamentazione **economica e sociale**. Il controllo è affidato ad **Autorità indipendenti**

Mercato caratterizzato da monopolio naturale contendibile o da assenza di monopolio naturale
- Produzione privata (privatizzazione) accompagnata da regolamentazione.
  Fasi della privatizzazione:
  - Modificazione della struttura giuridica
  - Creazione dell'Autorità
  - Politiche di liberalizzazione
  - Offerta pubblica di vendita (golden share)
  - Definizione del programma di regolamentazione

Verifiche 3

1) TROVA L'ERRORE IN OGNI FRASE

Competenza: acquisire e riconoscere i contenuti chiave

A. Le politiche di concorrenza per il mercato sono un esempio di produzione pubblica e finanziamento privato.
B. Nel contratto di PPP il privato sopporta il rischio di costruzione e quello imprenditoriale dovuto a valutazioni errate e inadempimenti.
C. Nella concorrenza per il mercato l'ente pubblico affida la produzione di un bene a un'impresa privata sottoponendola a regolamentazione.
D. La regola di Hotelling prevede la fissazione di un prezzo o tariffa pari al costo medio.
E. La regolamentazione del mercato del lavoro è una regolamentazione economica.

2) COLLEGA LE ESPRESSIONI CONTRASSEGNATE DA UNA LETTERA CON QUELLE INDICATE DA UN NUMERO

Competenza: individuare collegamenti e relazioni

A. Mercato contendibile	1. *Sunk costs*
B. Efficienza	2. *Golden share*
C. *Contract awarding*	3. Produttività
D. Concorrenza per il mercato	4. *Project financing*
E. Offerta pubblica di vendita	5. Privatizzazione
F. PPP	6. Tariffa a due parti
G. Regola di Hotelling	7. Concorrenza *hit and run*
H. Monopolio naturale contendibile	8. *Concession agreement*

A	B	C	D	E	F	G	H

3) INDICA SE LE SEGUENTI AFFERMAZIONI SONO VERE O FALSE. SE LE RITIENI FALSE GIUSTIFICA LA RISPOSTA

Competenza: acquisire, interpretare l'informazione e comunicare

	VERO	FALSO
A. L'appalto consiste nell'assegnazione competitiva a imprese private, mediante gara, del compito di eseguire opere o gestire public utilities finanziate con fondi pubblici.		
B. Il settore dell'elettricità è un mercato molto contendibile.		
C. Nel servizio di raccolta dei rifiuti solidi urbani si sono realizzate forme di concorrenza per il mercato.		
D. Quando l'ente pubblico affida la produzione di un bene a una impresa privata sottoponendola a regolamentazione si parla di concorrenza nel mercato.		

	VERO	FALSO
E. Le tariffe a due parti sono eque.		
F. I membri delle Autorità indipendenti vengono nominati dai Presidenti dei due rami del Parlamento.		
G. Liberalizzare significa privatizzare.		
H. Il settore aereo ha un buon grado di contendibilità.		
I. L'Italia è un Paese in cui il ricorso alla regolamentazione è assai esteso.		
J. La privatizzazione è la trasformazione di imprese pubbliche in società per azioni.		

4) RISOLVI I SEGUENTI PROBLEMI

Competenza: risolvere problemi

A. È stato dimostrato che le compagnie aeree pubbliche impiegano, per lo stesso tipo di aereo, tre persone nelle cabine di pilotaggio, mentre quelle private due: queste ultime, pertanto, sopportano minori costi complessivi. Si tratta di un problema di inefficacia o di inefficienza delle imprese pubbliche? Motiva la risposta.

B. Prendi in considerazione la struttura economica relativa alle situazioni di seguito elencate:

1. l'acquedotto della città di Bologna;
2. la futura autostrada Cispadana;
3. la distribuzione del gas russo;
4. il trasporto delle merci su strada.

In quali situazioni è auspicabile, per motivi di efficienza, la produzione pubblica? Motiva la risposta.

5) RISPONDI AI SEGUENTI QUESITI IN UN MASSIMO DI 5/6 RIGHE

Competenza: organizzare e sintetizzare i contenuti

A. Per quale ragione può risultare conveniente la riduzione dell'intervento pubblico nei servizi di pubblica utilità?
B. Attraverso quali modalità è possibile affidare a imprese private la gestione dei servizi di pubblica utilità?
C. In quali casi può risultare opportuna la produzione pubblica?
D. Che cos'è e a quali condizioni si realizza il mercato contendibile?
E. Quali scopi si vogliono realizzare attraverso la regolamentazione economica?

1) Choose the right words among the ones listed below and fill in the gaps

Privatisation is the transfer of .... from the public sector (government) to the private sector (business). A transfer in the opposite direction could be referred to the .... of some property or responsibility. One of the main arguments for the .... of publicly owned operations is the estimated increases in .... that can result from .... ownership. The increased efficiency is thought to come from the greater .... private owners tend to place on profit .... as compared to government, which tends to be less concerned about profits. Proponents of privatization argue that whereas government producers have no incentive to hold down production .... , private .... who contract with the government to provide the service have more at stake, thus encouraging them to perform at a .... level for .... cost. The lower the cost incurred by the firm in satisfying the contract, the greater profit it makes. On the other hand, the absence of .... and profit incentives in the .... sector is not likely to result in cost minimization.

In many countries, privatisation of state-owned entities was followed by .... and .... of the industries to open up the market further to enhance competition.

Deregulation is the process by which governments remove, reduce, or simplify .... on business and individuals with the intent of .... the efficient operation of markets. The stated rationale for deregulation is often that fewer and simpler regulations will lead to a raised level of .... , therefore higher productivity, more efficiency and lower prices overall.

Economic .... is a broad term that usually refers to less government regulations and restrictions in the economy in exchange for greater participation of private entities. The arguments for economic liberalization include greater efficiency and .... that would translate to a "bigger pie" for everybody.

(competition, competitiveness, costs, deregulation, effectiveness efficiency, encouraging, higher, importance, liberalization, liberalization, lower, maximization, nationalization, ownership, private, privatization, producers, public, restrictions)

2) True or False questions

	TRUE	FALSE
A. Golden share is a special type of share giving its owner less power than all other shares in certain specified circumstances.		
B. Regulation is the imposition of rules by government for individuals and enterprises operating in certain sectors.		
C. A public enterprise is an enterprise that is directly managed by regulatory Authorities.		
D. The process of liberalization refers to changing from a public monopoly to a free market.		
E. Sunk costs are costs that can be recovered when an enterprise abandons a business.		
F. Tariff is a price assigned to a service supplying a public utility.		

Verifica finale A

ZTE ONLINE
Mettiti alla prova con gli esercizi interattivi

1) CLASSIFICA, VALUTA E COMPLETA

Competenza: individuare collegamenti e relazioni

A. Classifica i seguenti beni secondo le quattro categorie: (a) beni privati; (b) beni pubblici; (c) beni di club; (d) beni comuni.

Illuminazione di strada privata	(a) (b) (c) (d)
Difesa nazionale	(a) (b) (c) (d)
Autostrada	(a) (b) (c) (d)
Riserva di pesca	(a) (b) (c) (d)
Abito	(a) (b) (c) (d)
Parcheggio pubblico	(a) (b) (c) (d)
Ordinamento giudiziario	(a) (b) (c) (d)
Istruzione	(a) (b) (c) (d)
Automobile	(a) (b) (c) (d)
Faro	(a) (b) (c) (d)
Sanità	(a) (b) (c) (d)
Illuminazione pubblica	(a) (b) (c) (d)

B. Quale fra le seguenti situazioni non costituisce un esempio di fallimento del mercato?

1. Le Assicurazioni Generali non vogliono vendermi una polizza di assicurazione contro la disoccupazione.
2. Il fiume Po si sta trasformando in un fiume senza vita per effetto degli scarichi industriali immessi in esso.
3. Una gelata straordinaria in Puglia ha fatto aumentare così tanto il prezzo dei pomodori che il prezzo delle conserve è salito alle stelle.
4. Trenitalia impone ai consumatori tariffe che sono superiori ai suoi costi marginali.

C. Completa la tabella inserendo nelle opportune caselle le lettere corrispondenti ai beni e servizi qui sotto elencati.

a) difesa; b) abbigliamento; c) energia elettrica; d) realizzazione di un ospedale attraverso una forma di Project Financing; e) restauro del Colosseo; f) trasporto ferroviario; g) prodotti alimentari; h) servizio postale; i) giustizia; l) pulizia uffici pubblici

	Produzione privata	Produzione pubblica
Finanziamento privato		
Finanziamento pubblico		
Partenariato pubblico-privato		

2) RISOLVI I SEGUENTI PROBLEMI

Competenza: risolvere problemi

A. Il Comune di Milano ha registrato nell'anno 2016 un aumento del 30% del numero di contravvenzioni per divieto di sosta, anche se è rimasto invariato rispetto agli anni precedenti il numero di vigili urbani. È corretto affermare che è aumentata l'efficacia del servizio di controllo del traffico? Motiva la risposta.

B. Il Comune di Vitalunga gestisce una Casa protetta in cui ospita 100 anziani. Il costo mensile complessivo sostenuto per la gestione è pari a 300.000 euro. Gli amministratori devono decidere le tariffe da applicare scegliendo fra le seguenti due opzioni:

1. tariffa uguale al costo medio;
2. tariffa differenziata a seconda del reddito (dell'anziano o dei figli) che prevede il pagamento di una retta mensile doppia, rispetto a quella del punto precedente, per i 30 ospiti che sono titolari di un reddito superiore a 60.000 euro annui.

Calcola l'importo delle tariffe relative ai due casi ipotizzati.

C. La tariffa per la fornitura di energia elettrica da parte dell'Enel è così articolata:

1. quota fissa (servizi di commercializzazione, vendita e dispacciamento) = € 5,50 al mese;
2. quota variabile legata ai consumi:
   - F1 (ore 8.00-19.00) € 0,025 al KWh;
   - F2 (ore 19.00-8.00) € 0,119 al KWh.

A quale tipologia appartiene questa tariffa?

3) RISPONDI AI SEGUENTI QUESITI IN UN MASSIMO DI 5/6 RIGHE

Competenza: saper organizzare e sintetizzare i contenuti

A. Qual è la differenza tra attività di allocazione, distribuzione e stabilizzazione?
B. Individua gli enti che fanno parte dell'aggregato AP (Amministrazioni pubbliche).
C. Quali attività svolgono gli enti previdenziali?
D. Quali sono i compiti del Ministero dell'Economia e delle Finanze?
E. Definisci il concetto di efficienza paretiana.
F. Che cosa afferma il 1° teorema dell'economia del benessere?
G. Spiega il motivo per cui la presenza di un monopolio determina un fallimento del mercato.
H. Individua le condizioni che devono essere soddisfatte affinché un mercato assicurativo privato possa funzionare.
I. Spiega, anche ricorrendo a un esempio, in che cosa consiste il partenariato pubblico-privato.
J. Come viene determinata la tariffa a due parti?
K. Che cosa sono le tariffe differenziate?
L. Perché si ricorre alla regolamentazione sociale?
M. Esponi le principali ragioni che giustificano una politica di privatizzazioni.

4) ANALIZZA IL GRAFICO E RISPONDI ALLE DOMANDE

Competenza: analizzare e interpretare dati economici

Spesa pubblica in % del PIL (articolata per funzioni) nei Paesi europei (2012)

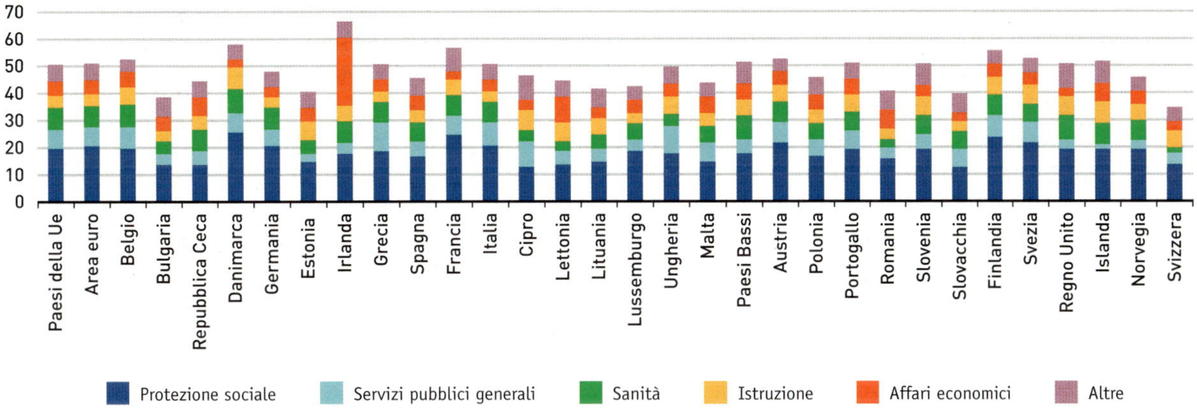

Fonte: Eurostat

A. Metti a confronto la struttura della spesa pubblica dell'Italia con quella dei Paesi europei con caratteristiche socio-economiche simili (Germania, Francia, Spagna, Regno Unito):
   1. ci sono settori in cui spendiamo più degli altri?
   2. ci sono settori in cui spendiamo meno?

B. Quali sono i Paesi che spendono di più per servizi generali? Come si giustifica questo dato (considera che nella spesa per servizi generali è compresa la spesa per interessi)?

ECONOMY HIGHLIGHTS CLIL

5) LEGGI E RISPONDI ALLE DOMANDE

Competenza: comprendere testi di natura economica in lingua inglese

Information, Choices and Development

The world we live in is increasingly rich with news but we are all delivered with poor contents at the point that the stuff between our ears is becoming the scarcest resource . So who are the people who capture our attention? They are the **new big fishes** of the international economy, the ones who control the media and run the tv programs with the highest audience **ratings.** Nowadays they count much more than those who hold the physical capital, and they are much more influential than the owners of factories, or of railway companies or shopping centers. Information goods are expensive to produce, but not to ditribute and copy. There are high fixed costs in data collection and very low marginal costs for its transmission. Technological innovations like the internet have made information potentially accessible to billions of people at no expense. However, in the same way, information is increasingly easy to disseminate, and it is also increasingly easy to get hold of even without **acknowledging** its source, and I'm talking about the intellectual property here**.**

This can make the sale of information impossible and therefore the recovery of the costs of production troublesome. It can even lead to the collapse or to the radical overhaul of entire

markets, like that of the newspapers, which is a field that has high production costs.
The crisis in the mainstream media industry may lead the producers to undergo political conditioning in as much as some politicians are in the **advertising industry**. And since **advertising** spaces are key sources for the backing, this can lead to **blackmail**. These pressures and attempts at conditioning the news are often obscure and not evident, in fact the readers who access information are unable to see its nature and find it difficult to understand the extent to which it is biased. This raises worrying questions about democracy. Disinformation also presents significant economic costs. Without information, prices cease to perform their function and markets cannot operate competitively.
One stark example of the costs of disinformation by a political point of view is the Great Recession of 2008. The collapse of entire financial market segments stemmed from increasingly marked information asymmetries. The banks no longer trusted each other since they all knew that there were a lot of **"toxic" securities** in circulation and no one would have **revealed** a word about it. Even those banks that were only very mildly "intoxicated" and therefore almost keen to communicate the healthy state of thier balance sheets had no chance of beeing trusted in the eyes of the market.
Any information, in fact, is considered valuable to the extent that it is credible. Lets see an example. The information portrayed in a job interview may not be enough for a person seeking **employment**.
He needs to convince a potential **employer** about his abilities to work judiciously, therefore he must find a way of making his qualities visible in order to convince his prospective employer that the boss is hiring the right person. If the candidate has a diploma to display, that will be used to show his **abilities**. And whoever has been clever enough to earn a good diploma – the reasoning goes – shall do well in other jobs too.
[..] Criminal organizations are based precisely on exchanges of this kind, in which the **upper echelons** ensure the loyalty of the subalterns through blackmail. This is made possible by the possession of compromising information that regards them. The information must remain confidential for the blackmail to work. Perhaps thats the real reason why broad swathes of the italian **ruling class** won't **countenance wiretapping** as they risk to make compromising information go public. It must instead remain classified to cement hierarchical relations and maintain power dynamics that depond on blackmail.
We will speak of these and of other issues in the fifth edition of the festival.

Tito Boeri, Scientific Coordinator of the Festival of Economics

A. Read the title and try to guess the content of the text.
B. Now read the text and write the abstract.
C. Why are the new "big fish" those who control the information?
D. What are the information asymmetries?
E. Why "the Italian ruling class cannot countenance wiretapping"?

SEZIONE B

La politica della spesa

Veniamo a scoprire, durante il nostro giro, che nella città di **Economia** il settore pubblico è il maggior datore di lavoro, produttore e consumatore di beni e servizi. Ci viene fatto notare che si può avvertire la sua presenza in ogni momento della nostra vita quotidiana, per esempio quando contattiamo i nostri amici su Facebook, andiamo in discoteca o, addirittura, anche quando riceviamo un regalo dai nonni.

La curiosità ci spinge a continuare la nostra esplorazione, oltrepassando piazza Apuleio, dedicata all'autore di uno dei libri più appassionanti dell'antichità, *L'asino d'oro*. In esso si parla di una metamorfosi e di un grande viaggio che il protagonista compie, dopo essersi trasformato in asino, ascoltando e comprendendo tanti avvenimenti sorprendenti con la costante capacità di stupirsi per le meraviglie del mondo e degli uomini.

COMPETENZE

- Individuare la funzione della spesa pubblica come strumento di politica economica in relazione alle principali correnti di pensiero
- Analizzare la struttura della spesa pubblica e la sua evoluzione con particolare attenzione alla spesa per la sicurezza sociale
- Riconoscere i principali strumenti che caratterizzano il sistema italiano di Welfare

UNITÀ 1 La spesa pubblica

1 La spesa pubblica e le sue classificazioni

2 Le cause dell'espansione della spesa pubblica

3 Le diverse concezioni storiche dell'intervento pubblico

4 L'analisi costi-benefici

5 Un'alternativa alla spesa pubblica: il project financing

Un nuovo centro pasti serve i bambini di Sassuolo

Il centro produce in media 1.400 pasti giornalieri per le scuole dell'infanzia e primarie di Sassuolo. Accurata la selezione delle materie prime

È stato inaugurato sabato 11 ottobre 2014 alla presenza del Sindaco di Sassuolo Claudio Pistoni e della Presidente di CIR Food Chiara Nasi il nuovo Centro di produzione pasti di Sassuolo, in provincia di Modena, che produrrà, per tutti i giorni del calendario scolastico, i pasti destinati alle scuole del territorio, per un totale annuo previsto di 220.000 pasti.

Il Centro pasti è stato realizzato a seguito di un bando di Project Financing, pubblicato il 7/04/2010, che comprendeva la costruzione dell'opera e degli impianti, la fornitura delle attrezzature e il servizio di refezione scolastica (produzione, trasporto e somministrazione nelle strutture presso le scuole del territorio). La convenzione avrà una durata di 10 anni.

L'attività del nuovo Centro pasti di Sassuolo è iniziata il 15 settembre 2014.

Con una capacità potenziale produttiva media di 2.000 pasti al giorno, il Centro si sviluppa su una superficie di 975 mq, in cui lavorano 46 persone (15 al centro pasti e 31 nei terminali di distribuzione) per servire la refezione scolastica del Comune di Sassuolo (circa 1.400 pasti medi giornalieri): cuochi, dietisti, addetti al confezionamento e alla distribuzione.

Il servizio prevede l'impiego di materie prime di alta qualità e per larga parte provenienti da agricoltura biologica, equo solidali, DOP e IGP. Le diete speciali per intolleranze alimentari o esigenze religiose sono l'11% dei pasti giornalieri e sono preparate in un'area dedicata.

«In questo centro pasti abbiamo portato il meglio del nostro servizio di ristorazione pubblica, investendo 2,4 milioni di euro per i lavori» dichiara Chiara Nasi, Presidente di CIR Food. «Il nostro impegno è di offrire ai più piccoli non solo prodotti di qualità, ma anche un approccio al cibo positivo e consapevole». [...]

Cooperativa italiana di ristorazione
«cir-food.it/it/news», 14 ottobre 2014

attività

1. Sigle come DOP, DOCG, IGP e BIO identificano determinati marchi di certificazione della qualità. Quali?
2. Quali modalità di finanziamento e produzione di beni e servizi caratterizzano il *project financing*?

1 LA SPESA PUBBLICA E LE SUE CLASSIFICAZIONI

La presenza dello Stato, attraverso la spesa pubblica, è molto ampia.

Pensiamo alla nostra giornata...

- Ci colleghiamo a Internet
- Prendiamo l'autobus o il treno
- Facciamo una telefonata
- Passeggiamo nei giardini pubblici
- Prendiamo una multa per divieto di sosta
- Ricorriamo al medico di base
- Percorriamo di notte una strada illuminata
- Andiamo in biblioteca
- Seguiamo il corso di nuoto presso la piscina comunale

... e alla nostra vita

- Nasciamo in un ospedale (spesso pubblico) e ci registrano all'anagrafe
- Prima da bambini e poi da giovani passiamo molti anni in scuole (pubbliche o sovvenzionate dallo Stato)
- Lavoriamo: a volte presso enti pubblici, a volte presso aziende private che ricevono aiuti e incentivi pubblici
- Creiamo una famiglia, abbiamo figli e in molti casi ci sono sussidi dallo Stato (assegni familiari, contributi per l'affitto della casa, ecc.)
- Ci ammaliamo e quasi sempre siamo curati presso strutture pubbliche
- Cessiamo di lavorare e viviamo di una pensione, quasi sempre pubblica
- Si muore e saremo sepolti in un cimitero costruito dal Comune

Come già sappiamo dallo studio dell'economia politica, gli individui avvertono bisogni che si distinguono in privati e pubblici. I primi sono avvertiti dall'individuo in quanto tale (cibo, vestiario, divertimento, ecc.); i secondi sono sentiti dai singoli soggetti in quanto appartenenti a una collettività (difesa, giustizia, ordine pubblico, ecc.).

Mentre i bisogni privati vengono soddisfatti dal mercato, quelli pubblici sono soddisfatti dallo Stato e dagli altri enti pubblici mediante la produzione di beni e la prestazione di servizi che, generalmente, non hanno un prezzo. Il loro costo, infatti, viene coperto grazie ai tributi che tutti i cittadini sono tenuti a pagare.

Vi sono, poi, anche beni e servizi offerti dallo Stato alla collettività, perché rispondenti a esigenze di giustizia sociale e di sviluppo civile e culturale. Pensiamo alle spese per la cultura, per l'istruzione, per la salute, per l'abitazione, ecc.

L'insieme dei mezzi finanziari erogati per tali attività costituisce la **spesa pubblica**.

Public expenditure
Spesa pubblica
Expenditure incurred by public authorities like central state and local governments to satisfy the collective wants.

Quali sono i più importanti criteri di classificazione delle spese pubbliche?

Current expenditure
Spesa corrente
Expenditure to directly sustain the functioning of public activity within the current year, including expenditure for goods and services, interest payments, subsidies, transfers.

Capital expenditure
Spesa in conto capitale
Expenses for acquisition, enhancement of land, roads, buildings, bridges, hospitals, schools; installation or replacement of plant, machinery, equipment; grants or other capital leases; acquisition of shareholding and stakeholding, when the benefits continue over a long period, rather than being exhausted in a short period.

La spesa pubblica può essere analizzata secondo vari criteri di classificazione.

Una prima fondamentale distinzione, riguardante l'incidenza economica, è quella fra **spesa corrente** e **spesa in conto capitale**.

Le **spese correnti** consentono il normale funzionamento dell'attività pubblica nel corso di un esercizio. Si tratta di spese che hanno il carattere della ripetitività, anche se il loro ammontare può variare nel corso del tempo in base alle diverse necessità e scelte politiche.

Appartengono a questa categoria le spese relative alle retribuzioni per i dipendenti pubblici, alle pensioni, agli acquisti di beni e servizi necessari per il funzionamento delle pubbliche istituzioni, agli interessi sui titoli del debito pubblico.

Le **spese in conto capitale** riguardano gli investimenti pubblici diretti e indiretti.

I primi sono effettuati direttamente dallo Stato per la creazione di infrastrutture e opere pubbliche (edifici scolastici, ospedali, strade, aeroporti, ecc.) o per l'acquisto di beni strumentali durevoli (automezzi, attrezzature per laboratori, ecc.).

I secondi si riferiscono ai contributi erogati dallo Stato ad aziende ed enti privati per finanziare gli investimenti.

Le spese in conto capitale, data la loro natura, si verificano a intervalli di tempo diversi, cioè non con la stessa regolarità con cui vengono pagate, in genere, le spese correnti.

Si tratta di spese che esplicano i loro effetti nel medio e lungo periodo e hanno lo scopo di incidere sulla formazione del capitale nazionale.

Una seconda distinzione, relativa alla destinazione della spesa, è quella fra **spese di produzione** e **spese di redistribuzione**.

Le **spese di produzione** sono quelle sostenute dalla Pubblica amministrazione come corrispettivo per l'acquisto sul mercato di risorse e fattori produttivi necessari alla produzione di beni e servizi pubblici e alla creazione di infrastrutture.

Ricordiamo a titolo di esempio le somme sostenute per pagare gli stipendi ai dipendenti pubblici, per l'acquisto di materiali, attrezzature, energia, ecc.

Le **spese di redistribuzione** (o **di trasferimento**) sono costituite da somme che la Pubblica amministrazione trasferisce a determinate categorie di soggetti in possesso di particolari requisiti, di natura sociale o economica, senza alcun corrispettivo.

Esse consentono di attuare una redistribuzione della ricchezza, in quanto sono finanziate dai contribuenti mediante il pagamento delle imposte e, quando sono rivolte alle famiglie, avvantaggiano in genere le fasce più deboli della popolazione.

Con tali spese si realizza lo Stato sociale o *Welfare State*.

I trasferimenti possono anche avvenire a favore delle imprese o di enti pubblici o altre istituzioni.

In Italia quali sono le principali tipologie di spese per trasferimenti?

La spesa per i **trasferimenti** alle famiglie è rappresentata dalle **prestazioni sociali** (pensioni, sussidi di disoccupazione, spese assistenziali, parte delle spese sanitarie, quali la rimunerazione dei medici di base, ecc.). Alle imprese sono diretti, invece, i **contributi alla produzione** e i **trasferimenti in conto capitale**.

I primi sono sussidi che lo Stato eroga alle imprese che producono servizi di utilità sociale consentendone, in alcuni casi, l'offerta a un prezzo inferiore a quelli di mercato. È il caso, per esempio, dei sussidi attribuiti alle ferrovie.

I secondi, invece, sono contributi erogati alle imprese a condizione che effettuino determinati investimenti produttivi.

Transfers
Trasferimenti
Payments made in favour of specific subjects, like individuals or enterprises.

Social benefits
Prestazioni sociali
Current transfers to individuals and households to provide for the needs that arise from certain events or circumstances, for example: sickness, unemployment, retirement, or other special circumstances.

È bene tener conto di altri criteri di distinzione delle spese pubbliche?

Secondo l'**ente che le effettua** distinguiamo:
- spese **statali**, sostenute dallo Stato centrale;
- spese **locali**, effettuate dagli enti pubblici territoriali (Regioni, Comuni, Province).

Secondo lo **scopo** distinguiamo:
- spese **di governo**, sostenute per soddisfare i bisogni pubblici (ordine pubblico, difesa, istruzione, sanità);
- spese **di esercizio**, effettuate per conseguire e gestire le entrate (accertamento e riscossione dei tributi, dei proventi derivanti dai beni patrimoniali, ecc.).

Secondo il **grado di obbligatorietà** imposto dall'ordinamento giuridico, ricordiamo:
- spese **obbligatorie**, derivanti da disposizioni legislative inderogabili relative sia all'ammontare sia alla scadenza (stipendi dei dipendenti pubblici, interessi, pensioni, ecc.);
- spese **facoltative**, che scaturiscono dall'attività discrezionale della Pubblica amministrazione, a cui la legge attribuisce la facoltà di agire, in determinati ambiti, nel modo che ritiene più efficace per il perseguimento dell'interesse pubblico (esecuzione di opere pubbliche, realizzazione di interventi in campo sociale, ecc.).

In base al **tempo** distinguiamo:
- spese **ordinarie**, sostenute con una certa regolarità in ogni esercizio finanziario, in quanto relative al soddisfacimento dei bisogni pubblici fondamentali e prevedibili (stipendi, pensioni, ecc.);
- spese **straordinarie**, sostenute per far fronte a eventi di natura eccezionale e, spesso, imprevedibili (crisi strutturali di un settore economico, calamità naturali, guerre, ecc.).

In un Paese qual è il più importante indicatore del peso assunto dal settore pubblico nella vita della collettività?

Il rapporto fra l'ammontare della spesa pubblica (G) e il Prodotto interno lordo di un Paese (G/PIL) costituisce un dato molto significativo perché indica quanta parte del reddito nazionale è gestita ogni anno dal settore pubblico per conseguire obiettivi riguardanti la collettività. In sostanza esso consente di mettere a confronto e di misurare il rapporto fra il settore pubblico e il settore privato nell'ambito del sistema economico complessivo; si tratta di un rapporto che non è definito una volta per tutte, ma dipende dal momento storico, dalle idee e dalle scelte di coloro che, di volta in volta, esercitano il potere politico.

Primary expenditure
Spesa primaria
Total government spending for primary public services, like education, healthcare system, welfare, home care, excluding interest payments on public bonds.

Si sente spesso parlare di spesa primaria. In che cosa consiste?

La **spesa primaria** è costituita dalla spesa statale complessiva al netto della spesa per interessi che lo Stato paga ai detentori di titoli del debito pubblico, quali Bot, Btp, ecc. (fig. 1). Essa pertanto mette in evidenza l'ammontare delle risorse che lo Stato destína all'erogazione dei servizi fondamentali (come, per esempio, scuola, sanità, ordine pubblico) oppure alle infrastrutture.

Figura 1

Spese correnti al netto degli interessi nei principali Paesi dell'Unione europea nel 2015 in percentuale del PIL

Fonte: Banca d'Italia Eurosistema.

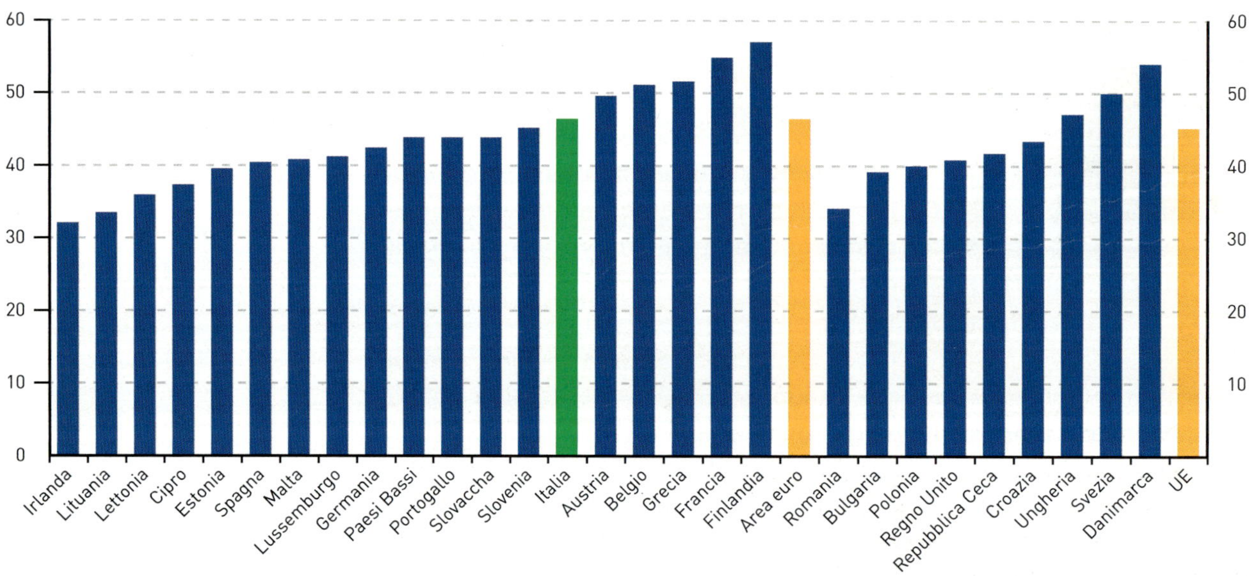

2 LE CAUSE DELL'ESPANSIONE DELLA SPESA PUBBLICA

La quota del PIL assorbita dalla spesa pubblica è salita in tutto il XX secolo in modo significativo in quasi tutti i Paesi industrializzati, tra cui l'Italia, ma in maniera più o meno intensa.

Prendiamo in considerazione il conto economico consolidato delle Amministrazioni pubbliche italiane, pubblicato a dicembre 2014 dall'Istat, che riporta il totale delle uscite complessive per l'anno 2013. Esso è stato di 827.175 milioni (circa 827 miliardi) di euro, più o meno la metà del PIL (fig. 2).

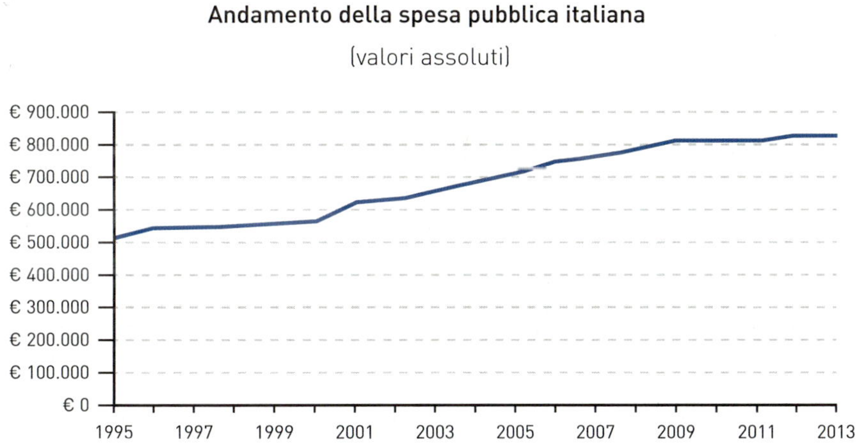

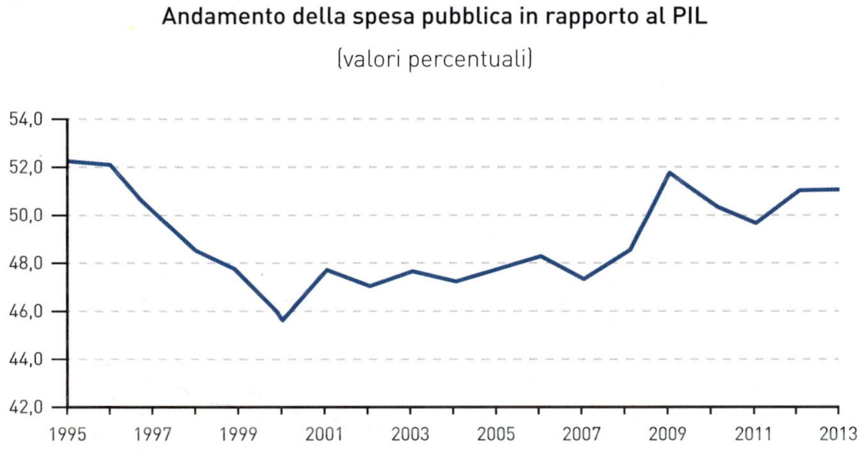

Figura 2

Andamento della spesa pubblica italiana dal 1995 al 2013

Il grafico mette in evidenzia come tra il 1995 e il 2000 la spesa pubblica italiana sia diminuita in rapporto alla ricchezza prodotta, ovvero come la spesa pubblica sia cresciuta in modo meno rapido rispetto alla crescita del PIL. Tra il 2000 e il 2009 la spesa pubblica italiana ha ripreso a crescere più velocemente della ricchezza del Paese fin quasi a raggiungere il livello del 1995, segnando poi una inversione di tendenza tra il 2009 e il 2011 e infine una nuova crescita tra il 2011 e il 2013.

Spending review
Revisione della spesa
Refers to the systematic and in-depth scrutiny of public expenditure with the objective to detect efficiency savings and opportunities for cutting low-priority or ineffective expenditures in a coordinated effort.

Il problema al centro del dibattito politico ed economico riguarda l'esplosione dei debiti pubblici dopo la crisi iniziata nel 2008, con la conseguente necessità di modificare le caratteristiche dell'intervento pubblico. Si tratta in sostanza di trovare un nuovo equilibrio e rivedere il rapporto fra riduzione delle disuguaglianze e crescita economica sostenibile.

È chiaro infatti che la riduzione degli squilibri sociali implica un ruolo attivo dello Stato in chiave redistributiva, mentre un rilancio della crescita economica richiede una riduzione di alcune spese correnti e, al tempo stesso, una tassazione più equa che avvantaggi i percettori di redditi medio-bassi e le piccole imprese.

Un altro elemento di discussione riguarda il rapporto fra il livello della spesa pubblica e la qualità e quantità dei servizi che vengono erogati.

Molti interventi già attuati o annunciati avranno senz'altro un impatto (dalla centralizzazione degli acquisti alle norme sugli appalti, dalla riforma della Pubblica amministrazione alle norme anti-evasione). Ma, a oggi, molte delle distorsioni e delle inefficienze croniche della spesa restano irrisolte.

A partire dal 2012, di fronte all'aggravarsi della crisi finanziaria, in gran parte dovuta a una crescita eccessiva della spesa pubblica, sono stati emanati provvedimenti di razionalizzazione della stessa (*spending review*) al fine di ridurre gli sprechi più evidenti.

Sebbene non esista una definizione precisa di **spending review**, con questa espressione si intende quel processo di **revisione della spesa** atto a migliorare l'efficienza e l'efficacia della Pubblica amministrazione nella gestione della spesa pubblica.

☐ Storicamente la spesa pubblica ha sempre avuto un andamento di crescita interrotto da periodi di rallentamento?

La crescita della spesa pubblica è storicamente evidente. Molti autori, nelle diverse epoche, hanno tentato di individuarne le molteplici cause e hanno formulato teorie che possiamo suddividere in:

- teorie di **tipo societario**;
- teorie di **tipo politico**.

Tra le **teorie di tipo societario**, una delle teorie più famose è quella formulata nella seconda metà del secolo XIX dall'economista tedesco **Adolph Wagner** e nel 1903 dall'economista italiano **Francesco Saverio Nitti**, poi ripresa in parte da autori come **William Baumol** e **Richard Musgrave**.

Essa fa dipendere la crescita della spesa pubblica dall'evoluzione strutturale della società.

La tesi di **Wagner** si fonda sull'analisi del rapporto fra la crescita del settore privato e quella del settore pubblico. Il processo di industrializzazione crea effetti negativi che lo Stato è chiamato a correggere. Wagner fa riferimento, per esempio, al processo di urbanizzazione, con i conseguenti problemi di danneggiamento dell'ambiente e di disagio sociale. Inoltre, con il procedere dello sviluppo, le relazioni fra gli operatori economici diventano più complesse e si rende necessario un sistema di leggi e di controlli più pesante. In sostanza, l'aumento del reddito nazionale di un Paese determina un aumento dell'intervento pubblico, in quanto i cittadini chiedono allo Stato servizi sempre più complessi ed evoluti.

Nitti individua le seguenti ragioni della crescita (allora rilevabile) della spesa pubblica:

- le spese militari;
- i debiti pubblici (con le conseguenze sull'onere per gli interessi annui dovuti ai sottoscrittori);
- i grandi lavori pubblici legati al progresso tecnico, all'urbanesimo, ecc. e la legge di Engel sull'evoluzione dei tipi di consumi al crescere del reddito (condivisa da Wagner);
- lo sviluppo di tutte le forme di protezione sociale.

Una teoria particolarmente interessante è quella elaborata nel 1967 dall'economista americano **Baumol**, che spiega la crescita della spesa pubblica con le caratteristiche tecniche e organizzative dei servizi pubblici, quali scuola, sanità, attività assistenziali, ecc. La produzione di questi ultimi, infatti, solo in minima parte è caratterizzata da innovazioni tecnologiche che comporterebbero aumenti di produttività dei singoli lavoratori; il contrario, invece, avviene per le altre attività produttive, prime fra tutte l'industria manifatturiera. In pratica l'ipotesi centrale del modello di Baumol, anche se estremamente semplificata, è che le attività economiche sono classificabili in due categorie:

- **attività progressive**, in cui le innovazioni tecniche e l'accumulazione di capitale permettono un incremento continuo della produzione effettuata da ciascun lavoratore;
- **attività stagnanti**, caratterizzate da un progresso tecnico minimo o del tutto sporadico.

Alexis de Tocqueville

L'aumento della produttività nelle attività del primo tipo comporta equivalenti incrementi salariali che, tuttavia, vengono richiesti anche dai lavoratori appartenenti ai settori stagnanti, che sono prevalentemente quelli pubblici. Questo determina, conseguentemente, una crescita significativa della spesa pubblica. Il principale limite del modello di Baumol è che esso si limita a considerare le sole spese pubbliche inerenti alla produzione di servizi e non si sofferma in alcun modo su quelle relative ai trasferimenti, il cui peso è andato aumentando nel tempo.

La seconda categoria comprende le **teorie di tipo politico**.

Il filosofo, sociologo e politico francese **Alexis de Tocqueville** (1805-1859) già nella prima metà dell'Ottocento sosteneva che la crescita della spesa dipendeva da due fattori principali:

- il **diritto di voto**;
- la **distribuzione della ricchezza**.

Egli, nel 1835, scriveva: «Se si volesse stabilire un parallelo fra una repubblica democratica e una monarchia assoluta, si troverebbe che le spese pubbliche sono più elevate nella prima che nella seconda».

La tesi fondamentale di Alexis de Tocqueville è che l'introduzione di un regime politico a **suffragio universale** comporta un aumento del numero di elettori favorevoli all'azione redistributiva della spesa pubblica,

Universal suffrage
Suffragio universale
The right of all adult citizens who are not disqualified by the law to vote in an election.

quali, per esempio, anziani, giovani privi di adeguata formazione, ecc. Di conseguenza, in tutti i sistemi democratici si assiste a un incremento della spesa pubblica, a differenza di un regime politico a suffragio ristretto in cui il diritto di voto spetta soltanto a elettori con redditi medio-alti, naturalmente contrari alla redistribuzione.

Questa impostazione è stata ripresa anche da alcuni autori moderni tra cui, ricordiamo, **Allan Harold Meltzer** e **Scott F. Richard**, i quali mostrano come lo sviluppo del settore pubblico, in un sistema democratico in cui vige il suffragio universale e la regola della maggioranza, sia determinato dalla scelta di massimizzare il benessere "dell'elettore mediano", cioè di colui che taglia a metà l'elettorato (il 50% dei votanti ha preferenze di spesa inferiori alle sue, mentre il restante 50% ha preferenze di spesa superiori alle sue). Tra i cittadini che hanno ottenuto il diritto di voto egli è decisivo. Infatti gli elettori con reddito inferiore a quello del votante mediano desidereranno livelli elevati di spesa pubblica redistributiva e una più elevata tassazione, mentre coloro che hanno un reddito superiore vogliono minore spesa per la redistribuzione e tasse più basse. L'elettore mediano, invece, è l'unico che con la votazione a maggioranza vede soddisfatte esattamente le sue preferenze.

I due economisti inglesi, **Alan Peacock** e **Jack Wiseman**, negli anni Sessanta del XX secolo, sostengono che tra i partiti al Governo e gli elettori esista un confronto: i primi sono propensi ad aumentare la spesa pubblica, perché ne traggono popolarità, mentre ai secondi non piace essere sottoposti per questo motivo a un aumento di tassazione. In condizioni normali ciò fa sì che la quota di spesa e di entrata rispetto al reddito si mantenga costante. Periodicamente, però, si verificano eventi eccezionali, quali guerre, calamità naturali, gravi crisi economiche, che comportano un aumento della spesa stessa e un più elevato livello di imposizione fiscale, accettato dai cittadini consapevoli delle difficoltà del Paese. Tuttavia, passata la crisi, la spesa pubblica non tornerà al livello originario, come pure non calerà la pressione fiscale, perché i cittadini si sono abituati alla maggiore quantità di servizi pubblici rispetto al passato e quindi ai nuovi livelli di spesa e di imposizione fiscale. In questo modo si verifica il cosiddetto ***displacement effect***: lo Stato ha spiazzato il settore privato, in quanto sono aumentati il prelievo fiscale e la spesa pubblica.

Lobbies
Gruppi di pressione
The act of attempting to influence business and government leaders to create legislation or conduct an activity that will help a particular organization.

Altri autori negli anni Novanta del secolo scorso sottolineano anche il ruolo dei **gruppi di pressione**, ognuno dei quali è portatore di un interesse specifico a favore di interventi di spesa da cui trarre particolari vantaggi. Basti pensare ad alcune importanti associazioni che fanno riferimento agli imprenditori, agli anziani, ai lavoratori, ai consumatori, ecc.

In sintesi:

PERCHÉ LA SPESA PUBBLICA AUMENTA

- sviluppo economico
- suffragio universale
- richiesta di servizi sociali
- ruolo dei gruppi di interesse (lobbies)
- scarsa produttività delle attività pubbliche
- eventi eccezionali

3 LE DIVERSE CONCEZIONI STORICHE DELL'INTERVENTO PUBBLICO

La composizione e l'andamento della spesa pubblica sono stati l'oggetto di studio di teorie finanziarie che si sono affermate nel tempo, sviluppandosi in parallelo con l'evoluzione dell'economia politica.

Si è visto nel primo volume come l'analisi del pensiero economico in esso svolta abbia avuto come filo conduttore le diverse posizioni sul ruolo da assegnare allo Stato. Pertanto, le teorie finanziarie, elaborate a partire dalla seconda metà del Settecento, sono la diretta espressione delle scuole di pensiero già analizzate e possono essere raggruppate nelle categorie della **finanza neutrale**, **finanza sociale**, **finanza congiunturale**, **finanza funzionale**.

Neutral finance
Finanza neutrale
State in which the distribution of incomes is left unaltered by the government which refrains from interfering in the workings of the free market.

Social finance
Finanza sociale
Theory that promotes a partial state intervention in the economy for the achievement of social targets.

Anticyclic finance
Finanza congiunturale
Theory that promotes more state intervention in the economy of a country for the economic cycle stabilization.

Functional finance
Finanza funzionale
Theory that seeks to eliminate economic insecurity through government intervention in the economy.

Quali sono gli elementi essenziali di tali concezioni finanziarie?

La tabella 1 mette a confronto in modo sintetico le suddette teorie finanziarie.

Tabella 1 – Teorie finanziarie

Finanza neutrale	Nasce con la scuola classica, il cui principale esponente è **Adam Smith** (1723-1790). Lo Stato deve astenersi dall'intervenire sul libero mercato, essendo questo in grado di ottenere risultati ottimali per l'intera società. Deve pertanto limitarsi alle funzioni istituzionali (beni pubblici puri) e alla tutela della libera concorrenza. Tale concezione, peraltro, è stata sostanzialmente ripresa più volte nel corso di più di due secoli. In particolare l'economista e filosofo di origine austriaca **F. Von Hayek** (premio Nobel per l'economia 1974) ha messo in evidenza, fra gli altri, il concetto di "ordine spontaneo" realizzato dal libero mercato; in tempi più recenti queste teorie sono state riproposte, anche in modo più radicale, sia da filosofi come **Robert Nozick** con la sua teoria dello "Stato minimo", sia da economisti ultraliberisti. Per coloro che seguono questa impostazione teorica, le altre attività (cioè quelle che vanno al di là delle funzioni essenziali) sono svolte sempre meglio dai privati che dallo Stato, in quanto l'attività privata è più efficiente, mentre l'intervento pubblico comporterebbe solo una inevitabile perdita di benessere collettivo.
Finanza sociale	È una concezione "parzialmente interventista" legata alla possibilità di interventi statali nel settore dell'istruzione e dell'assistenza sanitaria che affianchino gli analoghi servizi offerti dal settore privato, a salvaguardia delle classi sociali più deboli. Il primo a sostenere queste idee fu a metà Ottocento l'economista **John Stuart Mill**; nella prima metà del Novecento aderì a questi principi anche **Luigi Einaudi**.
Finanza congiunturale	Concezione sviluppatasi in seguito alla Grande crisi del 1929-1932, secondo cui lo Stato deve intervenire con un insieme di provvedimenti capaci di stabilizzare le fasi di espansione e di depressione del ciclo economico.
Finanza funzionale	Alla base della finanza funzionale vi è la concezione "interventista" di **J.M. Keynes**, secondo cui lo Stato deve operare in modo permanente nel mercato, non solo con una politica anticiclica ma anche con interventi in campo sociale orientati al raggiungimento di una distribuzione dei redditi più equa di quella prodotta dal mercato.

Arthur Laffer

In sostanza lo sviluppo del pensiero finanziario è caratterizzato dalla contrapposizione fra teorie di stampo liberista e teorie di stampo interventista. Tra gli indirizzi di ispirazione liberista ricordiamo la "**teoria monetarista**" di **Milton Friedman** (1912-2006), esponente principale della Scuola di Chicago, i modelli della "**Nuova Macroeconomia Classica**" (sviluppati da **R.E. Lucas**, **T. Sargent**, **N. Wallace**, **Robert Barro**) e la teoria della "**Supply Side Economics** - Economia dell'Offerta" (di cui **A. Laffer è stato uno dei principali esponenti**), tutti critici nei confronti delle politiche keynesiane e dell'interventismo statale (vedi 1° volume).

Nell'ambito delle **teorie neoliberiste** un contributo originale proviene dalla **Teoria delle scelte pubbliche** (*Public Choice*), i cui principali esponenti sono gli economisti statunitensi **James Buchanan** (1919), premio Nobel per l'economia 1986, e **Gordon Tullock** (1922). La loro analisi in merito all'attività finanziaria pubblica è indirizzata a un attento studio delle diverse categorie di operatori pubblici, dei loro comportamenti, dei meccanismi di formazione delle loro decisioni e delle strutture politico-amministrative entro le quali essi esercitano la loro attività.

Gli esponenti di questa scuola di pensiero considerano gli operatori pubblici (politici e burocrati) degli attori razionali guidati da interessi egoistici e dall'obiettivo della massimizzazione dell'utilità. I cittadini, pertanto, anche in un contesto democratico, sono nell'impossibilità di controllare sia le decisioni di tali attori, sia la crescita del settore pubblico e della spesa pubblica. Tutto ciò causa l'inevitabile fallimento dello Stato, impossibilitato a fornire beni e servizi efficienti senza incappare in ingenti sprechi di risorse finan-

IN PILLOLE

Confronto tra politiche interventiste e politiche neoliberiste

Politiche interventiste	Politiche neoliberiste
Aspetti positivi: • attenuazione delle conseguenze negative delle fasi recessive dell'economia (riduzione della disoccupazione); • creazione di un sistema di protezione sociale; • realizzazione di una più equa distribuzione del reddito.	**Aspetti positivi:** • controllo dell'inflazione (stabilizzazione monetaria); • controllo della dinamica salariale (stabilizzazione delle relazioni industriali); • sostegno alle condizioni di offerta delle imprese in termini di profittabilità.
Aspetti negativi: • rischio di eccessivo debito pubblico; • rischio di inflazione; • rischio di forme di assistenzialismo ingiustificate; • rischio di eccessiva crescita del settore pubblico; • probabile inefficacia delle politiche interventiste nel contesto della globalizzazione e in assenza di cooperazione internazionale.	**Aspetti negativi:** • inefficacia nel breve periodo dei meccanismi automatici del mercato nel risolvere le crisi economiche; • rischio di una forte instabilità dei mercati finanziari (bolle speculative) e della diffusione dell'incertezza sulla profittabilità di nuovi investimenti; • rischio di recessione e di contrazione del credito a famiglie e imprese; • accresciuta sperequazione distributiva; • precarietà dei rapporti di lavoro.

ziarie. Per rimediare a tale situazione ritengono che occorra ridimensionare l'intervento statale attraverso l'introduzione di regole costituzionali certe.

A questi indirizzi di ispirazione liberista, negli anni Ottanta, si contrappongono gli esponenti della **Nuova Macroeconomia Keynesiana**, che negli Stati Uniti cercano di dare fondamenta microeconomiche rigorose alla teoria keynesiana, tentando di superare le critiche rivolte loro dalle teorie neoliberiste. I contributi di autori, quali **T. Negishi**, **J. Stiglitz**, **G. Akerlof**, **J. Yellen**, **B. Greenwald**, rappresentano singoli "pezzi" di teoria motivati dall'obiettivo comune di spiegare la disoccupazione come fenomeno "involontario" e sostenere l'interventismo statale.

Chi ha ragione tra interventisti e neoliberisti?

Prendere posizione nei confronti della controversia tra interventisti e liberisti non è facile. Keynesiani e monetaristi hanno entrambi colto aspetti importanti della realtà.

L'impostazione keynesiana ha messo in luce, da un lato, dei meccanismi economici in gran parte realmente esistenti nei sistemi capitalistici; dall'altro, tuttavia, è stata incapace di tenere sotto controllo la stagflazione nel periodo successivo alle crisi petrolifere degli anni Settanta, nonostante i successi ottenuti fino a quel momento.

Allo stesso modo l'impostazione neoliberista ha messo in luce i danni provocati dall'instabilità monetaria, ma, d'altra parte, con la sua estrema fiducia nei meccanismi di aggiustamento automatico del mercato, è andata troppo oltre nell'attribuire ai comportamenti degli individui doti di perfetta razionalità che consentono aspettative corrette e che portano a ritenere inutile, se non dannoso, qualsiasi intervento dello Stato in campo economico.

Certamente oggi, a causa della necessità di tenere sotto controllo il debito pubblico, la politica fiscale è sottoposta a vincoli che le impediscono di svolgere il suo ruolo di stimolo dell'economia. In Europa, infatti, il **Patto di stabilità e crescita** impone agli Stati membri stretti vincoli ai bilanci pubblici, delimitando fortemente lo spazio per gli interventi di sostegno della domanda. Vengono quindi frenate quelle manovre fiscali che consentirebbero il rilancio dell'occupazione, a cui si aggiunge la mancata fissazione nei Trattati dell'Unione europea di un parametro vincolante per il tasso di disoccupazione.

Nel contesto attuale è auspicabile un ritorno a politiche di ispirazione keynesiana?

In anni recenti si è verificata una fase di depressione dell'economia che durerà nelle previsioni più pessimistiche ancora per molto tempo, addirittura fino al 2025. Questa situazione si è prodotta in seguito:

- **alla stagnazione iniziata nella seconda metà degli anni Settanta** e prolungatasi negli anni Ottanta e Novanta, in cui si sono esauriti gli effetti della rivoluzione tecnologica precedente;

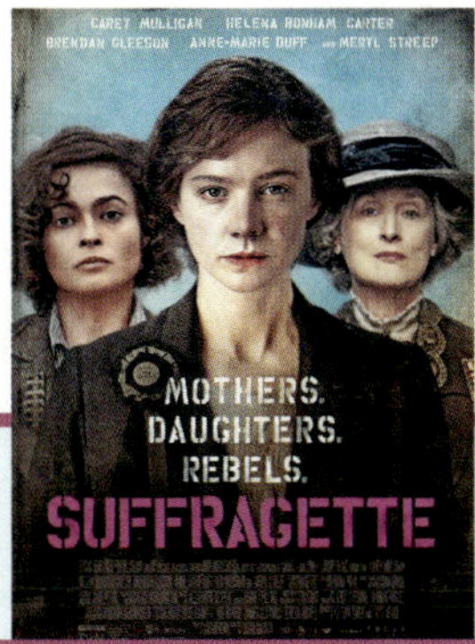

Suffragette

Film drammatico-storico
di Sarah Gavron, 2015

Il film ripercorre la storia di alcune donne del primissimo movimento femminista, appartenenti alle classi colte e benestanti e in lotta per il riconoscimento del diritto di voto.

Le vicende sono ispirate ai fatti avvenuti in Inghilterra tra il 1912 e il 1918, che portarono all'approvazione nel 1928 della prima legge sul voto alle donne.

Costrette a constatare che la protesta pacifica non riesce a portare ad alcun risultato, le protagoniste radicalizzano i loro metodi e sono disposte a perdere tutto nella loro battaglia per l'eguaglianza: il lavoro, la famiglia, i figli e la vita.

- Guarda il film e discutine con i tuoi compagni e l'insegnante.

LETTERA DI J.M. KEYNES A ROOSEVELT (1933)

[...] Nel breve periodo si deve stimolare la domanda aggregata, e a questo fine la spesa pubblica finanziata in deficit è cruciale; mentre tentare di far crescere la produzione e il reddito mediante un aumento della quantità di moneta è come tentare di ingrassare comperando una cintura più lunga. La quantità di moneta è soltanto un vincolo, mentre il fattore propulsivo è il volume della spesa. [...]

- **al verificarsi negli anni Novanta di mutamenti radicali**, dovuti all'apertura dei mercati, alle liberalizzazioni valutarie con conseguente incentivazione del movimento dei capitali finanziari, della crescita degli investimenti diretti esteri, della creazione di una forte mobilità della forza lavoro.

Si è trattato di un profondo cambiamento strutturale, la cui rilevanza ha contrapposto tra loro economisti liberisti ed economisti keynesiani. Quello che è certo è che la politica economica di qualsiasi tipo, post-keynesiana o neoclassica, non è di per sé in grado di annullare la tendenza depressiva di fondo che si è creata o di provocare una nuova rivoluzione tecnologica, ma ciò non toglie che può sfruttare in termini di sviluppo le potenzialità del cambiamento strutturale in atto svolgendo due compiti essenziali:

- **evitare che la depressione diventi sempre più profonda**, con conseguenze sociali tragiche, per esempio, rendendo più produttiva la spesa pubblica e contenendo la crescita del debito pubblico mediante una regolazione dei servizi che ne riduca il costo, destinando le risorse solo a investimenti pubblici veramente utili alla collettività, intensificando la lotta all'evasione fiscale, riducendo il peso della burocrazia;
- **attuare provvedimenti innovativi**, alcuni dei quali riconosciuti anche a livello ufficiale dalle autorità europee, come il sostegno pubblico alla ricerca e alla innovazione, i programmi di formazione e qualificazione della forza lavoro, le infrastrutture (asili, scuole, alloggi a prezzi accessibili, ecc.) che favoriscono gli spostamenti territoriali dei lavoratori che devono trasferirsi dai settori in declino ai settori in espansione.

4 L'ANALISI COSTI-BENEFICI

Cost-benefit analysis
Analisi costi-benefici
Technique used for calculating and comparing costs of a decision, project or government policy with its benefits.

Lo Stato, quando effettua una spesa produttiva, valuta se tale spesa è meritevole di essere sostenuta.

Poiché ogni progetto di spesa comporta allo stesso tempo dei costi e dei benefici, il metodo che la Pubblica amministrazione (per esempio lo Stato o una Regione o un Comune) talora usa per decidere se effettuare una spesa oppure no è l'**analisi costi-benefici.**

Lo scopo dell'**analisi costi-benefici** è quello di contribuire al raggiungimento dell'efficienza economica, assicurando che le risorse disponibili siano investite nel modo più efficiente per la società nel suo complesso. L'obiettivo è giungere alla comparazione di benefici e costi associati alla realizzazione di un progetto, per determinare se il progetto produce un incremento (o riduzione) nel livello di benessere di una collettività, tale da consigliarne (o sconsigliarne) la realizzazione.

La Pubblica amministrazione deve valutare, cioè calcolare, i **costi monetari e sociali** e i **benefici monetari e sociali** derivanti dal programma di spesa, che è finalizzato alla realizzazione di un progetto pubblico, per esempio la costruzione di un'autostrada.

I **costi monetari** sono le uscite monetarie che la Pubblica amministrazione sostiene per realizzare il progetto pubblico.

I **costi sociali** sono i danni e le perdite che la collettività subisce in seguito all'effettuazione del progetto stesso.

I **benefici monetari** sono le entrate monetarie che la Pubblica amministrazione ricava dal progetto pubblico.

I **benefici sociali** sono i vantaggi di cui la collettività usufruisce in seguito all'effettuazione del progetto stesso.

Come si calcolano i costi sociali e i benefici sociali?

Partiamo da un esempio.

Supponiamo che la Pubblica amministrazione debba decidere se costruire o no un'autostrada.

Essa calcola dapprima i costi monetari, cioè il costo che essa dovrà sostenere per costruire tale autostrada: calcola cioè il costo dei materiali, dei macchinari e dei lavoratori (operai, impiegati, ecc.) necessari per la costruzione.

L'Amministrazione pubblica calcola anche i benefici monetari, ossia le entrate che otterrà dalla costruzione dell'autostrada. Per esempio calcola i ricavi che otterrà dal pedaggio che gli automobilisti pagheranno per viaggiare sull'autostrada.

La Pubblica amministrazione calcola poi i costi sociali della costruzione dell'autostrada, dati per esempio dall'inquinamento dell'aria causato dagli scarichi emessi dai tubi di scappamento degli autotreni e delle automobili, e dal rumore che gli autoveicoli generano. Tali costi gravano sull'intera collettività, che respira l'aria inquinata e viene disturbata dai rumori.

Analogamente la Pubblica amministrazione calcola i benefici sociali, cioè i vantaggi che derivano alla collettività dalla costruzione dell'autostrada. Per esempio essi sono dati dal risparmio di tempo di cui gli automobilisti e i camionisti beneficiano grazie all'autostrada, dalla maggior sicurezza, cioè dalla minore probabilità di incidenti che l'autostrada garantisce rispetto a una strada normale, ecc.

Se i benefici totali, cioè la somma dei benefici monetari e sociali, superano i costi totali, cioè la somma dei costi monetari e sociali, allora la Pubblica amministrazione effettuerà la spesa.

È possibile quantificare costi e benefici sociali?

Parecchi costi e benefici sociali sono di difficile quantificazione: tra i più difficili da valutare vi sono in particolare quelli relativi a progetti che riguardano la vita umana. In questo caso, infatti, il Governo si imbatte nel problema di misurare in maniera obiettiva il valore della vita e della salute. In particolare, l'analisi costi-benefici è direttamente interessata alla valutazione della vita quando il progetto di spesa riguarda per esempio gli ospedali, la sicurezza dei trasporti pubblici, gli impianti di depurazione, la costruzione di autostrade e il miglioramento delle strade esistenti. Se, per esempio, la spesa per costruire l'autostrada riduce il numero degli incidenti automobilistici e quindi il numero delle vittime, lo Stato dovrà confrontare il costo dell'investimento con il beneficio derivante anche dal risparmio di vite umane. La valutazione di questi benefici è tuttavia estremamente difficile.

Dal momento che i costi e i benefici si riferiscono a tempi diversi, per poterli confrontare è necessario renderli omogenei, cioè ridurli tutti alla stessa unità di misura. Si tratta, in pratica, di calcolare il valore attuale dei flussi futuri di costi e di ricavi in base a un "tasso sociale di sconto". Questo tasso non è facilmente determinabile, in quanto dipende da valutazioni soggettive, poiché gli organi decisionali possono considerare in modo diverso il benessere della generazione presente rispetto a quello delle generazioni future (proprio a causa di questa divergenza di valutazione, il tasso di interesse medio che generalmente si è affermato in un certo Paese risponde allo scopo).

PROJECT FINANCING

Secondo il più recente orientamento del Consiglio di Stato (sentenza n. 2082/2003 IV sez.) l'istituto del *project financing*, disciplinato dall'art. 37 bis e ss. della L. n.109/94, non è configurabile come appalto di lavori pubblici, ma trova fondamento amministrativo e giuridico in un provvedimento di concessione.

5 UN'ALTERNATIVA ALLA SPESA PUBBLICA: IL PROJECT FINANCING

In questi ultimi decenni, in seguito all'esplosione dei debiti pubblici e alle scelte di risanamento finanziario che ne sono seguite, la spesa per investimenti pubblici in Italia è stata notevolmente ridotta. Potrebbe essere ulteriormente ridotta anche per il diffondersi di pratiche volte a coinvolgere i capitali privati nel finanziamento delle opere pubbliche, come per esempio il *project financing* (**finanza di progetto**).

Project financing
Finanza di progetto
Method of funding infrastructure projects such as governments buildings through the private sector in which the lender looks primarily to the cash flows generated by a single project, both as the source of repayment and as security for the exposure.

Il **project financing** è una tecnica di finanziamento per la realizzazione di opere pubbliche in grado di generare flussi di cassa sufficienti a coprire i costi di investimento e i costi operativi di tale iniziativa, a rimborsare il servizio del debito e a remunerare il capitale di rischio investito. Il progetto si presenta come entità autonoma rispetto ai soggetti che lo promuovono e viene valutato dai finanziatori principalmente per la sua capacità di generare flussi di cassa.

Con esso le Pubbliche amministrazioni realizzano opere pubbliche il cui onere finanziario è parzialmente o totalmente a carico del privato, sulla base di un piano finanziario in grado di garantire l'autofinanziamento dell'operazione stessa (art. 153 codice degli appalti).

Dal punto di vista finanziario il project financing è in realtà una semplice operazione di anticipazione del denaro necessario alla realizzazione di un'opera.

Quali sono i vantaggi del project financing?

I principali vantaggi del ricorso al project financing possono essere distinti, con riferimento ai soggetti coinvolti, come segue:

Vantaggi per l'Amministrazione	Vantaggi per il privato
• possibilità di realizzare un'iniziativa di notevole interesse per la collettività, limitandone l'impatto sul bilancio pubblico e senza assumere il rischio finanziario e di mercato, che dovrebbero essere posti a carico dei privati; • possibilità di garantire, tendenzialmente, una più elevata qualità della progettazione, tempi ridotti di realizzazione e maggiore efficienza gestionale.	• possibilità di limitare l'impatto sul proprio bilancio di un eventuale fallimento del progetto, in quanto questo si presenta come entità autonoma; • possibilità di accedere a nuovi finanziamenti "fuori bilancio", evitando di peggiorare i propri indici di indebitamento; • possibilità di attivare un'elevata leva finanziaria (con percentuali di debito su mezzi propri che può giungere anche al 70-90%); • possibilità di mettere in comune con altre imprese (pubbliche e private) competenze e risorse su progetti innovativi e per questo più rischiosi.

Ci sono dei rischi?

Alcune opere pensate dai promotori e certificate dai valutatori come in grado di finanziarsi quasi completamente con i proventi tariffari, con i ticket o in altro modo, per esempio il treno ad Alta velocità, hanno richiesto decine di miliardi di euro (costi legali, tecnici e finanziari per implementare la struttura, costi assicurativi, commissioni varie, studi, ecc.), regolarmente ripianati nelle varie manovre finanziarie. Per sbagliare le previsioni basta poco: una sottovalutazione dei costi di realizzazione, una sopravvalutazione del numero delle utenze, una lungaggine nei tempi di realizzazione. Poi, ovviamente, non si può lasciare un'opera incompiuta, e così subentra lo Stato.

MAPPA UNITÀ B1

SPESA PUBBLICA

varie tipologie di spese pubbliche

- Correnti/in conto capitale
- Di produzione/di redistribuzione
- Statali/locali
- Di governo/di esercizio
- Obbligatorie/facoltative
- Ordinarie/straordinarie

Spesa primaria
Spesa complessiva al netto della spesa per interessi.

evoluzione e struttura della spesa pubblica in Italia

Dal 1970 in Italia:
- la spesa per prestazioni sociali (soprattutto la spesa per pensioni) è cresciuta costantemente e oggi è molto elevata;
- la spesa per investimenti si è notevolmente ridotta nel tempo;
- la spesa per interessi ha avuto un andamento molto variabile nel tempo.

cause di crescita della spesa pubblica

Teorie di tipo societario: fanno dipendere la crescita della spesa pubblica dall'evoluzione strutturale della società (**Adolph Wagner**); da spese militari, debiti pubblici, grandi lavori pubblici, urbanesimo, evoluzione dei consumi, crescita delle forme di protezione sociale (**S.F. Nitti**); dalla scarsa produttività dell'attività pubblica (**William Baumol**).

Teorie di tipo politico: fanno dipendere la crescita della spesa pubblica:
- **dall'introduzione di un regime politico a suffragio universale** con conseguente richiesta di servizi sociali da parte di elettori favorevoli all'azione redistributiva della spesa pubblica (Alexis de Tocqueville);
- **dalla scelta di massimizzare il benessere "dell'elettore mediano"** (A.H. Meltzer, S.F. Richard);
- **da eventi eccezionali** (per esempio guerre) cessati i quali né la spesa pubblica né la tassazione aggiuntive provocate dal verificarsi di tali eventi rientrano nei livelli precedenti, causando il cosiddetto "displacement effect" (A. Peacock e J. Wiseman);
- **dall'azione dei gruppi di pressione**.

Per avere una misura del peso assunto dalla spesa pubblica →

Rapporto spesa pubblica/PIL
Indicatore che registra quanta parte del reddito nazionale è gestita ogni anno dal settore pubblico.

Per garantire scelte razionali ed efficienti →

Analisi costi-benefici
Tecnica di analisi per gli organi che devono decidere fra progetti alternativi di spesa pubblica.

Per ridurre la spesa per gli investimenti pubblici →

Project financing
Pratica volta a coinvolgere i capitali privati nel finanziamento delle opere pubbliche. Con esso le Pubbliche amministrazioni realizzano opere pubbliche il cui onere finanziario è parzialmente o totalmente a carico dei privati, sulla base di un piano finanziario in grado di garantire l'autofinanziamento dell'operazione.

MAPPA UNITÀ B1

SPESA PUBBLICA

concezioni storiche dell'intervento pubblico

- **Finanza neutrale** (scuola classica) - Stato minimo
  L'intervento statale si deve limitare alla sola offerta di servizi pubblici "puri".
- **Finanza sociale** (scuola tedesca della finanza sociale) - Stato parzialmente interventista
  È favorevole a interventi statali nel campo dell'istruzione e della sanità accanto a quelli privati.
- **Finanza congiunturale** - Stato interventista
  Lo Stato deve intervenire con un insieme di interventi capaci di stabilizzare le fasi di espansione e di depressione del ciclo economico.
- **Finanza funzionale** (scuola keynesiana) - Stato interventista
  L'intervento statale è volto al controllo della domanda globale, per mantenere la piena occupazione nel sistema economico. La politica fiscale dello Stato costituisce lo strumento più importante a tale fine, assieme alla politica monetaria.

concezioni contemporanee dell'intervento pubblico

Indirizzi di ispirazione liberista

- La "**teoria monetarista**" di Milton Friedman (1912-2006), esponente principale della Scuola di Chicago
- I modelli della "**Nuova Macroeconomia Classica**" (sviluppati da **R.E. Lucas, T. Sargent, N. Wallace, Robert Barro**)
- La teoria della "**Supply Side Economics - Economia dell'Offerta**" (di cui **A. Laffer** è stato uno dei principali esponenti).

Questi economisti sono tutti critici nei confronti delle politiche keynesiane e dell'interventismo statale.

Indirizzi di ispirazione neoliberista

- Scuola delle scelte pubbliche, i cui principali esponenti sono gli economisti statunitensi **James Buchanan** (1919), premio Nobel per l'economia nel 1986 e **Gordon Tullock** (1922).
  Questi economisti ritengono opportuno un ridimensionamento dell'intervento statale per l'impossibilità da parte dei cittadini di controllare sia le decisioni degli operatori pubblici (politici e burocrati), sia la crescita del settore pubblico e della spesa pubblica.

Indirizzi di ispirazione keynesiana

- **Nuova Macroeconomia Keynesiana** i cui esponenti principali sono **T. Negishi, J. Stiglitz, G. Akerlof, J. Yellen, B. Greenwald**, il cui obiettivo comune è spiegare la disoccupazione come fenomeno "involontario" e sostenere l'interventismo statale.

Verifiche 1

1) TROVA L'ERRORE IN OGNI FRASE

Competenza: acquisire e riconoscere i contenuti chiave

A. Con *spending review* si intende quel processo atto a migliorare l'efficienza e l'efficacia della Pubblica amministrazione nella gestione della spesa pubblica.

B. Adolph Wagner spiega la crescita della spesa pubblica con le caratteristiche tecniche e organizzative dei servizi pubblici, quali scuola, sanità, attività assistenziali, ecc.

C. Il *displacement effect* si verifica quando il settore privato ha spiazzato lo Stato, in quanto sono diminuiti il prelievo fiscale e la spesa pubblica.

D. Nell'ambito delle teorie interventiste un contributo originale proviene dalla Teoria delle scelte pubbliche.

E. Il concetto di "ordine spontaneo" realizzato dal libero mercato è stato messo in luce da Robert Nozick.

F. La stabilizzazione monetaria è un aspetto negativo delle politiche neoliberiste.

2) COLLEGA LE ESPRESSIONI CONTRASSEGNATE DA UNA LETTERA CON QUELLE INDICATE DA UN NUMERO

Competenza: individuare collegamenti e relazioni

Voci di spesa	
A.	Costruzione di alloggi per le popolazioni terremotate
B.	Contributi per l'affitto di alloggi a favore delle popolazioni terremotate
C.	Spesa per assegni di accompagnamento agli anziani non autosufficienti
D.	Spese sostenute dal Comune di Roma per la dismissione di beni demaniali
E.	Stipendi per i dipendenti del Ministero della difesa
F.	Contributo per realizzare una mostra dedicata al maratoneta Dorando Pietri
G.	Finanza congiunturale
H.	Finanza sociale
I.	Finanza funzionale

Tipologie di spesa pubblica	
1.	Spesa redistributiva
2.	Spesa corrente
3.	Spesa straordinaria
4.	Spesa in conto capitale
5.	Spesa facoltativa
6.	Spesa di esercizio locale
7.	Parzialmente interventista
8.	Ciclo economico
9.	Politica anticiclica

A	B	C	D	E	F	G	H	I

3) INDICA SE LE SEGUENTI AFFERMAZIONI SONO VERE O FALSE. SE LE RITIENI FALSE GIUSTIFICA LA RISPOSTA

Competenza: acquisire, interpretare l'informazione e comunicare

	VERO	FALSO
A. La spesa per interessi ha un effetto redistributivo.		
B. Adolf Wagner elabora la teoria politica di crescita della spesa pubblica.		
C. Alan Peacock e Jack Wiseman imputano l'aumento della spesa pubblica al verificarsi di eventi eccezionali.		
D. Tra il 1995 e il 2000 la spesa pubblica italiana è cresciuta in modo più rapido rispetto alla crescita del PIL.		
E. Il rapporto spesa pubblica/PIL è un rapporto che dipende dal momento storico.		
F. L'impostazione neoliberista e quella della scuola delle *public choice* sono in netta contrapposizione.		
G. La finanza congiunturale è strettamente legata all'economista J.S. Mill.		

4) RISOLVI IL SEGUENTE PROBLEMA

Competenza: risolvere problemi

Il tuo Comune ha deciso la costruzione di un Palazzetto dello Sport.

Dovrà però essere valutata la modalità di finanziamento:

1. a carico dell'Amministrazione pubblica;
2. attraverso una forma di *project financing*.

Attraverso uno schema costi-benefici, metti a confronto le due possibilità.

5) RISPONDI AI SEGUENTI QUESITI IN UN MASSIMO DI 5/6 RIGHE

Competenza: saper organizzare e sintetizzare i contenuti

A. Per lo Sato gli interessi sui titoli del debito pubblico sono spese correnti o spese in conto capitale?
B. Lo Stato come finanzia le spese di trasferimento erogate?
C. Le spese sostenute dallo Stato per conseguire le entrate sono spese di governo o di esercizio?
D. Che cosa si intende per spesa primaria?
E. Quali tipi di spese esplicano i loro effetti nel medio-lungo periodo?
F. Quale è stato l'andamento del rapporto spesa pubblica/Pil negli ultimi decenni?
G. Quale è il principale limite del modello di Baumol?
H. Perché, secondo alcuni studiosi, negli attuali sistemi democratici lo sviluppo del settore pubblico è determinato dalla scelta di massimizzare il benessere "dell'elettore mediano"?
I. Su quali elementi si basa l'analisi degli economisti James Buchanan e Gordon Tullock in merito all'attività finanziaria pubblica?
J. Cosa si intende con il termine "spending review"?

ENGLISH EXERCICES 1

1) Connect each letter with a number

A. Cost-benefit analysis	1. Expenditure which needs to sustain the functioning of public activity in a certain period of time
B. Primary expenditure	2. Expense for acquisition of fixed capital assets, stock, land or intangible assets, which benefits continue over a long period
C. Public expenditure	3. Current transfers to individuals and households to provide for the needs that arise from certain events or circumstances
D. Spending review	4. Technique used for calculating and comparing costs of a decision, project or government policy with its benefits
E. Social benefits	5. Payments made in favour of specific subjects, like individuals or enterprises
F. Capital expenditure	6. Systematic scrutiny of public expenditure with the objective to detect efficiency savings and opportunities for cutting low-priority or ineffective expenditures
G. Transfers	7. Expenditure incurred by public authorities like central state and local governments to satisfy the collective wants
H. Current expenditure	8. The total government spending with exclusion of interest payments on public bonds

A	B	C	D	E	F	G	H

2) Choose the right words among the ones listed below and fill in the gaps

Public spending is .... incurred by the "public sector" in the course of its .... The public sector, in organisational and economic terms, is the sum of those parts of the economy formally under the .... of or responsible to the .... , including both .... and .... government.
The term "public spending" is most commonly used to refer to the aggregate .... of all public sector expenditures. As with most economic terms, there are many different .... of measuring public spending so conceived.
The Government's preferred measure is Total Managed Expenditure (TME), which describes all forms of expenditure made by central .... , local .... and public .... This includes in particular spending on social services and .... , ... provision, transport, ... , defence, debt .... , housing, judicial and protective services and ....

[activities, authorities, benefits, central, control, education, employment, enterprises, expenditure, government, health, interest, local, state, sum, ways]

UNITÀ 2 La sicurezza sociale

Welfare aziendale, dai libri di scuola al dentista, ecco i servizi per i dipendenti

Sempre più imprese scelgono, invece di aumentare i salari, di riconoscere pacchetti di contributi "in natura". Conviene a entrambe le parti, ma la tendenza rischia di portare il Paese verso il modello statunitense, con lo Stato che interviene solo nei casi di estrema povertà

I libri scolastici per i figli, il dentista e i rimborsi chilometrici da casa al lavoro. Ma anche l'assistenza medica per i familiari, esami specialistici compresi, e la parcella per il parto cesareo. Tutto a spese dell'impresa. In due parole, welfare aziendale. Con la crisi economica che assottiglia le buste paga degli italiani e la *spending review* che taglia i fondi a disposizione dei servizi pubblici, sono sempre più numerose le imprese che sottoscrivono accordi per offrire ai propri dipendenti pacchetti di beni e servizi gratuiti o a prezzi calmierati.

Il colosso motociclistico Ducati Motors è l'ultimo in ordine di tempo ad aver rinnovato le proprie politiche di welfare aziendale. Il modello di riferimento viene dalla tedesca Volkswagen, di cui l'azienda fa parte, e per i lavoratori introduce diversi benefici. Da un lato viene riconosciuta ai dipendenti una maggiore partecipazione in fabbrica, dall'altro sono previsti borse di studio, permessi per conciliare l'impiego con le esigenze della famiglia, servizi di assistenza all'infanzia. Una scelta in linea con la tendenza, non solo italiana, di puntare sul benessere dei lavoratori a contemporaneo vantaggio dell'azienda.

Un altro esempio è quello della multinazionale, tedesca Basf, che ha siglato un accordo per riconoscere ai 286 dipendenti una serie di vantaggi, tra cui borse di studio per finanziare l'acquisto dei libri scolastici per i figli dei dipendenti. [...]

Se il pioniere italiano del welfare aziendale *ante litteram* è stato Adriano Olivetti nella sua fabbrica di Ivrea, negli anni della crisi il ruolo di capofila spetta a Luxottica, che nel 2009 ha introdotto il "carrello della spesa" gratuito, cioè prodotti alimentari distribuiti mensilmente agli 8mila dipendenti; e negli anni successivi ha allargato il raggio di azione offrendo ai lavoratori assunti o a termine altri servizi a costo zero: cure mediche, borse di studio, corsi di formazione, orari flessibili per le famiglie. [...]

Annalisa Dall'Oca
«Il Fatto quotidiano», 27 febbraio 2015

attività

1. In che cosa consiste il sistema di Welfare aziendale?
2. Quali sono i vantaggi per i dipendenti? E per l'impresa?
3. Conosci altre imprese che hanno introdotto programmi di Welfare aziendale?

Welfare State
Stato sociale
A political system whereby the government assumes primary responsibility for the well being of its citizens, based on the principles of equality of opportunity, equitable distribution of wealth and public engagement for those unable to avail themselves of the minimal provisions for a good life.

Welfare spending
Spesa sociale
Expenditures by the Government finalized to sustain health, education, social welfare, social security and social shock absorbers.

Social security
Previdenza sociale
Government program aimed at providing basic needs to citizens who are retired, unemployed, or unemployable due to a disability or disadvantage, that is funded by contributions from both the employees and the employers.

National assistance (Social Welfare)
Assistenza sociale
Government aid and public or private social services for the assistance of disadvantaged people.

1 LO STATO SOCIALE

Lo **Stato sociale** (o Welfare State) si contraddistingue per una rilevante presenza pubblica negli importanti settori della protezione sociale, in quanto la sua finalità è l'erogazione di servizi economico-sociali destinati alla correzione degli assetti distributivi del reddito (lotta alla povertà, sostegno alle famiglie, previdenza, assistenza, ecc.) o di fallimenti del mercato.

La **spesa sociale** costituisce una parte assai rilevante della spesa pubblica di un Paese, volta a soddisfare un'ampia gamma di bisogni fondamentali: essa mette al centro dell'attenzione il difficile rapporto tra Stato e mercato, l'eterno problema della politica economica.

Lo Stato sociale è sempre esistito?

Lo **Stato sociale** è il punto d'arrivo di un processo che ha accompagnato la nascita e l'evoluzione dello Stato nazionale moderno.

Rispetto agli interventi di politica sociale, lo Stato moderno si è progressivamente qualificato come Stato liberista, Stato assistenziale, Stato sociale o "Stato del benessere" o "Welfare State".

Lo **Stato liberista**, che si è affermato in Inghilterra fino al 1880 circa, si occupa delle persone in difficoltà (i poveri) solo perché questi costituiscono un problema di ordine pubblico, quindi il fine è quello di limitare le rapine, i furti e ridurre la possibilità di danni a imprese e commerci. Di conseguenza l'entità delle spese per le politiche assistenziali è molto modesta. In Inghilterra, le prime leggi sui poveri, le *Poor Laws*, risalgono addirittura al 1601, a cui seguiranno nel 1834 le *New Poor Laws*, il cui obiettivo è quello di realizzare una centralizzazione dell'assistenza, sottratta al controllo delle singole parrocchie, attraverso la creazione delle *workhouses,* case di lavoro e accoglienza che diventeranno ben presto luoghi di detenzione forzata.

A partire dagli anni Ottanta del XIX secolo in Germania, per opera del cancelliere **von Bismarck**, l'intervento sociale dello Stato è indirizzato a portare la classe operaia su posizioni riformistiche nei confronti dello Stato borghese e del sistema capitalistico. Viene così elaborato un nuovo modello, definito **Stato assistenziale**, che sarà progressivamente esteso ad altri Paesi europei. In base al principio di "inclusione" di quote sempre più ampie di popolazione nelle garan-

Otto von Bismarck

La **previdenza sociale** interviene con prestazioni in favore dei lavoratori che hanno perso la capacità lavorativa per cause come malattia, vecchiaia, infortuni, disoccupazione, invalidità, ma per i quali fino a quel momento sono stati accantonati contributi previdenziali.

L'**assistenza sociale** comporta l'erogazione di servizi e/o di somme di denaro al cittadino che si trova in determinate situazioni di bisogno. Ha lo scopo di coprire il rischio della povertà, della non autosufficienza e di dare sostegno economico alle responsabilità familiari.

zie dello Stato assistenziale, vengono varati i primi piani assicurativi obbligatori (per la vecchiaia, la malattia, gli infortuni sul lavoro). Nasce in tal modo il concetto di "**sicurezza sociale**", che trasferisce dagli individui alla collettività una parte dei costi derivanti dagli eventi negativi della vita. L'incremento della spesa pubblica è comunque relativamente modesto, in quanto lo Stato interviene unicamente per coprire i disavanzi di gestione delle assicurazioni obbligatorie derivanti dall'insufficienza dei contributi versati dalle categorie interessate (lavoratori e datori di lavoro).

Franklin D. Roosevelt

Negli Stati Uniti d'America molte e importanti furono le innovazioni introdotte dal *New Deal*, un programma di riforme socio-economiche, realizzato dal Presidente degli Stati Uniti **Franklin D. Roosevelt** negli anni 1933-1937 per combattere la crisi economica iniziata nel 1929. Rilevanti furono quelle in campo sociale e nella legislazione del lavoro: il *Social Security Act* (Atto per la sicurezza sociale), promulgato nel 1935, creò per la prima volta negli Stati Uniti un sistema nazionale di pensioni di vecchiaia e di invalidità, introducendo anche misure di assistenza per le madri e per i bambini. Sistemi assicurativi pubblici nascono in quegli anni anche in Giappone, Australia e Nuova Zelanda.

Negli anni quaranta del XX secolo si afferma in Inghilterra, a opera del ministro inglese **Lord Beveridge**, il modello dello **Stato sociale** o **Stato del benessere** o **Welfare State**, che si è esteso successivamente anche in Europa. Il Rapporto Beveridge, pubblicato in Inghilterra nel 1942, venne denominato *Social Insurance and Allied Services* (Assicurazione sociale e prestazioni collegate), perché proponeva l'adozione di un sistema universale di protezione sociale ("*from the cradle to the grave*", dalla culla alla tomba). Il piano prevedeva l'intervento economico dello Stato a sostegno di chi fosse venuto a trovarsi involontariamente in condizioni di indigenza, come i disoccupati, gli anziani, gli infortunati e i malati. Esso sosteneva, inoltre, l'opportunità di creare un **servizio sanitario nazionale** che consentisse anche ai poveri di ricevere gratuitamente l'assistenza necessaria per tutelare la propria salute. Il piano Beveridge divenne il manifesto teorico-programmatico del Welfare State.

National health service
Servizio sanitario nazionale
A public system regulated on the principles of universal access to care and solidarity for providing free health care for all citizens by means derived from general taxation.

RINFORZO

L'espressione "**sicurezza sociale**" deriva da quella inglese "*social security*", che fu usata ufficialmente per la prima volta nel *Social Security Act*, emanato negli Stati Uniti nel 1935 sotto la presidenza Roosevelt.

La sicurezza sociale comprende un insieme di prestazioni pubbliche volte ad assicurare all'individuo e alla famiglia un reddito minimo e la protezione nelle situazioni più difficili (malattia, indigenza, invalidità, ecc.).

In Italia il diritto alla sicurezza sociale è previsto **dall'art. 38 Cost**. e comprende la previdenza e l'assistenza.

La tabella 1 riassume le diverse configurazioni dell'intervento dello Stato.

Tabella 1 - Le configurazioni dell'intervento sociale dello Stato

	Stato liberista (1830-80)	Stato assistenziale (1880-1940)	Stato sociale (1945-80)
Finalità prevalente	Controllo sociale	Consenso della classe operaia	Cittadinanza sociale
Prestazioni	Assistenza ai poveri	Copertura assicurativa dei grandi rischi	Assistenza generalizzata sulla base della cittadinanza
Finanziamento	Fiscale e privato (beneficenza)	Contributivo	Fiscale e contributivo
Livello di spesa pubblica	Basso	Medio	Alto

Lo Stato sociale ha un riconoscimento sul piano giuridico?

Nella Costituzione italiana l'art. 3 è il cuore dello Stato sociale. Il primo comma è orientato a riconoscere l'uguaglianza giuridica di tutti di fronte alla legge, il secondo comma introduce la possibilità di una disparità di trattamento giuridico per garantire pari opportunità anche ai soggetti più deboli.

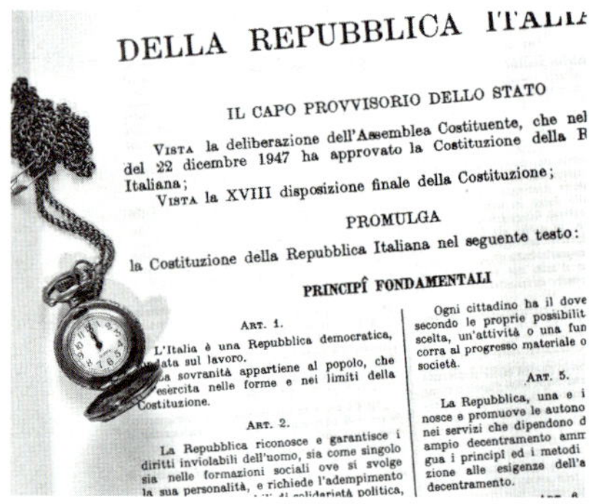

Una codificazione dei **diritti sociali**, ancora più solenne, si ha nell'articolo 22 della "Dichiarazione universale dei diritti dell'uomo" del dicembre del 1948, la cui accettazione divenne requisito per l'ingresso degli Stati nella Organizzazione delle Nazioni Unite. Anche la Carta dei diritti fondamentali dell'Unione europea del 7 dicembre 2000 dedica l'articolo 34 alla sicurezza sociale e assistenza sociale e l'art. 35 alla protezione della salute.

Social rights
Diritti sociali
Rights which the individual citizen can exercise only in his relationship with other human beings as a member of a group and which can be made effective only if the State acts to safeguard the individual's environment.

Qual è in sintesi la differenza tra Stato assistenziale e Stato sociale?

La differenza tra il modello di Stato assistenziale e il modello di Welfare State sta nella sostituzione del criterio selettivo, in base al quale il Governo sceglie le categorie che necessitano della copertura assicurativa obbligatoria, con il criterio universalistico.

Ciò significa che nel modello di Welfare lo Stato ha il compito di rispondere ai bisogni di tutti i cittadini, non più solo dei lavoratori, riconoscendo le loro necessità come diritti "sociali" di cittadinanza. Si produce quindi un costante aumento della spesa pubblica destinata alla protezione sociale, come si desume dai dati che emergono dall'esame delle figure 1 e 2.

Figura 1

Spesa per prestazioni sociali in rapporto al PIL per tipo e spesa media pro-capite per prestazioni sociali nei Paesi Ue – Anno 2013 (valori percentuali, assoluti e media Ue)

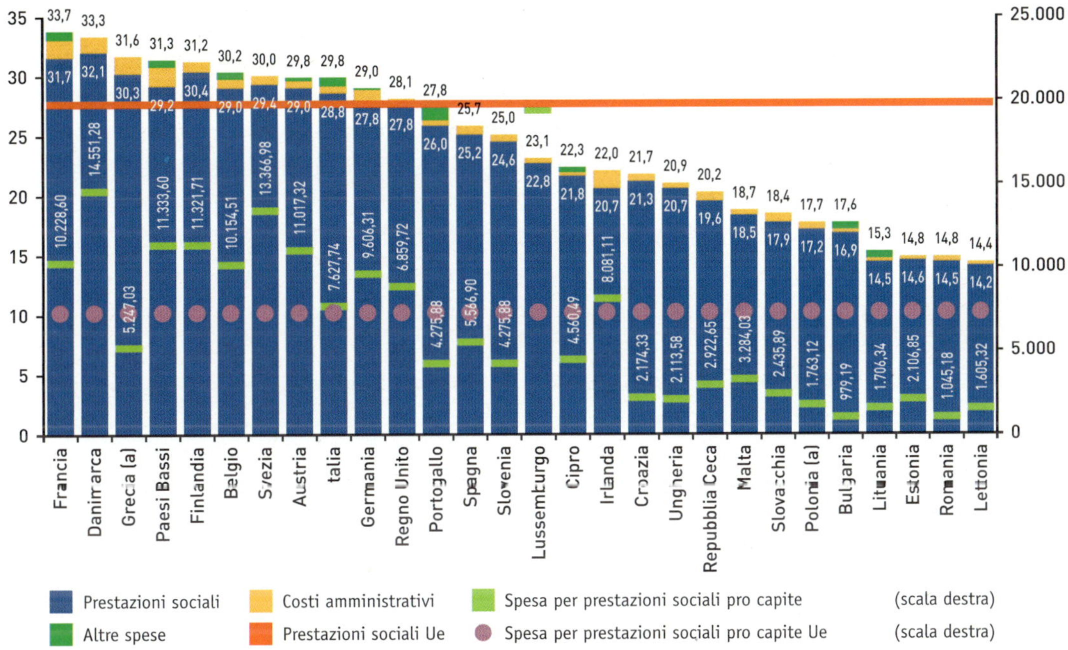

Fonte: Eurostat – (a) I dati di Grecia e Polonia sono riferiti al 2012 perché quelli del 2013 non sono disponibili.

Figura 2

Spesa per prestazioni sociali per tipo di rischio/bisogno in alcuni Paesi Ue – Anno 2013 (valori percentuali)

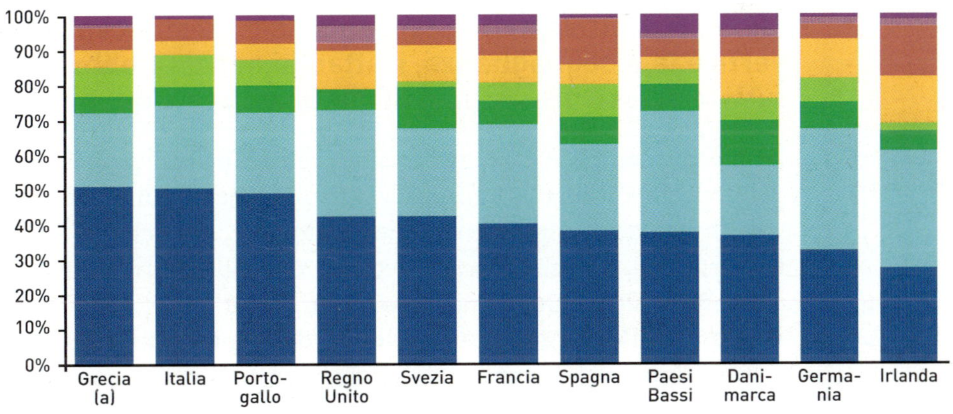

	Grecia (a)	Italia	Portogallo	Regno Unito	Svezia	Francia	Spagna	Paesi Bassi	Danimarca	Germania	Irlanda
Esclusione sociale	2,1	0,7	0,9	2,7	2,4	2,5	0,9	5,2	4,2	0,6	1,0
Abitazione	0,8	0,1	0,0	5,2	1,6	2,6	0,4	1,3	2,2	2,1	2,1
Disoccupazione	6,3	6,0	6,9	2,1	4,2	6,1	13,0	5,6	5,8	4,1	14,7
Famiglia	5,5	4,1	4,6	10,7	10,5	7,8	5,3	3,3	11,5	11,2	13,4
Superstiti	8,0	9,3	7,3	0,3	1,4	5,6	9,7	4,2	6,6	6,9	2,2
Disabilità	4,5	5,5	7,7	6,3	12,2	6,5	7,4	7,9	13,1	8,0	5,9
Malattia	21,4	23,7	23,8	30,5	26,6	28,7	25,5	34,9	20,2	34,4	33,2
Vecchiaia	51,3	50,7	48,8	42,3	42,2	40,2	37,9	37,6	36,5	32,6	27,5

Fonte: Eurostat – (a) I dati di Grecia e Polonia sono riferiti al 2012 perché quelli del 2013 non sono disponibili.

La teoria svedese dell'amore

Film-documentario di Erik Gandini, 2015

Il regista analizza la società svedese, spesso presa a modello e simbolo delle più alte conquiste del progresso umano, scavando nella vera natura dello stile di vita nordico ed esplorando i difetti di un sistema sociale che ha creato un popolo assolutamente autonomo, grazie a uno stato sociale perfettamente organizzato in cui tutti hanno le medesime opportunità per una esistenza indipendente.

Tra gli esiti di questa "autonomia istituzionalizzata", in cui nessuno deve chiedere agli altri favori o aiuti, riducendo così al minimo i contatti fra gli individui, si ha che, per sfuggire a una situazione in cui quasi metà della popolazione abita in appartamenti singoli, alcuni svedesi stanno cercando strade differenti per ritrovare il valore della vita comunitaria.

Il film è chiuso dalle parole illuminanti del sociologo Zygmunt Bauman, che spiega perché una vita senza difficoltà non è necessariamente una vita felice.

- Guarda il film e discutine con i tuoi compagni e l'insegnante.

2 CARATTERI E TIPOLOGIE DEI SISTEMI DI STATO SOCIALE

I modelli di Stato sociale dei vari Paesi presentano caratteristiche diverse. Il modo in cui in un Paese si è sviluppato un certo sistema di Welfare è diverso dal modo in cui si è sviluppato in un altro perché diverse sono le esperienze storiche, politiche ed economiche di ciascuno Stato.

Di conseguenza sono diversi gli interventi in campo sociale adottati dai vari Stati al loro interno (si parla a tal proposito di politica sociale).

Essi si differenziano tra loro sia per la diversità degli strumenti usati per far funzionare il servizio di protezione sociale, sia per la diversità delle regole di accesso, sia per i diversi modi di finanziamento dello stesso, sia per gli aspetti tecnico-organizzativi.

In Europa, anche se i sistemi di protezione sociale differiscono in maniera sostanziale tra loro, sono tratti comuni a ogni sistema di Welfare il finanziamento dell'educazione e della sanità pubblica, il sistema pensionistico, misure di sostegno in caso di disoccupazione (statuti legali in difesa dei diritti dei lavoratori, aiuti per attività produttive socialmente utili) e un certo numero di servizi sociali e forme di supporto per i cittadini più svantaggiati.

☐ Se l'obiettivo dello Stato sociale è la lotta contro la povertà e la diseguaglianza, i cittadini non dovrebbero avere tutti le stesse prestazioni in qualsiasi parte del mondo?

Non è così semplice. Le ragioni vanno cercate nella diversa interpretazione dei concetti di libertà, uguaglianza e solidarietà seguita dagli Stati (a sua volta frutto delle rispettive esperienze storiche, politiche ed economiche). L'interpretazione accettata si riflette su due tipi di decisioni che devono essere prese all'interno di ciascuno Stato:

- **la scelta dei soggetti beneficiari delle prestazioni sociali**: o tutti i cittadini o solo particolari categorie professionali o sociali;
- **il rapporto da intrattenere con il mercato e la famiglia**.

Su queste basi i sociologi hanno tentato di individuare alcuni modelli di Welfare State dei Paesi occidentali.

Sono emerse 4 tipologie di Stato sociale:

- **il modello liberista o anglosassone**;
- **il modello corporativo**;
- **il modello socialdemocratico o scandinavo**;
- **il modello mediterraneo**.

Margaret Thatcher

Il modello liberista è caratteristico degli Stati Uniti e del Regno Unito (a partire dagli anni Ottanta del XX secolo, con il Governo di M. Thatcher). In esso prevale un'idea di equità minima, in quanto il suo obiettivo è quello di tutelare poche e gravi situazioni sociali, come le povertà estreme e l'emarginazione sociale.

Il modello corporativo è tipico dei Paesi continentali (Germania, Francia, Belgio) ed è il modello prevalente all'interno del sistema europeo. Si caratterizza per programmi di spesa frammentati per categorie sociali che privilegiano più il lavoratore dipendente che il cittadino. È basato su criteri di carattere assicurativo e quindi con assicurazioni sociali pubbliche contro la disoccupazione, con sistemi sanitari di carattere universale, con forte ruolo della famiglia.

Il modello socialdemocratico è tipico dei Paesi scandinavi (Svezia, Norvegia). Si caratterizza per l'universalismo delle prestazioni e la rilevante offerta di servizi pubblici. Prevede forme molto estese di assicurazioni obbligatorie, i cui benefici tendono a essere dati ai cittadini in quanto tali, non tanto al lavoratore come nel modello corporativo. Inoltre, lo Stato ha l'ambizione di sostituire il ruolo della famiglia, cioè vige l'idea che il cittadino debba essere tutelato indipendentemente dal fatto che abbia un nucleo familiare in cui rifugiarsi.

Il modello mediterraneo è presente nei Paesi del Sud dell'Europa come Italia, Spagna, Portogallo, Grecia. Rispetto al modello corporativo, di cui è una variante, in esso è accentuato il ruolo di ammortizzatore sociale attribuito alla famiglia. La centralità della famiglia è chiaramente affermata nell'ordinamento giuridico di questi Paesi. Nel caso dell'Italia è sancita dal 1° comma dell'art. 30 della Costituzione, che prevede il diritto/dovere dei genitori di mantenere, istruire, educare i figli, anche se nati fuori dal matrimonio, e dall'art. 147 del Codice civile, che impone ai genitori l'obbligo del mantenimento e dell'educazione dei figli, tenendo conto delle loro capacità, inclinazione naturale e aspirazioni, anche quando questi sono diventati adulti se si trovano in caso di bisogno.

In questo sistema prevalgono purtroppo le spinte degenerative causate da:

- **familismo**: un concetto che identifica coloro che perseguono solo l'interesse della propria famiglia, applicano i concetti del bene e del male solo nei rapporti familiari, mentre sono senza moralità in relazione a persone estranee alla cerchia familiare, per cui mancano di spirito di comunità, di senso civico e il loro atteggiamento dominante è la passività;
- **assistenzialismo**: una degenerazione del sistema di assistenza pubblica e sociale, in cui lo Stato interviene soprattutto con l'erogazione di fondi a cittadini o enti, senza un piano efficace per il loro utilizzo e allo scopo di acquisire consensi;
- **clientelismo**: una pratica messa in campo da personaggi influenti o individui inseriti in amministrazioni pubbliche i quali instaurano un sistema di favoritismi e scambi (fondato sull'assegnazione arbitraria di risorse, benefici o posti di prestigio nel panorama politico-sociale).

Familismo amorale

L'espressione deriva dall'inglese *amoral familism* ed è un concetto sociologico introdotto dal ricercatore americano Edward C. Banfield nel suo libro *The Moral Basis of a Backward Society* (*Le basi morali di una società arretrata*) del 1958 per spiegare il comportamento degli abitanti di Montegrano (il nome del paese è di fantasia e nasconde il vero Comune di Chiaromonte), incapaci di reagire alle durissime condizioni economiche in cui versano.

3 LA CRISI DELLO STATO SOCIALE

Oggi è in atto una crisi dello Stato sociale. Una **prima ragione** è di carattere generale, in quanto la spesa pubblica, comprensiva della spesa sociale, non ha avuto nel tempo una copertura adeguata, nonostante la crescita della pressione fiscale: l'elevato debito pubblico che si è venuto a creare ha prodotto effetti negativi sul sistema economico di vari Paesi, fra cui l'Italia, che ora devono sottostare a stringenti vincoli europei per il risanamento dei conti pubblici.

Una **seconda ragione** riguarda nello specifico la sostenibilità finanziaria dei sistemi di Welfare, tanto che si parla di **crisi fiscale dello Stato sociale**, attribuibile soprattutto:
- **al fattore demografico**, con particolare riguardo all'invecchiamento della popolazione, dovuto anche al progresso della medicina;
- **all'espansione della spesa sociale** indirizzata a forme di assistenzialismo che hanno causato sprechi ed esborsi ingiustificati;
- **all'inefficienza del settore pubblico** e alla scarsa qualità dei servizi propri del sistema di Welfare;
- **alla globalizzazione**, con le sue implicazioni sull'economia reale. Il facile spostamento dei capitali da un Paese all'altro ha portato le imprese a insediare le loro attività ove i costi del lavoro e del denaro sono più bassi: ne è conseguita, per molti Paesi occidentali, una riduzione del reddito nazionale e un aumento della disoccupazione, con effetti negativi sull'equilibrio economico dei sistemi di Welfare.

È chiaro che queste ragioni richiedono di rivedere il sistema del Welfare, senza per questo eliminarlo.

INEFFICIENZE DELLA P.A.

Secondo le stime 2016 della Confartigianato Imprese di Mestre, che pubblica ricerche a tema economico e sociale, il costo del malfunzionamento della Pubblica amministrazione è di circa 206 miliardi di euro l'anno (mentre l'evasione sottrae alle casse dello Stato tra i 90 e i 120 miliardi di euro):
- debiti della PA nei confronti dei fornitori = 70 miliardi di euro;
- malfunzionamento dei trasporti e della catena trasporto-stoccaggio-distribuzione = 42 miliardi di euro;
- peso della burocrazia sulle piccole e medie imprese = 31 miliardi di euro;
- spesa pubblica in eccesso = 24 miliardi di euro;
- sprechi e corruzione presenti nella sanità = 23,6 miliardi di euro;
- costo della lentezza della giustizia civile = 16 miliardi di euro.

☐ La crisi fiscale è aggravata, in alcuni Paesi fra cui l'Italia, da uno Stato sociale particolarmente costoso?

Il Welfare State europeo è considerato da alcuni come una delle migliori esperienze della civiltà europea, in particolare dei Paesi del Nord Europa, e da altri come un grosso ostacolo allo sviluppo perché costa troppo e non stimola l'intraprendenza dei singoli individui. Tuttavia, per fare un confronto fra l'ammontare della spesa sociale dei Paesi europei, da un lato, e quella degli Stati Uniti (e anche del Giappone e di altri Paesi occidentali extraeuropei) dall'altro, è stato utilizzato l'indicatore della **spesa pubblica sociale lorda**, abitualmente usato per misurare il peso della spesa pubblica sul PIL. A questo proposito sono molto utili le osservazioni dell'Ocse che, nell'analizzare la spesa sociale del 2005 dei Paesi membri, ha indicato i limiti del suddetto indicatore in quanto:
- **esclude la spesa privata**, che può essere sostitutiva di una spesa pubblica non adeguata a coprire i bisogni sociali;

- **esclude le agevolazioni fiscali a scopi sociali** (le cosiddette "*tax expenditures*"), che rappresentano una vera e propria spesa per lo Stato in termini di minori introiti fiscali;
- **comprende le imposte dirette** a cui sono soggetti alcuni benefici sociali (per esempio le pensioni italiane) **e le imposte indirette** sui beni e servizi acquistati con i trasferimenti monetari, che, al contrario, rappresentano un maggiore introito per lo Stato e ne riducono la presunta "generosità".

La metodologia di calcolo proposta dall'Ocse consiste nel ricavare e rapportare al PIL la **spesa sociale totale netta** come somma di spesa pubblica sociale netta e spesa privata obbligatoria o integrativa. La spesa pubblica sociale netta è a sua volta uguale al valore lordo, ossia il Welfare State propriamente detto, più le agevolazioni fiscali a scopi sociali (*tax expenditures*), meno le imposte dirette sui benefici erogati e le imposte indirette sui consumi indotti.

Spesa sociale totale netta
Spesa sociale pubblica netta + spesa privata.

Spesa sociale pubblica netta
Spesa sociale pubblica lorda (il Welfare propriamente detto) + agevolazioni fiscali a scopi sociali (tax expenditures) – imposte dirette sui benefici erogati – imposte indirette sui consumi indotti

Per i Paesi europei in esame, la tabella 2 mostra, in rapporto al PIL, i valori della spesa sociale pubblica lorda e netta.

Tabella 2 - **Valori della spesa pubblica sociale lorda e netta, in percentuale del PIL - Anno 2011**

	Spesa pubblica sociale lorda (Gross public social expenditure - GPSE)	**Spesa pubblica sociale netta** (Net public social expenditure - NPSE)
Austria	27,8	22,5
Belgio	29,4	25,2
Repubblica Ceca	20,1	17,7
Danimarca	29,9	23,1
Finlandia	28,4	22,7
Francia	31,3	27,0
Germania	25,6	21,4
Islanda	18,2	15,8
Irlanda	22,4	19,8
Italia	27,5	22,5
Paesi Bassi	23,5	19,6
Norvegia	21,9	17,5
Portogallo	24,7	20,9
Slovacchia	18,2	16,5
Spagna	26,8	24,1
Svezia	27,1	22,2
Regno Unito	22,9	20,9

Fonte: Istituto di economia e finanze La Sapienza (Roma), Public finance research papers.

Esistono ragioni per una riforma del Welfare che vadano oltre gli aspetti economici e finanziari?

APPROFONDIMENTO ONLINE
Le nuove tematiche e i nuovi problemi del Welfare State

Alla base della necessità di una riforma dello Stato sociale esistono anche ragioni che non riguardano i costi e gli equilibri finanziari, ma che attengono alla coerenza dei sistemi di protezione sociale, che l'Italia eredita dal passato, con le trasformazioni in atto.

Si pensi ai mutamenti che hanno provocato una modifica della struttura del mercato del lavoro e obbligano, pertanto, a conciliare l'attuale flessibilità dell'impiego con l'esigenza di una maggiore tutela e sicurezza sociale. Occorre tenere conto del fatto che il Welfare State, così com'è, non risponde più ai criteri di reale promozione della persona e della cittadinanza, quindi deve essere reso più capace di rispondere ai nuovi bisogni.

La società odierna è stata definita da molti sociologi, come la "società del rischio" o la "società delle fragilità". In Italia più o meno il 20% delle persone è a rischio di esclusione sociale, di emarginazione vera e propria, che aumenta sempre di più e colpisce anche le classi medie, quelle che tradizionalmente si pensava potessero essere esonerate dal rischio della povertà. Per questo si rende necessario, fra l'altro:

- **bilanciare il rapporto tra previdenza e assistenza**, in quanto la componente previdenziale della spesa sociale, in particolare la spesa per le pensioni, ha una netta dominanza sul PIL rispetto alla componente assistenziale;
- **rivedere il patto tra le generazioni** con politiche di sostegno delle famiglie e dei giovani (per esempio politiche abitative che controllino i prezzi di mercato e che offrano supporti pubblici per le prime case).

L'esigenza di riformare lo Stato sociale nasce pertanto da ragioni di equità derivanti dalla necessità di adattarlo ai recenti cambiamenti economici e sociali.

Attualmente quali sono le principali prestazioni fornite dal sistema di Welfare italiano?

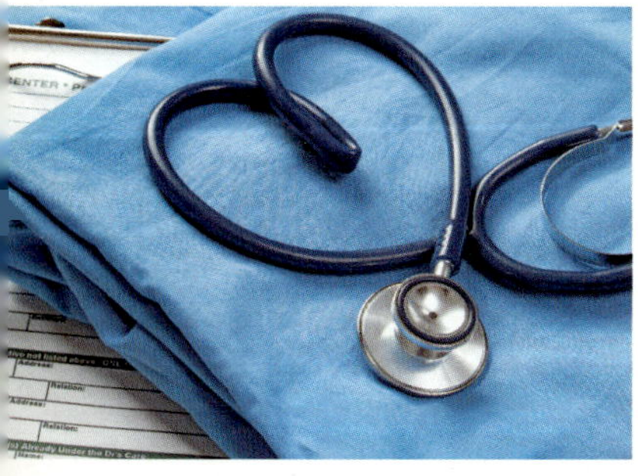

La tabella 3 presenta un quadro delle principali prestazioni che caratterizzano il sistema di Welfare State italiano. Si tratta di interventi che non differiscono in modo sostanziale da quelli erogati dalla maggior parte dei sistemi di Welfare europei, anche se il peso dei diversi istituti può variare in modo sensibile da uno Stato all'altro.

Le principali voci di spesa di un sistema di Welfare sono dunque le seguenti: previdenza, sanità, assistenza, ammortizzatori sociali e istruzione.

Ricordiamo che da un punto di vista statistico si può avere una diversa classificazione delle prestazioni stesse. Per esempio, in Italia, l'Istat le raggruppa in tre grandi settori: previdenza, assistenza, sanità.

Tabella 3 - Le prestazioni del Welfare State

Previdenza	• **Pensione di vecchiaia** È costituita da una prestazione patrimoniale che consiste nel versamento mensile di una somma di denaro da parte dell'INPS in favore di un lavoratore che abbia: - raggiunto l'età anagrafica prevista dalla legge; - versato un determinato numero di contributi. • **Pensione per i superstiti** È una prestazione economica erogata nei confronti dei familiari dell'assicurato in caso di sua morte.
Sanità	• Assistenza di base • Spesa farmaceutica • Assistenza specialistica e ospedaliera
Assistenza	• Pensione sociale • Assegni per i figli • Pensioni e rendite per portatori di handicap • Pensioni per invalidi civili
Ammortizzatori sociali	Sono strumenti che hanno l'obiettivo di fornire una tutela economica per i molteplici rischi connessi al rapporto di lavoro, di cui il più rilevante è la disoccupazione. In questo ambito nel 2016 i principali ammortizzatori sociali sono: • Cassa integrazione (prevista nei casi di sospensione temporanea del rapporto di lavoro) nelle forme: - Cassa integrazione guadagni ordinaria; - Cassa integrazione guadagni straordinaria. • Cassa integrazione guadagni in deroga e Trattamento di mobilità in deroga: sono trattamenti di integrazione salariale a sostegno di imprese e lavoratori non destinatari della normativa sulla cassa integrazione guadagni. • NASPI: indennità di disoccupazione per i lavoratori subordinati. • DIS-COL: indennità di disoccupazione per i cosiddetti parasubordinati. È un'indennità che spetta ai collaboratori (anche a progetto) che perdono il lavoro. • ASDI: provvidenza economica che può essere conseguita dai lavoratori dipendenti che hanno esaurito l'intera durata della NASPI e che si trovino, al termine della fruizione di tale sostegno, ancora in stato di disoccupazione. Si tratta di una misura assistenziale, in quanto non dipendente dal versamento dei contributi, che mira a tutelare, seppur in maniera modesta, i disoccupati senior, cioè gli ultra 55enni, o con minori a carico in condizione di bisogno economico. Il rapporto di lavoro può essere soggetto ad altri rischi, diversi dalla perdita dello stesso, derivanti da situazioni che ne determinano la temporanea interruzione. I principali strumenti di tutela sono: • Assicurazione infortuni sul lavoro; • Assicurazione malattia; • Assicurazione maternità.
Istruzione	• Istruzione obbligatoria • Istruzione secondaria • Istruzione universitaria • Scuola materna

Social shock absorbers
Ammortizzatori sociali
The distribution by the government of relief payments to the unemployed, to the jobseekers, to temporary lay-offs and to vocational retrainees on redundancy schemes.

MAPPA UNITÀ B2

Le prestazioni sociali contraddistinguono lo

STATO SOCIALE

che è

punto d'arrivo di un processo che ha accompagnato la nascita e l'evoluzione dello Stato nazionale moderno

si caratterizza

per la rilevante presenza pubblica in settori dedicati alla protezione sociale (previdenza, ammortizzatori sociali, sanità, assistenza, istruzione)

si differenzia a seconda dei modelli

- modello liberista
- modello corporativo
- modello socialdemocratico
- modello mediterraneo

oggi è in crisi fiscale, a causa

- del fattore demografico
- dell'assistenzialismo
- della scarsa qualità dei servizi
- della globalizzazione

Verifiche 2

1) TROVA L'ERRORE IN OGNI FRASE

Competenza: acquisire e riconoscere i contenuti chiave

A. Lo Stato sociale si finanzia attraverso il sistema fiscale e privato.
B. Nello Stato sociale il Governo sceglie le categorie che necessitano della copertura assicurativa obbligatoria con il criterio selettivo.
C. Nel modello di Welfare lo Stato ha il compito di rispondere ai bisogni dei lavoratori.
D. Il modello corporativo di Stato sociale è caratteristico dei Paesi scandinavi.
E. La metodologia di calcolo proposta dall'Ocse consiste nel ricavare e rapportare al PIL la spesa sociale totale lorda.

2) COLLEGA LE ESPRESSIONI CONTRASSEGNATE DA UNA LETTERA CON QUELLE INDICATE DA UN NUMERO

Competenza: individuare collegamenti e relazioni

A. Von Bismarck	1. Familismo
B. Modello socialdemocratico	2. Stato assistenziale
C. W. Beveridge	3. Sistema universalistico
D. Poor Laws	4. Social Security Act
E. Modello mediterraneo	5. Stato liberista
F. F.D. Roosevelt	6. Welfare State

A	B	C	D	E	F

3) INDICA SE LE SEGUENTI AFFERMAZIONI SONO VERE O FALSE. SE LE RITIENI FALSE GIUSTIFICA LA RISPOSTA

Competenza: acquisire, interpretare l'informazione e comunicare

	VERO	FALSO
A. Lo Stato sociale è nato negli Stati Uniti e poi si è diffuso in Europa.		
B. Il concetto di "sicurezza sociale" nasce in Germania.		
C. Lo Stato assistenziale è uno Stato che assiste i poveri.		
D. Le workhouses nascono in Inghilterra nel corso del Seicento.		
E. Nel modello di Stato sociale vengono garantiti i diritti sociali.		
F. Il rapporto Beveridge è stato pubblicato in Inghilterra nel 1935.		
G. Il modello corporativo di Stato sociale è tipico dei Paesi del Sud dell'Europa.		
H. Il finanziamento del moderno Stato liberista è fiscale e privato.		
I. In Italia il diritto alla sicurezza sociale è previsto dall'art. 38 della Costituzione e comprende la previdenza e l'assistenza.		
J. La prima codificazione costituzionale dello Stato sociale risale al dopoguerra.		

4) RISOLVI I SEGUENTI PROBLEMI

Competenza: risolvere problemi

A. Costruisci una tabella a doppia entrata e, per ognuna delle quattro tipologie di Stato sociale descritte nel testo (liberista/socialdemocratico/corporativo/mediterraneo), precisa:
   1. i Paesi in cui è maggiormente presente;
   2. i soggetti beneficiari delle prestazioni;
   3. Il ruolo attribuito al mercato e alla famiglia.

B. Completa la seguente tabella inserendo i dati mancanti (in % del PIL).

	Spesa sociale pubblica lorda	Imposte dir/ind. sui benefici	Agevolazioni fiscali	Spesa sociale pubblica netta	Spesa sociale privata	Spesa sociale totale netta
ITALIA	28,8	4,3	0,3		1,9	
USA		0,9	2,2	18,5	10,1	
SVEZIA	35,0		0,0	27,6	2,0	

5) RISPONDI AI SEGUENTI QUESITI IN UN MASSIMO DI 5/6 RIGHE

Competenza: saper organizzare e sintetizzare i contenuti

A. Qual è la differenza tra previdenza e assistenza?

B. Quali sono le principali voci di spesa di un sistema di Welfare?

C. Quali sono i tratti comuni di ogni sistema di Welfare europeo?

D. Che cosa si intende per "crisi fiscale" dello Stato sociale?

E. Quali sono le ragioni non strettamente economiche e finanziarie che inducono a una riforma dell'attuale Stato sociale?

F. Quali sono i limiti dell'indicatore della spesa pubblica lorda evidenziati dall'OCSE?

ENGLISH EXERCICES 2

1) True or False questions

	TRUE	FALSE
A. Liberal state is a political system whose government is committed to ensuring economic and social well-being through redistribution of wealth		
B. The Germanic Empire, in the late 19th and early 20th century, introduced a system of social security		
C. Otto von Bismark is the leader that played a key role in transforming Great Britain into a welfare state		
D. National Health Service is one of the cornerstones of a welfare state system)		
E. Lord Beveridge implemented elements of welfare states in the United States through the Social Security Act		
F. The level of public expenditure in liberal state is low		
G. Social shock absorbers are all those instruments intended to guarantee an income to needy or aged persons to contrast the property		
H. Social security is finalized to sustain health, education, national assistance and social shock absorbers		
I. A welfare state system is funded by contributions and taxation		
J. The european model of welfare state is common to all countries		

2) Answer the following questions

A. Describe what is meant by social security.

B. Explain all the different social interventions carried out by State.

C. What is meant by social rights?

Verifica finale B

ZTE ONLINE
Mettiti alla prova con gli esercizi interattivi

1) CLASSIFICA, VALUTA E COMPLETA

Competenza: individuare collegamenti e relazioni

Classifica le voci di spesa pubblica nella seguente tabella a doppia entrata, collocando le lettere corrispondenti nella casella corretta.

a) Spese di cancelleria per gli uffici pubblici; b) Costruzione di linee ferroviarie in aree geografiche svantaggiate; c) Sussidi di disoccupazione a lavoratori dipendenti che hanno perso il posto di lavoro; d) Stipendi di insegnanti della scuola superiore; e) Assegni familiari; f) Acquisto di automezzi per l'esercito; g) Pensioni sociali per anziani bisognosi; h) Costruzione delle strutture ferroviarie per l'alta velocità

	Spese correnti	Spese in conto capitale
Spese di produzione		
Spese di redistribuzione		

2) RISOLVI IL SEGUENTE PROBLEMA

Competenza: risolvere problemi

Chi potrebbe aver preso i seguenti provvedimenti? Keynes o i neoliberisti?

Provvedimenti	Keynes	Neoliberisti
Indicizzazione completa delle pensioni		
Abolizione delle licenze per attività commerciali		
Aumento dipendenti pubblici		
Abolizione delle esenzioni per prestazioni sanitarie		
Realizzazione di opere pubbliche		
Abolizione dei minimi salariali		
Aumento dei contributi alle imprese		
Aumento delle tasse scolastiche		

3) RISPONDI AI SEGUENTI QUESITI IN UN MASSIMO DI 5/6 RIGHE

Competenza: saper organizzare e sintetizzare i contenuti

A. Qual è la differenza tra spesa statale complessiva e spesa primaria?
B. Per le teorie politiche quali sono le cause della crescita della spesa pubblica?
C. Qual è l'oggetto di studio delle teorie finanziarie della spesa pubblica?
D. Quali sono i limiti dell'analisi costi-benefici?
E. Qual è la differenza tra previdenza e assistenza?
F. Che cosa proponeva il rapporto Beveridge?
G. Quale articolo della Costituzione è dedicato alla spesa della sicurezza sociale?
H. La spesa per la sicurezza sociale si articola in alcune tipologie di interventi. Indica quali sono e spiega le differenze.

I. Quali sono le tappe del processo che ha portato alla nascita dello Stato sociale?
J. Quali sono i principali modelli organizzativi dello Stato sociale?
K. Il passaggio dal modello di Stato assistenziale al modello di Stato sociale (Welfare State) è stato caratterizzato dalla sostituzione del criterio selettivo con quello universalistico. Individua:
   1. il periodo in cui i due modelli di Stato hanno avuto la massima espansione;
   2. la differenza fra i due suddetti criteri;
   3. le diverse modalità di finanziamento;
   4. le conseguenze sul livello di spesa pubblica.

L. Quali sono le principali anomalie dello Stato sociale italiano?

4) ANALIZZA IL GRAFICO E RISPONDI ALLE DOMANDE

Competenza: analizzare e interpretare dati economici

Esamina il grafico e commentalo individuando le differenze che intercorrono tra i sistemi di Stato sociale dei Paesi indicati in seguito alla crisi del 2008.

Spesa per prestazioni di protezione sociale in alcuni Paesi Ue - Anni 2005-2013 (valori pro-capite)

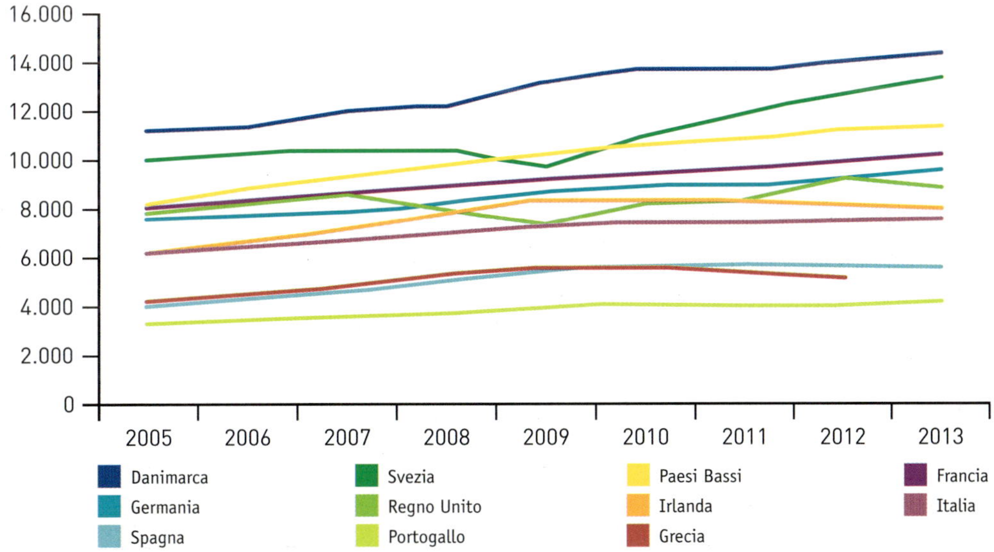

Fonte: Eurostat.

5) LEGGI E RISPONDI ALLE DOMANDE

Competenza: comprendere testi di natura economica

Spesa in calo ma tagli poco mirati
L'anno scorso la spesa primaria s'è ridotta in termini nominali dello 0,5 per cento. Non era mai accaduto dal secondo dopoguerra che questo aggregato delle uscite delle amministrazioni pubbliche, calcolato al netto degli interessi, facesse un sia pur piccolo passo indietro. Peccato che il calo sia stato perlopiù frutto della contrazione della spesa in conto capitale (–18,5%) il cui peso è sceso ai minimi degli ultimi dieci anni (3,5% del PIL). Se si depura quest'ultimo dato dal riacquisto degli immobili invenduti con l'ultima cartolarizzazione (Scip 2; 0,9 miliardi) la spesa per investimenti risulta in calo del 14,1% (al 2,1% del PIL; solo nel 2002 si fece meno con l'1,7%). Chi ha tirato di più la cinghia sugli investimenti sono state le amministrazioni

locali (–15,6%) che assorbono oltre il 70% della spesa, mentre il calo delle amministrazioni centrali è stato dell'8,5%.

Bisogna partire da questi dati per leggere la forte indicazione per un ulteriore taglio della spesa lanciata ieri dal Governatore della Banca d'Italia, Mario Draghi. Un intervento necessario per piegare la curva delle uscite correnti di cinque punti nel prossimo triennio (2012-2014), fino a riportarla su un livello di inizio secolo (tra il 47,3 del 2000 e il 48,1 del 2001). Ma un intervento, ecco la prima raccomandazione di merito, che deve essere condotto «senza sacrificare la spesa in conto capitale oltre quanto già previsto nello scenario tendenziale e senza aumentare le entrate». Per Mario Draghi non si tratta di una missione impossibile. Basta uscire dai tagli lineari messi in campo fin qui (da questo Governo ma anche dal precedente) per passare a interventi selettivi «permanenti e credibili». Anche perché, è il calcolo di Bankitalia, battere la vecchia strada dei tagli uniformi «inciderebbe sulla già debole ripresa dell'economia, fino a sottrarle circa due punti di PIL in tre anni». E, peggio, sarebbe insostenibile nel medio periodo e penalizzerebbe le amministrazioni più virtuose, l'esatto contrario di quanto si dovrebbe fare nel pieno dell'implementazione di una riforma della P.A. tutta tesa a premiare il merito sulla base di una attenta valutazione del ciclo delle performance.

Ecco allora l'altra indicazione di merito del Governatore: una manovra basata su un esame approfondito del bilancio degli enti pubblici «voce per voce». Accompagnato da nuovi finanziamenti «commisurati agli obiettivi di oggi, indipendentemente dalla spesa del passato». Per i diversi centri di spesa delle Amministrazioni pubbliche si tratta, quindi, di affinare gli indicatori di efficienza. Ma si tratta anche di procedere speditamente con i «miglioramenti capillari dell'organizzazione e del funzionamento di tutte le strutture» nel solco delle azioni già avviate per far aumentare la produttività dell'intera P.A.

Insomma, basta con i tagli lineari contenuti nelle manovre estive e avanti tutta con la riforma della P.A. Cui si aggiungono i nuovi provvedimenti messi in campo dal Governo proprio per rafforzare i controlli sulla regolarità e la valutazione della spesa.

Il dividendo di efficienza recuperato con questa review estesa a tutte le amministrazioni, ecco la terza indicazione del Governatore, dovrà essere almeno in parte destinato agli investimenti infrastrutturali. Battere questa strada significherebbe però chiedere in prospettiva ulteriori sacrifici ai dipendenti pubblici, anche se sul punto il Governatore tace. Nella Relazione di Bankitalia si ricorda solo che dopo la piccola variazione della spesa per il rinnovo degli ultimi contratti biennali (+0,5% nel 2010) si profila il blocco fino al 2013 di tutti i trattamenti economici, con il solo riconoscimento della vacanza contrattuale. Uno stop che vale tra 6-7 miliardi e che, secondo le intenzioni del Governo, dovrebbe in parte essere compensato proprio con i primi «premi di risultato» da distribuire non più a pioggia ma solo ai dipendenti e ai dirigenti più produttivi. È il «dividendo dell'efficienza» introdotto dalla legge di conversione del decreto 112/2008 che dovrebbe essere utilizzato nei nuovi contratti integrativi «premianti» previsti dalla riforma Brunetta. Ma sul valore del dividendo finora maturato il ministero dell'Economia non s'è ancora espresso. E ora il Governatore suggerisce di utilizzarne almeno una parte per rilanciare gli investimenti.

Davide Colombo, «Il Sole 24 Ore», 1 giugno 2011

A. Leggi l'articolo e:

1. sintetizzane il contenuto (max 10 righe);
2. formula una proposta concreta che tenga conto delle sue indicazioni.

B. In pratica poniti questi quesiti:

1. quali obiettivi raggiungere?
2. quali spese ridurre?
3. quali spese aumentare?
4. con quali motivazioni?

ECONOMY HIGHLIGHTS CLIL

6) LEGGI E RISPONDI ALLE DOMANDE

Competenza: comprendere testi di natura economica in lingua inglese

Life cycles and intergenerational transfers

The Great Recession and the debt crisis that followed the year 2008 have raised a major **issue** in both the young and the older generations. The young are encountering serious problems when entering the labour market and are struggling to begin their life cycle, on the other hand the elders are having problems completing the cycle, and are struggling with serious liquidity problems towards the end of their lives. The 2008 crisis has modified the **life cycle** of entire generations. Traditionally it is the young who do the saving by putting resources aside for their **retirement**. Instead, it is the old who consume more than they earn. These **behavioural patterns** can be explained by people's desire non to surrender to strong fluctuations in their standards of living, or consumption, or even in their habits of a **lifespan**. Major crises hinder these decisions, especially when governments are unable to protect individuals from adverse conjunctures. So young people delay saving and old people spend what they have accumulated because their capital is illiquid. Various public institutions accomodate the desire of individuals to not suffer from overly strong fluctuations in there standards of living during their lives. That is pursued even in the presence of adverse events, such as the closure of the firm in which they work, or an illness or a divorce. Social welfare systems and, in particular, pension schemes are geared towards adequate incomes even if people live longer than expected or have had discontinous working careers, so they end up by putting little aside for their old age. The governments are redistributing income between generations, rather than simply altering the temporal profile of the **revenues** of a single individual. In this way they activate intergenerational pacts. For example, todays pensioners are paid by those who are at work. And if the number of those who are at work are becoming fewer because less children are being born, the number of recipients increases, because nowadays people are living longer after retirement. This intergenerational pact risks to fall apart. It is not a coincidence that Franco Modigliani, the inventor of the life cycle theory, devoted so much attention to the intergenerational sustainability of the pension systems. The two problems – income stability over the course of a person's lifetime ad **intergenerational transfers** – are closely interlinked. The lives of the new generations depend for a large extent on the destiny that is reserved to them not by those who have completed their life cycle, but by the very people who today are making decisions on their behalf. Long life expectancy increases the number of pension **overlapping**. In days gone by it was rare to meet one's own grandparents during a lifetime. Nowadays we often end up knowing our grandgrandparents as well. A mistaken perception of these interactions may condemn our children to a very difficult existence: having to pay for the pensions of both their parents and grandparents while approaching their sixties! Public expenditure and, in particular, the social policies of many countries are frequently **tilted** towards the **elderly**, at the expense of the young, partly owing to the increasing share of elder voters in the electorate. There are also political institutions which rather than promoting redistributions fron the young to the old, are pushing to make transfers in the opposite direction, from older people to the young [..] Since intergenerational pacts often

reflect the choices within the families, now this private agreement also risks to be undone. In this case, the problem lies more in the contribution that young people give to old people and vice versa. The fact is that even increasingly smaller families – since the number of children is in decline – often now find themselves obliged to look after thei older relatives who are no longer self-sufficient. In many countries a lot is given to the over fifties who are still in the full of their strength, while a little is given to **the dependent old**. And it is almost always women who end up **looking after** their parents and parents in law, to the detriment of their job, careers, and therefore, even their future pensions.

Tito Boeri, Presentazione Festival dell'Economia 2012

A. Read the text and write the abstract (max 8 lines).

B. Why, in the opinion of the author, have "the Great Recession and the debt crisis raised a major issue in both the youth and the older generations"?

C. Look this sentence up and explain by giving examples: "There are also political institutions which rather than promoting redistributions from the young to the old, are pushing to make transfers in the opposite direction, from older people to the young".

D. Why are the social policies frequently tilted towards the elderly at expenses of the young?

E. What are, in your opinion, the necessary policies for a new intergenerational pact?

SEZIONE C

La politica dell'entrata

Lungo il percorso che stiamo per intraprendere ci sono cartelli che riportano la frase, apparentemente priva di senso, di un famoso economista «Le tasse sono una cosa bellissima...». Riflettendo, non ci pare poi così assurda, perché, se si vogliono coltivare speranze e realizzare progetti, servono risorse. Nel romanzo *Gli sdraiati,* dedicato ai giovani di oggi, Michele Serra così descrive l'atto conclusivo de *La Grande Guerra Finale,* un'opera letteraria grandiosa e immaginaria: «Nel Trattato di Villerbosa (febbraio 2055) il governo rivoluzionario dei Giovani concesse ai Vecchi, in cambio della consegna delle armi e di una cospicua quota delle ricchezze favolose accumulate nel precedente regime, di ritirarsi in grandi riserve in riva al mare, nella fascia temperata del pianeta. Drasticamente ridotti di numero, i Vecchi accettarono infine la loro sorte e i Giovani ebbero il modo di riformare la società secondo i loro costumi e le loro aspirazioni».

COMPETENZE

- Individuare le tipologie di entrate pubbliche e distinguerne la natura e le caratteristiche
- Analizzare i diversi tipi di imposte anche alla luce dei principi costituzionali a cui si deve ispirare il sistema tributario
- Valutare in che misura i diversi tipi di imposta sono in grado di realizzare il principio di equità

UNITÀ 1
I diversi tipi di entrata

Le tasse più assurde dai 4 angoli del mondo

Alcune tra le tasse più strane da ogni parte del mondo, dalla tassa sul grasso, a quella sullo sciacquone

Che i tributi allo Stato si debbano per forza pagare non è certo cosa nuova, ma dall'Italia all'Europa e dall'Europa al mondo si sono sviluppate nel tempo una serie di imposte inizialmente pensate per risolvere problemi e poi, a risoluzione avvenuta, rimaste saldamente ancorate a un sistema fiscale ormai pregno di vere e proprie **tasse assurde**. Le principali? Cominciamo!

Tassa sul carburante

In Italia l'accisa sui carburanti non ha fatto che aumentare negli anni con incrementi costanti cominciati nel 1935 per finanziare la Guerra d'Etiopia. Nel '56 servivano fondi per la crisi di Suez, nel '63 per il disastro del Vajont, nel '66 per l'alluvione di Firenze, e così via. Risultato? Guerra finita, crisi passata, disastro risolto, ma tassazioni rimaste ad accumularsi nel tempo.

Tassa sull'obesità

Per sconfiggere sul nascere l'obesità della popolazione danese, il Governo ha imposto una tassa di 16 corone (pari a circa 2,14 euro) su tutti quei prodotti contenenti grassi saturi come, per esempio, il burro e l'olio. Una tassazione a dir poco "premurosa", che si preoccupa di controllare il peso dei cittadini ed, evidentemente, anche quello dei loro portafogli... È proprio il caso di dire: due piccioni con una fava!

Tassa sullo sciacquone

In Maryland (Stati Uniti) i contribuenti pagano addirittura per tirare lo scarico del gabinetto: 30 dollari all'anno più 2,5 dollari al mese per ogni singolo water a disposizione. Il motivo ufficiale? Tutelare il grande estuario di Chesapeake Bay dalle eccessive acque nere prodotte ogni giorno da utenze private e industrie locali.

Tassa sulla frutta fresca

In California chi compra della semplice frutta fresca dai distributori automatici è soggetto a una tassazione extra del 33%, mentre nel Maine (Stato degli USA) è addirittura previsto un tributo pari a un centesimo e mezzo per libbra, riservato in omaggio a tutti i cittadini che lavorano, trasportano o vendono i mirtilli.

Tassa su piercing e tatuaggi

In Arkansas (nel sud degli USA) ogni piercing e tatuaggio è soggetto a una tassazione del 6%: politica molto rigida che mira prima di tutto a scoraggiare qualsiasi forma di alterazione corporea attuata dai cittadini locali: da queste parti chiunque voglia modificare il proprio aspetto deve prima fare i conti con lo Stato.

«danea.it/blog/tasse-assurde-mondo/»
4 aprile 2014

attività

1. Verifica se anche in Italia esistono tasse bizzarre e in che cosa consistono.
2. Spiega il motivo per cui, a tuo avviso, sono inutili o ingiuste.

1 LE ENTRATE PUBBLICHE: FUNZIONI E CLASSIFICAZIONI

Per svolgere la propria attività e finanziare la propria spesa pubblica, lo Stato ha bisogno di entrate.

Le **entrate pubbliche** sono definite come l'insieme delle risorse che affluiscono allo Stato e agli enti pubblici, impiegate dagli stessi per assolvere alle loro funzioni.

Public revenues (or income)
Entrate pubbliche
Revenues collected by the government through all sources to finance the goods and services it delivers to citizens and businesses to fulfil its redistributive role and to stabilize the economic cycle.

Quali sono le funzioni delle entrate pubbliche?

Le entrate pubbliche hanno una duplice funzione:

- **funzione fiscale**, cioè mezzo di finanziamento della spesa pubblica;
- **funzioni extrafiscali**, quali:
  - la funzione redistributiva, per regolare la distribuzione del reddito (vedi Sezione A);
  - la funzione di stabilizzazione economica (strumento di politica fiscale, di cui si è parlato nella Sezione A);
  - la funzione di incentivazione economica;
  - la correzione di distorsioni o inefficienze del sistema economico (si pensi alle imposte pigouviane, di cui si è parlato nell'Unità 2 della Sezione A).

Come possono essere classificate le entrate pubbliche?

Secondo la **fonte** da cui derivano si distinguono:

- **entrate originarie**: provengono dalla gestione del patrimonio dello Stato e degli altri enti pubblici attraverso le imprese pubbliche;
- **entrate derivate**: scaturiscono dal prelievo coattivo di ricchezza da parte dello Stato nei confronti dei privati.

Sotto il profilo dell'**incidenza economica**, si distinguono:

- **entrate correnti**: sono destinate al finanziamento delle spese correnti, costituite principalmente da tributi prelevati dallo Stato con carattere di continuità e da proventi derivanti dalla gestione delle imprese pubbliche;
- **entrate in conto capitale**: derivano dalle alienazioni di beni patrimoniali, da trasferimenti in conto capitale, dalla riscossione di crediti, da accensione di prestiti (come, per esempio, l'emissione di Buoni poliennali del Tesoro).

Current revenues
Entrate correnti
Revenues derived from levies imposed on the citizens and receipts by public enterprises (like municipal utilities): sales taxes, use taxes, licenses, franchise taxes, permits.

Capital revenues
Entrate in conto capitale
Revenues deriving from the transfer of portions of real estate and from the financial operations achieved by government.

Secondo il **profilo giuridico** si distinguono:

- **entrate di diritto privato**: sono disciplinate da norme di diritto privato e, per conseguirle, lo Stato si comporta come un privato (senza potere di imperio);
- **entrate di diritto pubblico**: sono regolate da norme di diritto pub-

Tax revenues
Entrate tributarie
Government income consisting in taxes on taxpayers income and profits, social contributions and taxes levied on goods and services.?

Government fees
Tassa
Levy imposed by public subjects upon the citizens that require and use a certain special divisible public service (i.e. school tuition).

blico e, per conseguirle, lo Stato esercita coattivamente il suo potere di supremazia.

Secondo la loro **ripetibilità nel tempo** si distinguono:

- **entrate ordinarie**: si ripetono in ogni esercizio finanziario e servono per far fronte alle spese ordinarie;
- **entrate straordinarie**: ricorrono saltuariamente e hanno lo scopo di soddisfare le spese straordinarie.

Secondo **la natura** si distinguono:

- **entrate tributarie**: derivano dalla riscossione di imposte, tasse, contributi;
- **entrate extratributarie**:
  a. relative ai proventi dei beni dello Stato e agli utili di gestione delle imprese pubbliche;
  b. derivanti da alienazione e ammortamento dei beni patrimoniali e rimborso dei crediti;
  c. derivanti da accensione di prestiti.

TASSE
IMPOSTE
CONTRIBUTI

2 I TRIBUTI: TASSE, IMPOSTE, CONTRIBUTI FISCALI

I **tributi** sono prestazioni patrimoniali coattive, di regola pecuniarie, stabilite dallo Stato – in forza della propria sovranità – con legge o con atti a essa equiparati (decreti legge e decreti legislativi).

È necessario evidenziare che i tributi si differenziano tra loro a seconda del **presupposto**, ovvero di quella particolare situazione cui la legge ricollega la loro esistenza. I fatti che determinano il sorgere dell'obbligazione tributaria sono tra loro molto diversi, anche se tutti sono suscettibili di valutazione economica.

I tributi comprendono le tasse, le imposte, i contributi.

«Nessuno è patriottico quando si tratta di pagare le tasse.»
(George Orwell)

Che cosa è la tassa?

La **tassa** è un tributo che il singolo soggetto è tenuto a versare coattivamente in relazione a un'utilità che egli trae da un servizio pubblico speciale, cioè divisibile e a domanda individualizzabile, in quanto, pur arrecando vantaggi all'intera collettività, è possibile fornirlo a un singolo soggetto e determinare la parte fornita a chi ne ha fatto domanda.

A titolo esemplificativo si possono menzionare la tassa per la raccolta dei rifiuti, la tassa scolastica, la tassa sulle concessioni governative, la tassa per l'occupazione di spazi e aree pubbliche, ecc.

Come possono essere classificate le tasse?

Le tasse vengono abitualmente raggruppate in tre categorie:
- tasse amministrative;
- tasse industriali;
- tasse giudiziarie.

Le **tasse amministrative** sono dovute dai cittadini per servizi prestati dalla Pubblica amministrazione che comportano il rilascio di *autorizzazioni* (per esempio tasse per l'occupazione di spazi e aree pubbliche, per ammissione a esami), *certificazioni* (come quelle relative relative allo stato civile e alla pubblica istruzione: per esempio rilascio di certificati anagrafici, di diplomi), *concessioni* (per esempio concessioni di fiere e mercati, rilascio della patente, del porto d'armi, della licenza di pesca).

Le tasse scolastiche sono un esempio di tasse amministrative dovute per il rilascio di certificazioni.

Le **tasse industriali** sono dovute da chi richiede alla Pubblica amministrazione la verifica di determinati strumenti e prodotti. L'esempio più importate è costituito dalla tassa per l'applicazione del marchio sui prodotti d'oro e d'argento.

Le **tasse giudiziarie** sono dovute dai cittadini per i servizi prestati dagli organi giurisdizionali. Si distinguono in:
- tasse per la giurisdizione civile e penale (per esempio le tasse pagate dalla parte soccombente nel processo civile e le spese processuali a carico dell'imputato giudicato colpevole);
- tasse per la giurisdizione amministrativa (per esempio le tasse pagate dal cittadino soccombente nelle controversie con la Pubblica amministrazione);
- tasse per la volontaria giurisdizione (per esempio tasse pagate da chi fa richiesta di atti riguardanti la tutela dei minori, degli incapaci, ecc.).

Che cosa è l'imposta?

L'**imposta** è un prelievo coattivo di ricchezza attuato dallo Stato nei confronti di tutti i cittadini per finanziare beni e servizi pubblici generali, cioè non divisibili e a domanda non individualizzabile (e anche speciali, nella misura in cui il loro costo non è coperto dalle tasse) che soddisfano i bisogni della collettività globalmente considerata. È un tributo che si caratterizza per il fatto che il suo presupposto consiste in una situazione prevista dalla legge tributaria (per esempio conseguimento di un reddito, cessione di beni e prestazione di servizi) e non presenta alcuna relazione con lo svolgimento da parte dell'Ente pubblico di una particolare attività o di un servizio.

Le imposte possono essere suscettibili di differenti classificazioni (dirette e indirette, generali o speciali, personali o reali, proporzionali, progressive e regressive, ecc.) che saranno analizzate successivamente.

Property, income, sales tax
Imposta
Compulsory payment imposed by the government and by the municipalities on its citizens based on assets that are owned on, income, and on transfer of wealth in order to fund public general indivisible goods and services.

Fra i tributi ci sono anche i contributi. Di che cosa si tratta?

Nell'ambito delle prestazioni patrimoniali imposte, di cui all'**articolo 23 della Costituzione**, rientrano i contributi, distinti in contributi fiscali e contributi sociali.

I **contributi fiscali** sono prelievi coattivi di ricchezza ai quali vengono assoggettate determinate persone che si avvalgono in modo particolare di un'opera o di un servizio di pubblica utilità (per esempio, se lo Stato provvede a costruire una strada che è utile a tutti, ma soprattutto è in grado di aumentare il valore dei fondi a essa adiacenti, può richiedere ai proprietari di tali beni un contributo obbligatorio per la costruzione della strada stessa). Fra i contributi per opere pubbliche, i più noti sono i contributi di urbanizzazione pagati al Comune dal proprietario che intende costruire un fabbricato su un'area edificabile. Essi sono commisurati alle spese di urbanizzazione sostenute dal Comune (per esempio le spese di fognatura, rete idrica, ecc.) e al costo di costruzione a carico del privato.

I contributi fiscali non devono essere confusi con i **contributi sociali**, che garantiscono le prestazioni previdenziali e assistenziali.

Quali sono le caratteristiche che distinguono i contributi fiscali dai contributi sociali?

I contributi sociali rappresentano le quote della retribuzione (nel caso di rapporti di lavoro subordinato) o del reddito di lavoro (nel caso di lavoro autonomo, in collaborazione o associato) che devono essere versate a favore di enti pubblici non territoriali per essere destinate al finanziamento delle prestazioni previdenziali e assistenziali previste dalla legge.

I contributi sociali si dividono in:

- **contributi previdenziali**: sono versamenti obbligatori effettuati a istituti previdenziali, come per esempio l'Inps, per ottenere successivamente una prestazione pensionistica;
- **contributi assistenziali**: sono versamenti altrettanto obbligatori, effettuati all'Inps o all'Inail, per ottenere la copertura di rischi principalmente legati all'invalidità, alla disoccupazione, agli infortuni.

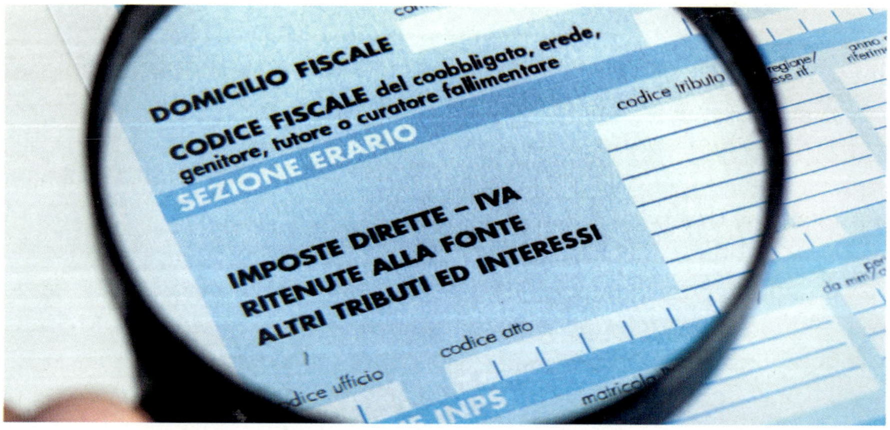

Fiscal contribution
Contributo fiscale
Payment imposed by local or central government, to certain subjects that, without making a specific request, benefit from a public good or service.

Social security contributions
Contributi sociali
Collections of money levied on both employers and employees used to fund the welfare spending programs.

IN PILLOLE

I tributi: tipologie e caratteristiche

TASSE	IMPOSTE	CONTRIBUTI FISCALI E CONTRIBUTI SOCIALI
Finanziano beni e servizi pubblici divisibili che recano vantaggio a chi li richiede e che presentano esternalità positive.	Finanziano beni e servizi pubblici generali e indivisibili che interessano l'intera collettività.	• I contributi fiscali finanziano beni e servizi pubblici che arrecano specifici vantaggi a gruppi ristretti di cittadini. • I contributi sociali finanziano determinate prestazioni previdenziali e assistenziali.
I beni e servizi offerti sono a domanda individualizzabile (richiesta volontaria del bene o servizio).	I beni e servizi offerti sono a domanda non individualizzabile.	I beni e servizi offerti sono a domanda non individualizzabile.
Prelievo coattivo.	Prelievo coattivo.	Prelievo coattivo.
Collegamento tra tassa pagata e servizio ricevuto. Esempio: tasse scolastiche.	Mancanza di collegamento tra imposta pagata e servizio goduto. Esempio: imposta sul reddito.	Collegamento tra contributo pagato e servizio ricevuto. Esempio di contributo fiscale: oneri di urbanizzazione. Esempio di contributo sociale: pensioni.

Le entrate tributarie hanno un forte peso sui contribuenti?

La fonte principale di finanziamento della spesa pubblica è costituita dalle entrate tributarie. L'ammontare dei tributi che ogni anno grava sulla totalità dei contribuenti è un indicatore significativo se non viene considerato in termini assoluti, ma rapportato all'ammontare della ricchezza colpita dal prelievo. Si parla, in questo caso, di **pressione tributaria**.

Tax incidence or burden
Pressione tributaria
The amount of income, property, or sales tax levied on an individual or business paid by the taxpayers of a country in a specified period considered as a proportion of total income in that period.

Come può essere definita, più precisamente, la pressione tributaria?

Essa è costituita dal rapporto tra il totale dei tributi pagati dai contribuenti in un determinato periodo di tempo e l'ammontare del Prodotto interno lordo realizzato nello stesso periodo.

Se indichiamo con Pt la pressione tributaria e con T il totale dei tributi, avremo:

$$Pt = \frac{T}{PIL}$$

I tributi, che sono costituiti principalmente da imposte dirette e indirette, non sono l'unica forma di prelievo coattivo, in quanto a essi vanno aggiun-

Fiscal burden
Pressione fiscale
Sum of tax revenues and compulsory social security contributions and other non-tax revenues of the government (i.e. revenues from foreign trade, other payments to the budget) levied on the purchasing power of the taxpayers.

ti i contributi sociali, finalizzati al finanziamento delle prestazioni sociali (previdenza, assistenza, sanità) e versati direttamente agli enti previdenziali. Di essi dobbiamo tenere conto se vogliamo definire la **pressione fiscale**.

Come può essere definita la pressione fiscale?

La pressione fiscale (Pf) rappresenta la quota di reddito nazionale che ogni anno viene prelevata in modo coattivo e, quindi, sottratta alla disponibilità delle famiglie e delle imprese, per essere destinata a scopi di pubblico interesse. Essa si ottiene rapportando la somma dei tributi (T) e dei contributi sociali (Cs) al prodotto interno lordo. La **pressione fiscale** (“**apparente o ufficiale**”) sarà quindi:

$$\mathbf{Pf} = \frac{(T+Cs)}{PIL}$$

A questo proposito occorre, tuttavia, fare una precisazione. Le entrate fiscali sono una grandezza abbastanza certa, ma non così il PIL. Esso si riferisce non solo alla ricchezza prodotta in un anno dalle attività regolari, ma, come sappiamo, anche a quella “generata” dalle attività sommerse (cioè non in regola con il fisco), dalle attività illegali che consistono in uno scambio tra soggetti economici avente oggetto illecito (contrabbando, sfruttamento della prostituzione, traffico di sostanze stupefacenti, ecc.), dal lavoro nero, da fenomeni difficili da osservare, come l'autoproduzione (che può andare dal limoncello fatto in casa a una piccola impresa che, sfruttando le sue risorse interne, crea un nuovo laboratorio senza acquistarlo all'esterno). Il PIL subisce, pertanto, parecchie variazioni nel corso dell'anno, per cui spesso si trovano documenti che contengono cifre differenti sulla pressione fiscale.

Woman in Gold
Film drammatico-storico di Simon Curtis, 2015

Maria Altmann è una donna ebrea fuggita da Vienna poco dopo l'arrivo dei nazisti che, saccheggiando la sua abitazione, trafugano un prezioso quadro di Gustav Klimt, il *Ritratto di Adele Bloch-Bauer I*, una delle opere più significative del cosiddetto "periodo dorato" dell'artista, caratterizzato da un intenso utilizzo del colore oro. In seguito l'opera viene restituita al Governo austriaco.
Cinquanta anni dopo Maria Altmann decide di sfidare le autorità austriache con l'aiuto di un giovane avvocato per chiedere che le venga restituito ciò che era suo.

- Guarda il film e discutine con i compagni e l'insegnante.

☐ Secondo i dati statistici, a quanto ammonta in Italia la pressione fiscale ufficiale?

Esaminiamo il grafico della figura 1, elaborato dall'Istat.

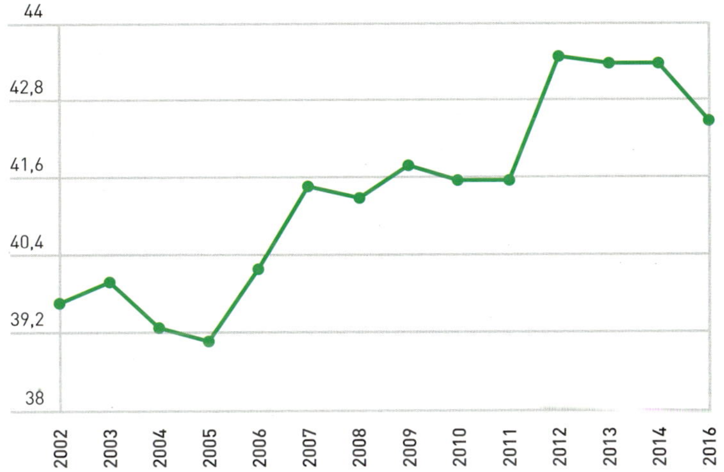

Figura 1

Pressione fiscale ufficiale in percentuale del PIL

Fonte: Istat - Conti Nazionali.

In Italia, secondo i dati dell'Istat, la pressione fiscale ufficiale, a partire dalla fine degli anni Novanta, ha registrato una costante diminuzione fino al 2005, a eccezione del 2003 (i dati dell'Italia erano in linea con la media dei Paesi dell'Unione europea), dopodiché ha cominciato ad aumentare. Nel 2013 la pressione fiscale ufficiale in Italia era al 43,6 per cento. È rimasta stabile nel 2014, mentre nel 2015 ha cominciato a calare arrivando al 42,6 per cento nel 2016.

Nella tabella 1 e nella figura 2 è riprodotto il quadro macroeconomico 2015-2017 elaborato dall'Istat.

Tabella 1 – Quadro macroeconomico 2015-2017 (valori in miliardi di euro e in percentuale del PIL)

VOCE/ANNO	2015*		2016*		2017*	
PIL Tasso di crescita		0,80%		0,80%		0,60%
PIL	1.642	100,0%	1.716	100,0%	1.703	100,0%
Debito pubblico	2.172	132,3%	2.220	132,8%	2.251	132,2%
Entrate totali PA	784	47,8%	789	47,0%	800	47,0%
Uscite totali PA	827	50,4%	826	49,5%	828	48,7%
Deficit pubblico	-42	-2,6%	-40	-2,4%	-27	-1,6%
Spesa per interessi	68	4,2%	66	4,0%	63	3,7%
Pressione fiscale	712	43,40%	712	42,6%	728	42,8%

** Stime tendenziali, nota di aggiornamento Def, 27 settembre 2016*
Fonte: Conti economici Istat e MEF.

Figura 2

Quadro macroeconomico tendenziale 2015-2017

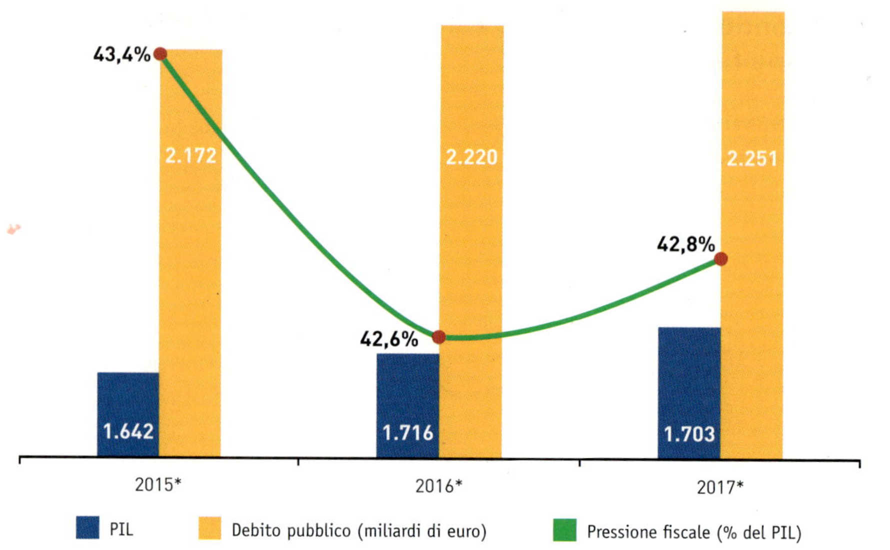

** Stime tendenziali, nota di aggiornamento Def, 27 settembre 2016*
Fonte: Conti economici Istat e MEF.

L'analisi dei dati del Def, aggiornati al settembre 2016, mostra un calo della pressione fiscale per il 2016 di 0,8 punti del PIL. Tuttavia, questa revisione al ribasso, secondo alcuni studi, per esempio quelli dell'ufficio studi della CGIA di Mestre, è da ritenersi errata, perché queste stime non tengono conto della **pressione fiscale reale** (o **effettiva** o **legale**), che misura il rapporto tra il carico fiscale sui contribuenti e il PIL depurato dall'economia sommersa.

3 I PREZZI

Prices
Prezzi
Public revenues deriving from the sale (or from the transfer for the use) of goods and services owned by the State or supplied by public enterprises practising an economic activity. Prices are payed by choice by the citizens.

I **prezzi** costituiscono la controprestazione di un bene o di un servizio offerto dallo Stato o da altri enti pubblici. Essi, pertanto, rappresentano prelievi di natura non tributaria che si applicano a tutti i beni e servizi pubblici di cui il cittadino consumatore/utente si appropria individualmente e sulla base delle quantità da lui desiderate.

Esistono diversi tipi di prezzi. Come criterio generale, per procedere a una loro classificazione, dobbiamo tenere conto che al crescere dell'interesse pubblico di un servizio offerto dallo Stato ci si allontana dai criteri di fissazione dei prezzi analoghi a quelli seguiti da imprenditori privati, poiché diventano più rilevanti i prelievi di natura coattiva.

Lo Stato, quando produce beni o servizi, può avere come obiettivo la massimizzazione del profitto?

Se lo Stato agisce come un qualsiasi imprenditore privato e non persegue con la sua attività alcun interesse pubblico, fisserà un prezzo idoneo a garantire il massimo profitto e per il quale si realizza l'uguaglianza **costo marginale = ricavo marginale**. Si parla, in tal caso, di **prezzo privato** (o **prezzo di mercato**). Si può citare, a titolo di esempio, il canone di affitto di un immobile pubblico.

Questo tipo di attività è oggi assai ridotta, in quanto la produzione pubblica di beni e servizi è difficilmente ipotizzabile se manca completamente un interesse pubblico.

Esistono situazioni in cui lo Stato, pur perseguendo il profitto, cerca di conseguire finalità di pubblico interesse?

Si possono verificare situazioni in cui lo Stato cede beni e servizi al prezzo che massimizza il profitto ma contemporaneamente, a differenza dell'imprenditore privato, tiene conto dell'interesse collettivo attraverso la regolazione della quantità offerta. In questi casi l'entrata percepita dallo Stato viene chiamata **prezzo quasi privato**. L'esempio classico è la vendita del legname delle aziende forestali. Lo Stato segue nella determinazione del prezzo di questo bene criteri analoghi a quelli utilizzati dalle imprese private, ma procede nel taglio e nell'offerta del legname in modo tale da tutelare, per quanto possibile, l'integrità del patrimonio forestale.

In quali casi lo Stato produce beni e servizi rinunciando al profitto?

In determinate circostanze lo Stato si pone l'obiettivo di promuovere l'interesse pubblico, estendendo il più possibile il consumo di determinati beni e servizi. A tal fine, il loro prezzo di vendita deve essere inferiore a quello di mercato. Quando si verificano queste circostanze siamo in presenza di un **prezzo pubblico** (o **tariffa**).

Se i benefici ricadono esclusivamente su coloro che hanno fatto domanda dei servizi stessi (quindi non si verificano esternalità positive), il costo complessivo deve essere coperto dalle relative entrate che lo Stato percepisce. In pratica, i prezzi pubblici vengono fissati in modo tale da realizzare il pareggio di bilancio relativo a una determinata attività, per cui devono rispettare la seguente condizione: **prezzo = costo medio**.

Public price (or tariff)
Prezzo pubblico (o tariffa)
Price fixed at a lower level to market price, usually equal to average cost.

In Italia la produzione dei servizi di pubblica utilità (ferrovie, poste, telecomunicazioni, energia elettrica, ecc.) è stata realizzata, per molto tempo, da imprese pubbliche che avrebbero dovuto praticare prezzi pubblici. In realtà, la maggior parte delle imprese pubbliche ha conseguito spesso perdite, causate soprattutto da una gestione inefficiente e da prezzi e tariffe inadeguate. Per queste ragioni già da alcuni anni si stanno realizzando forme di liberalizzazione del mercato, attraverso la regolamentazione e la privatizzazione delle imprese pubbliche.

Il prezzo pubblico relativo a un determinato servizio deve essere unico per tutti gli utenti?

La condizione fondamentale è che si realizzi l'uguaglianza fra costi e ricavi complessivi. Questo, però, non implica che il prezzo sia unico, in quanto lo Stato può attuare forme di discriminazione dei prezzi per favorire determinati gruppi di cittadini o per promuovere certi comportamenti. Pensiamo, per esempio, al settore dei trasporti urbani, in cui vengono applicati prezzi differenziati per categorie (studenti, anziani, ecc.) o per fasce orarie. In questo ambito la discriminazione dei prezzi può essere vista come una forma di redistribuzione da un gruppo della collettività a un altro, fermo restando il rispetto del vincolo: ricavi totali = costi totali.

In quali casi lo Stato ritiene opportuno praticare prezzi inferiori al costo di produzione?

Political price
Prezzo politico
Price fixed at a lower level to total cost of production in the public interest.

Si tratta di quelle situazioni in cui lo Stato produce servizi di rilevante utilità sociale, il cui consumo dà origine a significative esternalità positive. Prendiamo per esempio il servizio dei trasporti pubblici urbani. Se lo Stato volesse coprirne il costo di produzione, dovrebbe praticare un prezzo altissimo, con la conseguenza di ridurre la domanda con relativo intasamento del traffico e costi sociali assai elevati. In presenza di considerazioni di questo tipo, l'ente pubblico può offrire il servizio a un prezzo inferiore al costo di produzione, che viene chiamato **prezzo politico**. In genere esso deve essere tale da coprire interamente almeno i costi fissi, lasciando scoperti in tutto o in parte i costi variabili. La perdita che ne deriva viene addossata alla collettività attraverso il pagamento delle imposte, così come avviene con la tassa, in considerazione dei benefici sociali di cui si è parlato.

I prezzi pubblici e i prezzi politici spesso vengono raggruppati sotto la voce **tariffe pubbliche**.

Esiste affinità tra tassa e prezzo politico?

Esiste una notevole affinità, ma ci sono anche sostanziali differenze.

Entrambi si riferiscono infatti a un servizio speciale (in quanto reso dall'ente pubblico su richiesta di un cittadino) che, portando vantaggi anche all'intera collettività, viene in gran parte finanziato con le imposte. Tassa e prezzo politico sono quindi di entità inferiore al costo del servizio per le esternalità positive che questo arreca.

La differenza più significativa si riferisce al soggetto che eroga il servizio, nel senso che:

- nel caso del **prezzo politico**, il servizio è reso da un'impresa pubblica in base a un rapporto con l'utente di tipo contrattuale;
- nel caso della **tassa**, il servizio è reso da un apparato della Pubblica amministrazione nell'esercizio di un pubblico potere e pertanto la tassa può essere stabilita solo dalla legge.

IN PILLOLE

Tipologie di prezzi

PREZZO PRIVATO	È individuato dall'uguaglianza **costo marginale** = **ricavo marginale**. L'ente pubblico vuole massimizzare il profitto, non perseguendo finalità di interesse pubblico. Esempio: canone d'affitto immobile pubblico, concessione di spiagge.
PREZZO QUASI PRIVATO	È fissato seguendo le regole per la massimizzazione del profitto. Tuttavia l'ente pubblico persegue una finalità pubblica attraverso una politica di regolazione dell'offerta. Esempio: prezzo del legname.
PREZZO PUBBLICO (O TARIFFA)	È fissato in modo tale da garantire l'uguaglianza **costi totali** = **ricavi totali**, in presenza di considerazioni di interesse pubblico. Spesso il prezzo è differenziato per gruppi di utenti. In genere è uguale al costo medio di produzione. Esempio: tariffe energia elettrica, acqua.
PREZZO POLITICO	È inferiore al costo di produzione. La differenza è pagata con le imposte, poiché il servizio produce esternalità positive. Esempio: trasporti pubblici urbani.

MAPPA UNITÀ C1

LE ENTRATE PUBBLICHE

Entrate extratributarie
- relative ai proventi dei beni dello Stato e agli utili di gestione delle imprese pubbliche
- derivanti da alienazione e ammortamento dei beni patrimoniali e rimborso dei crediti
- derivanti da accensione di prestiti

Contributi sociali
- contributi previdenziali
- contributi assistenziali

Entrate originarie

Prezzi
- prezzi privati
- prezzi quasi privati
- prezzi pubblici
- prezzi politici

Altre classificazioni
- entrate correnti/in conto capitale
- entrate di diritto privato/di diritto pubblico
- entrate ordinarie/straordinarie

Entrate tributarie

Entrate derivate

Imposte

Tasse
- amministrative
- industriali
- giudiziarie

Contributi fiscali

Pressione tributaria
Rapporto tra il totale dei tributi pagati dai contribuenti in un determinato periodo di tempo e l'ammontare del Prodotto interno lordo realizzato nello stesso periodo.

Pressione fiscale
Rapporto tra la somma dei tributi e dei contributi sociali e il Prodotto interno lordo.

Verifiche 1

1) TROVA L'ERRORE IN OGNI FRASE

Competenza: acquisire e riconoscere i contenuti chiave

A. Le tasse pagate da chi fa richiesta di atti riguardanti la tutela dei minori sono tasse amministrative.
B. L'imposta è un prelievo coattivo di ricchezza attuato dallo Stato nei confronti di tutti i cittadini per finanziare beni e servizi pubblici generali, divisibili.
C. I prezzi per i beni o i servizi offerti dallo Stato o da altri enti pubblici rappresentano prelievi di natura tributaria che si applicano a tutti i beni e servizi pubblici di cui il cittadino consumatore/utente si appropria individualmente.
D. In Italia la produzione dei servizi di pubblica utilità è stata realizzata a prezzi quasi privati.
E. La concessione a privati di spiagge è un prezzo quasi privato.

2) COLLEGA LE ESPRESSIONI CONTRASSEGNATE DA UNA LETTERA CON QUELLE INDICATE DA UN NUMERO

Competenza: individuare collegamenti e relazioni

A. Prezzo privato	1. Contributi sociali
B. Prezzo pubblico	2. Si differenziano tra loro a seconda del presupposto
C. Entrate in conto capitale	3. Inferiore al costo di produzione
D. Tributi	4. Offerta di beni e servizi indivisibili e a domanda non individualizzabile
E. Imposta	5. Concessioni
F. Prezzo politico	6. Alienazione di beni patrimoniali
G. Funzione extrafiscale	7. Costi totali = ricavi totali
H. Tasse amministrative	8. Costo marginale = ricavo marginale

A	B	C	D	E	F	G	H

3) INDICA SE LE SEGUENTI AFFERMAZIONI SONO VERE O FALSE. SE LE RITIENI FALSE GIUSTIFICA LA RISPOSTA

Competenza: acquisire, interpretare l'informazione e comunicare

	VERO	FALSO
A. Il corrispettivo obbligatorio che si paga allo Stato o ad altro ente pubblico per il godimento di un pubblico servizio per il quale si fa espressa richiesta è propriamente denominato "tassa".		
B. Il prelievo coattivo di ricchezza a carico di determinati soggetti in relazione a opere pubbliche di interesse generale che arrecano loro un vantaggio senza che costoro le abbiano richieste è detto "imposta".		
C. Il prezzo individuato nel rispetto della condizione costo marginale = ricavo marginale è il prezzo pubblico.		
D. I contributi sociali finanziano determinate prestazioni previdenziali e assistenziali.		

	VERO	FALSO
E. Il prezzo pubblico è unico e non permette differenziazioni per gruppi di utenti.		
F. La pressione fiscale è data dal rapporto tra il PIL e il totale dei tributi e dei contributi sociali.		
G. Il prezzo politico deve essere tale da coprire interamente almeno i costi fissi.		
H. Il versamento di contributi assistenziali permette di ottenere una prestazione pensionistica.		

4) RISOLVI I SEGUENTI PROBLEMI

Competenza: risolvere problemi

Il signor Rossi ha annotato nella sua agenda alcune operazioni da effettuare in data odierna. Individua il tipo di entrata pubblica a cui ognuna di esse dà luogo.

A. Acquisto di un biglietto ferroviario.

B. Bollatura dei libri sociali inerenti all'attività dell'impresa.

C. Versamento al Comune di una somma a carico di un soggetto che ha ottenuto il permesso di costruire un fabbricato su un'area edificabile.

D. Pagamento dell'abbonamento mensile dell'autobus per gli anziani genitori.

E. Pagamento del tributo derivante dalla proprietà di due fabbricati.

F. Pagamento dell'affitto dell'appartamento, di proprietà di un ente pubblico, in cui abitano i suoceri.

5) RISPONDI AI SEGUENTI QUESITI IN UN MASSIMO DI 5/6 RIGHE

Competenza: saper organizzare e sintetizzare i contenuti

A. Come si distinguono le entrate sotto il profilo giuridico?

B. Come è definita la controprestazione in denaro di un servizio speciale prestato dallo Stato e dagli altri enti pubblici a un privato, generalmente dietro sua richiesta?

C. Come è definito il prezzo che si riscontra in caso di servizi pubblici gestiti dallo Stato in condizione di monopolio e in relazione ai quali lo Stato determina un prezzo-corrispettivo pari ai costi di produzione?

D. Qual è la differenza tra imposte, tasse e contributi fiscali?

E. Qual è la differenza tra tassa e prezzo politico?

ENGLISH EXERCICES 1

1) Connect each entry with the according definition

A. Fiscal contribution	1. The amount of income, property, sales taxes and government fees paid by the taxpayers of a country in a specified period considered as a proportion of total national income in that period
B. Tax burden	2. Price fixed at a lower level to market price, usually equal to average cost
C. Social security contributions	3. Price fixed, in the public interest, at a lower level to total cost of production
D. Tax revenues	4. Levy imposed by public subjects on the wealth of all citizens to fund public general indivisible goods and services
E. Government fees	5. Price determined with the aim to achieve profit maximization
F. Fiscal burden	6. Public revenues consisting in taxes and social contributions
G. Property tax, income tax, sales tax	7. The influence of taxes and contributions and other revenues levied on the purchasing power of the taxpayers
H. Profit maximization price	8. Levy imposed by public subjects upon the citizens that require and use a certain special divisible public service
I. Public price	9. Collections of money levied on both employers and employees used to fund the welfare spending programs
J. Political price	10. Payment imposed by local or central government to certain subjects that, without making a specific request, benefit from a public good or service

A	B	C	D	E	F	G	H	I	J

2) Answer the following questions

A. Describe what are the functions of public revenues.

B. Describe the difference between current and capital revenues by using some examples.

C. Explain the trend of fiscal burden in Italy.

UNITÀ 2 Le imposte

1 Caratteri generali, presupposto e struttura dell'imposta
2 Classificazioni delle imposte
3 I diversi tipi di progressività
4 I principi giuridici dell'imposta
5 I principi amministrativi delle imposte
6 Effetti microeconomici dell'imposizione

Atene, alla gogna i furbetti del fisco: online i nomi di 13mila evasori

Il Ministero delle Finanze pubblica sul suo sito i dati di chi deve all'erario più di 150mila euro. Il sito va in crash per l'eccesso di accessi, lo Stato spera di recuperare circa 20 miliardi di euro

MILANO - La Grecia mette alla gogna i furbetti del fisco. L'agenzia delle entrate ellenica, impegnata da tempo (senza troppo successo) in una dura battaglia per combattere l'evasione fiscale, ha sfoderato la sua arma finale: la colonna infame. Un'apposita sezione del suo sito dove alle 15 di oggi ha pubblicato i nomi dei 13.730, tra cittadini e imprese, in arretrato con l'erario da più di un anno per cifre superiori ai 150mila euro. L'outing del Ministero delle Finanze è stato un successo clamoroso. In molti, evidentemente, temevano di vedere il proprio nome nella lista. Dieci minuti dopo la pubblicazione, così, il sito è andato in tilt, travolto dalle richieste di accesso dei contribuenti e dei curiosi. La decisione di rendere pubblici i nomi degli evasori non è stata un fulmine a ciel sereno. Atene è da tempo alla caccia dei soldi sottratti dai suoi concittadini al fisco, una somma non troppo lontana dai 100 miliardi secondo le stime. La lista online da ieri comprende arretrati per 90 miliardi circa. Molti fanno capo ad aziende fallite nel frattempo (la compagnia aerea Olympics, per esempio, deve allo Stato 1,3 miliardi) ma l'esecutivo conta lo stesso di recuperare circa una ventina di miliardi. [...] Si vedrà che risultati porterà a casa con questa iniziativa il governo Tsipras. Il rapporto dei greci con l'agenzia delle entrate non è comunque mai stato facile. Oggi a maggior ragione, dopo una riforma fiscale che ha aumentato l'Iva e ritoccato all'insù le aliquote, eliminando pure le agevolazioni previste per le isole. Al netto delle liste di proscrizione, la situazione, invece di migliorare, è peggiorata: le entrate Iva in questi primi mesi 2016 dai luoghi turistici sono infatti in decisa diminuzione.

Ettore Livini
«La Repubblica» (R.it - Economia e Finanza), 7 luglio 2016

attività

1. Quale obiettivo giustifica l'azione descritta nell'articolo?
2. Ritieni condivisibile questa modalità di lotta all'evasione fiscale?
3. Secondo te sarà efficace?
4. Conosci le ragioni che hanno indotto il governo Tsipras ad approvare una severa riforma fiscale?

1 CARATTERI GENERALI, PRESUPPOSTO E STRUTTURA DELL'IMPOSTA

L'imposta costituisce la più importante tipologia di entrata pubblica. Essa consiste in un prelievo coattivo di ricchezza che non ha una relazione diretta con la prestazione di un servizio pubblico a vantaggio del singolo individuo. Il gettito delle imposte, infatti, serve per finanziare i servizi offerti alla collettività, indipendentemente dalla domanda dei cittadini, i cui vantaggi sono indivisibili.

Quali sono gli elementi essenziali che consentono di definire l'imposta?

Gli elementi fondamentali in base ai quali viene definita l'imposta sono i seguenti:

- il presupposto;
- la base imponibile;
- l'aliquota;
- il debito d'imposta.

Questi elementi costituiscono la terminologia minima con cui dovremo familiarizzare.

Tax assumption
Presupposto d'imposta
A situation of fact that, either directly or indirectly, gives rise to a tax liability: for example the possession of income or the consumption and transfers of wealth.

Taxable base
Base imponibile
Measure upon which the determination of tax liability is based. For example, taxable income is the tax base for income tax.

Che cosa si intende per "presupposto" e per "base imponibile"?

I due termini sono certamente correlati:

- il **presupposto dell'imposta** è quella particolare situazione di fatto cui la legge ricollega l'obbligo di pagare l'imposta, in quanto rivelatrice di capacità contributiva del soggetto. Il presupposto può essere costituito, per esempio, dal percepimento di un reddito, dalla titolarità di un patrimonio, dal consumo di un bene;
- la **base imponibile** è costituita dalla grandezza economica su cui si applica l'imposta, per esempio il reddito guadagnato, il patrimonio posseduto, l'ammontare degli acquisti effettuati. In pratica essa si ottiene traducendo il presupposto in termini quantitativi. La base imponibile può essere espressa in due modi:
  - in **termini monetari**, per esempio il valore in euro del patrimonio a una certa data, nel caso di un'imposta patrimoniale. In questo caso l'imposta sarà definita *ad valorem*;
  - in **termini fisici**, per esempio litri di benzina, nel caso di una imposta di fabbricazione sugli oli minerali. In questo caso l'imposta viene definita *specifica* (o accisa).

Che cosa si intende per "aliquota" e "debito d'imposta"?

Anche aliquota e debito d'imposta sono correlati e possiamo definirli nel modo che segue.

- L'**aliquota** indica ciò che è dovuto dal **contribuente** per ogni unità di base imponibile. In pratica, essa è costituita dal rapporto fra l'ammontare dell'imposta e l'ammontare della base imponibile:
  - nelle imposte *ad valorem* viene espressa in termini percentuali (per esempio il 10% del reddito, il 2% del valore monetario degli immobili);
  - nelle imposte *specifiche* viene definita in unità monetarie per ogni unità di base imponibile (per esempio 50 centesimi per ogni litro di benzina).
- Il **debito d'imposta** è costituito dal prodotto fra l'aliquota e la base imponibile. Se chiamiamo I il debito d'imposta, t l'aliquota, R la base imponibile, avremo: I = tR.

Tax rate
Aliquota
The average rate at which an individual or corporation is taxed.

Taxpayer
Contribuente
A person (as an individual or corporation) that pays or is liable for a tax.

2 CLASSIFICAZIONI DELLE IMPOSTE

Le imposte vengono tradizionalmente classificate in gruppi omogenei sulla base di diversi criteri.

Si possono distinguere:

- imposte dirette e indirette;
- imposte reali e personali;
- imposte generali e speciali;
- imposte proporzionali, progressive, regressive.

Qual è la differenza fra imposte dirette e imposte indirette?

Secondo il criterio prevalente, i due tipi di imposta possono essere così definiti:

- le **imposte dirette** colpiscono le manifestazioni immediate della capacità contributiva del soggetto, quali il reddito percepito e il patrimonio posseduto;
- le **imposte indirette** colpiscono le manifestazioni mediate della capacità contributiva, cioè atti quali il consumo di beni o il trasferimento di attività patrimoniali, dai quali si desume l'esistenza di ricchezza in forma di reddito o di patrimonio.

In pratica, secondo l'approccio che oggi viene ampiamente seguito, coerente con la suddetta distinzione, le imposte dirette sono quelle sul reddito e sul patrimonio; le imposte indirette sono tutte le altre, ma la loro componente principale è rappresentata dalle imposte sul consumo.

Direct taxes
Imposte dirette
Taxes levied on the direct and immediate manifestations of contributive capacity, that consist in income earned or wealth owned by individuals and companies.

Indirect taxes
Imposte indirette
Taxes levied on the indirect manifestations of contributive capacity, that consist in the use of wealth through consumption and transfer of assets.

Le principali imposte dirette sul reddito vigenti in Italia sono l'Irpef e l'Ires. L'Imu può essere considerata un esempio di imposta diretta sul patrimonio (immobiliare).

Per quanto riguarda le imposte indirette, ne sono esempi l'Iva, le accise sulla benzina, i dazi, l'imposta di bollo, l'imposta di registro.

La funzione del consumo

RICHIAMO

La spesa per consumi dipende in gran parte dal reddito personale disponibile.
La funzione del consumo di breve periodo può essere così espressa:

$$C = C_0 + cY_d$$

con C_0 = consumo autonomo
c = propensione marginale al consumo

Con questa funzione si afferma che il consumo dipende dal reddito e, contemporaneamente, che gli aumenti del reddito fanno aumentare il consumo in modo meno che proporzionale.

Il consumo aumenterebbe in modo proporzionale solo se fosse $C_0 = 0$, per cui risulterebbe $C = cY_d$.

☐ È corretto affermare che le imposte dirette sono più eque di quelle indirette?

Le **imposte sul reddito** sono generalmente considerate lo strumento fondamentale per una politica di redistribuzione della ricchezza, soprattutto attraverso la forma dell'imposta progressiva, con eventuali esenzioni per i redditi bassi.

Esse, pertanto, sono considerate più eque delle imposte indirette perché, colpendo reddito e patrimonio, si riferiscono direttamente alla capacità delle persone di sopportare il carico tributario. È ovvio che chi è titolare di un basso reddito o patrimonio ha una minore capacità contributiva rispetto un soggetto con elevato reddito o patrimonio.

Le **imposte indirette**, invece, non si riferiscono in modo preciso alla capacità contributiva del soggetto, in quanto colpiscono atti che solo indirettamente fanno desumere l'esistenza di un reddito o di un patrimonio, come, per esempio, il consumo di beni da parte di un individuo.

☐ Quali argomentazioni esistono a favore della tassazione del consumo?

Le argomentazioni a favore della tassazione del reddito, come abbiamo detto, sono decisamente rilevanti. Sintetizziamole con un esempio numerico. Sergio ha un reddito di 20.000 euro mensili e un consumo mensile di 1.000, mentre Luca ha sia un reddito sia un consumo mensile di 1.000 euro. Con un'imposta sul consumo pagherebbero entrambi la stessa cifra, ma la condizione economica di Sergio è sicuramente migliore di quella di Luca.

Tuttavia, ci sono anche diverse argomentazioni a favore della tassazione sul consumo. Ricordiamone almeno una. Il reddito, dal punto di vista del suo utilizzo, viene ripartito fra consumo e risparmio. Quest'ultimo serve per finanziare gli investimenti, quindi se viene tassato con un'imposta sul reddito significa che l'imposizione fiscale esercita un impatto negativo sulla crescita del Paese.

Si può dunque affermare che sia le imposte dirette sia quelle indirette presentano pregi e difetti?

In tutti i moderni sistemi tributari si verifica la coesistenza delle imposte dirette e indirette, proprio al fine di compensare i reciproci difetti. Cerchiamo di sintetizzare le caratteristiche principali delle une e delle altre.

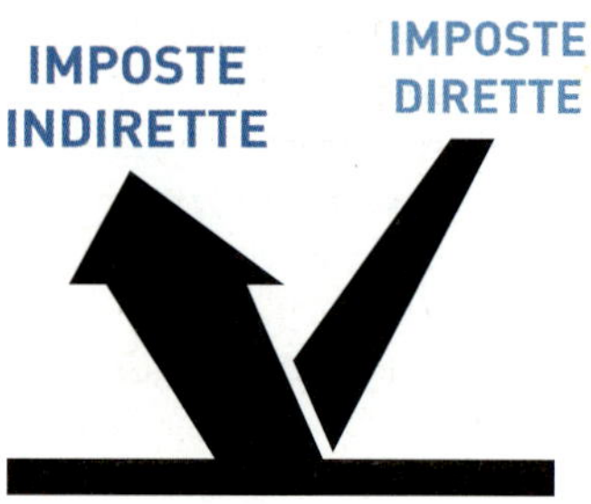

IMPOSTE DIRETTE	IMPOSTE INDIRETTE
• Sono, in linea di principio, più redistributive perché si adeguano meglio alla capacità contributiva rispetto alle imposte indirette. Non sono da escludere effetti opposti se, per esempio, i redditi concentrati presso i contribuenti più ricchi sono quelli che più facilmente evadono l'imposta. • Possono suscitare maggiore resistenza nei contribuenti. • Hanno un gettito più rigido, in quanto gli accertamenti avvengono a intervalli di tempo abbastanza lunghi (in genere non inferiori a un anno). • Possono disincentivare l'attività produttiva e, quindi, la crescita del Paese, in presenza di aliquote elevate.	• Sono meno eque delle imposte sul reddito in quanto gravano prevalentemente sul consumo, colpendo quindi coloro che hanno una più alta propensione al consumo, come i soggetti con bassi redditi. • Sono più tollerate dai contribuenti, in quanto, in gran parte, sono comprese nel prezzo dei beni e quindi non sempre sono esattamente percepite. • Forniscono un gettito elastico, in quanto sono prelevate con continuità e possono essere variate con rapidità a seconda delle esigenze della politica economica. • Hanno effetti immediati sui prezzi, quindi possono generare spinte inflazionistiche.

Qual è la differenza tra imposte reali e imposte personali?

La distinzione è la seguente:

- le **imposte reali** danno peso alla sola base imponibile e non alle persone a cui essa si riferisce. Il termine "reale" deriva da *res*, cioè "cosa" in latino, per cui non hanno rilevanza le caratteristiche specifiche del contribuente. Una classica imposta reale è quella sulla benzina;
- le **imposte personali** tassano la base imponibile, ma tengono anche conto delle condizioni personali del contribuente, come per esempio i carichi di famiglia, lo stato di salute o altro ancora. La classica imposta personale è l'imposta sul reddito delle persone fisiche (in Italia l'Irpef).

☐ Quali sono i principali vantaggi e svantaggi collegati alle imposte reali e personali?

Le **imposte reali** sono molto più semplici da amministrare rispetto a quelle personali: infatti è sufficiente individuare la base su cui applicarle, ma non anche le persone a cui le stesse si riferiscono. Per esempio, nel caso di un'imposta che colpisce il consumo della benzina, basta fissare l'aliquota di tanti centesimi di euro per litro, essendo irrilevante la persona che la utilizza.

Nelle imposte reali, però, poiché il soggetto non ha alcun rilievo, non sono possibili trattamenti differenziati sulla base delle sue condizioni personali.

Le **imposte personali**, d'altro canto, sono considerate più eque di quelle reali in quanto sono commisurate alla capacità di pagare del soggetto. Per esempio, l'imposta sul reddito delle persone fisiche non colpisce i singoli redditi, ma la somma di tutti i redditi percepiti da un determinato soggetto. Inoltre, una volta calcolato il reddito complessivo, si considerano le caratteristiche della persona, come il numero dei familiari a carico, le spese sanitarie sostenute, gli interessi pagati sul mutuo, ecc. In genere, si riesce a tenere conto di questi aspetti attraverso deduzioni dall'imponibile e detrazioni dall'imposta, grazie alle quali un contribuente sano e single, a parità di reddito, pagherà un'imposta superiore rispetto a un contribuente con problemi di salute e con moglie e figli a carico.

☐ È possibile affermare che dal punto di vista dell'equità fiscale le imposte reali non hanno alcun pregio?

L'affermazione non è del tutto esatta, in quanto attraverso le imposte reali si può realizzare la **discriminazione qualitativa dei redditi**. Essa consiste nell'applicare alle diverse tipologie di reddito un'imposta reale basata su aliquote differenziate, in considerazione della diversa valutazione sociale che si dà a ogni categoria di reddito. Questa politica viene in genere utilizzata per tutelare il reddito da lavoro rispetto a quello proveniente dall'impiego di capitale, che non richiede sforzi per conseguirlo e che, in genere, garantisce sicurezza e continuità.

☐ Nei sistemi tributari moderni coesistono imposte personali e imposte reali?

Nei Paesi occidentali le imposte personali si sono gradualmente sostituite a quelle reali, però i problemi collegati al fenomeno della globalizzazione stanno contribuendo a una inversione di tendenza.

Un esempio molto importante riguarda la tassazione delle attività finanziarie, quali depositi bancari, obbligazioni, azioni, quote di fondi, ecc. Qualsiasi cittadino italiano può legalmente acquistare titoli emessi da qualsiasi Paese, con l'obbligo di rispettare la legge fiscale che li riguarda. In un mondo in cui la mobilità delle persone e dei capitali si accentua sempre di più, il possesso, in capo al contribuente, di redditi derivanti da tali attività

The Price We Pay

Il prezzo che paghiamo

Film documentario di Harold Crooks, 2014

Il film (vincitore ai Vancouver Film Critics Circle Awards del 2015) contiene una denuncia dell'elusione fiscale internazionale, svelando gli ingranaggi che portano ogni anno tante multinazionali a trasferire gli utili nei paradisi fiscali. Attraverso le testimonianze di studiosi, giornalisti investigativi e professionisti coinvolti in questi affari milionari, il film documenta quell'enorme "ricchezza nascosta delle nazioni" che per questo sfugge a ogni controllo, e il prezzo che per questo viene pagato dai cittadini di tutto il mondo.

- Guarda il film e discutine con i compagni e l'insegnante.

è difficile da accertare. Per questa ragione, essi sono attualmente tassati ovunque con imposte reali, di più facile gestione. In pratica, nel momento in cui il reddito viene corrisposto, il soggetto che ha provveduto alla sua erogazione applica a titolo definitivo (cioè senza alcun ulteriore onere per il contribuente) una ritenuta. In questo modo la tassazione risulta semplificata, ma con un minor grado di equità, in quanto questi redditi non sono sommati agli altri conseguiti dal contribuente.

Qual è la differenza fra imposte generali e imposte speciali?

La distinzione si basa sul diverso campo di applicazione.

- Le imposte si dicono **generali** quando colpiscono nella stessa misura forme di ricchezza analoghe (tutte le categorie di reddito, tutti i beni patrimoniali, tutti i consumi, ecc.).
- Le imposte si dicono **speciali** quando colpiscono soltanto alcune categorie di ricchezza (alcune categorie di reddito, alcuni beni patrimoniali, alcuni consumi, ecc.) oppure ricorrono ad aliquote differenziate.

Nei sistemi tributari moderni le imposte generali coesistono con quelle speciali?

Le imposte generali sono presenti in tutti i sistemi tributari, in quanto sono coerenti con il principio di uguaglianza. D'altro canto, però, anche le imposte speciali possono avere un ruolo importante perché rendono possibili interventi specifici in relazione a particolari settori economici, a categorie di reddito, ecc.

Per quanto riguarda il sistema tributario italiano, l'Irpef è un'imposta generale perché colpisce tutti i redditi delle persone fisiche; l'Imu è un'imposta speciale perché colpisce, nell'ambito dei beni patrimoniali, solo il valore di terreni e fabbricati.

IN PILLOLE

Classificazione delle imposte

DIRETTE	Colpiscono le manifestazioni immediate della capacità contributiva (reddito e patrimonio).
INDIRETTE	Colpiscono manifestazioni mediate della capacità contributiva (consumi e trasferimenti di ricchezza).
REALI	Colpiscono l'oggetto dell'imposta, astraendo dalle condizioni del contribuente.
PERSONALI	Colpiscono la ricchezza del contribuente tenendo conto delle sue condizioni personali e familiari.
GENERALI	Colpiscono con la stessa aliquota tutte le categorie di reddito, tutti i beni patrimoniali, tutti i settori economici.
SPECIALI	Colpiscono solo alcune categorie di reddito, di beni patrimoniali, di settori economici o colpiscono tutte le categorie con aliquote differenziate.

Un'altra classificazione tra le imposte è quella fra **imposte proporzionali**, **progressive**, **regressive**.

L'imposta può essere proporzionale, progressiva o regressiva a seconda che l'aliquota o la percentuale applicata alla base imponibile sia costante, crescente, decrescente.

Che cosa si intende per imposta proporzionale?

Un'imposta è **proporzionale** se all'aumentare della base imponibile, il debito d'imposta aumenta nelle stesse proporzioni.

In questo tipo di imposta l'aliquota è fissa e non varia in funzione della base imponibile.

Proportional tax
Imposta proporzionale
A tax rate which remains constant regardless of the amount of the tax base.

Progressive tax
Imposta progressiva
A tax rate which increases as the tax base amount increases

BASE IMPONIBILE	IMPOSTA PROPORZIONALE	
	Aliquota legale	Imposta
10.000	10%	1.000
100.000	10%	10.000
200.000	10%	20.000
450.000	10%	45.000

Che cosa si intende per imposta progressiva?

Un'imposta è **progressiva** se, all'aumentare della base imponibile, il debito d'imposta aumenta più che proporzionalmente rispetto alla crescita della base imponibile.

In questo tipo di imposta l'aliquota cresce all'aumentare della base imponibile.

BASE IMPONIBILE	IMPOSTA PROGRESSIVA	
	Aliquota legale	**Imposta**
10.000	10%	1.000
100.000	20%	20.000
200.000	30%	60.000
450.000	40%	180.000

Nelle imposte progressive non è sufficiente che il debito d'imposta cresca al crescere della base imponibile, occorre che cresca più che proporzionalmente rispetto alla crescita della base imponibile.

L'imposta progressiva può essere un efficace strumento per una politica economica di redistribuzione dei redditi?

L'importanza di tale imposta è rilevante dal punto di vista redistributivo perché distribuisce il carico tributario in modo tale da far sopportare un onere maggiore a chi ha una base imponibile superiore.

Generalmente sono progressive le imposte sul reddito. Esse tendono, a seconda dei vari Paesi e a seconda del periodo storico, a realizzare una distribuzione del carico tributario a favore dei meno abbienti, al fine di attuare il principio di **solidarietà** sancito dall'articolo 2 della Costituzione, il principio di **uguaglianza** (sostanziale) di cui all'articolo 3 della Costituzione e il principio dell'**equità verticale**, accolto nella nostra Costituzione all'art. 53, secondo il quale i soggetti con maggiore capacità contributiva devono pagare più imposte.

Per esempio, se Tizio ha un reddito doppio rispetto a quello realizzato da Caio, con il sistema progressivo non sarà tenuto a pagare un'imposta pari al doppio di quella pagata da quest'ultimo, ma dovrà versare nelle casse dello Stato un po' di più. Quel poco in più caratterizza giustappunto un sistema tributario come progressivo.

È comunque importante sottolineare che il principio a cui si devono attenere i Governi nell'applicare tale imposta è quello per cui essa non deve mai raggiungere un livello tale da modificare la posizione dell'individuo nella gerarchia dei redditi. Tale principio pone un vincolo alla redistribuzione dei redditi operata attraverso le imposte ed è finalizzato a evitare la sottrazione al fisco di materia imponibile.

Un'ultima considerazione: l'imposta personale progressiva sul reddito deve avere come oggetto tutto il reddito del contribuente globalmente considerato perché, in caso contrario, a parità di ricchezza complessiva, chi ha un reddito proveniente da fonti diverse verrebbe favorito rispetto a chi ha un reddito proveniente da un'unica fonte. Se invece si tiene conto della posizione reddituale complessiva dei soggetti, succede che, a parità di reddito, due soggetti pagano la stessa imposta.

Si parla di "fiscal drag" come effetto dell'imposta progressiva: di che cosa si tratta?

Il fenomeno del **fiscal drag** (**drenaggio fiscale**) si verifica quando, con l'imposta progressiva, un aumento solo nominale della base imponibile, causato dall'inflazione, si traduce in un aumento reale del debito di imposta (aumento dell'aliquota media). In altre parole, i redditi nominali per effetto dell'inflazione salgono e, anche se l'entità dei redditi reali (in altre parole, il potere d'acquisto dei redditi monetari) rimane immutata, il peso dell'imposta aumenta. Il contribuente si trova, quindi, a dover pagare imposte maggiori anche se nulla è cambiato nella sua situazione economica. Il fenomeno del fiscal drag permette così a Governi poco attenti ai vincoli di bilancio di ottenere facili risorse.

Per evitare il fenomeno del fiscal drag, cioè per evitare che le componenti monetarie e non reali del reddito vengano sottoposte a imposizione, si può ricorrere a una periodica revisione delle aliquote da parte del legislatore, oppure alla previsione di un adeguamento automatico delle aliquote secondo le variazioni dell'indice generale dei prezzi (indicizzazione del sistema tributario).

Fiscal drag
Drenaggio fiscale
The process by which, during inflation, rising incomes draw people into higher tax brackets, so that their real incomes may fall; this is the consequence of a progressive tax system.

Anche le imposte reali possono essere progressive?

È possibile un sistema di tassazione basato sia su imposte personali progressive sia su imposte reali progressive. Tuttavia, un sistema di tassazione dei redditi basato su imposte "reali" progressive non è equo. Le imposte reali, a differenza delle imposte personali, tassano "separatamente" ogni categoria di reddito (di fabbricati, di terreni, di lavoro, di capitale, ecc.). Di conseguenza, se tali imposte fossero progressive, penalizzerebbero i soggetti che derivano il proprio reddito da una sola fonte, rispetto ai soggetti che, a parità di reddito, derivano il loro reddito da più fonti.

Consideriamo, per esempio, un prelievo di tipo reale che tassi separatamente ogni categoria di reddito secondo una struttura progressiva di prelievo per scaglioni.

SCAGLIONI IN MIGLIAIA DI EURO	ALIQUOTE
da 0 fino a 10	10%
oltre 10 fino a 15	20%
oltre 15 fino a 20	25%

Consideriamo due individui con lo stesso reddito di 20.000 euro. Per il primo, tale reddito è proveniente esclusivamente da fabbricati, per il secondo è proveniente in parti uguali dal reddito di fabbricati e dal reddito di capitale. Si potrebbe pensare che questi individui, trovandosi nella stessa situazione reddituale, paghino la stessa imposta. Ciò non si verifica. Il primo individuo, infatti, paga 3.250 euro, il secondo soltanto 2.000.

Un'imposta progressiva troppo accentuata può avere effetti negativi sul sistema economico?

L'eccessiva progressività può impedire la formazione del risparmio, perché l'imposta viene a gravare con un'aliquota molto elevata sulle ultime unità di reddito.

Arthur Laffer

Più in generale, l'imposta progressiva scoraggia la produzione se i produttori pensano che il maggior reddito, eventualmente derivante da ulteriori attività economiche, sia assorbito per intero dalle aliquote più alte di imposta.

Per i Governi il problema è pertanto quello di graduare opportunamente la scala delle aliquote, in modo da realizzare tutti gli effetti positivi della progressività riducendo al minimo gli aspetti negativi.

Una eccessiva progressività può poi spingere i soggetti più colpiti a comportamenti illeciti.

RICHIAMO

La curva di Laffer

Nel 1979, l'economista Arthur Laffer, esponente della scuola economica "**supply side economics**" (economia dell'offerta), sostenne, in un rapporto diretto al Congresso americano, che una riduzione delle aliquote dell'imposta progressiva avrebbe stimolato le imprese a effettuare investimenti produttivi con conseguente crescita della produzione e del gettito tributario.

Tuttavia, non vi sono mai state evidenze empiriche che abbiano avvalorato tale tesi, in quanto le imprese potrebbero limitarsi a fare speculazioni di tipo finanziario.

Laffer, le cui tesi furono accolte dall'amministrazione del presidente Reagan negli anni Ottanta, arrivò a queste conclusioni attraverso una rappresentazione grafica nota come "curva di Laffer".

Sia l'aliquota OB sia quella OC danno allo Stato lo stesso gettito; l'aliquota che assicura allo Stato il gettito massimo è OA. Aliquote più elevate, come la OC, lo riducono.

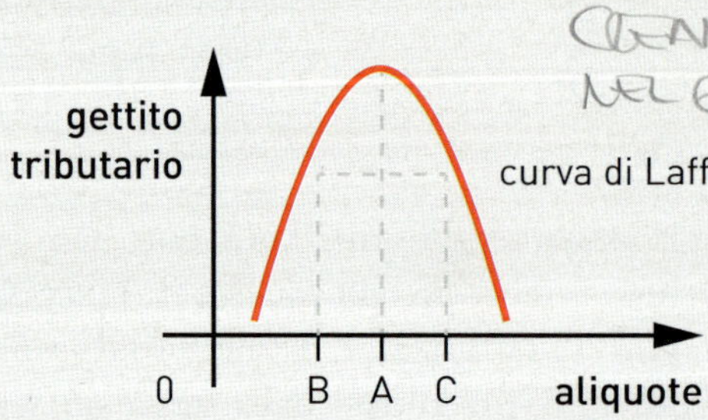

Che cosa si intende per imposta regressiva?

Un'imposta è **regressiva** se il debito d'imposta aumenta meno che proporzionalmente al crescere della base imponibile. L'aliquota diminuisce all'aumentare della base imponibile. Le imposte indirette tendono a essere regressive, in quanto, a parità di aliquote, colpiscono in misura maggiore i soggetti a basso reddito, in genere con una propensione al consumo più elevata È chiaro, però, che gli effetti regressivi sarebbero minori o addirittura nulli se si ricorresse ad aliquote differenziate, in particolare assoggettando a un prelievo minore i beni di prima necessità e a un prelievo superiore i beni di lusso.

Regressive tax
Imposta regressiva
A tax rate which decreases as the tax base amount increases.

BASE IMPONIBILE	IMPOSTA REGRESSIVA	
	Aliquota legale	Imposta
10.000	40%	4.000
100.000	30%	30.000
200.000	20%	40.000
450.000	10%	45.000

Nelle imposte regressive il debito di imposta cresce al crescere della base imponibile, ma meno che proporzionalmente rispetto alla crescita della base imponibile.

Nella realtà non esistono formalmente imposte regressive, perché incompatibili con i principi di uno Stato democratico, però le imposte indirette sui consumi, di cui si è parlato in precedenza, possono avere effetti regressivi.

IN SINTESI

Imposta	Aliquota legale
Proporzionale	costante
Progressiva	cresce al crescere della base imponibile
Regressiva	decresce al crescere della base imponibile

La corruzione come imposta regressiva

di Giorgio Brosio, Professore emerito di Scienza delle finanze presso l'Università degli studi di Torino

Il funzionamento del settore pubblico è reso inefficiente non solo dalla scarsità di fondi, ma anche dalla **corruzione**, cioè da comportamenti e pratiche illegali che incidono negativamente sul funzionamento del settore pubblico e producono anche effetti negativi sotto il profilo distributivo.

Infatti, i ricchi traggono enormi vantaggi dalla corruzione, perché in cambio del pagamento di somme rilevanti (ma che incidono in modo irrilevante sulla loro ricchezza) ottengono favori, commesse, appalti.

I poveri, per contro, sono costretti in molti casi a pagare cifre piccole (ma che incidono in modo rilevante sulle loro risorse), per ottenere servizi, come per esempio i servizi sociali e assistenziali, che, invece, dovrebbero ricevere gratuitamente secondo la legge. I poveri, data la loro condizione, sono soggetti deboli che diventano facile preda di funzionari corrotti e disonesti.

Per questi motivi la corruzione è stata definita come un'imposta regressiva.

Più basso è il reddito di una persona o di una famiglia, più è elevata l'incidenza delle somme da pagare ai corrotti in tangenti.

La situazione si ripete per le imprese. Per ottenere i permessi necessari a iniziare la loro attività, le imprese piccole pagano tangenti che hanno sul loro reddito un impatto molto più incisivo di quello che hanno sul reddito delle imprese più grandi.

RINFORZO

3 I DIVERSI TIPI DI PROGRESSIVITÀ

Ci sono vari metodi per attuare la progressività dell'imposta:

- progressività continua;
- progressività per classi;
- progressività per scaglioni;
- progressività per deduzione e detrazione.

Che cosa si intende per progressività continua?

Quando l'aliquota viene espressa come funzione continua e crescente del reddito imponibile (l'aliquota cresce in modo minimo ma continuo a ogni aumento, anche piccolo, del reddito imponibile) si ha la progressività continua.

Questo metodo è scarsamente diffuso per la sua complessità.

Che cosa si intende per progressività per classi?

Il reddito (o base imponibile) viene suddiviso per classi e a ogni classe corrisponde un'aliquota diversa e sempre crescente. In ogni modo il reddito, nel suo complesso, sconta l'imposta corrispondente alla classe di appartenenza.

Il prospetto che segue ipotizza il caso di un contribuente con un reddito di 160.000 euro e una progressività per classi.

CLASSE	ALIQUOTA LEGALE	REDDITO IMPONIBILE	IMPOSTA DOVUTA
Fino a 10.000	10%		
da 10.001 a 50.000	20%		
da 50.001 a 100.000	30%		
da 100.001 a 120.000	40%		
da 120.001 a 180.000	**50%**	**160.000**	**80.000**
da 180.001 a 200.000	60%		

È facile comprendere come la progressività per classi colpisca sfavorevolmente coloro che hanno un reddito di poco superiore al limite massimo della classe inferiore, che vengono a subire un prelievo assolutamente ingiustificato. Per questo motivo il metodo della progressività per classi non è utilizzato nel nostro sistema.

Per esempio, utilizzando i dati del prospetto precedente, se Tizio ha un reddito di 10.000 euro è soggetto a un'aliquota del 10% e a un'imposta di 1.000 euro (con un reddito residuo pari a 9.000 euro).

Caio, che ha un reddito di 10.001, è soggetto a un'aliquota del 20% e a un'imposta di 2.000,20 euro (con un reddito residuo pari a 8.000,8 euro).

In sintesi:

ESEMPI DI IMPONIBILE	ALIQUOTA LEGALE	IMPOSTA DOVUTA	REDDITO RESIDUO
Tizio 10.000	Tizio 10%	Tizio 1.000	Tizio 9.000
Caio 10.001	Caio 20%	Caio 2.000,20	Caio 8.000,8

Che cosa si intende per progressività per scaglioni?

Si tratta del sistema di progressività più diffuso. In Italia, l'imposta personale sul reddito Irpef (Imposta sul reddito delle persone fisiche) è un'imposta progressiva per scaglioni abbinata a un sistema di deduzioni e detrazioni.

La progressività si realizza mediante la suddivisione del reddito del contribuente in "scaglioni"; a ogni scaglione corrisponde un'aliquota diversa e crescente.

L'aliquota si applica solo alla porzione di reddito corrispondente; per la porzione di reddito non compresa nello scaglione viene applicata l'aliquota dello scaglione successivo.

Che cosa distingue la progressività per classi dalla progressività per scaglioni?

Applichiamo il metodo della progressività per scaglioni a un contribuente con reddito pari, per esempio, a 160.000 euro.

Il contribuente, come mostra il prospetto che segue, deve suddividere il suo reddito per scaglioni: al primo deve imputare 10.000 euro, al secondo 40.000 euro, al terzo 50.000 euro, al quarto 20.000 euro, al quinto deve iscrivere solo i 40.000 euro residui. A ogni porzione di imponibile, determinata in questo modo, deve essere applicata l'aliquota corrispondente. La somma degli importi così calcolati forma l'imposta complessivamente dovuta, che nell'esempio è di 52.000 euro.

Classe	Aliquota legale	Suddivisione in scaglioni del reddito di 160.000 euro del contribuente	Applicazione dell'aliquota legale alla suddivisione in scaglioni del reddito di 160.000 euro del contribuente	Imposta dovuta dal contribuente
Fino a 10.000	10%	10.000	10%	1.000
da 10.001 a 50.000	20%	40.000	20%	8.000
da 50.001 a 100.000	30%	50.000	30%	15.000
da 100.001 a 120.000	40%	20.000	40%	8.000
da 120.001 a 180.000	50%	40.000	50%	20.000
da 180.001 a 200.000	60%			
		Tot. 160.000		**Tot. 52.000**

La differenza tra la progressività per classi e la progressività per scaglioni è evidente.

A parità di aliquote, la progressività per classi è molto più gravosa per il contribuente.

Negli esempi proposti, un contribuente con un reddito di 160.000 euro, con la progressività per classi, dovrebbe versare 80.000 euro, cioè il 50% di 160.000 euro.

Lo stesso contribuente, con lo stesso reddito di 160.000 euro, con la progressività per scaglioni deve pagare 52.000 euro (28.000 euro in meno rispetto a quello che dovrebbe pagare se fosse applicata la progressività per classi).

Cosa si intende per progressività per deduzione?

La progressività per deduzione si ha quando tutti i redditi sono assoggettati alla stessa aliquota legale (aliquota costante), ma la base imponibile è ridotta di un ammontare prefissato (deduzione).

Ipotizziamo che il prelievo avvenga con un'aliquota costante del 30%, ma che sia concessa una deduzione dal reddito pari a 6.000 euro.

Si avrà:

Reddito complessivo	Deduzione	Reddito imponibile	Aliquota legale costante	Imposta dovuta (aliquota applicata al reddito imponibile)	Aliquota effettiva (t eff.) riferita al reddito complessivo
6.000	6.000	0	30%		
12.000	6.000	6.000	30%	1.800	15%
20.000	6.000	14.000	30%	4.200	21%
30.000	6.000	24.000	30%	7.200	24%

Dal prospetto emerge quanto segue:

a) l'aliquota d'imposta è costante e quindi l'imposta è proporzionale in riferimento al reddito imponibile, ma risulta progressiva in riferimento al reddito complessivo. Infatti, impostando le opportune proporzioni, troviamo che l'aliquota effettiva (t eff.) è progressiva:

12.000 : 1.800 = 100 : t eff. da cui **t eff. = 15%**
20.000 : 4.200 = 100 : t eff. da cui **t eff. = 21%**
30.000 : 7.200 = 100 : t eff. da cui **t eff. = 24%**

b) l'ammontare della deduzione definisce l'ammontare di reddito che non è sottoposto a imposta: si tratta della cosiddetta **no tax area**.

Se il reddito del contribuente fosse inferiore al reddito complessivo esente da imposta (nell'esempio, se fosse inferiore a 6.000 euro), il contribuente in Italia non avrebbe diritto a un rimborso da parte dello Stato. Solitamente i sistemi di imposta personale seguono questa opzione; ciò è criticabile in quanto lo scopo delle deduzioni e delle detrazioni è anche quello di tener conto di particolari condizioni personali, come per esempio la presenza di carichi familiari.

Per questo motivo esistono modelli, chiamati di "imposta negativa", che riconoscono un rimborso al contribuente.

Cosa si intende per progressività per detrazione?

Si ha la **progressività per detrazione** quando, anziché ricorrere a una deduzione dal reddito, si procede a una **detrazione dall'imposta**, cioè a un abbattimento dell'imposta uguale per tutti i contribuenti. Si avrà per esempio:

Reddito complessivo	Aliquota legale costante	Imposta lorda dovuta	Detrazione	Imposta netta	Aliquota effettiva (t eff.)
6.000	30%	1.800	1.800	0	
12.000	30%	3.600	1.800	1.800	15%
20.000	30%	6.000	1.800	4.200	21%
30.000	30%	9.000	1.800	7.200	24%

Pure in questo caso, a fronte di un'aliquota legale costante (tipica di un'imposta proporzionale), l'aliquota effettiva che ne risulta è crescente e quindi l'imposta risulta progressiva.

Lo scopo è quello di realizzare un'imposta che sia fortemente progressiva per i redditi più bassi, ma che poi tende a divenire proporzionale al crescere del reddito.

4 I PRINCIPI GIURIDICI DELL'IMPOSTA

I principi giuridici delle imposte sono i criteri adottati dai moderni ordinamenti per garantire l'equa ripartizione del carico tributario tra i contribuenti.

La dottrina finanziaria ha elaborato due fondamentali principi giuridici che trovano riscontro negli articoli delle Costituzioni dei Paesi democratici:

- il **principio della generalità dell'imposta** (o principio dell'universalità);
- il **principio dell'uniformità dell'imposta** (o principio dell'eguaglianza).

Nella Costituzione italiana tali principi trovano il loro fondamento negli articoli 2 e 3.

Gli articoli 23 e 53 introducono rispettivamente il principio della riserva di legge e della capacità contributiva, che sono corollari dei principi sopraccitati.

Che cosa afferma il principio della generalità dell'imposta?

Il **principio della generalità (o universalità) dell'imposta** afferma che tutti coloro che beneficiano dei servizi pubblici sono tenuti al pagamento delle imposte: l'obbligo tributario riguarda anche i cittadini stranieri residenti nel territorio dello Stato, o che nello Stato esercitano un'attività economica o professionale, oppure che vi possiedono delle proprietà.

Oggi il principio della generalità non può essere applicato rigidamente. Le moderne legislazioni riconoscono alle categorie più povere larghe esenzioni fiscali (o temporanee o permanenti, come l'esenzione dei redditi minimi inferiori al minimo imponibile), proprio per assicurare una maggiore giustizia sociale.

Cosa afferma il principio della uniformità dell'imposta?

Il **principio dell'uniformità (o uguaglianza) dell'imposta** afferma che il carico tributario complessivo, costituito dall'insieme delle imposte pagate dai contribuenti, deve essere equamente distribuito tra tutti coloro che sono tenuti al pagamento delle imposte.

Si tratta, pertanto, di individuare quali parametri debbano essere adottati per dare concreta attuazione al principio di equità. Il problema è stato affrontato da varie scuole di pensiero economico e continua a essere oggetto di dibattito.

Un problema su cui economisti e politici si sono sempre confrontati riguarda le **modalità** con cui deve essere ripartito tra i contribuenti l'onere delle imposte. La risposta dipende sostanzialmente da due fattori:
- le finalità che si attribuiscono all'imposizione fiscale;
- l'idea di equità, o di giustizia, a cui si aderisce.

Quali sono le principali teorie sull'argomento?

Le posizioni relative alla corretta ripartizione delle imposte si articolano essenzialmente in due diversi filoni:
- la **teoria del beneficio** (o della controprestazione);
- la **teoria della capacità contributiva** (o del sacrificio).

In che cosa si differenziano principalmente le due teorie?

La **teoria del beneficio** (o **della controprestazione**) si fonda sull'idea che ogni cittadino paga allo Stato l'equivalente di quanto riceve in termini di beni e servizi pubblici. Fra lo Stato e il cittadino viene realizzato uno scambio volontario, in cui l'imposta costituisce il prezzo di tali beni e servizi.

Le imposte, quindi, servono unicamente a finanziare la spesa sostenuta dallo Stato per i beni e servizi pubblici, mentre è esclusa ogni finalità di tipo redistributivo.

La **teoria della capacità contributiva** si fonda sull'idea che lo scopo dell'imposta è sia quello di finanziare il costo di produzione dei beni e servizi pubblici, sia quello di sostenere l'attività dello Stato di redistribuzione dei redditi e della ricchezza tra i diversi gruppi sociali. Secondo tale teoria, non esiste, pertanto, nessun collegamento tra l'ammontare dell'imposta pagata e i vantaggi che il cittadino trae dalla spesa pubblica.

Benefits principle
Teoria del beneficio
Principle asserting that those who benefit from public spending should bear the burden of the tax that pays for that spending.

Ability to pay principle
Teoria della capacità contributiva
Principle asserting that those who have more resources (wealth) should pay more taxes.

In base alla teoria del beneficio (o della controprestazione), come viene calcolato l'ammontare dell'imposta dovuta da ogni cittadino?

L'ammontare dell'imposta è in relazione alla diversa utilità (o beneficio) che i cittadini ricevono da beni e servizi pubblici. Ne consegue che tale diversità si dovrebbe riflettere anche nella distribuzione del carico fiscale. Se ipotizziamo, per fare un esempio, che le spese per la difesa o per l'ordine pubblico abbiano una utilità maggiore per i cittadini più abbienti, rispetto a quelli più poveri, questi ultimi dovrebbero partecipare in misura minore al loro finanziamento. Se invece altre spese, come quelle per la tutela della salute e dell'ambiente, procurano benefici più o meno uguali a tutti i cittadini, tutti dovrebbero contribuire in egual modo alla loro copertura.

Quale idea di equità è contemplata dalla teoria del beneficio?

Siamo in presenza del concetto di **equità nello scambio**, tipico dell'economia neoclassica, in base al quale ogni individuo ha diritto a disporre liberamente della sua ricchezza per soddisfare i suoi bisogni, pagando un prezzo che equivale al valore che egli attribuisce al bene consumato, sia esso pubblico o privato. Il fondamento di questo principio è quello della centralità del mercato e della supremazia dei diritti dell'individuo rispetto alla sovranità dello Stato.

In altri termini, l'applicazione del principio del beneficio, insito nella teoria della controprestazione, consente di determinare l'ampiezza del settore pubblico e del settore privato, in quanto la produzione di beni e servizi pubblici viene spinta fino al punto in cui i cittadini sono disposti a sacrificare, per il pagamento delle imposte, il loro reddito, che altrimenti verrebbe utilizzato per acquistare beni privati. D'altro canto, si tratta di un principio completamente neutro nei confronti della distribuzione della ricchezza, in quanto fare pagare a ognuno un importo corrispondente ai vantaggi che trae dalla spesa pubblica significa lasciare inalterata la ricchezza di ciascun individuo in rapporto a quella degli altri.

Nei sistemi tributari moderni, il principio del beneficio trova concreta applicazione nella determinazione delle imposte?

Si tratta di un principio di difficile applicazione. Innanzitutto, esso non può essere utilizzato per beni e servizi pubblici puri, cioè non rivali e non escludibili, in quanto i cittadini, potendo consumarli ugualmente senza farne domanda, non riveleranno le loro preferenze (fenomeno del "free rider", vedi Sezione A) e in questo modo eviteranno di contribuire al loro finanziamento pagandone il prezzo. In questo caso lo Stato ricorre a una soluzione coattiva, facendo venir meno il rapporto Stato/cittadino su basi volontarie.

Queste considerazioni valgono anche nel caso in cui le imposte vengano prelevate per finanziare beni e servizi che avvantaggiano coloro che non ne fanno domanda, come nel caso dei beni meritori o dei beni che producono esternalità positive attraverso il sistema scolastico e sanitario.

Un'ultima considerazione riguarda la difficoltà tecnica di impostare un sistema tributario fondato sull'applicazione rigorosa del principio della controprestazione, in quanto ciò comporterebbe un calcolo dell'imposta differenziato per ogni singolo individuo.

Comunque, nonostante i limiti descritti, bisogna riconoscere che la teoria della controprestazione è stata rivalutata di recente.

Quali sono le principali ragioni che hanno portato alla rivalutazione della teoria del beneficio?

I temi del decentramento e del federalismo fiscale hanno contribuito a rivalutare la teoria della controprestazione. Un aspetto positivo del decentramento è la responsabilizzazione degli amministratori locali, che devono rendere pubblico e trasparente il processo che porta a decidere una determinata spesa, nei confronti dei cittadini chiamati a finanziarla, operando così un collegamento fra decisioni di spesa e decisioni di entrata.

Inoltre, gli enti locali hanno maggiori strumenti per individuare i soggetti che beneficiano dei servizi offerti e sono così in grado di ripartirne il costo in modo sufficientemente equo ed efficiente.

Per queste ragioni gli enti locali sono in grado di istituire **imposte di scopo**, che rappresentano un'applicazione del principio della controprestazione, in quanto il loro gettito è destinato a finanziare servizi pubblici ben individuati, consentendo ai cittadini un maggior controllo sulle scelte dei politici.

Per potere essere commisurate al grado di utilizzo del servizio, le imposte improntate al principio della controprestazione (o del beneficio) in genere vengono calcolate sulla base di qualche indicatore specifico: un esempio è costituito dall'imposta per la raccolta dei rifiuti solidi urbani che può basarsi sul numero di componenti dei nuclei familiari. Un altro esempio è costituito dall'imposta sulla benzina che può essere considerata come un prelievo ripartito fra gli utenti delle strade.

Quale idea di equità è alla base della teoria della capacità contributiva?

In base al principio della capacità contributiva, l'equità fiscale non ha nulla a che vedere con la valutazione dei vantaggi che gli individui traggono dalla spesa pubblica perché, come si è detto, scopo dell'imposizione è obbligare ogni singolo cittadino al sostenimento delle spese pubbliche.

Sulla base di questo presupposto, la teoria della capacità contributiva, in termini generali, sostiene che le imposte devono essere commisurate alla effettiva capacità di pagarle da parte dei contribuenti (*ability to pay*), per cui la realizzazione dell'equità nell'imposizione fiscale poggia sui seguenti criteri:

Horizontal equity
Equità orizzontale
An economic principle that states that individuals with similar ability to pay, due to a similar income and assets, should pay the same amount of taxes.

Vertical equity
Equità verticale
An economic principle that implies that people with higher wealth, due to a higher income and assets, should pay more taxes.

- **equità orizzontale**: i contribuenti che hanno uguale capacità di pagare le imposte devono essere tassati in modo uguale;
- **equità verticale**: gli individui con maggiore capacità di pagare devono versare più imposte.

Quali sono i principali indicatori della capacità contributiva?

I principali indicatori della capacità contributiva sono il reddito, il patrimonio, il consumo, anche se l'orientamento più seguito privilegia il reddito. Inoltre, la capacità contributiva può dipendere anche da altre caratteristiche personali e familiari.

Nella tradizione marginalista (utilitaristica) l'indicatore di capacità contribuiva maggiormente utilizzato è appunto il reddito. A questo proposito è utile aggiungere che, secondo questa tradizione, che si basa su ipotesi difficilmente applicabili, la rinuncia a una parte del reddito per pagare le imposte determina per il cittadino una perdita di benessere (di utilità). La tassazione è vista perciò come un sacrificio richiesto ai cittadini; per questo motivo, il principio della capacità contributiva, in passato, è stato spesso, anche se riduttivamente, denominato "**principio del sacrificio**".

Secondo tale teoria, realizzare un'equa distribuzione del carico tributario significa realizzare un'equa distribuzione dei sacrifici tra i contribuenti e minimizzare la perdita di benessere (in altre parole, la perdita di utilità o sacrificio) che le imposte arrecano.

Se si fa riferimento al reddito, come principale indicatore di capacità contributiva, bisogna inoltre tenere presente che esso ammette una notevole varietà di definizioni e una vasta gamma di criteri di misurazione.

Se facciamo riferimento al criterio delle fonti da cui il reddito proviene, distinguiamo fra:
- reddito come prodotto;
- reddito come entrata;
- reddito come consumo.

Qual è la differenza tra reddito come prodotto e reddito come entrata?

Il concetto di **reddito come prodotto** deriva dalla usuale definizione di reddito nazionale.

È noto che il reddito nazionale, visto sotto l'aspetto della rimunerazione dei fattori produttivi, altro non è che la somma dei redditi individuali percepiti dai soggetti in relazione alla loro partecipazione al processo produttivo (somma di salari, di interessi, di rendite, di imposte e di profitti) e coincide con il concetto di valore aggiunto prodotto nel sistema.

Da questo concetto di reddito restano escluse quelle entrate del contribuente che non rientrano nell'ambito dell'attività produttiva, ma che ne incrementano ugualmente la ricchezza, per esempio le plusvalenze, cioè

incrementi del proprio capitale derivanti dalla vendita di un fabbricato, da vincite, premi, ecc.

Nel concetto di **reddito come entrata** viene compreso il reddito prodotto più gli incrementi (e meno i decrementi) del valore del patrimonio del contribuente, quali i guadagni o le perdite in conto capitale relativi a beni patrimoniali (plusvalenze o minusvalenze) o forme di entrata particolari come le vincite, le donazioni, ecc.

Il reddito inteso come entrata consente di sottoporre a tassazione tutte le fonti di reddito e quindi per un certo verso risulta più rispondente al principio di equità, ma è criticato perché non tiene conto della discriminazione qualitativa dei redditi.

Il **reddito** inteso **come consumo** consente di sottoporre a tassazione solo i consumi effettivi effettuati dagli individui. In altre parole, viene tassato l'uso del reddito con conseguente esenzione del risparmio oppure vengono esentati i redditi derivanti dall'impiego del risparmio. Questa concezione di reddito è criticata per la difficoltà di operare una netta distinzione tra il reddito destinato al risparmio e il reddito destinato al consumo.

Oltre alla scelta riguardante il concetto di reddito da adottare, è importante anche decidere tra due diversi metodi di determinazione del reddito, che sono il **criterio del reddito effettivo** e il **criterio del reddito normale**.

Qual è la differenza fra il criterio del reddito effettivo e il criterio del reddito normale?

Il **criterio del reddito effettivo** consiste nell'applicare un metodo di determinazione del reddito basato su quanto il soggetto passivo ha effettivamente percepito nel periodo d'imposta considerato.

Il **criterio del reddito normale** o **reddito medio ordinario** consiste nell'applicare un metodo di calcolo del reddito basato su **presunzioni**, cioè sul reddito che il contribuente o una particolare categoria di contribuenti, date le caratteristiche delle attività che svolgono, potrebbero mediamente realizzare in un periodo d'imposta in condizioni normali.

Quale dei due metodi di calcolo è preferibile?

Il **reddito effettivo** è quello realmente disponibile per il contribuente nel periodo d'imposta considerato, in genere l'anno. Esso può essere calcolato facendo ricorso sia al **principio di competenza** (come in genere accade per le imprese per le quali si tiene conto delle entrate economicamente maturate, anche se la loro manifestazione numeraria può verificarsi in un momento precedente o successivo al periodo d'imposta considerato) sia al **principio di cassa** (con cui si tiene conto delle entrate effettivamente realizzate).

Il **reddito normale** è un concetto assimilabile a quello di reddito potenziale, che richiede una stima delle potenzialità reddituali del contribuente valutate con riferimento:

- a un periodo di tempo più ampio dell'anno;
- ad abilità e tecniche di produzione medie nel settore in cui il soggetto passivo svolge la propria attività.

Il reddito effettivo costituisce sicuramente una misura più precisa della capacità contributiva di un soggetto, anche perché dovrebbe essere determinato sulla base di una contabilità correttamente tenuta.

Il ricorso al reddito normale presenta tuttavia, in alcuni casi, vantaggi sul piano dell'efficienza e sul piano della praticità.

Per quanto riguarda l'efficienza, esso introduce implicitamente un incentivo fiscale a favore dell'imprenditore attivo che con il suo sforzo economico produce un reddito effettivo superiore a quello normale, ma viene tassato solo su quest'ultimo.

Per quanto riguarda la praticità, gli argomenti a favore del reddito normale possono essere ricondotti a difficoltà nel calcolo del reddito di competenza (redditi a formazione pluriennale, redditi da attività agricola), oppure a difficoltà nel calcolo delle componenti di costo e ricavo (quote di ammortamento).

«Il denaro dei contribuenti deve essere sacro.»
(Luigi Einaudi)

Nei moderni sistemi tributari il principio della capacità contributiva è di facile applicazione?

Il principio della capacità contributiva non è di facile realizzazione. Molte Costituzioni, tra cui quella italiana all'art. 53, fanno riferimento a esso, senza però definirlo. In sostanza, questo principio rimane una "scatola vuota", che può essere riempita di contenuti anche molto diversi. Naturalmente il reddito, il patrimonio, il consumo sono indicatori oggettivi e, pertanto, una loro combinazione può dare informazioni precise circa la capacità di una persona di pagare le imposte. Tuttavia, esistono altri elementi che sono pure importanti per determinare l'onere fiscale che una persona può sopportare: i carichi di famiglia, il suo stato di salute, la provenienza del suo reddito, ecc. È però assai difficile passare da affermazioni generali, su cui tutti sono più o meno d'accordo, a valutazioni precise su che cosa e quanto si debba prendere in considerazione, soprattutto nel trattamento delle diversità.

Tutti condividiamo, probabilmente, l'affermazione che a parità di reddito e di patrimonio, si debba pagare lo stesso ammontare d'imposta. Abbiamo, però, sicuramente molte difficoltà a metterci d'accordo sul trattamento differenziato a cui dovrebbero essere sottoposte due persone con diverso reddito e/o patrimonio.

Possiamo in sostanza affermare che è più facile trovare consenso su qualche criterio di equità orizzontale piuttosto che su criteri di equità verticale, e questo rende molto problematica un'applicazione estesa del principio della capacità contributiva.

IN PILLOLE

Modalità di ripartizione dell'onere delle imposte

TEORIA	ENTITÀ DEL PRELIEVO	FINALITÀ DELL'IMPOSIZIONE	OBIETTIVI DI EQUITÀ
Del beneficio (o della controprestazione)	L'imposta è commisurata al beneficio che il cittadino trae da beni e servizi pubblici	Le imposte servono unicamente a finanziare la produzione pubblica di beni e servizi	L'imposta deve realizzare l'equità nello scambio; assoluta neutralità rispetto alla distribuzione della ricchezza esistente
Della capacità contributiva (o del sacrificio)	L'imposta è commisurata alla capacità dell'individuo di pagare le imposte	Le imposte servono a: • finanziare la produzione pubblica di beni e servizi • realizzare l'attività di redistribuzione del reddito e della ricchezza da parte dello Stato	L'imposta deve realizzare i principi di: • equità orizzontale • equità verticale Non esiste alcun collegamento con il criterio di equità nello scambio

5 I PRINCIPI AMMINISTRATIVI DELLE IMPOSTE

I principi di generalità e universalità ispirano il legislatore nelle scelte relative alla ripartizione del carico tributario, che a loro volta determinano la struttura delle imposte presenti nel sistema tributario di un Paese. Ogni imposta viene applicata nei confronti di un contribuente quando si verifica la situazione prevista dal legislatore come presupposto del tributo. Sorge così un rapporto giuridico (obbligazione tributaria) che prevede per il contribuente il dovere di pagare il tributo e per il fisco il diritto di esigerne il pagamento. È necessario che questo rapporto giuridico sia regolato da regole di efficienza e correttezza che costituiscono i cosiddetti "principi amministrativi".

Accertamento
È l'insieme delle operazioni mediante le quali il credito d'imposta dell'amministrazione finanziaria viene reso certo, liquido ed esigibile.

Riscossione
Comprende le operazioni volte a ottenere il pagamento del tributo da parte del soggetto passivo, in modo spontaneo o coattivo.

Che cosa si intende per "principi amministrativi"?

I principi amministrativi sono costituiti da tutte quelle norme e quelle procedure tecnico-amministrative che devono essere seguite dall'amministrazione finanziaria per accertare e riscuotere le imposte.

I principi amministrativi delle imposte a cui normalmente si fa riferimento sono quelli enunciati dall'economista inglese Adam Smith (1723-1790) nella sua opera *Indagine sulla natura e le cause della ricchezza delle nazioni* (1776). A suo avviso un buon sistema fiscale si dovrebbe fondare su alcuni requisiti fondamentali (o principi amministrativi), quali:

- **certezza**: la somma da pagare, l'epoca e il modo di pagamento devono essere certi;

- **comodità**: ogni imposta deve essere riscossa nel modo e nel tempo che risultano più comodi per il contribuente;
- **economicità**: l'imposta deve essere la più economica possibile e, a parità di gettito, deve essere preferita quella meno costosa per accertamento, riscossione, amministrazione.

In relazione a quest'ultimo principio, lo stesso Adam Smith spiega che, se le imposte non sono ben congegnate, possono risultare "molto più gravose per il popolo di quanto siano utili al Governo", e ciò può accadere nei seguenti casi:

- quando i costi per l'accertamento e la riscossione sono eccessivi, tanto da «assorbire la maggior parte del prodotto dell'imposta»;
- quando l'imposta produce effetti economici negativi, ostacolando attività produttive «che potrebbero offrire mantenimento e occupazione a un gran numero di persone»;
- quando l'imposta, non essendo ben congegnata, «offre una grande tentazione» all'evasione e rende necessario un pesante sistema di sanzioni punitive;
- quando l'applicazione dell'imposta comporta una molteplicità di adempimenti, controlli e altre complicazioni burocratiche.

Naturalmente un sistema tributario agile e semplice contiene numerosi vantaggi e può, in via teorica, procurare più facilmente i mezzi finanziari all'ente pubblico.

I principi della certezza e della comodità sono stati ribaditi in Italia nello **Statuto dei diritti del contribuente** previsto dalla legge 27 luglio 2000 n. 212, "Disposizioni in materia di statuto dei diritti del contribuente".

In particolare, si rammenta che:

- le disposizioni della legge n. 212/2000 costituiscono principi generali dell'ordinamento tributario e possono essere derogate o modificate solo espressamente e mai da leggi speciali (articolo 1, primo comma);
- eventuali norme interpretative in materia tributaria possono essere introdotte soltanto:
  - in casi eccezionali;
  - con legge ordinaria;
  - qualificando come tali le disposizioni di interpretazione autentica (articolo 1, secondo comma).

Statuto dei diritti del contribuente

Lo Statuto dei diritti del contribuente dà attuazione ai principi di democraticità e trasparenza del sistema impositivo, contribuendo a migliorare il rapporto tra Fisco e cittadini. Ai contribuenti lo Statuto attribuisce strumenti di tutela e di garanzia nei confronti dell'amministrazione finanziaria, sia in materia di conoscibilità del sistema normativo tributario, sia nell'ambito delle attività di accertamento e riscossione esercitate dagli uffici fiscali.

In sintesi, lo Statuto stabilisce:

- chiarezza e trasparenza dei testi di legge;
- irretroattività delle disposizioni tributarie (salvo quelle interpretative);
- divieto di disporre con decreto-legge l'istituzione di nuovi tributi e divieto di prevedere l'applicazione di tributi esistenti ad altre categorie di soggetti;
- obbligo da parte dell'amministrazione finanziaria di portare a conoscenza dei contribuenti le informazioni fiscali (circolari, risoluzioni, ecc.), anche con mezzi informatici;
- obbligo dell'amministrazione finanziaria di non richiedere al contribuente documenti e informazioni già in possesso della stessa o in possesso di altre amministrazioni pubbliche indicate dal contribuente;
- obbligo di invitare il contribuente a fornire chiarimenti prima di effettuare iscrizioni a ruolo che emergono dalle dichiarazioni;
- chiarezza e motivazione degli atti;
- estinzione dell'obbligazione tributaria anche per compensazione;
- correttezza e buona fede (collaborazione) tra contribuente e fisco;
- accessi, ispezioni e verifiche fiscali nei luoghi destinati all'esercizio di attività solo in base a esigenze effettive di indagine e controllo sul luogo, durante l'orario di esercizio dell'attività, salvo casi eccezionali e urgenti adeguatamente documentati e per un periodo non superiore a 30 gg., prorogabili una volta;
- generalizzazione della procedura dell'"interpello", istanza rivolta dal contribuente all'Agenzia delle entrate per ottenere chiarimenti prima di attuare un comportamento fiscalmente rilevante;
- istituzione della figura del "garante del contribuente", un organo a cui vanno segnalate le disfunzioni dell'amministrazione finanziaria.

In ambito europeo l'Ocse ha elaborato un Modello di Carta dei contribuenti, invitando gli Stati membri ad adeguarsi.

RINFORZO

6 EFFETTI MICROECONOMICI DELL'IMPOSIZIONE

Gli **effetti microeconomici dell'imposta** sono gli effetti che l'introduzione di una imposta ha su un singolo operatore economico o su un singolo mercato e sui mercati a esso strettamente connessi (mercati dei beni complementari, mercati dei beni succedanei).

Supponiamo che venga introdotta un'imposta sul reddito delle persone fisiche con un'aliquota fissa del 20% e analizziamo le possibilità aperte a un soggetto che dispone di un reddito annuo di 100.000 euro. Naturalmente, la scelta più ovvia è che il contribuente non eviti l'imposta e, quindi, che paghi il suo debito fiscale di 20.000 euro. Vi sarà, pertanto, una diminuzione del suo reddito effettivo che, conseguentemente, comporterà una riduzione dei suoi consumi e/o risparmi.

Di fronte a questa situazione il contribuente potrebbe essere indotto a modificare il proprio comportamento al fine di ripristinare la posizione ottimale che l'imposta ha turbato. Le reazioni del contribuente provocano quindi degli effetti microeconomici, in genere così classificati:

- rimozione positiva (elisione);
- traslazione;
- evasione;
- elusione;
- rimozione negativa;
- erosione;
- ammortamento.

Essi sono riassunti schematicamente nella figura 1.

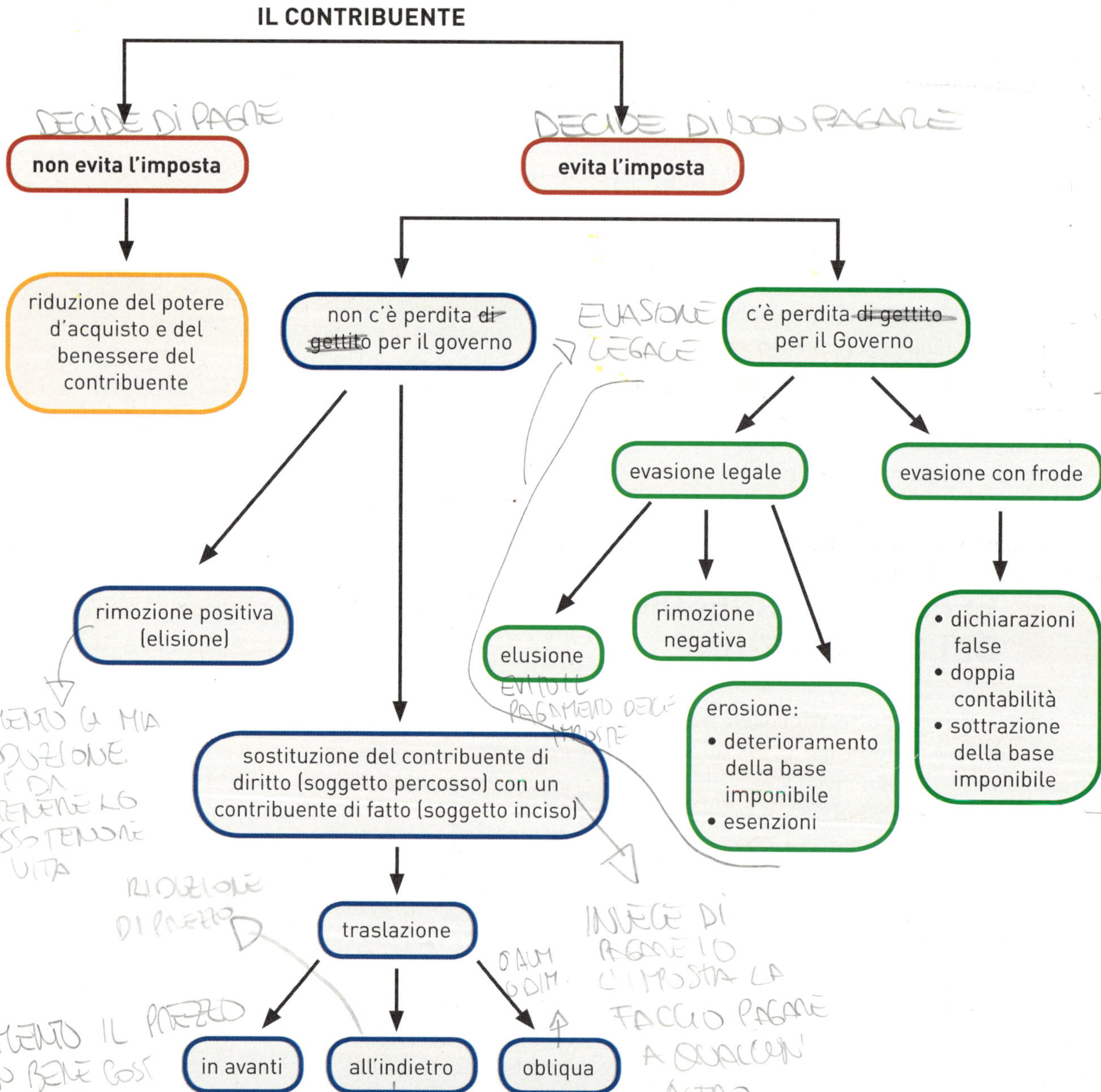

Figura 1

Schematizzazione dei possibili percorsi di un contribuente colpito da imposta

Che cosa si intende per rimozione positiva (elisione) dell'imposta?

Si parla di **rimozione positiva** (elisione) quando la prima reazione del contribuente è quella di aumentare l'impegno lavorativo per accrescere il suo reddito e recuperare l'imposta pagata, conservando il tenore di vita che aveva prima dell'introduzione dell'imposta. In tal caso non c'è perdita di gettito da parte dello Stato, in quanto la rimozione positiva ha effetti positivi sulla produzione nazionale e sulle conseguenti maggiori entrate.

Tax removal through company reorganization
Rimozione positiva
In Italian Company Law, as a result of a change in the form of the legal entity the company changes its taxpayers status from one regime to another. In this way its tax regime may reduce or recuperate the amount of income taxes. By changing the principal activity it can give up heavily taxed goods (i.e. changing from imports of coffee to imports of barley).

Taxation shift
Traslazione dell'imposta
Transferring some or all of a tax burden of an entity (such as a business) to another (such as the consumer).

Il contribuente può tentare di evitare, in tutto o in parte, l'imposta?

Il contribuente, al fine di sottrarsi all'imposta ed evitare una riduzione del suo reddito, potrebbe tentare di trasferire su qualcun altro l'onere dell'imposta, attraverso un processo di scambio. Si parla in questo caso di **traslazione dell'imposta**.

La traslazione può avvenire se sussistono due condizioni preliminari:
- il prezzo del bene gravato dall'imposta può essere variato;
- i beni colpiti dall'imposta sono oggetto di scambio.

La traslazione può essere:
- **in avanti**, cioè dal venditore al compratore, mediante un aumento del prezzo del bene o del servizio oggetto di scambio;
- **all'indietro**, cioè mediante richiesta di una riduzione del prezzo da parte dell'acquirente al venditore;
- **obliqua**, cioè attraverso l'aumento o la diminuzione del prezzo di un bene diverso da quello colpito da imposta (per esempio: un'imposta sui prodotti petroliferi che causa l'aumento del prezzo della benzina).

In linguaggio tecnico si afferma che il **contribuente di diritto** (**percosso**) è quello indicato nella legge per l'assolvimento del debito d'imposta, mentre il **contribuente di fatto** (**inciso**) è colui che effettivamente è colpito dall'imposta. Ebbene, nel caso della traslazione il contribuente di diritto non coincide con il contribuente di fatto.

RINFORZO

Un esempio di traslazione in avanti e all'indietro

Supponiamo che un produttore di vini sia colpito da un'imposta indiretta di fabbricazione nella misura di 1 euro per ogni litro venduto e che il prezzo prima dell'imposta fosse di 5 euro. Il produttore è il soggetto percosso ed egli avrà l'obbligo di versare allo Stato 1 euro per ogni litro venduto. Tuttavia, se il mercato lo consente, egli potrà portare il prezzo di vendita a 6 euro il litro, in modo che sia di fatto il consumatore (soggetto inciso) a sopportare l'onere dell'imposta. Questo è un caso di completa **traslazione in avanti**.

Se il produttore, invece, nel timore di perdere quote di mercato, mantiene il prezzo di vendita fermo a 5 euro al litro, l'onere dell'imposta ricade completamente su di lui: egli sarà al tempo stesso percosso e inciso.

Il produttore, in alternativa, potrebbe ottenere dai fornitori riduzioni del prezzo delle materie prime impiegate nella produzione di un litro di vino per un importo complessivo pari a 1 euro, lasciando inalterato, a 5 euro, il prezzo di vendita. In questo caso avremo una **traslazione all'indietro**, in quanto il peso dell'imposta ricadrà sui fornitori.

Secondo quali modalità il contribuente evita l'imposta, senza trasferirla su nessun altro soggetto, con una perdita di gettito per lo Stato?

Tax Evasion *Evasione*
Tax avoidance *Elusione*

Il contribuente può cercare di evitare l'imposta:
- nel rispetto della legalità;
- attraverso la violazione della legge.

COME EVITARE L'IMPOSTA

Nel rispetto della legalità	Attraverso la violazione della legge
Tale modalità avviene con: • utilizzo di strumenti giuridici che il legislatore ha previsto per altre finalità, al fine di aggirare obblighi o divieti previsti dalle leggi fiscali. Si parla in questo caso di **elusione**. Un classico esempio è quello di una società con bilancio in attivo, che ne incorpora un'altra in dissesto, sfruttando la normativa riguardante le fusioni al solo scopo di ridurre la base imponibile dell'Ires. Un altro caso riguarda il cambiamento di residenza da parte di un soggetto, la cui unica motivazione è quella di godere di particolari agevolazioni; • riduzione da parte del contribuente della propria attività lavorativa, al fine di ridurre la base imponibile su cui calcolare l'imposta. Si tratta della cosiddetta **rimozione negativa**; • fruizione da parte del contribuente di esenzioni o agevolazioni previste dalla legge, che danno vita al fenomeno dell'**erosione**. Pensiamo, per esempio, ai redditi percepiti dalle persone fisiche, derivanti da attività finanziarie, che in Italia non vengono inclusi nella base imponibile Irpef, in quanto sono sottoposti a un'imposta sostitutiva di tipo proporzionale, in genere molto vantaggiosa.	Tale modalità avviene con l'**evasione**, che si verifica quando il contribuente riesce a sfuggire al pagamento dell'imposta occultando, in tutto o in parte, la materia imponibile. L'evasione si compie mediante una serie di atti illeciti, quali: falsificazioni contabili per aumentare i costi e diminuire i ricavi, omesse dichiarazioni dei redditi, inosservanza degli obblighi tributari, ecc. È l'illegalità del comportamento l'aspetto che differenzia l'evasione fiscale rispetto all'elusione.

Quali sono i principali effetti dell'evasione fiscale?

APPROFONDIMENTO ONLINE
La crisi debitoria della Grecia

L'evasione fiscale, oltre a costituire un comportamento giuridicamente illecito, rappresenta una violazione dei doveri di solidarietà economica e sociale previsti dall'art. 2 della Costituzione. Essa infatti produce:

- **una diminuzione delle entrate pubbliche** che pregiudica il raggiungimento degli obiettivi di politica economica approvati dal Parlamento;
- **una violazione del principio di equa distribuzione del carico tributario**, in quanto il persistente fabbisogno finanziario dello Stato provocherà un aumento della pressione fiscale a carico dei contribuenti onesti e corretti, che non vogliono o non possono evadere l'imposta;
- **una distorsione nella concorrenza**, in quanto le imprese che evadono, avendo costi minori, possono praticare prezzi più competitivi, sottraendo quote di mercato a danno degli imprenditori che adempiono agli obblighi tributari.

Quali sono le principali cause dell'evasione fiscale?

L'evasione è in gran parte il risultato di un calcolo economico razionale. Il potenziale evasore, infatti, confronta il beneficio certo e immediato, derivante dal maggior reddito disponibile in seguito al mancato pagamento dell'imposta, con il costo derivante dalla possibilità futura e incerta di subire un accertamento fiscale e di essere quindi costretto a pagare, oltre all'imposta, anche le relative penalità. È evidente, pertanto, che le principali cause dell'evasione possono essere ricondotte a due:

- il livello delle aliquote fiscali;
- il rischio delle sanzioni.

È possibile eliminare il fenomeno dell'evasione?

Come abbiamo detto, più è elevata la pressione tributaria, più i contribuenti che possono permetterselo (imprese, liberi professionisti, artigiani e commercianti – naturalmente non tutti) cercheranno di occultare parte dell'imponibile. Un forte deterrente all'evasione fiscale è rappresentato, poi, non tanto dall'entità della sanzione, ma dalla certezza di applicazione della stessa. Se in un sistema economico il rischio della sanzione è troppo basso, e le leggi sui condoni sono frequenti e periodiche, allora il contribuente avrà meno remore a evadere il fisco. Ne deriva che il fenomeno può essere, se non eliminato, almeno contenuto, combinando aliquote non proibitive con accertamenti efficaci e sistematici e con sanzioni tempestive, in modo da annullare la possibile divergenza tra i benefici economici dell'evasione e i suoi costi economici e sociali.

Inoltre, assume una importanza fondamentale ogni azione volta a promuovere il senso civico di ciascun individuo, affinché vi sia consapevolezza che, accanto ai diritti, la Costituzione attribuisce ai cittadini una serie di doveri inderogabili, come afferma l'art. 2, dal cui adempimento nessuno può essere esentato, in quanto solo attraverso la solidarietà si può perseguire l'equità sociale.

È possibile contrastare l'elusione?

«Perché denunciare il reddito dopo il bene che vi ha fatto?» *(Marcello Marchesi)*

L'elusione si può contrastare cercando di aumentare la trasparenza fiscale.

Per esempio, la Commissione europea nel marzo del 2015 ha emanato un pacchetto sulla trasparenza dei **tax ruling**, cioè di quegli accordi tra fisco e imprese residenti e non residenti aventi "attività internazionale", con i quali vengono definite le modalità per il calcolo delle imposte societarie o l'applicazione di alcune disposizioni fiscali speciali. Questa pratica chiarisce in anticipo il trattamento fiscale che un Paese garantisce a una società, indicandole il modo in cui sarà calcolata l'imposta. Ogni Stato membro ha un **tax ruling** diversa, e così, sfruttando la complessità delle norme fiscali e la mancanza di cooperazione tra gli Stati membri, le multinazionali (con controllate in diversi Stati) scelgono la sede ove la tassazione è più vantaggiosa, il tutto con la complicità dei Paesi che favoriscono quel comportamento pur di attirare le grandi aziende sul loro territorio. Per la normativa Ue tale condotta "ha ridotto artificiosamente le imposte a carico delle società" e ha alterato la concorrenza. Il pacchetto sulla trasparenza impone pertanto a tutti gli Stati membri, dal primo gennaio 2017, uno scambio obbligatorio (fino a quel momento solo facoltativo) di tutte le informazioni su ogni accordo fiscale con le aziende, eliminando la discrezionalità concessa ai Governi di decidere se e quando le loro decisioni in materia fiscale siano rilevanti per altri Stati membri.

In che cosa consiste l'ammortamento dell'imposta?

Dal primo gennaio 2017 lo scambio di informazioni sugli accordi fiscali diventa obbligatorio a tutti gli effetti.»

L'**ammortamento** (o **capitalizzazione dell'imposta**) è una forma particolare di traslazione all'indietro che si verifica quando un'imposta speciale colpisce un bene patrimoniale (terreni, fabbricati, ecc.). Consiste nella riduzione del valore del bene colpito per un importo uguale al valore dell'imposta capitalizzato al tasso d'interesse corrente.

In pratica, il proprietario del bene colpito da imposta, per poterlo vendere, dovrà detrarre dal valore di mercato l'imposta capitalizzata, per cui l'imposta ricadrà completamente su di lui, mentre l'acquirente non sopporterà alcun onere.

Esempio

Supponiamo che un immobile frutti un reddito annuo di 20.000 € e che il tasso di interesse reale di mercato sia pari al 5%. Il valore del bene sarà ottenuto capitalizzando il reddito, attraverso la seguente proporzione:

$$\mathbf{20.000 : x = 5 : 100}$$
$$\mathbf{x = 400.000\ euro}$$

Se viene introdotta un'imposta del 20% sul reddito dell'immobile, il reddito netto si riduce da 20.000 € a 16.000 €. Rimanendo invariato il tasso d'interesse al 5%, il valore effettivo dell'immobile non sarà più di 400.000 €, bensì di 320.000, come risulta dal seguente calcolo:

$$\mathbf{16.000 : x = 5 : 100}$$
$$\mathbf{x = 320.000\ euro}$$

Nessun acquirente sarà, pertanto, disposto ad acquistare l'immobile a un prezzo superiore. Il valore a cui il venditore è costretto a rinunciare è di 80.000 €, pari a 400.000 € – 320.000 € e pari alla capitalizzazione al 5% dell'imposta:

$$\mathbf{4.000 : x = 5 : 100}$$
$$\mathbf{x = 80.000\ euro}$$

Il venditore percosso subisce quindi gli effetti dell'ammortamento.

MAPPA UNITÀ C2

L'IMPOSTA

Elementi fondamentali
- Presupposto
- Base imponibile
- Aliquota
- Debito d'imposta

Tipi di imposte
- Imposte dirette e indirette
- Imposte reali e personali
- Imposte generali e speciali
- Imposte proporzionali
- Imposte progressive:
  - progressività continua
  - progressività per classi
  - progressività per scaglioni
  - progressività per deduzione e detrazione
- Imposte regressive

Principi giuridici dell'imposizione
(artt. 2, 3, 23, 53 Cost.)
- **Principio della generalità**
  Tutti coloro che beneficiano dei servizi pubblici sono tenuti al pagamento delle imposte.
- **Principio dell'uniformità**
  Il carico tributario complessivo, costituito dall'insieme delle imposte pagate dai contribuenti, deve essere equamente distribuito tra tutti coloro che sono tenuti al pagamento delle imposte.

Principi amministrativi dell'imposta
(regole di efficienza e correttezza):
- certezza
- comodità
- economicità

Statuto dei diritti del contribuente
Dà attuazione ai principi di democraticità e trasparenza del sistema impositivo, contribuendo a migliorare il rapporto tra Fisco e cittadini.

Effetti microeconomici dell'imposta
- Rimozione positiva (elisione)
- Traslazione
- Evasione
- Elusione
- Rimozione negativa
- Erosione
- Ammortamento

MAPPA UNITÀ C2

L'IMPOSTA

Modalità di ripartizione del carico tributario

Principio del beneficio (o controprestazione)

Ogni cittadino paga allo Stato l'equivalente di quanto riceve in termini di beni e servizi pubblici.
Fra Stato e cittadino si realizza uno scambio volontario, in cui l'ammontare dell'imposta è in relazione alla diversa utilità (o beneficio) che i cittadini ricevono dai beni e servizi pubblici.
La realizzazione dell'**equità nell'imposizione fiscale** poggia sul concetto di **equità nello scambio**, che ha il suo fondamento nella centralità del mercato e nella supremazia dei diritti dell'individuo rispetto alla sovranità dello Stato.
I temi del decentramento e del federalismo fiscale hanno contribuito a rivalutare tale teoria.

Principio della capacità contributiva

Le imposte devono essere commisurate alla capacità di pagarle da parte dei contribuenti. Non esiste alcun collegamento tra l'imposta pagata e i benefici che il cittadino riceve dai beni e servizi pubblici.
La realizzazione dell'**equità nell'imposizione fiscale** poggia sui seguenti criteri:

- **criterio dell'equità orizzontale** (i contribuenti che hanno uguale capacità di pagare le imposte devono essere tassati in modo uguale),
- **criterio dell'equità verticale** (gli individui con maggiore capacità contributiva devono essere tassati in misura maggiore).

Indicatori della capacità contributiva:

- **reddito**
- **patrimonio**
- **consumo**

Definizioni di reddito

Secondo il criterio delle fonti da cui il reddito proviene:

- **Reddito-prodotto**
  Somma dei redditi individuali percepiti dai soggetti in relazione alla loro partecipazione al processo produttivo. Coincide con il concetto di valore aggiunto prodotto nel sistema.
- **Reddito-entrata**
  Reddito prodotto più gli incrementi (e meno i decrementi) del valore del patrimonio del contribuente.
- **Reddito-consumo**
  Gli individui vengono tassati sulla base dei consumi effettivi da essi effettuati (deve essere tassato l'uso del reddito).

Modi di determinazione del reddito

- **Reddito effettivo**
  Metodo di determinazione del reddito basato su quanto il soggetto passivo ha effettivamente percepito nel periodo d'imposta considerato. È calcolato facendo ricorso sia al criterio di competenza sia al criterio di cassa.
- **Reddito normale**
  Metodo di calcolo del reddito basato sul presunto reddito che il contribuente potrebbe mediamente realizzare in un periodo d'imposta in condizioni normali.

Verifiche 2

1) TROVA L'ERRORE IN OGNI FRASE

Competenza: acquisire e riconoscere i contenuti chiave

A. Nelle imposte ad valorem l'aliquota viene espressa in unità monetarie per ogni unità di base imponibile.
B. Il principio della generalità dell'imposta è strettamente legato alle modalità con cui deve essere ripartito tra i contribuenti l'onere delle imposte.
C. L'ammontare della detrazione definisce la "no tax area".
D. Il principio dell'equità verticale è accolto nella nostra Costituzione all'art. 23.
E. La classica imposta reale è l'imposta sul reddito delle persone fisiche.
F. Il contribuente di diritto è colui che effettivamente è colpito dall'imposta.
G. Lo Statuto dei diritti del contribuente stabilisce la retroattività delle disposizioni tributarie.

2) COLLEGA LE ESPRESSIONI CONTRASSEGNATE DA UNA LETTERA CON QUELLE INDICATE DA UN NUMERO

Competenza: individuare collegamenti e relazioni

A. Principio della generalità
B. Imposta proporzionale
C. Imposta reale
D. Imposte dirette
E. Teoria della capacità contributiva
F. Reddito come prodotto
G. Imposte progressive
H. Teoria del beneficio (o della controprestazione)
I. Traslazione all'indietro
J. Rimozione positiva (elisione)
K. Traslazione

1. L'aliquota cresce all'aumentare della base imponibile
2. Reddito e patrimonio
3. Valore aggiunto
4. Equità orizzontale e verticale
5. Aumento dell'impegno lavorativo
6. Discriminazione qualitativa
7. Aliquota fissa
8. Aumento del prezzo
9. Universalità
10. Imposte di scopo
11. Ammortamento

A	B	C	D	E	F	G	H	I	J	K

3) INDICA SE LE SEGUENTI AFFERMAZIONI SONO VERE O FALSE. SE LE RITIENI FALSE GIUSTIFICA LA RISPOSTA

Competenza: acquisire, interpretare l'informazione e comunicare

	VERO	FALSO
A. Quando si colpiscono tutti i redditi con un'aliquota costante, dopo aver dedotto da ciascuno un ammontare fisso si ha la progressività per detrazione.		
B. Se Tizio paga un'imposta pari a tre volte quella di Caio, pur avendo quest'ultimo un reddito pari alla metà del reddito di Tizio, la tassazione è progressiva.		

	VERO	FALSO
C. Negli ordinamenti tributari concreti, nel tassare in modo diverso redditi dello stesso ammontare ma provenienti da fonte diversa si effettua una discriminazione qualitativa.		
D. Se Tizio che ha un reddito doppio di Caio paga un'imposta pari a due volte quella pagata da quest'ultimo, la tassazione è progressiva.		
E. Il principio della controprestazione (beneficio) può essere utilizzato per i beni e servizi pubblici puri (non rivali e non escludibili).		
F. Le imposte sulla raccolta di rifiuti solidi urbani sono improntate al principio della capacità contributiva.		
G. Il criterio della competenza è adottato per la determinazione del reddito-entrata.		
H. Reddito-entrata = Redditi da lavoro + redditi da capitale = Salari e stipendi + Profitti + Rendite + Interessi.		
I. Esentare i redditi da capitale dal reddito-entrata significa tassare i soli redditi da lavoro.		
J. La localizzazione di attività finanziarie in altri Paesi per godere di un trattamento tributario più favorevole costituisce un esempio di evasione.		

4) RISOLVI I SEGUENTI PROBLEMI

Competenza: risolvere problemi

A. L'imposta sul reddito attualmente in vigore in un certo Paese ha la seguente struttura di aliquote:

da 0 a 15.000 euro	aliquota 10%
da 15.001 a 25.000 euro	aliquota 15%
oltre 25.001 euro	aliquota 25%

Determina il vantaggio, in termini di risparmio d'imposta, che hanno Tizio e Caio dalla possibilità di usufruire di:

1. una deduzione di 1.000 euro di spese mediche dalla propria base imponibile;
2. una detrazione dall'imposta pari al 20% delle spese mediche sostenute.

I due dispongono, rispettivamente, di un reddito di 20.000 e 50.000 euro.

B. Un immobile del valore di 100.000 euro frutta un reddito annuo di € 5.000. Il tasso corrente di interesse è del 5%. Ipotizza che venga introdotta un'imposta sui redditi patrimoniali pari al 20%. Calcola l'ammortamento dell'imposta.

5) RISPONDI AI SEGUENTI QUESITI IN UN MASSIMO DI 5/6 RIGHE

Competenza: saper organizzare e sintetizzare i contenuti

A. In che cosa consiste la discriminazione qualitativa dei redditi e quale particolare categoria di reddito tutela?
B. Che cosa afferma la teoria della controprestazione e quali ne sono i limiti?
C. Quali sono i possibili indicatori della capacità contributiva?
D. Perché le imposte indirette tendono a essere regressive?
E. Perché il concetto di reddito come entrata è considerato più equo del concetto di reddito come prodotto?
F. Che cosa distingue il reddito effettivo dal reddito normale?
G. Quale argomentazione è stata addotta a favore della tassazione sul consumo?
H. Qual è la differenza tra progressività per classi e progressività per scaglioni?
I. Che cosa si intende per criterio del reddito normale?
J. In che cosa consiste l'elusione dell'imposta?
K. A quali condizioni preliminari può avvenire la traslazione dell'imposta?

1) True or False questions

	TRUE	FALSE
A. The tax rate is the amount of tax per unit of whatever is being taxed.		
B. According to the benefits principle those with a greater ability to pay a tax should pay more tax.		
C. According to the ability to pay principle subjects with similar income and assets should pay the same amount in taxes.		
D. In the progressive tax system the percentage of the tax is a constant.		
E. A proportional tax takes a larger share of the income of high-income taxpayers than of low-income taxpayers.		
F. A regressive tax takes a smaller share of high-income taxpayers than of low-income tax payers.		
G. The tax base is the measure of value that determines how much tax an individual or firm pays.		
H. Tax evasion is the practice of using legal means to pay the least amount of tax possible.		
I. Tax removing is the practice of subjects that manage to transfer some or all of their tax burden onto other subjects.		
J. Actually income taxes tend to be progressive.		

1	2	3	4	5	6	7	8	9	10

2) Choose the right words among the ones listed below and fill in the gaps

The tax .... of an economy depends on its tax base, tax rate, and how the tax rate .... The tax .... is the amount to which a tax rate is applied. The tax rate is the .... of the tax base that must be paid in taxes. To calculate most taxes, it is necessary to know the tax base and the tax rate. .... taxes (aka flat taxes) apply the same tax rate to any .... level, or for any size tax base. A .... tax is one that is .... proportional to income – the lower the income, the .... the tax in relation to income. Most regressive taxes are assessed on products and services in which the tax is a percentage of the cost of the product or service. Hence, when paying the tax, a poor person pays as much as the .... person. The most common forms of regressive taxes are .... taxes and value added taxes (VAT).

A .... tax applies a higher tax rate to higher incomes. However, almost all progressive taxes are structured as a marginal tax, which means that the progressive tax rate is only applied to that .... of the income which is greater than a certain .... The portion of the tax base that is subject to a particular tax rate, is known as a tax ....

(amount, base, bracket, higher, income, inversely, part, percentage, progressive,proportional, regressive, sales, structure, varies, wealthy)

Verifica Finale C

ZTE ONLINE
Mettiti alla prova con gli esercizi interattivi

1) COLLEGA LE ESPRESSIONI CONTRASSEGNATE DA UNA LETTERA CON QUELLE INDICATE DA UN NUMERO

Competenza: individuare collegamenti e relazioni

A. Ricavi delle vendite di beni patrimoniali
B. Imposta sul reddito delle persone fisiche
C. Prezzo pubblico
D. Reddito consumo
E. Reddito entrata
F. Principi amministrativi dell'imposta

1. Doppia tassazione del risparmio
2. Vincita al lotto
3. Entrate straordinarie
4. Entrate tributarie
5. Tariffa
6. Statuto dei diritti del contribuente

A	B	C	D	E	F

2) RISPONDI AI SEGUENTI QUESITI IN UN MASSIMO DI 5/6 RIGHE

Competenza: saper organizzare e sintetizzare i contenuti

A. In base alla loro natura, quali sono le principali tipologie di entrate dello Stato?
B. Individua le differenze fra *imposta, tassa e contributo fiscale*.
C. Spiega la differenza fra deduzione e detrazione.
D. Con quali finalità deduzioni e detrazioni vengono introdotte nei sistemi tributari?
E. Individua pregi e difetti rispettivamente delle imposte dirette e delle imposte indirette.
F. Per quale motivo nei moderni sistemi tributari le imposte personali sono prevalenti rispetto a quelle reali?
G. Attraverso quali tecniche si può realizzare la progressività dell'imposta?
H. Individua e spiega i principi giuridici dell'imposta contenuti nell'art. 53 Cost.
I. Quali sono le principali conseguenze negative sul piano economico e sociale dell'evasione fiscale?
J. Spiega la differenza fra i concetti di *discriminazione qualitativa* e *discriminazione quantitativa* dei redditi.

3) RISOLVI I SEGUENTI PROBLEMI

Competenza: risolvere problemi

A. Attraverso l'utilizzo di dati a scelta ed esplicitando i calcoli, dimostra che un'imposta proporzionale con aliquota del 30% si trasforma in imposta progressiva se al contribuente viene concessa una deduzione di euro 1.000.
Se, anziché la suddetta deduzione, venisse concessa una detrazione di euro 250, quale situazione risulterebbe più vantaggiosa per il contribuente?

Reddito	Deduzione	Imponibile	Aliquota	Imposta dovuta	Aliquota effettiva

Reddito imponibile	Aliquota	Imposta lorda	Detrazione	Imposta dovuta	Aliquota effettiva

B. Il signor Monti percepisce, nell'anno t, un reddito imponibile pari a 30.000 euro. Nell'anno t+1 il tasso di inflazione è uguale al 5%; il reddito del signor Monti è perfettamente indicizzato all'inflazione, ma non subisce alcuna crescita reale, ed è quindi uguale a 31.500 euro. Ipotizza che la struttura delle aliquote e degli scaglioni dell'imposta sul reddito sia la seguente (non vi sono né detrazioni, né deduzioni):

Scaglioni	Aliquota
0-10.000	10%
10.000-20.000	20%
>20.000	40%

Mostra che, nell'anno t+1, si verifica il fenomeno del fiscal drag, e calcola l'importo della maggiore imposta pagata dal contribuente a causa di ciò.

4) ANALIZZA LA TABELLA E RISPONDI ALLE DOMANDE

Competenza: analizzare e interpretare dati economici

Pressione tributaria complessiva (in % del PIL)

	Italia	Francia	Germania (*)	Regno Unito	Spagna	Svezia	Giappone	Stati Uniti	Totale Ocse
1965	25,5	34,2	31,6	30,4	14,7	33,3	18,0	24,7	**25,4**
1975	25,4	35,5	34,3	34,9	18,4	41,3	20,7	25,6	**29,4**
1985	33,6	42,8	36,1	37,0	27,6	47,4	27,1	25,6	**32,5**
1990	37,8	42,0	34,8	35,5	32,5	52,3	29,0	27,4	**33,1**
1995	40,1	42,9	37,2	34,0	32,1	47,5	26,8	27,8	**34,6**
2000	42,2	44,4	37,5	36,3	34,2	51,4	27,0	29,5	**35,3**
2005	40,8	44,1	35,0	35,7	35,7	48,9	27,4	27,1	**35,0**
2007	43,4	43,7	36,0	36,0	37,2	47,4	28,3	27,9	**35,2**
2008	43,3	43,5	36,4	35,7	33,3	46,4	28,3	26,3	**34,6**
2009	43,4	42,4	37,3	34,3	30,6	46,7	26,9	24,1	**33,8**
Differenza % tra 1995 e 1975	14,7	7,4	2,9	-0,9	13,7	6,2	6,1	2,2	5,2
Differenza % tra 2009 e 1975	18,0	6,8	3,0	-0,6	12,2	5,5	6,2	-1,5	4,4

(*) Dal 1991 i dati si riferiscono alla Germania riunificata. Source: *OECD Revenue Statistics 2011.*

A. Individua l'andamento della pressione tributaria dell'Italia (in % del Pil) nel periodo 1975-2009 e mettila in relazione:
   1. alla media dei Paesi Ocse;
   2. agli altri Paesi europei.

B. Qual è la peculiarità dell'Italia relativamente al periodo 1995-2009 rispetto agli altri Paesi inclusi nella tabella? Quali ne sono state le cause?

C. Quali conseguenze ha comportato per l'Italia questo andamento della pressione tributaria?

5) LEGGI L'ARTICOLO E RISPONDI AI QUESITI

Competenza: saper leggere e interpretare testi economici

La lotteria anti-evasione

In tempi di crisi, il tema sempre attuale dell'**evasione fiscale** è tornato prepotentemente al centro del dibattito nazionale. Le scienze sperimentali e comportamentali possono dare un contributo nell'analizzare e affrontare il problema, nel misurare costi e benefici dei possibili strumenti di lotta all'evasione.

È il caso di originali lotterie che nascono in Estremo Oriente. Un'alta evasione fiscale è caratteristica diffusa in molti Paesi asiatici, dove è abbastanza comune che piccole attività produttive come i ristoranti non rilascino lo scontrino o una ricevuta fiscale. Per contrastare questa pratica, già dagli anni Sessanta, il governo di **Taiwan** ha abbinato agli scontrini fiscali una lotteria pubblica. Su ogni scontrino fiscale emesso da negozianti e commercianti è stampato un numero generato automaticamente da un sistema. Lo **scontrino fiscale** regolarmente stampato ha dunque una caratteristica ulteriore: è un biglietto della **lotteria**. I numeri vincenti vengono pubblicati dal Governo periodicamente con i mezzi più disparati: media televisivi, trasmissioni radiofoniche, quotidiani nazionali e locali dedicano puntualmente uno spazio alla lotteria legata allo scontrino fiscale. La cosa ancora più interessante è che il sistema è stato adottato nello scorso decennio anche in **Cina**. Il Governo cinese ha realizzato un vero e proprio esperimento su larga scala, avviando il progetto soltanto in alcuni distretti e in alcune città, come Pechino, Shanghai, e Tianjin. I risultati sono eloquenti: nelle aree in cui era presente una lotteria il livello di tassazione al consumo era del 17,1 per cento più alto rispetto alle aree in cui erano presenti solo strumenti classici di lotta all'evasione. Il gettito fiscale totale è invece aumentato del 10,4 per cento.

La lotteria abbinata al rilascio della ricevuta fiscale può essere considerata come una sorta di premio che la collettività riserva ad alcuni cittadini virtuosi (e fortunati). In questo caso, le istituzioni non si limitano a penalizzare chi non si comporta correttamente, ma istituiscono anche una sorta di riconoscimento alle virtù civili. Il risultato è meno economia sommersa e minore evasione.

A. L'esperienza descritta ha trovato applicazione anche in Italia? Fai una ricerca al riguardo.

B. Perché le "scienze sperimentali e comportamentali" possono fornire un importante contributo al riguardo?

C. Quali sono i costi e benefici dell'esperienza di lotta all'evasione descritta?

ECONOMY HIGHLIGHTS CLIL

6) LEGGI E RISPONDI ALLE DOMANDE

Competenza: comprendere testi di natura economica in lingua inglese

Just How Progressive Is the U.S. Tax Code?

As tax time approaches, many are debating whether high-income taxpayers should pay more or whether their tax rates are already too high. This debate is particularly relevant today because of the economic struggles many Americans are experiencing, and because of the longer-term trend of rising inequality. A host of economic forces, like changes in technology, increases in international competition, and other changes in the labor market, such as the decline of unions and a falling real minimum wage, have reduced job opportunities and wages for some American workers, but expanded opportunities and incomes for others. In fact, the earnings and market incomes of many middle-class and lower-income households have stagnated and even declined over time, while incomes at the top of the income distribution have risen dramatically. The United States has traditionally boasted a progressive tax code—one in which the tax rate increases as income increases. A key question for policymakers, then, is how the tax system should respond to the current challenges—how progressive should the tax code be? The purpose of any tax system is to raise revenues to fund government programs. But the challenge to designing a good tax system is raising revenues in a way that minimizes economic harm. That means being concerned not just with economic incentives in the tax code, but also the ability to pay of hard-hit middle- and lower-income households, whose incomes and employment prospects have been hurt by economic forces beyond their control. By basing tax rates on income and one's ability to pay, a progressive tax system prevents these households from suffering the double burden of hard economic times and higher taxes. In this post we examine the progressivity of the U.S. tax code and highlight two facts: the current U.S. tax system is less progressive than the tax systems of other industrialized countries, and considerably less progressive today than it was just a few decades ago.The figure below shows how much influence taxes and transfers have in reducing inequality in various countries around the world. As indicated in the chart, the U.S. tax and transfer system does less to counteract pre-tax income inequality than the tax systems of most of our peer countries, meaning that our system is actually less progressive.

How Progressive is the U.S. Tax System Relative to Other Countries?

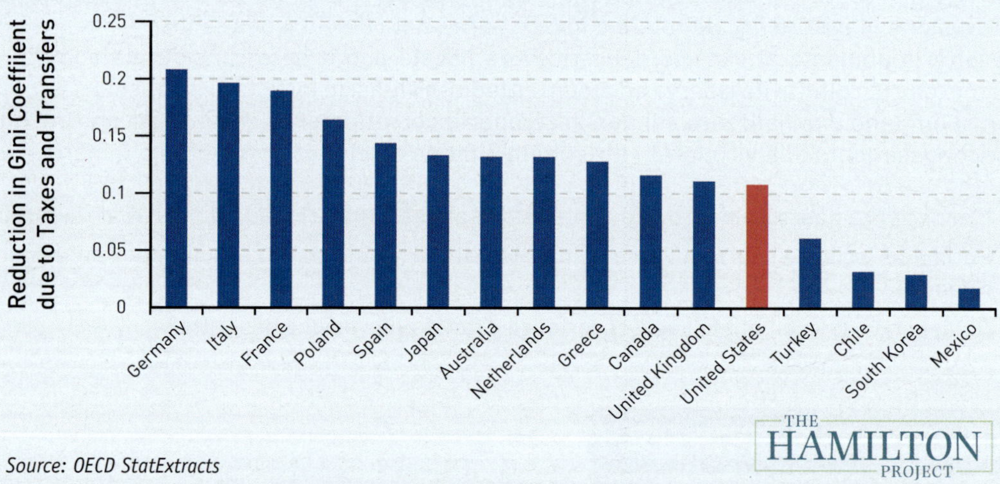

Source: OECD StatExtracts

In addition to being less progressive relative to other countries, the U.S. tax system has also become less progressive over time. Over the last fifty years, tax rates for the wealthiest Americans have declined by 40 percent, while tax rates for average Americans have remained roughly constant. This is illustred in the figure below.

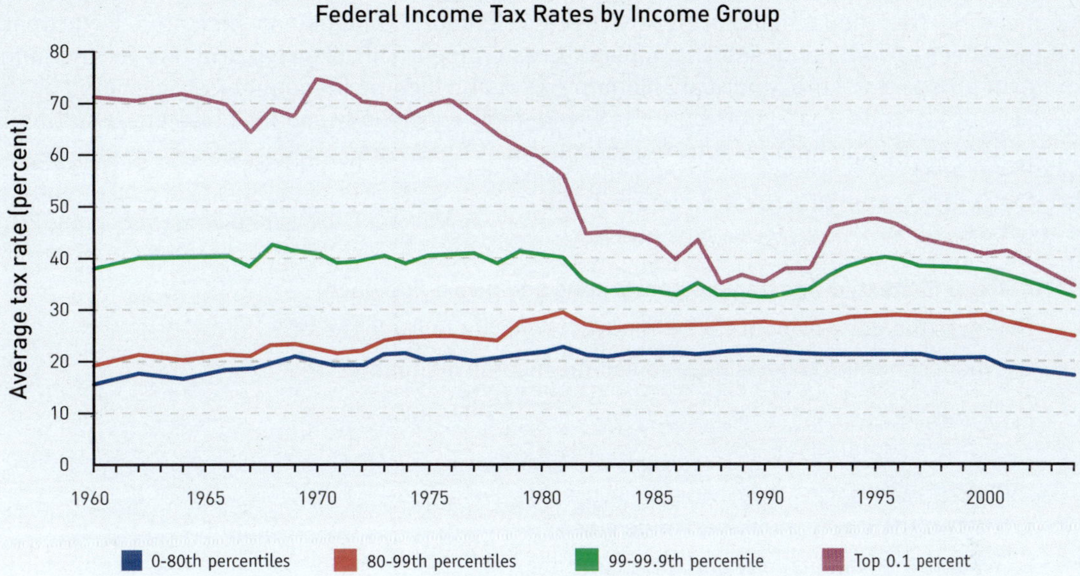

Source: Piketty and Saez (2007).

This decline in tax rates for the wealthy has coincided with an increase in income inequality, where most of the wage gains have been concentrated among a relatively small portion of the American people. For example, since 1979, earnings for households in the top 1 percent of the income distribution have risen by over 250 percent. At the same time, many households at the middle and bottom of the income distribution have experienced stagnating incomes or even declines in earnings . This means that the very people who have received the biggest income gains in the past three decades have also seen the largest tax cuts. A final factor is that federal taxes account for only part of the tax burden: the tax system is even less progressive when state and local taxes are factored in, because those systems tend to be regressive.

Why should we care about a less progressive tax system? The evidence suggests that the causes of rising income inequality arise in large part because of changes in patterns of trade and globalization, technological advances, and other economy-wide factors. These economic changes have raised the incomes of high-skill workers and business and capital owners, but impaired or reduced the earnings of others—for reasons beyond their control. A progressive system distributes the risks of economic changes by basing a family's tax burden on their ability to pay.

Furthermore, the rise in income inequality is also reflected in rising consumption inequality, meaning that households truly are becoming more unequal as indicated by primary measures of wellbeing, such as expenditures on food. This is a real problem for the long-term prospects of the American economy, as rising income inequality—exacerbated by the current tax code—has contributed to a widening *opportunity gap* for children, resulting in an uneven playing field for future generations of Americans.

Michael Greenstone e Adam Looney, 2012

A. Read the text, divide it into 4 paragraphs and give a title each
B. Why is the debate about tax system very relevant today in the US?
C. What economic changes have raised the income inequality?
D. How progressive is today the US tax system with regards to:
   - other countries
   - Over time
E. What is the situation of the middle class?
F. What is the "opportunity gap for children"?

SEZIONE

D Il Bilancio pubblico

A **Economia** c'è una piazza dedicata a **Pinocchio**, il protagonista del celebre romanzo di Carlo Collodi, considerato a pieno titolo una grande opera della letteratura italiana. La storia si snoda attraverso episodi e vicende memorabili, ambientate all'epoca del Granducato di Toscana, dove le monete in circolazione sono gli "zecchini" d'oro e i "quattrini" (antica moneta, così chiamata dal valore di quattro denari, o "piccioli"). E sono appunto cinque zecchini d'oro, donatigli dal burattinaio Mangiafuoco, a mettere nei guai Pinocchio, in seguito all'incontro con il gatto e la volpe che lo convincono a seppellire le monete nel Campo dei miracoli, perché così sarebbe cresciuto un albero di zecchini d'oro. È questo un esempio magistrale di gestione inconsapevole del denaro, che può portare al dissesto finanziario. Ambientando la storia ai giorni nostri, ci potremmo però chiedere che cosa sarebbe successo se Mangiafuoco avesse dato a Pinocchio una carta di credito. Provate a immaginarlo...

COMPETENZE

- Analizzare la procedura di formazione, approvazione, controllo del Bilancio pubblico italiano e individuare le modalità di definizione delle manovre finanziarie
- Spiegare l'evoluzione e gli effetti del debito pubblico italiano, nonché le misure idonee ad alleggerirne il peso

UNITÀ 1 Il Bilancio dello Stato: funzione e caratteri generali

L'origine del motto "No taxation without representation"

Una concessione del re d'Inghilterra risalente al 1215 che, modificata nel corso dei secoli, conserva comunque grande attualità anche ai nostri giorni

L'art. 12 della *Magna Charta Libertatum*, ovvero del provvedimento che il re d'Inghilterra Giovanni Plantageneto (noto come Giovanni Senzaterra) fu costretto a concedere ai baroni del Regno, il 15 giugno 1215, recitava: «*No scutage nor aid shall be imposed on our kingdom, unless by common counsel of our kingdom*», ovvero nessuna imposta può essere applicata dal re se non è stata approvata dal concilio del Regno. Questo principio è stato poi trasfuso nel principio americano "*no taxation without representation*". Quando gli Stati Uniti d'America erano ancora un insieme di tredici piccole colonie inglesi situate nella parte nord-orientale del continente americano, infatti, l'Inghilterra, dissanguata economicamente dalla "Guerra dei sette anni", impose ai sudditi americani una serie di tasse per rimpinguare le casse statali. Intrise di cultura illuministica e consapevoli che il consenso dei contribuenti nella determinazione delle imposte era uno dei cardini tradizionali della libertà inglese fin dai tempi della *Magna Charta*, le tredici colonie rifiutarono il pagamento delle tasse e posero l'alternativa di inviare i propri rappresentanti al Parlamento di Londra o di essere esonerati da ogni tassa non approvata dai loro rappresentanti. Il principio era uno: "*No taxation without representation*", nessuna tassa senza rappresentanza. Questo principio ha dato poi il via alla guerra d'indipendenza che culminò, il 4 luglio del 1776, nella Dichiarazione d'indipendenza degli Stati Uniti d'America. Da allora questo principio ha permesso la nascita dapprima dello Stato liberale e poi di quello democratico e sociale. Nel nostro Stato questo principio è stato codificato nell'art. 23 della Costituzione italiana secondo cui: «*Nessuna prestazione personale o patrimoniale può essere imposta se non in base alla legge*».

Matteo Acquasaliente
«Italia IUS», 14 marzo 2014

attività

1. Quale significato assume oggi il principio "no taxation without representation"?
2. Fai una breve ricostruzione storica per spiegare quale fine si proponevano i baroni con la loro pressante richiesta al sovrano dell'introduzione dell'art. 12 nella *Magna Charta*.
3. Che cosa significherebbe a tuo avviso annullare completamene lo Stato?

1 IL BILANCIO DELLO STATO NEL QUADRO NAZIONALE ED EUROPEO

Il **Bilancio dello Stato** è il documento giuridico-contabile con il quale il Parlamento autorizza il Governo a erogare le spese e a incassare le entrate e, di conseguenza, a intervenire nel sistema economico. Lo studio del Bilancio pubblico, pertanto, è particolarmente importante perché mediante l'analisi delle sue cifre possiamo comprendere e valutare le politiche economiche che lo Stato intraprende. Inoltre, è importante studiare il Bilancio anche dal punto di vista del suo processo di formazione, caratterizzato da notevole complessità sia tecnica sia politica, in quanto è attraverso il Bilancio che le risorse prelevate ai cittadini in modo coattivo, grazie al potere d'imperio dello Stato, vengono gestite e destinate al raggiungimento dei diversi obiettivi. Si rendono pertanto necessarie regole e procedure di controllo a tutela dell'interesse collettivo. Il Bilancio dello Stato è, quindi, regolato da norme giuridiche nazionali che devono recepire una serie di vincoli imposti dall'Unione europea e integrarsi con essi.

National budget
Bilancio dello Stato
Proposal of revenues and expenditures that a government expects for a given budget year.

«Il bilancio è la pagella del manager»
(Helmar Nahr, Economia ed economisti. Management. Fare impresa*).*

Quali sono le principali fonti da cui provengono le norme giuridiche relative al Bilancio dello Stato?

Le procedure relative al processo di formazione del Bilancio pubblico vanno rinvenute innanzitutto nella Costituzione:

- art. **72** (procedimento legislativo "normale" di approvazione del Bilancio);
- art. **75** (inammissibilità del referendum abrogativo per le leggi tributarie e di Bilancio);
- art. **81**, riformato con legge costituzionale 20 aprile 2012, n. 1 (pareggio di Bilancio, copertura finanziaria, ...);
- art. **100** (controllo preventivo e successivo della Corte dei conti).

Inoltre, nelle seguenti altre fonti:

- legge **31 dicembre 2009**, **n. 196** e legge **7 aprile 2011**, **n. 39**;
- decreto legislativo **12 maggio 2016**, **n. 90**;
- decreto legislativo **12 maggio 2016**, **n. 93**;
- legge **4 agosto 2016**, **n. 163**, emanata per dare concreta attuazione alle nuove regole di Bilancio previste:
  - dalla legge costituzionale 20 aprile 2012, n. 1, che ha introdotto il principio del pareggio del Bilancio nella Costituzione;
  - dalla legge 24 dicembre 2012, n. 243, che ha dettato le disposizioni per l'attuazione di tale principio, ai sensi dell'articolo 81, sesto comma, della Costituzione;
- regolamenti e direttive dell'Unione europea;
- regolamenti contabili;
- regolamenti parlamentari.

APPROFONDIMENTO ONLINE
Gli enti locali e i vincoli di finanza pubblica

NEL ART 81 DELLA COST

Budget year
Anno finanziario
A 12-month period used by a government or by an organization to calculate how much money is being earned, spent, etc to compare financial performance over time.

Accounting year
Esercizio finanziario
All of the accounting transactions carried out in a given budget year.

Con l'introduzione nella Costituzione del **principio del pareggio di Bilancio** (pur attenuato dal fatto che il saldo dovrà tener conto delle fasi avverse e delle fasi favorevoli del ciclo economico), è compito dello Stato assicurare l'equilibrio tra le entrate e le spese del proprio Bilancio, con la finalità di ridurre il debito pubblico, alla luce dei vincoli derivanti dall'ordinamento dell'Unione europea. Una norma analoga è stata prevista, anche se in forme e con decorrenze diverse, nelle Costituzioni di altri Paesi, quali Germania, Estonia, Svizzera, Polonia e Ungheria, suscitando, come del resto in Italia, opinioni contrastanti.

Le modificazioni riguardano gli articoli 81, 97, 117 e 119 della Costituzione.

2 LE FUNZIONI E I PRINCIPI DEL BILANCIO DELLO STATO

Il Bilancio dello Stato ha una **funzione contabile**, in quanto riporta tutte le spese e le entrate relative a un determinato periodo di tempo. A tal fine assumono rilevanza i concetti di anno finanziario e di esercizio finanziario.

L'**anno finanziario** è il periodo di tempo al quale si riferiscono le entrate e le spese contenute nel Bilancio: nel nostro Paese ha una durata di dodici mesi e coincide con l'anno solare.

L'**esercizio finanziario** è il complesso delle operazioni relative alla gestione del Bilancio effettuate in un determinato anno finanziario.

LE FUNZIONI DEL BILANCIO
- contabile
- giuridica
- autorizzativa
- economica (stabilizzatrice, allocativa e redistributiva)
- esecutiva (o gestionale)
- informativa
- politica

Perché il Bilancio è un documento giuridico, oltre che contabile?

Secondo l'art. 81 della Costituzione il Bilancio dello Stato deve essere approvato dal Parlamento con un'apposita legge prima dell'inizio dell'esercizio finanziario a cui si riferisce. Il Bilancio ha quindi una **funzione giuridica** perché, con la sua approvazione da parte del Parlamento, acquista valore di legge, vincolando il potere esecutivo a non superare gli stanziamenti autorizzati con la sua approvazione.

Si possono individuare anche altre funzioni del Bilancio?

Il Bilancio svolge diverse funzioni, strettamente connesse fra loro, fra cui:
- una **funzione autorizzativa**, perché con la sua approvazione il Governo è autorizzato a erogare le spese e a incassare le entrate necessarie per realizzare il suo programma politico;
- una **funzione economica**, in quanto consente una ordinata programmazione degli obiettivi e degli strumenti dell'attività finanziaria pub-

C'È SOLO NEL BILANCIO ANNUALE

FISSA GLI OBIETTIVI

blica. Con la sua approvazione vengono infatti impostate le principali manovre di politica di bilancio (o fiscale) aventi finalità di stabilizzazione macroeconomica, di allocazione delle risorse, di redistribuzione della ricchezza;

- una **funzione esecutiva**, poiché pone le basi per una ordinata gestione amministrativa da realizzarsi una volta che il Bilancio è stato approvato dal Parlamento;
- una **funzione informativa**, in quanto consente di ricavare le informazioni necessarie per analizzare le politiche economiche decise dal Governo e approvate dalla maggioranza parlamentare;
- una **funzione politica**, che si esplica nel rapporto fra Governo e Parlamento: il Governo, nel predisporre il Bilancio, espone i fini che intende realizzare e i mezzi con cui intende provvedervi, e il Parlamento, nell'approvare il Bilancio, fa suo il programma politico del Governo a cui manifesta "fiducia" (la "fiducia" tra Governo e Parlamento, tipica delle forme parlamentari, viene confermata e rafforzata).

La funzione politica del Bilancio è tipica di uno Stato di diritto?

L'approvazione del Bilancio dello Stato da parte dei rappresentanti del popolo è alla base dello Stato di diritto, in quanto costituisce una forma di tutela nei confronti dell'arbitrio dei pubblici poteri che potrebbero prelevare le ricchezze dei cittadini senza il loro consenso. In questo senso si parla di un vero e proprio "diritto al Bilancio". In origine tale diritto nacque come lo strumento a cui le assemblee facevano ricorso per porre un freno al potere assoluto del sovrano; gli organi rappresentativi, i parlamenti, avevano quindi il compito di frenare le spese del sovrano.

Il documento storico che per primo ne rivendica l'affermazione è la **Magna Charta Libertatum del 1215**, attraverso la quale per la prima volta i rappresentanti dei Borghi e delle Contee inglesi imposero dei limiti al sovrano Giovanni Senzaterra (John Lackland), tra cui l'obbligo di sottoporre ad approvazione del Consiglio Comune del Regno (*Commune Consilium Regni*) le spese e le entrate del regno. La rivoluzione inglese di metà Seicento riportò la *Magna Charta* in primo piano. Quando, cento anni dopo, i coloni americani decisero di ribellarsi alla monarchia inglese fecero anche loro appello all'antico documento, consacrandone definitivamente il mito anche negli Stati Uniti.

Il principio del "diritto al Bilancio" ha oggi lo stesso significato che aveva in origine?

Il principio è rimasto anche negli Stati democratici, però oggi il diritto che ha il popolo, attraverso il Parlamento, di approvare le spese proposte dal Governo viene spesso usato non tanto per frenarle, quanto per aumentarle. Con l'affermarsi degli Stati democratici, la funzione del Parlamento, in ma-

teria di finanza pubblica, ha assunto un ruolo propulsivo della spesa e non di freno. Spetta poi ai Governi resistere alle tendenze parlamentari di aumentare le spese pubbliche superflue, anche alla luce della difficile situazione finanziaria in cui oggi versano molti Paesi e dei vincoli imposti dal nuovo sistema di *governance* economica europea.

L'ordinamento giuridico italiano fissa dei principi in merito alla redazione del Bilancio?

Il Bilancio pubblico per assolvere alla sua funzione deve corrispondere ad alcuni **principi fondamentali** ricavabili dall'ordinamento giuridico vigente. Essi sono: l'annualità, l'universalità, l'integrità, l'unità, la specificazione, la veridicità, la pubblicità.

La Costituzione all'art. 81 (comma 4) fissa il principio dell'**annualità**: le Camere annualmente approvano il Bilancio e il rendiconto presentati dal Governo, garantendo così, in modo trasparente, un controllo costante e periodico sull'attività finanziaria.

Le leggi ordinarie fissano i seguenti principi:

- **universalità**: tutte le spese e tutte le entrate dell'anno di riferimento devono figurare in Bilancio; sono vietate le gestioni fuori Bilancio, se non nei casi espressamente autorizzati da leggi speciali, il cui elenco è allegato allo stato di previsione del Ministero dell'Economia e delle Finanze;
- **integrità**: le spese e le entrate devono essere iscritte per il loro intero ammontare, cioè al lordo delle rispettive entrate e spese a cui possono dar luogo. Per esempio, le imposte devono essere iscritte al lordo delle spese di riscossione;
- **unità**: le entrate devono affluire in un unico fondo, che serve a finanziare tutte le spese; non si possono collegare singole voci di entrata a singole voci di spesa e, quindi, sono vietati i cosiddetti **tributi di scopo**, cioè quelli destinati al finanziamento di una particolare spesa;
- **specificazione**: le voci di entrata e di spesa devono essere analiticamente documentate in modo da ridurre il margine di discrezionalità della Pubblica amministrazione e consentire agli organi di controllo di accertare la corrispondenza fra le spese effettuate dal Governo e l'autorizzazione parlamentare contenuta nell'approvazione del Bilancio preventivo. In altre parole, vi è l'impossibilità dell'utilizzazione di somme per scopi diversi da quelli per i quali sono state stanziate in Bilancio (divieto di storno);
- **veridicità**: dal Bilancio deve apparire in modo chiaro ed esatto la situazione finanziaria in cui si trova lo Stato nell'esercizio considerato; non sono ammesse sopravvalutazioni delle entrate o sottovalutazioni delle spese;
- **pubblicità**: il Bilancio, essendo una legge, deve essere divulgato e portato a conoscenza di tutti i cittadini con idonee formalità e, quindi, pubblicato sulla Gazzetta Ufficiale.

ART. 81 COST. (SOSTITUITO DALL'ARTICOLO 1 DELLA LEGGE COSTITUZIONALE 20 APRILE 2012, N. 1)

"Lo Stato assicura l'equilibrio tra le entrate e le spese del proprio bilancio, tenendo conto delle fasi avverse e delle fasi favorevoli del ciclo economico.
Il ricorso all'indebitamento è consentito solo al fine di considerare gli effetti del ciclo economico e, previa autorizzazione delle Camere adottata a maggioranza assoluta dei rispettivi componenti, al verificarsi di eventi eccezionali.
Ogni legge che importi nuovi o maggiori oneri provvede ai mezzi per farvi fronte.
Le Camere ogni anno approvano con legge il bilancio e il rendiconto consuntivo presentati dal Governo.
L'esercizio provvisorio del bilancio non può essere concesso se non per legge e per periodi non superiori complessivamente a quattro mesi.
Il contenuto della legge di bilancio, le norme fondamentali e i criteri volti ad assicurare l'equilibrio tra le entrate e le spese dei bilanci e la sostenibilità del debito del complesso delle pubbliche amministrazioni sono stabiliti con legge approvata a maggioranza assoluta dei componenti di ciascuna Camera, nel rispetto dei principi definiti con legge costituzionale".

3 TIPOLOGIE DI BILANCIO

Nel sistema istituzionale italiano esistono numerose versioni del Bilancio dello Stato, come risulta dalla tabella 1.

Tabella 1 – Le varie tipologie di Bilancio

BILANCIO DELLO STATO							
In relazione all'anno finanziario a cui il Bilancio si riferisce		**Secondo le modalità seguite nella formulazione delle previsioni**		**Secondo il periodo di tempo considerato**		**Secondo il criterio di registrazione delle entrate e delle spese in Bilancio**	
Bilancio preventivo	Bilancio consuntivo	Bilancio di previsione a legislazione vigente	Bilancio di previsione programmatico	Bilancio annuale	Bilancio pluriennale	Bilancio preventivo di competenza Bilancio consuntivo di competenza	Bilancio preventivo di cassa Bilancio consuntivo di cassa

È bene precisare che nel testo della Costituzione e delle leggi ordinarie il termine "bilancio" si riferisce al Bilancio preventivo, mentre il termine "rendiconto" viene utilizzato per il Bilancio consuntivo.

Quali sono le caratteristiche del Bilancio preventivo e del Bilancio consuntivo?

Il **Bilancio preventivo** si basa su entrate e spese che lo Stato ritiene di realizzare nell'anno finanziario che sta per iniziare: per esempio, entro il 31 dicembre dell'anno t–1 deve essere approvato il Bilancio preventivo dell'anno t.

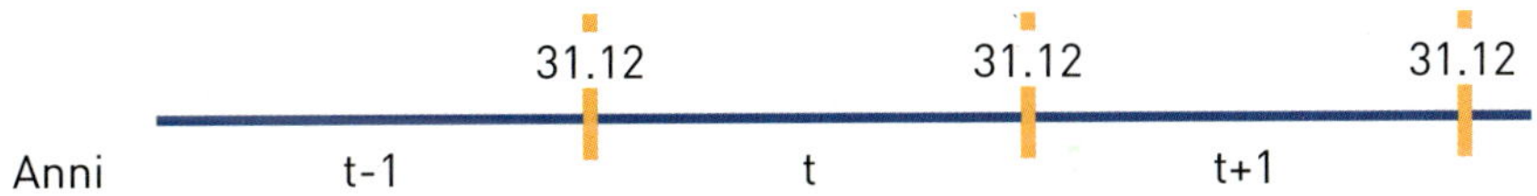

Il **Bilancio consuntivo**, invece, fa riferimento all'attività finanziaria che si è realizzata nell'anno appena concluso e ne registra i risultati. Esso assume rilevanza perché permette di registrare gli eventuali scostamenti rispetto a quanto era stato a suo tempo preventivato (per esempio entro il 30 giugno dell'anno t+1 viene presentato e approvato il Bilancio consuntivo dell'anno t).

Qual è la differenza fra il Bilancio a legislazione vigente e il Bilancio programmatico?

Il **Bilancio di previsione a legislazione vigente** riporta gli andamenti delle entrate e delle spese in base alla normativa in vigore. A questo proposito è opportuno sottolineare che entrate e spese hanno origine da leggi approvate dal Parlamento. Per esempio, per quanto riguarda le entrate, ogni

Budget
Bilancio preventivo
A document which accounts the expected amounts of expenses and revenues for the next budget year.

Final budget
Bilancio consuntivo
A document that reports all transactions occurred in a given budget year and showing the final results.

Budget under current legislation
Bilancio di previsione a legislazione vigente
A document which records the performance of expenses and revenues under the existing rules.

imposta è disciplinata da una legge precisa, per cui le somme iscritte in Bilancio sono il frutto della legislazione in vigore e delle previsioni macroeconomiche. Anche per quanto riguarda le spese, la maggior parte di esse deriva da leggi approvate in precedenza, pertanto ogni ministero competente quando prepara il Bilancio preventivo, deve iscrivere gli importi di spesa calcolati sulla base delle norme vigenti.

Il **Bilancio di previsione programmatico** registra l'andamento desiderato delle entrate e delle spese, al fine di correggerne l'evoluzione spontanea derivante dalla normativa in vigore, in funzione degli obiettivi della politica economica nazionale.

Quali sono le caratteristiche del Bilancio annuale e del Bilancio pluriennale?

Budget planning
Bilancio di previsione programmatico
A document which expresses the projected monetary intakes and outtakes in order to realize the goals of the governmental economic policy.

Annual budget
Bilancio di previsione annuale
A plan that outlines the incoming revenues and the outtaking expenditures for the coming year.

Multi-year budget
Bilancio di previsione pluriannuale
Document showing forward extimates for at least three budget years.

Il **Bilancio di previsione annuale** è un documento contabile che contiene le previsioni di entrata e di spesa relative all'esercizio cui il Bilancio si riferisce. Esso è lo strumento idoneo per una corretta contabilità, ma non consente di verificare gli effetti che le misure di politica economica adottate hanno nel medio periodo. Il **Bilancio di previsione pluriennale** soddisfa invece questa esigenza, perché riporta l'andamento delle entrate e delle spese in base alla legislazione vigente (**Bilancio pluriennale a legislazione vigente**) per un periodo che va dai tre ai cinque anni. Esso è a struttura "scorrevole", in quanto le sue previsioni vengono aggiornate ogni anno in modo da tener conto dell'evoluzione del quadro macroeconomico. Il Bilancio pluriennale è approvato con un apposito articolo della legge di Bilancio, ma non costituisce autorizzazione a riscuotere le entrate e a eseguire le spese. Esso è solo un documento conoscitivo di programmazione della gestione finanziaria. Il Bilancio pluriennale può anche essere un **Bilancio pluriennale programmatico** se contiene le previsioni dell'andamento delle entrate e delle spese tenendo conto degli interventi programmati.

Che cosa differenzia il Bilancio di competenza da quello di cassa?

Per comprendere questa distinzione, deve essere tenuto presente che le entrate e le uscite attraversano diverse **fasi**.

Le principali **fasi delle entrate** sono tre:

- **accertamento**: è la fase in cui sorge per l'Amministrazione il diritto a riscuotere, per cui essa iscrive nella sua contabilità l'ammontare del suo credito che viene a scadere entro l'esercizio, identificando la figura del debitore e la ragione del credito;
- **riscossione**: è la fase in cui il debitore effettua il pagamento agli agenti della riscossione incaricati dallo Stato;

- **versamento**: è la fase in cui l'agente alla riscossione versa le somme alla Tesoreria dello Stato; solo da questo momento le somme risultano effettivamente incassate.

Le principali **fasi delle uscite** sono due:

- **impegno**: è la fase in cui sorge per lo Stato l'obbligo di effettuare una determinata spesa o di accantonare le somme per spese, rendendole così indisponibili per altri fini;
- **pagamento**: è la fase in cui la Tesoreria centrale o una delle sezioni provinciali effettuano il passaggio materiale delle somme in questione al creditore.

Il **Bilancio di competenza** considera le entrate e le spese rispettivamente nella fase dell'accertamento e dell'impegno; il **Bilancio di cassa** considera le entrate e le spese rispettivamente nella fase della riscossione e del pagamento. Queste ultime due tipologie di Bilancio sono state obbligatoriamente previste dalla legge 5 agosto 1978, n. 468, con la quale si volevano perseguire due importanti obiettivi: conservare il sistema della competenza ma avere un panorama di visuale più ampio con l'introduzione del Bilancio di cassa. I bilanci preventivo e consuntivo sono pertanto sia di competenza sia di cassa:

- **Bilancio preventivo di competenza**: registra le entrate che si prevede di accertare e le spese che si prevede di impegnare in un anno finanziario;
- **Bilancio preventivo di cassa**: registra le entrate che si prevede di riscuotere e le spese che si prevede di pagare in un anno finanziario;
- **Bilancio consuntivo di competenza**: registra le entrate che risultano essere state accertate e le spese che risultano essere state impegnate nell'anno finanziario appena conclusosi;
- **Bilancio consuntivo di cassa**: registra le entrate che risultano essere state riscosse e le spese che risultano essere state pagate nell'anno finanziario appena conclusosi.

È possibile che una entrata sia prevista ma non giunga alla fase dell'accertamento (in tal caso costituisce una perdita per il Bilancio) e una spesa sia stanziata ma non giunga alla fase dell'impegno (in tal caso costituisce un risparmio per il Bilancio, cioè un'economia di spesa).

Accrual budget
Bilancio di competenza
Accounting method that shifts budgeting from cash flows (money received and payments made) to revenues earned and liabilities incurred into a future reporting period.

Cash budget
Bilancio di cassa
A document that registers an estimation of cash outflows expected to be paid and cash inflows expected to be collected over a stated period.

Che cosa succede se le entrate accertate nell'esercizio non vengono riscosse e le uscite impegnate nell'esercizio non vengono pagate?

Un'entrata che nel corso dell'esercizio è stata accertata, ma non è stata incassata, costituisce un **residuo attivo**, cioè un credito dello Stato; una spesa che nel corso dell'esercizio è stata impegnata, ma non è stata pagata, costituisce un **residuo passivo**, cioè un debito dello Stato. Questo significa che lo Stato potrà incassare le sue entrate anche negli esercizi successivi, così come i suoi creditori potranno essere pagati anche in seguito.

Balanced budget theory
Teoria del Bilancio in pareggio
Theory according to which in each accounting year the public expenses are expected to be equal to public revenues.

Double budget theory
Teoria del doppio Bilancio
Theory according to which in each accounting year the current budget must be balanced (or in surplus) and kept separate from the capital budget, which may record a deficit.

Il Bilancio di competenza, per il fatto che si basa sulla individuazione del diritto a riscuotere e dell'obbligo di pagare, a prescindere dal fatto che pagamenti e riscossioni si siano materialmente verificati, determina l'insorgenza dei residui.

Sono state formulate nel tempo delle teorie economiche sul Bilancio?

Nel tempo si sono susseguite diverse concezioni sul ruolo e sulle caratteristiche dell'attività finanziaria pubblica. Se ne accenna brevemente nella tabella 2.

Tabella 2 – Le teorie sul Bilancio

BILANCIO IN PAREGGIO	• In ciascun esercizio finanziario le spese dello Stato devono eguagliare le entrate.
DOPPIO BILANCIO	• Il pareggio del Bilancio deve essere realizzato solo nelle spese e nelle entrate correnti. • Le spese in conto capitale possono essere finanziate in disavanzo.
BILANCIO CICLICO	• Il pareggio di Bilancio può essere raggiunto alla fine di ciascun ciclo economico attraverso la compensazione dei disavanzi delle fasi depressive con gli avanzi delle fasi di espansione.
BILANCIO FUNZIONALE	• Il Bilancio è uno strumento di politica economica. • Il Bilancio può essere in disavanzo perché deve favorire il sostegno della domanda aggregata e realizzare una più equa distribuzione del reddito.

4 IL BILANCIO DI PREVISIONE ANNUALE

Cyclical budget theory
Teoria del Bilancio ciclico
Theory according to which the budget must be balanced in each economic cycle by reducing spending and raising taxes during a boom period, and increasing spending/cutting taxes during a recession.

Functional budget theory
Teoria del Bilancio funzionale
Theory according to which the budget is an instrument of economic policy that may show a deficit not only in the contractionary phases of the economic cycle, but also to improve the wellbeing of the community.

Il **Bilancio di previsione annuale**, fondato sul sistema della contabilità finanziaria, come si è già accennato, è un **Bilancio misto**, in quanto rileva tutte le future entrate e spese sia nella fase della competenza (accertamento e impegno) sia nella fase della cassa (incasso e pagamento).

Dal punto di vista della **struttura formale** e della **classificazione delle entrate e delle spese** il Bilancio dello Stato ha subito varie riforme. Tra le ultime più significative ricordiamo:

- la **legge-delega 3 aprile 1997, n. 94** e il **decreto legislativo 7 agosto 1997, n° 279**. Con il decreto 279/1997, a decorrere dall'anno finanziario 1998, il Bilancio di previsione dello Stato è ripartito, per l'entrata e per la spesa, in unità previsionali di base (UPB), che costituiscono l'insieme organico delle risorse finanziarie affidate alla gestione di un unico centro di responsabilità amministrativa;
- la **legge 31 dicembre 2009, n. 196** (Legge di contabilità e finanza pubblica) che ha inteso razionalizzare e potenziare il complesso delle regole e delle procedure che presiedono il sistema delle decisioni di Bilancio (introdotte dalla legge 5 agosto 1978, n. 468 e dalla legge 23 agosto 1988, n. 362), aggiornandolo alla luce delle novità emerse in

tema di *governance* economica europea e del nuovo assetto dei rapporti economici e finanziari tra lo Stato e le autonomie territoriali derivante dall'attuazione del federalismo fiscale;

- la **legge n. 39 del 7 aprile 2011**, il **decreto legislativo n. 90/2016**, il **decreto legislativo n. 93/2016**, la **legge 4 agosto 2016, n. 163**, che hanno profondamente modificato la disciplina introdotta dai precedenti provvedimenti, come si vedrà nell'Unità D2.

Ci soffermiamo per il momento sui contenuti della **legge 31 dicembre 2009, n. 196**, che è la base di partenza della profonda riforma in materia di contabilità pubblica che si è verificata in questi anni.

Essa introduce due tipi di Bilancio dello Stato:

1. ***Bilancio decisionale***, sottoposto all'approvazione parlamentare e strutturato per:
   a. stati di previsione (uno per le entrate e uno per ciascun Ministero per le spese);
   b. missioni;
   c. programmi (dal 2011 divenuti "unità di voto parlamentare", cioè soggetti al voto del Parlamento);
   d. macroaggregati (o Unità previsionali di base - UPB) riguardanti le spese.
2. ***Bilancio gestionale***, affidato alla responsabilità del Governo, strutturato per:
   a. missioni;
   b. programmi;
   c. macroaggregati (o Unità Previsionali di Base - UPB);
   d. capitoli di Bilancio. Con provvedimenti successivi la parola "capitoli" sarà sostituita da "unità elementari di bilancio" (unità contabili elementari ai fini della gestione e rendicontazione);
   e. piani di gestione (articoli);
   f. centri di responsabilità amministrativa.

Bilancio decisionale (politico)
Serve per l'approvazione da parte del Parlamento (politico).

Bilancio gestionale (amministrativo)
Serve ai fini della gestione (amministrativo).

Decisional budget
Bilancio decisionale
It is subjected to the approval of the Parliament, which authorizes and imposes constraints, determines responsibilities of administrative managers and defines the long term strategic goals for the country.

Government budget
Bilancio gestionale
It is managed under the responsibility of the government in order to facilitate the financial and economic control.

Che cosa sono più specificatamente le missioni, i programmi, i macroaggregati, i capitoli, i piani di gestione e i centri di responsabilità amministrativa?

Il decreto legislativo 90/2016 ha modificato la struttura del Bilancio dello Stato, introducendo una revisione delle missioni e dei programmi, nonché della classificazione delle spese.

Senza entrare nel dettaglio, ci limitiamo a fornire gli elementi necessari per la comprensione dei concetti basilari.

Le **missioni** sono unità di classificazione del Bilancio che rappresentano le funzioni principali e gli obiettivi strategici e di lungo periodo della spesa pubblica (per esempio istruzione universitaria, tutela della salute, turismo, ecc.). Forniscono una rappresentazione politico-funzionale del Bilancio, necessaria per rendere più trasparenti le grandi voci di spesa e per meglio comunicare le grandi direttrici di azione. Le missioni possono

essere attribuite a un singolo Ministero o essere trasversali a più Ministeri (per esempio la missione "politiche del lavoro" è trasversale al Ministero dell'Economia e delle Finanze e al Ministero del Lavoro e delle Politiche sociali). Due missioni trasversali sono poi presenti in tutti i Ministeri:

- **Servizi istituzionali e generali**, che raggruppano le spese di funzionamento dell'apparato amministrativo non attribuibili direttamente a singole missioni;
- **Fondi da ripartire**, che raccolgono i fondi di riserva e speciali la cui specifica allocazione non avviene in sede di Bilancio di previsione ma è demandata ad atti e provvedimenti che verranno adottati in corso di gestione.

Ogni missione si realizza concretamente attraverso più programmi.

I **programmi** rappresentano aggregati omogenei di attività svolte all'interno di ogni Ministero per perseguire obiettivi ben definiti. Sono di norma specifici di ciascuna Amministrazione ma in taluni limitati casi sono condivisi tra più Amministrazioni. Con i programmi il Governo è in grado di valutare gli effetti della sua programmazione di interventi in termini di impatto dell'azione pubblica sui cittadini e sul territorio (*out come*). Ciascun programma rappresenta, infatti, un prodotto e/o un servizio o un intervento nell'economia e nella società. I programmi sono maggiormente dinamici delle missioni, potendosi modificare nel tempo sia per dare più puntuale e trasparente rappresentazione delle attività delle Amministrazioni, sia a seguito di variazioni negli assetti organizzativi e funzionali.

I **macroaggregati** o **unità previsionali di base (UPB)** sono un'articolazione dei programmi secondo la natura economica della spesa (in genere l'articolazione è tra spese per funzionamento, per interventi, per investimenti).

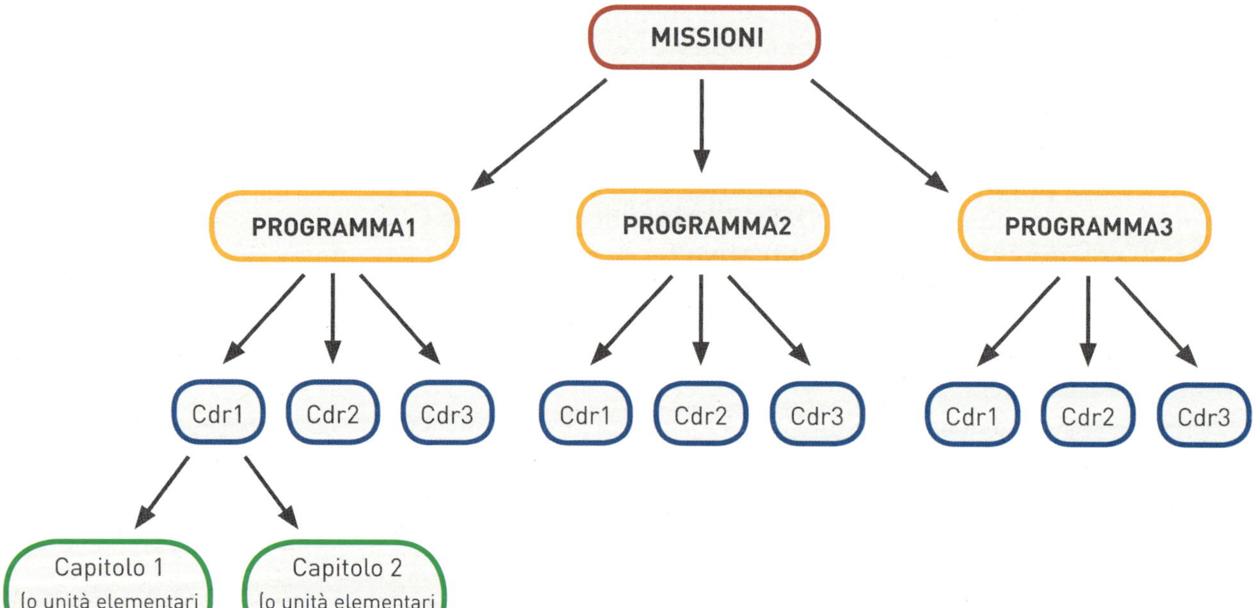

Cdr = *Centro di responsabilità amministrativa*

Capitoli = *definiscono il modo con cui dividere le risorse*

Al di sotto dei macroaggregati si collocano i **Centri di responsabilità amministrativa**, costituiti dagli uffici dirigenziali, quali i dipartimenti o le direzioni generali di ogni Ministero, che si occupano di amministrare i Programmi e gestire le specifiche risorse assegnate alle UPB.

In sintesi, la distribuzione delle risorse ai singoli Ministeri avviene partendo dalle missioni e dai programmi per poi congiungersi ai centri di responsabilità amministrativa; ogni Ministero metterà in evidenza le missioni nelle quali è coinvolto, i programmi di competenza specifica, con riferimento ai macroaggregati di spesa e, nell'ambito di questi ultimi, i Centri di responsabilità amministrativa interessati (tab.3).

Tabella 3 – Esempio di missioni e dei relativi programmi

MINISTERI COINVOLTI	MISSIONI (identificate con un numero di codice)	PROGRAMMI (Centri di responsabilità amministrativa)
Ministero della Giustizia Ministero dell'Economia e delle Finanze	**6 Giustizia** 32 (comuni a tutti i Ministeri) Servizi istituzionali e generali delle amministrazioni pubbliche 33 (comuni a tutti i Ministeri) Fondi da ripartire	**Amministrazione penitenziaria** (Dipartimento amministrazione penitenziaria) **Giustizia civile e penale** (Dipartimento degli affari di giustizia e Dipartimento dell'organizzazione giudiziaria, del personale e dei servizi) **Giustizia minorile** (Dipartimento per la giustizia minorile) **Giustizia tributaria** (Dipartimento delle finanze)

Con la legge 196/2009, come sono concretamente classificate le entrate nel Bilancio "decisionale"?

Nell'ambito dell'unico Stato di previsione riguardante le entrate, vi sono 4 livelli di aggregazione (tab. 4).

Tabella 4 – Livelli di aggregazione delle entrate nel Bilancio decisionale

1° LIVELLO	2° LIVELLO	3° LIVELLO	4° LIVELLO
TITOLI **I. Entrate Tributarie** (per esempio imposte e tasse) **II. Entrate extra tributarie** (utili di aziende autonome) **III. Alienazione e Ammortamento di beni patrimoniali e riscossione di crediti** (per esempio vendita di beni) **IV. Accensione di prestiti**	NATURA **I. Entrate ricorrenti** (proventi la cui acquisizione è prevista a regime, per esempio imposte sui redditi) **II. Entrate non ricorrenti** (proventi la cui acquisizione è limitata a uno o più esercizi, per esempio condoni)	TIPOLOGIA (individua i tributi più rilevanti, per esempio Irpef, Ires, Iva) **La tipologia di entrata è l'"unità di voto parlamentare"** (cioè è soggetta al voto del Parlamento)	CATEGORIE (individua le entrate definite in base all'oggetto) **I. Attività ordinaria** **II. Accertamento e controllo** **III. Proventi**

... e le spese?

La nuova ripartizione delle **spese** è effettuata, nell'ambito degli **Stati di previsione** dei singoli Ministeri, secondo i 3 livelli di aggregazione di cui si è parlato in precedenza:
- 1° livello: **missioni**;
- 2° livello: **programmi**;
- 3° livello: **macroaggregati** (o **UPB**).

Ognuno dei macroaggregati è diviso a sua volta in tre **Titoli**:
1. **spese correnti** (esempi: spese per il pagamento di retribuzioni spettanti a dipendenti dello Stato, spese per trasferimenti a famiglie e imprese, spese previdenziali, interessi pagati sul debito pubblico, ecc.);
2. **spese in conto capitale** (spese per investimenti);
3. **rimborso di prestiti** (rimborso del debito pubblico).

A fini gestionali i Titoli sono ripartiti in **Capitoli** secondo l'oggetto della spesa. A loro volta i Capitoli si ripartiscono in **Piani di gestione** (**Articoli**) riguardanti le spese rilevanti per la definizione degli obiettivi di gestione.

A ogni Stato di previsione della spesa – uno per ciascun Ministero – è allegata la **Nota integrativa**. Le Note integrative dei vari Ministeri completano e arricchiscono le informazioni del Bilancio dello Stato e costituiscono lo strumento attraverso il quale ciascun Ministero illustra, in relazione ai Programmi di spesa, i criteri di formulazione delle previsioni, gli obiettivi da raggiungere in termini di livello dei servizi e di interventi nonché gli indicatori di efficacia e di efficienza per misurarli.

IN PILLOLE

Per ogni Ministero

Politiche pubbliche
- **missioni**: obiettivi strategici e di lungo periodo della spesa, perseguite anche da più Ministeri
- **programmi**: attività o insieme di attività con cui si realizza concretamente il perseguimento delle missioni

Composizione e natura della spesa
- **macroaggregati (o UPB)**: diverse tipologie di spesa (Titoli) attribuite ai programmi

Struttura amministrativa
- **Centro di responsabilità amministrativa**: dipartimenti o direzioni generali del Ministero che si occupano di amministrare i programmi e gestire le specifiche risorse assegnate alle UPB

Area gestionale
- Capitoli
- Piani gestionali

5 I RISULTATI DIFFERENZIALI

Le riforme del 1978 e 1988 hanno stabilito che la legge di Bilancio contenga alcuni quadri riassuntivi nei quali vengono esposti i **risultati differenziali** costituiti dalla somma algebrica fra le entrate e le spese esposte in Bilancio. Tali risultati, detti comunemente **saldi di Bilancio**, hanno grande rilevanza perché indicano in modo sintetico tanto il vincolo posto all'attività di prelievo e di spesa del Governo quanto l'impatto che quell'attività potrà avere sul sistema economico complessivo.

I saldi di Bilancio si trovano nel **Bilancio semplificato dello Stato**, un documento che si compone di tre parti: la prima contiene i risultati differenziali; la seconda una analisi delle entrate e la terza una analisi della spesa per voci economiche e per missioni e programmi.

Subtotal results
Risultati differenziali
Algebraic sum between certain types of expenses and revenues exposed in the budget.

Public saving
Risparmio pubblico
Government revenue less government spending.

Net debt (or Net credit)
Indebitamento netto (o Accreditamento netto)
Difference between total expenses and total revenues, of either current or capital nature, excluding financial transactions.

Budget deficit (or Budget surplus)
Saldo netto da finanziare (o Saldo netto da impiegare)
Difference between final expenses and final revenues, excluding spending for repayment of any borrowings.

Resorting to the financial market
Ricorso al mercato
Difference between total revenues and total expenses, including spending for refund of any borrowings.

Quali sono i risultati differenziali?

Sono previsti 4 tipi di saldi, cioè di differenze tra parte delle entrate e parte delle spese:

- **risparmio pubblico**: è la differenza tra il totale delle entrate correnti (tributarie ed extratributarie) e il totale delle spese correnti. Se è positivo significa che il reddito prelevato o prodotto dallo Stato è superiore ai consumi collettivi e si è formato pertanto un risparmio pubblico da destinare agli investimenti;
- **indebitamento netto** (disavanzo) **o accreditamento netto** (avanzo): è la differenza tra la somma delle entrate correnti e delle entrate per alienazione e ammortamento dei beni patrimoniali, al netto delle entrate per la riscossione di crediti (entrate nette), e la somma delle spese correnti e delle spese in conto capitale, al netto della spesa per accensione di prestiti (spese nette);
- **saldo netto da finanziare** (**fabbisogno**): è la differenza tra la somma delle entrate correnti e delle entrate per alienazione e ammortamento dei beni patrimoniali (entrate finali) e la somma delle spese correnti e delle spese in conto capitale (spese finali), escluse le operazioni di rimborso dei prestiti. È detto "fabbisogno" perché indica l'aumento del debito dello Stato per effetto della gestione del Bilancio. Se la differenza tra le entrate finali e le spese finali (tenendo conto delle esclusioni citate) è positiva si parla di **saldo netto da impiegare**;
- **ricorso al mercato**: è la differenza tra il totale delle entrate e il totale di tutte le spese, comprese quelle per il rimborso dei prestiti pubblici. È il totale lordo del finanziamento (in termini di nuovi prestiti) che lo Stato chiede al mercato per coprire l'ammontare delle spese finali e per rimborsare le rate di ammortamento in scadenza.

La tabella 5 mostra la formazione dei 4 risultati differenziali esposti sopra.

Tabella 5 – Formazione dei saldi in Bilancio

ENTRATE	SPESE	SALDI
1. Entrate correnti (tributarie ed extratributarie)	2. Spese correnti	**3. Risparmio pubblico (1 – 2)**
4. Entrate per alienazione e ammortamento dei beni patrimoniali Per ammortamento di beni patrimoniali si intende la quota di utilizzo dei beni immobili di proprietà dello Stato, pari al canone che lo Stato avrebbe dovuto pagare se l'immobile non fosse stato di sua proprietà.	5. Spese in c/capitale	
6. Entrate nette (1 + 4)	7. Spese nette (2 + 5)	**8. Indebitamento netto** (disavanzo) **o accreditamento netto** (avanzo) **(6 – 7)**
9. Partecipazioni azionarie, conferimenti, rimborso di crediti	10. Partite finanziarie (accensione di crediti)	11. Operazioni finanziarie nette **(9 – 10)**
12. Entrate finali (6 + 9)	13. Spese finali (7 + 10)	**14. Saldo netto da finanziare** (fabbisogno complessivo) **o saldo netto da impiegare (12 – 13)**
15. Accensione di prestiti	16. Rimborso di prestiti	
		17. Ricorso al mercato (12 – 19)
18. Entrate complessive (12 + 15)	19. Spese complessive (13 + 16)	**(18 – 19) = 0**

6 IL RENDICONTO GENERALE DELLO STATO O BILANCIO CONSUNTIVO

Il Rendiconto generale dello Stato è il documento contabile attraverso il quale il Governo, alla chiusura dell'anno finanziario, adempie all'obbligo costituzionale – di cui all'articolo 81, comma 4, della Costituzione – di rendere conto al Parlamento dei risultati della gestione finanziaria.

Le regole per redigere il Rendiconto sono contenute nella legge sulla contabilità pubblica n. 196/2009 che ha riformato tutta la materia.

Il Rendiconto, dunque, non è altro che la "fotografia" del Bilancio a consuntivo.

Il Rendiconto, articolato per missioni e programmi, è costituito:
- dal Conto del Bilancio;
- dal Conto del Patrimonio.

In che cosa consiste il Conto del Bilancio?

Il **Conto del Bilancio**, che deve essere articolato per missioni, programmi e capitoli ai sensi della legge 196/09, indica l'entità effettiva delle entrate e delle uscite del Bilancio dello Stato rispetto alle previsioni che erano state approvate dal Parlamento.

Il documento finale è composto da tanti conti parziali corrispondenti ai vari stati di previsione; per ciascuno è separatamente dimostrato il risultato della gestione di competenza da quella dei residui. Vengono esposte distintamente le entrate di competenza dell'anno (accertate, riscosse, rimaste da riscuotere), le spese di competenza dell'anno (impegnate, pagate o rimaste da pagare), la gestione dei residui attivi o passivi provenienti dagli esercizi precedenti, le somme versate in Tesoreria e quelle pagate per ciascun capitolo del Bilancio distintamente in conto competenza e in conto residui, il conto totale dei residui attivi e passivi che si trasmettono all'esercizio successivo.

Il rendiconto

Esempio di **Rendiconto** relativo al Ministero delle Infrastrutture e dei Trasporti (MIT) per l'anno 2012, redatto con riferimento alle seguenti principali missioni di competenza dell'VIII Commissione della Camera dei deputati (Ambiente), in milioni di euro:

	Stanziamento di competenza		
	iniziale	**definitivo**	**Residui al 31/12/12**
Missioni di competenza dell'VIII Comm.	3.743,5	4.081,2	3.991,7
14 Infrastrutture pubbliche e logistica	*3.555,8*	*3.853,3*	*3.736,8*
19 Casa e assetto urbanistico	*187,7*	*227,9*	*254,9*
Altre missioni	4.111,6	4.273,8	2.139,9
Totale MIT	7.855,1	8.355,0	6.131,6

In che cosa consiste il Conto del Patrimonio?

Il **Conto del patrimonio** recepisce invece le variazioni intervenute nella consistenza delle attività e passività che costituiscono il patrimonio dello Stato.

Esso comprende:

- le attività e le passività finanziarie e patrimoniali con le variazioni derivanti dalla gestione del Bilancio e quelle verificatesi per qualsiasi altra causa;
- la dimostrazione dei vari punti di concordanza tra la contabilità del Bilancio e quella patrimoniale.

☐ Vi sono altre disposizioni riguardanti il Rendiconto generale dello Stato previste dalla legge 196/09?

Altre disposizioni della legge 196 del 31 dicembre 2009 prevedono che il Rendiconto sia corredato dai seguenti documenti:

- una apposita **Nota integrativa**, articolata per missioni e programmi, che, per ciascuna Amministrazione, espone i risultati finanziari, i principali fatti della gestione, il grado di realizzazione degli obiettivi riferiti a ciascun programma, le risorse finanziarie impiegate, l'indicazione dei residui accertati, la motivazione fornita dalle Amministrazioni sugli eventuali scostamenti tra le previsioni iniziali e quelle finali;
- il **Rendiconto economico** (per **centri di costo**), un documento istituzionalizzato il cui fine è quello di rafforzare il ruolo della contabilità economica, consentendo all'organo legislativo la conoscenza e il contestuale approfondimento delle informazioni economiche a completamento del quadro informativo generale relativo al Bilancio;
- il cosiddetto **Ecorendiconto**, che illustra le risultanze delle spese relative ai programmi aventi natura o contenuti ambientali delle amministrazioni centrali dello Stato, ovvero delle spese aventi per finalità la protezione dell'ambiente e l'uso e gestione delle risorse naturali.

A seguito del positivo esito della sperimentazione introdotta per l'esercizio finanziario 2012, a partire dall'esercizio finanziario 2013 il formato digitale costituisce la modalità esclusiva di predisposizione e trasmissione del Rendiconto, in attuazione del Codice dell'Amministrazione digitale. Con l'esercizio 2013 il processo di dematerializzazione si è completato, altresì, con la trasmissione del Rendiconto in formato digitale anche al Parlamento, successivamente al controllo della Corte dei conti.

7 IL DIPARTIMENTO DEL TESORO E IL SERVIZIO DI TESORERIA

In Italia la gestione del Bilancio è affidata al **Ministero dell'Economia e delle Finanze**, al cui interno acquista un particolare rilievo il **Dipartimento del Tesoro** che ha il compito di sovrintendere alla gestione del denaro pubblico e di dare attuazione al Bilancio per quanto riguarda le previsioni di cassa. A esso spettano anche altre importanti funzioni, fra cui la vigilanza sul servizio di **Tesoreria**.

☐ Che cos'è la Tesoreria dello Stato?

La Tesoreria è l'insieme degli uffici che svolgono la funzione di "cassiere" dello Stato e, come tale, provvede agli incassi e ai pagamenti relativi alla gestione del Bilancio dello Stato. In Italia è articolata in una **Tesoreria**

centrale e in **Sezioni di Tesoreria provinciali**. Il servizio di Tesoreria è affidato dalla legge alla Banca d'Italia, sulla base di una convenzione con il Ministero dell'Economia e delle Finanze. I risultati della gestione di cassa vengono pubblicati, con cadenza mensile, in un documento denominato **Conto del Tesoro**. Inoltre, il Ministro dell'Economia e delle Finanze deve presentare al Parlamento le relazioni periodiche, annuali e trimestrali, sulle previsioni e sui risultati della gestione.

La Tesoreria compie soltanto operazioni inerenti alla gestione del Bilancio?

La Tesoreria compie operazioni che danno vita a due gestioni distinte:

- **gestione di Bilancio** che include tutti i pagamenti e le riscossioni inerenti all'esecuzione del Bilancio di previsione;
- **gestione extrabilancio** (o **di Tesoreria**) che comprende le operazioni poste in essere per far fronte a momentanee deficienze di cassa, al fine di reperire disponibilità di fondi a breve scadenza. Tali operazioni danno vita al cosiddetto **debito fluttuante** dello Stato, costituito prevalentemente da Buoni ordinari del Tesoro (Bot), che sono titoli con scadenza a tre, sei o dodici mesi.

L'emissione di titoli con scadenze più lunghe (come Buoni poliennali del Tesoro e Certificati di credito del Tesoro) è invece effettuata allo scopo di coprire veri e propri disavanzi e rientra, pertanto, nella gestione del Bilancio.

Budget management
Gestione di Bilancio
Treasury transactions including all collections and payments made to implement the budget.

Treasury management
Gestione extrabilancio (o di Tesoreria)
Treasury transactions made to face temporary lack of liquidity, in order to find available short term funding.

È tassativa la distinzione fra operazioni di Bilancio e operazioni extrabilancio?

Le operazioni extrabilancio hanno lo scopo di reperire risorse per coprire momentanee deficienze di cassa, dovute a una sfasatura temporale tra il sostenimento delle spese e la riscossione delle entrate. In presenza di veri e propri disavanzi è necessario, invece, ricorrere a operazioni di indebitamento a medio e lungo termine che, essendo iscritte in Bilancio, rientrano nella gestione di Bilancio. In realtà, questa distinzione non è sempre così tassativa. Nei momenti di instabilità politica o finanziaria accade sempre più frequentemente che lo Stato per finanziare i disavanzi pubblici ricorra all'emissione di Buoni ordinari del Tesoro, che, proprio per la loro breve scadenza, sono più richiesti dai risparmiatori. Questo significa che le operazioni di Tesoreria, contrariamente alla loro natura, diventano uno strumento utilizzato per far fronte a esigenze di Bilancio.

Il Palazzo delle Finanze, sede del Ministero dell'Economia e delle Finanze, Roma.

MAPPA UNITÀ A1

IL BILANCIO DELLO STATO

è

il documento giuridico-contabile con il quale il Parlamento autorizza il Governo a erogare le spese e a incassare le entrate (art. 81 Cost.)

svolge le seguenti funzioni

- giuridica
- autorizzativa
- economica
- esecutiva
- informativa
- politica

segue i seguenti principi

- annualità
- universalità
- integrità
- unità
- specificazione
- veridicità
- pubblicità

sul Bilancio sono state formulate diverse teorie

- Bilancio in pareggio
- Doppio bilancio
- Bilancio ciclico
- Bilancio funzionale

le procedure relative al processo della sua formazione vanno rinvenute soprattutto nella Costituzione

- **art. 72** (procedimento legislativo "normale" di approvazione del bilancio)
- **art. 75** (inammissibilità del referendum abrogativo per le leggi tributarie e di bilancio)
- **art. 81** riformato con legge costituzionale 20 aprile 2012, n. 1 (pareggio di bilancio, copertura finanziaria, ecc.)
- **art. 100** (controllo preventivo e successivo della Corte dei conti)

varie tipologie di Bilancio

- **Bilancio preventivo/Bilancio (rendiconto) consuntivo**
  In particolare, il Bilancio consuntivo si articola in:
  - Conto del bilancio
  - Conto del patrimonio

  ed è corredato da:
  - Nota integrativa
  - Rendiconto economico
- **Bilancio di previsione a legislazione vigente/Bilancio programmatico**
- **Bilancio annuale/Bilancio pluriennale**

Il **Bilancio semplificato** dello Stato si compone di tre parti:

1. **risultati (o saldi) differenziali**, che sono la somma algebrica fra parte delle entrate e parte delle spese
2. **analisi delle entrate**
3. **analisi della spesa** per voci economiche e per missioni e programmi

MAPPA UNITÀ D1

Legge-delega 3 aprile 1997, n. 94, e decreto legislativo 7 agosto 1997, n. 279 - Individuazione delle unità previsionali di base (UPB) del bilancio dello Stato, riordino del sistema di tesoreria unica e ristrutturazione del rendiconto generale dello Stato.
Legge n. 196/2009 - Legge di contabilità e finanza pubblica. Essa introduce:

- il bilancio **decisionale**, di tipo **politico**, sottoposto all'approvazione parlamentare, articolato in: **Stati di previsione**: uno per le entrate e uno per ciascun Ministero per le spese; **Missioni**: finalità della spesa pubblica; **Programmi** (unità di voto parlamentare): aggregati omogenei di attività volte a perseguire gli obiettivi delle missioni; **Macroaggregati (UPB)**: diverse tipologie di spese attribuite a ciascun programma
- il bilancio **gestionale**, di tipo **amministrativo**, affidato alla responsabilità del Governo, articolato in: **Missioni**; **Programmi**; **Macroaggregati (UPB)**; **Capitoli** (con successivi provvedimenti sono stati sostituiti dalle "**unità elementari di bilancio**"): unità contabili elementari rilevanti ai soli fini della gestione e della rendicontazione; **Piani gestionali** (Articoli): spese rilevanti per la definizione degli obiettivi di gestione; **Centri di responsabilità amministrativa**: unità organizzativa di livello dirigenziale

Decreto legislativo 12/05/2016, n. 90
Decreto legislativo 12/05/2016, n. 93
Legge 4/08/2016, n. 163

dal punto di vista strutturale ha subito varie riforme dagli anni Novanta in poi

IL BILANCIO DELLO STATO

le entrate e le uscite in Bilancio attraversano le seguenti fasi

Fasi delle entrate:
- accertamento
- riscossione
- versamento

Fasi delle uscite:
- impegno
- pagamento

a seconda della fase considerata

- **bilancio di competenza**: considera le entrate e le spese rispettivamente nella fase dell'accertamento e dell'impegno (bilancio preventivo di competenza e bilancio consuntivo di competenza)
- **bilancio di cassa**: considera le entrate e le spese rispettivamente nella fase della riscossione e del pagamento (bilancio preventivo di cassa e bilancio consuntivo di cassa)

dal bilancio di competenza si formano

- residui attivi: entrate accertate ma non riscosse
- residui passivi: spese impegnate ma non pagate

la gestione è affidata

al **Ministero dell'Economia e delle Finanze**, al cui interno acquista un particolare rilievo il **Dipartimento del Tesoro** con il compito di sovraintendere alla gestione del denaro pubblico e di dare attuazione al Bilancio per quanto riguarda le previsioni di cassa. A esso spetta anche la vigilanza sul servizio di **Tesoreria**.
La **Tesoreria** compie operazioni che danno vita a due gestioni distinte: la **gestione di Bilancio** e la **gestione extrabilancio** (o di Tesoreria).

Verifiche 1

1) TROVA L'ERRORE IN OGNI FRASE

Competenza: acquisire e riconoscere i contenuti chiave

A. Il Bilancio di cassa considera le entrate e le spese rispettivamente nella fase dell'accertamento e dell'impegno.
B. Le spese e le entrate devono essere iscritte al netto delle rispettive entrate e spese a cui possono dar luogo.
C. Nel Bilancio decisionale l'unità di voto parlamentare è costituita dai capitoli.
D. Ogni programma si realizza attraverso più missioni.
E. I saldi di Bilancio si trovano nel Bilancio gestionale.
F. L'Ecorendiconto è allegato al Bilancio preventivo.
G. Il Conto del patrimonio espone distintamente le entrate di competenza dell'anno (accertate, riscosse, rimaste da riscuotere) e le spese di competenza dell'anno.
H. La Tesoreria effettua una gestione di tesoreria (extrabilancio) emettendo titoli a lunga scadenza.

2) COLLEGA LE ESPRESSIONI CONTRASSEGNATE DA UNA LETTERA CON QUELLE INDICATE DA UN NUMERO

Competenza: individuare collegamenti e relazioni

1.

A. Magna Charta Libertatum
B. No taxation without representation
C. Pubblicità
D. Scorrevolezza
E. Accertamento
F. Riscossione
G. Uscita
H. Specificazione

1. Bilancio di cassa
2. Bilancio di competenza
3. 4 luglio 1776
4. Impegno
5. 1215
6. Gazzetta ufficiale
7. Bilancio pluriennale
8. Divieto di storno

A	B	C	D	E	F	G	H

2.

A. Entrate nette meno spese nette
B. Entrate finali meno spese finali
C. Entrate correnti meno spese correnti
D. Entrate complessive meno spese complessive

1. Ricorso al mercato
2. Risparmio pubblico
3. Saldo netto da finanziare
4. Indebitamento netto

A	B	C	D

3) INDICA SE LE SEGUENTI AFFERMAZIONI SONO VERE O FALSE. SE LE RITIENI FALSE GIUSTIFICA LA RISPOSTA

Competenza: acquisire, interpretare l'informazione e comunicare

	VERO	FALSO
A. Il "diritto al Bilancio" è il diritto di approvare il Bilancio dello Stato da parte dei rappresentanti del popolo.		
B. La Costituzione fissa i principi di universalità, integrità, unità.		
C. L'esercizio finanziario è il complesso delle operazioni relative alla gestione del Bilancio effettuate in un determinato anno finanziario.		
D. Le missioni rappresentano aggregati omogenei di attività svolte all'interno di ogni Ministero per perseguire obiettivi ben definiti.		
E. Il Bilancio consuntivo di cassa registra le entrate che risultano essere state riscosse e le spese che risultano essere state impegnate nell'anno finanziario appena conclusosi.		
F. Il residuo attivo è un credito dello Stato.		
G. L'accertamento costituisce la prima fase del procedimento di acquisizione delle entrate.		

4) RISOLVI IL SEGUENTE PROBLEMA

Competenza: risolvere problemi

Il Governo presenta al Parlamento il disegno di legge del Bilancio, contenente tra le altre la seguente disposizione:
«Introduzione di una nuova imposta patrimoniale, il cui gettito, previsto in 5 milioni di euro, è destinato alla ricostruzione delle scuole e degli ospedali delle aree terremotate».
Il Parlamento non approva ritenendo che la norma così formulata violi alcuni principi del Bilancio. Di quali principi si tratta?

5) RISPONDI AI SEGUENTI QUESITI IN UN MASSIMO DI 5/6 RIGHE

Competenza: saper organizzare e sintetizzare i contenuti

A. In che cosa consiste la funzione politica del Bilancio dello Stato?
B. In cosa consiste il principio dell'integrità riferito al Bilancio pubblico?
C. Che cosa distingue il Bilancio decisionale dal Bilancio gestionale?
D. Che cosa distingue il Bilancio di cassa dal Bilancio di competenza?
E. Quali sono i livelli di aggregazione delle spese nel Bilancio decisionale?
F. Che cosa distingue il Bilancio preventivo dal Bilancio consuntivo?
G. Che cosa sono i residui e da quale tipo di Bilancio vengono generati?
H. Che cos'è il Bilancio semplificato dello Stato?
I. Da quali documenti deve essere corredato il Rendiconto generale dello Stato?
J. Qual è il compito del Dipartimento del Tesoro?

1) True or False?

	TRUE	FALSE
A. Accounting year is the sum of the accounting transactions effectuated in a given budget year		
B. Budget is a document that registers all transactions really occurred in a given budget year		
C. Budget planning is a document which records the performance of expenses and revenues under the existing rules		
D. Cash budget is a document that registers expenses expected to be paid and revenues expected to be collected		
E. Treasury transactions including all collections and payments made to implement the budget constitute treasury management		
F. Multi-year budget refers to at least two budget years		
G. National budget is an accounting document voted on by a legislative body		
H. Decisional Budget is also called Political budget		
I. Difference between final expenses and final revenues, excluding spending for repayment of any borrowings is called resorting to the financial market		

A	B	C	D	E	F	G	H	I

2) Choose the right words among the ones listed below and fill in the gaps

A government budget is said to be .... when it is estimated revenues and anticipated expenditure are .... i.e. government receipts and government expenditure. Well, it implies that the government raises funds in the means of .... and other means; a balanced .... was considered an effective check on extravagant expenditure of the .... The government must exercise financial .... and should keep its expenditure within the .... income. The concept of a balanced budget has been evocated by .... economists like Adam Smith . A balanced budget was considered by them as .... in its effects on the working of the economy and hence they are regarded it as the .... However, ... economists believe that the policy of balance budget may not always be suitable for the economy, for instance during the period of .... when economic activities are at low level, resulting in .... The government may come to the rescue of the people. It can .... money and .... it on public works. This will .... employment and total .... for goods and services and encourage investment.

[available, balanced, best, borrow, budget, classical, demand, depression, discipline, equal, government, increase, modern, neutral, spend, taxes, unemployment]

UNITÀ

2 Il processo di Bilancio

1 Il sistema italiano di Bilancio

2 Il processo di Bilancio: formazione e approvazione, gestione, rendicontazione

Il Bilancio dello Stato in una app

Il Ministero dell'Economia lancia "Bilancio Aperto", una app realizzata da Ragioneria dello Stato e Sogei con tutti i numeri dell'Italia a portata di clic su smartphone o tablet

ROMA - Volete davvero sapere quali sono le entrate e le spese dello Stato, precise al miliardo? Oppure capire quante tasse riesce davvero a incassare il Governo rispetto agli accertamenti? Se proprio siete appassionati del genere, da oggi c'è un'app pensata per voi. Si chiama "Bilancio Aperto" e si scarica sugli smartphone o sui tablet per la consultazione veloce nientemeno che del Bilancio dello Stato. Con tanto di grafici colorati in evidenza, il rendiconto generale dell'ultimo anno disponibile (il 2015), l'assestamento dei conti, un glossario e per i super curiosi anche le relazioni illustrative che di norma accompagnano i documenti economici quando arrivano in Parlamento, da scaricare e mettere nel cloud. Non sia mai che qualcuno, in metro o sul treno, abbia l'improvvisa voglia di sbirciare qualche cifra nascosta qui e lì, nelle pieghe dei (di solito) noiosissimi seppur fondamentali documenti economici. E scoprire magari che solo dal gioco del Lotto lo Stato incassa 6,7 miliardi, tanto per dirne una. O che per l'istruzione scolastica si spendono 42,8 mld. Ma per le politiche del lavoro solo 9,4 miliardi. Non sarà certo travolgente come Pokemon Go, ma di sicuro con la nuova app – realizzata da Ragioneria dello Stato e Sogei – mettere il naso nelle cifre del Paese sarà più facile. E a portata di clic. Lo scopo, spiega il Ministero dell'Economia è di «rendere accessibile a tutti i cittadini, non solo agli addetti ai lavori, il Bilancio dello Stato italiano». L'applicazione, disponibile gratuitamente su Google Play Store e su Apple Store, si può anche scaricare sul sito web del Mef. [...]

Valentina Conte
«la Repubblica», 25 luglio 2016

attività

1. A tuo avviso, per quali motivi è stata istituita questa app?
2. Chi potrebbe maggiormente usufruirne?
3. Quali dati sarai curioso/a di cercare?

1 IL SISTEMA ITALIANO DI BILANCIO

European semester
Semestre europeo
A cycle of economic and fiscal policy coordination within the EU, in which the European Commission analyses the fiscal and structural reform policies of every Member State, provides recommendations, and monitors their implementation. The Member States implement the commonly agreed policies.

2014 Presidenza Italiana
del Consiglio dell'Unione Europea

Dagli anni Sessanta a oggi si sono succedute importanti leggi di riforma riguardanti il Bilancio dello Stato. Come si è visto nell'Unità precedente, nell'ambito di una complessa revisione della materia, è stata approvata la **legge 31 dicembre 2009 n. 196** sulla riforma della contabilità e della finanza pubblica. Dopo circa un anno dalla sua approvazione è stata oggetto di un importante intervento di modifica in seguito alla **legge n. 39 del 7 aprile 2011**, finalizzata ad adeguare il ciclo e gli strumenti della programmazione economica e finanziaria dell'Italia alle nuove regole adottate dall'Unione europea, nell'ambito del **Semestre europeo**, un periodo di 6 mesi di ciascun anno in cui vengono definite le politiche economiche degli Stati membri della Ue.

Nel 2016 sono stati varati dal Governo due decreti legislativi, in attuazione della delega prevista dalla legge di contabilità e finanza pubblica 196/2009, che riformano la struttura del Bilancio dello Stato e potenziano la funzione del Bilancio di cassa:

- **decreto legislativo 12 maggio 2016 n. 90**. Esso si pone l'obiettivo di migliorare la **trasparenza** del Bilancio dello Stato e di favorirne la **leggibilità**. Prevede la razionalizzazione delle missioni e dei programmi in cui è articolato il Bilancio e l'introduzione delle "**azioni**", quali ulteriore specificazione dei programmi di spesa. Il provvedimento prevede l'inserimento della *spending review* nel processo di Bilancio. La **programmazione della spesa** diventa centrale, per cui saranno fissati obiettivi triennali di spesa per ciascun Ministero, coerenti con gli obiettivi di finanza pubblica. Su quella base le Amministrazioni potranno presentare le proprie proposte per la legge di Bilancio;
- **decreto legislativo 12 maggio 2016 n. 93**. Esso provvede al **rafforzamento** della funzione del **Bilancio di cassa**. Il provvedimento dispone l'avvicinamento della fase dell'impegno di spesa a quella del pagamento e della fase dell'accertamento di entrata a quella della riscossione. In particolare, l'imputazione delle risorse in Bilancio dovrà essere effettuata nell'anno in cui l'obbligazione assunta diventa esigibile. I dirigenti che gestiscono le risorse pubbliche, nell'ambito del Bilancio dello Stato, dovranno preparare un **programma che prevede precise date di scadenza dei pagamenti** (cosiddetto **cronoprogramma**) al fine di programmare i flussi di cassa. Si ridurrà in tal modo l'ammontare dei residui attivi e passivi.

Inoltre, nel settembre 2016, è entrata in vigore la **legge 4 agosto 2016 n. 163**. Essa ha come elemento di assoluta novità l'**integrazione in un unico provvedimento** della legge di Stabilità e della legge di Bilancio che insieme componevano la manovra triennale di finanza pubblica ai sensi della legge 196/2009. Essa ha anche mutato i **tempi di presentazione dei documenti** che compongono il ciclo di Bilancio e ha introdotto altre novità di rilievo, tra cui le relazioni sugli **indicatori di benessere equo e**

sostenibile (BES) e sul **Bilancio di genere**, e il superamento delle clausole di salvaguardia; di questi argomenti si parlerà più avanti.

Quali sono i documenti nei quali vengono delineati i provvedimenti economici dello Stato?

I documenti redatti dal Governo sono inerenti alle varie fasi in cui si articola il processo di Bilancio e, pertanto, vengono presentati al Parlamento secondo un determinato calendario.

Chiamiamo con "t" l'anno considerato (per esempio il 2017). Nella **fase della preparazione e approvazione** del Bilancio gli strumenti della programmazione di Bilancio riguardanti tale fase vengono presentati dal Governo al Parlamento e approvati dallo stesso entro l'anno precedente "t–1" (cioè entro il 2016). Nella **fase della gestione** i documenti riguardanti l'anno "t" sono presentati e approvati nell'anno considerato (cioè entro il 2017). Nella **fase della verifica a consuntivo** di ciò che è avvenuto nell'anno "t" i documenti riguardanti tale fase vengono presentati e approvati nell'anno successivo "t +1" (cioè entro il 2018).

Qui di seguito è riportato un elenco dei documenti inerenti a queste tre fasi.

- **Documento di economia e finanza (DEF)** per l'anno "t" (presentazione entro il 10 aprile dell'anno "t–1").
- **Programma di stabilità (PS) e Programma nazionale di riforma (PNR)** per l'anno "t" (presentazione al Consiglio dell'Unione europea e alla Commissione europea entro il 30/04 dell'anno t–1).
- **Rendiconto generale dello Stato** dell'anno "t–1" (presentazione al Parlamento entro il 30/06 dell'anno "t"), mentre la presentazione del Rendiconto generale dello Stato riguardante l'anno "t" avviene nell'anno "t+1".
- **Disegno di legge di assestamento** per l'anno "t" (presentazione al Parlamento entro il 30/06 dell'anno "t").
- **Nota di aggiornamento al DEF** per l'anno "t" (presentazione entro il 27/09 dell'anno "t–1").
- **Documento programmatico di Bilancio (DPB)** per l'anno "t" (trasmissione alla Commissione europea e all'Eurogruppo entro il 15/10 dell'anno "t–1" e inoltro al Parlamento entro il medesimo termine).
- **Disegno di legge del Bilancio di previsione** (più semplicemente detto "legge di Bilancio") per l'anno "t" (presentazione al Parlamento entro il 20/10 dell'anno "t–1" e approvazione entro il 31/12 dell'anno "t–1").
- **Variazioni compensative tra dotazioni finanziarie** limitatamente all'anno "t" possono essere effettuate attraverso progetti di legge che devono essere presentati entro il 31 ottobre dell'anno "t".
- **Disegni di legge collegati alla manovra di finanza pubblica** (presentazione al Parlamento entro il 31/01 dell'anno "t").

Economic and Financial Document
Documento di economia e finanza
A government budget plan to be submitted to the European authorities that includes a blueprint for economic policy and updates of major macroeconomic indicators (primary balance, Gdp, deficit, debt, interest and unemployment rates), expenditure areas, borrowing scenarios, and its measures expected to attain public finance targets for at least the following three-year period.

- **Specifici documenti di programmazione delle amministrazioni pubbliche diverse dallo Stato.**

Quali sono i contenuti del Documento di economia e finanza (DEF)?

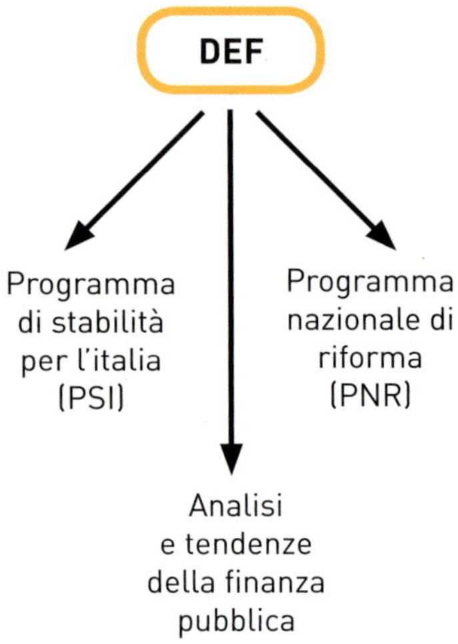

Il **DEF**, introdotto con la legge 7 aprile 2011, n. 39, è un documento che contiene gli obiettivi di politica economica per il triennio successivo, l'aggiornamento delle previsioni per l'anno in corso, l'indicazione dell'evoluzione economico-finanziaria internazionale, gli obiettivi programmatici. Il DEF è e rimane un documento, non una norma da applicare: questo significa che in esso sono contenute disposizioni che non si applicano immediatamente ma rappresentano una sintesi di studi e stime di mesi di ricerca. Esso viene presentato dal Governo al Parlamento entro il 10 aprile di ogni anno e da esso approvato. Entro il 27 settembre di ogni anno viene presentata la **Nota di aggiornamento al DEF**, che ha lo scopo di aggiornare le previsioni economiche e di finanza pubblica del DEF per l'anno in corso e il triennio successivo sulla base dei mutamenti nel frattempo intervenuti negli andamenti economici. I contenuti specifici del DEF sono articolati in tre sezioni:

- **Programma di stabilità per l'Italia** (**PSI**), che deve contenere tutti gli elementi e le informazioni richiesti dai regolamenti dell'Unione europea e, in particolare, dal nuovo Codice di condotta sull'attuazione del **Patto di stabilità e crescita (PSC)**, un insieme di regole volte a garantire che i paesi della Ue perseguano una gestione corretta delle finanze pubbliche e coordinino le loro politiche di Bilancio;
- **Analisi e tendenze della finanza pubblica**, cioè una serie di dati e informazioni che il Governo deve fornire, riguardanti le misure attraverso le quali prevede di raggiungere gli obiettivi, le diverse ipotesi di evoluzione dell'indebitamento netto e del debito. La legge 163/2016 dispone che questa sezione debba anche recare, almeno per il triennio successivo, le informazioni di dettaglio sui risultati e sulle previsioni dei conti dei principali settori di spesa (pubblico impiego, protezione sociale, sanità), nonché sul debito delle amministrazioni pubbliche e sul relativo costo medio, e le informazioni riguardanti l'ammontare della spesa per interessi nel Bilancio dello Stato correlata a strumenti finanziari derivati;
- **Programma nazionale di riforma** (**PNR**), che costituisce la più rilevante novità del DEF. Esso riporta gli elementi e le informazioni previsti dai regolamenti dell'Unione europea e dalle specifiche linee guida per tale Programma. Il PNR è un documento strategico che, in coerenza con il Patto di stabilità e crescita, definisce gli interventi da adottare per il raggiungimento degli obiettivi nazionali di crescita, produttività, occupazione e sostenibilità delineati dalla nuova **Strategia "Europa 2020"**, una strategia decennale dell'Ue per la crescita e l'occupazione. Nel PNR sono indicate le priorità del Paese con le princi-

Stability and Growth Pact
Patto di stabilità e crescita
A set of rules designed to ensure that countries in the European Union pursue sound public finances and coordinate their fiscal policies.

pali riforme da attuare, gli squilibri economici nazionali e i fattori di natura macroeconomica che incidono sulla competitività, lo stato di avanzamento delle riforme avviate, l'aumento dell'occupazione.

Europa 2020: una strategia per un futuro sostenibile

Europa 2020 è la strategia decennale dell'Unione europea per la crescita e l'occupazione. È stata varata nel 2010 per creare le condizioni favorevoli a una crescita intelligente, sostenibile e inclusiva. La strategia s'impernia su cinque ambiziosi obiettivi riguardanti l'occupazione, l'innovazione, l'istruzione, la riduzione della povertà, i cambiamenti climatici e l'energia. La strategia viene attuata e controllata nell'ambito del semestre europeo.

RINFORZO

Il Programma di stabilità e il Programma nazionale di riforma devono essere presentati entro il 30 aprile di ciascun anno al Consiglio dell'Unione europea e alla Commissione europea. Sulla base di questi documenti, la Commissione europea elabora le raccomandazioni di politica economica e di Bilancio rivolte ai singoli Stati membri.

Con la **legge 163/2016**, il Governo dovrà presentare alle Camere, anche in allegato al DEF o alla Nota di aggiornamento al DEF, una relazione illustrativa riguardante l'eventualità che si presentino **eventi eccezionali** che lo costringono a discostarsi dall'obiettivo programmatico o ad aggiornare il piano di rientro verso il medesimo.

Inoltre, con la **legge 163/2016** è previsto che il Ministro dell'Economia e delle Finanze presenti alle Camere, entro il 15 febbraio di ogni anno, un allegato al DEF, consistente in una relazione recante l'andamento nell'ultimo triennio degli **indicatori di benessere equo e sostenibile (BES)**, selezionati e definiti dal Comitato per gli indicatori istituito presso l'Istat, nonché le previsioni riguardo alla evoluzione degli stessi nel periodo di riferimento. Per tali indicatori l'Istat procede prendendo in considerazione, oltre ai parametri finora adottati per le sue rilevazioni, anche ulteriori indici che potranno anche non essere solamente di natura

ALLEGATI AL DEF O ALLA NOTA DI AGGIORNAMENTO AL DEF

- Relazione illustrativa del Governo su eventi eccezionali che deviano gli obiettivi programmatici.
- Relazione del Governo sugli indicatori di benessere equo e sostenibile (BES).

economica, ma dovranno tener conto degli indicatori di benessere connessi alla qualità della vita degli italiani, alla qualità dei servizi e anche alla qualità dell'ambiente, ai fini di una valutazione complessiva dell'impatto della manovra economica sulla sostenibilità dello stato di benessere sociale. Su tali indicatori il Parlamento dovrà esprimersi con una relazione entro il 15 febbraio di ciascun anno.

Che cos'è il Bilancio di genere?

MEF Ragioneria Generale dello Stato

Ai sensi della legge 163/2016, il Ministero dell'Economia e delle Finanze (Dipartimento della Ragioneria Generale dello Stato), deve avviare un'apposita sperimentazione riguardante l'adozione di un **Bilancio di genere**, cioè un Bilancio redatto nell'ottica di una valutazione del diverso impatto della politica di Bilancio sulle donne e sugli uomini, in termini di denaro, servizi, tempo e lavoro non retribuito. Lo scopo è promuovere l'uguaglianza tra i sessi in un'ottica di sviluppo concreto delle pari opportunità. A tal fine il Ministero dell'Economia e delle Finanze dovrà presentare al Parlamento una relazione annuale sulla sperimentazione e successivamente sui risultati dell'adozione definitiva.

Cos'è la clausola di salvaguardia?

Un'altra delle novità di rilievo della legge 163/2016 riguarda il **superamento della clausola di salvaguardia**. Quest'ultima era una clausola che scattava se le spese eccedevano le stime, indicando al Governo come trovare in maniera rapida ulteriori risorse per le sue casse (per esempio, con l'aumento automatico dell'Iva nel caso non fossero stati recuperati i miliardi derivanti da una serie di misure di spesa, come bonus fiscali e assistenziali). Con la riforma del Bilancio il legislatore ha introdotto, in caso di scostamento dell'andamento della spesa rispetto alle previsioni, una particolare procedura che prevede per l'anno in corso l'intervento del Ministero dell'Economia e delle Finanze che con decreto procederà a una riduzione degli stanziamenti iscritti nello stato di previsione del Ministero interessato e, per gli esercizi successivi, l'intervento della legge di Bilancio. Tale procedura di compensazione comporta solamente una riduzione di spese già previste a legislazione vigente, eliminando del tutto l'ipotesi del ricorso a un aumento della pressione fiscale.

Qual è il contenuto del "disegno di legge di Bilancio" secondo la legge 163/2016?

In ottemperanza a quanto stabilito dalla legge 243/2012, la legge 163/2016 prevede che il disegno di legge di Bilancio sia riferito a un periodo triennale al fine di fornire uno scenario più completo a chi deve prendere decisioni. La manovra di finanza pubblica è triennale anche in coerenza con la **programmazione di medio periodo** adottata in sede europea e con l'esigenza di conferire alle amministrazioni maggiore certezza nella pianificazione delle risorse disponibili. Inoltre, la legge 163/2016 definisce la nuova struttura del Bilancio prevedendo che il disegno di legge di Bilancio sia articolato in due sezioni:

- la **prima sezione** (sezione normativa) reca esclusivamente le misure tese a realizzare gli obiettivi di finanza pubblica indicati nei documenti programmatici di Bilancio (DEF e Nota di aggiornamento dello stesso). Sono escluse da questa sezione le norme di delega per future riforme o misure specifiche nelle materie più disparate, le norme che prevedono interventi a livello locale o a favore di particolari settori e le norme che dispongono la variazione diretta delle previsioni di entrata o di spesa contenute nella seconda sezione del disegno di legge di Bilancio. Essa potrà soltanto prevedere in date circostanze l'impegno di alcune risorse per misure da effettuarsi in ambiti circoscritti o a livello di piccoli settori, che potranno essere poi effettivamente attuate con un disegno di legge collegato alla manovra finanziaria;
- la **seconda sezione** (sezione contabile) è invece dedicata alle previsioni di entrata e di spesa espresse in termini di competenza e cassa e formate sulla base del criterio della legislazione vigente. In questa sezione dovranno essere recepite anche le modifiche apportate dal Parlamento alle norme della prima sezione. Viene ampliata la flessibilità della legge di Bilancio consentendo al Governo di procedere a rimodulazioni degli stanziamenti di parte corrente e in conto capitale previsti a legislazione vigente, limitatamente alle sole spese dovute a disposizioni di legge che ne indicano anche l'importo. Pertanto, attraverso tali proposte di rifinanziamenti o riprogrammazioni, la legge di Bilancio assume un contenuto sostanziale, potendo incidere direttamente sugli stanziamenti previsti a legislazione vigente.

Al disegno di legge di Bilancio è allegata la **Nota tecnico-illustrativa**, arricchita di contenuti, con funzione di raccordo, a fini conoscitivi, tra il provvedimento di Bilancio e il Conto economico delle Pubbliche amministrazioni.

Il nuovo disegno di legge di Bilancio, avendo contenuto sostanziale ed essendo riferito a un periodo triennale, rende superfluo il Bilancio pluriennale.

Legge 4 agosto 2016, n. 163

LEGGE DI BILANCIO + LEGGE DI STABILITÀ

LEGGE DI BILANCIO (NUOVA)

- Prima Sezione: misure tese a realizzare obiettivi programmatici di finanza pubblica indicati nei documenti programmatici di bilancio (DEF e Nota di aggiornamento al DEF)
- Seconda Sezione: previsioni di entrata e di spesa espresse in termini di competenza e di cassa e formate sulla base del criterio della legislazione vigente

Quali sono i contenuti della prima sezione della legge di Bilancio?

La prima sezione della legge di Bilancio deve principalmente indicare:

- il **livello massimo del "ricorso al mercato finanziario"** e del **"saldo netto da finanziare"** in termini di competenza e di cassa per ciascun anno del triennio di riferimento;
- le **norme in materia di entrata e di spesa** tese a realizzare nel triennio di riferimento effetti finanziari sulle previsioni di Bilancio indicate nella seconda sezione o sugli altri saldi di finanza pubblica;
- gli **importi dei fondi speciali**, iscritti in Bilancio, contenenti le risorse, ripartite per Ministeri, destinate alla copertura dei provvedimenti legislativi ancora in via di formazione che si prevede saranno approvati nel corso del triennio di riferimento, in particolare di quelli destinati al perseguimento degli obiettivi indicati nel DEF, distintamente per la parte corrente e per la parte di conto capitale;
- l'**importo massimo** destinato, in ciascun anno del triennio di riferimento, al rinnovo dei contratti di pubblico impiego;
- le **norme eventualmente necessarie a garantire** il "concorso degli enti territoriali agli obiettivi di finanza pubblica";
- le **norme volte a rafforzare il contrasto e la prevenzione dell'evasione fiscale e contributiva** o a stimolare l'adempimento spontaneo degli obblighi fiscali e contributivi;
- le **norme recanti misure correttive degli effetti finanziari delle leggi** (e **delle sentenze definitive**), la cui attuazione possa recare pregiudizio al conseguimento degli obiettivi di finanza pubblica.

Special funds
Fondi speciali
Provisions maintained to cover specific purposes deriving from specific sources and "earmarked" by upcoming law approval.

Cos'è il Documento programmatico di Bilancio?

Il **Documento programmatico di Bilancio (DPB)** è stato istituito dal regolamento Ue n. 473/2013. Entro il 15 ottobre di ogni anno, gli Stati membri trasmettono alla Commissione europea e all'Eurogruppo un progetto di DPB per l'anno successivo, nel quale illustrano all'Europa il proprio progetto di Bilancio per l'anno successivo. In particolare, il Documento contiene l'obiettivo di saldo di Bilancio e le proiezioni delle entrate e delle spese. Al DPB viene allegato, inoltre, un documento contenente la metodologia, i modelli economici e le ipotesi, e ogni altro parametro pertinente alla base delle previsioni di Bilancio e l'impatto stimato delle misure aggregate di Bilancio sulla crescita economica.

Qual è il contenuto dei disegni di legge collegati alla manovra di finanza pubblica?

I **disegni di legge collegati** sono provvedimenti che per il loro contenuto sono inerenti alla manovra finanziaria (per esempio misure idonee a favorire lo sviluppo economico), ma non sono inseriti nel testo della legge di Bilancio. Devono essere presentati dal Governo al Parlamento entro il 31 gennaio dell'anno successivo, devono essere approvati in tempi rapidi e possono contenere anche deleghe al Governo. Si devono occupare di un solo argomento, anche se spesso assai ampio come la materia fiscale, indicato dal Governo nel DEF e autorizzato dal Parlamento. Hanno lo scopo di modificare la struttura della legislazione di spesa e di entrata, per cui i loro effetti finanziari non devono essere necessariamente immediati.

2 IL PROCESSO DI BILANCIO: FORMAZIONE E APPROVAZIONE, GESTIONE, RENDICONTAZIONE

Per realizzare la piena integrazione tra la programmazione nazionale del processo di Bilancio e il nuovo Semestre europeo, il processo di Bilancio, relativo a un anno che chiameremo "t", si svolge attraverso le seguenti fasi:

A. Formazione e approvazione (avviene nell'anno "t–1");
B. Gestione (avviene nell'anno "t");
C. Rendicontazione (avviene nell'anno "t+1").

A • La fase della formazione e della approvazione del Bilancio

Il calendario che caratterizza la fase della preparazione del Bilancio è il seguente.

Fasi del processo di bilancio relativo all'anno "t"

FORMAZIONE DEL BILANCIO		GESTIONE DEL BILANCIO		RENDICONTAZIONE
Anno "t–1"	31/12	Anno "t"	31/12	Anno "t+1"

Formazione e approvazione del Bilancio (anno "t–1")

DEF	entro il 10 aprile
Nota di aggiornamento del DEF	entro il 27 settembre
DPB (da inoltrare alla Commissione europea e all'Eurogruppo)	entro il 15 ottobre
D.d.l .di Bilancio	entro il 20 ottobre
Approvazione legge di Bilancio	entro il 31 dicembre

Come è facile vedere dallo schema sopra esposto, il **ciclo di programmazione** inizia nella prima parte dell'anno (aprile), mentre il calendario previsto per la successiva **fase decisionale** si realizza con la manovra di finanza pubblica nel mese di ottobre (legge di Bilancio).

Come è articolato il ciclo di programmazione?

Il **ciclo di programmazione** si articola nel seguente modo:

- entro il 10 aprile di ogni anno il Governo presenta il DEF al Parlamento e lo invia alla Conferenza permanente per il coordinamento della finanza pubblica, assicurando così il coinvolgimento anche dei livelli di governo territoriali. Dopo l'esame parlamentare del DEF, con le conseguenti risoluzioni di approvazione, il PS e il PNR sono inviati alle istituzioni comunitarie entro il 30 aprile;
- sulla base dei suddetti documenti, nei mesi successivi, il Consiglio europeo e il Consiglio dei ministri finanziari valutano gli obiettivi programmatici e gli strumenti che ciascun Paese intende adottare per il loro conseguimento;
- nel caso in cui il Consiglio europeo ritenga necessario modificare gli obiettivi di medio termine e le misure previste, invita lo Stato membro a rivedere il programma presentato;
- entro il successivo 27 settembre (legge 163/2016), il Governo invia alle Camere la Nota di aggiornamento del DEF. L'esame parlamentare si conclude con l'approvazione di una risoluzione sia da parte della Camera che del Senato. Di solito le due risoluzioni tendono a essere identiche e possono contenere integrazioni e modifiche del DEF stesso.

In che cosa consiste la fase decisionale?

La Camera dei deputati, a Palazzo Montecitorio (Roma).

La fase decisionale riguarda, invece, la predisposizione della **manovra di finanza pubblica**.

Entro il 20 ottobre di ogni anno (**legge 163/2016**), vi è la presentazione da parte del Governo al Parlamento del disegno di legge di Bilancio articolato per missioni e programmi.

Con la presentazione di questo disegno di legge, comincia la fase parlamentare della sessione di Bilancio, in cui il progetto viene discusso ed emendato nelle Commissioni e in Aula. La fase della preparazione del Bilancio si conclude, quindi, con l'approvazione del disegno di legge di Bilancio.

In che cosa consiste la sessione di Bilancio?

L'approvazione del disegno di legge di Bilancio avviene secondo il procedimento legislativo ordinario previsto dall'art. 72 della Costituzione, però, al fine di rendere più efficace e meno dispersiva la discussione, i regolamenti parlamentari hanno stabilito un periodo di tempo – dal 1° ottobre al 31 dicembre – in cui i lavori parlamentari sono dedicati esclusivamente a tale provvedimento.

In base all'art. 72, in Parlamento l'esame del disegno di legge di Bilancio viene effettuato da una Commissione permanente (in primo luogo la Commissione Bilancio) a cui segue la discussione in aula. Successivamente si apre la procedura di voto che porta all'approvazione, a cui segue la promulgazione da parte del Capo dello Stato e la pubblicazione sulla Gazzetta Ufficiale.

SERIE GENERALE

Anno 153° - Numero 294

GAZZETTA UFFICIALE
DELLA REPUBBLICA ITALIANA

PARTE PRIMA Roma - Martedì, 18 dicembre 2012

AVVISO AGLI ABBONATI

SOMMARIO

☐ Che cos'è la manovra di finanza pubblica?

Con tale espressione si intende un intervento sulle spese e sulle entrate pubbliche, realizzato tramite la legge di Bilancio, per correggere il Bilancio a legislazione vigente in funzione degli obiettivi fissati durante la fase di programmazione.

In pratica si possono individuare i seguenti passaggi:

- si definisce, nella seconda sezione del relativo disegno di legge, il **Bilancio a legislazione vigente** (**BLV**), che mette in evidenza l'andamento spontaneo delle spese e delle entrate, alla luce della normativa in vigore e in assenza di interventi correttivi da parte del Governo;
- si richiamano gli obiettivi fissati nel DEF (10/4) e nella Nota di aggiornamento del DEF (27/09);
- si elabora una manovra di correzione del BLV attraverso provvedimenti contenuti nella prima sezione della legge di Bilancio.

Esempio

Ipotizziamo un BLV estremamente semplificato (col. 1) e supponiamo che gli obiettivi enunciati, nel DEF + Nota aggiornamento DEF siano i seguenti (col. 2):

- saldo netto da finanziare: –98;
- aumento investimenti;
- riduzione della pressione fiscale.

Con la manovra (col. 3) si correggono le voci del BLV per realizzare gli obiettivi enunciati, ottenendo così il Bilancio di previsione (col. 4).

	1. Bilancio a legislazione vigente (BLV)	2. Obiettivi	3. Manovra	4. Bilancio di previsione
Entrate tributarie	1.200	(–)	– 4	1.196
Entrate extratributarie	60			60
a) Totale entrate	1.260		– 4	1.256
Spese correnti	1.250		+ 32	1.218
Spese c/capitale	130	(+)	– 6	136
b) Totale uscite	1.380			1.354
Saldo netto da finanziare (a–b)	–120	(–98)	22	– 98

È facile verificare che la riduzione delle imposte e l'aumento delle spese in c/capitale avrebbero comportato un maggiore disavanzo: – 4 + (– 6) = – 10. Per realizzare il disavanzo (o saldo netto da finanziare) programmato, pari a –98, si è dovuto agire sulle spese correnti, riducendole dell'importo necessario a fare "quadrare" i conti: –10 + 32 = 22 (saldo della manovra).

☐ In Parlamento, dopo avere approvato la manovra finanziaria, come si giunge all'approvazione del disegno di legge di Bilancio di previsione?

Dopo avere discusso e approvato le misure che mettono in atto la manovra finanziaria, grazie alle innovazioni introdotte dalla legge 163/2016 che conferiscono alla legge di Bilancio un carattere sostanziale, il disegno di legge di Bilancio di previsione diventa legge senza la necessità di ulteriori atti formali.

B • La fase della gestione del Bilancio

Dopo che il Parlamento, entro il 31/12 di ogni anno, ha approvato il Bilancio di previsione, il Governo è autorizzato a sostenere le spese e a riscuotere le entrate in esso indicate. Il processo di amministrazione delle entrate e delle uscite costituisce la gestione del Bilancio.

☐ Qual è il calendario che caratterizza la fase della gestione del Bilancio?

La gestione del Bilancio (anno "t")

Inizio esercizio	1° gennaio
Assestamento (D.d.l.)	entro il 30 giugno
Variazioni	entro il 31 ottobre
Chiusura esercizio	31 dicembre

☐ È possibile modificare il Bilancio di previsione durante l'esercizio?

Per quanto riguarda le nuove e maggiori entrate non sorgono particolari problemi, in quanto le somme iscritte in Bilancio in entrata non sono vincolanti, avendo natura di semplice previsione. Molto diverso è il discorso delle spese, in quanto le somme iscritte in Bilancio in uscita costituiscono rispettivamente il limite degli impegni (nel Bilancio di competenza) e dei pagamenti (nel Bilancio di cassa). È possibile, però, apportare variazioni in corso d'esercizio, sia pure attraverso determinate procedure idonee a dare flessibilità al Bilancio.

Benvenuti... ma non troppo

Film commedia
di Alexandra Leclère, 2015

A causa di un inverno particolarmente rigido, il Governo francese indice misure speciali che obbligano i cittadini proprietari di appartamenti con stanze libere ad accogliere le persone più disagiate che non possono permettersi un alloggio. Un vento di panico si scatena in tutta la Francia, soprattutto al civico 86 di rue du Cherche Midi, dove sorge un lussuoso palazzo dell'area più esclusiva del centro parigino.

- Guarda il film e discutine con i compagni e l'insegnante.

Quali sono i principali strumenti che consentono di dare flessibilità al Bilancio?

È possibile fare ricorso ai **Fondi di riserva** e ai **Fondi speciali** iscritti nel Bilancio di previsione del Ministero dell'Economia:

- **Fondo di riserva per le spese obbligatorie e d'ordine**, istituito allo scopo di integrare, se necessario, gli stanziamenti per spese non derogabili, quali stipendi, pensioni, interessi passivi, ecc.;
- **Fondo di riserva per le spese impreviste**, che serve per far fronte a spese straordinarie e imprevedibili, per esempio quelle derivanti da calamità naturali;
- **Fondi speciali**, istituiti per la copertura di progetti di legge in corso di approvazione;
- **Fondo di riserva per le autorizzazioni di cassa**, finalizzato a colmare, compatibilmente con gli obiettivi di finanza pubblica, eventuali deficienze che si manifestino nel corso dell'anno finanziario nelle dotazioni dei capitoli delle amministrazioni statali;
- **Variazioni compensative** tra le dotazioni finanziarie previste a legislazione vigente, anche relative a unità di voto diverse, restando comunque precluso l'utilizzo degli stanziamenti di conto capitale per finanziare spese correnti.

Durante l'anno finanziario le variazioni di Bilancio possono essere numerose; pertanto, per garantirne il coordinamento e una certa organicità, si prevede che ogni anno il Ministro dell'Economia presenti un disegno di legge al fine dell'assestamento del Bilancio.

Reserve funds
Fondi di riserva
Provisions maintained to cover future unexpected expenses. An option that can help mitigate the need to cut services or to raise taxes.

In che cosa consiste l'assestamento di Bilancio?

Il **disegno di legge di assestamento di Bilancio** consente un aggiornamento degli stanziamenti del Bilancio dello Stato, anche sulla scorta della consistenza dei residui attivi e passivi accertata in sede di rendiconto dell'esercizio scaduto al 31 dicembre precedente.

Norcia, 2016: i Vigili del fuoco mettono in sicurezza alcuni edifici storici dopo il terremoto che ha colpito le Regioni del Centro Italia.

Il Bilancio di assestamento deve essere sottoposto all'approvazione parlamentare entro il 30 giugno dell'anno in corso. Le eventuali e ulteriori variazioni compensative tra dotazioni finanziarie previste a legislazione vigente sono attuate attraverso progetti di legge che possono essere presentati dal Governo al Parlamento entro il 31 ottobre dell'anno in corso.

Con la legge 163/2016 il carattere sostanziale della legge di Bilancio non viene esteso alla **legge di assestamento**, alla quale vengono affidate soltanto variazioni compensative tra dotazioni finanziarie previste a legislazione vigente, anche se appartenenti a unità di voto diverse, restando comunque precluso l'utilizzo degli stanziamenti di conto capitale per finanziare spese correnti. Viene tuttavia arricchito il contenuto informativo di tale disegno di legge, prevedendo che esso sia corredato da una relazione tecnica in cui si dà conto della coerenza del valore del saldo netto da finanziare o da impiegare con gli obiettivi programmatici definiti dal DEF, aggiornata all'atto del passaggio del provvedimento al Parlamento.

Figura 1

In sintesi, il processo di Bilancio

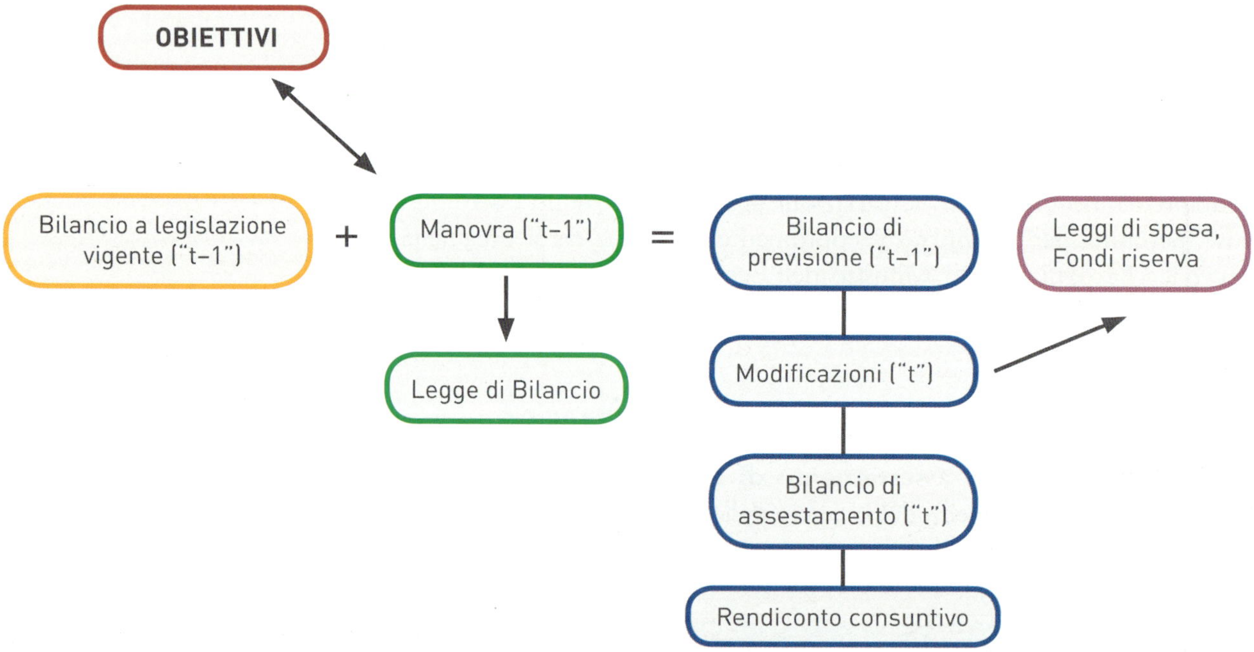

Sul Bilancio vengono effettuati dei controlli?

L'azione esercitata dal Governo per dare esecuzione al Bilancio è soggetta a un sistema controlli, affinché vi sia la garanzia che l'attività amministrativa venga svolta in modo trasparente e nel rispetto della legge. Sono previsti:

- **controlli interni** (effettuati dalla Ragioneria generale, da uffici interni dei Ministeri, ecc.);
- **controlli esterni** (effettuati dalla Corte dei conti).

La Corte dei conti, organo indipendente, neutrale e autonomo sia nei confronti del Governo sia del Parlamento, svolge due tipi di controllo:

- **preventivo**, in quanto si effettua sugli atti del Governo prima che essi vengano posti in essere ed è necessario ai fini della loro efficacia giuridica;
- **successivo**, che ha per oggetto principale la gestione del Bilancio dello Stato e si realizza mediante l'esame del Rendiconto generale. La Corte emana un **giudizio di parificazione**, se, confrontando i risultati tanto per le entrate quanto per le spese, accerta la conformità dello stesso alla legge di Bilancio. In tal caso il Rendiconto viene trasmesso al Parlamento che lo deve approvare con le stesse procedure seguite per il Bilancio di previsione (vedi La fase della rendicontazione).

C • La fase della rendicontazione

Con la rendicontazione si chiude il ciclo di Bilancio.

Viene predisposto il **Rendiconto generale dello Stato**, la cui disciplina è dettata dalla legge di contabilità n. 196/2009.

Qual è il calendario che caratterizza la fase della rendicontazione del Bilancio?

La rendicontazione del Bilancio (anno "t+1")

Predisposizione del Rendiconto da parte della Ragioneria generale dello Stato	entro il 30/04
Trasmissione del Rendiconto alla Corte dei conti	entro il 31/05
Presentazione del Rendiconto al Parlamento	entro il 30/06
Giudizio di parificazione della Corte dei conti	entro il 30/06
Approvazione parlamentare	entro il 31/07

Attraverso quale procedimento si svolge la fase della rendicontazione?

L'iter seguito dal Rendiconto generale dello Stato (o Bilancio consuntivo) è così caratterizzato:

- la Ragioneria generale dello Stato predispone il rendiconto sulla base dei conti forniti dai Ministeri entro il 30 aprile;

Le mazze della giustizia della Corte dei conti, simbolo delle due funzioni: giurisdizionale e di controllo.

- il Rendiconto, entro il 31 maggio di ogni anno, è trasmesso alla Corte dei conti per il giudizio di "parificazione", per accertare che le entrate e le spese effettive siano conformi alle previsioni contenute nel Bilancio e alle leggi in vigore;
- la Corte dei conti successivamente trasmette il Rendiconto al ministro dell'Economia e delle Finanze per la presentazione al Parlamento, che deve avvenire entro il 30 giugno. Al Rendiconto viene allegata una relazione della Corte dei conti che contiene una valutazione complessiva sulla gestione finanziaria del governo;
- Il Parlamento è chiamato a discutere e ad approvare il Rendiconto entro il 31 luglio.

Quale differenza intercorre fra il controllo della Corte dei conti e quello del Parlamento nei confronti del Rendiconto?

La Corte dei conti, come abbiamo visto, controlla preventivamente la legittimità degli atti del Governo e successivamente la gestione del Bilancio. Il controllo del Rendiconto è, pertanto, un controllo tecnico successivo di legittimità (art. 100 Cost.). Il Parlamento, invece, esprime sulla gestione del Bilancio un giudizio politico, riconducibile alla funzione di indirizzo e controllo politico che gli è costituzionalmente assegnata.

MAPPA UNITÀ D2

BILANCIO ANNUALE DI PREVISIONE

Leggi di riforma

- **Legge 31 dicembre 2009 n. 196**: riforma della contabilità e della finanza pubblica.
- **Legge n. 39 del 7 aprile 2011**: adeguamento del ciclo e degli strumenti della programmazione economica e finanziaria dell'Italia alle regole adottate dall'Unione europea in materia di coordinamento delle politiche economiche e di Bilancio degli Stati membri della Ue, nell'ambito del semestre europeo.
- **Decreto legislativo 12 maggio 2016 n. 90**: regole per il miglioramento della trasparenza del Bilancio dello Stato.
- **Decreto legislativo 12 maggio 2016 n. 93**: rafforzamento della funzione del Bilancio di cassa.
- **Legge 4 agosto 2016 n. 163**: integrazione in un unico provvedimento della legge di Stabilità e della legge di Bilancio, mutamento dei tempi di presentazione dei documenti che compongono il ciclo di Bilancio e introduzione di altre novità di rilievo, come le relazioni sugli indicatori di benessere equo e sostenibile (BES) e sul Bilancio di genere, il superamento delle clausole di salvaguardia.

Il processo di Bilancio, relativo all'anno "t" si svolge attraverso le seguenti fasi

Formazione e approvazione (anno "t–1")
- Presentazione del DEF da parte del Governo al Parlamento entro il 10 aprile (il DEF è diviso in 3 sezioni: PSI, PNR e Analisi e tendenze della finanza pubblica). Allegati al DEF vi sono la relazione del Governo riguardante gli eventi eccezionali che comportano scostamenti dall'obiettivo programmatico e la relazione relativa agli indicatori di benessere equo e sostenibile (BES).
- Le sezioni PSI e PNR del DEF sono inviate alle istituzioni comunitarie entro il 30 aprile.
- Presentazione da parte del Governo al Parlamento della Nota di aggiornamento al DEF entro il 27 settembre.
- Trasmissione da parte del Governo alla Commissione europea e all'Eurogruppo del Documento programmatico di Bilancio entro il 15/10 dell'anno "t–1" e al Parlamento italiano entro il medesimo termine.
- Presentazione da parte del Governo al Parlamento del disegno di legge del Bilancio di previsione entro il 20 ottobre dell'anno t – 1 (manovra di finanza pubblica). Il d.d.l. di Bilancio è diviso in due sezioni: la prima reca le misure tese a realizzare gli obiettivi di finanza pubblica indicati nei documenti programmatici di Bilancio; la seconda contiene le previsioni di entrata e di spesa, espresse in termini di competenza e cassa.
- Approvazione del disegno di legge di Bilancio annuale da parte del Parlamento entro il 31 dicembre dell'anno t – 1 (presentazione da parte del Governo al Parlamento dei disegni di legge collegati entro il 31 gennaio dell'anno successivo).

Gestione (anno "t")
- Processo di amministrazione delle entrate e delle uscite.
- Presentazione da parte del Governo al Parlamento del Bilancio di assestamento sottoposto all'approvazione parlamentare entro il 30 giugno (ulteriori variazioni possono essere proposte dal Governo attraverso progetti di legge che devono essere presentati al Parlamento entro il 31 ottobre).

Rendicontazione (anno "t+1")
- Si chiude il ciclo di Bilancio.
- Viene predisposto il **Rendiconto consuntivo**, composto dal Conto di Bilancio e dal Conto del patrimonio.

Vengono effettuati

- **Controlli interni** dagli Uffici centrali del Bilancio, dalla Ragioneria generale, dai Servizi di controllo interno.
- **Controlli esterni** da parte della Corte dei conti.

Verifiche 2

1) TROVA L'ERRORE IN OGNI FRASE

Competenza: acquisire e riconoscere i contenuti chiave

A. Il Programma nazionale di riforma (PNR) costituisce la più rilevante novità del disegno di legge di Bilancio.
B. Con la legge 163/2016 è previsto che, in allegato al Documento programmatico di Bilancio, sia presentata una relazione recante l'andamento nell'ultimo triennio degli indicatori di benessere equo e sostenibile (BES).
C. La seconda sezione della legge di Bilancio deve indicare gli importi dei Fondi speciali.
D. La fase decisionale riguarda la predisposizione del ciclo di programmazione.
E. Il processo di amministrazione delle entrate e delle uscite costituisce la formazione del Bilancio.
F. La legge di Bilancio non ha un contenuto sostanziale.

2) COLLEGA LE ESPRESSIONI CONTRASSEGNATE DA UNA LETTERA CON QUELLE INDICATE DA UN NUMERO

Competenza: individuare collegamenti e relazioni

A. 10 aprile anno "t"	1. Disegno di legge di assestamento
B. 30 aprile anno "t"	2. Nota di aggiornamento al DEF
C. 30 giugno anno "t"	3. PS e PNR
D. 27 settembre anno "t"	4. Documento programmatico di Bilancio
E. 15 ottobre anno "t"	5. Disegni di legge collegati alla manovra di finanza pubblica
F. 20 ottobre anno "t"	6. DEF
G. 31 ottobre anno "t"	7. Disegno di legge di Bilancio
H. 31 gennaio anno "t +1"	8. Variazioni compensative tra dotazioni finanziarie

A	B	C	D	E	F	G	H

3) INDICA SE LE SEGUENTI AFFERMAZIONI SONO VERE O FALSE. SE LE RITIENI FALSE GIUSTIFICA LA RISPOSTA

Competenza: acquisire, interpretare l'informazione e comunicare

	VERO	FALSO
A. I contenuti specifici del DEF sono articolati in tre sezioni.		
B. Nella prima sezione della legge di Bilancio viene ampliata la flessibilità della legge stessa.		
C. Una legge ordinaria ha stabilito un periodo di tempo – dal 1° ottobre al 31 dicembre – in cui i lavori parlamentari sono dedicati esclusivamente alla sessione di Bilancio.		
D. Il nuovo disegno di legge di Bilancio è riferito a un periodo triennale.		
E. La flessibilità del Bilancio comporta l'utilizzo degli stanziamenti di conto capitale per finanziare spese correnti.		

	VERO	FALSO
F. I disegni di legge collegati non sono contenuti nel testo della legge di Bilancio.		
G. L'approvazione del disegno di legge di Bilancio avviene secondo il procedimento legislativo speciale previsto dall'art. 72 Cost.		
H. In seguito ad un controllo preventivo, la Corte dei conti emana un giudizio di parificazione.		

4) RISOLVI IL SEGUENTE PROBLEMA

Competenza: risolvere problemi

Nella tabella che segue è sintetizzato il Bilancio a legislazione vigente relativo all'anno "t".

	Bilancio a legislazione vigente	Manovra finanziaria	Bilancio di previsione
Entrate tributarie	900		
Altre entrate	50		
Totale entrate	950		
Spese correnti	1.050		
Spese in c/capitale	100		
Totale uscite	1.150		
Saldo netto da finanziare	**–200**		

Immagina che gli obiettivi definiti nel DEF siano così riassumibili:

A. portare il saldo netto da finanziare a **–180**;

B. aumentare la pressione tributaria per un importo di **50**;

C. aumentare gli introiti provenienti dalle dismissioni di immobili pubblici per un importo di **30**;

D. aumentare la spesa per le infrastrutture pubbliche, con l'obiettivo di sostenere la crescita dell'economia, per un importo di **40**.

Compila:

- la colonna relativa alla manovra finanziaria;
- la colonna relativa al Bilancio di previsione annuale.

5) RISPONDI AI SEGUENTI QUESITI IN UN MASSIMO DI 5/6 RIGHE

Competenza: saper organizzare e sintetizzare i contenuti

A. Quali sono i contenuti delle tre sezioni in cui è articolato il DEF?

B. Quali modifiche al contenuto della legge di Bilancio sono state apportate dalla legge 163/2016?

C. Qual è la differenza tra fondi speciali e fondi di riserva iscritti in Bilancio?

D. Quale funzione esercitano le istituzioni comunitarie sul Documento programmatico di Bilancio?

E. Cosa si intende per "Bilancio a legislazione vigente (BLV)"?

F. Come si effettua una manovra di correzione del BLV?

G. Che cos'è la clausola di salvaguardia?

H. Che cosa sono le variazioni compensative?

I. Che cosa è il "giudizio di parificazione"?

J. Da chi è predisposto il Rendiconto generale dello Stato?

1) Choose the right words among the ones listed below and fill in the gaps

The European Union has set up a .... cycle of economic policy .... called the European .... Each year, the Commission .... a detailed analysis of EU Member States' .... of budgetary, macroeconomic and structural .... and provides them with country-specific .... for the next 12-18 months. These recommendations also contribute to the .... of the EU's .... strategy for jobs and growth, the Europe 2020 strategy, which is .... and .... in the context of the European Semester.

In October 2015 the Commission decided to further .... the European Semester. This notably includes better .... the euro area and national .... , a stronger .... on employment and social .... , enhanced .... dialogue, promoting .... by benchmarking and pursuing best .... , and the support to reforms from European Structural and Investment .... and technical assistance.

[convergence, coordination, democratic, dimensions, focus, Funds, implemented, integrating, longterm, monitored, objectives, performance, plans, practices, recommendations, reforms, Semester, streamline, undertakes, yearly]

2) Connect each letter with a number

A. Stability and Growth Pact	1. Set of rules fixed by the State designed to ensure that local governments contribute to balance national goals
B. Economic and Financial Document	2. Set of rules designed to ensure that member States in the European Union pursue sound public finances and coordinate their fiscal policies
C. Special funds	3. Provisions maintained to cover future unexpected expenses
D. Internal stability pact	4. Provisions maintained to cover specific expenses deriving from upcoming law approval
E. Reserve funds	5. A planning text that includes a blueprint for economic policy and updates of major macroeconomic indicators for the current year and the three subsequent years

A	B	C	D	E

UNITÀ

3 Il debito pubblico

Argentina, la vera storia del ritorno sul mercato del debito estero

Domanda superiore all'offerta da 12,5 miliardi. Tassi dal 6,75% al 9%. Macri convince grazie agli accordi chiusi con gli italiani. Ma ora userà la raccolta per ripagarli

Per raccontare la vera storia del ritorno sul mercato dell'Argentina bisogna partire dalla fine e procedere con il passo del gambero: Mauricio Macri, il nuovo presidente, sta convincendo tutti di essere un liberista prima ancora di essere, nella migliore tradizione argentina, un peronista. Il road show appena partito ha già raccolto una domanda superiore all'offerta di 12,5 miliardi di dollari e già alcune fonti governative parlano di un ampliamento a 15. Tassi di interesse di tutto rispetto, per carità: 6,75% per i titoli a tre anni e 9% sui trentennali, i matusalemme-bond. Ma qualcuno si ricorda che ancora oggi l'Argentina non sta pagando le cedole su decine di miliardi di titoli già in circolazione anche in Italia? Si tratta di chi aveva accettato i due concambi, quello del 2005 e quello del 2010. Gli interessi sono bloccati dal 2014, per default tecnico. Di sicuro è la prima volta che un Paese in default riesce a convincere il mercato a sottoscrivere nuovo debito sovrano, come se si trattasse di due canali diversi. È il primo debito sovrano multipiattaforma. D'altra parte Macri lunedì ha detto: «Siamo usciti da anni di conflitti finanziari con il mondo». E il bello è che in parte è vero. [...]

Massimo Sideri
«Corriere della Sera», Economia, 19 aprile 2016

Mauricio Macri

attività

1. Quale politica economica è portata avanti dal Presidente argentino Mauricio Macri?
2. Conosci il significato del termine "peronista"?
3. In quali circostanze un Paese viene considerato in default?
4. Fai una ricerca per conoscere la data del primo default in Argentina e le ripercussioni su molti risparmiatori italiani.

1 DISAVANZO E FORME DI COPERTURA

Public deficit
Disavanzo pubblico
Occurs when the government spends more than what the government takes in (called receipts or revenues) over a single budget year.

Public debt
Debito pubblico
The total of all the borrowings of a state raised to cover public spending. It is equal to the sum of all budget deficits throughout the years.

Primary deficit
Disavanzo primario
Amount by which the total spending of government exceeds its total revenue, excluding interest payments on consolidated government liabilities (public debt).

Primary surplus
Avanzo primario
Amount by which the total revenue of government exceeds its total expenditure, excluding interest payments on consolidated government liabilities.

Il **disavanzo pubblico** (o **deficit**) è costituito dalla differenza fra le entrate totali e le uscite totali dello Stato, con riferimento a un determinato esercizio finanziario.

Il disavanzo complessivo, nell'ambito della contabilità nazionale, costituisce l'**indebitamento netto**.

In caso di risultato positivo avremo un **avanzo pubblico** (o **accreditamento netto**).

Il **debito pubblico** è dato dalla somma dei disavanzi che uno Stato ha realizzato dalla sua formazione: esso è formato da tutti i titoli, ancora in circolazione, che uno Stato ha emesso per finanziare i disavanzi pubblici.

Da chi vengono sottoscritti i titoli del debito pubblico?

Quando il debito è contratto con soggetti economici di Stati esteri si parla di **debito estero**, viceversa quando è contratto con soggetti economici interni allo stesso Stato si parla di **debito interno**: normalmente entrambe le componenti sono presenti in misura variabile all'interno del debito pubblico di uno Stato. Su tutti i titoli lo Stato emittente paga necessariamente degli interessi che costituiscono a loro volta una importante voce di spesa nel Bilancio statale.

Se si considera la differenza tra entrate e uscite superiori alle entrate, al netto della spesa per interessi, siamo in presenza di un **disavanzo primario**. Naturalmente, se le entrate pubbliche superano le spese si avrà un **avanzo primario**.

«Il debito è come qualsiasi altra trappola, abbastanza facile cadervi dentro, ma abbastanza difficile poi uscirne».
(Henry Wheeler Shaw)

CHI HA IN MANO IL DEBITO PUBBLICO ITALIANO (titoli di Stato)			
Bce	(a)	3,30%	60.384
Investitori esteri	(b)	29,20%	534.307
Banca d'Italia	(c)	6,90%	126.257
Famiglie	(d)	13,25%	242.451
Banche italiane	(e)	19,90%	364.134
Assicurazioni italiane	(f)	15,65%	286.366
Fondi investimento italiani	(g)	3,20%	58.554
Altri investitori italiani	(h)	8,60%	157.364
TOTALE		**100%**	**1.829.817**
Estero	(a+b)	32,50%	594.691
Italia	(c+d+e+f+g+h)	67,50%	1.235.126

Fonte: elaborazioni Centro studi di Unimpresa *su dati Banca d'Italia (14 novembre 2015). Valori in milioni di euro.*

2 IL RAPPORTO DEBITO/PIL

Il disavanzo influisce sulla crescita del rapporto debito pubblico/PIL. Il motivo è il seguente.

Il disavanzo (D) di un anno (t), cioè D_t, è dato dalla differenza fra le uscite di quel periodo (G_t) e le entrate di quel periodo (T_t) ed è pertanto una **grandezza di *flusso***.

$$\mathbf{D_t = G_t - T_t}$$

Sappiamo anche (vedi Unità 1 della Sezione B) che la spesa pubblica (G) di un anno (G_t) è caratterizzata da due componenti: spesa primaria di quell'anno (G_{pt}) e spesa per interessi (I_t), cioè

$$\mathbf{G_t = G_{pt} + I_t}$$

Si ricava:

- **disavanzo complessivo di un anno** (D_t):

$$\mathbf{D_t = (G_{pt} + I_t) - T_t}$$

- **disavanzo primario di un anno** (D_{pt}):

$$\mathbf{D_{pt} = G_{pt} - T_t}$$

Il **debito pubblico (B) di un anno (t)** rappresenta invece una **grandezza di *stock*,** in quanto è costituito dalla somma dei disavanzi accumulati in un determinato momento, relativi a un certo numero di anni.

Il debito pubblico dell'anno t, che indichiamo con B_t, è la somma del debito pubblico dell'anno t–1 +/– disavanzo/avanzo complessivo dell'anno t.

Dimostriamo questa affermazione partendo dalla seguente relazione:

$$\mathbf{B_t = B_{t-1} + D_t \quad \text{da cui: } B_t = \Sigma D_n \longrightarrow (D_n = \text{disavanzi dei vari anni})}$$

Effettuando le opportune sostituzioni nella suddetta relazione si avrà:

$$\mathbf{B_t = B_{t-1} + G_{pt} + I_t - T_t}$$

Come si è visto, essendo il disavanzo primario $D_{pt} = G_{pt} - T_t$, la relazione fra debito e disavanzo può essere riscritta nel seguente modo:

$$\mathbf{B_t = B_{t-1} + D_{pt} + I_t}$$

Dividendo la suddetta relazione per il PIL otteniamo il **rapporto debito/PIL** che indichiamo con $\mathbf{b_t}$:

$$\mathbf{b_t = \frac{B_t}{PIL_t} = \frac{B_{t-1} + D_{pt} + I_t}{PIL_t}}$$

IN PILLOLE

Il rapporto debito/PIL

Il **rapporto debito pubblico/PIL dell'anno t** è dato da:

$$\frac{\text{Debito pubblico dell'anno t–1 + Avanzo primario dell'anno t + Spesa interessi anno t}}{\text{PIL dell'anno t}}$$

oppure:

$$\frac{\text{Debito pubblico dell'anno t–1 + Avanzo primario dell'anno t + Spesa interessi anno t}}{\text{PIL dell'anno t}}$$

Risulta evidente che **la variazione in aumento del rapporto debito/PIL** da un anno all'altro è tanto maggiore:

- quanto più **elevati** sono:
  - il **disavanzo primario** D_{pt} (cioè $G_{pt} - T_t$) rispetto al PIL;
  - il **costo del debito** (I_t), derivante a sua volta dal livello dei tassi di interesse e dal livello già realizzato del rapporto debito/PIL;
- quanto **minore** è il **tasso di crescita del PIL**, che costituisce il denominatore del rapporto.

Per mantenere costante il rapporto debito/PIL, su quali dei suddetti elementi si può agire?

Supponiamo che nell'anno t nel Paese X il rapporto debito/PIL sia pari al 100%:

$$b_t = \frac{B_t}{PIL_t} = \frac{100}{100} = 1$$

Si ipotizza che nell'anno successivo (t + 1) il tasso di crescita del PIL (g) sia = 10%, per cui il denominatore diventa 100 + 10 = 110; per mantenere la stabilità del rapporto, occorre che anche il numeratore cresca di 10, cioè di un valore pari a quello del denominatore:

$$b_{t+1} = \frac{100 + 10}{110} = 1$$

Si possono verificare pertanto le seguenti situazioni:

	g (tasso di crescita del PIL)	i (tasso di interesse)	Differenza tra g e i	Rapporto debito pubblico/PIL (b_t)
A	10%	8%	2% (Disavanzo primario consentito)	$b_t = \frac{100 + 2 + 8}{110} = 1$
B	10%	10%	Pareggio	$b_t = \frac{100 + 0 + 10}{110} = 1$
C	10%	12%	–2% (Avanzo primario necessario)	$b_t = \frac{100 - 2 + 12}{110} = 1$

Solo se il tasso di crescita dell'economia supera il tasso d'interesse sul debito, per mantenere il rapporto debito/PIL invariato, il Paese si potrà permettere un disavanzo primario (situazione A); se il rapporto è invertito, occorrerà invece realizzare un avanzo (situazione C).

La variazione del rapporto debito/PIL dipende sempre e solo da variabili controllabili dai Governi?

Il rapporto debito/PIL dipende da quattro elementi:

- la politica fiscale del passato;
- la politica monetaria corrente;
- la crescita dell'economia;
- la politica fiscale attuata dal Governo in carica.

In sostanza possiamo affermare che il **rapporto debito pubblico/PIL** dipende dai tre fattori che lo compongono:

- il **saldo primario**: riflette le decisioni della politica fiscale del presente;
- il cosiddetto **snow-ball effect** (**effetto valanga**), che in Italia ha rappresentato a lungo il contributo più rilevante all'andamento del rapporto debito pubblico/PIL. Esso viene calcolato come differenza tra il tasso d'interesse sul debito pubblico e il tasso di crescita del PIL nominale. Lo snow-ball effect si verifica quando il tasso di interesse pagato sul debito pubblico supera il tasso di crescita nominale dell'economia nazionale. A parità di ogni altra condizione, tassi d'interesse più elevati portano a un peggioramento del rapporto debito/PIL, mentre un tasso di crescita elevato dell'economia porta a una sua riduzione attraverso l'impatto sul denominatore;
- il cosiddetto **stock-flow adjustment** (**aggiustamento stock-flussi**). Si tratta di un indicatore che misura l'effetto sul rapporto debito pubblico/PIL di operazioni finanziarie che lasciano invariato il disavanzo, ma aumentano o diminuiscono lo stock di debito pubblico, come le privatizzazioni che diminuiscono il debito pubblico ma hanno un impatto *una tantum* sull'andamento dello stesso, oppure molti interventi attuati dai Governi per contrastare le crisi, tra i quali l'acquisizione di attività finanziarie del sistema bancario.

Snow ball effect
Effetto valanga
A process that starts from an initial state of small significance and builds upon itself, becoming larger and potentially disastrous. It occurs when the interest rate of the public debt exceeds the growth rate of Gdp.

Stock-flow adjustment
Aggiustamento stock-flussi
The difference between the annual change in the gross debt and the budget deficit. It includes the accumulation of financial assets, changes in the value of debt denominated in foreign currency and remaining statistical adjustments.

La crescita dell'economia è una variabile che influisce sul rapporto debito/PIL.

Nella tabella 1 vengono riportati alcuni valori degli aggregati di finanza pubblica rilevati negli anni 2011-2015.

Tabella 1 – **Aggregati di finanza pubblica (2011-2015) in milioni di euro a prezzi correnti e in valori percentuali**

AGGREGATI	2011	2012	2013	2014 (a)	2015 (a)
Accreditamento (+)/Indebitamento (-) netto	-60.781	-47.216	-43.218	-48.482	-42.931
Indebitamento netto/PIL (%)	-3,7	-2,9	-2,7	-3,0	-2,6
Saldo primario	15.635	36.350	34.350	25.855	25.285
Saldo primario/PIL (%)	1,0	2,3	2,1	1,6	1,5
Prelievo fiscale	681.201	703.867	700.176	702.845	712.109
Pressione fiscale/PIL (%)	41,6	43,6	43,6	43,4	43,4
Debito	1.907.781	1.989.780	2.069.846	2.136.202	2.171.670
Debito/PIL (%)	116,5	123,3	129,0	131,8	132,2

Fonte: Banca d'Italia, Supplemento al Bollettino Statistico "Finanza pubblica, fabbisogno e debito", *15 settembre 2016.* (a) Dati provvisori.

Sulla base delle informazioni aggiornate, l'indebitamento netto delle Amministrazioni pubbliche nel 2015 è stato pari in valore assoluto a – 42.931 milioni di euro, con un'incidenza in rapporto al PIL del –2,6%, in miglioramento rispetto al –48.482 dell'anno precedente (–3,0% in rapporto al PIL).

Il saldo primario (indebitamento netto al netto della spesa per interessi) è risultato positivo e pari all'1,5% del PIL.

3 I PROBLEMI DI UN ECCESSIVO DEBITO PUBBLICO

Come si è visto, a partire dal 2005, si è verificata in Italia una continua crescita del rapporto debito/PIL che ha assunto livelli oggi assai preoccupanti.

«Il prestito è un sistema che tende a renderci meno parsimoniosi e a non farci vedere la nostra vera situazione»

(David Ricardo, Principles, *1817).*

«Non si possono combattere con i cavalli di domani le guerre di oggi»

(Economista allievo di Ricardo).

☐ Perché ci si deve preoccupare se uno Stato presenta un debito elevato?

Anzitutto bisogna premettere, per sdrammatizzare, che, se lo Stato italiano ha 2 milioni di miliardi di debiti, i sottoscrittori dei titoli pubblici, quasi tutti cittadini italiani, hanno accumulato risparmi nella stessa misura. Il valore assoluto del debito non è la grandezza che può generare sfiducia. In un'economia che cresce e si sviluppa è del tutto naturale che aumenti il volume delle attività e passività finanziarie, fra le quali è compreso anche il debito dello Stato.

Tuttavia non bisogna neanche dimenticare che il debito pubblico alimenta un meccanismo che fa crescere progressivamente il disavanzo di un sistema economico secondo il seguente schema:

da cui possono derivare altre conseguenze, quali:

- l'aumento della spesa per interessi fa aumentare anche la pressione fiscale perché, a fronte di un aumento della spesa pubblica finanziata con debito, ci si aspetta il ricorso a tributi futuri per finanziare il servizio degli interessi sul debito;
- l'aumento dei tassi di interesse causa l'**effetto di spiazzamento** (*crowding out*). In un contesto di piena occupazione, l'accumulazione di debito pubblico spiazza la spesa privata per investimenti, causando così una progressiva riduzione dell'accumulazione di capitale e quindi un reddito e un benessere minori nel lungo periodo;
- la situazione di insostenibilità del debito provoca il manifestarsi di crisi finanziarie. Quando il debito è molto elevato e i sottoscrittori hanno la sensazione che la sua dinamica possa sfuggire al controllo del Governo, si possono determinare improvvise crisi di sfiducia che inceppano la complessa gestione del debito, caratterizzata da continue operazioni di rimborso, di rinnovo e di nuove emissioni. Il problema diventa ancora più delicato in un contesto di liberalizzazione valutaria in cui operatori stranieri possono liberamente partecipare al mercato dei titoli, entrando e uscendo con estrema rapidità.

Negli ultimi anni sono comunque state adottate, nel quadro dell'integrazione europea, politiche di risanamento finanziario basate sul raggiungimento di avanzi primari (con tagli alla spesa e/o aumenti di entrate), possibilmente ottenuti con riforme strutturali in grado di favorire la crescita economica.

Esistono dei criteri per definire quando un debito pubblico sia sostenibile o meno?

Non esistono criteri assoluti per definire quando un debito pubblico sia sostenibile o meno. Per esempio, il Giappone per molti anni ha fronteggiato una grave e prolungata recessione con un rapporto debito/PIL superiore al 200%, senza mostrare segnali di insolvibilità. Anche nel Regno Unito il debito pubblico è stato superiore al PIL per quasi un secolo, senza che si generasse l'idea di un sistema economico e finanziario sull'orlo del fallimento.

Spesso la sostenibilità del debito di uno Stato sovrano è strettamente collegata alla credibilità e alla fiducia che i mercati finanziari hanno nelle istituzioni e nelle scelte di politica fiscale adottate dai Governi.

Il Giappone per molti anni ha fronteggiato una grave e prolungata recessione con un rapporto debito/PIL superiore al 200%.

DEL INTERIOR
www.lavozdelinterior.com.ar
Argentina no pagará la deuda
y tendrá una tercera moneda
Al asumir la presidencia, Rodríguez Saá dijo que el dinero del pago de los ntereses será destinado a la creación de un millón de empleos y a la ayuda social.
Circularán más bonos y se mantendrá la relación uno a uno entre pesos y dólares.
Amarga y esperanzada Navidad

Argentina 2001, un esempio di ripudio del debito.

Che cosa si può fare quando l'aumento del rapporto debito/PIL comincia a generare sfiducia e diventa pertanto preoccupante?

La crisi finanziaria globale che ha caratterizzato gli ultimi anni ha determinato un aumento preoccupante del debito pubblico nelle economie avanzate. Le crescenti preoccupazioni hanno innescato vari dibattiti su come risolvere il problema.

Le proposte più discusse si possono così sintetizzare:

- **istituzione di un'imposta straordinaria**;
- **ripudio del debito**, con conseguente mancato o parziale rimborso, alla scadenza, del capitale e/o degli interessi maturati;
- **definizione di politiche di risanamento finanziario** basate sul raggiungimento di avanzi primari (con tagli alla spesa e/o aumenti di entrate), possibilmente ottenuti con riforme strutturali in grado di favorire la crescita economica.

Le politiche di risanamento finanziario, attuate in vista di un piano di rientro del debito, incontrano difficoltà nella loro realizzazione?

Il piano di rientro da un elevato debito pubblico è sostenibile nel corso del tempo se si verificano condizioni molto precise, ma molto spesso difficili da realizzare.

Innanzitutto, è necessario che la crescita sia sostenuta nel tempo, ma questa condizione sarà di difficile realizzazione se la pressione fiscale da mantenere è elevata.

Infine, è doveroso attuare un piano di lungo periodo di riduzione della spesa improduttiva. Questa condizione è molto importante, dal momento che, già di per sé, eliminerebbe gli incentivi a ricorrere eccessivamente alla tassazione per il rientro del debito.

4 I DIVERSI TIPI DI PRESTITI PUBBLICI

Lo Stato può far fronte alle sue esigenze finanziarie tramite entrate straordinarie che consegue emettendo prestiti pubblici. In pratica lo Stato emette titoli di credito che vengono sottoscritti da risparmiatori nazionali o stranieri, i quali versano moneta in cambio di un interesse calcolato a un certo tasso e del rimborso del capitale alla scadenza. I prestiti pubblici si basano sulla fiducia dei sottoscrittori nei confronti dello Stato (o di altri enti pubblici che per legge abbiano il potere di emetterli) per quanto riguarda la restituzione della somma prestata, il pagamento periodico degli interessi e anche la stabilità nel tempo del valore della moneta che garantisce al risparmiatore di mantenere inalterato, fino al momento del rimborso, il potere d'acquisto del capitale prestato.

Quali sono le modalità di emissione dei titoli?

Lo Stato può ricorrere a una **emissione diretta**, attraverso una pubblica sottoscrizione od offrendo titoli direttamente in Borsa, oppure a una **emissione indiretta** che avviene con l'intermediazione del sistema bancario. Quest'ultima modalità garantisce allo Stato la certezza di collocare tutti i titoli, in quanto le banche, anche attraverso loro consorzi, sottoscrivono interamente il prestito e successivamente lo collocano sul mercato, offrendolo ai risparmiatori. Se facciamo riferimento al prezzo, i titoli possono essere emessi **alla pari** o **sotto la pari**. Nel primo caso, il sottoscrittore versa una somma uguale al valore nominale; nel secondo caso, invece, egli versa una somma inferiore, però gli interessi vengono ugualmente calcolati sul valore nominale, per cui il tasso di interesse effettivo risulta superiore a quello nominale.

Lo Stato può imporre ai cittadini la sottoscrizione di prestiti pubblici?

In genere sul mercato finanziario i titoli vengono sottoscritti o acquistati liberamente dai risparmiatori, i quali saranno incentivati se il tasso di interesse offerto è uguale o superiore a quello corrente. Si parla in questo caso di **prestito volontario**. Al contrario, si ha un **prestito forzoso** quando ogni cittadino è obbligato a sottoscrivere titoli in proporzione del suo patrimonio, naturalmente in cambio della corresponsione di un interesse e della restituzione del capitale a una certa scadenza. Si tratta di una eventualità molto rara: ricordiamo, per quanto riguarda l'Italia, il prestito forzoso emesso nel 1936 dopo la conquista dell'Etiopia. Una pratica affine a quella del prestito forzoso è, in alcuni casi, utilizzata dallo Stato per regolare i suoi debiti con titoli pubblici anziché con denaro contante. Ricordiamo, a questo proposito, la scelta, avvenuta nel 1976, di pagare ai dipendenti pubblici una parte dello stipendio (indennità di contingenza) tramite buoni poliennali del Tesoro. Anche oggi si discute sull'eventualità di pagare alcune categorie di creditori dello Stato attraverso titoli del debito pubblico.

I prestiti pubblici vengono sottoscritti soltanto dai cittadini dello Stato che li emette?

Il prestito viene definito **prestito interno** quando lo Stato si rivolge soltanto ai risparmiatori nazionali; si parla di **prestito estero** quando viene emesso sui mercati finanziari di altri Stati. Si fa ricorso a quest'ultima forma quando le possibilità di collocare il prestito sul mercato interno sono in-

Le ultime cose

Film drammatico-di finzione di Irene Dionisio, 2016

Il film racconta tre semplici storie che si intrecciano ai giorni nostri al Banco dei Pegni di Torino.
«Un giorno, proprio mentre stavo iniziando a ragionare con Tempesta [la casa di produzione] sul mio primo film, sono entrata nel Banco dei Pegni e sono stata colpita dalla densità di significato e di vita che emana da questo ufficio del debito. Da tempo stavo investigando, prima per provenienza sociale e familiare, poi per studio, sull'importanza delle pressioni economiche sulla vita degli individui. Il Banco dei Pegni è diventato per molti mesi il mio luogo d'osservazione, il campo di ricerca del mio film. Spero di riuscire nel mio film a fare di questo luogo metafora di una società basata sullo scontro eterno, ma più che mai attuale, tra debitore e creditore» (*Irene Dionisio*).

- Guarda il film e discutine con i compagni e l'insegnante.

Il valore nominale di un titolo è costituito dall'importo stampato sul titolo stesso, valore che verrà rimborsato alla scadenza e sul quale sono calcolati gli interessi.

certe, o quando i tassi di interesse sul mercato nazionale sono molto elevati o, ancora, allo scopo di attirare valuta estera. Il principale problema generato dai prestiti esteri è di tipo politico, in quanto si può configurare una situazione di dipendenza nei confronti dello Stato i cui cittadini hanno sottoscritto i titoli. Tutti i Paesi appartenenti alla Ue hanno come mercato interno l'intero territorio dell'Unione.

Floating debt
Debito fluttuante
Short-term debt that is renewed and refinanced constantly by the government to face temporary cash needs.

Redeemable debt
Debito redimibile
Medium and long-term debt that governments repay to its maturity. The issuer has the right to redeem prior to its maturity date.

Irredeemable debt
Debito consolidato (o irredimibile)
Debt without a maturity date in which the issuer pays the interest-only loan periodically. Irredeemable debt is perpetual.

I prestiti pubblici hanno una durata definita?

In relazione alla durata, il prestito pubblico può essere fluttuante, redimibile, consolidato (o irredimibile).

Il **debito fluttuante** serve per far fronte a momentanee esigenze di cassa, determinate da aumenti imprevisti delle spese correnti o da ritardi nell'incasso delle entrate; per questa ragione le norme sulla contabilità dello Stato non ne prevedono l'iscrizione in Bilancio. In Italia la forma principale di debito fluttuante è costituita dai Buoni Ordinari del Tesoro (BOT) che, data la loro funzione, hanno scadenze non superiori ai dodici mesi. Anche i CTZ (Certificati del Tesoro Zero Coupon), titoli di Stato senza cedola, al portatore, con scadenza a 24 mesi, destinati esclusivamente al mercato telematico, sono emessi dal Governo allo scopo di finanziare il debito pubblico italiano. I CTZ e i BOT hanno le stesse caratteristiche, in quanto il guadagno e il rendimento di entrambi i titoli deriva dallo scarto tra valore nominale e prezzo di emissione (per esempio compro a 98 un BOT di 100: alla scadenza ho guadagnato 2); differiscono però per la durata, che per i CTZ è maggiore.

La denominazione di prestito fluttuante si spiega con il fatto che il loro ammontare "fluttua" in relazione alle mutevoli esigenze di cassa. Occorre però ricordare che, soprattutto nei periodi di elevata inflazione, il gettito di tali prestiti viene in realtà utilizzato per far fronte ai persistenti disavanzi del Bilancio statale, in quanto i risparmiatori, restii a sottoscrivere prestiti a medio-lungo termine per il timore di ricevere alla scadenza moneta svalutata, preferiscono titoli a breve termine, magari rinnovandoli continuamente alla scadenza.

Ottobre 2016: viene emesso dal Tesoro il nuovo BTP a 50 anni (il cosiddetto "matusalemme bond"), con scadenza 1° marzo 2067.

Il **debito redimibile** è costituito dai prestiti, che lo Stato si impegna a rimborsare, contratti a media e lunga scadenza per coprire disavanzi di Bilancio. Vengono iscritti nel Bilancio, sia per quanto riguarda il capitale da rimborsare sia per l'importo degli interessi. La forma tipica è costituita dai Buoni Poliennali del Tesoro (BTP) con scadenza 3, 5, 10, 30 e ora anche 50 anni; dai Certificati di Credito del Tesoro (CCT) che hanno la caratteristica di essere indicizzati al tasso di rendimento dei BOT semestrali.

Titolo del debito consolidato del Regno d'Italia.

Il **debito consolidato** (o **irredimibile**) è costituito dai prestiti per i quali lo Stato si impegna a pagare gli interessi alla scadenza, ma a rimborsare il capitale solo nell'eventualità e nel momento che riterrà opportuno. In pratica ai risparmiatori viene corrisposta una **rendita** che può essere perpetua. Oggi i titoli del debito irredimibile sono caduti del tutto in disuso.

☐ Può accadere che lo Stato decida di modificare le condizioni di un prestito pubblico stabilite al momento dell'emissione?

Lo Stato può decidere di modificare alcune condizioni, in genere a svantaggio dei sottoscrittori, per rendere più leggero l'onere del prestito. Per esempio, può decidere di abbassare il tasso di interesse inizialmente stabilito, o trasformare un prestito a breve scadenza in uno a media-lunga scadenza, o da redimibile in irredimibile. In tutti questi casi si parla di **conversione del debito pubblico**. Esistono tre tipologie di conversione: forzosa, mascherata, facoltativa.

- La conversione è **forzosa** quando è attuata in modo coattivo, senza il consenso dei sottoscrittori. Il ricorso a questa forma determina una perdita di fiducia e di credibilità nei confronti dello Stato, che può anche avere ripercussioni sulla stabilità politica del Paese. In Italia di conversioni forzose ce ne furono nel 1906 con Giolitti e successivamente nel 1937.
- La conversione è **mascherata** quando lo Stato lascia formalmente inalterate le condizioni del prestito (tasso d'interesse, scadenza, ecc.), ma in modo indiretto le fa mutare. Questo avviene, per esempio, introducendo un'imposta speciale sugli interessi del debito pubblico.

Esempio

Supponiamo che il tasso d'interesse sia pari al 10% e che la ritenuta fiscale sia del 6%. Su un prestito annuale di € 5.000 il risparmiatore otterrà:

$$(5.000 \times 0{,}10) = 500$$

$$500 - (500 \times 0{,}06) = \mathbf{470} \text{ euro}$$

Il tasso di interesse effettivo è pari al **9,4%**, in quanto 470 euro sono il 9,4% del valore del titolo.

Se la ritenuta fiscale passa all'8%, gli interessi percepiti saranno pari a:

$$500 - (500 \times 0{,}08) = \mathbf{460} \text{ euro}$$

Il tasso di interesse effettivo è pari al **9,2%**.

CLASSIFICAZIONE DEI PRESTITI PUBBLICI

In base a ...	può essere:
Modalità di emissione	• diretta • indiretta
Prezzo di emissione	• alla pari • sotto la pari
Forma di finanziamento	• volontario • forzoso
Mercati finanziari	• interni • esteri
Durata	• fluttuante • redimibile • consolidato
Conversione	• forzosa • mascherata • facoltativa

- La conversione è **facoltativa** quando lo Stato offre ai cittadini la possibilità di scegliere tra due alternative:
  - rimborso immediato del titolo al valore nominale;
  - conversione del prestito a nuove condizioni (generalmente a un tasso di interesse più basso).

L'obiettivo dello Stato è quello di ricevere prevalentemente richieste di conversione e, quindi, minime scelte di rimborso. L'operazione avrà successo se si verificano due condizioni:
- i titoli in quel momento hanno, sul mercato, una quotazione sopra la pari che renderebbe non conveniente un rimborso al valore nominale;
- il nuovo tasso d'interesse, pur svantaggioso rispetto a quello originario, è tuttavia migliore rispetto a quello vigente sul mercato.

SECONDO TE...

Quale fra le seguenti politiche di gestione del debito pubblico grava maggiormente sulle generazioni future?

- Riduzione del disavanzo primario
- Emissione di moneta
- Aumento del debito
- Ripudio del debito

In presenza di queste due condizioni, probabilmente pochi risparmiatori deciderebbero di farsi rimborsare al valore nominale un titolo che potrebbe essere venduto a un prezzo più alto e, inoltre, reinvestire la somma ricevuta a un tasso meno conveniente rispetto a quello offerto.

Figura 1

Composizione dei titoli di Stato in circolazione al 30 settembre 2016

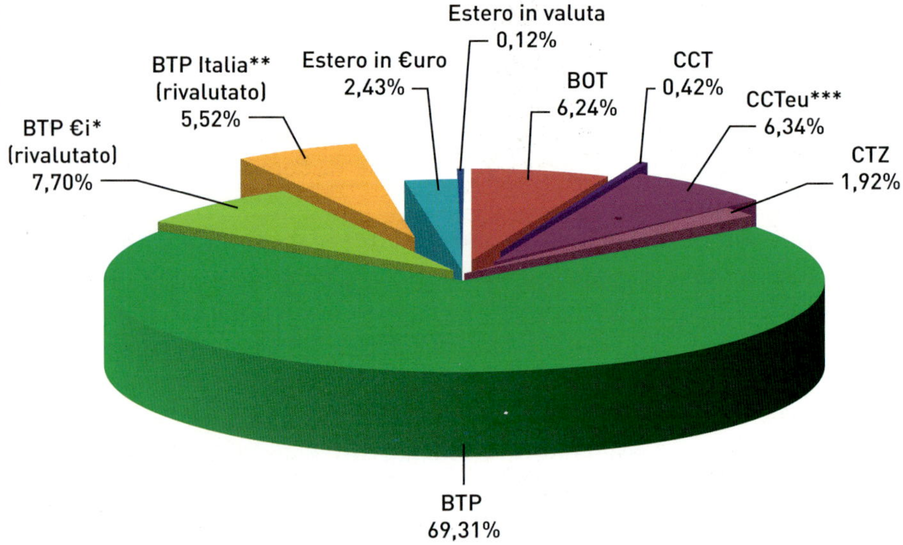

* BTP €i = BTP indicizzati all'inflazione europea
** BTP Italia = BTP indicizzati all'inflazione italiana
*** CCTeu = CCT indicizzati all'Euribor

Tipologia titolo	Milioni di euro	%
BOT	116.318,69	6,24%
BOT Flessibili	0	0%
CCT	126.111,03	6,77%
di cui: CCTeu	*118.231,12*	*6,34%*
CTZ	35.716,69	1,92%
BTP	1.291.461,28	69,29%
BTP €i (rivalutato)	143.496,97	7,70%
BTP Italia (rivalutato)	102.839,53	5,52%
BTP atipici	413,42	0,02%
Estero in euro	45.260,77	2,43%
di cui: Titoli Ispa	*8.605,44*	*0,46%*
Estero in valuta	2.306,30	0,12%
Totale	**1.863.924,67**	**100%**

Vita Media del Debito
6,64

Fonte: Ministero dell'Economia e delle Fianaze, Dipartimento del Tesoro.

MAPPA UNITÀ D3

differenza negativa o positiva tra entrate e spese al netto degli interessi in un esercizio

↓

disavanzo primario (differenza negativa)
avanzo primario (differenza positiva)

differenza negativa tra entrate e spese in un esercizio

↓

disavanzo pubblico complessivo (o deficit)

↓ somma dei disavanzi dei vari anni

DEBITO PUBBLICO

↓ influisce

sulla crescita del rapporto debito pubblico/PIL:

$$b_t = \frac{B_t}{PIL_t} = \frac{B_{t-1} + D_{pt} + I_t}{PIL_t}$$

↓ tale rapporto dipende

- dalla politica fiscale del passato
- dalla politica monetaria corrente
- dalla crescita dell'economia
- dalla politica fiscale attuata dal governo in carica

in sostanza:

- dal saldo primario
- dallo snow-ball effect
- dallo stock-flow adjustment

DEBITO PUBBLICO → **prestiti pubblici**

↓ emessi

- alla pari/sotto la pari
- emissione diretta/indiretta

↓ in relazione alla durata

- debito fluttuante
- debito redimibile
- debito consolidato o irredimibile

↓ conversione del debito

- forzosa
- mascherata
- facoltativa

DEBITO PUBBLICO ↓ conseguenze di un eccessivo debito

- aumento spesa per interessi
- aumento disavanzo
- aumento debito pubblico
- aumento della pressione fiscale
- effetto di spiazzamento
- crisi finanziarie

Verifiche 3

1) TROVA L'ERRORE IN OGNI FRASE

Competenza: acquisire e riconoscere i contenuti chiave

A. Il disavanzo primario è la differenza tra entrate e uscite superiori alle entrate, al lordo della spesa per interessi.
B. La differenza tra il tasso d'interesse sul debito pubblico e il tasso di crescita del PIL nominale è il cosiddetto "aggiustamento stock-flussi".
C. Nell'emissione dei titoli sotto la pari il tasso di interesse effettivo risulta inferiore a quello nominale.
D. I Certificati di Credito del Tesoro (CCT) fanno parte del debito irredimibile.
E. La conversione del debito pubblico è forzosa quando lo Stato lascia formalmente inalterate le condizioni del prestito.

2) COLLEGA LE ESPRESSIONI CONTRASSEGNATE DA UNA LETTERA CON QUELLE INDICATE DA UN NUMERO

Competenza: individuare collegamenti e relazioni

A. Disavanzo	1. CTZ
B. Prestiti pubblici	2. Diminuzione del rapporto debito pubblico/PIL
C. Debito	3. Crescita del rapporto debito pubblico/PIL
D. Unione europea	4. Conversione forzosa
E. Tasso di crescita del PIL > tasso d'interesse sui titoli di Stato con avanzo primario in relazione al PIL	5. Entrate straordinarie
F. Tasso di crescita del PIL < tasso d'interesse sui titoli di Stato con disavanzo primario in relazione al PIL	6. Flusso
G. 1936	7. Prestito interno
H. Debito fluttuante	8. Stock

A	B	C	D	E	F	G	H

3) INDICA SE LE SEGUENTI AFFERMAZIONI SONO VERE O FALSE. SE LE RITIENI FALSE GIUSTIFICA LA RISPOSTA

Competenza: acquisire, interpretare l'informazione e comunicare

	VERO	FALSO
A. L'aumento del rapporto debito pubblico/PIL è tanto più elevato quanto più elevato è il tasso di crescita del PIL.		
B. Lo "snow-ball effect" si verifica quando il tasso di interesse pagato sul debito pubblico supera il tasso di crescita nominale dell'economia nazionale.		
C. Le privatizzazioni sono operazioni finanziarie che modificano il disavanzo.		
D. Gli avanzi primari riducono il rapporto debito pubblico/PIL.		

	VERO	FALSO
E. Un livello piuttosto elevato del debito pubblico sarebbe sostenibile se lo snow-ball effect fosse negativo.		
F. Se lo stock-flow adjustment assumesse valori negativi il rapporto debito pubblico/PIL peggiorerebbe.		
G. Se lo Stato riducesse l'interesse del debito pubblico attraverso vie indirette, applicando per esempio un'imposta speciale sull'interesse dei prestiti pubblici, attuerebbe un'operazione di conversione forzosa.		
H. Le privatizzazioni diminuiscono il debito pubblico, mentre gli aumenti di capitale alle società partecipate o il ripianamento dei debiti commerciali della PA lo aumentano.		
I. I prestiti pubblici possono essere emessi sopra la pari.		
J. Il debito redimibile è costituito dai prestiti a breve scadenza.		

4) RISOLVI I SEGUENTI PROBLEMI

Competenza: risolvere problemi

A. L'obiettivo del Paese X, appartenente alla Ue, è quello di stabilizzare il rapporto debito pubblico PIL (al 60%) per quattro anni consecutivi. Inserisci, per ogni anno, il dato mancante.

	g	i	Disavanzo primario (+) Avanzo primario (–)
Anno t	2	5	
Anno t+1	4		+ 1
Anno t+2		3	–2
Anno t+3	5	5	

B. Completa la tabella inserendo i dati mancanti.

	Anno t	Anno t+1	Anno t+2
Debito in % del PIL	80,4		78,2
Variazioni % debito	2,35	0,55	
di cui:	1,35	0,75	–2,51
a) disavanzo primario			
b) snow-ball effect	0,70		
c) stock-flow adjustment		0,90	0,29

5) RISPONDI AI SEGUENTI QUESITI IN UN MASSIMO DI 5/6 RIGHE

Competenza: saper organizzare e sintetizzare i contenuti

A. Qual è la differenza tra deficit e debito pubblico?
B. Quando si verifica lo "snow-ball effect"?
C. Che cos'è l'aggiustamento stock-flussi?
D. Da che cosa dipende l'aumento del rapporto debito pubblico/PIL da un anno all'altro?
E. Attraverso quale meccanismo il debito pubblico fa crescere il disavanzo?
F. Perché il debito pubblico è una grandezza di stock?
G. Perché il disavanzo di un anno è una grandezza di flusso?
H. Qual è la differenza tra disavanzo complessivo di un anno e disavanzo primario di un anno?
I. Che cosa sono i prestiti pubblici?

1) Fill in the spaces on the right with the correct entries

WHAT IS ...?

A) The difference between government receipts and spending in a single budget year	
B) Amount by which the total spending of State exceeds its total revenue, excluding interest payments on its debt	
C) The total of all borrowings of a State raised to cover public spending; it is equal to the sum of all yearly deficits	
D) The process that occurs when the interest rate of the public debt exceeds the growth rate of Gdp	
E) Amount by which the total revenue of the government exceeds its total expenditure, excluding interest payments on its debt	
F) Short-term debt that is renewed and refinanced constantly by the government to face temporary cash needs	
G) Medium and long-term debt that the government repays to its maturity	
H) The difference between the annual change in the gross debt and the budget deficit, that includes the accumulation of financial assets	
I) Debt without a maturity date in which the issuer pays an interst-only loan periodically, basically forever	

[Floating debt, Perpetual debt, Primary deficit, Primary surplus, Public debt, Public deficit,Redeemable debt, Snow ball effect, Stock-flow adjustment]

2) Answer the following questions

1. What's the difference between debt and deficit?
2. Is there a limit to national debt?
3. What practical impact does the national debt have?
4. What are the possible strategies for the reduction of national debt on the economy?

Verifica Finale D

ZTE ONLINE
Mettiti alla prova con gli esercizi interattivi

1) COLLEGA ESPRESSIONI CONTRASSEGNATE DA UNA LETTERA CON QUELLE INDICATE DA UN NUMERO

Competenza: individuare collegamenti e relazioni

A. Residuo passivo	1. Un'entrata è stata accertata ma non incassata
B. Residuo attivo	2. Differenza fra il totale delle entrate e il totale delle spese aumentate dei prestiti da rimborsare
C. Risparmio pubblico	3. Una spesa è stata impegnata ma non pagata
D. Ricorso al mercato	4. Somma delle entrate tributarie ed extratributarie al netto delle spese correnti
E. Disavanzo primario	5. Stock del debito pubblico registrato al 31 dicembre dell'anno t
F. Ammontare del debito esistente al 31/12 dell'anno t-1 aumentato del disavanzo dell'anno t	6. Differenza fra il totale delle spese (al netto degli interessi) e il totale delle entrate relative all'anno t
G. Fondo di riserva per le spese obbligatorie e d'ordine	7. Funzioni principali e obiettivi strategici e di lungo periodo della spesa pubblica
H. Missioni	8. Entità effettiva delle entrate e delle uscite del Bilancio dello Stato rispetto alle previsioni approvate dal Parlamento
I. Nota integrativa	9. Integrano gli stanziamenti per spese non derogabili
J. Conto del Bilancio	10. Stato di previsione della spesa

A	B	C	D	E	F	G	H	I	J

2) RISPONDI AI SEGUENTI QUESITI IN UN MASSIMO DI 5/6 RIGHE

Competenza: saper organizzare e sintetizzare i contenuti

A. Quali funzioni del Bilancio dello Stato possono essere messe in relazione con la forma di governo vigente in Italia?

B. Perché è prevista la redazione di un Bilancio misto, sia di competenza sia di cassa?

C. Qual è il significato dei principi dell'integrità e dell'unità?

D. Perché il Bilancio di competenza determina l'insorgenza dei residui?

E. In che cosa differiscono le unità elementari di Bilancio denominate "programmi" e "capitoli"?

F. Quali sono le finalità perseguite dalla legge di riforma del Bilancio dello Stato n. 163/2016?

G. Qual è il collegamento fra la legge di Bilancio e il DEF?

H. Che cosa si intende per "Bilancio di genere"?

I. Quali effetti positivi dovrebbe portare il superamento della clausola di salvaguardia?

J. Attraverso quali passaggi avviene la manovra di finanza pubblica attuata nella fase decisionale del ciclo di programmazione?

K. Come si provvede alle spese impreviste?

L. Qual è la differenza tra disavanzo pubblico e debito?

M. Quali sono i tre fattori da cui dipende il rapporto debito pubblico/PIL?

N. Quale meccanismo porta alla crescita del debito pubblico?

O. Quali caratteristiche hanno in comune BOT e CTZ?

3) RISOLVI I SEGUENTI PROBLEMI

Competenza: risolvere problemi

A. Considera i seguenti dati:
- debito pubblico anno t (B_t) = 100
- debito pubblico anno t–1 (B_{t-1}) = 80
- tasso interesse (i) anno t = 5%
- tasso crescita PIL (g) anno t = 2%

Calcola:
1. il disavanzo complessivo dell'anno t;
2. il disavanzo primario dell'anno t.

B. Il Bilancio di previsione dell'anno 2017 contiene i seguenti dati riassuntivi relativi alle entrate e alle spese:

ENTRATE	
• Entrate tributarie	€ 25.700.000.000
• Entrate extratributarie	€ 1.859.000.000
• Alienazione e ammortamento di beni patrimoniali	€ 38.200.000
SPESE	
• Spese correnti	€ 32.555.000.000
• Spese in conto capitale	€ 4.048.000.000
• Rimborso di prestiti	€ 6.775.000.000

Calcola:
1. l'ammontare del risparmio pubblico;
2. l'ammontare del saldo netto da finanziare;
3. l'ammontare dei nuovi prestiti da richiedere al mercato.

4) ANALIZZA LA TABELLA E RISPONDI ALLE DOMANDE

Competenza: analizzare e interpretare dati economici

Principali aggregati di finanza pubblica anni 2007-2010
(dati in milioni di euro e valori percentuali)

	2007	2008	2009	2010
Indebitamento netto PDE	-25.273	-42.720	-82.957	-71.999
• In % del PIL	-1,6	-2,7	-5,4	-4,6
Debito pubblico	1.602.107	1.666.584	1.763.629	1.842.826
• In % del PIL	103,1	105,8	115,5	118,4
Interessi passivi PDE	77.452	81.312	70.409	70.170
• In % del PIL	5,0	5,2	4,6	4,5
Saldo primario	52.179	38.592	-12.548	-1.829
• In % del PIL	3,4	2,5	-0,8	-0,1
PIL	1.554.199	1.575.144	1.526.790	1.556.629

Fonte: Istat (2011). Tavola di notifica trasmessa alla Commissione Europea in applicazione del protocollo sulla PDE (Procedura per i disavanzi eccessivi) disciplinata dall'art. 126 del Tfue (Trattato sul funzionamento dell'Unione europea).

A. Come si è evoluto il debito pubblico nel periodo considerato?

B. Individua e commenta, per ogni anno, l'incidenza del saldo primario e degli interessi passivi.

C. Qual è stato l'andamento del PIL nel periodo considerato?

D. Hai informazioni sull'andamento delle variabili considerate al momento attuale?

5) LEGGI L'ARTICOLO E RISPONDI AI QUESITI

Competenza: saper leggere e interpretare testi economici

Guarire dalla crisi con il debito? Forse, ma non qui

Si può guarire, in alcuni casi, da una crisi di debito accumulando altro debito, suggerisce il Nobel Paul Krugman. Che invoca una politica fiscale espansiva come unico strumento possibile per creare domanda e generare occupazione quando il settore privato ha un indebitamento eccessivo. Il costo si scaricherà sui contribuenti e, se la spesa pubblica verrà utilizzata in modo produttivo, le generazioni future avranno più debito, ma anche più asset. In Italia, però, la ricetta non può funzionare. Ecco perché.

Uno dei dibattiti più importati e anche più radicali in questo periodo è sul ruolo che deve avere la politica fiscale in questa crisi. In Europa Ue e Bce, ma soprattutto la Germania, chiedono ai Paesi in difficoltà di fare i compiti a casa, ridurre la spesa e mettere in ordine i loro conti. Il Governo Monti è impegnato in una spending review per capire quali sono i tagli possibili nel breve termine. La Grecia sta cercando di adottare, con risultati dubbi, politiche di austerità da un paio d'anni e anche il Governo Rajoy ha annunciato un piano di forti tagli alla spesa pubblica spagnola. Ma le politiche di austerità, quasi inevitabilmente, sono seguite da contrazioni dell'attività economica che hanno a volte l'effetto di aprire altri buchi nel bilancio degli Stati, in un esasperante circolo vizioso.

Non sorprendentemente, è sorta una reazione alle politiche fiscali restrittive, il cui leader intellettuale a livello mondiale è senza dubbio Paul Krugman. Dalle colonne del «New York Times» il premio Nobel per l'economia invoca una politica fiscale espansiva come unico strumento possibile per creare domanda e generare occupazione. Con un debito pubblico ormai sopra l'80 per cento del PIL anche negli USA, dovuto anche alla ricapitalizzazione delle banche che sono state all'origine della crisi del 2008, l'obiezione ovvia a Krugman è: ma si può guarire da una crisi di debito accumulando altro debito? [...] Naturalmente si possono avere preferenze diverse sulla desiderabilità di questa politica, in particolare sulle conseguenze per le generazioni future, ma il ragionamento di Krugman ha una sua coerenza. Quando però si cerca di adattarlo alla realtà italiana, invocando maggiore spesa pubblica in Italia, si fa un grande salto logico. L'analisi delle politiche va adattata alla situazione di ogni Paese e i Paesi hanno problemi molto diversi. Negli USA, come in Spagna, il settore finanziario si è trovato, allo scoppio della bolla immobiliare, ingolfato di titoli tossici dal valore ridotto e quindi con un eccesso di debito. [...]

In Italia, per fortuna, questa bolla non c'è stata o, almeno, non ha avuto le dimensioni che ha assunto negli Stati Uniti, in Irlanda e in Spagna. Se le banche italiane hanno titoli tossici in bilancio, questi sono i titoli di Stato dell'Italia, in cui il rapporto debito/PIL ha superato il 120 per cento.

I problemi italiani sono proprio quelli di un debito pubblico eccessivo che ci rende vulnerabili a quella che stoltamente viene chiamata la "dittatura dei mercati" nonché di una spesa pubblica eccessiva e improduttiva.

Invocare maggiore spesa pubblica dopo avere letto degli sprechi della Regione Sicilia, delle forestali calabresi, degli squilibri nella spesa sanitaria tra Regioni italiane per prestazioni equivalenti, in una situazione in cui lo Stato si indebita al 6%, non è essere keynesiani o krugmaniani: è divorziare dalla realtà.

Fausto Panunzi, «laVoce.info», 1° agosto 2012

A. Quali sono le motivazioni su cui poggia la tesi di Krugman?

B. Qual è al riguardo il pensiero dell'autore?

C. Che cosa significa l'espressione "titoli tossici"? Quale è la differenza, al riguardo, tra la situazione americana e quella italiana?

D. Perché, secondo l'autore, è stolto parlare di "dittatura dei mercati"?

E. A quale posizione ti senti più vicino?

ECONOMY HIGHLIGHTS CLIL

6) LEGGI E RISPONDI ALLE DOMANDE

Competenza: comprendere testi di natura economica in lingua inglese

Thanks to the ECB

On Thursday, the President of the European Central Bank, Mario Draghi, created a buzz by saying that the central bank "is ready to do whatever it takes to preserve the euro. And believe me, it will be enough." This was enough to send the euro up and bond spreads down. But what was Draghi really saying?

[...]

The latest statement signals that the ECB is now determined to act as lender in last resort to governments.

The Draghi method is becoming clear:

- Offer the services of the ECB's unbounded purse, but
- Require what it takes to alleviate the moral hazard that it entails.

At a time when spreads on two large countries are reaching unsustainable levels, Draghi seems to be willing to backstop public debts. So far, this measure was considered unrealistic and possibly illegal under the treaties. Draghi bravely begged to differ. He said:

"Then there's another dimension to this that has to do with the premia that are being charged on sovereign states borrowings. These premia have to do, as I said, with default, with liquidity, but they also have to do more and more with convertibility, with the risk of convertibility. To the extent that the size of these sovereign premia hampers the functioning of the monetary policy transmission channel, they come within our mandate." (Draghi 2012)

Put differently, Draghi is willing to backstop public debts to restore the effectiveness of monetary policy. This would indeed bring us close to the end of the crisis.

What did he ask in return? Apparently nothing. This time around, he seems to be sending a warning to the policymakers that have long opposed any step in that direction, arguing that the treaties do not permit it.

- By stating that preservation of the euro is an ECB obligation, he indicated that he will have no choice but "to do whatever it takes".
- He is asking Chancellor Merkel to prepare the German polity for the day when the ECB will make its move.

Here he has political cover. Every single summit since 2010 has repeated – and this quite formally and explicitly – that Eurozone leaders are ready to do whatever it takes to preserve the euro.

The time to deliver is coming. This will be a gigantic political challenge for Merkel, but in many cases she has already changed her position in front of pressing danger (calling the IMF to the rescue, creating the EFSF, making it permanent with the ESM, letting Greece default, etc.).

Optimism may become justified now, if indeed the ECB is in the hands of serious economists and astute politicians. But then there always is a risk of reading too much in a central banker's unavoidably cryptic statements.

Charles Wyplosz, July 30, 2012, Vox

A. Read the text and write the abstract.

B. What does the following sentence mean: «ECB is now determined to act as lender in last resort to governments»?

C. What is the Draghi method?

D. What is moral hazard about?

E. Why is Mr Draghi willing to backstop public debts?

F. Does the ECB have a political cover to preserve the euro?

SEZIONE E

La politica economica internazionale

Il nostro viaggio prosegue, è giunto il momento di gettare uno sguardo sull'Europa e sul mondo. Ci accompagna ancora una volta il Piccolo Principe, il protagonista del libro di Antoine de Saint-Exupéry.

A un certo punto della storia il Piccolo Principe atterra sul sesto pianeta, in cui vive un vecchio signore che scrive degli enormi libri. È un geografo, che però non ha idea di come sia il suo pianeta perché è troppo occupato a fare ricerche su luoghi lontani. Non lascia mai il suo ufficio, ma riceve gli esploratori, li interroga e prende degli appunti sui loro ricordi. «Le geografie – dice – sono i libri più preziosi fra tutti i libri. Non passano mai di moda». E alla domanda del Piccolo Principe «Che cosa mi consigliate di andare a visitare?», il geografo risponde: «Il pianeta Terra. Ha una buona reputazione...».

Un'altra lezione di vita: è importante **conoscere innanzitutto se stessi** per poi confrontarsi con gli altri e con il mondo.

COMPETENZE

- Essere consapevoli dei punti di debolezza che hanno caratterizzato nelle sue varie fasi lo sviluppo economico italiano dal dopoguerra a oggi
- Saper individuare le motivazioni che hanno spinto l'Italia a entrare nella UEM, accettando un sistema di governance europeo fondato su istituzioni, procedure e politiche economiche comunitarie aventi determinati obiettivi
- Saper evidenziare le difficoltà nell'attuazione di tali politiche nell'odierno contesto caratterizzato dalle problematiche tipiche della globalizzazione

1 L'evoluzione del sistema economico italiano dal secondo dopoguerra a oggi

2 L'integrazione europea e il Patto di stabilità e crescita

3 La nuova "governance" economica europea

UNITÀ 1 L'economia italiana e l'integrazione europea

Se Fiat espatria il problema è cosa qui in Italia non va

Dal prossimo anno la Fiat avrà sede legale in Olanda e sede fiscale a Londra

La notizia è confermata: dal prossimo anno la Fabbrica Italiana Automobili Torino sarà semplicemente una fabbrica di automobili, con sede legale in Olanda e sede fiscale a Londra. In molti italiani la notizia suscita rabbia. Ma come, quella stessa Fiat che per molti anni è vissuta di sussidi statali: dagli investimenti agevolati falsamente spacciati per aiuti al Sud alla rottamazione propagandata come manovra ecologista?

Che è vissuta di favori del Governo, come la vendita a prezzo scontato dell'Alfa Romeo e le quote di importazione contro le auto giapponesi e coreane? Quella stessa Fiat oggi ricambia i favori lasciando il nostro Paese e trasferendo la sede fiscale in Inghilterra, con grave danno al nostro fisco?

Finché l'Italia andava bene, la Fiat era italiana, oggi che l'Italia arranca, la Fiat disconosce le sue origini, mordendo la stessa mano che l'ha nutrita? È umanamente difficile accettare un tale atto di ingratitudine.

Superata la legittima reazione emotiva, però, la questione diventa più complessa. Innanzitutto, la riconoscenza è una rara caratteristica degli umani, assente nelle imprese. La riconoscenza si dovrebbe chiedere alla famiglia Agnelli, non certo a una società che oggi cerca di competere nel mondo globale. Anche se le imprese potessero nutrire un sentimento di gratitudine, questa gratitudine dovrebbe spingersi fino all'autolesionismo? È meglio una Fiat internazionale florida o una Fiat nazionale moribonda? [...]

Luigi Zingales
«Il Sole 24 Ore», 30 gennaio 2014

attività

1. La Fiat ha avuto un ruolo di primo piano nella storia economica e del costume del nostro Paese. Conosci i modelli di automobili che hanno avuto più successo negli anni del boom economico?
2. Quali sono le principali critiche rivolte al trasferimento della sede legale all'estero?
3. E le principali giustificazioni?
4. Come risponderesti alla domanda: «È meglio una Fiat internazionale florida o una Fiat nazionale moribonda»?

1 L'EVOLUZIONE DEL SISTEMA ECONOMICO ITALIANO DAL SECONDO DOPOGUERRA A OGGI

Il periodo che va dall'Unità d'Italia alla fine dell'Ottocento è caratterizzato da una crescita economica assai lenta: l'Italia era un paese agricolo, con un basso livello di sviluppo industriale e con un maggior grado di arretratezza rispetto ai principali Paesi industrializzati dell'epoca. Con l'inizio del ventesimo secolo inizia, a scapito dell'agricoltura, un rapido processo di industrializzazione, che però si concentra soprattutto nelle regioni del Nord, nell'area del cosiddetto "triangolo industriale" (i cui vertici sono Milano, Torino e Genova). A partire dagli anni Venti, fino allo scoppio della seconda guerra mondiale, lo sviluppo economico è però sostenuto da un forte accrescimento del ruolo dello Stato e avviene sotto lo scudo di una politica protezionistica e autarchica, tendente a ridurre al minimo gli scambi con l'estero.

La tabella 1 mette in evidenza i dati più significativi relativi alla struttura dell'economia italiana nel periodo analizzato.

Tabella 1 - Ripartizione % del PIL fra i settori economici (1862-1938)

Anni	% PIL agricoltura	% PIL industria	% PIL servizi	Totali
1862-1897	48	19	33	100
1897-1913	43	24	33	100
1921-1938	27	30	43	100

Per comprendere lo sviluppo economico avvenuto nell'arco di tempo compreso fra la fine della seconda guerra mondiale e i giorni nostri, sono state individuate le seguenti fasi:

A. la ricostruzione (1945-1955);
B. il miracolo economico (1955-1963);
C. le lotte sindacali (1963-1973);
D. le crisi petrolifere (1973-1979);
E. l'integrazione monetaria (1979-2002).

IL NUOVO CORRIERE DELLA SERA

E' nata la Repubblica italiana

TREGUA NAZIONALE

I RISULTATI DEL "REFERENDUM"

REPUBBLICA 12.182.855
MONARCHIA 10.362.709

LA COSTITUENTE

Chi sarà il Presidente?

La grande giornata a Roma

Il 2 e 3 giugno 1946 gli italiani votarono per decidere tra repubblica e monarchia. Il 54,3% degli elettori scelse la repubblica.

A • LA RICOSTRUZIONE (1945-1955)

All'indomani della seconda guerra mondiale l'Italia si trova ad affrontare problemi piuttosto gravi e di non facile soluzione. Le distruzioni causate dagli eventi bellici sono state considerevoli e le strutture dell'industria manifatturiera appaiono arretrate in confronto a quelle dei principali Paesi europei. La disoccupazione è massiccia e numerosi sono anche i sottoccupati, soprattutto in agricoltura; ancor più drammatica è la situazione delle regioni meridionali dove il reddito pro capite è la metà di quello del Nord e il saldo della bilancia commerciale registra inoltre un pesante disavanzo, come avviene tipicamente per tutti i Paesi poveri, privi di materie prime e di beni strumentali.

Quali scelte caratterizzano la fase della ricostruzione?

Il periodo della ricostruzione riveste un ruolo fondamentale, poiché in quegli anni vengono prese decisioni che caratterizzeranno lo sviluppo economico successivo. Nelle regioni del Nord si punta sulla ristrutturazione degli impianti industriali, mentre al Sud vengono avviati programmi di riforma agraria e di opere pubbliche straordinarie. Le scelte di fondo che vengono effettuate in questo periodo consistono nell'adesione a un modello di economia mista, basato sul libero mercato e sulla centralità dell'iniziativa economica privata, ma al tempo stesso su una forte presenza dello Stato. L'obiettivo è quello di inserire il nostro Paese in un ampio processo di apertura ai mercati occidentali e di liberalizzazione degli scambi promosso da accordi e organizzazioni internazionali, come FMI e GATT, in risposta al sistema di protezionismo vigente prima della guerra. Gli Stati Uniti d'America, che in quegli anni si sono assunti il compito di finanziare e assistere la ricostruzione dell'economia europea, essendo apertamente favorevoli a una stretta **integrazione economica** dell'Europa, incoraggiano a intraprendere questa strada, che infatti verrà percorsa molto rapidamente (tab. 2).

A ricostruzione ultimata inizierà il periodo del cosiddetto "**miracolo economico**".

Economic integration
Integrazione economica
An economic arrangement between different regions, marked by the reduction or elimination of trade barriers and the coordination of monetary and fiscal policies.

Economic miracle
Miracolo economico
A period of rapid economic growth that exceeds expectations.

Tabella 2 - **Grado di apertura delle economie europee (import+export/PIL, 1953-1970)**

Anni	Italia	Francia	Germania	Regno Unito
1953	20,5	26,1	23,8	44,3
1955	20,2	26,5	29,0	44,9
1960	25,8	26,9	35,2	43,5
1965	27,2	25,8	35,6	39,5
1970	32,8	31,1	40,4	45,3

Fonte: Penn World Tables, in Battilani-Fauri, Mezzo secolo di economia italiana, *Il Mulino, 2008.*

B • Il miracolo economico (1955-1963)

Gli anni successivi alla ricostruzione sono caratterizzati da forte sviluppo e prosperità economica.

Si assiste a una veloce crescita del reddito, a un'industrializzazione vigorosa, a elevati incrementi della produttività. La domanda estera, proveniente dai Paesi ricchi e industrializzati, è rivolta soprattutto a prodotti nuovi, ai beni di consumo di massa dell'industria meccanica (automobili, elettrodomestici, ecc.) o ai prodotti dell'industria petrolchimica (materie plastiche e prodotti fabbricati con esse) che si vanno diffondendo con grande rapidità.

La Vespa, *da mezzo di trasporto, divenne anche un simbolo di stile. Nel fotogramma, Gregory Peck e Audrey Hepburn in una scena del film* Vacanze romane, *diretto da William Wyler (1953).*

Accanto allo sviluppo industriale si registra un forte esodo dalle campagne, soprattutto da quelle zone interne che non offrono sufficienti rendimenti; è così che l'afflusso continuo di lavoratori provenienti dall'agricoltura metterà a disposizione dell'industria una manodopera abbondante.

Perché si parla di miracolo economico?

In questo periodo, specialmente nel quinquennio 1958-1963, l'economia italiana cresce a ritmi impetuosi, riuscendo a conseguire obiettivi in genere ritenuti fra loro incompatibili, come un elevato livello di investimenti, stabilità dei prezzi, bilancia dei pagamenti in equilibrio. Si parla tuttora di "miracolo economico" italiano per indicare l'epoca d'oro della nostra economia e la sua affermazione internazionale grazie alla crescita cospicua delle esportazioni, a dimostrazione dell'elevato livello di integrazione e di apertura verso l'estero. Il problema della disoccupazione viene, almeno temporaneamente, risolto grazie agli elevati livelli di crescita della produzione interna e allo sbocco esterno, costituito dall'emigrazione verso i Paesi europei (Francia, Germania, Svizzera, Belgio).

La "Fiat 500"
debutta nel 1957, in pieno miracolo economico.

La tabella 3 mette in evidenza alcuni dati che giustificano l'espressione utilizzata per definire questo periodo. Come si può notare, mediamente le esportazioni costituiscono la componente più dinamica della domanda. È questa la ragione per cui, da parte di molti economisti, si parlò di un modello di **crescita trainata dalle esportazioni**, ossia di tipo *export led*.

Tabella 3 – Tasso di crescita medio annuo composto (PIL e componenti della domanda, 1954-1963)

Anni	PIL	Consumi privati	Investimenti lordi	Esportazioni
1954-1957	5,3	4,9	9,0	14,3
1957-1961	6,3	5,7	9,7	16,4
1961-1963	5,6	8,8	10,6	9,3

Fonte: Elaborazione dati Prometeia, 2005, in Battilani-Fauri, op. cit.

Quali conseguenze provoca nello sviluppo dell'economia italiana il ruolo centrale assunto dalle esportazioni?

L'economia italiana, date le sue piccole dimensioni, deve procurarsi all'estero molti fattori produttivi indispensabili per il suo sviluppo, quindi, per far fronte al consistente flusso di importazioni di materie prime e beni strumentali, si rende necessario un flusso altrettanto rilevante di esportazioni al fine di salvaguardare l'equilibrio della bilancia dei pagamenti. Le imprese esportatrici, per essere competitive sui mercati internazionali, devono puntare su tecniche produttive avanzate in maniera da ottenere incrementi costanti della produttività e riuscire così a collocare sui mercati internazionali prodotti innovativi a prezzi concorrenziali. In questo modo si delinea una struttura produttiva basata sulla contrapposizione fra un settore avan-

Export led growth
Crescita trainata dalle esportazioni
Growth of an economy over time that is thought to be caused by expansion of the country's exports.

zato, formato da imprese efficienti orientate all'esportazione, e un settore "stagnante" a cui appartengono le imprese più tradizionali, caratterizzate da bassi livelli di produttività perché volte a soddisfare soltanto la domanda interna. In questi anni i salari crescono a ritmi assai ridotti, favorendo così la stabilità dei prezzi e quindi il miglioramento della competitività rispetto ad altri Paesi. Si crea pertanto un circolo virtuoso che determina un elevato livello di sviluppo derivante dalla combinazione di elevata produttività, bassa crescita dei salari, aumento dei profitti, stabilità dei prezzi, miglioramento della competitività, crescita delle esportazioni, crescita della domanda e crescita del reddito. Il miracolo economico terminerà nel 1963 con la stagione delle lotte sindacali.

C • Le lotte sindacali (1963-1973)

La crisi che inizia nel 1963 segna un punto di svolta nell'evoluzione dello sviluppo economico italiano. Negli anni del miracolo economico si era registrato uno sviluppo molto veloce delle attività produttive, senza interruzioni di rilievo; viceversa, a partire dal 1963, prende avvio un lungo periodo caratterizzato dalla presenza di crisi ricorrenti e di aspri conflitti sindacali, praticamente assenti nel periodo precedente. Si verifica, pertanto, un cambiamento radicale che trova spiegazione nelle modificazioni avvenute nella struttura economica del nostro Paese.

☐ Quali sono i principali avvenimenti che hanno caratterizzato il periodo delle lotte sindacali?

1969, autunno caldo. Sciopero con manifestazione davanti alla Fiat.

Uno degli ingredienti del miracolo economico italiano è stato, come abbiamo visto, il basso costo della manodopera. In quegli stessi anni, tuttavia, il mercato del lavoro subisce una profonda trasformazione grazie al raggiungimento della piena occupazione. In questo contesto i **sindacati** acquistano una maggiore forza contrattuale che si manifesta nella richiesta di forti aumenti salariali in occasione del rinnovo dei contratti delle diverse categorie di lavoratori (metalmeccanici, tessili, chimici, ecc.) all'inizio degli anni Sessanta. La crescita dei salari porta a un aumento dei prezzi che ha come conseguenza la perdita di competitività, il peggioramento dei saldi della bilancia dei pagamenti e il calo dei profitti. Le imprese reagiscono cercando di riorganizzare il processo produttivo all'interno della fabbrica per ottenere aumenti di produttività a compensazione del maggior costo del lavoro; le autorità di politica economica adottano nel 1963 una politica monetaria restrittiva per ridurre l'inflazione e migliorare la bilancia dei pagamenti. Questo comporterà, negli anni immediatamente successivi, l'aumento della disoccupazione e l'indebolimento dei sindacati, elementi che consentono di ipotizzare il ritorno a una situazione di crescita, come quella del miracolo economico. In realtà nel 1969, con il cosiddetto "autunno caldo", riprenderanno con grande vigore le lotte sindacali per rivendicare non solo aumenti salariali, ma anche migliori condizioni di lavoro e il riconoscimento

Unions
Sindacati
Organizations of workers formed to protect the rights and interests of their members.

di una serie di diritti da esercitare all'interno della fabbrica. Di nuovo si verifica una situazione simile a quella del 1963: i prezzi aumentano, la competitività diminuisce, peggiora il saldo della bilancia dei pagamenti, diminuiscono i profitti e si riduce la domanda aggregata. Gli imprenditori reagiscono cercando di adottare forme di riorganizzazione aziendale basate sul decentramento produttivo e sullo sviluppo della piccola e media impresa, all'interno della quale il ruolo dei sindacati è sicuramente minore. Gli anni dal 1969 al 1973 saranno caratterizzati da profondi cambiamenti, in quanto accanto a una forte crescita dei salari (tab. 4) si verifica un impetuoso aumento del prezzo delle materie prime sui mercati internazionali, in particolare del petrolio.

Oil shock
Shock petrolifero
An unexpected event that changes the supply of oil (and other commodity), resulting in a sudden change in its price.

Tabella 4 – **Industria manifatturiera: variazioni % dei salari**

Anni	Contrattuali	Di fatto (comprensivi della contrattazione aziendale)
1968	3,6	4,5
1969	7,5	9,9
1970	21,6	23,9
1971	13,5	16,0
1972	10,4	12,1
1973	22,7	21,4

Fonte: Banca d'Italia, Relazione per il 1973.

D • Le crisi petrolifere (1973-1979)

Nell'ottobre del 1973 un attacco sirio-egiziano nei confronti di Israele scatena la guerra dello Yom-Kippur. L'Organizzazione dei Paesi esportatori di petrolio (Opec) a seguito di questo evento decide, in modo unilaterale, un primo rialzo del prezzo del petrolio (cosiddetto **shock petrolifero**), realizzato attraverso tagli alla produzione e restrizione delle esportazioni. Le conseguenze sull'economia italiana saranno rilevanti, in seguito aggravate dalla seconda crisi petrolifera del 1979.

☐ Quali conseguenze provocano le crisi petrolifere sull'economia italiana?

Nel periodo che precede il primo shock petrolifero del 1973, la crescita dell'economia italiana, tra i grandi Paesi industrializzati, è inferiore solo a quella del Giappone. Tale andamento avviene in un contesto economico internazionale decisamente favorevole, per il fatto che anche gli altri Paesi realizzano un forte sviluppo, sospinto dall'attuazione delle politiche economiche keynesiane. Per quanto riguarda l'Italia, il principale elemento negativo è la permanenza dello squilibrio economico e sociale fra le regioni settentrionali e quelle meridionali. Con il 1973 si chiude il periodo della crescita nella stabilità. A livello internazionale, con la decisione di porre fine

LO SAI CHE ...

Il 2 dicembre del 1973 arriva in Italia la prima domenica di stop alle auto private e agli altri veicoli a motore non autorizzati. Il provvedimento segue alla grave crisi petrolifera per effetto dell'embargo decretato dall'Opec nell'ottobre 1973, che porta al fermo delle auto private negli Stati Uniti e nei Paesi alleati in Europa, Italia compresa. Nel nostro Paese le misure adottate dal Governo Rumor, riguardano il taglio dell'illuminazione pubblica, la riduzione degli orari dei negozi, la chiusura anticipata per cinema, bar e ristoranti, la sospensione alle 23 dei programmi tv.

1973: la crisi petrolifera e le domeniche a piedi in una strada di Milano.

al sistema di Bretton Woods basato sui cambi fissi e l'improvvisa quadruplicazione del prezzo del petrolio da parte dell'Opec, si apre un periodo di instabilità monetaria e di elevata inflazione che nel nostro Paese si accompagnano a una forte conflittualità sindacale persistente per tutti gli anni Settanta. Nel 1979 un nuovo aumento del prezzo del petrolio provocherà un secondo shock petrolifero, con ulteriore peggioramento del saldo della bilancia dei pagamenti. La combinazione di questi elementi determina in Italia un elevato tasso di inflazione che, fino agli inizi degli anni Ottanta, è in media superiore di oltre dieci punti rispetto a quello dei maggiori Paesi industrializzati e tale da penalizzare la competitività delle merci italiane. Si verifica un circolo vizioso caratterizzato dal continuo rincorrersi di inflazione e stagnazione, la cosiddetta "stagflazione".

Le autorità responsabili della politica economica decidono infatti, in una prima fase, di adottare manovre restrittive al fine di ridurre la domanda di importazioni; la prolungata recessione economica che seguirà fa emergere l'esigenza di cambiare direzione, mediante l'introduzione di manovre espansive. Il Governo decide allora di sostenere le esportazioni attraverso frequenti svalutazioni della lira, una scelta che provoca il mantenimento di elevati tassi di inflazione ma, al tempo stesso, consente di salvaguardare la competitività delle produzioni italiane, sviluppando le nostre esportazioni a vantaggio della crescita (tab. 5).

Tabella 5 – Variazioni % (in termini reali) di RNL, consumi, investimenti, esportazioni

Anni	Reddito nazionale lordo	Consumi	Investimenti lordi	Esportazioni
1951-1958	+5,5	+3,9	+6,7	+15,9
1958-1963	+6,5	+6,3	+12,5	+14,5
1963-1969	+5,2	+4,8	−0,4	+13,4
1969-1973	+3,8	+4,7	+5,3	+7,6
1973-1980	+2,6	+2,7	+1,3	+6,2
1980-1988	+1,7	+1,4	+1,6	+1,6

Fonte: Istat, Annuario statistico italiano, *anni vari.*

La svalutazione prolungata della lira è gradita ai Paesi concorrenti?

La svalutazione della lira che favorisce le nostre esportazioni non è gradita ai Paesi concorrenti europei, specialmente a Germania e Francia. Gli eventi sopra descritti hanno anche modificato le relazioni commerciali internazionali: la Germania, in particolare, grazie alle tecnologie d'avanguardia si sta affermando come economia guida in Europa e il marco tedesco come valuta di riferimento tra quelle europee. L'industria italiana si deve pertanto difendere, da un lato, dalla concorrenza dei Paesi industriali avanzati centrata sulla tecnologia e, dall'altro, da quella di nuovi Paesi emergenti, come Corea,

Una veduta di Taipei, la capitale di Taiwan, oggi sede di grandi industrie del settore elettronico quali Acer, Asus, HTC.

Singapore, Taiwan, Hong Kong, che cominciano a conquistare i mercati grazie a prezzi particolarmente competitivi.

Tra il 1978 e l'inizio del 1979 si procede a un'ultima rilevante svalutazione con l'obiettivo di migliorare la competitività di prezzo dei nostri prodotti, che però risulta ugualmente penalizzata dall'elevata inflazione che alla fine degli anni Settanta supera il 20%. Anche altri Paesi europei versano in una situazione molto simile, con tassi di inflazione che in Francia si avvicinano al 15% e in Gran Bretagna al 20%; in Germania, invece, l'inflazione rimane costantemente più bassa che nel resto dell'Europa.

E • L'INTEGRAZIONE MONETARIA (1979-2002)

Nel 1979 l'Italia, dopo un periodo di cambi flessibili, aderisce al **Sistema monetario europeo** (SME), fortemente voluto da Germania e Francia, basato su cambi fissi tra valute europee e cambi flessibili rispetto al dollaro e allo yen giapponese. L'adesione allo SME, in cui il marco tedesco diventa il punto di riferimento, richiede però una crescente integrazione economica e finanziaria da parte dei Paesi che vi aderiscono. L'obiettivo dello SME è quello di garantire in Europa fluttuazioni controllate dei tassi di cambio per evitare che oscillazioni eccessive compromettano gli scambi tra i diversi Paesi.

European Monetary System (EMS)
Sistema monetario europeo (SME)
A 1979 arrangement between several European countries which link their currencies together in an attempt to stabilize the exchange rate.

Lo SME consente all'Europa un periodo di cambi piuttosto stabili, ma non impedisce le svalutazioni, che dal 1979 al 1992 saranno addirittura dieci, ognuna delle quali riguarda la parità centrale di una o più monete europee rispetto al marco.

La necessità di procedere a svalutazioni è la conseguenza del fatto che in Germania l'inflazione resta sempre più bassa che negli altri Paesi europei. Finché il tasso di cambio rispetto al marco rimane fisso, i Paesi con inflazione relativamente più alta vedono ridotta la loro competitività con conseguente peggioramento della bilancia commerciale. Solo una svalutazione, a questo punto, potrà riportare in equilibrio la bilancia dei pagamenti. Le svalutazioni all'interno dello SME, però, non vengono deliberate dai singoli Paesi, ma richiedono una decisione collegiale.

Qual è il meccanismo di funzionamento dello SME?

Lo SME si basa sulla fissazione di tassi di cambio centrali (le cosiddette "parità") tra le diverse valute e prevede l'impegno delle autorità monetarie dei Paesi interessati a intervenire per impedire l'oscillazione dei tassi effettivi, sopra o sotto i livelli "centrali", oltre una certa percentuale stabilita. L'Italia, dopo lunghe trattative con gli altri Paesi europei, ottiene di partecipare allo SME con una banda di fluttuazione allargata, precisamente del 6% (+ o –) rispetto al 2,25% (+ o –) degli altri Paesi; poi dall'inizio del 1990 anche il nostro Paese entrerà nella cosiddetta "banda stretta". Nello SME la revisione delle parità centrali ha luogo per decisione delle autorità competenti, solo nella misura ritenuta necessaria in un determinato momento e a condizione di un impegno concreto del Paese richiedente per abbassare l'inflazione. L'Italia, per esempio, entrata nello SME con un tasso di inflazione superiore al 20%, a poco a poco è arrivata intorno al 5% (fig. 1).

Figura 1

L'inflazione in Italia (1953-2015)

Fonte: www.inflation.eu/

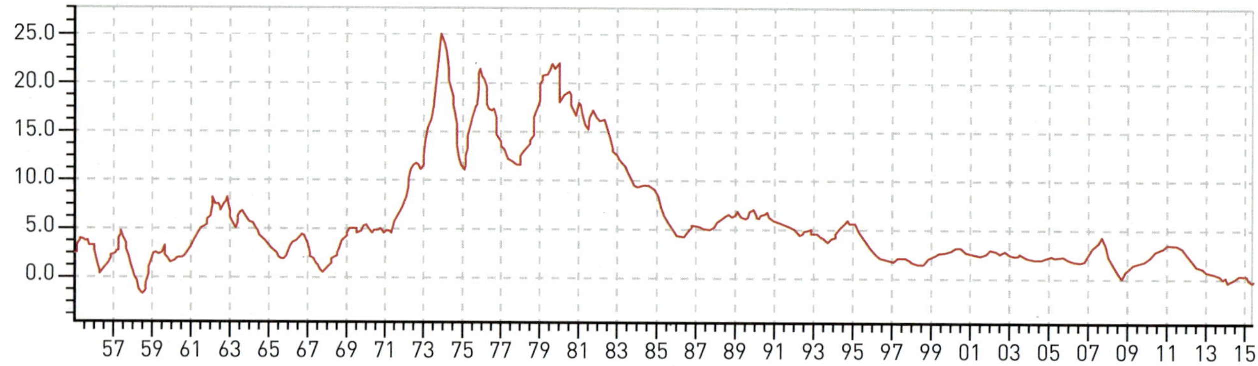

Quando la moneta di un Paese raggiunge il margine superiore di fluttuazione, la Banca centrale di quel Paese può percorrere due strade: alzare i tassi di interesse e difendere così il cambio, oppure chiedere una svalutazione della moneta che comporterebbe lo slittamento verso l'alto della banda di oscillazione.

L'Italia, all'inizio degli anni Novanta, segue una politica di cambio forte, con l'obiettivo di completare il processo di abbassamento dell'inflazione, nonostante gli effetti negativi sugli scambi con l'estero.

Nel settembre 1992 si verifica sui mercati finanziari un fortissimo attacco speculativo contro la lira italiana, sollecitato dalle condizioni negative dei conti pubblici e dalle difficoltà riscontrate nell'attuazione di misure correttive. L'attacco viene contrastato dalla Banca d'Italia con un massiccio ricorso alle riserve valutarie, ma, dopo un vano tentativo di variare la parità con una svalutazione del 7% nei confronti delle altre valute aderenti agli Accordi europei di cambio, ulteriori manovre speculative obbligano la lira, insieme con la sterlina inglese, ad abbandonare lo SME. La lira, ormai fuori dagli accordi di cambio, inizia di nuovo a fluttuare e solo nell'autunno del 1996 vi farà rientro in un quadro europeo assai modificato. Nel 1992 infatti viene stipulato il Trattato di Maastricht, il cui obiettivo finale è quello di trasformare l'Unione europea in una unione monetaria, con una moneta unica e una sola Banca centrale. Il 1° gennaio 1999 undici Paesi dell'Unione europea abbandonano la loro moneta nazionale per adottare una moneta comune, l'euro. Il giorno prima, il 31 dicembre 1998, il Consiglio europeo aveva fissato irrevocabilmente i tassi di conversione in euro delle monete di questi Paesi, espresso in termini di 1 euro per quantità di ciascuna valuta nazionale (per esempio 1 euro = 1936,27 lire; 1 euro = 1,95583 marchi tedeschi). Le vecchie monete rimangono tuttavia in circolazione, accanto alla nuova, per tre anni, finché, dal 1° gennaio 2002, l'euro le sostituirà completamente.

Per quale ragione undici Paesi europei decidono di adottare una moneta comune?

La decisione di adottare una moneta comune nasce dalla volontà di fissare in maniera definitiva le parità di cambio tra più Paesi eliminando il rischio, che si può verificare in un sistema a cambi fissi, di svalutazione.

I Paesi europei hanno deciso di dare vita a una unione monetaria anche perché il commercio internazionale è una componente importante del loro PIL. Il tasso di cambio, infatti, ha un'importanza tanto maggiore quanto più grande è il grado di apertura dell'economia. Una svalutazione, come sappiamo, riduce il prezzo relativo dei beni nazionali, quindi determina un incremento delle esportazioni e un calo delle importazioni; il contrario avviene nel caso di una rivalutazione. Più elevato è il grado di apertura dell'economia (cioè maggiore è la quota di importazioni ed esportazioni sul totale del reddito), più elevato sarà l'effetto macroeconomico della svalutazione (o rivalutazione).

Quale andamento ha avuto l'economia italiana dopo l'introduzione dell'euro?

In Italia, come nel resto del mondo, nel ventunesimo secolo è cresciuto notevolmente il fenomeno dell'internazionalizzazione, termine con il quale facciamo riferimento non solo agli investimenti all'estero da parte delle imprese italiane, ma anche al complesso degli scambi commerciali e dei capitali provenienti dall'estero attratti in modo stabile. Tuttavia l'Italia, rispetto alle maggiori economie europee, ha dimostrato una minore capacità di inserirsi nel processo di integrazione economica mondiale. La struttura industriale, composta in larga parte da aziende di dimensioni ridotte, quindi meno preparate ad affrontare gli elevati costi e rischi derivanti da un insediamento produttivo all'estero, ha contribuito al ritardo del nostro Paese, limitandone la capacità di internazionalizzazione. La ridotta dimensione delle imprese ha avuto una ricaduta anche sulle modalità di insediamento nei mercati esteri; per esempio, rispetto a Francia e Germania, è stata prevalente la quota di accordi commerciali rispetto a investimenti più stabili, come quelli in impianti produttivi.

Il sorpasso

Film-commedia, drammatico di Dino Risi, 1962

Bruno Cortona, estroverso e superficiale quarantenne, incontra casualmente, nella Roma spopolata di Ferragosto, lo studente universitario Roberto Mariani, timido e studioso, e lo convince a unirsi a lui per una scorribanda automobilistica. I due hanno temperamenti diversissimi e indimenticabile è il loro vagabondare, sospeso tra momenti esilaranti e altri tragici. Considerato un capolavoro della commedia all'italiana, il film fornisce uno spaccato rappresentativo dell'Italia degli anni '60, quella del boom economico.

- Guarda il film e discutine con i compagni e l'insegnante.

PRINCIPALI MULTINAZIONALI ITALIANE (NON FINANZIARIE) PER FATTURATO ALL'ESTERO (ANNO 2015)

Gruppo	Attività
ENI	Petrolio, ingegneria
FIAT	Autoveicoli
ENEL	Energia elettrica, gas
FIAT INDUSTRIAL	Veicoli industriali, macchine agricole
FINMECCANICA	Aerospazio, difesa, energia, trasporti
TELECOM ITALIA	Telecomunicazioni
ST MICRO-ELECTRONICS	Componenti elettronici
PRYSMIAN	Cavi
EDIZIONE	Abbigliamento, ristorazione
LUXOTTICA GROUP	Occhiali
SARAS	Raffinerie, petrolio
PIRELLI	Pneumatici
RIVA FIRE SpA	Acciaio
ITALCEMENTI	Cemento, calcestruzzo
BUZZI UNICEM	Cemento, calcestruzzo

Fonte: Banca d'Italia, L'internazionalizzazione del sistema produttivo, gennaio 2015.

La distanza fra l'Italia e i Paesi europei più industrializzati è confermata anche se prendiamo in considerazione i flussi di investimento ricevuti dall'estero, che rappresentano soltanto una piccola percentuale di quelli realizzati nell'ambito dell'Unione europea. Negli ultimi decenni, infatti, il nostro Paese ha dimostrato una minore capacità di attrarre capitali dall'estero rispetto a Paesi simili per dimensione e livello di sviluppo, nonostante la presenza di un sistema di imprese molto orientato all'esportazione.

Malgrado le suddette considerazioni, dobbiamo però ricordare che diverse aziende italiane hanno assunto, con i loro investimenti all'estero, un ruolo di primo piano nell'economia mondiale.

Negli anni Novanta la crescita delle multinazionali italiane si è concentrata nei settori tradizionali e soprattutto nei Paesi dell'Europa dell'Est. Nel primo decennio del nostro secolo, invece, sono aumentati gli investimenti diretti esteri nei settori ad alta intensità tecnologica e nei Paesi asiatici emergenti.

Per quanto riguarda le esportazioni, inoltre, bisogna ricordare che in alcuni settori l'Italia ha conquistato nel tempo una posizione di forza, e alcune imprese hanno assunto un ruolo di *leadership* sui mercati internazionali. Tuttavia, a differenza del passato, alla spinta delle esportazioni, che risentono della debolezza dei mercati extraeuropei, si sta progressivamente sostituendo quella della domanda interna, in particolare per la componente dei consumi delle famiglie.

Secondo i dati forniti dalla Banca d'Italia, nel 2015 l'economia italiana, dopo alcuni anni di recessione, è tornata a crescere per la prima volta, anche se l'attività economica rimane lontana dai livelli precedenti la crisi. Un contributo fondamentale è derivato dalla politica monetaria fortemente espansiva e anche da una politica fiscale che, con alcune misure, ha stimolato la domanda interna.

2 L'INTEGRAZIONE EUROPEA E IL PATTO DI STABILITÀ E CRESCITA

Common market
Mercato comune
Agreement formed by countries within a geographical area to promote the free movement of goods, services, labor and capital among its members and to impose a common external tariff.

Con il Trattato di Maastricht del 1992 è stata istituita l'**Unione europea**, un soggetto politico a carattere sovranazionale che attualmente comprende 28 Paesi membri.

La tabella 6 mostra in ordine cronologico i trattati che hanno accompagnato il processo di integrazione europea e le loro caratteristiche salienti.

Tabella 6 – I trattati dell'integrazione europea

Trattati	Anno	Stati membri	Obiettivi
Ceca (Comunità europea del carbone e dell'acciaio) – Trattato di Parigi	1951	Belgio, Francia, Germania, Italia, Lussemburgo, Paesi Bassi	Garantire uguale accesso al mercato del carbone e dell'acciaio agli Stati membri.
Euratom (Comunità europea dell'energia atomica) – Trattato di Roma	1957	Belgio, Francia, Germania, Italia, Lussemburgo, Paesi Bassi	Incentivare la ricerca e la tecnologia nucleare negli Stati membri.
Cee (Comunità economica europea) – Trattato di Roma	1957	Belgio, Francia, Germania, Italia, Lussemburgo, Paesi Bassi	Creare un **mercato comune**.
Aue (Atto unico europeo) – Trattato di Lussemburgo	1986	Belgio, Francia, Germania, Italia, Lussemburgo, Paesi Bassi, Danimarca, Regno Unito, Grecia, Irlanda, Portogallo, Spagna	Portare a termine la realizzazione del mercato comune.
Ue (Unione europea) – Trattato di Maastricht	1992	Belgio, Francia, Germania, Italia, Lussemburgo, Paesi Bassi, Danimarca, Regno Unito, Grecia, Irlanda, Portogallo, Spagna	Creare un'**Unione economica e monetaria** basata su tre pilastri: le Comunità europee, Politica estera e di sicurezza comune (Pesc), Politica della giustizia e degli affari interni (Gai).
Trattato di Amsterdam	1997	Austria, Belgio, Finlandia, Francia, Germania, Italia, Lussemburgo, Paesi Bassi, Danimarca, Regno Unito, Grecia, Irlanda, Portogallo, Spagna, Svezia	Riordinare il Trattato Cee del 1957 (primo pilastro) in un nuovo Trattato (Ce).
Trattato di Nizza	2001	Austria, Belgio, Finlandia, Francia, Germania, Italia, Lussemburgo, Paesi Bassi, Danimarca, Regno Unito, Grecia, Irlanda, Portogallo, Spagna, Svezia	1. Proclamare la Carta dei diritti fondamentali; 2. Rivedere e razionalizzare le istituzioni europee.
Trattato di Lisbona È formato da tre distinti trattati: a. Trattato sull'Unione europea (Tue); b. Trattato sul funzionamento dell'Unione europea (Tfue); c. Carta dei diritti.	2007	Austria, Belgio, Finlandia, Francia, Germania, Italia, Lussemburgo, Paesi Bassi, Danimarca, Regno Unito, Grecia, Irlanda, Portogallo, Spagna, Svezia, Bulgaria, Repubblica Ceca, Cipro, Estonia, Lettonia, Lituania, Malta, Polonia, Romania, Slovacchia, Slovenia, Ungheria	1. Definire poteri e competenze dell'Unione e degli Stati membri; 2. Riconoscere i diritti fondamentali.

La Gran Bretagna, con il referendum del 23 giugno 2016, ha scelto di uscire dalla Ue.

La procedura di separazione è contemplata nei trattati europei, in quanto aggiunta al Trattato di Lisbona. L'articolo 50 stabilisce che «ogni Stato membro può decidere di recedere dall'Unione conformemente alle proprie norme costituzionali».

Economic and Monetary Union (EMU)
Unione economica e monetaria
An advanced stage of multinational integration involving a common monetary policy and closely coordinated economic policies of the Member States.

Come è avvenuta la realizzazione di un'Unione economica e monetaria?

Nel Trattato di Maastricht del 1992 sono stati stabiliti dei criteri di convergenza, intendendo con questa espressione i requisiti economici e finanziari che gli Stati della Ue dovevano soddisfare per l'ingresso nell'Uem. Le condizioni per l'ammissione alla Uem erano, e sono tuttora, le seguenti:

- tasso di inflazione non superiore di 1,5% rispetto al tasso medio dei tre Paesi più virtuosi;
- tasso di interesse a lungo termine non superiore del 2% in rapporto al Paese con inflazione più bassa;
- tasso di cambio che, per almeno due anni, non abbia subito oscillazioni superiori a quelle previste dall'accordo di cambio dello SME;
- un disavanzo, definito come "indebitamento netto", non superiore al 3% del PIL;
- un rapporto tra debito pubblico e PIL inferiore al 60%. Qualora tale rapporto sia superiore al 60%, esso dovrà essere ridotto "in misura sufficiente", in modo da avvicinarsi al valore del 60% "a un ritmo adeguato".

Stability and Growth Pact (SGP)
Patto di stabilità e crescita
A set of rules designed to ensure that countries in the European Union pursue sound public finances and coordinate their fiscal policies.

In seguito, con il Trattato di Amsterdam del 2 ottobre 1997, è stato introdotto il **Patto di stabilità e crescita** (**Psc**), un insieme di regole per indurre gli Stati membri a mantenere sane le finanze pubbliche. Il Psc si compone di due elementi:

- un "**braccio**" **preventivo** che impone agli Stati membri di presentare ogni anno un programma di stabilità (Paesi dell'area dell'euro) o convergenza (altri Paesi della Ue), insieme al programma nazionale di riforma. Nel programma di stabilità/convergenza ogni Stato membro illustra come intende mantenere o ristabilire una sana situazione delle finanze pubbliche nel medio termine. La Commissione può quindi formulare raccomandazioni (a giugno, nell'ambito del semestre europeo), o eventualmente invitare il Consiglio a emettere un avvertimento per deficit eccessivo;
- un "**braccio**" **correttivo** per porre un freno alla tendenza dei Governi nazionali all'espansione dei disavanzi pubblici. A tale scopo prevede una serie di strumenti idonei a vigilare sullo stato della finanza pubblica dei Paesi dell'Eurozona, che possono culminare nell'avvio delle "Procedure sui disavanzi eccessivi" (basate su avvertimento, raccomandazione e sanzione).

Il Psc, pertanto, ha rafforzato i criteri di convergenza del Trattato di Maastricht perché impegna i Paesi a:

- rispettare l'obiettivo di una situazione di bilancio a medio termine comportante un saldo vicino al pareggio o positivo;
- adottare le misure correttive del bilancio ritenute necessarie per confermare i requisiti di adesione alla Ue in merito a disavanzo e debito pubblico, vincolandosi al controllo delle rispettive politiche di bilancio.

Con la **riforma del Patto di stabilità e crescita**, avvenuta nel 2005, sono state introdotte regole più flessibili e alcune attenuanti all'apertura della Procedura nei confronti degli Stati membri; per esempio, si è stabilito di tenere conto dell'andamento del ciclo economico e delle eventuali riforme messe in atto dai Governi nazionali per garantire, nel lungo periodo, il risanamento delle finanze pubbliche.

Con l'espressione "**governance economica**" si fa riferimento al sistema di istituzioni e procedure posto in essere al fine di conseguire gli obiettivi dell'Unione in ambito economico. Esso comporta, pertanto, il coordinamento delle politiche economiche e di bilancio degli Stati membri a livello europeo, una politica monetaria comune con una moneta unica (euro), l'impegno assunto dai Paesi aderenti a evitare disavanzi di bilancio eccessivi, nonché un meccanismo di sostegno finanziario per gli Stati membri che versano in gravi difficoltà economiche.

3 LA NUOVA "GOVERNANCE" ECONOMICA EUROPEA

Dopo la crisi economica del 2007, tra il 2009 e il 2010 tutti i Paesi dell'Unione monetaria europea sono stati sottoposti alla **Procedura di disavanzo eccessivo** prevista dal Patto di stabilità e crescita. È però risultata evidente l'insufficienza anche di questo strumento, basato su un sistema di vigilanza che avveniva successivamente alla stesura dei bilanci nazionali da parte dei singoli Paesi dell'Unione. Per questo motivo è stato introdotto dal 1° gennaio 2011 il semestre europeo, quale strumento di coordinamento preventivo delle politiche di bilancio dei Paesi membri.

L'elevato peso del debito di alcuni Paesi della Ue mostrava con chiarezza la necessità di procedere a riforme che prevedessero un maggior coordinamento delle politiche economiche dei Paesi membri, una maggiore convergenza delle loro economie e un meccanismo di salvataggio dei Paesi economicamente più deboli, per potere gestire eventuali situazioni di **default**.

Excessive deficit procedure
Procedura di disavanzo eccessivo
An action launched by the European Commission against any European Union member State that exceeds the budgetary deficit ceiling imposed by the Stability and Growth Pact ; the procedure entails several steps, potentially culminating in sanctions.

Nell'ipotesi di un disavanzo eccessivo da parte di uno Stato o di rischio di disavanzo eccessivo si dà il via a una procedura articolata in quattro fasi:

1ª FASE — la Commissione prepara una **relazione** che diviene poi oggetto di una comunicazione del Consiglio europeo allo Stato interessato; seguono **raccomandazioni** "private" allo Stato

2ª FASE — se le raccomandazioni private sono ignorate, il Consiglio le **rende pubbliche**

3ª FASE — se lo Stato continua a disattendere le raccomandazioni, il Consiglio gli intima di prendere **misure correttive** indicando le **procedure adottate**

4ª FASE — viene fatto obbligo allo Stato di fornire **informazioni supplementari** prima dell'emissione dei titoli, di costituire un **deposito infruttifero** di importo adeguato e di pagare un'ammenda; la Banca europea degli investimenti viene invitata a riconsiderare le politiche dei **prestiti** allo Stato

Subprime lending
Prestiti subprime
Loans made to people with low income or to people who may have difficulty maintaining the repayment schedule.

L'Unione europea, dunque, ha dovuto avviare con urgenza un negoziato teso a cambiare in maniera profonda la governance economica, soprattutto su impulso della Germania, la quale ha insistito per una riforma del Patto che andasse nella direzione del maggior rigore possibile. Le conclusioni del Consiglio europeo del 24-25 marzo 2011 hanno segnato un punto di svolta importante in questo processo di riforma.

RINFORZO

La crisi del 2007

Iniziata già negli ultimi mesi del 2006, e divenuta "palpabile" a fine 2007, la crisi finanziaria esplose nel 2008 negli Stati Uniti e si propagò in tutto il mondo e nell'Unione europea in particolare. La sua origine viene fatta risalire alla crisi dei **prestiti subprime**, prestiti o mutui erogati da società specializzate a clienti "ad alto rischio": debitori che erano già stati insolventi o che non avevano dato alcuna documentazione circa i loro redditi o le loro attività. In cambio dell'assunzione del rischio, le società richiedevano il pagamento di tassi di interesse sensibilmente più alti e commissioni e more elevate. Per difendersi dal rischio insolvenza, il sistema creditizio ha "cartolarizzato" il debito, cioè ha emesso obbligazioni ad alto rendimento, acquistate da molti investitori istituzionali, anche all'estero: il rischio è stato così trasferito ad altri, ma è rimasto nel sistema.

I mesi precedenti all'inizio della crisi dei subprime erano stati caratterizzati da un aumento dei prezzi dei prodotti petroliferi, delle materie prime e degli immobili, con conseguente innalzamento dei tassi di interesse per contrastare le spinte inflazionistiche.

L'andamento della crisi è contrassegnato dalle seguenti fasi.

- La **prima fase**, oltre a registrare andamenti negativi per le Borse mondiali, investe il sistema bancario. La sfiducia tra le banche stesse, che non si fidano più a prestarsi reciprocamente denaro, genera mancanza di liquidità, con il conseguente rischio di corsa agli sportelli da parte dei risparmiatori. In questo caso l'intervento della Banca centrale europea (Bce) è stato efficace e tempestivo, in quanto ha garantito alle banche la liquidità di cui esse necessitavano per mantenere la propria operatività e non creare allarmismi presso i propri clienti. Contemporaneamente i Governi europei hanno preso importanti provvedimenti per garantire i depositi bancari e impedire il fallimento delle banche.
- Nella **seconda fase** la crisi finanziaria si è trasformata in crisi economica reale con conseguenze particolarmente acute in alcuni Paesi membri (soprattutto in Portogallo, Irlanda, Grecia, Spagna, Italia). Pertanto si sono rese necessarie politiche fiscali idonee a impedire una serie di fallimenti di imprese, seppur con notevoli differenze tra Paese e Paese.
- Le precedenti due fasi della crisi (finanziaria e dell'economia reale) sono state comuni a tutte le principali economie mondiali; invece la **terza fase**, ovvero la "crisi del debito", è stata più propriamente europea, in quanto ha messo in luce i vuoti che avevano caratterizzato la governance economica europea, contribuendo così a rendere assolutamente urgente una sua riforma.

European semester
Semestre europeo
A cycle of economic and fiscal policy coordination within the EU. Each year the European Commission analyses the fiscal and structural reform policies of every Member State, provides recommendations, and monitors their implementation.

☐ Che cos'è più precisamente il semestre europeo?

Il **semestre europeo** si configura come un ciclo di procedure nell'ambito delle quali, nei primi sei mesi di ciascun anno, vengono definite le politiche economiche degli Stati membri, sia dal lato della politica di bilancio, sia dal lato delle riforme e degli interventi strutturali. Le regole introdotte tendono a garantire un coordinamento preventivo e una più adeguata sorveglianza delle politiche economiche e di bilancio nell'Eurozona e nella Ue a 28 (tuttavia è già iniziata la procedura di uscita della Gran Bretagna dalla Ue in seguito al referendum del 23 giugno 2016 a conclusione della quale i Paesi della Ue saranno 27) da parte del Consiglio europeo, su impulso della Commissione. La finalità è quella di favorire una più incisiva guida politica e strategica da parte delle autorità europee nel periodo in cui le politiche e le decisioni di bilancio sono ancora in una fase di programmazione, riducendo, in definitiva, l'autonomia dei singoli Stati.

Paesi membri dell'Ue (data di adesione)

Nel 2016 l'Unione europea ha 28 paesi membri:

- Austria (1995)
- Belgio (1958)
- Bulgaria (2007)
- Cipro (2004)
- Croazia (2013)
- Danimarca (1973)
- Estonia (2004)
- Finlandia (1995)
- Francia (1958)
- Germania (1958)
- Grecia (1981)
- Irlanda (1973)
- Italia (1958)
- Lettonia(2004)
- Lituania (2004)
- Lussemburgo (1958)
- Malta (2004)
- Paesi Bassi (1958)
- Polonia (2004)
- Portogallo (1986)
- Regno Unito (1973)
- Repubblica Ceca (2004)
- Romania (2007)
- Slovacchia (2004)
- Slovenia (2004)
- Spagna (1986)
- Svezia (1995)
- Ungheria (2004)

Data di ingresso nell'area dell'euro:

- 1° gennaio 1999: Belgio, Germania, Irlanda, Spagna, Francia, Italia, Lussemburgo, Paesi Bassi, Austria, Portogallo, Finlandia.
- 1° gennaio 2001: Grecia.
- 1° gennaio 2007: Slovenia.
- 1° gennaio 2008: Cipro, Malta.
- 1° gennaio 2009: Slovacchia.
- 1° gennaio 2011: Estonia.
- 1° gennaio 2014: Lettonia.
- 1° gennaio 2015: Lituania.

Paesi della Ue che non utilizzano l'euro: Bulgaria, Repubblica Ceca, Danimarca, Croazia, Ungheria, Polonia, Romania, Svezia. Anche il Regno Unito, prima del referendum del 23 giugno 2016 con cui ha deciso di iniziare le procedure per uscire dall'Ue, non utilizzava l'euro.

Quali sono state le principali misure adottate per contrastare le crisi finanziarie, con i conseguenti rischi di "default"?

Nel maggio 2010 i Governi della zona euro, con la cooperazione del FMI, hanno creato una rete di salvataggio all'interno dell'Unione europea per i Paesi membri in crisi. A tal proposito hanno costituito:

- l'**European Financial Stabilisation Mechanism** (**EFSM**), un fondo disponibile per tutti i gli Stati membri dell'Unione;
- l'**European Financial Stability Facility** (**EFSF**), un fondo di garanzia istituito a livello europeo tra i 19 Paesi dell'area euro, da usare per soccorrere i Paesi in crisi;

European Stability Mechanism (ESM)
Meccanismo europeo di stabilità
Facility that provides financial assistance to euro area Member States that are experiencing or are threatened by financing difficulties.

- il **Securities Markets Programme** (**SMP**), un programma, attivato dalla Bce, di acquisti di titoli di Stati membri in difficoltà sul mercato secondario, con lo scopo di contrastare tensioni speculative sui mercati.

Tali strumenti sono stati poi rimpiazzati dall'**European Stability Mechanism** (**ESM**, **Meccanismo europeo di stabilità**), il cosiddetto "Fondo salva-Stati", un fondo permanente di salvataggio europeo, attivato l'8 ottobre 2012 con il coordinamento del Fondo monetario internazionale e della Bce, in seguito a decisione unanime dei Paesi e come *ultima ratio*, ovvero solo nel caso in cui la stabilità dell'euro sia concretamente minacciata.

L'ESM è in grado di concedere dei prestiti ai Paesi dell'area euro in difficoltà, ma a condizioni ben precise, ovvero a seguito di un piano di risanamento economico e di riforma delle finanze pubbliche. L'ESM, di norma, fornisce assistenza finanziaria sotto forma di prestiti e, solo in casi straordinari, può intervenire nei mercati per comprare obbligazioni.

L'ESM è il programma di salvataggio (Fondo salva-Stati) attivato dalla Bce.

Gli Stati che hanno ottenuto un finanziamento dal fondo ESM possono avere anche accesso al programma **Outright Monetary Transactions** (**OMT**), consistente nell'acquisto diretto da parte della Bce di titoli di Stato a breve termine emessi da Paesi in grave difficoltà finanziaria.

Oltre al meccanismo di stabilità finanziaria e al semestre europeo, quali significative misure di contrasto alle crisi sono state introdotte dalla riforma della governance europea?

Altre misure introdotte sono le seguenti:

- **Patto per l'euro (Euro Plus Pact)**;
- **Riforma del Patto di stabilità e crescita (Psc)**;
- **Sorveglianza sugli squilibri macroeconomici**.

L'**Euro Plus Pact** costituisce un compromesso sul "Patto per la competitività", presentato da Francia e Germania, che mira a coordinare le politiche economiche dei Paesi membri anche in ambiti particolarmente sensibili come quelli delle imposte sulle imprese, dei salari, delle pensioni, della ricerca, dell'istruzione e dei vincoli alla spesa pubblica.

Le regole sulla **Riforma del Patto di stabilità e crescita** (**Psc**) e sulla **Sorveglianza degli squilibri macroeconomici** sono contenute nel cosiddetto **Six Pack**, che è stato approvato dal Parlamento europeo il 28 settembre 2011, costituito da cinque regolamenti e una direttiva.

Questi provvedimenti sono così organizzati:

- **tre si focalizzano sui bilanci pubblici**, introducendo, accanto al vincolo del disavanzo del 3%, anche un vincolo alla crescita della spesa, al fine di realizzare una politica di bilancio "prudente". È stata introdotta una regola, sia pure non automatica, che riguarda il requisito del rapporto debito/PIL: se esso supera il valore obiettivo del 60%, si deve realizzare una sua riduzione annua pari al 5% della differenza tra il livello raggiunto e il limite del 60%;

- **due prevedono la costituzione di un nuovo sistema di allerta e sanzione** nel caso si verifichino squilibri macroeconomici. La natura della crisi del 2007, originata da squilibri nel settore privato che si sono diffusi ai conti pubblici, ha messo in luce come gli indicatori di bilancio pubblico (disavanzo e debito) non siano i soli né sempre i più appropriati segnali di rischio di crisi finanziarie. Il nuovo sistema di regole introduce una nuova sorveglianza macroeconomica e si propone di tenere sotto controllo alcuni indicatori di *performance* macroeconomica (*scoreboard*), prevedendo le cosiddette **soglie di allerta**, fra cui il saldo delle partite correnti, il tasso di cambio effettivo basato sul costo del lavoro, il debito del settore pubblico e privato. È importante notare il riferimento al debito privato che è stato alla base della crisi finanziaria negli Usa del 2007;
- **uno stabilisce gli standard da seguire nella redazione dei conti pubblici nazionali**.

Il Six Pack è stato comunque completato con il **Trattato intergovernativo sulla stabilità, il coordinamento e la governance (TSCG)** allo scopo di introdurre il principio del pareggio di bilancio. Tale provvedimento, per la parte fiscale, è noto come **Patto di bilancio europeo** o **Fiscal compact**.

Il Six Pack inoltre è stato rafforzato con l'introduzione del **Two Pack**, ossia due regolamenti della Commissione europea entrati in vigore il 30 maggio 2013 che prevedono una maggiore sorveglianza del ciclo di bilancio degli Stati membri in grave difficoltà economico-finanziaria.

Scoreboard
Quadro di valutazione sullo stato di recepimento e applicazione delle direttive europee e sullo stato di integrazione economica del Paese monitorato.

Fiscal compact
Patto di bilancio europeo
Intergovernmental treaty introduced as a new stricter version of the Stability and Growth Pact, intended to foster budgetary discipline and to improve the governance of the area euro.

Sorveglianza sugli squilibri macroeconomici

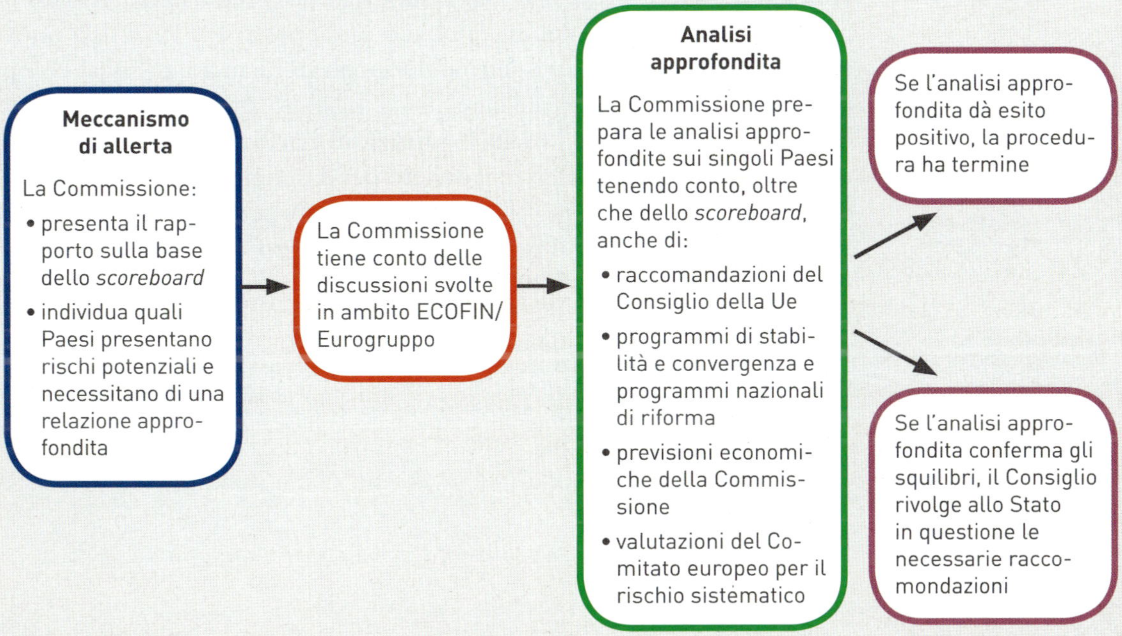

RINFORZO

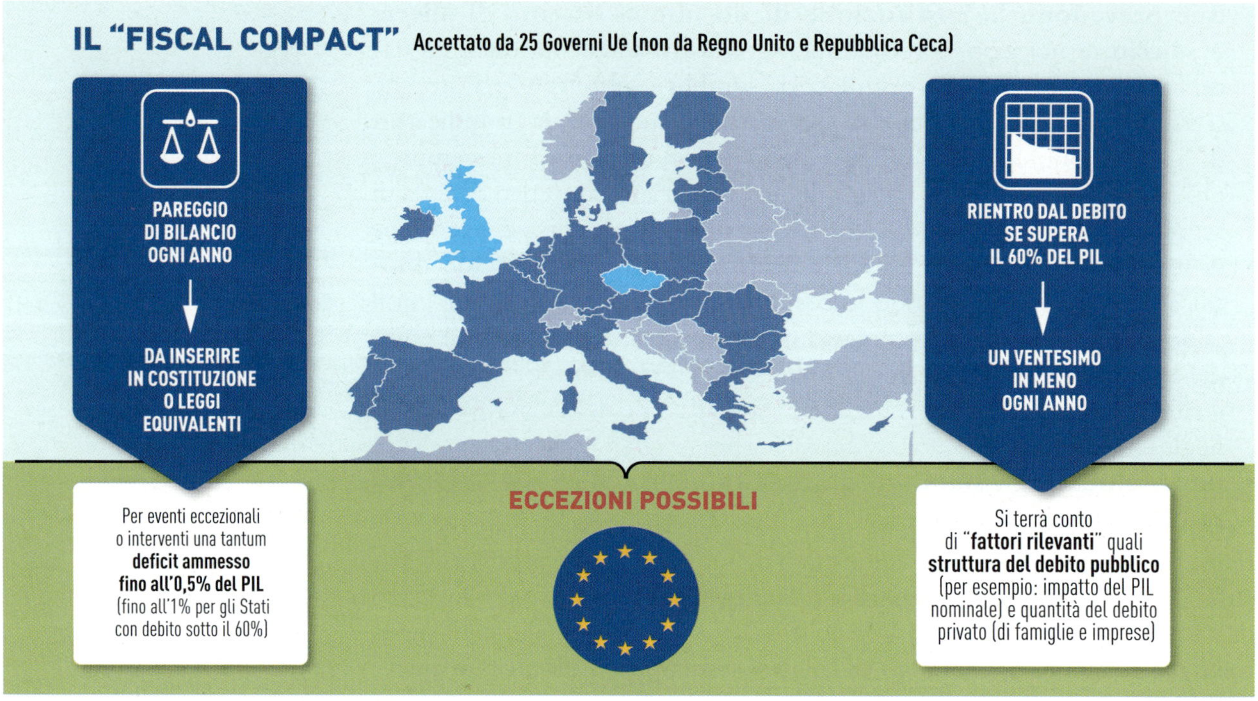

Figura 2

Patto di bilancio europeo o Fiscal compact.

Fonte: ANSA-CENTIMETRI.

Quali sono le principali disposizioni contenute nel Fiscal compact?

Il **Fiscal compact** è stato approvato da 25 Paesi dell'Unione europea il 30 gennaio 2012, nel corso del vertice del Consiglio europeo.

Esso recepisce i contenuti descritti nella riforma del Patto di stabilità e crescita del settembre 2011 (Six pack), tra cui la regola che fissa un percorso di riduzione del debito pubblico in rapporto al PIL, e fissa nuove e più stringenti regole sul rispetto dei vincoli di bilancio. Il Fiscal compact prevede, infatti, l'obbligo del pareggio di bilancio attraverso l'introduzione di questa "regola d'oro" nelle Costituzioni nazionali o nelle legislazioni equivalenti, o meglio sancisce il divieto per il deficit strutturale di superare lo 0,5% del PIL nel corso di un ciclo economico. In questo contesto in Italia è stato introdotto il principio del **pareggio di bilancio** con **legge costituzionale n. 1 del 20 aprile 2012**, che ha modificato l'art. 81 della Costituzione.

MAPPA UNITÀ E1

LA POLITICA ITALIANA E L'INTEGRAZIONE EUROPEA

Fasi dello sviluppo economico italiano

a. la ricostruzione (1945-1955)
b. il miracolo economico (1955-1963)
c. le lotte sindacali (1963-1973)
d. le crisi petrolifere (1973-1979)
e. l'integrazione monetaria (1979-2002)

↓

crisi economica del 2007

↓

nuova governance economica europea

↓

tutti i Paesi dell'Unione monetaria europea sono stati sottoposti alla **Procedura di disavanzo eccessivo** prevista dal **Patto di stabilità e crescita**

↓

creazione di una rete di salvataggio

- l'**European Financial Stabilisation Mechanism (EFSM)**, un fondo disponibile per tutti i gli Stati membri dell'Unione
- l'**European Financial Stability Facility (EFSF)**, un fondo di garanzia istituito a livello europeo tra i 19 paesi dell'area euro, da usare per soccorrere i Paesi in crisi
- il **Securities Markets Programme (SMP)**, un programma, attivato dalla Bce, di acquisti di titoli di Stati membri in difficoltà sul mercato secondario con lo scopo di contrastare tensioni speculative sui mercati

Tali strumenti sono stati poi rimpiazzati dall'**European Stability Mechanism (ESM)**, il cosiddetto "Fondo salva-Stati", con accesso per gli Stati finanziati al programma **Outright Monetary Transactions (OMT)**.

↓

altre misure introdotte

- Patto per l'euro (Euro Plus Pact)
- Riforma del Patto di stabilità e crescita (Psc)
- Sorveglianza degli squilibri macroeconomici

→ **Six pack** (2011), poi completato dal Trattato sulla stabilità, coordinamento, governance (**TSCG**), noto, per la parte fiscale, come **Patto di bilancio europeo** o "**fiscal compact**", con lo scopo di introdurre il principio del pareggio di Bilancio. Il Six pack è poi stato rafforzato dal **Two Pack**.

Il processo di integrazione europea

Trattati dell'integrazione:

- Trattato di Parigi 1951: nascita della Ceca
- Trattato di Roma 1957: nascita di Euratom e Cee
- Trattato di Lussemburgo 1986: firma dell'Atto unico europeo – modifica del Trattato che istituisce la Cee
- Trattato di Maastricht 1992: nascita dell'Ue e dell'Unione monetaria europea (Uem)
- Trattato di Amsterdam 1997: rafforzamento dei criteri di convergenza mediante il Patto di stabilità e crescita (Psc), in seguito riformato
- Trattato di Nizza 2001: Carta dei diritti della Ue
- Trattato di Lisbona 2007: Trattato sull'Unione europea (Tue), Trattato sul funzionamento dell'Unione europea (Tfue), Carta dei diritti della Ue

Verifiche 1

1) TROVA L'ERRORE IN OGNI FRASE

Competenza: acquisire e riconoscere i contenuti chiave

A. Dagli anni Venti fino allo scoppio della seconda guerra mondiale i Governi italiani seguono una politica economica di tipo liberista, con debole intervento dello Stato.

B. Nel periodo della ricostruzione in tutto il territorio nazionale vengono avviati programmi di riforma agraria.

C. Durante il periodo del "miracolo economico" aumentano gli investimenti, i prezzi sono stabili e la bilancia dei pagamenti è in equilibrio; rimane solo il problema della disoccupazione.

D. A partire dalla fine degli anni Sessanta si verificano aspre lotte sindacali che determinano forti aumenti salariali.

E. Nel 1979 l'Italia aderisce allo SME, basato su cambi flessibili fra valute europee e cambi fissi rispetto al dollaro e allo yen.

F. Dopo l'introduzione dell'euro la Bce gestisce la politica del tasso di cambio al fine di sostenere le esportazioni.

G. Il "braccio" preventivo del Psc pone un freno alla tendenza dei Governi nazionali all'espansione dei disavanzi pubblici.

H. Il Patto per l'euro (Euro Plus Pact) è stato presentato da Francia, Germania e Italia.

I. Il Fiscal compact è stato approvato nel 2012 nel corso del vertice del Consiglio europeo da tutti i Paesi membri della Ue.

J. Gli Stati che hanno ottenuto un finanziamento dal fondo ESM non possono avere anche accesso al programma Outright Monetary Transactions (OMT).

2) COLLEGA LE ESPRESSIONI CONTRASSEGNATE DA UNA LETTERA CON QUELLE INDICATE DA UN NUMERO

Competenza: individuare collegamenti e relazioni

A. 1921-1938	1. Opec riduce la produzione e taglia le esportazioni di petrolio
B. 1945-1955	2. Ricorso alle svalutazioni competitive
C. 1955-1963	3. Politica protezionista e autarchica
D. 1963-1973	4. Modello di crescita "export led"
E. 1973-1979	5. Adesione a un modello di economia mista e di liberalizzazione degli scambi
F. 1979-2002	6. Decentramento produttivo e sviluppo piccole e medie imprese
G. 1986	7. Proclamazione della Carta dei diritti fondamentali
H. 1997	8. Creazione di un mercato unico
I. 2001	9. Tfue
J. 2009	10. Trattato di Amsterdam

A	B	C	D	E	F	G	H	I	J

3) INDICA SE LE SEGUENTI AFFERMAZIONI SONO VERE O FALSE. SE LE RITIENI FALSE GIUSTIFICA LA RISPOSTA

Competenza: acquisire, interpretare l'informazione e comunicare

	VERO	FALSO
A. Il processo di industrializzazione che dà vita al triangolo industriale si verifica nel periodo della ricostruzione.		
B. Il miracolo economico è stato caratterizzato da elevata produttività, bassi salari, crescita delle esportazioni.		
C. Negli anni che vanno dal 1969 al 1973 il forte aumento dei salari è compensato da un calo dei prezzi delle materie prime.		
D. Gli shock petroliferi che avvengono dal 1973 al 1979 provocano elevata inflazione e peggioramento del saldo della bilancia dei pagamenti.		
E. Le svalutazioni della lira avvenute negli anni Settanta avevano lo scopo di sostenere le esportazioni e abbassare l'inflazione.		
F. L'Italia entra nello SME con una banda di fluttuazione del 6% rispetto al 2,25% degli altri Paesi.		
G. L'Italia rimane nello SME dal 1979 al 1996.		
H. I Paesi europei hanno deciso di dare vita a un'unione monetaria per evitare il rischio di svalutazioni delle loro monete.		
I. Il Securities Markets Programme (SMP) è un programma, attivato dalla Bce, di acquisti di titoli di Stati membri in difficoltà sul mercato primario.		
J. Il Six Pack si propone di tenere sotto controllo alcuni indicatori di performance macroeconomica (scoreboard).		

4) RISOLVI I SEGUENTI PROBLEMI

Competenza: risolvere problemi

A. Nel 2014 dai conti economici nazionali dell'Italia si rilevano i seguenti dati (in milioni di euro):
- PIL 1.542.000
- Esportazioni 387.000
- Importazioni 338.000

Calcola il grado di apertura dell'Italia al commercio internazionale in quell'anno.

B. In Italia nel periodo 1969-1973 il tasso medio di crescita dei salari reali è stato del 10% e il tasso di inflazione del 5%. Qual è stato il tasso medio di crescita dei salari monetari?
Se il tasso di crescita della produttività media del lavoro è stato del 6%, a favore di chi è mutata la distribuzione del reddito?

5) RISPONDI AI SEGUENTI QUESITI IN UN MASSIMO DI 5/6 RIGHE

Competenza: saper organizzare e sintetizzare i contenuti

A. Quali scelte fondamentali per lo sviluppo economico italiano vengono compiute durante il periodo della ricostruzione?

B. In che cosa consiste il modello di crescita di tipo "export led"?

C. Quali sono le cause della stagflazione che caratterizza l'economia italiana negli anni Settanta?

D. Per quali ragioni è stato creato lo SME?

E. Come si può spiegare la decisione di adottare una moneta unica europea?

ENGLISH EXERCICES 1

1) Choose the right words among the ones listed below and fill in the gaps

A good part of Italy's secular convergence towards the more advanced countries occurred between 1950 and 1973. In the context of the international .... , per capita GDP grew by an average of 5.3 per cent per year between 1950 and 1973. In 1951 Italy's .... per hour worked was only 46.5 per cent of the United Kingdom's, it was 101.6 per cent in 1973. Italy's .... was faster than could be expected given the initial development .... In other words, Italy's growth in the .... Age cannot be explained by catch-up only. Many factors in Italy's growth are common to all of Europe but some were idiosyncratic to the Italian Peninsula. The .... of the day, largely adaptations of the Fordist model, were well suited to a country endowed with an abundant labor .... , possessed of basic education, and a relatively small but sophisticated cadre of engineers. Up to the mid-1960s, the plentiful .... of labor ensured that .... did not outstrip productivity growth. A large .... market allowed the exploitation of economies of scale, especially in the production of .... consumer goods, which in turn generated competitive advantages in .... markets.

[availability, competition, domestic, durable, export, force, Golden, growth, level, product, technologies, wages]

2) True or False questions

	TRUE	FALSE
A. All European countries introduced the euro in 2002.		
B. The European Coal and Steel Community was founded by eight States.		
C. The European Economic Community was founded in Maastricht.		
D. Great Britain joins the European Union in 2016.		
E. The EU Charter of Fundamental Rights was proclaimed in Nice.		
F. The Lisbon Treaty reforms the structure of the EU and the way in which it functions.		
G. European Monetary System was founded on fluctuating exchange rates.		
H. European Stability Mechanism is a facility to stabilize the exchange rate.		
I. Fiscal Compact is a new lighter version of the Stability and Growht Pact.		
J. The Maastricht Treaty says that government debt should not exceed 60% of GDP.		

UNITÀ 2 La politica comunitaria

Montenegro, l'Ue finanzia la rivalutazione di un campo Rom e un centro per richiedenti asilo

Sempre più vicino l'ingresso del Montenegro nell'Unione europea. La rivalutazione dell'area di Konik è solamente uno dei progetti che ha visto la delegazione Ue del Montenegro investire fondi comunitari per preparare il Paese all'ingresso nella Ue, previsto per i prossimi anni

PODGORICA - Per entrare in casa di Ali gli ospiti non sono tenuti a togliersi le scarpe. Nella sua abitazione, un container di due piccole stanze nel campo Rom di Konik, periferia nord-est di Podgorica, Ali vive con la sua numerosa famiglia in una ventina di metri quadrati in attesa di potersi trasferire negli appartamenti finanziati da un progetto coordinato dalla Ue e partito nel 2012. Scappato dalla guerra esplosa in Kosovo nel 1999, Ali, che non ha neanche cinquant'anni, ha visto nascere in Montenegro i suoi diciassette nipoti, che oggi, grazie all'aiuto di operatori locali, vanno a scuola e convivono con gli altri quasi duemila abitanti di uno dei campi più grandi del Montenegro. [...]

Contro ogni pregiudizio - «All'inizio non è stato facile fare accettare alla comunità locale la presenza di questo campo: i pregiudizi richiedono tempo prima di essere scavalcati», spiega uno degli operatori del progetto. Prima dell'inizio delle attività, che variano dall'aiuto nella ricerca di un lavoro fino al monitoraggio con le scuole per i più piccoli, venivano offerti solo aiuti umanitari. I montenegrini più disagiati che vivono vicino al campo, dove la disoccupazione tocca il 40 per cento, non tolleravano questa assistenza dall'alto. Oggi invece i Rom di Konik spesso lavorano e vengono accettati più volentieri. Alcuni infatti sono stati assunti dopo avere aderito all'internship program, una soluzione pensata per aiutare soprattutto chi non ha un titolo di studio e ha bisogno di mantenere la propria famiglia. [...]

Riccardo Di Grigoli
«la Repubblica.it», 12 ottobre 2016

attività

1. In che cosa consiste il progetto in Kosovo coordinato dalla Ue e partito nel 2012?
2. Quale ruolo hanno svolto gli operatori sociali in Kosovo?
3. Che cos'è l'"internship program"?
4. A tuo avviso è possibile superare i pregiudizi?

1 L'UNIONE ECONOMICA E MONETARIA EUROPEA

Economic and Monetary Union
Unione economica e monetaria
An advanced stage of multinational integration involving a common monetary policy and closely coordinated economic policies of the Member States.

European Central Bank
Banca centrale europea
Institution that manages the euro and implements the European monetary policy with the main aim to keep prices stable, and thereby supporting economic growth.

Il Trattato di Maastricht del 1992, entrato in vigore il 1° novembre 1993, prevedeva l'istituzione di un'autorità monetaria centralizzata, poi avvenuta con la creazione della **Banca centrale europea** (Bce) il 1° giugno 1998 che, insieme alle Banche centrali dei Paesi della Ue, costituisce il Sistema europeo delle banche centrali. Nel 1999 si è avuta la realizzazione dell'**Unione economica e monetaria** (Uem) che ha portato il 1° gennaio 2002 all'introduzione di una nuova moneta unica per i 12 paesi (ora diventati 19) che vi hanno aderito. L'Uem si occupa della politica monetaria (stabilità dei prezzi e tassi d'interesse), della politica economica e di alcuni aspetti della politica di bilancio. L'Uem rappresenta una fase avanzata del processo di integrazione economica europea, avvenuto limitando progressivamente la sovranità degli Stati membri e attribuendo alle istituzioni della Ue il potere di prendere decisioni vincolanti attraverso una legislazione costituita da regolamenti, direttive, decisioni, raccomandazioni, pareri, che regolano molti aspetti della vita dei cittadini europei.

Padri fondatori

Alcuni dei leader politici che hanno ispirato la creazione dell'Unione europea in cui viviamo oggi; pur nella diversità, erano mossi dagli stessi ideali: la pace, l'unità e la prosperità in Europa.

Ernesto Rossi
politico italiano, 1897-1967.

Altiero Spinelli
politico italiano, 1907-1986.

Robert Schuman
politico francese, 1886-1963.

Jean Monnet
politico francese, 1888-1979.

In quali settori interviene l'Unione europea prendendo decisioni vincolanti per gli Stati membri?

LO SAI CHE ...
Il 9 maggio di ogni anno si celebra la Festa dell'Europa. La data è l'anniversario di una storica dichiarazione. In occasione di un discorso a Parigi, nel 1950, l'allora ministro degli Esteri francese Robert Schuman espose la sua idea di una nuova forma di cooperazione politica per l'Europa, che avrebbe reso impensabile una guerra tra le nazioni europee.

Le politiche comunitarie hanno per oggetto i grandi settori su cui interviene l'Unione. I trattati precisano le materie di competenza esclusiva dell'Unione europea, quelle che essa dovrà condividere con gli Stati membri e quelle che sono proprie di questi ultimi. In particolare gli articoli dal 2 al 6 del Trattato sul funzionamento dell'Unione europea (Tfue) suddividono le competenze della Ue in quattro categorie:

- **competenza esclusiva** (soltanto la Ue può agire);
- **competenza concorrente** (gli Stati membri possono agire soltanto se la Ue ha scelto di non farlo);
- **competenza di fornire orientamenti** per il coordinamento delle politiche degli Stati membri;
- **competenza di sostenere, coordinare e completare le politiche nazionali** degli Stati membri.

Fra le **materie di competenza esclusiva**, ossia quelle che i Paesi membri hanno ceduto all'Unione, vi sono: l'Unione doganale, la definizione delle regole di concorrenza necessarie al funzionamento del mercato interno, la politica monetaria per gli Stati membri la cui moneta è l'euro, la conservazione delle risorse biologiche del mare nel quadro della politica comune della pesca, la politica commerciale comune, la conclusione di accordi internazionali sia quando tale conclusione è prevista in un atto legislativo dell'Unione, sia quando tale conclusione è necessaria per consentirle di esercitare le sue competenze a livello interno, e nella misura in cui tale conclusione può incidere su norme comuni o modificarne la portata.

Le **materie di competenza concorrente**, su cui l'Unione interviene solo per integrare l'azione dei Paesi membri, sono disciplinate dal **principio di sussidiarietà**, previsto dall'art. 5 del Trattato di Maastricht e introdotto nell'art. 118 della nostra Costituzione dalla legge costituzionale 18 ottobre 2001, n. 3. Secondo tale principio, l'Unione europea interviene in quei settori che non sono di sua esclusiva competenza soltanto quando la sua azione è considerata più efficace di quella realizzata a livello nazionale o locale. Fra le materie rientranti in questa categoria vi sono: il mercato interno, la politica sociale (per quanto riguarda gli aspetti definiti nel Trattato), la coesione economica, sociale e territoriale, l'agricoltura e la pesca, tranne la conservazione delle risorse biologiche del mare, l'ambiente, la protezione dei consumatori, i trasporti, le reti transeuropee, l'energia, lo spazio di libertà, sicurezza e giustizia, i problemi comuni di sicurezza in materia di salute pubblica (per quanto riguarda gli aspetti definiti nel Trattato), la ricerca, lo sviluppo tecnologico e lo spazio, la cooperazione allo sviluppo e gli aiuti umanitari.

La Ue ha la **competenza di fornire orientamenti per il coordinamento delle politiche degli Stati membri** in materia di politica economica, occupazione, politica sociale.

La Ue ha la **competenza di sostenere, coordinare e completare le politiche degli Stati membri** in settori quali la tutela e il miglioramento della salute umana, l'industria, la cultura, il turismo, la formazione professionale, la gioventù e lo sport, la protezione civile, la cooperazione amministrativa.

European Council
Consiglio europeo
EU body composed of heads of state or government, European Commission President, High Representative for Foreign Affairs and Security Policy, that defines the general political direction and priorities of the European Union. It acts as a collective presidency and provides an impetus to guide legislative policy.

Council of the European Union
Consiglio dei ministri dell'Unione europea
EU ruling body composed of government ministers from each EU country, which meet to discuss, amend and adopt laws, and coordinate policies. The precise membership of this configuration varies according to the topic under consideration. Each minister has the authority to commit their governments to the actions agreed on in the meetings. It is the main decision-making body of the EU.

APPROFONDIMENTO ONLINE
La disoccupazione giovanile: un problema strutturale europeo

Chi si occupa di politica economica nel quadro della Uem?

Nel quadro della Uem non vi è un'unica istituzione competente in materia di politica economica. Al contrario, la responsabilità è condivisa tra gli Stati membri e le istituzioni della Ue. I principali attori della Uem sono:

- il **Consiglio europeo**, che stabilisce i principali orientamenti politici;
- il **Consiglio della Ue** (il "**Consiglio dei ministri dell'Unione europea**"), che coordina le politiche economiche nella Ue e decide se uno Stato membro può adottare l'euro;
- l'**Eurogruppo**, che coordina le politiche di interesse comune per gli Stati membri dell'area dell'euro;

Sopra: Jean-Claude Juncker, lussemburghese, Presidente dal 2014 della Commissione europea.

A destra: Il Parlamento europeo svolge le sue attività in tre sedi diverse, Lussemburgo, Bruxelles e (illustrata nella foto) Strasburgo.

European Commission
Commissione europea
Executive body of the EU that is independent from the member States, representing the interests of the European Union as a whole by implementing its decisions and has a near-exclusive right of initiating legislation.

European Parliament
Parlamento europeo
EU ruling body, directly elected by universal suffrage every five years by the citizens of the member States, that holds legislative, supervisory and budgetary responsibilities.

- gli **Stati membri**, che definiscono i propri bilanci nazionali entro i limiti concordati per il debito e il disavanzo pubblico e formulano le proprie politiche strutturali in materia di lavoro, pensioni e mercati dei capitali;
- la **Commissione europea**, che vigila sui risultati e sul rispetto delle regole;
- la **Banca centrale europea** (Bce), che stabilisce la politica monetaria, con l'obiettivo primario della stabilità dei prezzi;
- Il **Parlamento europeo**, che condivide con il Consiglio il compito di formulare testi legislativi e sottopone la *governance* economica al controllo democratico, in particolare nel quadro del nuovo dialogo economico.

I Paesi che nel 1999 hanno aderito alla Uem quali benefici pensavano di poter trarre dall'adozione dell'euro?

Per i cittadini l'adozione dell'euro presentava vantaggi, quali:
- il **risparmio sui tempi e sulle spese di cambio** per i viaggi di divertimento o di affari nell'area dell'euro, in quanto veniva eliminato il cambio di valuta;
- il **minor costo dei trasferimenti in euro verso destinatari di altri Paesi dell'Eurozona** (pagamenti transfrontalieri, come bonifici bancari, addebiti diretti, carte di credito, ecc.), che venivano trattati esattamente allo stesso modo per tutti i Paesi dell'area euro;
- la **possibilità per i consumatori e le imprese di confrontare più facilmente i prezzi**, con la conseguenza di indurre le aziende che praticavano prezzi più elevati ad abbassarli.

Per le imprese, la **stabilità dei tassi d'interesse** promossa dalla Uem era considerata un aiuto a investire di più nella creazione di ricchezza e di posti di lavoro, ad accrescere la sicurezza necessaria per predisporre piani e investimenti a più lungo termine, con effetti positivi per la loro competitività, soprattutto nell'attuale economia globalizzata in cui le aziende europee competono con concorrenti di tutto il mondo.

Nell'insieme, per gli Stati membri l'adozione dell'euro poneva fine alla concorrenza tra le politiche monetarie nazionali adottate da ognuno di questi Paesi e ai rischi di variazione dei tassi di cambio fra le diverse valute, consistenti in minor incasso o maggior esborso in moneta nazionale, oppure perdita del potere d'acquisto della moneta detenuta con conseguente diminuzione di valore dei crediti, ecc. Pertanto, l'adozione di una moneta unica poneva fine ai costi per le conversioni valutarie, riducendo i rischi e permettendo di liberare maggiori capitali da destinare a investimenti produttivi.

Questa convinzione fu confermata negli anni successivi al lancio dell'euro?

Sull'euro irlandese è raffigurata l'arpa celtica, simbolo dell'Irlanda fin dal Medioevo.

Per quasi dieci anni dalla sua introduzione l'euro ha funzionato bene. Secondo alcune stime, il commercio europeo aumentò più del 15% e i mercati dei capitali e della manodopera divennero più flessibili. La crescita, soprattutto nei Paesi più poveri come l'Irlanda e alcune parti dell'Europa meridionale, fu molto rilevante. Tuttavia, sotto la superficie, c'erano problemi profondi che portarono a enormi differenze tra gli stessi Paesi appartenenti all'Eurozona: i surplus di commercio in crescita dell'Europa del Nord corrispondevano a deficit in aumento al Sud. Quando scoppiò la crisi finanziaria del 2008, lo squilibrio del sistema peggiorò notevolmente.

Quali sono state le cause dell'evolversi in negativo della situazione europea?

Occorre premettere che i benefici per i Paesi che adottano una moneta unica dipendono dall'avverarsi di certe condizioni. In particolare, riferendoci ai Paesi dell'Eurozona, occorre che essi abbiano un andamento economico comune, cioè si trovino in fasi di crescita e recessione molto simili per non dover ricorrere a interventi massicci della Banca centrale europea, permettendole quindi di agire nel modo migliore per l'intera area. Occorre, inoltre, che i mercati dei vari Paesi siano molto flessibili per capitale e manodopera, che si muovano in risposta alle domande del mercato e, conseguentemente, che i prezzi e i salari siano adeguatamente elastici per adattarsi alle variazioni di domanda e offerta. Inoltre, occorre realizzare, da parte delle istituzioni comunitarie, l'introduzione di meccanismi di trasferimento fiscale tra Paesi in surplus e Paesi in deficit, consistenti in una redistribuzione degli introiti fiscali da Paesi in crescita a Paesi in recessione.

Ora, queste condizioni in parte sono venute a mancare e in parte non si sono mai verificate: alcuni Paesi dell'Eurozona si sono rivelati più deboli degli altri a livello commerciale e la mancanza di collaborazione tra gli Stati appartenenti alla Uem ha impedito la creazione di idonei meccanismi di trasferimento fiscale, creando gravi conseguenze per la stabilità europea.

2 LE POLITICHE ECONOMICHE: MONETARIA E DI BILANCIO

Fiscal policy
Politica di bilancio

The EU has certain limited fiscal powers. It has a role in deciding the level of VAT (consumption taxes) and tariffs on external trade. There is furthermore a Stability and Growth Pact (SGP) among members of the Eurozone (common currency area) intended to co-ordinate the fiscal policies of member states.

Monetary policy
Politica monetaria

Since 1 January 1999, the European Central Bank (ECB) has been responsible for steering European monetary policy. This monetary authority changes the supply of money and interest rates to achieve desired economic policy objectives.

Currency policy
Politica valutaria

Actions of the European Central Bank are addressed to control the exchange rate of the domestic currency versus those of other countries.

Le due principali branche della politica economica, come abbiamo visto in precedenza, sono la politica monetaria e la politica fiscale (o di bilancio).

La Uem si occupa della **politica monetaria** (stabilità dei prezzi e tassi d'interesse) e di alcuni aspetti della **politica di bilancio** (per limitare i disavanzi annuali e i debiti dei Governi). Il suo obiettivo è fornire un contesto economico stabile e propizio alla crescita per l'area dell'euro e il mercato unico e, quindi, garantire un euro forte e stabile.

La **politica monetaria** è gestita esclusivamente dalla Banca centrale europea (Bce), che agisce in modo indipendente.

La **politica di bilancio** è di competenza dei Governi nazionali. Tuttavia, le decisioni relative alle finanze pubbliche dei singoli Paesi dell'Unione possono avere un impatto su tutta la Ue. Pertanto, l'Unione economica e monetaria comporta che alcune norme fondamentali relative alle finanze pubbliche siano elaborate e adottate congiuntamente da tutti i Paesi della Ue e attuate dalla Commissione europea per garantire la stabilità economica. Il Patto di stabilità e crescita, sottoscritto nel 1997 e ulteriormente rafforzato a partire dal 2011 (come si è visto nell'Unità 1), è il principale strumento sul quale si basa l'orientamento e il coordinamento delle decisioni in campo economico degli Stati membri.

Nell'ambito della politica monetaria quali sono i compiti e le funzioni della Banca centrale europea?

Alla Bce è stato affidato il compito di gestire la **politica monetaria** degli Stati membri della Uem. Ogni Paese, infatti, aderendo alla Uem, ha rinunciato alla propria moneta nazionale, per cui non ha più la possibilità di condurre una politica monetaria indipendente. Inoltre, dato che i Paesi aderenti hanno la stessa moneta e, pertanto, non esistono tassi di cambio tra loro, essi non possono più permettersi di effettuare una propria **politica valutaria**, cioè non possono più intervenire autonomamente nel mercato dei cambi facendo ricorso agli strumenti monetari tradizionali, come la svalutazione o la rivalutazione della propria moneta rispetto alle altre monete europee o a quelle del resto del mondo, per stimolare le esportazioni o agevolare le importazioni.

La Bce si è quindi sostituita alle Banche centrali nazionali a cui restano solo compiti esecutivi. La gestione della politica monetaria della Bce è indirizzata al mantenimento della stabilità dei prezzi e a evitare l'inflazione. Per realizzare questi obiettivi la Bce usa vari strumenti, tra cui la fissazione dei tassi d'interesse di riferimento per l'area euro, il conferimento alle Banche centrali dei Paesi dell'Eurozona dell'autorizzazione a emettere banconote in euro, la gestione delle riserve in valuta estera.

Non è un costo troppo alto la rinuncia alla politica monetaria e valutaria?

È evidente che, specie in presenza di grandi differenze nelle caratteristiche strutturali delle economie dei Paesi aderenti (e/o anche nelle loro preferenze riguardo agli obiettivi prioritari di politica economica), la rinuncia alla gestione autonoma di strumenti di intervento così importanti (quali il tasso di cambio e le manovre monetarie) potrebbe tradursi in un costo troppo alto (in termini di grossissime difficoltà) per i singoli Paesi nel caso in cui questi ultimi dovessero trovarsi in differenziate situazioni di crisi. All'aumentare delle diversità nelle strutture produttive, infatti, cresce il rischio che i Paesi in questione possano registrare saldi differenziati e persino di segno opposto (cosiddetti **shock asimmetrici**) nei loro principali settori di esportazione. Nella totale assenza di autonomi margini di manovra sul tasso di cambio, sono evidenti le difficoltà che i singoli Paesi dell'Unione potrebbero incontrare nel far fronte a situazioni di squilibrio di segno contrario. Le difficoltà appaiono ancora maggiori in presenza di elementi di rigidità nel mercato del lavoro dei Paesi interessati, nonché di ulteriori disparità nei loro sistemi fiscali e nelle politiche di bilancio.

Inevitabilmente, dunque, i benefici di una unione monetaria tendono ad apparire tanto maggiori e concretamente realizzabili quanto più elevato è il livello di somiglianza e di integrazione fra le economie dei Paesi che ne fanno parte.

Asymmetric shocks
Shock asimmetrici
A change in microeconomic conditions that have varying effects on different countries, industries and sectors in the eurozone.

Nella gestione della politica monetaria la Bce non è sottoposta ad alcun vincolo?

Il protocollo sullo Statuto del SEBC (Sistema europeo delle Banche centrali) e della Bce vieta alla Bce e alle Banche centrali dei Paesi membri la "**monetizzazione del debito**" dei Paesi in difficoltà, cioè quel procedimento di riduzione del debito pubblico di tali Paesi attraverso l'acquisto sul mercato aperto, da parte di Bce e Banche centrali, di grossi quantitativi dei loro titoli del debito pubblico, con conseguente aumento della moneta in circolazione.

Questa normativa vuole evitare il rischio che gli Stati virtuosi paghino, tramite la Bce, i conti pubblici in rosso di quelli meno virtuosi, mira a tenere sotto controllo l'inflazione e a mantenere l'indipendenza finanziaria della Bce. Ne consegue che la Bce e le Banche centrali dei Paesi membri sono libere di acquistare titoli del debito pubblico dei Paesi membri dell'Eurozona solo sul mercato secondario attraverso un'operazione par-

Madrid, Spagna: la Banca centrale spagnola, fondata a Madrid nel 1782 da Carlo III, fa parte del Sistema europeo delle banche centrali.

ticolare di politica monetaria, chiamata **Quantitative Easing** (**QE**) (di **alleggerimento monetario**). Con questa operazione di QE, la Bce acquista sul mercato secondario dalle banche commerciali o da imprese finanziarie (per esempio le compagnie d'assicurazione) attività finanziarie (obbligazioni di Stato, azioni, titoli anche "tossici"). Le banche e le istituzioni che vendono tali attività alla Bce ottengono così nuovo denaro nei loro conti. In tal modo, però, la Bce non fa altro che cambiare la composizione del portafoglio degli investitori perché sostituisce ai loro titoli i fondi da essa creati (ossia moneta). Questi fondi non verranno necessariamente spesi in modo immediato per l'acquisto di beni e servizi e quindi non si crea pericolo di inflazione, come invece succederebbe se la Bce comprasse nuovo debito trasferendo soldi nuovi allo Stato.

Quantitative Easing
Alleggerimento monetario
An unconventional form of monetary policy where a Central Bank creates new money electronically by buying securities, like government bonds. This process aims to directly flood the banks with liquidity, hence increase private sector spending in the economy.

Le banche hanno operato in questo senso quantomeno a partire dal maggio 2010, nel contesto del **Securities Markets Programme**, il programma di acquisto di titoli di Stato da parte della Bce di cui si è parlato nell'Unità 1. In questo ambito è stata ventilata la possibilità di modificare lo statuto della Bce in modo che essa possa operare anche sul mercato primario, attribuendo alla Bce il ruolo di **prestatore di ultima istanza nei confronti degli Stati nazionali**, cioè il ruolo di istituzione disposta a concedere credito quando nessun altro lo fa, ma si tratta di una proposta ancora oggi oggetto di discussione.

Quali sono i motivi che spingono la Bce a ricorrere alla politica monetaria "Quantitative Easing"?

La Bce può ricorrere al *Quantitative Easing*, cioè all'immissione di denaro nell'economia tramite il circuito bancario, per vari motivi:

- **abbassare i tassi d'interesse**, sperando che ciò serva da stimolo all'economia. Alla fine questa manovra monetaria determina anche un "effetto spugna". Se la Bce percepisce un nervosismo eccessivo dei mercati che fa innalzare i tassi d'interesse sul debito pubblico oltre un livello considerato insostenibile, con un *Quantitative Easing* prosciuga il mercato del debito pubblico assorbendo un'enormità di titoli di Stato e placandone così l'effetto sui tassi d'interesse. Allo stesso tempo, però, la Bce obbliga o convince le banche private a tenere questa liquidità fittizia come riserva, evitando così un impatto inflazionistico sull'economia. Con l'annuncio del Quantitative Easing e la riduzione dei tassi di interesse, la strategia della Bce è anche quella di provocare una svalutazione dell'euro nei confronti di altre monete, soprattutto il dollaro, con lo scopo di far riprendere le esportazioni e disincentivare le importazioni;

- **salvare un istituto di credito**, eliminando dal mercato e dai bilanci delle banche titoli "tossici" con elevati gradi di rischio o con bassa rimunerazione;
- **fornire liquidità al sistema** quando le banche non si prestano denaro a vicenda e famiglie e imprese subiscono una stretta creditizia.

C'è da dire che il sistema delle banche è un sottosistema economico e fornire liquidità alle banche non significa fornirla al sistema economico (imprese, famiglie, ecc.): in effetti le banche potrebbero non utilizzare la liquidità, bensì depositarla presso la Bce stessa e avere un tasso di interesse molto poco rimunerativo, ma privo di rischi, come si è verificato in alcune fasi della crisi iniziata nel 2008. Questo potrebbe portare alla pericolosa situazione della "**trappola della liquidità**" che, come abbiamo visto nel precedente volume, consiste nell'accumulo di scorte liquide e nella tesaurizzazione, fenomeni che hanno un impatto frenante sulla crescita dell'economia.

Liquidity trap
Trappola della liquidità
A situation in which injections of cash into the private banking system by a central bank fail to decrease interest rates and hence make monetary policy ineffective

RICHIAMO

Trappola della liquidità

È un fenomeno perverso, studiato da J.M. Keynes, che si verifica quando consumatori e imprenditori sono paralizzati dalla sfiducia per cui non serve erogare loro credito a buon mercato, neanche "a tasso zero", perché i fondi non vengono spesi, ma vengono accantonati in attesa di tempi migliori e quindi non entrano in circolazione nell'economia reale, che resta appunto bloccata.

☐ Se le banche utilizzassero tutta la moneta ricevuta dalla Bce e la immettessero sul mercato, ci sarebbe il rischio di inflazione?

Non dimentichiamo che, oltre al QE, la Bce può utilizzare un secondo strumento intervenendo sulle riserve bancarie (di moneta) detenute dalle banche commerciali, il cui ammontare è stabilito dalla Bce e che sono depositate presso di essa (per esempio, se una banca commerciale ha 100 di depositi e una riserva pari al 10%, significa che i prestiti fatti da quella banca non possono superare 90). Ora, se la Bce aumenta l'obbligo di riserva per un ammontare uguale a quello dei titoli di Stato che compra dalla banca commerciale, l'impatto finale è di non aggiungere alcuna liquidità addizionale al sistema. In questo caso il QE non ha alcun impatto inflazionistico. Quindi la Bce, prima, crea "dal nulla" una cifra di alcuni miliardi di euro per comprare i titoli di Stato posseduti dalle banche commerciali e, poi, impone alle stesse banche di aumentare le proprie riserve per la stessa cifra. È importante capire questo punto: non è necessario che la Bce imponga direttamente l'aumento, basta che convinca le banche commerciali, o renda per loro conveniente, accrescere in parallelo la quantità di riserve volontarie detenuta presso la Banca centrale.

3 LA POLITICA DOGANALE

Customs Union
Unione doganale
Agreement between two or more countries to remove trade barriers, to eliminate customs duty on mutual trade and to impose a common external-tariff on imports from non-member countries.

L'obiettivo principale del Mercato comune, dopo la firma del Trattato di Roma del 1957, è stato l'istituzione di un'unione doganale fra i Paesi aderenti, al fine di evitare il frapporsi di ostacoli nel commercio intracomunitario costituiti da barriere tariffarie (dazi) e barriere non tariffarie (restrizioni tra gli Stati membri), strumenti di politica commerciale di cui si è parlato diffusamente nel primo volume. L'**Unione doganale** è entrata in vigore nel luglio del 1968 e, grazie a essa, sono stati aboliti, con 18 mesi di anticipo rispetto a quanto previsto dal Trattato di Roma, gli ultimi dazi doganali sul commercio intracomunitario.

Che cosa significa per l'Ue essere un'unione doganale?

L'Ue è un'unione doganale non solo perché fra i territori dei diversi Stati membri non esistono frontiere e quindi è una zona di libero scambio (è possibile, per esempio, spedire un cellulare finlandese in Ungheria senza pagare dazi e senza essere soggetti a controlli doganali), ma soprattutto perché gli Stati che ne fanno parte formano un'unica frontiera verso l'esterno e perciò applicano gli stessi dazi quando commerciano con Stati terzi. Le importazioni dai Paesi terzi vengono sdoganate una singola volta da uno qualsiasi degli Stati membri ed entrano così nel territorio comunitario.

LO SAI CHE ...
L'Agenzia delle Dogane ha pubblicato la versione italiana delle linee guida sul Documento amministrativo unico (DAU), un formulario utilizzato per dichiarare la destinazione doganale che un soggetto intende dare alle merci estere, nazionali o comunitarie presentate in dogana.

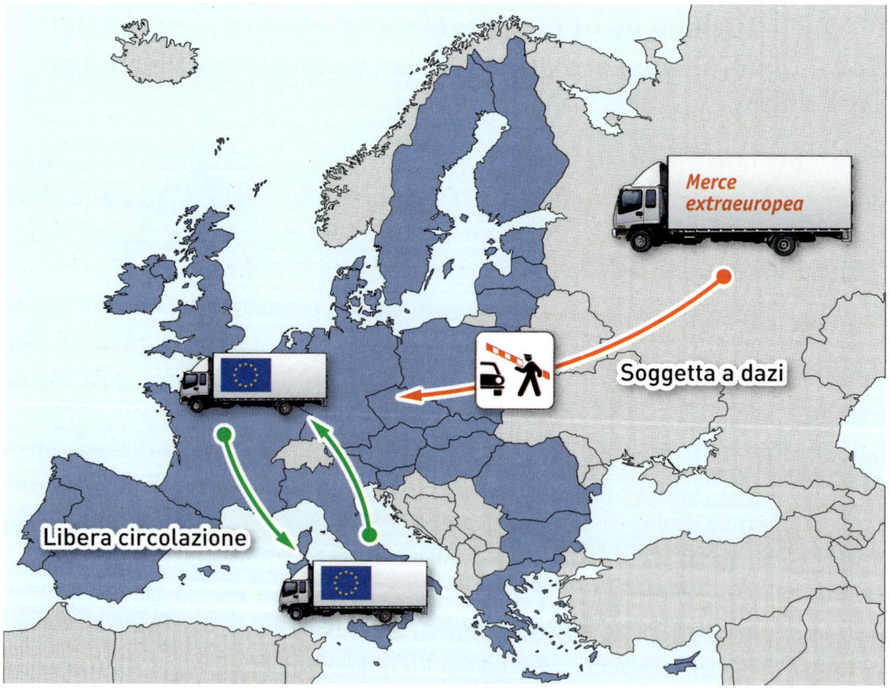

All'interno della Ue le merci circolano liberamente. Quelle che provengono da Paesi extra Ue sono soggette a dazi.

Per esempio un dazio su un televisore, che un Paese della Ue importa dalla Corea del Sud, viene di solito pagato al momento del primo ingresso nell'Unione: successivamente non vi sono ulteriori dazi, né controlli.

Come vengono regolamentati gli scambi commerciali tra la Ue e i Paesi terzi?

Con l'unione doganale è stata creata una **tariffa doganale comune** per gli scambi commerciali con il resto del mondo. Per disporre delle regole necessarie all'applicazione di tale tariffa è stato adottato il **Codice doganale comunitario** (**CDC**), che stabilisce e definisce la legislazione applicabile alle importazioni e alle esportazioni di merci tra la Comunità e i Paesi terzi. Modificato nel 2013 e applicato dal 1° maggio 2016, il nuovo CDC mira a semplificare le norme e le procedure per le dogane e a rendere più efficiente il commercio, garantendo inoltre un alto livello di sicurezza alle frontiere. Riduce, infatti, i tempi di sdoganamento e fornisce all'utenza esterna la tracciabilità dell'intero ciclo di import/export e dello svolgimento dei controlli connessi. Per il passaggio al nuovo Codice, comunque, è previsto un **periodo transitorio, fino al 1° maggio 2019**, per consentire l'adattamento alle nuove disposizioni giuridiche (*reassessment*) e tutelare così gli interessi legittimi degli operatori economici, garantendo loro la validità delle decisioni adottate e delle autorizzazioni rilasciate quando vigeva la precedente normativa doganale unionale.

Common customs tariff
Tariffa doganale comune
Tariff common to all EU members applied to products imported across the European Union borders.

Qual è il ruolo delle dogane se negli scambi fra Stati membri gli ostacoli sono stati aboliti?

Le **dogane** sono organismi di natura pubblica preposti al controllo dell'entrata e uscita di merci in importazione ed esportazione e abilitati alla riscossione dei diritti doganali (dazio e Iva).

La dogana è controllata dal Governo del Paese di riferimento e applica le leggi e i regolamenti stabiliti dallo stesso Governo. Nessun organismo esterno può contestare o modificare tali leggi e regolamenti, né interferire nella loro applicazione.

Le dogane svolgono una funzione fondamentale proprio perché le merci, una volta entrate nel territorio dell'Unione, possono circolare liberamente. È infatti necessario verificare che tali merci rispondano ai requisiti tecnici fissati dall'Unione doganale e non siano pericolose per il cittadino.

Le dogane, pertanto, hanno il compito di **vigilare sulla commercializzazione di merci contraffatte**. Esse proteggono i cittadini:

- facendo applicare norme che tutelano l'**ambiente**, nonché la nostra **salute** e **sicurezza** (per esempio respingendo alimenti contaminati o apparecchi elettrici potenzialmente pericolosi);
- verificando la **legalità delle esportazioni di tecnologie sensibili** (che potrebbero essere utilizzate per produrre armi chimiche o nucleari);

AGENZIA DELLE DOGANE

IL FENOMENO DELLA CONTRAFFAZIONE:

- riguarda il 7-10% del commercio mondiale (per il 70% intercettato alle frontiere);
- sono colpiti tutti i settori produttivi;
- attrae il crimine organizzato per gli alti profitti a basso rischio;
- si combatte con la rapidità della reazione, con la continua indagine del fenomeno e "globalizzando" le strategie di contrasto.

Le merci "vere" (scarpe, borse, CD, giocattoli, occhiali, phon...) possono essere contraffatte e in alcuni casi possono anche essere pericolose.

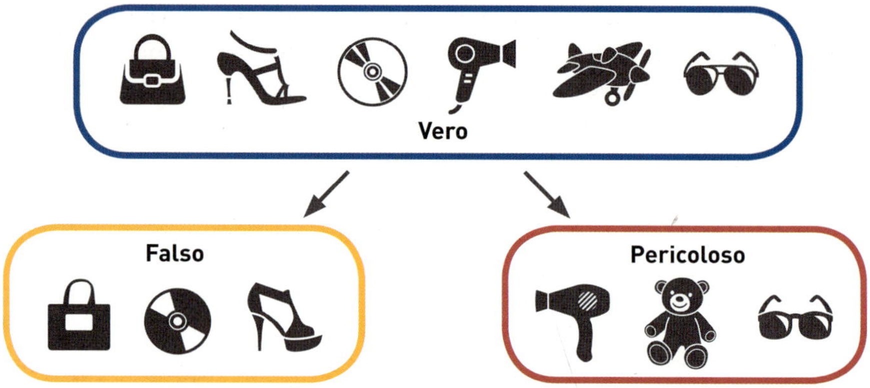

Merci contraffatte sequestrate dalle dogane nel 2014

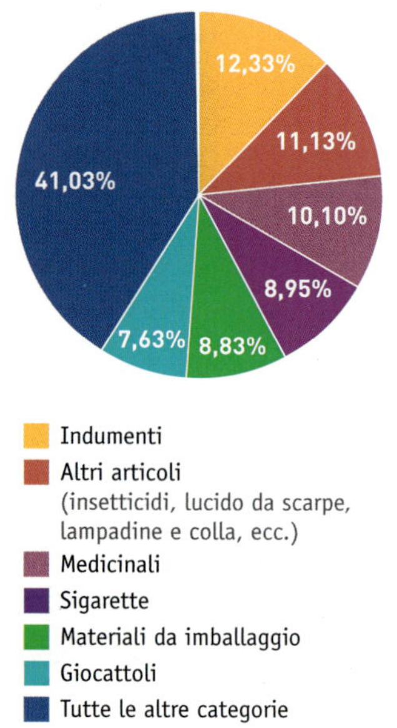

- combattendo la **contraffazione delle merci** e la **pirateria** per tutelare la sicurezza e la salute pubblica, ma anche i posti di lavoro nelle imprese che operano a norma di legge;
- assicurando che chi viaggia con ingenti somme di denaro contante (o equivalente) non stia **riciclando denaro sporco** o **evadendo il fisco**;
- aiutando le forze di polizia e i servizi dell'immigrazione a combattere il **traffico di esseri umani**, **stupefacenti**, **materiale pornografico** e **armi**, tutte attività che alimentano la criminalità organizzata e il terrorismo;
- proteggendo le **specie minacciate di estinzione**, per esempio controllando il commercio di avorio, animali, uccelli e vegetali protetti;
- proteggendo il **patrimonio culturale** europeo attraverso la repressione del contrabbando di opere d'arte.

Un altro compito fondamentale delle dogane nella Ue è la **lotta alle frodi**, che sottraggono ai Governi il gettito fiscale necessario per spese pubbliche di vitale importanza, in particolare per quanto riguarda:

- **falsi certificati di origine** presentati per beneficiare dei dazi ridotti applicati a determinati Paesi;
- **dichiarazioni e pagamenti Iva fraudolenti** in relazione a operazioni commerciali fittizie;
- **evasione delle accise** su prodotti quali le sigarette.

Inoltre, i doganieri della Ue **raccolgono dati statistici** per:

- stabilire se determinate merci concorrono slealmente con i prodotti della Ue;
- determinare le tendenze economiche.

EU Industrial policy
Politica industriale comunitaria
European Union aim to stimulate growth and competitiveness in the manufacturing sector and the economy of the eurozone as a whole. This integrated industrial policy includes a full range of EU priorities such as trade, innovation and energy.

4 LE POLITICHE INDUSTRIALI E COMMERCIALI

La **politica industriale** comunitaria verte su azioni che accrescono la competitività dell'industria europea sui mercati internazionali. Essa coinvolge sistematicamente settori di competenza di altre politiche della Ue in quanto deve procedere di pari passo con altre priorità europee, quali la ricerca e l'innovazione, l'occupazione, la protezione dell'ambiente, la salute pubblica.

Nel corso degli anni Settanta e Ottanta le politiche industriali intraprese dalla Cee riguardavano soltanto alcuni settori, in particolare quello siderurgico e agricolo. Invece, a partire dai primi anni Ottanta, le politiche industriali si sono poste come obiettivo la cooperazione tra i vari Paesi membri in materia di innovazione tecnologica. Nel 2005 la Commissione ha elaborato una strategia volta a rafforzare l'industria manifatturiera dei Paesi dell'Unione. Il tema è poi stato rilanciato nel 2010, nel contesto della strategia "Europa 2020", il cui obiettivo è promuovere l'occupazione e creare un'economia più moderna, efficiente e sostenibile. Nel novembre 2014, in seguito all'invito del **Consiglio europeo** del giugno 2014 ad affrontare il problema dei bassi livelli di investimento nella Ue che ostacolavano la crescita e l'occupazione, è stato proposto dalla Commissione il **Piano d'investimenti per l'Europa** che si prefigge:

- di stimolare gli investimenti senza produrre nuovo debito pubblico, dando la possibilità ai Paesi membri di accedere ai finanziamenti europei attraverso il Fondo europeo per gli investimenti strategici e la Banca europea degli investimenti;
- di garantire che il finanziamento degli investimenti arrivi all'economia reale;
- di migliorare il contesto degli investimenti.

Settori prioritari sono, in quest'ottica, le infrastrutture, l'energia, la ricerca e l'innovazione, la banda larga e l'istruzione. È anche prevista un'azione di sostegno alle piccole e medie imprese, attraverso la concessione di crediti per la realizzazione di investimenti produttivi.

Altro ambito di particolare interesse è la **Strategia per il mercato unico digitale** (**DSM**), varata nel maggio 2015 dalla Commissione europea con l'obiettivo di realizzare un mercato unico digitale pienamente funzionante e in grado di procurare un notevole risparmio di risorse finanziarie.

La strategia per il mercato unico digitale si propone la creazione di reti di telecomunicazioni su scala continentale, servizi digitali che attraversano le frontiere e una moltitudine di start-up europee innovative.

La politica commerciale dell'Unione è parte integrante della Strategia Europa 2020.

Per quanto riguarda la **politica commerciale** comunitaria, fin dalla sua nascita la Ue ha intrapreso relazioni commerciali con il resto del mondo attraverso l'assistenza allo sviluppo, gli accordi formali sugli scambi e la cooperazione con singoli Paesi o gruppi regionali.

La politica commerciale comunitaria opera su due livelli. In primo luogo, nell'ambito dell'**OMC** (Organizzazione mondiale del commercio), partecipa attivamente alla determinazione di norme che regolano il sistema multilaterale del commercio mondiale. In secondo luogo, essa negozia i propri accordi commerciali bilaterali con singoli Stati e raggruppamenti di Paesi a livello regionale.

La politica commerciale dell'Unione è parte integrante della **strategia Europa 2020**.

Common commercial policy
Politica commerciale comunitaria
The aim of the common commercial policy is to contribute to the lowering of customs barriers, changes in tariff rates, the conclusion of tariff and trade agreements with countries outside the EU, measures to protect trade such as those to be taken in the event of dumping or unfair subsidies.

Quali sono gli obiettivi degli accordi di libero scambio?

Gli obiettivi degli accordi di libero scambio sono i seguenti:

- aprire nuovi mercati di beni e servizi;
- accrescere la protezione e le possibilità di investimento;

- rendere gli scambi commerciali più economici riducendo i dazi doganali e gli oneri burocratici;
- accelerare i flussi commerciali semplificando le procedure di sdoganamento e fissando norme tecniche e sanitarie compatibili;
- creare maggiore certezza attraverso norme chiare in materia di diritti di proprietà intellettuale, concorrenza e appalti pubblici;
- promuovere lo sviluppo sostenibile attraverso la cooperazione, la trasparenza e il dialogo sulle questioni sociali e ambientali.

I più importanti partner commerciali bilaterali della Ue sono gli Usa, il Canada e il Giappone, sebbene l'attenzione vada anche alle economie emergenti come i Paesi BRICS (Brasile, Russia, India, Cina e Sud Africa), che sono considerati il nuovo motore dell'economia mondiale.

Attualmente sono in corso dei negoziati tra Ue e resto del mondo?

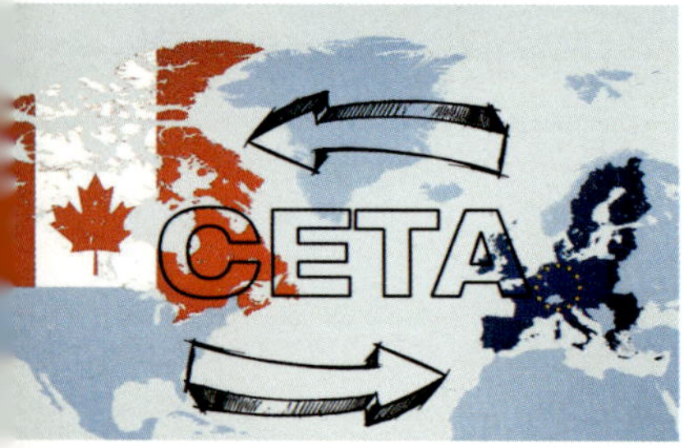

Il CETA è un accordo economico tra la Ue e il Canada per rilanciare il commercio, rafforzare le relazioni economiche e creare posti di lavoro.

Dalla fonte "Parlamento europeo" emerge che attualmente in cantiere i tavoli aperti tra la Ue e il resto del mondo sono:

- il **CETA** (*Comprehensive Economic and Trade Agreement*), un accordo economico e commerciale globale di libero scambio con il Canada che potrebbe entrare in vigore dal 2017;
- altri accordi commerciali non ancora entrati in vigore, benché i relativi negoziati siano terminati, riguardano i Paesi dell'Africa orientale, Ecuador, Singapore, Vietnam e Africa occidentale;
- i negoziati ancora in corso con i Paesi dell'Asia: Malesia, Indonesia, Thailandia, Filippine, Giappone, Myanmar e India;
- i negoziati ancora in corso con i Paesi dell'America latina: il cosiddetto **Mercosur**, ovvero il mercato comune dell'America meridionale comprendente Argentina, Brasile, Paraguay, Uruguay e Venezuela e gli accordi con il Messico.

Sono invece falliti nel 2016 i negoziati per il **TTIP** (*Transatlantic Trade and Investment Partnership*), cioè per il "Partenariato transatlantico per il commercio e gli investimenti tra l'Unione europea e gli Stati Uniti". In molti avevano espresso preoccupazione sulle differenze tra Europa e Usa riguardo agli standard dei prodotti e alla risoluzione di eventuali controversie sugli investimenti.

Al momento non sono stati intrapresi percorsi tra Ue e Cina per quel che riguarda il libero scambio. Si stanno portando avanti, parallelamente, colloqui per arrivare a un accordo sugli investimenti. Infine, si sta discutendo anche sul **TISA**, l'"Accordo sugli scambi di servizi", tra i 23 membri dell'Organizzazione mondiale del commercio (OMC), di cui fa parte anche la Ue. Gli Stati aderenti all'organizzazione rappresentano il 70% del commercio mondiale nel settore dei servizi.

5 LA POLITICA DI COESIONE E I FONDI SIE

La **politica di coesione europea**, che nasce formalmente il primo luglio 1987 con l'entrata in vigore dell'**Atto unico europeo** (**AUE**), mira a "ridurre il divario fra le diverse regioni e il ritardo delle regioni meno favorite". Il più recente trattato della Ue, il Trattato di Lisbona, aggiunge una terza dimensione e parla di "coesione economica, sociale e territoriale" al fine di promuovere uno "sviluppo territoriale" più equilibrato e sostenibile, un concetto più ampio rispetto alla politica regionale. La politica di coesione ha un **carattere redistributivo** in quanto i suoi interventi, frutto di decisioni prese a livello centralizzato e istituzionalizzato, determinano l'attribuzione di vantaggi economici e benefici specifici a determinate categorie di soggetti, togliendo risorse ad altre per realizzare un diffuso risanamento finanziario. Queste politiche richiedono atteggiamenti solidaristici in collettività disposte ad accollarsi i costi di misure che vanno a vantaggio dei gruppi o settori sociali più deboli e a svantaggio di altri, determinando un "gioco a somma zero".

European cohesion policy (or Regional policy)
Politica di coesione europea
Policy with the stated aim to remove economic, social and territorial disparities across the EU, restructure declining industrial areas and diversify rural areas which have declining agriculture.

La coesione economica è rafforzata dalla presenza dei cosiddetti **Fondi strutturali e di investimento europei (Fondi SIE)**. Si tratta di risorse stanziate nel Bilancio della Ue per finanziare la politica regionale, sociale e territoriale e ridurre il divario fra le regioni più avanzate e quelle in ritardo di sviluppo. Hanno, pertanto, un carattere redistributivo e sono lo strumento che rende l'Europa visibile ai cittadini, alle imprese, alle autorità locali.

Le risorse previste da questi fondi vengono distribuite secondo una **programmazione settennale** per cui si assiste ciclicamente alla definizione di nuovi obiettivi e alla riorganizzazione degli strumenti e dei regolamenti di attuazione.

Quali sono i principali fondi strutturali e di investimento europei?

I cinque principali fondi che operano congiuntamente a supporto dello sviluppo economico di tutti i Paesi dell'Unione europea, in linea con gli obiettivi della strategia Europa 2020, sono:

- Fondo europeo di sviluppo regionale (FESR);
- Fondo sociale europeo (FES);
- Fondo di coesione (FC);
- Fondo europeo agricolo per lo sviluppo rurale (FEASR);
- Fondo europeo per gli affari marittimi e la pesca (FEAMP).

Tutte le regioni dell'Unione europea possono beneficiare dei fondi FESR e FES, mentre solo le regioni in ritardo di sviluppo possono ricevere il sostegno del Fondo di coesione.
Esaminiamoli separatamente nelle loro principali caratteristiche.

I Fondi strutturali europei operano insieme per sostenere la coesione economica, sociale e territoriale e conseguire gli obiettivi della strategia Europa 2020 al fine di generare una crescita intelligente, sostenibile e inclusiva.

Il **Fondo europeo di sviluppo regionale** (**FESR**), istituito nel 1975, mira a consolidare la coesione economica e sociale regionale investendo nei settori che favoriscono la crescita al fine di migliorare la competitività, creare posti di lavoro e correggere gli squilibri fra le regioni. Il FESR finanzia, inoltre, progetti di cooperazione transfrontaliera. Tale fondo concentra gli investimenti su diverse aree prioritarie:

- innovazione e ricerca;
- agenda digitale;
- sostegno alle piccole e medie imprese (PMI);
- economia a basse emissioni di carbonio.

Il FESR riserva particolare attenzione alle specificità territoriali. La sua azione mira a ridurre i problemi economici, ambientali e sociali che affliggono le aree urbane, investendo principalmente nello sviluppo urbano sostenibile.

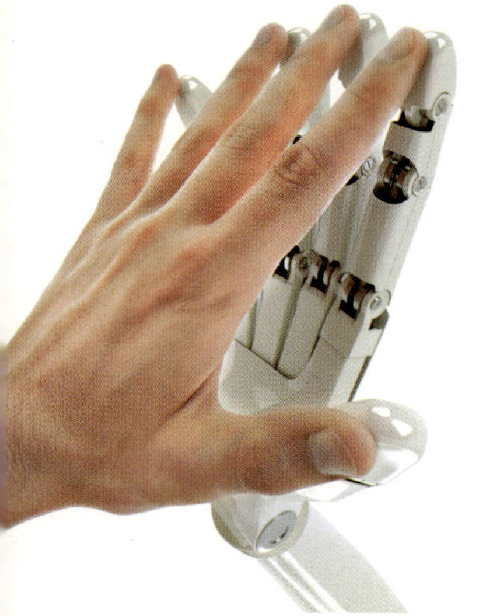

I finanziamenti della Ue favoriscono la ricerca e l'innovazione.

Il **Fondo sociale europeo** (**FES**), istituito nel 1957 nell'ambito del Trattato di Roma, investe sulle persone, riservando speciale attenzione al miglioramento delle opportunità di formazione e occupazione. Si propone, inoltre, di aiutare le persone svantaggiate, a rischio di povertà o di esclusione sociale. Ha il compito di intervenire su tutto ciò che concorre a sostenere l'occupazione mediante interventi sul capitale umano. Il FSE si concentra su quattro obiettivi tematici della politica di coesione:

- la promozione dell'occupazione e il sostegno alla mobilità dei lavoratori;
- la promozione dell'inclusione sociale e la lotta contro la povertà;
- l'investimento in istruzione, competenze e apprendimento permanente;
- il miglioramento della capacità istituzionale e l'efficienza dell'amministrazione pubblica.

Il **Fondo di coesione** (**FC**) è uno strumento strutturale che aiuta gli Stati membri a ridurre le disparità economiche e sociali e a stabilizzare la propria economia. Finanzia la realizzazione di grandi progetti in materia di ambiente e infrastrutture di trasporto.

Il **Fondo europeo agricolo per lo sviluppo rurale** (**FEASR**) contribuisce alla promozione dello sviluppo rurale sostenibile. In particolare esso migliora:

- la competitività del settore agricolo e forestale;
- l'ambiente, il paesaggio e la gestione dello spazio rurale;
- la qualità della vita nelle zone rurali e la diversificazione dell'economia rurale.

Il Fondo fornisce un'assistenza complementare alle azioni nazionali, regionali e locali che contribuiscono alle priorità della Ue. La Commissione e gli Stati membri vigilano inoltre sulla coerenza e la compatibilità del Fondo con le altre misure di sostegno finanziate dalla Ue.

Il **Fondo europeo per gli affari marittimi e la pesca** (**FEAMP**):

- sostiene i pescatori nella transizione verso una pesca sostenibile;
- aiuta le comunità costiere a diversificare le loro economie;
- finanzia i progetti che creano nuovi posti di lavoro e migliorano la qualità della vita nelle regioni costiere europee;
- agevola l'accesso ai finanziamenti.

6 ALTRE POLITICHE: PAC, ANTITRUST E AMBIENTALE

La **Politica agricola comune** (**PAC**), prevista dall'art. 39 del Tfue, costituisce una delle politiche comunitarie più importanti e comprende l'insieme delle regole e delle indicazioni che l'Unione europea ha voluto darsi, sin dalla sua nascita, per promuovere la centralità del settore agricolo, garantendo uno sviluppo equo e solidale dei Paesi membri.

Common Agricultural Policy
Politica agricola comune
The set of legislation and practices adopted by the European Union to provide a common, unified policy on agriculture.

La **PAC** è una **politica distributiva**, intendendo per tale una politica che concede (o nega) a gruppi o a singoli individui benefici e privilegi privati (trasferimenti e sussidi monetari, forme di patronato), ma anche particolari autorizzazioni amministrative (licenze), e i cui costi ricadono sull'intera collettività in quanto vi è sempre qualcuno che riceve, senza però che vi sia un'esplicita sottrazione di risorse a qualcun altro (come avviene invece nelle politiche redistributive).

La PAC si è sviluppata a partire dagli anni '60 del secolo scorso e, per circa trent'anni, ha mirato al raggiungimento dei seguenti **obiettivi**:

- l'**unicità del mercato tra gli Stati membri**, con fissazione dei prezzi comuni dei prodotti agricoli e armonizzazione delle legislazioni in campo amministrativo, sanitario e veterinario;
- la **protezione doganale** verso l'esterno, per tutelare il mercato comunitario dalle fluttuazioni delle importazioni e delle esportazioni dei prodotti agricoli sui mercati mondiali;
- la **solidarietà finanziaria**, finanziata inizialmente dal FEAOG (Fondo europeo agricolo di orientamento e garanzia). Nel 1964 il FEAOG è stato suddiviso in due sezioni, vale a dire la sezione "Garanzia" (FEAGA - **Fondo europeo agricolo di garanzia**) che finanziava integralmente le misure d'intervento sui mercati, e la sezione "Orientamento" (FEASR - **Fondo europeo agricolo per lo sviluppo rurale**) che si basava sul principio del cofinanziamento.

Questa politica, tuttavia, ha creato problemi in termini di eccedenze dei prodotti, nonché di prezzi eccessivamente elevati e poco competitivi rispetto al resto del mercato mondiale. Ciò ha portato a una prima riforma nel

La Politica agricola comune (PAC) è una delle politiche comunitarie di maggiore importanza, impegnando circa il 34% del bilancio dell'Unione europea. È prevista dal Trattato istitutivo della Ue.

1992 che ha promosso, oltre alla politica di riduzione dei prezzi, interventi a sostegno dei redditi agricoli e azioni volte alla difesa dell'ambiente e alla sicurezza dei prodotti alimentari.

I **due pilastri della PAC** sono:

- i **pagamenti diretti agli agricoltori**, cioè un piano di aiuti diretti agli agricoltori e di misure di mercato, integralmente a carico del FEAGA;
- la **politica di sviluppo rurale**, introdotta come secondo pilastro della PAC con la cosiddetta riforma della "**Agenda 2000**", un documento elaborato dalla Commissione europea e presentato al Parlamento europeo il 15 luglio 1997, finanziato dal FEASR.

Attualmente, con la nuova riforma del 2013, **PAC 2014-2020**, approvata dal Parlamento europeo, le sei priorità della politica di sviluppo rurale sono le seguenti:

- promuovere il trasferimento di conoscenze e l'innovazione nei settori agricolo e forestale (sviluppo della base di conoscenze nelle zone rurali; rafforzamento dei legami tra agricoltura, silvicoltura e settore della ricerca);
- rafforzare la sostenibilità e la competitività dell'agricoltura in tutte le sue forme, promuovere tecnologie agricole innovative e la gestione sostenibile delle foreste;
- promuovere l'organizzazione della filiera alimentare, il benessere degli animali e la gestione dei rischi nel settore agricolo;
- ripristinare, preservare e valorizzare gli ecosistemi agricoli e forestali (biodiversità, acqua, suolo);
- promuovere l'uso efficiente delle risorse (acqua, energia) e sostenere la transizione verso un'economia a basse emissioni di carbonio (utilizzo delle energie rinnovabili, riduzione delle emissioni di gas a effetto serra, conservazione e stoccaggio del carbonio);
- promuovere l'inclusione sociale, la riduzione della povertà e lo sviluppo economico (facilitare la creazione di posti di lavoro, promuovere lo sviluppo locale, migliorare l'accessibilità delle tecnologie dell'informazione e della comunicazione).

Il 7° Programma d'azione europeo per l'ambiente (Paa) del 2004 guiderà l'azione politica dell'Unione europea in materia di ambiente e clima fino al 2020.

Che peso ha la protezione dell'ambiente?

La **protezione dell'ambiente** rappresenta oggi una delle grandi sfide per l'Europa e, a tale titolo, rientra tra gli obiettivi prioritari dell'Unione, che si è impegnata a lottare contro i problemi ambientali su scala planetaria e secondo una strategia complessiva.

La politica dell'Unione in materia ambientale contribuisce a perseguire i seguenti obiettivi:

- salvaguardia, tutela e miglioramento della qualità dell'ambiente;
- protezione della salute umana;
- utilizzazione accorta e razionale delle risorse naturali;
- promozione sul piano internazionale di misure destinate a risolvere i problemi dell'ambiente a livello regionale o mondiale e, in particolare, a contrastare i cambiamenti climatici.

In Europa entro il 2020 il 20% dell'energia dovrebbe essere ricavato da fonti rinnovabili.

La **politica ambientale** della Ue si fonda sui seguenti principi:

- **principio della prevenzione**, volto a prevenire qualsiasi effetto negativo per l'ambiente attraverso l'adozione di misure in grado di valutare in anticipo i danni per l'ambiente e la salute provocati da determinati impianti. È da ricordare a tal proposito che, in seguito all'incidente accaduto a Seveso il 10 luglio 1976, fu emanata dal Consiglio europeo il 24 giugno 1982 la "direttiva Seveso" sui rischi di incidenti rilevanti connessi con determinate attività industriali, recepita in Italia sei anni dopo;
- **principio di "chi inquina paga"**, consistente nell'imputare i costi ambientali dello sviluppo alle imprese, in modo da incentivare i responsabili dell'inquinamento a diminuirne l'entità e, soprattutto, a ricercare nuove metodologie meno inquinanti;
- **principio della correzione, in via prioritaria alla fonte, dei danni causati all'ambiente**, per contrastare gli effetti negativi sull'ambiente ed evitare che questi si amplifichino.

Per quanto riguarda gli **strumenti di politica ambientale**, la Comunità ha incentrato per decenni la sua normativa sugli **strumenti di politica ambientale** tradizionali, quelli basati sul modello **comando-controllo**, mentre, solo più di recente, sono stati presi in considerazione strumenti che comprendono tasse, oneri, incentivi ambientali, sistemi di scambio di autorizzazioni, regimi di etichettatura ecologica e di bilancio ambientale, disciplina della responsabilità per danni causati all'ambiente e, infine, accordi ambientali. A essi si aggiunge una **politica di informazione pubblica** nella quale gli adempienti e i non adempienti sono segnalati per nome e lodati o biasimati secondo i casi ("name, fame and shame"). Un tale approccio è stato fatto proprio dalla direttiva 87/2003, che introduce nella Comunità il sistema di scambio di quote di emissione previsto dal Protocollo di Kyoto e prevede che gli Stati membri pubblichino il nome dei gestori che hanno violato i requisiti per la restituzione di quote di emissioni sufficienti.

Environmental policy of the EU
Politica ambientale dell'UE
The EU is competent to act in all areas of environment policy, such as air and water pollution, waste management and climate change, and sustainable development in relations with third countries. The legal personality enabled the EU to conclude international agreements.

European antitrust policy
Politica europea per la concorrenza
Policy designed to introduce a form of marketplace regulation intended to prohibit monopolization and unfair business practices. European antitrust enforcement presents a number of summary statistics on European policy on antitrust since 1964.

Quale ruolo svolge la politica antitrust?

La **politica per la concorrenza** riveste un ruolo di particolare importanza tra le politiche dell'Unione europea. Essa è stata sin da subito considerata **il cuore della realizzazione di un'unione economica**, per-

seguita in via prioritaria dalla Ue rispetto all'unione politica. Infatti, senza la concorrenza nei mercati, i consumatori non potrebbero godere dei benefici che hanno consentito la realizzazione prima del Mercato unico europeo (completato nel 1992) e, poi, dell'Unione economica e monetaria (completata nel 1999). Le politiche relative, pertanto, sono state strutturate al fine di realizzare un mercato unico che favorisca imprese e consumatori, di impedire l'abuso del potere economico di cui eventualmente godono determinate imprese, di accrescere la competitività e razionalizzare la produzione e la distribuzione.

L'obiettivo delle politiche antitrust è quello di evitare le conseguenze negative sui mercati e sulle imprese concorrenti che derivano dall'abuso del potere economico.

Quali sono gli obiettivi della politica della concorrenza?

Il **primo obiettivo della politica di concorrenza europea** è quello di garantire la migliore allocazione delle risorse. Infatti, tutte le legislazioni antitrust cercano di far raggiungere al sistema economico il maggior livello di concorrenza nell'ipotesi che da esso derivi un utilizzo ottimale delle risorse, al contrario di quanto accadrebbe se il sistema vivesse una situazione di monopolio o di oligopolio non concorrenziale.

Il **secondo obiettivo della politica di concorrenza europea** riguarda il supporto che essa può dare a migliorare l'integrazione economica (o comunque a non farla peggiorare a causa degli operatori che controllano il mercato).

Accanto a questi due obiettivi di tutela della concorrenza, ne è previsto anche un terzo, la cosiddetta "**tutela dei concorrenti**", con cui ci si propone di tutelare le piccole e medie imprese europee dai rischi connessi a una eccessiva concentrazione del potere economico in poche grandi imprese. La presenza di tante piccole imprese è infatti il sintomo sia che esiste un buon livello di concorrenza nel mercato, sia che gli operatori principali non abusano del proprio potere.

Per la realizzazione di tali obiettivi quali comportamenti vieta la Ue?

Nel sistema Ue sono considerate anticoncorrenziali e, di conseguenza, sono vietate, le **intese restrittive** della concorrenza, gli abusi di posizione dominante, le concentrazioni e gli aiuti di Stato alle imprese.

In particolare, le **intese** sono vietate e nulle se comportano un aumento dei prezzi, limitano la produzione o il progresso tecnico, comportano una ripartizione dei mercati o generano discriminazioni commerciali. Tale divieto opera a meno che esse, senza eliminare la concorrenza in una parte sostanziale di mercato, siano in grado di generare progresso tecnico o siano vantaggiose per i consumatori.

L'**abuso di posizione dominante** è vietato nella misura in cui dallo sfruttamento del possesso da parte di un'impresa di una posizione vantaggiosa all'interno del mercato deriva un pregiudizio al commercio tra gli Stati. Esso può estrinsecarsi nello sfruttamento dei consumatori e dei clienti, nell'esclusione dei potenziali concorrenti dal mercato, nella discriminazione tra consumatori, tra clienti o tra concorrenti.

Le **concentrazioni**, ossia le fusioni e le associazioni tra imprese, diventano rilevanti a livello comunitario quando superano una certa soglia dimensionale, sotto la quale il controllo sulle stesse rimane di competenza degli Stati membri. L'Unione europea vieta le concentrazioni in grado di provocare restrizioni significative della concorrenza e può autorizzare quelle a rischio in presenza di determinate condizioni che preservino l'efficienza del mercato.

La Ue, infine, vieta gli **aiuti di Stato**, ovvero i sussidi realizzati con denaro pubblico che conferiscono un vantaggio a imprese di grandi dimensioni non situate in zone svantaggiate ben delimitate o a determinati comparti, in quanto queste sovvenzioni falsano la concorrenza e distorcono il commercio. Sono ammessi solo alcuni aiuti, per esempio quelli destinati ad assistere o promuovere le zone svantaggiate, le piccole e medie imprese, la ricerca e lo sviluppo, la protezione dell'ambiente, la formazione, l'occupazione o la cultura.

7 IL BILANCIO DELL'UNIONE EUROPEA

Il **Bilancio annuale europeo** stabilisce tutte le spese e le entrate dell'Unione europea relative a un esercizio. È predisposto dalla Commissione europea e approvato dal Consiglio della Ue e dal Parlamento. La sua gestione, affidata alla Commissione, è oggetto di un controllo successivo da parte del Parlamento europeo e della Corte dei conti europea. Alcuni aspetti lo rendono molto diverso dal bilancio di uno Stato nazionale: innanzitutto il Bilancio europeo deve sempre essere rigorosamente in pareggio, non essendo consentito il ricorso all'indebitamento. Inoltre, la sua dimensione è molto modesta, di poco superiore all'1% del PIL dei Paesi dell'Unione, anche se ha un'incidenza considerevole grazie al suo effetto moltiplicatore e al suo carattere incentrato sui risultati, consistente nel mettere in comune le risorse per ottenere risultati a favore di tutta l'Europa: maggior crescita, occupazione, competitività, risposta rapida ed efficace a situazioni di emergenza, migliore utilizzo dei fondi, ecc.

"Before the Flood" (Punto di non ritorno)

Film-documentario di Fisher Stevens, 2016

Quali sono le cause del riscaldamento globale? Siamo ancora in tempo per invertire il processo? Leonardo DiCaprio incontra i potenti della Terra per dare una risposta a queste domande. Girato nel 2016 in collaborazione con il «National Geographic», il film-documentario è un viaggio dai ghiacciai della Groenlandia alle foreste in fiamme di Sumatra fino alle stanze del Vaticano, raccogliendo le testimonianze di scienziati e attivisti, incontrando i più grandi leader mondiali come Barack Obama e Papa Francesco e scavando tra le cause del riscaldamento globale alla ricerca di possibili soluzioni. «Basta scuse, rappresentiamo l'ultima speranza della Terra. È nostro dovere proteggerla».

- Guarda il film e discutine con i compagni e l'insegnante.

Quali sono le fonti di entrata del Bilancio europeo?

Per finanziare la spesa, l'Unione europea dispone di "**risorse proprie**", che gli Stati membri riscuotono a suo nome e trasferiscono al Bilancio comunitario. Esistono i seguenti tipi di risorse proprie:

- **dazi agricoli** (cosiddetti **prelievi**), come, per esempio, l'imposta sulla produzione di zucchero;
- **dazi doganali**, percepiti sulle importazioni provenienti dai Paesi terzi e attribuiti agli Stati membri in relazione al porto di sbarco delle merci;
- **Iva comunitaria**, determinata con un'aliquota dell'1% su una base imponibile, calcolata in modo uniforme per tutti gli Stati membri, pari allo 0,5% del consumo potenziale e comunque non inferiore al 50% del PIL. L'importanza di questa risorsa, a partire dagli anni Novanta, è andata progressivamente diminuendo a causa degli aspetti di regressività presenti nella sua determinazione;
- **quarta risorsa**, sostanzialmente una imposta proporzionale (aliquota 0,73%) applicata al PIL degli Stati membri: questo fa sì che i maggiori contribuenti del Bilancio comunitario siano i Paesi più grandi e più ricchi della Ue;
- **altre fonti di entrata**, quali le imposte sugli stipendi dei funzionari Ue, i contributi a certi programmi comunitari da parte di Paesi terzi e le sanzioni pecuniarie pagate, per esempio, dalle imprese che violano le norme sulla concorrenza.

L'Iva comunitaria e la risorsa basata sul PIL forniscono oltre l'80% delle entrate complessive.

L'Italia è uno dei principali contribuenti al Bilancio europeo, preceduta in genere da Germania, Francia e Regno Unito.

Quali sono, nel Bilancio europeo, le aree di spesa più rilevanti?

Le spese dell'Unione europea, organizzate per politiche, ricadono nel territorio dei diversi Stati membri che sono, pertanto, i beneficiari delle politiche comunitarie.

Lavori per la riconversione e riqualificazione industriale dell'area di Piombino.

Le principali aree di spesa sono:

- **Politica agricola comune** (**PAC**), tradizionalmente la più importante, il cui obiettivo è il sostegno dei prezzi dei prodotti agricoli;
- **operazioni strutturali**, che riguardano le politiche di riequilibrio regionale dello sviluppo e di valorizzazione delle risorse umane. Sono organizzate all'interno di tre grandi **obiettivi**:
  - **sviluppo economico e aggiustamento strutturale delle aree arretrate** (sono considerate tali quelle con un reddito pro capite inferiore al 75% della media comunitaria);
  - **conversione e riqualificazione delle aree con difficoltà strutturali**: aree rurali, urbane, dipendenti dall'attività di pesca colpite da processi di declino industriale, o caratterizzate da difficoltà di tipo economico-sociale;
  - **sviluppo delle risorse umane**, al fine di migliorare le possibilità d'impiego, attraverso interventi di formazione professionale, politiche attive del lavoro, riforma dei sistemi d'istruzione.

  Accanto alle azioni miranti a ridurre gli squilibri fra le regioni, l'Unione europea, attraverso un **Fondo di coesione**, interviene a favore degli Stati membri che hanno un reddito pro capite inferiore al 90% della media comunitaria, per metterli in condizione di colmare il divario economico e sociale;
- **politiche interne**, i cui interventi riguardano le reti transeuropee, ricerca e innovazione, ambiente, istruzione e formazione professionale, azioni a favore delle piccole e medie imprese;
- **politiche esterne**, che riguardano le spese per la difesa.

Tutte le spese del Bilancio Ue vengono riclassificate alla luce del **Quadro finanziario pluriennale** (**QFP**), lo strumento con il quale l'Unione europea fissa gli importi annui massimi ("massimali") che potrà spendere nei diversi ambiti d'intervento ("rubriche") per un periodo di almeno 7 anni, al fine di assicurare la corretta pianificazione della spesa e la sua conformità alle priorità dell'Ue. Con il Trattato di Lisbona il QFP, da accordo interistituzionale tra il Parlamento europeo, il Consiglio e la Commissione sulla disciplina di Bilancio, sulla cooperazione in materia di Bilancio e sulla sana gestione finanziaria, si è trasformato in un atto giuridicamente vincolante.

Multiannual Financial Framework
Quadro finanziario pluriennale
Financial plan that lays down the maximum annual amounts which the EU may spend in different policies, procedures, regulations over a period of at least 5 years.

Come è strutturato il Quadro finanziario pluriennale?

Per il periodo 2014-2020 le spese sono classificate nelle seguenti sei rubriche che consentono di evidenziare le priorità fissate per le **politiche europee**:

- **crescita intelligente e inclusiva**, che comprende le spese per "Competitività per la crescita e l'occupazione" (per esempio il programma **Erasmus per tutti**) e "Coesione economica, sociale e territoriale" (per esempio gli interventi per la crescita e l'occupazione);
- **crescita sostenibile e risorse naturali**, come i fondi per la politica agricola e per l'ambiente;
- **sicurezza e cittadinanza**, relative per esempio ai programmi per la

APPROFONDIMENTO ONLINE
Il programma Erasmus per tutti

difesa dei consumatori, per le migrazioni, per la cittadinanza;

- **ruolo mondiale dell'Europa**, che riguarda fra gli altri i programmi per gli aiuti umanitari, i disastri naturali, la cooperazione economica;
- **amministrazione**, che si riferisce alle spese amministrative delle istituzioni europee;
- **compensazioni** (differenza tra gli stanziamenti di spesa e gli impegni).

La tabella 1 illustra le priorità fissate per le politiche europee per il periodo 2014-2020.

Tabella 1 - **Quadro finanziario pluriennale (Ue-28) adeguato per il 2017 (milioni di euro, prezzi correnti)**

STANZIAMENTI DI IMPEGNO	2014	2015	2016	2017	2018	2019	2020	Totale 2014-2020
1. **Crescita intelligente e inclusiva**	52.756	77.986	69.304	73.512	76.420	79.924	83.661	513.563
2. **Crescita sostenibile: risorse naturali**	49.857	64.692	64.262	60.191	60.267	60.344	60.421	42.0034
di cui: Spese connesse al mercato e pagamenti diretti	43.779	44.190	43.951	44.146	44.163	44.241	44.264	308.734
3. **Sicurezza e cittadinanza**	1.737	2.456	2.546	2.578	2.656	2.801	2.951	17.725
4. **Europa globale**	8.335	8.749	9.143	9.432	9.825	10.268	10.510	66.262
5. **Amministrazione**	8.721	9.076	9.483	9.918	10.346	10.786	11.254	69.584
di cui: Spese amministrative delle istituzioni	7.056	7.351	7.379	8.007	8.360	8.700	9.071	56.224
6. **Compensazioni**	29	0	0	0	0	0	0	29
TOTALE STANZIAMENTI DI IMPEGNO	121.435	162.959	154.738	155.631	159.514	164.123	168.979	1.087.197
In percentuale dell'RNL	0,90%	1,17%	1,05%	1,04%	1,04%	1,04%	1,03%	1,04%
TOTALE STANZIAMENTI DI PAGAMENTO	135.762	140.719	144.685	142.906	149.713	154.286	157.358	1.025.429
In percentuale dell'RNL	1,01%	1,02%	0,98%	0,95%	0,97%	0,97%	0,96%	0,98%
Margine disponibile	0,22%	0,21%	0,25%	0,28%	0,26%	0,26%	0,27%	0,25%
Massimale delle risorse proprie in % dell'RNL	1,23%	1,23%	1,23%	1,23%	1,23%	1,23%	1,23%	1,23%

MAPPA UNITÀ E2

UNIONE EUROPEA

Competenze della Ue in determinate materie

- Competenza esclusiva (articolo 3 del Tfue)
- Competenza concorrente (articolo 4 del Tfue) - principio di sussidiarietà
- Competenza di fornire orientamenti per il coordinamento delle politiche degli Stati membri (art. 5 del Tfue)
- Competenza di sostenere, coordinare e completare l'azione degli Stati membri (articolo 6 del Tfue).

Bilancio della Ue

È predisposto dalla Commissione europea e approvato dal Consiglio della Ue e dal Parlamento. La sua gestione, affidata alla Commissione, è oggetto di un controllo successivo da parte del Parlamento.
Per finanziare la spesa, l'Ue dispone di "**risorse proprie**" (dazi, Iva comunitaria, imposta proporzionale applicata al PIL degli Stati membri, altri tipi di imposte).
Tutte le spese del bilancio Ue vengono riclassificate alla luce del **QFP** (Quadro finanziario pluriennale) e quindi classificate in **sei rubriche**: a) crescita intelligente e inclusiva b) crescita sostenibile e risorse naturali c) sicurezza e cittadinanza d) ruolo mondiale dell'Europa e) amministrazione f) compensazioni.

Unione economica e monetaria (Uem) - 1999

- Adozione di una moneta unica (euro)
- Istituzione della **Banca centrale europea** (Bce), l'Autorità monetaria centralizzata che stabilisce:
  - la **politica monetaria**, indirizzata a mantenere la stabilità dei prezzi e il controllo dell'inflazione;
  - la **politica valutaria** con i Paesi terzi. I Paesi aderenti hanno la stessa moneta e, pertanto, non possono più attuare una propria politica valutaria.
- Decisioni di **politica economica** (decisioni in materia di istruzione, mercato del lavoro, pensioni, ecc.) e decisioni riguardanti alcuni aspetti della **politica di bilancio** (per limitare i disavanzi annuali e i debiti dei Governi).

Gli "attori" che nell'Uem si occupano di politica monetaria, economica e di bilancio sono:

- Consiglio europeo
- Consiglio dei ministri
- Eurogruppo
- Stati membri
- Commissione europea
- Banca centrale europea
- Parlamento europeo

- **Politica monetaria**: è gestita dalla Bce. Il protocollo sullo Statuto del **Sebc** (Sistema europeo delle Banche centrali) e della Bce vieta alla Bce e alle Banche centrali dei Paesi membri la "monetizzazione del debito" dei Paesi in difficoltà. La Bce e le Banche centrali dei Paesi membri sono libere di acquistare titoli del debito pubblico dei Paesi membri dell'Eurozona solo sul mercato secondario attraverso una operazione di politica monetaria, chiamata **Quantitative easing**. Le banche hanno operato in questo senso a partire dal maggio 2010, nel contesto del **Securities Markets Programme**.
- **Politica di bilancio (alcuni aspetti)**: è di competenza dei Governi nazionali e solo alcune norme fondamentali relative alle finanze pubbliche (come limitare i disavanzi annuali e i debiti dei Governi) sono elaborate ed adottate congiuntamente da tutti i Paesi della Ue e attuate dalla Commissione europea per garantire la stabilità economica. Il **Patto di stabilità e crescita** è lo strumento fondamentale a tale scopo.

MAPPA UNITÀ E2

POLITICHE DELLA UE

Politica doganale
- Istituzione di un'Unione doganale fra i Paesi aderenti
- Creazione di una tariffa doganale comune per gli scambi commerciali con il resto del mondo
- Ruolo delle dogane:
  a) vigilare sulla commercializzazione di merci contraffatte;
  b) lotta alle frodi;
  c) raccolta di dati statistici.

Politica di coesione e Fondi SIE
La politica di coesione mira a ridurre il divario fra le diverse regioni e il ritardo delle regioni meno favorite.
I Fondi SIE sono:
- Fondo europeo di sviluppo regionale (FESR);
- Fondo sociale europeo (FES);
- Fondo di coesione (FC);
- Fondo europeo agricolo per lo sviluppo rurale (FEASR);
- Fondo europeo per gli affari marittimi e la pesca (FEAMP).

Politica ambientale
- Principio della prevenzione
- Principio di "chi inquina paga"
- Principio della correzione dei danni causati all'ambiente

Politica industriale
Verte su azioni che accrescono la competitività dell'industria europea sui mercati internazionali:
- piano di investimenti per l'Europa;
- strategia per il mercato unico digitale in Europa.

Politica commerciale
Opera su due livelli:
- nell'ambito dell'OMC partecipa alla determinazione di norme che regolano il sistema multilaterale del commercio mondiale;
- negozia i propri accordi commerciali bilaterali con singoli Stati e raggruppamenti di Paesi a livello regionale.

Politica agricola comune
I due pilastri della PAC sono:
- i pagamenti diretti agli agricoltori;
- la politica di sviluppo rurale.

Politica antitrust
Sono vietati:
- le intese restrittive della concorrenza;
- gli abusi di posizione dominante;
- le concentrazioni e gli aiuti di Stato alle imprese.

Verifiche 2

1) TROVA L'ERRORE IN OGNI FRASE

Competenza: acquisire e riconoscere i contenuti chiave

A. Le materie di competenza esclusiva sono disciplinate dal principio di sussidiarietà.
B. La politica di bilancio è di competenza della Ue.
C. La Dogana è controllata dalla Ue.
D. Per una buona politica commerciale comunitaria è stato proposto il Piano d'investimenti per l'Europa.
E. I Fondi strutturali e di investimento europei (Fondi SIE) hanno una funzione stabilizzatrice.
F. La Bce può ricorrere al "Quantitative Easing" per provocare una rivalutazione dell'euro.
G. L'Unione doganale è entrata in vigore nel luglio del 1958.
H. Il piano di aiuti diretti agli agricoltori e di misure di mercato è integralme nte a carico del FEAOG.

2) COLLEGA LE ESPRESSIONI CONTRASSEGNATE DA UNA LETTERA CON QUELLE INDICATE DA UN NUMERO

Competenza: individuare collegamenti e relazioni

A.	FSE	1.	Sostiene i pescatori
B.	FEASR	2.	Sostiene l'occupazione, l'inclusione sociale, l'istruzione
C.	FESR	3.	Solidarietà finanziaria del settore agricolo
D.	FEAMP	4.	Sviluppo rurale sostenibile
E.	TTIP	5.	Politica commerciale comunitaria
F.	PAC	6.	Accordo di libero scambio con il Canada
G.	OMC	7.	Sviluppo urbano sostenibile
H.	CETA	8.	Accordo di libero scambio tra Usa e Ue

A	B	C	D	E	F	G	H

3) INDICA SE LE SEGUENTI AFFERMAZIONI SONO VERE O FALSE. SE LE RITIENI FALSE GIUSTIFICA LA RISPOSTA

Competenza: acquisire, interpretare l'informazione e comunicare

	VERO	FALSO
A. Le Banche centrali dei Paesi membri possono acquistare titoli del debito pubblico dei Paesi membri dell'Eurozona sul mercato primario.		
B. Il Mercato unico europeo è stato completato nel 1992 e l'Unione economica e monetaria è stata completata nel 1999.		
C. Se la Bce aumenta l'obbligo di riserva per un ammontare uguale a quello dei titoli di Stato che compra dalle banche commerciali, si verifica un impatto inflazionistico.		
D. La politica industriale comunitaria della Commissione europea ha istituito il Piano di investimenti per l'Europa.		
E. La riforma dell'Agenda 2000 ha introdotto i "pagamenti diretti agli agricoltori".		

	VERO	FALSO
F. La "tutela dei concorrenti" e la "tutela della concorrenza" sono espressioni equivalenti.		
G. La Strategia per il mercato unico digitale in Europa è una politica commerciale varata nel maggio 2015.		
H. Le concentrazioni sono costituite da fusioni e da associazioni tra imprese.		

4) RISOLVI I SEGUENTI PROBLEMI

Competenza: risolvere problemi

La tabella seguente indica la ripartizione degli stanziamenti di impegno e pagamento del Bilancio Ue 2016 per settore di intervento, come definito nell'ambito del quadro finanziario pluriennale (QFP) per il periodo 2014-2020.

Stanziamenti per rubrica del quadro finanziario pluriennale	Impegni milioni di euro	Pagamenti milioni di euro
Crescita intelligente e inclusiva	69.841	66.262
1. Competitività per la crescita e l'occupazione	19.010	17.418
2. Coesione economica, sociale e territoriale	50.831	48.844
Crescita sostenibile: risorse naturali	62.484,2	55.121
Sicurezza e cittadinanza	4.052,0	3.022
Europa globale	9.167,0	10.156
Amministrazione	8.935,2	8.935
Altro	524,6	389
Totale	**155.004,2**	**143.885**

Commenta la tabella rispondendo alle seguenti domande:
1. Che cosa si intende per "impegni" e per "pagamenti"?
2. Quale significato attribuisci al margine che si crea dalla differenza tra il totale degli impegni e il totale dei pagamenti?
3. La parte più cospicua di spesa a quale settore d'intervento è destinata?
4. Di che cosa si occupa tale settore e quali sono i suoi obiettivi?
5. Quali sono gli aspetti che rendono molto diverso il bilancio della Ue dal bilancio di uno Stato nazionale?

5) RISPONDI AI SEGUENTI QUESITI IN UN MASSIMO DI 5/6 RIGHE

Competenza: saper organizzare e sintetizzare i contenuti

A. Che cosa si intende per "monetizzazione del debito"?
B. Che cosa si intende per Unione doganale?
C. Quali sono i tre compiti fondamentali delle dogane?
D. Che cos'è il CETA?
E. In che senso la politica di coesione ha un carattere redistributivo?
F. In che senso la PAC ha un carattere distributivo?
G. Su quali principi si fonda la politica della Ue in materia ambientale?
H. Perché la Ue vieta gli aiuti di Stato?
I. Quali sono i tipi di risorse proprie di cui dispone l'Ue?

1) Connect each letter with a number

A. European Council	1. Control of the domestic exchange rate versus those of other countries
B. Council of Ministers	2. Introduction of a marketplace regulation
C. European Commission	3. Defines the general political direction and priorities of the European Union
D. European Parliament	4. Adopts laws and coordinates European policies
E. European cohesion policy	5. Exercises executive power
F. Currency policy	6. Use of structural funds with the aim of encouraging economic growth in EU member states
G. Customs policy	7. Implementation of tariff applied to products imported into the European Union
H. Antitrust policy	8. Holds legislative, supervisory and budgetary responsibilities

A	B	C	D	E	F	G	H

2) Choose the right words among the ones listed below and fill in the gaps

Since the completion of the internal .... , goods can circulate .... between Member States. The 'Common Customs Tariff' (CCT) therefore applies to the import of goods across the external .... of the EU.

The tariff is common to all EU .... , but the rates of duty differ from one kind of .... to another depending on what they are and where they come from. The rates depend on the economic sensitivity of ....

The .... is therefore the name given to the combination of the nomenclature (or classification of goods) and the duty .... which apply to each class of goods. In addition the tariff contains all other Community .... that has an effect on the level of customs .... payable on a particular import, for example .... of origin.

The tariff is a concept, a .... of laws as opposed to a single codified law in itself. There is however a kind of working tariff, called TARIC, which is not actually a piece of legislation.

Through the tariff, the Community applies the principle that .... producers should be able to .... fairly and equally on the internal market with .... exporting from other countries.

[borders, collection, compete, country, domestic, duty, freely, import, legislation, manufacturers, market, members, products, rates, tariff]

UNITÀ 3

Un quadro d'insieme della globalizzazione

La Nutella? Secondo l'Ocse un esempio azzeccato di globalizzazione

Un marchio divenuto nel mondo intero sinonimo di crema gianduia

La Nutella? Un esempio azzeccato di globalizzazione (golosa). A dirlo è l'Ocse in persona, nel recente report *Mapping Global Value Chains* di Koen Backer e Sébastien Mirodout. Secondo i ricercatori dell'Organizzazione per la cooperazione e lo sviluppo economico, Nutella è un paradigma della catena di valore nell'agrifood.

La famosa crema di cacao e nocciole nata sulla base della *Pasta Gianduiot* piemontese, prodotta ogni anno in 250 mila tonnellate vendute in 75 Paesi, è una "multinazionale" alimentare con ingredienti che arrivano da Paesi sviluppati ed emergenti di almeno tre continenti. L'azienda, tanto per cominciare, è italiana, ma delle nove fabbriche cinque sono in Europa, una in Russia, una in Nordamerica, due in Sudamerica e una in Australia.

E gli ingredienti, miscelati in base a una ricetta segretissima conservata ad Alba esattamente come avviene per la Coca-Cola ad Atlanta? Solo alcuni, come il latte scremato (o i barattoli), vengono reperiti su scala locale. Gli altri vengono reperiti su scala globale: le nocciole arrivano dalla Turchia, l'olio di palma dalla Malesia, il cacao dalla Nigeria, lo zucchero sia dal Brasile che dall'Europa, la vanillina dalla Francia.

Gli impianti di produzione sono localizzati vicino ai mercati di sbocco dove la domanda di Nutella è più alta, spiega il report dell'Ocse. Questo spiega perché non ci sono stabilimenti in Asia, dove stranamente la crema di gianduia non è molto apprezzata. In compenso in quelle zone vanno per la maggiore i Ferrero Rocher, il che spiega la presenza di una fabbrica dedicata a questo tipo di praline in India (e anche il tentativo di clonazione compiuto dai soliti cinesi, che dopo una sentenza della Suprema Corte di Pechino del 2008 hanno però dovuto battere in ritirata).

Enrico Marro
«Il Sole 24 Ore», 17 dicembre 2013

attività

1. «Che mondo sarebbe senza Nutella?», recita così uno degli slogan più famosi legati alla crema spalmabile. Perché senza il "mondo" la stessa Nutella molto probabilmente non esisterebbe?
2. Qual è la strategia di Ferrero?
3. Secondo il «Washington Post», la Nutella venduta negli Usa è diversa da quella venduta in Europa. Quali possono essere i motivi?

1 I TRATTI DISTINTIVI DELLA GLOBALIZZAZIONE

L'ingresso nella cosiddetta era della **globalizzazione** si colloca convenzionalmente alla fine degli anni Ottanta, a seguito della caduta del muro di Berlino nel 1989 e all'introduzione di elementi di economia di mercato in Paesi come la Cina e l'India. Gli ultimi due decenni del secolo scorso hanno visto una intensificazione e un aumento della pervasività del processo di globalizzazione, il cui effetto più evidente è stata l'interdipendenza sempre più forte tra i diversi piani della realtà sociale, economico-finanziaria, politica, tecnologica e ambientale, in differenti contesti del mondo; i suoi effetti positivi e negativi hanno assunto una rilevanza planetaria.

Globalization
Globalizzazione
Multinational companies' strategy of providing standard, homogeneous products to all markets "on the globe" thanks to increased inter-connectedness of people due to world wide web linkages, low cost of capital and of labor, lower cost of technology, cheaper imports, and larger export markets.

Cosa si intende per globalizzazione?

In genere gli economisti usano il termine "globalizzazione" per indicare un processo di integrazione dei mercati su scala mondiale, verificatosi a seguito di una generale riduzione delle barriere doganali agli scambi commerciali, che ha portato a una crescente intensificazione del commercio internazionale, a una maggiore e più rapida mobilità dei capitali, a flussi migratori più imponenti e a più ampio raggio e a una crescente dipendenza dei mercati nazionali da quelli internazionali, nel senso che i prezzi dei fattori di produzione (terra, lavoro e capitale) sono determinati dalle condizioni della domanda e dell'offerta globali (e non più da fattori locali). Naturalmente, lo sviluppo di nuove tecnologie basate sulle fibre ottiche, la diffusione dell'uso del PC e di Internet, ha ulteriormente velocizzato le comunicazioni e favorito il processo di globalizzazione.

La globalizzazione contemporanea è un fenomeno inedito?

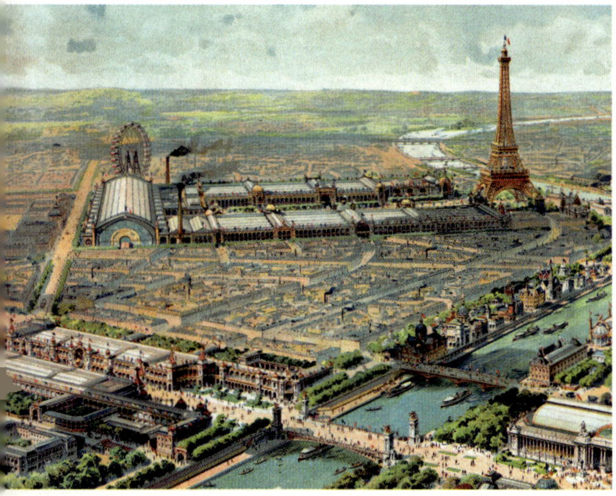

Un primo esempio di globalizzazione, l'Esposizione universale di Parigi del 1900.

Nella storia contemporanea si può parlare di almeno altri due periodi, precedenti a quello presente, segnati da fenomeni di intensa integrazione economica mondiale. Il primo periodo si colloca dalla seconda metà del XIX secolo fino allo scoppio della prima guerra mondiale (1914); esso segue la prima rivoluzione industriale e l'affermazione del sistema capitalistico in Europa, attraverso una fase di intensa espansione extra-continentale delle attività economiche, sia industriali sia finanziarie, e della sfera d'influenza politica dei Paesi europei.

Il secondo periodo si colloca tra le due guerre mondiali (1919-1939), con la ripresa delle attività economiche su scala internazionale, che fu molto rapida e intensa dopo le distruzioni legate al conflitto del 1914-18.

Dal secondo dopoguerra a oggi inizia un periodo in cui si modificano le forme e le dimensioni dell'integrazione internazionale in misura tale da giustificare l'uso del termine "globalizzazione", il quale comincia a diffondersi in ambito economico agli inizi degli anni '70 e diventa di uso corrente solo negli anni '90. In un primo momento aumentano gli scambi internazionali di merci, capitale e lavoro (**integrazione superficiale**). Il commercio internazionale cresce a tassi più elevati del PIL, per cui si alza il grado di apertura internazionale delle varie economie, definito come rapporto fra la somma delle esportazioni e importazioni e il PIL. Tra i movimenti dei fattori crescono significativamente i movimenti internazionali di capitale finanziario, fra cui il capitale bancario. Inoltre, si accrescono i flussi assoluti dell'emigrazione internazionale. Successivamente aumentano i rapporti tra i diversi sistemi economici e sociali nazionali attraverso istituzioni economiche private, quali le **imprese multinazionali e transnazionali**, che in larga misura contribuiscono all'aumento della produzione internazionale (**integrazione profonda**). Attraverso gli **IDE** (**investimenti diretti esteri**, di cui si è parlato nel primo volume) le multinazionali acquisiscono centri di produzione in vari Paesi. I motivi sono i seguenti:

- essere presenti su un mercato in espansione;
- fornire un'immagine locale del prodotto;
- diminuire i costi di produzione, di trasporto e i dazi;
- aumentare le esportazioni;
- apprendere nuove tecnologie.

Attualmente la distinzione tra integrazione superficiale e integrazione profonda, pur importante, è meno rilevante rispetto al passato a causa dei profondi mutamenti che hanno reso le organizzazioni economiche, sia imprese private sia aziende pubbliche, più flessibili, con struttura e processi produttivi capaci di assumere varie forme, mutare in vari modi e in tempi più rapidi che in precedenza. Non c'è più un'unica soluzione ottimale (*one best way*) e le scelte tra produrre internamente (*make*) o acquistare dall'esterno (*buy*) i beni e i servizi necessari per lo svolgimento della propria attività sono più facilmente invertibili.

Integrazione superficiale
È legata alla crescita degli scambi di merci, di lavoro e di capitale finanziario.

Integrazione profonda
È legata alla crescita degli investimenti diretti esteri e alle imprese multinazionali e transnazionali.

Multinationals
Multinazionali
Companies that own, control and manage production facilities in various countries through foreign direct investment, with a generally high equity enterest, or that give birth to a subsidiary in a foreign country. Generally, any company or group that derives a quarter of its revenue from operations outside of its home country.

Foreign Direct Investment
Investimenti diretti esteri
Investment made by a company or entity based in one country, into a company or entity based in another country that involves establishing operations or acquiring tangible assets, including stakes in other businesses with an intent of control.

Quali caratteri di novità presenta l'integrazione economica dell'ultimo dopoguerra rispetto alle tendenze prevalse in epoca anteriore al 1914?

L'integrazione economica internazionale manifestatasi dopo la seconda guerra mondiale rappresenta una tendenza specifica dell'economia mondiale, ma avviene con caratteri almeno parzialmente nuovi che giustificano l'uso del termine globalizzazione.

Alcuni aspetti peculiari della globalizzazione attuale sono i seguenti.

- **Il contenuto degli scambi internazionali di beni e servizi è profondamente diverso da quello precedente al 1914.** Allora, fra Paesi sviluppati e Paesi sottosviluppati, assumeva un peso elevato o preponderante lo scambio di manufatti contro materie prime. Recentemente, invece, nel commercio internazionale, in conseguenza della crescita degli IDE, prevale, rispetto al commercio inter-industriale, basato sullo scambio di prodotti di un'industria contro prodotti di un'altra industria, il **commercio intra-industriale**, consistente nello scambio di prodotti della stessa industria (e quindi del tutto simili), sia nell'ambito di Paesi sviluppati sia fra questi e i Paesi in via di sviluppo.
- **Le economie più avanzate e, sempre più, anche alcune economie emergenti producono la maggior parte della loro ricchezza nel settore terziario.** Questo significa che il settore dei servizi sta assumendo un maggior peso rispetto a quello dell'industria (è la cosiddetta de-industrializzazione). La diffusione delle ITC (Information and Communication Technologies), gli accordi commerciali e le regolamentazioni internazionali stanno dando un nuovo impulso alla crescita degli scambi internazionali dei servizi, anche se l'integrazione internazionale nei servizi sta procedendo più lentamente rispetto ad altri comparti.
- **Oggi i Paesi che fanno parte del mercato globale hanno raggiunto un numero nettamente superiore in confronto al periodo precedente al 1914**, nonostante siano ancora molti gli Stati che si trovano in una condizione di marginalità, non avendo raggiunto un grado di sviluppo adeguato (per esempio, la gran parte dei Paesi dell'Africa sub-sahariana). L'integrazione internazionale che si aveva prima della Grande guerra, invece, non poteva che esplicare effetti specifici e limitati, trovando largo fondamento e disciplina nel rapporto coloniale.
- **I movimenti internazionali di capitale (sia quelli finanziari sia gli investimenti diretti esteri) sono ora molto più consistenti rispetto al periodo anteriore alla prima guerra mondiale**, non solo per la loro dimensione, ma, soprattutto, per le conseguenze che hanno prodotto sulla specializzazione produttiva dei vari Paesi, sulla competitività, sull'efficacia delle politiche economiche nazionali. Inoltre, la crescente importanza quantitativa e qualitativa del settore finanziario in confronto ai settori produttivi dell'economia, indicata con il termine "**finanziarizzazione**", condiziona imprese e consumatori, la cui attività dipende sempre più strettamente dalla possibilità di ottenere

Commercio intra-industriale

Prevede lo scambio di manufatti contro altri manufatti, all'interno della stessa industria (per esempio, scambio tra automobili italiane e automobili francesi).

Commercio inter-industriale

Prevede lo scambio di prodotti di un'industria contro prodotti di un'altra industria (per esempio scambio tra prodotti tessili e vetture).

Intra-industry trade
Commercio intra-industriale
Exchange of similar products that belong to the same industry. It has mostly been attributed to the fragmentation of production (outsourcing and offshoring) as a result of globalisation.

finanziamenti, e influenza il comportamento dei dirigenti aziendali, orientato in maggior misura alle valutazioni dei mercati finanziari e degli intermediari finanziari globali (fig. 1).

Figura 1

IDE globali, 1977-2013
I valori rappresentano la media di IDE in entrata e uscita. La linea tratteggiata è la media mobile a cinque anni.
Fonte: UNCTAD.

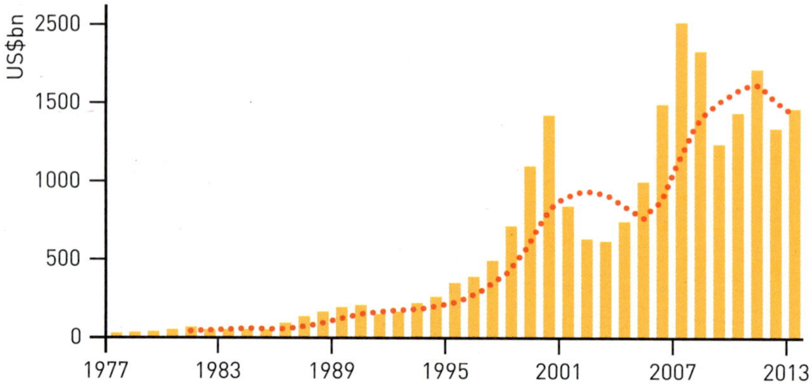

Gli IDE in Italia
Con la sigla IDE si indicano gli investimenti internazionali volti all'acquisizione di partecipazioni "durevoli" in un'impresa estera o alla costituzione di filiali all'estero. Nel 2014 sono cresciuti in Italia più che in ogni altro Paese di area Euro.

Come evidenziato dalla media mobile a cinque anni riportata nel grafico, se si escludono le due bolle finanziarie – quella di Internet del 1999-2000 e quella del triennio 2006-08 – gli IDE si sono mossi su un *trend* di crescita forte, anche se irregolare, fino al 2005 e sono rimasti dal 2009 al 2013 intorno ai livelli del 2006, peraltro significativamente superiori a quelli registrati nei decenni precedenti. Il messaggio sembra chiaro: la globalizzazione ha determinato un tale livello di integrazione tra Paesi e aree geografiche da rendere necessario un alto livello di IDE, che permette all'investitore di esercitare un "controllo diretto" sull'impresa estera, nonché di intervenire in modo consistente nelle decisioni relative alle varie fasi della produzione. Allo stesso tempo, gli IDE sono tra i motori principali della crescita globale.

CAUSE DELLA GLOBALIZZAZIONE
- **Progresso tecnico** (notevole riduzione dei costi di trasporto e di comunicazione, ruolo fondamentale assunto dall'innovazione)
- **Graduale rimozione delle restrizioni alla circolazione delle merci e dei capitali** nei Paesi sviluppati
- **Drastico mutamento negli indirizzi di politica commerciale adottati dai PVS** e apertura delle economie ex socialiste agli scambi e agli investimenti internazionali

2 CAUSE ED EFFETTI DELLA GLOBALIZZAZIONE

La realtà della globalizzazione è costituita da uno spazio economico e finanziario in continua espansione. A essa hanno concorso diverse cause tra cui, innanzitutto, il **progresso tecnologico**. Negli ultimi decenni, grazie a esso, si è avuto un notevole **abbassamento dei costi di trasporto e di comunicazione** che ha contribuito:
- ad accrescere il movimento internazionale di beni e dei fattori produttivi;
- a facilitare per le imprese multinazionali:
  - la **delocalizzazione** della produzione per sfruttare le economie di scala o per trarre vantaggio dalla diversa disponibilità e dai minori costi di vari tipi di lavoro o di altri fattori produttivi;
  - l'esportazione dei prodotti grazie alla possibilità di praticare un prezzo più basso in quanto depurato da costi di trasporto, in precedenza molto elevati.

Offshoring
Delocalizzazione
It is the relocation of production activities in foreign countries for reasons such as lower labor costs or more favorable economic conditions.

Inoltre, il progresso tecnologico ha favorito il processo d'**internazionalizzazione** grazie all'**innovazione**, intendendo con tale espressione un insieme di attività mediante le quali l'impresa produce nuovi prodotti o implementa nuovi processi produttivi, organizzativi, tecnologici e organizzativi, oppure apporta miglioramenti più o meno significativi a prodotti già esistenti.

Si parla a tal proposito di "**globalizzazione della tecnologia e dell'innovazione**". Gli economisti Daniele Archibugi e Jonathan Michie hanno proposto una classificazione dei tre diversi aspetti di questo processo:

- il **trasferimento internazionale di prodotti ad alta tecnologia** (prodotti high-tech) e dei brevetti internazionali;
- le **collaborazioni tecniche e scientifiche internazionali** portate avanti da diversi soggetti, quali imprese nazionali, multinazionali, università, centri di ricerca e singoli ricercatori operanti in tali istituzioni, che spesso si concretizzano in joint venture e alleanze "technology oriented";
- le **attività di ricerca e sviluppo, e le innovazioni di prodotto e di processo**, effettuate in laboratori e in impianti localizzati all'estero dalle multinazionali, la cui quota di spese per investimenti in ricerca e sviluppo all'estero è la più alta rispetto al totale delle spese in tali attività.

Internationalization
Internazionalizzazione
The process through which a firm expands its business outside the national (domestic) market.

In che modo si sviluppa il legame tra tecnologia e innovazione da una parte e internazionalizzazione dall'altra?

Il legame tra tecnologia e internazionalizzazione nasce dal fatto che tutte le attività di ricerca e sviluppo effettuate dalle imprese nel Paese d'origine rendono conveniente per le stesse imprese la realizzazione di operazioni internazionali.

In primo luogo, le imprese che investono molto in attività di ricerca e sviluppo hanno la possibilità di sfruttare quelle ricerche non solo nel mercato dove normalmente operano, ma anche in altri. In secondo luogo, grazie a questi investimenti, che consentono di aumentare la produzione o introdurre nuovi prodotti, diventa più facile per le imprese l'espansione sui mercati esteri e ottenere di conseguenza un vantaggio competitivo rispetto ai concorrenti derivante dalla riduzione dei costi, soprattutto di quelli fissi, ammortizzati su un maggior volume di vendite. Inoltre, le imprese che hanno intrapreso un percorso innovativo al loro interno hanno più possibilità di accedere a un patrimonio estero di conoscenze e competenze e quindi di incrementare la loro competitività e ottenere così ulteriori vantaggi competitivi.

A sua volta, l'espansione internazionale delle imprese dovuta all'innovazione contribuisce allo sviluppo del processo d'internazionalizzazione. Infatti, in un contesto internazionale caratterizzato da una concorrenza sempre più acerrima, molte grandi aziende sono passate da una politica di fusioni e acquisizioni a una politica di alleanze strategiche che, soprattutto nella forma di joint venture, ha permesso a entrambi i partner di accedere a nuove risorse e competenze esterne: piuttosto che comprare e fondere

Joseph Schumpeter (economista austriaco, 1883-1950) esemplifica le diverse tipologie di **innovazione** in cinque categorie:

- produzione di un nuovo bene o di una sua nuova qualità;
- introduzione di un nuovo metodo di produzione;
- apertura di un nuovo mercato;
- conquista di una nuova fonte di approvvigionamento di materie prime e di semilavorati;
- riorganizzazione di una qualsiasi industria (come la creazione di un monopolio o la sua distruzione).

Spillover effect
Effetto di traboccamento
Impact that seemingly unrelated events in one nation can have on the economies of another nation. The larger an economy is, the more spillover effects it is likely to produce across the global economy.

strutture, hanno ritenuto che fosse molto meglio studiare le possibili sinergie in certi segmenti produttivi, in modo che il loro posizionamento sul mercato globale e l'offerta produttiva risultassero più efficaci. In alcuni casi questa interdipendenza, rafforzandosi nel tempo, ha prodotto effetti positivi non solo nel settore o nell'area territoriale in cui le alleanze sono avvenute, ma anche oltre tali ambiti (**effetto di traboccamento**). Tuttavia, non sempre questa reciprocità di scambio di risorse e conoscenze ha potuto realizzarsi a causa di una inadeguata organizzazione e di un ambiente sfavorevole per la creazione di collegamenti duraturi ed efficaci tra le parti e le istituzioni locali.

Oltre al progresso tecnologico, quali sono le altre cause che spiegano la globalizzazione?

Un altro fattore che spiega la globalizzazione è costituito dalle **scelte di politica economica** dei vari Paesi. A partire dagli anni '60 del XX secolo i Paesi industrializzati e buona parte dei Paesi in via di sviluppo hanno avviato lentamente una serie di riforme volte alla graduale liberalizzazione degli scambi commerciali e di attività finanziarie, nonché all'allargamento del grado di convertibilità delle loro valute.

Alcuni provvedimenti hanno caratterizzato tali scelte:

- in seguito ai negoziati dell'Uruguay Round (avviati tra il 1986 e il 1994), conclusi in seno al Gatt e successivamente nel Wto, è avvenuta una forte riduzione dei dazi. Una riduzione ancora più drastica si è prodotta nell'ambito di alcuni blocchi regionali come l'Ue o il Nafta (North American Free Trade Agreement);
- gli stessi PVS (Paesi in via di sviluppo), intorno alla metà degli anni Ottanta, hanno drasticamente mutato i loro indirizzi di politica commerciale basati sul protezionismo e sulle politiche di sostituzione delle importazioni. Alla base del mutamento vi erano numerose ragioni, quali il sopraggiungere delle crisi petrolifere, le difficoltà nella restituzione dei debiti contratti, le condizioni imposte loro dagli organismi internazionali (in cambio di aiuti, tali organizzazioni ingiungevano la liberalizzazione degli scambi di merci, nonché dei movimenti internazionali di capitale);
- nel 1961, da parte dell'Ocse (Organizzazione per la cooperazione e lo sviluppo economico), sono stati adottati il **Codice di liberalizzazione dei movimenti di capitale** e il **Codice di liberalizzazione delle operazioni "invisibili" correnti** (transazioni aventi per oggetto brevetti, copyright e contributi per la sicurezza sociale). Anche nel quadro del processo di unificazione monetaria europea sono state promosse delle iniziative regionali volte alla completa realizzazione dei movimenti internazionali di capitale finanziario, come l'adozione dell'Atto unico europeo nel 1987;
- in materia di IDE, a partire dalla metà degli anni Ottanta, vi è stata una notevole riduzione delle limitazioni esistenti nell'immediato dopoguerra e di quelle introdotte fino al termine degli anni Settanta. La

Organizzazione per la cooperazione e lo sviluppo economico (OCSE), *in inglese OECD. Fondato il 16 aprile 1948 come OECE e trasformato in OCSE il 30 settembre 1961.*

caduta di tali restrizioni è avvenuta attraverso la drastica liberalizzazione delle regolamentazioni nazionali, la conclusione di numerosi accordi sia bilaterali sia in sedi regionali (come nella Ue e nel Nafta), la stipulazione di alcuni negoziati multilaterali, quali quelli dell'Ocse e dell'Uruguay Round (Unctad, 1994).

A partire dalla fine degli anni Ottanta, un'ulteriore spinta alla globalizzazione si è avuta con l'apertura agli scambi e agli investimenti internazionali da parte dei Paesi ex socialisti.

Quali sono le conseguenze della globalizzazione?

In un contesto dinamico le conseguenze della globalizzazione possono tradursi in una maggiore efficienza, dovuta al fatto che la globalizzazione si manifesta attraverso un'accresciuta specializzazione che consente di sfruttare al meglio le economie di scala e si traduce, pertanto, in una riduzione dei costi e in un aumento delle capacità di crescita dell'economia mondiale.

Un aspetto distintivo della crescente specializzazione riguarda la **deindustrializzazione** dei Paesi sviluppati, in particolare la forte caduta nella quota dell'occupazione manifatturiera sul totale, che si è manifestata in questi Paesi negli ultimi decenni. Tale caduta potrebbe essere attribuita:

- **alla crescita delle esportazioni di manufatti** da parte di alcuni Paesi in via di sviluppo che più di altri hanno percorso un cammino di sviluppo autonomo;
- **alla tendenza da parte di tutti i Paesi sviluppati a delocalizzare nei Paesi in via di sviluppo** una parte della loro produzione manifatturiera, attraverso investimenti in questi Paesi o accordi di subfornitura e simili;
- **alla crescita della domanda di servizi** da attribuirsi alla maggiore elasticità di tale tipo di domanda rispetto al reddito: al crescere del reddito la domanda di servizi cresce più della domanda di manufatti e di beni primari;
- **alla minore produttività che si riscontra nel settore dei servizi rispetto al settore industriale**; ne è conseguito che incrementi nella domanda di servizi hanno richiesto un maggior incremento di occupazione e hanno pertanto contribuito a ridurre la quota di occupazione industriale sul totale.

LE CONSEGUENZE DELLA GLOBALIZZAZIONE

- Accresciuta specializzazione (efficienza) e crescita dell'economia mondiale
- Deindustrializzazione
- Differenziali retributivi
- Incertezza sugli effetti di più lungo periodo
- Shock esterni e politiche economiche
- Influenza sulla gestione delle politiche nazionali (politiche macro, politiche strutturali, diritti di proprietà tutelati...)

La globalizzazione ha poi portato, all'interno di ogni Paese, a una **diversa distribuzione del reddito** non solo fra le varie forme dello stesso, ma anche all'interno di ogni categoria di reddito.

In realtà proprio nel suo impatto distributivo, inteso in senso lato, viene quasi unanimemente individuata la principale conseguenza negativa del fenomeno. In merito a ciò, il recente dibattito ha posto l'accento soprattutto sui seguenti due aspetti:

- **la distribuzione dei benefici non avviene in modo uniforme all'interno dei singoli Paesi**, soprattutto per alcuni settori produttivi e segmenti della società. In proposito va ricordato il progressivo declino dei salari reali dei lavoratori meno qualificati rispetto a quelli maggiormente qualificati, con il conseguente aumento delle disuguaglianze nelle retribuzioni (soprattutto negli Stati Uniti e in Inghilterra) e la presenza di tassi di disoccupazione particolarmente elevati per i lavoratori meno qualificati, specialmente in alcuni Paesi dell'Europa continentale;

- **i vantaggi della globalizzazione tendono a distribuirsi in modo non omogeneo** non solo all'interno di singoli Paesi, ma anche tra i diversi Paesi e tra le diverse aree economiche. Ciò costituisce causa di tensioni internazionali e di conflitti d'interesse. Al riguardo, emblematica è l'esperienza dei Paesi in via di sviluppo.

APPROFONDIMENTO ONLINE
Le sfide etiche della globalizzazione

Un'ulteriore conseguenza della globalizzazione è stata individuata nel **ridimensionamento della sovranità nazionale** nella gestione della politica economica, sotto vari profili e attraverso diversi canali. Di fatto, essa ha reso sempre più incerta, sia negli obiettivi sia nel modo di operare, la tradizionale distinzione tra politiche interne e politiche internazionali. In particolare, la globalizzazione potrebbe avere determinato una situazione nella quale risulta sempre più difficile utilizzare il tradizionale modello di Welfare State.

In the same boat

Film documentario di Rudy Gnutti, 2016

Siamo tutti "nella stessa barca", in tutto il mondo, avvicinati inesorabilmente da internet, dai nuovi modi di creare ricchezza, dalla sempre crescente difficoltà di redistribuirla. Per riflettere su questo tema economico e culturale, il regista Rudy Gnutti ha intervistato i maggiori pensatori ed economisti contemporanei, oltre all'ex presidente dell'Uruguay José Mujica (il "presidente povero", Pepé per la sua gente). Nel film si analizza anche il modo in cui la tecnologia sta cambiando la struttura sociale del lavoro, la progressiva diminuzione del ceto medio, la convenienza di una crescita sostenibile dell'economia globale e l'indispensabile preservazione dell'ambiente.

- Guarda il film e discutine con i compagni e l'insegnante.

3 GLOBALIZZAZIONE E COMPETITIVITÀ

La globalizzazione provoca nel **breve-medio periodo** una forte spinta concorrenziale come effetto del crescente numero di nuovi protagonisti sullo scenario internazionale. Questa accresciuta competizione lascia il posto, nel **lungo periodo**, a una fase di monopolizzazione dei mercati da parte di imprese che non necessariamente sono le più efficienti, ma sono quelle che hanno aumentato le loro dimensioni per effetto di una crescita interna ed esterna ottenuta attraverso fusioni e acquisizioni.

Nelle fasi iniziali della globalizzazione è comunque indiscutibile che l'accesa competizione tra le imprese assicuri maggiore efficienza e quindi vantaggi, quali lo stimolo all'innovazione e alla crescita della produzione, a condizione che i Governi effettuino politiche che non deprimono la domanda. L'accresciuta concorrenza si traduce, tuttavia, anche in una maggiore elasticità della domanda di lavoro rispetto al salario: quanto più i salari in un Paese aumentano, tanto più le imprese di quel Paese ritengono conveniente ridurre la produzione nazionale, se possono contare su IDE, su un insieme molto vario di rapporti contrattuali di sub-fornitura in uso nella pratica internazionale, tutti in qualche modo riconducibili allo spostamento all'esterno di fasi di produzione o di parti di esse. Ne consegue una riduzione della domanda di lavoro che, insieme all'aumento dell'offerta di lavoro dovuta all'immigrazione di altri lavoratori, comporta una redistribuzione del reddito che favorisce i profitti a scapito dei salari.

La mutata redistribuzione dei redditi si traduce in una riduzione dei salari di tutte le categorie di lavoratori?

Eli Heckscher

Bertil Ohlin

Una certa letteratura, che si muove nell'ottica del **modello di Heckscher-Ohlin** o **teoria della proporzione dei fattori**, ritiene che nei Paesi industrializzati la globalizzazione avvantaggi i lavoratori con alte qualifiche (**lavoratori "skilled"**), cioè i lavoratori dotati di competenze particolari, impegnati nella produzione di beni ad alto contenuto tecnologico e penalizzi i lavoratori non qualificati (**lavoratori "unskilled"**), dotati di basse competenze e addetti alla produzione di beni ad alta intensità di lavoro manuale.

Il motivo, secondo tali ricercatori, risiede nel fatto che la concorrenza proveniente dai PVS, Paesi produttori di beni caratterizzati da una certa abbondanza di lavoro non qualificato, spinge i Paesi più industrializzati a incrementare la produzione di beni a più alta intensità di capitale di cui questi abbondano e a importare dai PVS (Paesi nei quali hanno pure trasferito le loro produzioni meno qualificate) i beni ad alto contenuto di lavoro manuale. Sul mercato dei Paesi industrializzati si riversa pertanto una massa abbondante di beni a basso contenuto tecnologico, la cui accresciuta disponibilità provoca la riduzione del loro prezzo.

Secondo il **teorema di Stolper-Samuelson**, corollario del modello di Heckscher-Ohlin, in presenza di lavoro specializzato e di lavoro non specializzato (e quindi in assenza di specializzazione completa), la riduzione del prezzo dei beni a basso contenuto tecnologico provoca la conseguente riduzione del salario reale dei lavoratori impegnati in tali produzioni, cioè dei **lavoratori "unskilled"** (oppure, in presenza di rigidità salariali, un aumento del tasso di disoccupazione di questi lavoratori). Quindi, i lavoratori unskilled dei Paesi industrializzati rischiano di vedere il loro salario non solo ridursi rispetto a quello dei connazionali più qualificati, ma avvicinarsi a quello dei lavoratori dei Paesi meno sviluppati.

Lavoratori unskilled.

Gli studiosi, sostenitori di tale teoria, spiegano così il motivo per cui la quota dei salari è andata diminuendo negli ultimi trent'anni in gran parte dei Paesi capitalisti avanzati e, soprattutto, il sensibile aumento del differenziale retributivo fra lavoro qualificato e lavoro non qualificato rilevato in alcuni Paesi, specialmente Usa e Inghilterra, i cui investimenti, pur stagnanti, incorporano un progresso tecnico tendente a risparmiare lavoro dequalificato e a intensificare l'uso del lavoro altamente qualificato.

Un'altra teoria riguardante gli effetti del commercio internazionale sulla distribuzione del reddito è il **Teorema**

The Founder

Film biografico, storico, drammatico

di John Lee Hancock, 2016

Nel film si racconta la storia di Ray Kroc, un venditore di frullatori americano con poche prospettive economiche che, negli anni '50, ebbe l'idea di dar vita alla catena di *fast food* che oggi noi tutti conosciamo come McDonald's.

Il film, interpretato dal candidato all'Oscar Michael Keaton, fa emergere, fra luci e ombre, il prezzo da pagare per ottenere il successo.

- Guarda il film e discutine con i compagni e l'insegnante.

del pareggiamento dei prezzi dei fattori produttivi. Esso afferma che, date le ipotesi del modello di Heckscher-Ohlin, il commercio internazionale porta a una eguaglianza dei prezzi relativi dei fattori produttivi, per cui può produrre effetti particolarmente rilevanti sulla distribuzione del reddito anche nel lungo periodo.

Esempio

Supponiamo due Paesi, Ue e Corea, che producono due beni, stoffa (ad alta intensità di lavoro nella Ue) e cibo (ad alta intensità di capitale in Corea). Nella Ue, data l'abbondanza di lavoro, il prezzo relativo della stoffa è più basso del prezzo relativo della stoffa in Corea. Viceversa, dato che in Corea vi è abbondanza di capitale, il prezzo relativo del cibo è più basso in Corea del prezzo relativo del cibo nell'Ue. Questa differenza nei prezzi relativi dei beni implica una differenza ancora più alta nei prezzi relativi dei fattori produttivi, in quanto il commercio tra i due Paesi non è solo uno scambio tra semplici beni, ma anche uno scambio di fattori produttivi. I beni esportati dalla Ue incorporano più lavoro dei beni che la Ue importa. Simmetricamente, lo stesso discorso vale per la Corea: i beni esportati dalla Corea incorporano più capitale dei beni che la Corea importa. Tuttavia, per effetto delle fluttuazioni della domanda e dell'offerta, quando Ue e Corea commerciano, i prezzi dei beni relativi tendono a convergere:

$$\left(\frac{Prezzo_{stoffa}}{Prezzo_{cibo}}\ \mathbf{Ue} = \frac{Prezzo_{stoffa}}{Prezzo_{cibo}}\ \mathbf{Corea}\right)$$

e tale convergenza provoca anche una convergenza dei prezzi relativi del lavoro e del capitale:

$$\left(\frac{Prezzo_{lavoro}}{Prezzo_{capitale}}\ \mathbf{Ue} = \frac{Prezzo_{lavoro}}{Prezzo_{capitale}}\ \mathbf{Corea}\right)$$

La conclusione è che il commercio internazionale conduce all'uguaglianza dei prezzi del lavoro e del capitale nei due Paesi, nonostante l'immobilità internazionale dei fattori produttivi.

IN PILLOLE

Teorema di Heckscher-Ohlin (H.-O.): il Paese in cui un fattore produttivo è relativamente abbondante esporta il bene la cui produzione in quel fattore è intensiva.

Teorema di Stolper-Samuelson, corollario del modello di Heckscher-Ohlin: nel lungo periodo, quando tutti i fattori produttivi sono mobili, un aumento del prezzo relativo di un bene accresce la rimunerazione reale del fattore usato più intensivamente nella produzione di quel bene e fa diminuire la rimunerazione reale dell'altro bene. Viceversa nel caso contrario.

Teorema del pareggiamento dei prezzi dei fattori produttivi: il commercio internazionale conduce al pieno pareggiamento del prezzo assoluto e relativo dei fattori produttivi tra i Paesi che commerciano tra loro.

Queste opinioni sono condivise?

Altri economisti sostengono che le differenze redistributive fra lavoro qualificato e non qualificato dipendono dal progresso tecnologico (automazione e computerizzazione di molti lavori), il quale ha accresciuto la domanda di lavoro qualificato. Ritengono che la caduta dei salari reali o l'aumento della disoccupazione *unskilled* non sia dipesa dalla crescita delle esportazioni manifatturiere delle economie di nuova industrializzazione, avvenuta attraverso l'importazione di beni intensivi di lavoro a costo sempre più basso, e che la concorrenza dei Paesi emergenti non possa essere considerata la causa principale di tale caduta, visto il basso peso delle importazioni di prodotti non petroliferi dei Paesi industrializzati da Paesi a bassi salari.

Anche riguardo al teorema del pareggiamento dei prezzi dei fattori produttivi, uno sguardo superficiale alla situazione attuale indica chiaramente che i suoi effetti non si sono verificati: i livelli salariali di dottori, ingegneri, meccanici e operai sono molto più alti in Germania o negli Stati Uniti che non in Corea o in Messico. In realtà tale pareggiamento non avviene a causa della presenza di importanti differenze nella qualità delle risorse, di barriere commerciali e di differenze nelle tecnologie di cui i Paesi dispongono. In tale contesto, è molto più realistico dire che il commercio internazionale ha ridotto, piuttosto che completamente eliminato, le differenze internazionali nella rimunerazione dei fattori produttivi riguardanti beni omogenei (per esempio, l'oro).

Comunque, al di là delle opinioni appena espresse, il dibattito a cui si è accennato è oggi almeno in parte superato a causa del sempre più stretto collegamento tra cambiamenti tecnologici, internazionalizzazione e globalizzazione.

Come si è avviato nel settore dei servizi il processo di globalizzazione?

La delocalizzazione nel settore dei servizi dipende dal grado di commercialità del servizio e non dal livello di specializzazione. Inoltre, la linea di demarcazione tra ciò che è commerciabile o meno cambia velocemente, perché è la tecnologia che la modifica nel tempo.

Esistono, infatti, lavoratori non qualificati che eseguono mansioni che, in un dato momento, non sono delocalizzabili perché hanno bisogno della presenza fisica e del contatto (per esempio, commessi, camerieri, tassisti, ecc.). Per fare un esempio, prendiamo il caso di un tassista svedese e di un tassista indiano. Il primo ha una produttività più alta del secondo e, per questo, guadagna molto di più. Essi non sono però in concorrenza tra di loro, perché forniscono un bene che non è commerciabile (guidare un taxi non è commerciabile), il cui prezzo è stabilito localmente.

Fino a poco tempo fa anche il lavoro altamente qualificato di un informatico era considerato un lavoro non commerciabile, ma il crollo dei costi di comunicazione e una tecnologia più avanzata hanno fatto sì che il lavoro dell'informatico sia ora diventato "commerciabile". Pertanto un informatico in Germania, che gode di un salario molto alto, e un informatico in India, il cui salario è molto basso, a parità di produttività, sono in diretta concorrenza tra loro.

Esistono quindi categorie di lavoratori qualificati, con un'elevata istruzione, che operano nei servizi e che subiscono la concorrenza di lavoratori stranieri perché, a parità di produttività, questi ultimi forniscono prestazioni analoghe a costi più bassi.

4 RIFLESSI DELLA GLOBALIZZAZIONE SULL'ECONOMIA E SULLE POLITICHE ECONOMICHE

Nell'epoca della globalizzazione ciò che accade in un Paese, per effetto dell'azione di operatori privati e pubblici, ha un effetto "spillover", cioè ha riflessi positivi o negativi negli altri Paesi.

La normale interdipendenza tra economie di mercato implica, infatti, che, anche in assenza di crisi economiche, gli shock globali o locali si trasmettano tra le nazioni, sia attraverso meccanismi legati alle variabili economiche (per esempio, se in Usa si verifica una riduzione dell'attività economica, le esportazioni italiane negli Usa subiscono un calo), sia mediante meccanismi connessi ad aspetti psicologici e a forme di irrazionalità degli operatori. Un fenomeno di questo tipo è il cosiddetto "**herding-behavior**", comportamento del gregge, cioè l'attitudine degli individui a mettere in atto comportamenti imitativi ispirati all'agire comune e alle prassi maggiormente diffuse tra gli altri operatori, proprio come le "pecore" all'interno del loro gregge.

Si tratta di un elemento tipico delle **bolle speculative**, costituite da forti rialzi e successivi forti ribassi dei valori finanziari dei titoli. Sia nella fase della crescita sia nella fase dello scoppio della bolla, gli operatori di mercato, infatti, tendono a operare scelte di investimento e, rispettivamente, di disinvestimento indotte dall'euforia del momento e dalla paura diffusa di perdere in pochi istanti l'intero valore dei titoli in portafoglio (il cosiddetto *panic selling*), piuttosto che da valutazioni oggettive sulle prospettive di futuri rendimenti. A cominciare dagli anni Novanta del secolo scorso le bolle finanziarie hanno contribuito ad aggravare la situazione economica di certi Paesi, caratterizzati da alti deficit sia pubblici sia della bilancia commerciale, con un "effetto domino" su altri mercati emergenti che altrimenti non sarebbero stati interessati dall'instabilità. Per fare un esempio, il crollo della moneta thailandese negli anni Novanta del secolo scorso, a seguito di una serie di attacchi speculativi da parte di fondi di investimento internazionali, innescò fenomeni di contagio che coinvolsero rapidamente le economie limitrofe: dapprima la valuta del Paese più prossimo, la Malesia, poi dell'Indonesia, e infine della Corea del Sud.

Speculative bubble
Bolla speculativa
A situation in which prices for securities and especially stocks rise far above their intrinsic value.

L'impiego dell'informatica nella circolazione finanziaria ha contribuito a estendere le crisi finanziarie di un Paese all'intero sistema economico mondiale?

I processi di globalizzazione, grazie all'impiego dell'informatica nella circolazione finanziaria e alla completa libertà d'azione con la quale i capitali si possono spostare nelle diverse aree del pianeta, hanno permesso al capitale finanziario di rompere i precedenti vincoli a cui era sottoposto e dar vita a un unico grande mercato mondiale. L'azione combinata di questi due fattori (informatizzazione e **liberalizzazione**) permette agli investitori di spostare ingenti masse di capitali in quei mercati che presentano le migliori prospettive di guadagno con una semplicità estrema, cioè attraverso un semplice ordine d'acquisto o vendita fatto tramite un terminale collegato in rete. Tutto questo provoca la ripercussione della crisi finanziaria di un Paese sull'intero sistema, senza risparmiare neppure quei Paesi in cui il trend economico è positivo. La logica di tali fenomeni è da ricercare nel fatto che il capitale finanziario, grazie alla completa liberalizzazione del mercato e alla creazione di nuovi strumenti finanziari (opzioni, futures, warrant, ecc.), si è sempre più distaccato dall'andamento dell'economia reale e, nello scegliere i mercati e settori nei quali investire, valuta esclusivamente i tassi d'interesse, in quanto sono questi in definitiva a determinare l'alta o bassa rimuneratività del capitale investito.

Trade liberalization
Liberalizzazione
Removal or reduction of restrictions or barriers on the free exchange of goods between nations, such as duties and surcharges, licensing rules, quotas and other requirements.

In considerazione dell'effetto di traboccamento si può affermare che i Paesi sono esposti anche alle conseguenze delle politiche economiche degli altri Paesi?

In un contesto di accresciuta interdipendenza, dovuta al sempre più intenso processo di globalizzazione, esiste un notevole traboccamento degli effetti di politiche condotte all'interno di ciascuna economia. Anzi, spesso un Paese effettua interventi che producono benefici unicamente a se stesso e danni agli altri (**politiche "beggar-thy-neighbour"**, ossia **del rubamazzo**).

Competitive devaluation
Svalutazione competitiva
Action of a country that tries to devalue its currency to increas its international competitiveness of exports.

Ciò è accaduto in Europa in seguito alla crisi globale del 1929 e, in passato, anche nel resto del mondo con le **politiche di svalutazione competitiva**, congiuntamente all'introduzione di tariffe e quote, volte a limitare ulteriormente il flusso di beni importati dall'estero, al fine di sostenere la domanda aggregata mediante un incremento della domanda estera netta.

Il rischio maggiore di una politica "beggar-thy-neighbour" è rappresentato dalla possibilità che più economie rispondano a loro volta con politiche di tipo simile. Così facendo, infatti, si innesca un vero e proprio circolo vizioso (fatto di continue svalutazioni competitive e di incrementi tariffari), che conduce a un nuovo equilibrio, dove i tassi di cambio rimangono sostanzialmente invariati e le tariffe aumentano rispetto al livello originario esistente. La conseguenza di questa politica è, pertanto, la diminuzione del grado di benessere in tutti i Paesi che non possono più espandere le loro esportazioni, non essendo più in grado di effettuare una svalutazione del proprio tasso di cambio e di beneficiare dell'eventuale apporto positivo per le proprie esportazioni nette. Tutti poi soffrono a causa del maggior livello tariffario, che comporta una riduzione dei flussi commerciali internazionali. L'effetto ultimo è una recessione generalizzata.

In tempi più recenti, il tema del "beggar-thy-neighbour" si è riproposto in chiave diversa. In un contesto di accresciuta interdipendenza, dovuta al sempre più intenso processo di globalizzazione, esiste un notevole traboccamento degli effetti di politiche condotte all'interno di ciascuna economia. Ciò ha spinto numerosi Paesi, che vivono una fase di incipiente recessione, a rinviare la realizzazione di politiche fiscali espansive, confidando nell'attuazione delle stesse da parte dei propri partner commerciali al fine di poter godere della maggior domanda per i propri beni esportati. In tal modo, si è però generato un equilibrio in cui nessun Paese attua misure fiscali espansive, concorrendo in tal modo a una flessione generalizzata della domanda mondiale e all'accentuazione della recessione globale.

MAPPA UNITÀ E3

GLOBALIZZAZIONE

↓

gli economisti definiscono con questo termine

il processo di **integrazione dei mercati su scala mondiale**, verificatosi in seguito a una generale riduzione delle barriere doganali, agli scambi commerciali e alla crescente intensificazione del commercio internazionale, a una maggiore e più rapida mobilità dei capitali, a flussi migratori più imponenti e a più ampio raggio e a una crescente dipendenza dei mercati nazionali da quelli internazionali. Lo sviluppo di nuove tecnologie basate sulle fibre ottiche, la diffusione dell'uso del PC e di Internet ha ulteriormente velocizzato le comunicazioni e favorito questo processo

↓

di globalizzazione si inizia a parlare

agli inizi degli anni Settanta del XX secolo e diventa di uso corrente negli anni '90 dello stesso secolo.
In seguito, la globalizzazione si diffonde:

- **in un primo momento**, grazie all'aumento degli scambi internazionali di merci, capitale, lavoro (**integrazione superficiale**);
- **in un secondo momento**, grazie all'aumento dei rapporti tra i diversi sistemi economici e sociali nazionali (**integrazione profonda**).

Le istituzioni economiche private, quali le imprese multinazionali e transnazionali, in larga misura contribuiscono all'aumento della produzione internazionale.
Attraverso gli **IDE (investimenti diretti esteri)** le multinazionali acquisiscono centri di produzione in vari Paesi.

↓

un alto livello di IDE si è reso necessario

in seguito al sempre più elevato livello di integrazione tra Paesi e aree geografiche; gli IDE sono tra i motori principali della crescita globale

gli IDE permettono

agli investitori

- di esercitare un "controllo diretto" sull'impresa estera
- di intervenire in modo consistente nelle decisioni relative alle varie fasi della produzione

alle multinazionali

- di essere presenti su un mercato in espansione
- di fornire un'immagine locale del prodotto
- di diminuire i costi di produzione, di trasporto e i dazi
- di aumentare le esportazioni
- di apprendere nuove tecnologie

MAPPA UNITÀ E3

GLOBALIZZAZIONE

aspetti peculiari della globalizzazione attuale sono

- il commercio inter-industriale dapprima e, successivamente, il commercio intra-industriale hanno sostituito lo scambio di manufatti contro materie prime
- le economie più avanzate e, sempre più, anche alcune economie emergenti producono la maggior parte della loro ricchezza nel settore terziario
- i Paesi che fanno parte del mercato globale sono oggi in numero nettamente superiore rispetto ai periodi precedenti caratterizzati da fenomeni di integrazione economica mondiale
- i movimenti internazionali di capitale (sia quelli finanziari sia gli investimenti diretti esteri) sono ora molto più consistenti
- l'importanza quantitativa e qualitativa del settore finanziario, indicata con il termine "finanziarizzazione", è cresciuta rispetto ai settori produttivi dell'economia

le cause sono

- **progresso tecnologico** (abbassamento dei costi di trasporto e innovazione con conseguente delocalizzazione e internazionalizzazione)
- **riforme** volte alla graduale liberalizzazione degli scambi commerciali e di attività finanziarie e indirizzate all'allargamento del grado di convertibilità delle valute

le conseguenze sono

- **maggiore efficienza**
- **deindustrializzazione**
- **diversa distribuzione del reddito** non solo fra le varie forme dello stesso, ma anche all'interno di ogni categoria di reddito
- **ridimensionamento della sovranità nazionale** nella gestione della politica economica
- **effetto "spillover"**: ciò che accade in un paese ha riflessi positivi o negativi negli altri Paesi (fenomeno "**herding-behavior**")
- **politiche beggar-thy-neighbour**: politiche condotte all'interno di ciascuna economia che producono benefici unicamente al Paese stesso e danno agli altri (per esempio le politiche di svalutazione competitiva attuate in Europa in seguito alla crisi del 1929)

le fasi sono

- **nel breve periodo** si verifica una forte spinta concorrenziale che assicura efficienza (innovazione e crescita), ma si traduce, tuttavia, in una maggiore elasticità della domanda di lavoro rispetto al salario, con spostamento all'estero di fasi di produzione o di parti di esse
- **nel lungo periodo** si entra nella fase di monopolizzazione dei mercati da parte di imprese che non necessariamente sono le più efficienti, ma sono quelle che hanno aumentato le loro dimensioni per effetto di una crescita interna ed esterna ottenuta attraverso fusioni e acquisizioni. I Paesi più industrializzati incrementano la produzione di beni ad alto contenuto tecnologico e importano dai PVS i beni ad alto contenuto di lavoro manuale. Si verifica una redistribuzione dei redditi che favorisce i profitti a scapito dei salari

- secondo il **teorema di Stolper-Samuelson**, la riduzione dei salari reali non colpisce tutti i lavoratori, ma solo il salario dei lavoratori "unskilled" (meno qualificati)
- secondo il **teorema del pareggiamento dei prezzi dei fattori produttivi**, date le ipotesi del modello di Heckscher-Ohlin, il commercio internazionale porta a una eguaglianza dei prezzi relativi dei fattori produttivi, nonostante l'immobilità internazionale degli stessi

Verifiche 3

1) TROVA L'ERRORE IN OGNI FRASE

Competenza: acquisire e riconoscere i contenuti chiave

A. Il commercio inter-industriale consiste nello scambio di prodotti della stessa industria.
B. Gli IDE permettono all'investitore di esercitare un controllo indiretto sull'impresa estera.
C. Nella fase iniziale della globalizzazione l'accresciuta concorrenza si traduce anche in una minore elasticità della domanda di lavoro.
D. La crescita della domanda di servizi negli ultimi decenni è da attribuirsi alla maggiore rigidità di tale tipo di domanda rispetto al reddito.
E. La delocalizzazione nel settore dei servizi dipende dal livello di specializzazione.

2) COLLEGA LE ESPRESSIONI CONTRASSEGNATE DA UNA LETTERA CON QUELLE INDICATE DA UN NUMERO

Competenza: individuare collegamenti e relazioni

A. Politiche beggar-thy-neighbour	1. Quando due Paesi commerciano, i prezzi relativi dei beni convergono
B. Herding-behavior	2. Strategie innovative cooperative
C. Teorema di Stolper-Samuelson	3. Interventi che producono benefici unicamente a un Paese e danno agli altri
D. Teorema di Heckscher-Ohlin	4. Spiega gli effetti del libero scambio e del protezionismo sulla distribuzione dei redditi all'interno dei Paesi
E. Teorema del pareggiamento dei prezzi dei fattori produttivi	5. Uruguay Round
F. Integrazione profonda	6. Attitudine degli individui a mettere in atto comportamenti imitativi ispirati all'agire comune
G. Alleanze "technology oriented"	7. Imprese multinazionali e transnazionali
H. Negoziati multilaterali	8. Il Paese in cui un fattore è relativamente abbondante esporta il bene la cui produzione in quel fattore è intensiva

A	B	C	D	E	F	G	H

3) INDICA SE LE SEGUENTI AFFERMAZIONI SONO VERE O FALSE. SE LE RITIENI FALSE GIUSTIFICA LA RISPOSTA

Competenza: acquisire, interpretare l'informazione e comunicare

	VERO	FALSO
A. L'effetto "spillover" è il fenomeno per cui un'attività economica, volta a beneficiare un determinato settore o una determinata area territoriale, produce effetti positivi anche oltre tali ambiti.		
B. I negoziati dell'Uruguay round si sono conclusi in seno al Nafta.		

	VERO	FALSO
C. Il Codice di liberalizzazione dei movimenti di capitale è stato adottato dal Wto.		
D. I lavoratori "skilled" sono i lavoratori con basse qualifiche.		
E. Le politiche di svalutazione competitiva sono politiche beggar-thy-neighbour.		

4) RISOLVI I SEGUENTI PROBLEMI

Competenza: risolvere problemi

Si considerino due economie: India e Unione europea. I due Paesi producono due beni, computer e t-shirt, con due fattori produttivi, lavoro specializzato (LS) e lavoro non specializzato (LNS).
I computer usano in modo relativamente più intenso LS, mentre le t-shirt usano LNS in modo relativamente più intenso. Le tecnologie sono identiche nei due Paesi e sono di tipo ReSCo (rendimenti di scala costante); vige la concorrenza perfetta su tutti i mercati.
In India ci sono 250 milioni di lavoratori, mentre ce ne sono 200 milioni nella Ue; ci sono 750 milioni di lavoratori non specializzati in India e 350 milioni nella Ue.

1. A quale modello fa riferimento l'esercizio?
2. Secondo il teorema di Stolper-Samuelson, qual è l'effetto dell'apertura commerciale dell'India sui lavoratori non specializzati in essa presenti (stanno meglio o stanno peggio rispetto a una situazione di autosufficienza economica)?
3. Che cosa succede se aumenta il prezzo internazionale delle t-shirt nell'economia europea?

5) RISPONDI AI SEGUENTI QUESITI IN UN MASSIMO DI 5/6 RIGHE

Competenza: saper organizzare e sintetizzare i contenuti

A. Qual è la classificazione dei tre diversi aspetti del processo di globalizzazione fatta da Daniele Archibugi e Jonathan Michie?
B. Quali provvedimenti hanno portato alla graduale liberalizzazione degli scambi commerciali e di attività finanziarie?
C. Negli ultimi decenni a quali fattori potrebbe essere attribuita la forte caduta nella quota dell'occupazione manifatturiera sul totale?
D. Qual è stato l'impatto della globalizzazione sulla distribuzione del reddito?
E. Su quali basi si ritiene che la globalizzazione avvantaggi i lavoratori con alte qualifiche?
F. Cosa afferma il teorema di Stolper-Samuelson, corollario del teorema di Heckscher-Ohlin?
G. A quali fattori è imputabile il distacco del capitale finanziario dall'economia reale?

1) Choose the right words among the ones listed below and fill in the gaps

The .... economy, what Alan Kruger - University of Princeton Professor of economics - calls the "gig economy", has been on the rise in the recent years. Smartphone apps such as Uber, Grubhub, and Airbnb have made the .... of services easier to access by the general public and .... This has many questioning how the continued growth of these services will affect national .... markets. Working in the .... market is much more attractive to independent .... , who are able enjoy a great deal of .... in determining their hours worked. There is little tradeoff in compensation for workers who choose to .... the traditional .... for independent employment. According to Krueger's findings, after commission fees and price of gas, Uber .... in the United States make roughly the same amount as .... drivers. Additionally, ... in the sharing market often work these gigs in their .... time, a very attractive .... to parents or part-time employees. In the United States, 61% percent of Uber drivers have another .... Does this new .... of employment weaken the labor standards for .... workers? In Europe, ride sharing apps such as Uber have not been nearly as .... as in America, for fear that these services will eliminate the .... for taxi drivers. Krueger argues this is not the case. Rather, studies in the United States have shown that taxi drivers are not the ones .... by the success of the sharing economy. This model creates new .... for customers, workers, and businesses. With the proper .... in place, this new model can both protect social .... for independent workers as well as benefit the whole of ....

[affected availability benefits cheaper drivers employees feature flexibility gig job labor leave model need opportunities policies sharing spare successful society taxi traditional workers workforce]

2) Answer the following questions

- What is globalization?
- How recent is globalization?
- What has led to increased globalization?
- What are some positive effects of globalization?
- What are some negative effects of globalization?

Verifica Finale E

ZTE ONLINE
Mettiti alla prova
con gli esercizi interattivi

1) COLLEGA ESPRESSIONI CONTRASSEGNATE DA UNA LETTERA CON QUELLE INDICATE DA UN NUMERO

Competenza: individuare collegamenti e relazioni

A. Braccio preventivo	1. Pareggio di Bilancio
B. ESM	2. Premio per il rischio
C. Fondo salva-Stati	3. Nuova governance economica europea
D. Fiscal compact	4. Programmi di stabilità
E. Braccio correttivo	5. Riforma del Patto di stabilità e crescita
F. Six pack	6. European Stability Mechanism (ESM)
G. Semestre europeo	7. OMT
H. Spread	8. Procedura disavanzi eccessivi

A	B	C	D	E	F	G	H

2) RISOLVI I SEGUENTI PROBLEMI

Competenza: risolvere problemi

A. Per rispettare la regola del "Fiscal compact", secondo cui il rapporto debito pubblico/PIL dovrà scendere ogni anno di 1/20 della distanza tra il suo livello effettivo e la soglia del 60%, di quanto dovrà crescere il PIL nominale con un debito al 120% del PIL e il pareggio di Bilancio?

B. Il Paese XXX appartenente alla Ue ha registrato nell'anno 2016 un rapporto debito/PIL pari al 90%. Calcola la riduzione % del suddetto rapporto che, tendenzialmente, dovrebbe realizzare in base alle nuove regole del PSC.

C. In data 1° settembre di un certo anno il Bund tedesco rende il 2,5% annuo e il Btp italiano rende il 6,3%. Calcola il valore dello spread.

3) RISPONDI AI SEGUENTI QUESITI IN UN MASSIMO DI 5/6 RIGHE

Competenza: saper organizzare e sintetizzare i contenuti

A. Quale ruolo fondamentale ha rivestito il periodo della ricostruzione?
B. Perché il 1963 è un punto di svolta nell'evoluzione dello sviluppo economico?
C. Perché con il 1973 si chiude il periodo della crescita nella stabilità?
D. Qual è il meccanismo di funzionamento dello Sme?
E. In cosa consiste la "Procedura di disavanzo eccessivo" introdotta dal Patto di stabilità e crescita?
F. Quali sono le condizioni per l'ammissione alla Uem?
G. Qual è il compito delle dogane?
H. Che cosa sono i Fondi strutturali e di investimento europei?
I. Quali sono i due pilastri della PAC?
J. Da chi è proposto e da chi è approvato il Bilancio della Ue?
K. Che cosa si intende con il termine "globalizzazione"?
L. A quali fattori è imputabile la globalizzazione?

M. Quali sono in breve le conseguenze della globalizzazione?

N. Cosa afferma il Teorema del pareggiamento dei prezzi dei fattori produttivi?

O. Qual è il rischio di una politica beggar-thy-neighbour?

4) ANALIZZA I GRAFICI E RISPONDI ALLE DOMANDE

Competenza: analizzare ed interpretare dati economici

Esamina i dati presenti nei due grafici sottostanti che il Sole 24 ore ha riportato in due articoli: il primo di Alessandro Merli del 19 luglio 2016, il secondo di Rossella Bocciarelli del 16 luglio 2016.

Crescita ridimensionata nel G8 - Proiezioni e differenza anno su anno nei paesi del G8. Dati in%

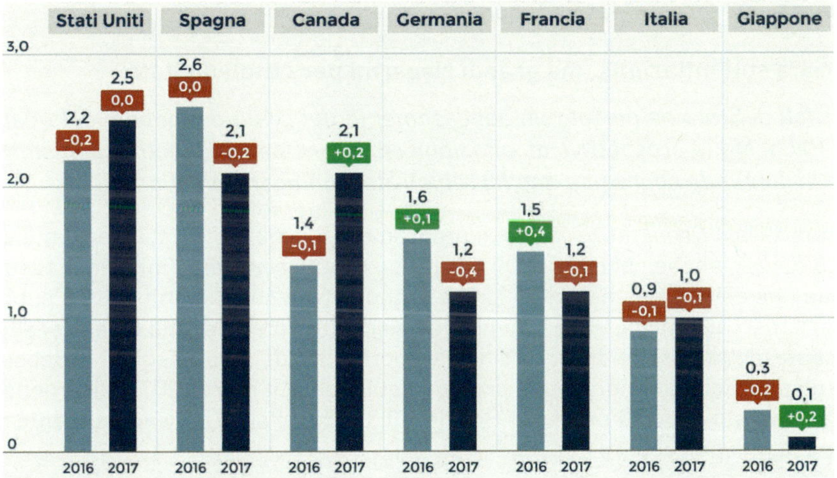

Fonte: World Economic Outlook Fmi.

Le conseguenze di Brexit sulla crescita

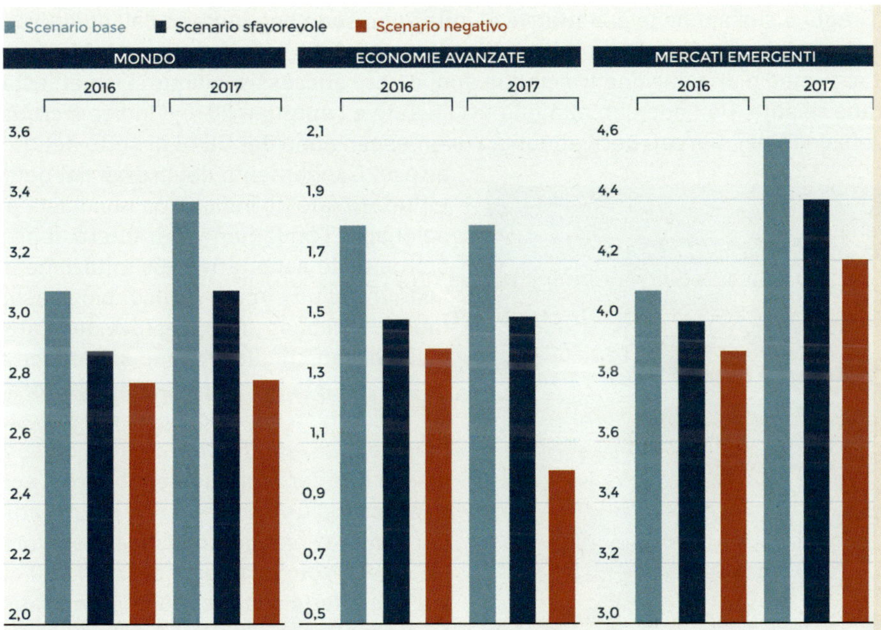

Fonte: World Economic Outlook Fmi.

Rispondi quindi alle seguenti domande:

A. Di quanto crescerà l'Italia nel 2017 secondo le stime del FMI?

B. Rispetto agli altri Paesi del G-8 (attualmente, in seguito alla sospensione della Russia è chiamato G-7) la crescita dell'Italia è stimata più alta o più bassa?

C. In quali Paesi si concentrano le revisioni al ribasso del FMI dopo la decisione della Gran Bretagna di uscire dalla Ue (Brexit)?

D. Quali sono i tre scenari alternativi delineati dal FMI riguardo la crescita mondiale che, a seconda di come si evolveranno i negoziati fra la Gran Bretagna e l'Unione europea, saranno possibili?

E. I grandi mercati emergenti da quali Paesi sono costituiti?

5) LEGGI L'ARTICOLO E RISPONDI AI QUESITI

Competenza: saper leggere e interpretare testi economici

Un anno di Qe. Bce bocciata sull'inflazione, ma grandi risparmi per i titoli di Stato

Il massiccio acquisto di titoli di Stato ha portato un abbassamento del costo del debito, del quale ha beneficiato soprattutto l'Italia. Ma le prospettive di inflazione sono tornate a indebolirsi ben sotto l'obiettivo stimato del 2% e la domanda aggregata non ha registrato significativi miglioramenti

Un anno fa Mario Draghi lanciava il *Quantitative easing*, il programma d'acquisto di titoli da 60 miliardi di euro al mese, che ha compreso anche i bond sovrani e avrebbe dovuto riportare l'inflazione verso l'obiettivo vicino al 2%. Alla fine di febbraio, nel bilancio Bce erano entrati 600 miliardi di titoli pubblici. Dodici mesi dopo il lancio, il mercato chiede ancora di più al governatore italiano, alla luce del rallentamento della ripresa globale, della crisi dei mercati cinesi e soprattutto dei nuovi segnali di debolezza sul fronte dei prezzi. Ora gli analisti si attendono una proroga del *Qe* oltre il marzo 2017 (di almeno altri 3-6 mesi), il taglio dei tassi sui depositi presso la Bce dal -0,3 almeno al -0,4% e un aumento degli acquisti a 70 miliardi al mese (ma potrebbero essere di più). (...)

L'obiettivo della Bce è portare l'inflazione vicina al +2% nel medio termine ed è ancora molto lontano dall'esser raggiunto. L'inflazione principale è arrivata al +0,4% nel gennaio scorso, dal -0,6% al quale stazionava a inizio 2015. Ma a febbraio è scivolata nuovamente in negativo. Il tracollo del petrolio, sprofondato ai minimi da dodici anni, non aiuta Draghi, dato che riduce l'inflazione dello 0,8%. Non a caso il dato "core", cioè depurato di energia e prezzi stagionali dei cibi, è molto più stabile.

Quel che preoccupa Draghi è che anche le aspettative di inflazione sono ben lontane dall'obiettivo. Il governatore ha indicato che uno strumento molto seguito è lo swap 5y5y, che traccia le attese dei mercati su quale sarà il tasso medio di inflazione fra cinque anni e per i successivi cinque. Fino all'estate 2015, le previsioni erano risalite. Poi, dopo un'altalena tra l'estate e l'autunno 2015, l'indice è crollato a dicembre dopo la delusione dei mercati per l'annuncio di un'espansione del QE al di sotto delle attese. L'andamento del prezzo del petrolio influenza questo indice, ma non basta a spiegarne l'andamento per intero. Il problema delle aspettative sull'inflazione è che instaurano un circolo vizioso: più si aspettano prezzi bassi, meno si investe in attesa di condizioni migliori, meno si produce e guadagna, più i prezzi scendono ancora.

Gli economisti sono concordi nel dire che, più che il Qe, sul deprezzamento dell'euro agisce il rafforzamento del dollaro: l'economia Usa è più vivace e la Fed ha iniziato la normalizzazione della politica monetaria. Il Qe spiega solo una parte del calo dell'euro e il suo effetto si è probabilmente esaurito. Il tasso di cambio reale, in ogni caso, è inferiore rispetto all'avvio del programma. Il

risultato, sebbene la Bce non metta ufficialmente nel mirino un'azione sul cambio, si vede nella bilancia commerciale esterna all'Eurozona, con il saldo commerciale in netto miglioramento.
Uno degli impatti maggiori, e fortemente osteggiato dai falchi al varo del Qe, è arrivato sul costo del debito pubblico. La curva dei rendimenti dei titoli dell'Eurozona è scesa di 42 punti base in media, con gli effetti maggiori sulle scadenze più lunghe. Non per tutti è stato uguale, ma l'Italia è il Paese che ne ha beneficiato maggiormente. Il Tesoro italiano ha risparmiato 6,5 miliardi di interessi tra il 2015 e il 2014, la Germania oltre 5 miliardi.

Il calo dei rendimenti ha migliorato le condizioni per accedere al credito, ma il canale del credito bancario si è aperto solo in parte. Già dal marzo 2013 i prestiti alle famiglie erano in ripresa, e sono effettivamente risaliti con il Qe fino al +1,9% di novembre 2015. Ma per le imprese il discorso è diverso, con dinamiche molto più deboli. I consumi dell'Eurozona sono ritornati a livelli pre-crisi, con una lenta risalita, ma gli investimenti sono ancora sotto del 15%: ecco perché non si può dire che il Qe abbia effettivamente influito sulla domanda aggregata.

Raffaele Ricciardi, «Repubblica.it», 8 marzo 2016

F. Qual è l'obiettivo della BCE con la manovra di QE?
G. Perché la caduta del prezzo del petrolio è considerato un fatto negativo?
H. Quale ruolo giocano le aspettative di inflazione?
I. Cos'è lo swap 5y5y?
J. Perché gli economisti sono concordi nel dire che, più che il QE, sul deprezzamento dell'euro agisce il rafforzamento del dollaro?
K. Qual è il motivo per cui l'Italia è il Paese che ha beneficiato maggiormente della manovra di QE?

ECONOMY HIGHLIGHTS CLIL

6) LEGGI E RISPONDI ALLE DOMANDE

Competenza: comprendere testi di natura economica in lingua inglese

The United Kingdom has voted to leave the European Union
The United Kingdom has voted to leave the European Union in what is being seen as a political earthquake. Just over 52 per cent* of Britons expressed their desire to exit the EU in a referendum on Thursday. Currency markets were immediately affected as the British pound fell to its lowest level against the dollar since 1985. Britain's decision to leave has caused political upheaval. Scotland and Northern Ireland voted to stay in the EU and so politicians in both countries are now contemplating breaking from the UK. Right-wing politicians in Europe congratulated the UK for leaving. One said: "It is Great Britain's independence day. The people were asked, and they decided. The European Union as a political union has failed."

The magnitude of the result was summed up by Bob Ford, professor of politics at Manchester University, who said: "This is the biggest shock to European politics since the fall of the Berlin Wall." The vote has already prompted Britain's leader David Cameron to resign. He led the campaign to stay part of the EU and will step down in October. He said the country needed "fresh leadership". Less certain is the plight of the 3.3 million non-British EU citizens living in Britain, and the 1.3 million Britons living in other EU countries. Others may follow the UK's lead in exiting the EU. Representatives from Holland's Dutch Freedom Party and France's National Front Party said: "Now it is our turn".

www.breakingnewsenglish.com, 26 giugno 2016

A. According to the article how was the UK's decision to leave the EU seen as?

B. What percentage of Britons voted to exit the UK?

C. What are Scotland and Northern Ireland thinking about doing?

D. What did a right-wing European politician say had failed?

E. What did Bob Ford compare the UK exit to?

F. When will David Cameron step down as Britain's leader?

G. How many non-British EU citizens live in the UK?

SEZIONE F

Il sistema tributario italiano

Nella città di **Economia** si discute sempre e a lungo di imposte e tasse. A volte si creano vere e proprie fazioni che sostengono idee contrapposte, riportando a sostegno delle reciproche posizioni detti e citazioni più o meno famosi.

Molto condivisa è la frase di un Presidente americano, Ronald Reagan, che disse: «Il contribuente è uno che lavora per lo Stato senza avere fatto il concorso». Charlie Brown aveva a suo modo cercato di difendere il contribuente scrivendo all'Irs, l'ufficio americano equivalente alla nostra Agenzia delle Entrate, «Caro Irs, vi scrivo per annullare il mio abbonamento. Prego cancellarmi dai vostri elenchi». Ma ci sono anche citazioni a sostegno delle tasse, per esempio: «Sono contento di pagare le tasse: in questo modo io compro civiltà» (Oliver Wendell Holmes jr.). La più efficace è però forse la seguente: «Ringrazio per le tasse che pago, perché vuol dire che ho un lavoro» (Nancie J. Carmody).

COMPETENZE

- Saper riconoscere i profili giuridici ed economici delle imposte statali dirette e indirette, nonché dei principali tributi regionali e locali
- Essere consapevoli del complesso di obblighi che gravano sul contribuente e saper valutare il grado di tutela nei confronti dell'amministrazione finanziaria

UNITÀ

1 Le imposte dirette statali

Quante tasse pagano le imprese italiane

Pressione fiscale al top per le Pmi: ogni anno le aziende versano 98 miliardi di euro all'Erario e sono le più tassate in Europa

C'è un fardello sulle spalle delle imprese italiane che impedisce loro di correre. E non è l'euro: gli imprenditori italiani pagano molte più tasse dei concorrenti europei, continuando a ricevere servizi di basso livello.

La conferma arriva ancora una volta dall'ufficio studi della **Cgia di Mestre**: al netto dei contributi previdenziali, le nostre imprese pagano ogni anno 98 miliardi di euro di tasse, portandosi al terzo posto dietro alle aziende tedesche e francesi, che in termini assoluti versano più delle nostre, rispettivamente 131 miliardi e quasi 104 miliardi di euro.

Ma l'associazione degli artigiani veneziana ricorda che in Germania vivono 80 milioni di abitanti e in Francia 66 milioni, rispetto ai 60 milioni di italiani. [...]

Anche i dati della **Banca Mondiale** (Doing Business) provano l'eccessivo peso del fisco sulle nostre imprese: in Italia il totale delle imposte pagate sui profitti commerciali da una media impresa (circa 60 dipendenti) è al 64,8 per cento rispetto a una media del 43,6 per cento dell'area euro. Le imprese italiane, detto altrimenti, scontano un differenziale di oltre 21 punti percentuali. La situazione migliora, di poco, se si analizza la pressione fiscale in percentuale del PIL: in Italia il peso di tasse e contributi previdenziali che ricadono sui contribuenti si attesta al 43,5 per cento rispetto al 39,6 per cento della Germania e al 34,6 per cento della Spagna.

Peggio di noi, tra i principali Paesi europei, c'è solo la Francia, dove il peso fiscale rispetto al PIL sale al 47,8 per cento. [...]

Massimo Morici
«Panorama», 3 agosto 2016

attività

1. Metti a confronto la pressione fiscale che grava sulle imprese italiane rispetto a quelle europee.
2. Da quali fonti provengono i dati riportati nell'articolo?
3. Perché l'elevata pressione fiscale costituisce un "fardello" sulle spalle delle imprese?
4. Quali interventi suggerisci?

1 UN QUADRO D'INSIEME DEL SISTEMA TRIBUTARIO ITALIANO

Il **sistema tributario** è composto dall'insieme dei tributi in vigore nello Stato, considerando l'articolazione nei diversi livelli di governo: centrale, regionale, locale. Poiché i sistemi economici sono soggetti a una continua evoluzione, anche i sistemi tributari devono costantemente adeguarsi.

Per quanto riguarda l'Italia, al momento dell'unificazione, nel 1861, il sistema tributario del Regno di Sardegna fu esteso all'intero territorio nazionale. Dopo una serie di ritocchi parziali che caratterizzarono i decenni successivi, si giunse all'approvazione, nel 1971, di una legge delega per una riforma globale del sistema, diventata necessaria anche per far fronte agli obblighi derivanti dall'adesione al Mercato comune. L'approvazione della riforma comportò l'introduzione dell'**Iva** (dal 1° gennaio 1973), dell'**Irpef** (dal 1° gennaio 1974), oltre ad altri tributi poi soppressi.

I mutamenti successivamente intervenuti, culminati con la legge delega per il federalismo fiscale del 2009, sono stati dettati dall'esigenza di attribuire maggiori responsabilità e conseguente potere impositivo alle Regioni e agli enti locali. Gli anni successivi hanno visto però, a questo proposito, l'inizio di una parziale marcia indietro.

Gli interventi più recenti, spesso frammentari e introdotti per stimolare la ripresa economica, hanno riguardato in misura più o meno rilevante numerosi ambiti, in particolare la tassazione delle imprese e dei lavoratori autonomi.

Tax system
Sistema tributario
Set of national rules that regulate the system for assessing and collecting taxes.

APPROFONDIMENTO ONLINE
L'evoluzione storica del sistema tributario italiano

Quali sono, in sintesi, le imposte attualmente in vigore in Italia?

La tabella 1 rappresenta in modo schematico il sistema tributario vigente, escludendo i tributi che forniscono un gettito marginale.

Non tutte le imposte, infatti, hanno uguale peso: nel 2014, il 91,3% delle entrate tributarie è provenuto da sole nove imposte. La più importante in assoluto è l'Irpef, seguita dall'Iva: insieme garantiscono circa il 60% del gettito complessivo.

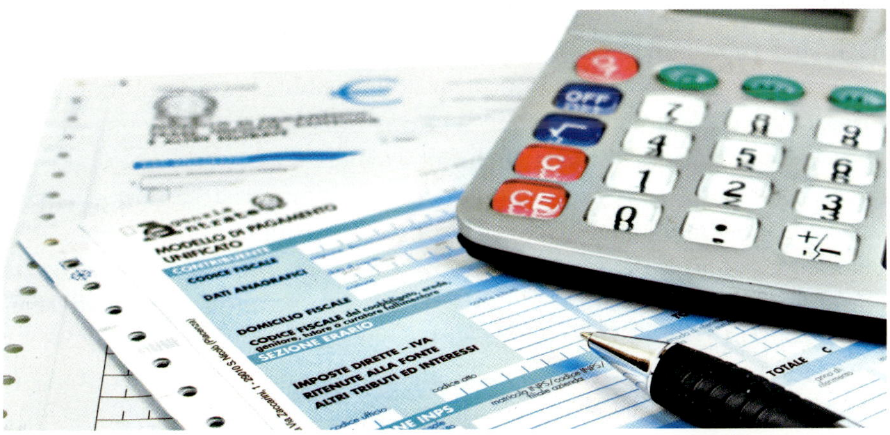

Le altre sono: l'Ires, l'Irap, le imposte sugli oli minerali, l'Isos, l'Imu, l'imposta sul lotto e le lotterie, le addizionali regionali e comunali all'Irpef.

Tabella 1 - **Un quadro di sintesi del sistema tributario italiano (anno 2016)**

IMPOSTE DIRETTE STATALI	• Irpef (Imposta sul reddito delle persone fisiche) • Ires (Imposta sul reddito delle società) • Isos (Imposta sostitutiva sui redditi da capitale)
IMPOSTE INDIRETTE STATALI	**a) Imposte sugli affari** • Iva (Imposta sul valore aggiunto) • Imposta di registro • Imposte ipotecarie e catastali • Imposta di bollo • Tasse di concessione governativa • Imposta di successione e donazione • Imposta sulle assicurazioni **b) Imposte sulla produzione (o di fabbricazione)** • Imposta sugli oli minerali • Imposta sull'energia elettrica • Imposta sul gas metano • Imposta sulla birra e sugli spiriti **c) Monopoli e lotto** • Imposte sui tabacchi • Imposte su lotto e lotterie
TRIBUTI REGIONALI E LOCALI	• Irap (Imposta regionale sulle attività produttive) • Imu (Imposta municipale unica) • Tasi (Tributo per i servizi indivisibili) • Tari (Tassa sui rifiuti) • Addizionale Irpef (regionale e comunale) • Tasse automobilistiche (regionali) • Altri tributi minori

Il sistema tributario italiano è complessivamente in linea con quello degli altri Paesi industrializzati?

La struttura del sistema tributario italiano è, nel complesso, simile a quella degli altri Paesi industrializzati. Una differenza importante è costituita dal minore ruolo svolto dall'Iva: nonostante l'Italia abbia le stesse aliquote della maggior parte degli altri Paesi, il gettito è minore a causa di una elevata evasione, che riguarda tuttavia anche altri tributi.

Dal confronto tra la pressione fiscale registrata nel 2015 nei principali Paesi europei emerge che il livello più alto si registra in Francia con il 48% del PIL; seguono il Belgio con il 46,8%, l'Austria con il 44,3% e la Svezia con il 44%. Al quinto posto c'è l'Italia, con una pressione fiscale attestata al 43,4% del PIL. La media dei Paesi Ue, invece, è stabilizzata al 39,9%.

Una riduzione significativa della pressione fiscale potrebbe essere realizzata soprattutto attraverso la riduzione dell'evasione e dell'elusione fiscale, anche grazie a interventi volti a migliorare il rapporto fisco-contribuente e a semplificare e rendere più trasparenti le regole fiscali.

Anche a livello internazionale, sia in ambito Ocse sia nell'Unione europea, sta maturando la consapevolezza degli effetti prodotti sul gettito dei diversi Paesi dalle attività di elusione e di evasione, soprattutto nel campo delle imposte sulle società e dei redditi da capitale.

Sono state pertanto avviate forme di collaborazione fra gli Stati per ampliare e rendere più efficace lo scambio di informazioni, al fine di prevenire e contrastare frodi fiscali.

Italian natural persons income tax
Imposta sul reddito delle persone fisiche (Irpef)
The main direct tax of the Italian tax system: it refers to individuals and it is direct and progressive.

Italian Tax Consolidation Act
Testo unico delle imposte sui redditi (Tuir)
It is the basic bill containing the norms to determine and to tax incomes.

2 L'IMPOSTA SUL REDDITO DELLE PERSONE FISICHE (IRPEF)

L'**Imposta sul reddito delle persone fisiche (Irpef)** è la principale imposta diretta del nostro sistema tributario, quella che fornisce la parte più consistente delle entrate tributarie dello Stato. È stata istituita con il D.P.R. 29 settembre 1973, n. 600 ed è entrata in vigore il 1° gennaio 1974. Attualmente è regolata dal **Testo unico delle imposte sui redditi (Tuir)**, che riunisce e coordina in un unico provvedimento tutte le disposizioni relative alle imposte dirette. Il Tuir, approvato con D.P.R. 22 dicembre 1986, n. 917, e più volte modificato, è così strutturato:

Titolo I	Imposta sul reddito delle persone fisiche (artt. 1-71)
Titolo II	Imposta sul reddito delle società (artt. 72-161)
Titolo III	Disposizioni comuni (artt. 162-184)
Titolo IV	Disposizioni varie, transitorie e finali (artt. 185-191)

A • Aspetti generali

L'Irpef è un'imposta:
- **diretta**, perché colpisce la manifestazione immediata della capacità contributiva dei soggetti, rappresentata dalla percezione di un reddito o dal possesso di un patrimonio;
- **personale**, in quanto tiene conto della condizione economica complessiva del soggetto passivo e anche delle caratteristiche personali soggettive o del nucleo familiare a cui appartiene;
- **progressiva**, perché il debito d'imposta aumenta più che proporzionalmente rispetto alla crescita della base imponibile;
- **generale**, perché colpisce il reddito complessivo, costituito dalla somma di tutti i redditi, in denaro o in natura, provenienti da varie fonti, conseguito in un anno solare dai contribuenti-persone fisiche.

ART. 53 DELLA COSTITUZIONE

Tutti sono tenuti a concorrere alle spese pubbliche in ragione della loro capacità contributiva. Il sistema tributario è informato a criteri di progressività.

L'Irpef è lo strumento con cui viene attuata la progressività del sistema tributario nel suo complesso, come previsto dall'art. 53 della Costituzione, e, conseguentemente, la redistribuzione della ricchezza.

Chi sono i soggetti passivi Irpef?

Sono **soggetti passivi dell'Irpef** le **persone fisiche**, sia **residenti** sia **non residenti** nel territorio dello Stato.

Ai soggetti **residenti** nel territorio italiano si applica il "**principio della tassazione su base mondiale**" (***world-wide income taxation principle***): l'Irpef, cioè, colpisce tutti i redditi del soggetto, a prescindere dal luogo in cui essi sono stati prodotti.

Per quanto riguarda i soggetti **non residenti**, l'Irpef colpisce solo i redditi prodotti nel territorio dello Stato italiano. Questo principio prende il nome di "**principio della fonte**" (***source-based taxation principle***).

Per evitare il rischio che l'imponibile venga tassato sia nello Stato straniero sia nello Stato italiano, sono stati individuati dei rimedi: per i non residenti la materia è regolata da apposite convenzioni stipulate tra i vari Stati; per i residenti in Italia, è stato introdotto il **credito d'imposta**, ossia la facoltà concessa al contribuente di detrarre dall'Irpef dovuta le imposte pagate all'estero sui redditi ivi prodotti.

Esempio

Tizio ha un reddito di 18.000 euro, alla cui formazione hanno concorso 2.000 euro prodotti all'estero e per i quali ha già pagato all'estero 400 euro di imposta.

In Italia, per i 18.000 euro di reddito, ha pagato imposte per 3.240 euro.

La parte di imposta pagata all'estero che è possibile detrarre dall'imposta da pagare in Italia (credito d'imposta) sarà così determinata:

$$\frac{\textbf{redditto prodotto all'estero} \times \textbf{imposta lorda italiana}}{\textbf{redditto complessivo}} = \frac{\mathbf{2.000 \times 3.240}}{\mathbf{18.000}} = \mathbf{360}$$

Il tetto massimo che potrà detrarre è di 360 euro. In pratica il contribuente non potrà detrarre 40 euro di imposte pagate all'estero.

Anche le società di persone sono sottoposte all'Irpef?

Le società di persone sono **soggetti passivi impropri**. Il reddito prodotto è accertato nei confronti delle società stesse, che sono sottoposte all'obbligo della dichiarazione annuale unificata, ma il debito d'imposta sorge a carico dei singoli soci. Il reddito, infatti, viene imputato a ciascuno di loro, indipendentemente dalla effettiva percezione, in proporzione alle rispettive quote di partecipazione agli utili e concorre a formare il reddito personale complessivo, unitamente agli altri eventuali redditi posseduti. Con lo stesso criterio vengono imputate ai soci le perdite di esercizio subite dalla società.

Sono equiparati alle società di persone altri organismi, quali società di fatto, società di armamento, associazioni professionali, Gruppo europeo d'interesse economico (Geie).

Il trattamento fiscale riservato alle imprese esercitate in forma individuale e alle società di persone è identico a quello previsto per le società di capitali?

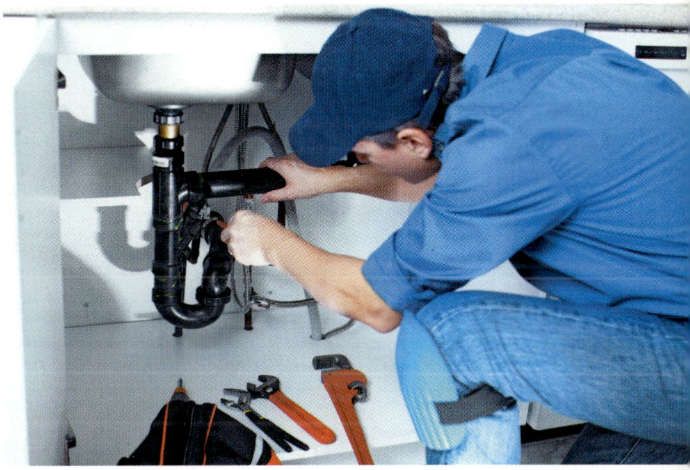

Un'attività esercitata in forma di impresa individuale può essere quella dell'idraulico.

Il reddito prodotto dalle imprese individuali e dalle società di persone è sottoposto, attraverso l'imputazione ai singoli soci, al regime di progressività proprio dell'Irpef, che prevede aliquote tanto più alte quanto più elevato è il reddito del contribuente. Questo trattamento può essere meno favorevole di quello riservato alle società di capitali che sono sottoposte a Ires con aliquota proporzionale pari al 24%. Per evitare questa disparità di trattamento, e assoggettare al medesimo prelievo fiscale il reddito d'impresa prodotto dalle società di capitali e quello conseguito dalle società di persone nonché dagli imprenditori individuali, la **legge di Bilancio 2017** ha introdotto l'**imposta sul reddito d'impresa (Iri)** che interesserà soltanto le società di persone commerciali in contabilità ordinaria (snc, sas), le società a responsabilità limitata (srl) in regime di trasparenza e le imprese individuali. Si tratta di un prelievo proporzionale, pari al 24%, applicabile fin quando gli utili prodotti rimangono nell'azienda sotto forma di riserve. Gli eventuali prelievi di utili e di riserve effettuati dall'imprenditore individuale o la loro distribuzione da parte della società di persone faranno scattare la tassazione ordinaria con l'applicazione dell'Irpef progressiva.

L'imposta è applicabile se il contribuente esercita una specifica opzione, che ha una durata pari a cinque periodi d'imposta, è rinnovabile e deve essere espressa nella dichiarazione dei redditi.

L'introduzione dell'Iri, con la conseguente tassazione proporzionale sul reddito d'impresa, rende più neutrale il sistema tributario rispetto alla forma giuridica prescelta (impresa individuale, società di persone o società di capitali) e favorisce la patrimonializzazione delle piccole imprese.

Da che cosa è costituita la base imponibile Irpef?

La base imponibile dell'Irpef è costituita dal **reddito complessivo** del contribuente **al netto di** determinati **oneri e spese** che incidono sulla capacità contributiva. Il sistema tributario italiano è definito su basi imponibili monetarie (o nominali) e non vengono prese in considerazione basi imponibili reali (cioè corrette per l'inflazione).

Total personal income
Reddito complessivo
Sum of incomes held by a taxpayer in a tax period.

Il reddito complessivo è ottenuto sommando tutti i redditi imponibili imputati al soggetto passivo nel periodo d'imposta, ognuno dei quali deve essere calcolato secondo le regole proprie della categoria di appartenenza. I redditi sono classificati in sei categorie:
- redditi fondiari;
- redditi da capitale;
- redditi da lavoro dipendente;
- redditi da lavoro autonomo;
- redditi d'impresa;
- redditi diversi.

Esistono redditi esclusi dalla base imponibile?

Incomes subject to separate charge
Redditi soggetti a tassazione separata
Category of incomes, usually matured over the course of several years (for example sums withdrawed in cases of retirement) that instead of being subject to normal income tax rates, are taxed with an average tax rate, generally determined on the basis of the regular incomes earned in years immediately preceding the time of withdrawal. Other special incomes: capital gains on real estate, gifts and inheritances, retirement lump sum payments, subsistence dole, ...

Sono **esclusi dalla base imponibile** diversi redditi, fra i quali:
- i redditi espressamente dichiarati esenti dalla legge (per esempio pensioni di guerra, sussidi di tipo assistenziale, borse di studio);
- i redditi soggetti a ritenuta alla fonte a titolo di imposta (principalmente redditi derivanti da attività finanziarie);
- i redditi soggetti a imposta sostitutiva (per esempio i premi e le vincite);
- gli assegni per il mantenimento dei figli spettanti al coniuge in caso di separazione, annullamento o divorzio.

I **redditi esclusi dalla base imponibile** non devono essere confusi con i **redditi soggetti a tassazione separata**, che non vengono inclusi nel reddito complessivo anche se sottoposti a tassazione. Si tratta di quei redditi che, pur essendo percepiti dal contribuente in un determinato momento, si sono formati nel corso degli anni e pertanto vengono chiamati "redditi a formazione pluriennale". Sono tali, per esempio, l'indennità che il lavoratore dipendente percepisce alla cessazione del rapporto di lavoro (Trattamento di fine rapporto o Tfr) e le retribuzioni arretrate di lavoro dipendente, ossia relative ad anni precedenti.

Per quali ragioni i redditi a formazione pluriennale vengono tassati separatamente?

Questi redditi, proprio perché relativi a diversi anni, possono anche raggiungere importi elevati. Se essi fossero sommati agli altri redditi percepiti in un determinato anno, data la struttura progressiva per scaglioni dell'Irpef, farebbero scattare l'applicazione di un'aliquota marginale più elevata di quella che si sarebbe avuta nell'ipotesi di una loro tassazione effettuata al momento della maturazione (anziché della percezione). Per questa ragione tali redditi, pur essendo sottoposti all'Irpef, non vengono inclusi nel reddito complessivo, ma tassati a parte, con un'aliquota calcolata in modo da evitare l'applicazione di aliquote marginali troppo elevate. In genere si calcola l'aliquota che corrisponde alla media del reddito complessivo di un periodo immediatamente precedente; per esempio, per gli arretrati, si considera il biennio anteriore all'anno della loro percezione. Il Tfr è tassato, invece, applicando l'aliquota Irpef media del contribuente nei cinque anni precedenti.

Taxable income
Reddito imponibile
Value upon which the tax rate must be applied for determining the tax due.

Tax deductions
Oneri deducibili
Expenses that can be subtracted from the gross income, from which the tax bill is calculated, with benefit to the taxpayer.

Tax credits
Detrazioni fiscali
Tax credits consisting in the possibility of offsetting certain sums against gross income tax due by the taxpayer.

Come si determina l'imposta?

La somma delle singole componenti di reddito determina, come abbiamo visto, il reddito complessivo, che non coincide sempre con il **reddito imponibile**, perché per calcolare quest'ultimo è ammessa la deduzione di determinati oneri e spese, le cosiddette **deduzioni tradizionali** (o "**oneri deducibili**").

Per calcolare l'Irpef occorre applicare al reddito imponibile le aliquote secondo uno schema di progressività per scaglioni. Si ottiene così l'**imposta lorda**, da cui, per poter determinare l'**imposta netta**, si sottraggono le **detrazioni** (**oneri detraibili**) spettanti. Il procedimento può essere così schematizzato:

reddito complessivo
\- oneri deducibili
reddito imponibile
↓
applicazione scala delle aliquote
↓
imposta lorda
\- detrazioni
imposta netta

ONERI DEDUCIBILI E DETRAIBILI

Oneri deducibili *Rif. norm. Art.10 Tuir*	Sono spese sostenute dal contribuente nel periodo di imposta, non deducibili nel calcolo dei singoli redditi, che la legge consente siano dedotte dal reddito complessivo lordo.
Oneri detraibili *Rif. norm. Art.15 Nuovo Tuir*	Hanno la stessa natura dei oneri deducibili, ma si detraggono dall'imposta lorda (e non dal reddito) in genere nella misura del 19%.

Quali sono i principali oneri deducibili (o deduzioni)?

Gli **oneri deducibili dal reddito complessivo** sono elencati nell'art. 10 del Tuir. Si tratta di oneri la cui deducibilità è ammessa soltanto nei casi espressamente indicati dalla legge ed entro i limiti eventualmente stabiliti, senza possibilità di analogia. Si deve, inoltre, trattare di spese effettivamente sostenute nel periodo d'imposta, di cui sia possibile documentare il pagamento.

I principali oneri deducibili sono rappresentati da:
- contributi previdenziali e assistenziali obbligatori e contributi versati per la previdenza complementare;
- rendita catastale dell'immobile adibito ad abitazione principale;
- spese mediche per l'assistenza ai portatori di handicap e agli invalidi permanenti;

- assegni periodici corrisposti al coniuge in conseguenza di separazione, divorzio, annullamento;
- donazioni a favore di Onlus;
- contributi a ONG (Organizzazioni non governative) per la cooperazione con Paesi in via di sviluppo.

Come abbiamo visto dallo schema iniziale, una volta dedotti gli oneri deducibili dal reddito complessivo, si ottiene il **reddito imponibile**, a cui si applica la scala delle aliquote secondo uno schema di **progressività per scaglioni**.

Quali sono gli scaglioni e le relative aliquote Irpef oggi vigenti?

Gli scaglioni di reddito sono cinque, come risulta dalla tabella 2: l'aliquota minima è del 23%, quella massima, per redditi superiori a 75.000 euro, è del 43%.

Tabella 2 - Scaglioni di reddito

Scaglioni di reddito imponibile (in euro)	Aliquota %
Da 0 a 15.000	23
Da 15.001 a 28.000	27
Da 28.001 a 55.000	38
Da 55.001 a 75.000	41
Oltre 75.001	43

Le aliquote riportate nella tabella non includono l'addizionale regionale obbligatoria dell'1,23%, calcolata sul reddito imponibile.

Applicando le suddette aliquote al reddito imponibile si ottiene l'**imposta lorda**. Per calcolare l'imposta netta è necessario sottrarre le **detrazioni** spettanti.

Quali sono le detrazioni spettanti?

Le detrazioni previste dalla legislazione vigente possono essere classificate in cinque gruppi.

1. **Detrazioni per alcune categorie di reddito (lavoro dipendente, pensioni, lavoro autonomo) e bonus degli 80 euro**. Consentono di attuare il **principio della discriminazione qualitativa**, in base al quale i redditi derivanti da lavoro devono essere tassati in modo più leggero rispetto agli altri, in considerazione del maggiore sforzo e del maggiore sacrificio a cui è sottoposto il contribuente per poterli produrre.
2. **Detrazioni per carichi di famiglia**, che spettano a coloro che hanno familiari conviventi (coniuge, figli, altri familiari) il cui reddito non supera certi limiti. Tali detrazioni hanno l'obiettivo di realizzare il principio dell'**equità orizzontale** in quanto, a parità di reddito, chi ha figli o altri

Equità orizzontale

Persone nelle stesse condizioni economiche pagano la stessa imposta.

Equità verticale

Persone con maggiore capacità contributiva devono pagare più imposte.

familiari da mantenere non può pagare la stessa entità di imposta di chi non ne ha. Esse, pertanto, consentono di tenere conto della composizione del nucleo familiare e, in un certo senso, di personalizzare l'imposta.

3. **Detrazioni per oneri personali**, che spettano nella misura del 19% dell'ammontare delle spese sostenute, per esempio, per prestazioni sanitarie, interessi passivi su mutui, frequenza di corsi di istruzione, rette di asili nido, premi di assicurazione, attività sportive praticate dai ragazzi. In alcuni casi è però prevista una franchigia (il 19% va cioè calcolato sulla parte eccedente un determinato importo), oppure vengono fissati limiti di spesa, oltre i quali la detrazione non spetta.
4. **Detrazioni per canoni di locazione e mutui per la prima casa**, che variano a seconda del tipo di contratto, libero o vincolato, dell'ammontare del reddito complessivo del contribuente, della sua età, e sono espressione di una politica che tende a considerare la casa come bene primario.
5. **Altre detrazioni con finalità di incentivazione** di determinati comportamenti dei contribuenti. Ricordiamo le detrazioni per interventi di recupero del patrimonio edilizio, quali ristrutturazione, restauro, manutenzione straordinaria, ecc., nonché le detrazioni finalizzate a favorire il risparmio energetico negli edifici esistenti. Esse vengono calcolate applicando una determinata percentuale sull'ammontare delle spese sostenute e sono ripartite in più anni.

L'imposta netta rappresenta ciò che il contribuente deve versare?

L'**imposta netta** è ottenuta sottraendo all'imposta lorda (calcolata applicando la scala delle aliquote al reddito imponibile) le detrazioni sopra descritte, purché naturalmente ne ricorrano i presupposti. Per calcolare l'imposta da versare, occorre scomputare dall'imposta lorda:

- il **credito d'imposta**:
  - per i redditi prodotti all'estero;
  - per incentivare comportamenti virtuosi da parte del contribuente (per esempio la legge di Stabilità 2016 ha reso permanente l'**Art bonus**, un'agevolazione fiscale sotto forma di credito d'imposta pari al 65% delle erogazioni liberali effettuate a sostegno della cultura e dello spettacolo);
- gli **acconti** versati durante l'anno. I soggetti Irpef devono versare l'acconto delle imposte dovute entro il 30 novembre di ogni anno in misura pari al 100% dell'imposta versata l'anno precedente (o, per scelta del contribuente, pari al 100% dell'Irpef dovuta per l'anno fiscale corrente, calcolata sulla base di un reddito che si presume inferiore rispetto a quello dell'anno passato). Generalmente l'acconto viene versato in due rate:
  - la **prima**, pari al 40%, entro il 16 giugno;
  - la **seconda**, pari al 60%, entro il 30 novembre.

  Il saldo deve essere versato entro il 16 giugno, assieme al nuovo acconto;
- le **ritenute alla fonte** effettuate dai sostituti d'imposta sui singoli red-

Input tax credit
Credito d'imposta
Input tax credit is the credit manufacturers receive for paying input taxes towards inputs used in the manufacture of products. Similarly, a dealer is entitled to input tax credit if he has purchased goods for resale.

Art bonus, un incentivo fiscale che premia chi aiuta la cultura.

Withholding tax
Ritenuta alla fonte a titolo d'acconto
Sum levied at the point of disbursement of an income (and paid directly to the government) by the person who pays it: it represents alone a part of the total tax due.

Final witholding tax
Ritenuta alla fonte a titolo d'imposta
Sum levied at the point of disbursement of an income (i.e. dividend, interest) and paid directly to the government by the paying agents who pays the income: it represents the total tax owed. It is also called Final retention tax.

diti che vanno a costituire il reddito complessivo. La riforma tributaria del 1973-74 ha infatti introdotto in misura assai ampia il **sistema di ritenuta alla fonte con obbligo di rivalsa**, non solo per ragioni di cassa, ma anche per esigenze di perequazione, in modo da avvicinare per tutti i contribuenti il momento della percezione del reddito e quello del pagamento, almeno parziale, del tributo.
L'obbligo di pagare l'imposta grava sul soggetto che corrisponde il reddito (**sostituto d'imposta**), con obbligo di rivalsa nei confronti del contribuente. La **ritenuta alla fonte** può essere applicata **a titolo d'acconto** o, in via definitiva, **a titolo d'imposta** (**Isos, imposta sostitutiva**).

Il risultato della sottrazione costituisce l'importo da versare all'erario. Qualora il risultato sia negativo, il contribuente non dovrà effettuare alcun versamento, ma potrà:

- chiedere il rimborso di quanto ha pagato in più;
- utilizzare questo suo "credito" per compensare il versamento di altre imposte;
- riportare la differenza per diminuire l'imposta eventualmente dovuta l'anno successivo.

IN PILLOLE

Calcolo dell'Irpef da versare

1. REDDITO COMPLESSIVO	Determinazione e sommatoria dei redditi: a) fondiari b) di capitale c) di lavoro dipendente d) di lavoro autonomo e) d'impresa f) diversi
2. REDDITO IMPONIBILE	Reddito complessivo *meno* Oneri deducibili (art. 10 Tuir)
3. IMPOSTA LORDA	Reddito imponibile × aliquote relative ai diversi scaglioni
4. IMPOSTA NETTA	Imposta lorda *meno* Detrazioni: a) per carichi di famiglia b) per fonte del reddito c) per oneri d) per canoni di locazione e) per finalità di incentivazione
5. IMPOSTA DA VERSARE	Imposta netta *meno* (crediti d'imposta + ritenute subite + acconti versati) In caso di **risultato negativo** il contribuente può: • chiedere il rimborso del credito; • riportare il credito nel periodo successivo; • compensarlo con altre imposte.

B. Le diverse categorie di reddito

I redditi che concorrono a formare il reddito complessivo appartengono alle categorie indicate nell'art. 6 del Tuir ed elencate nella tabella 3.

Tabella 3 - Categorie di reddito

Categoria	Articoli
a. Redditi fondiari: • reddito dominicale dei terreni • reddito agrario dei terreni • reddito dei fabbricati	Artt. 25-43 Tuir
b. Redditi di capitale	Artt. 44-48 Tuir
c. Redditi di lavoro dipendente	Artt. 49-52 Tuir
d. Redditi di lavoro autonomo	Artt. 53-54 Tuir
e. Redditi d'impresa	Artt. 55-66 Tuir
f. Redditi diversi	Artt. 67-71 Tuir

Cadastral property tax
Redditi fondiari
Income deriving from the sole ownership of land and buildings placed in the territory of the State and registered in the cadastral registers with the consequent attribution of intrisical income. This income is classified as rental income.

Che cosa si intende per redditi fondiari?

I **redditi fondiari** sono quelli inerenti ai terreni e fabbricati situati nel territorio dello Stato che sono o devono essere iscritti, con attribuzione di **rendita**, nel Catasto dei terreni o nel Nuovo Catasto edilizio urbano.

Il Catasto

RINFORZO

È l'inventario dei beni immobili di uno Stato, compilato per accertarne la proprietà, rilevarne le variazioni e stabilirne la rendita. È la base per l'imposizione fiscale. Il Catasto agisce da supporto del sistema di pubblicità immobiliare. La legge n. 3682 del 1886, che istituisce un Catasto unico per tutto il territorio nazionale, lo definisce come: catasto geometrico particellare, fondato sulla misura e sulla stima, non probatorio, allo scopo di accertare la proprietà immobiliare, evidenziarne le mutazioni e determinare le imposte.

È composto da un Catasto terreni e da un Catasto fabbricati. L'unità elementare del Catasto terreni, a cui viene attribuita la rendita, è la particella. L'unità elementare del Catasto dei fabbricati è l'unità immobiliare urbana.

Il **reddito dei terreni** si distingue in:
- reddito dominicale;
- reddito agrario.

I redditi dei terreni non costituiscono una forma di reddito effettivo, in quanto sono determinati sulla base di **tariffe d'estimo catastali** istituite il 1° gennaio 1988. In attesa di una definizione di nuove tariffe catastali, quelle esistenti vengono periodicamente rivalutate per renderle più attendibili. Le tariffe catastali fanno riferimento alla **rendita catastale** attribuita a ogni particella in cui sono stati suddivisi i terreni agricoli. Essa costituisce il **reddito medio ordinario** ottenibile da un terreno di media qualità e da un imprenditore di ordinaria abilità attraverso un'attività agricola continuativa.

Qual è la differenza fra reddito dominicale e reddito agrario?

Il **reddito dominicale** è quello che deriva dal possesso, a titolo di proprietà o di altro diritto reale, di terreni idonei all'esercizio di attività agricole.

In sostanza esso corrisponde alla rendita fondiaria, in quanto è la parte di reddito di un terreno che deriva dalla sua naturale fertilità e dai capitali in esso durevolmente investiti (per opere di bonifica, fabbricati rurali, ecc.).

Il **reddito agrario** è costituito dalla parte del reddito medio ordinario dei terreni imputabile al capitale di esercizio (macchine, attrezzi, bestiame, denaro, ecc.) e al lavoro di organizzazione, impiegati nell'esercizio di attività agricole.

Esso costituisce, pertanto, il profitto dell'imprenditore agricolo, sia proprietario del terreno sia affittuario.

Per esempio:

- Tizio, imprenditore agricolo, svolge l'attività su un terreno di sua proprietà: egli è titolare sia del reddito dominicale sia del reddito agrario;
- Caio, anche lui imprenditore agricolo, svolge l'attività su un terreno preso in affitto dal proprietario Sempronio: a quest'ultimo spetta il reddito dominicale, a Caio il reddito agrario.

Come si determina il reddito dei fabbricati?

Il **reddito dei fabbricati** è costituito dal reddito medio ordinario che può trarre da ciascuna unità immobiliare urbana chi ne ha il possesso a titolo di proprietà, usufrutto o altro diritto reale. Rientrano in questa categoria i redditi derivanti da fabbricati adibiti a qualunque uso (abitazioni, autorimesse, negozi, uffici, ecc.), mentre ne sono esclusi quelli derivanti da edifici rurali utilizzati nell'ambito di attività agricole e da fabbricati appartenenti a imprese che svolgono attività commerciali.

I redditi dei fabbricati, tuttavia, sono di due tipi.

- Redditi basati sulle **rendite catastali**, relativi agli immobili in cui il proprietario ha l'abitazione e a quelli tenuti a disposizione a cui si applica in determinate circostanze l'aumento di un terzo. In questo caso non si tratta di un reddito effettivo, ma di un **reddito "figurativo"**, costituito:
  - **dalla rendita dell'area urbana su cui la costruzione è stata edificata**, che spesso è una rendita di posizione, cioè variabile a seconda delle zone. È noto che, soprattutto nelle grandi città, le aree centrali sono più richieste e quindi hanno un valore più elevato, che si riflette nella rendita;
  - **dall'interesse del capitale investito nel fabbricato**.

La legge delega sulla riforma fiscale approvata nel 2014, prevedeva la revisione delle rendite catastali per renderle più in linea con i valori di mercato degli immobili. Non essendo purtroppo stata attuata, il tema urgente della riforma del Catasto è stato ulteriormente rinviato.

- Redditi **effettivi** (ossia i canoni riscossi per i fabbricati dati in locazione: abitazioni, negozi, ecc.).

Per gli immobili a uso abitativo concessi in locazione è possibile scegliere un sistema di tassazione alternativo al regime ordinario Irpef, la cosiddetta **cedolare secca**. In questo caso il reddito effettivo dei fabbricati viene tassato in modo proporzionale, con un'aliquota costante pari al 21% se si tratta di contratti a canone libero, ridotta al 10% **per il quadriennio 2014-2017** se si tratta di immobili a canone concordato (con contratti, cioè, che rispettano le condizioni previste in appositi accordi definiti in sede locale fra le organizzazioni maggiormente rappresentative della proprietà edilizia e dei conduttori).

Che cosa si intende per redditi di capitale?

Nella categoria **redditi di capitale** rientrano i redditi derivanti dall'impiego di capitale finanziario. Una elencazione completa dei redditi da capitale non è possibile, data la loro eterogeneità, tuttavia le fattispecie più importanti sono costituite da:

- **rendite finanziarie** (interessi e altri proventi derivanti da mutui, depositi e conti correnti oppure da obbligazioni e titoli similari);
- **utili** derivanti dalla partecipazione in società ed enti;
- **altri redditi di capitale** quali rendite vitalizie, capitali derivanti da contratti di assicurazione sulla vita, proventi inerenti a gestioni collettive del risparmio, ecc.

Non vengono, pertanto, considerati redditi di capitale i guadagni di Borsa, cioè le plusvalenze derivanti dalla vendita di titoli, e i proventi dei prodotti derivati, in quanto considerati redditi diversi. L'art. 48 Tuir, inoltre, specifica che non costituiscono redditi di capitale gli interessi, gli utili e gli altri proventi conseguiti nell'esercizio di imprese commerciali o da società in nome collettivo o in accomandita semplice, in quanto sono considerati componenti del reddito d'impresa.

Capital income
Redditi di capitale
Interests, dividends, capital gains and other revenues deriving from the use of financial capital, (i.e. securities, shares, bank deposits, postal savings bonds, government bonds, insurance annuities, ...).

In base a quali regole vengono tassati i redditi di capitale?

I redditi di capitale sono tassati per il loro intero ammontare nel periodo di imposta in cui vengono percepiti (**criterio di cassa**). È però necessario sottolineare che i redditi di capitale rientranti nella base imponibile Irpef hanno un peso molto modesto, in quanto per la maggior parte sono colpiti da una ritenuta alla fonte che costituisce un'**imposta sostitutiva** (**Isos**), di tipo proporzionale. Per esempio gli interessi percepiti dalle persone fisiche sono in genere tassati con aliquota del 26%, fatta eccezione per i rendimenti dei titoli pubblici soggetti ad aliquota del 12,5%.

Per quanto riguarda invece i dividendi, la disciplina fiscale è differenziata a seconda della loro tipologia e della natura giuridica del soggetto che li percepisce. In particolare, se i dividendi sono percepiti da una società di persone o da una impresa individuale, vanno inclusi nella base imponibile Irpef (in quanto redditi d'impresa), ma solo per il 49,72% del loro ammontare.

Substitute tax
Imposta sostitutiva
Tax levied on incomes from capital income, housing rents, low income businesses, small start-ups... that by choice of the payee may be withheld by the payers on disbursement of the earnings or be assessed directly by the recipient when filing for the annual tax return.

Employment income
Redditi di lavoro dipendente
Employment income is the income that an employee receives from an office or employment for and under the direction of another party, including pensions and other incomes considered equivalent by the law.

Che cosa si intende per redditi di lavoro dipendente?

I **redditi di lavoro dipendente**, ai sensi dell'art. 49 del Tuir, sono quelli derivanti da "rapporti aventi per oggetto la prestazione di lavoro, con qualsiasi qualifica, alle dipendenze e sotto la direzione di altri".

Costituiscono redditi da lavoro dipendente anche quelli derivanti da lavoro a domicilio, le pensioni, le indennità percepite in sostituzione di redditi di lavoro dipendente (per esempio cassa integrazione, indennità di disoccupazione).

Rientrano in questa categoria anche i cosiddetti "**fringe benefits**" (ossia benefici accessori), cioè compensi in natura, prestazioni di beni e servizi, che costituiscono una forma di retribuzione aggiuntiva (per esempio l'uso di auto aziendali, l'uso di cellulari e computer, il godimento di alloggi). In questo caso norme particolari consentono di determinare l'importo da includere nella base imponibile.

Ai redditi di lavoro dipendente sono assimilati anche numerosi altri redditi: per esempio borse di studio, indennità e gettoni di presenza corrisposti per l'esercizio di pubbliche funzioni, compensi percepiti in relazione alle funzioni di amministratore, sindaco, revisore di società, collaborazioni a giornali, riviste, enciclopedie e simili.

L'auto aziendale fornita a dipendenti e collaboratori è un esempio di fringe benefit.

Come si determina il reddito di lavoro dipendente?

Il reddito imponibile è costituito da tutti gli emolumenti in denaro, in natura o sotto forma di erogazioni liberali, corrisposti nel periodo d'imposta, al netto dei contributi sociali.

Il reddito imponibile viene determinato applicando un **criterio di cassa**, cioè i redditi di lavoro dipendente concorrono alla formazione dell'imponibile nel momento in cui vengono percepiti. Si tratta di un reddito lordo, in quanto non sono previste deduzioni dei costi sostenuti per la sua produzione, però ai lavoratori dipendenti viene riconosciuta una detrazione dall'imposta più elevata rispetto a quella riconosciuta agli altri contribuenti.

Self-employed income
Redditi di lavoro autonomo
Earnings deriving from practising crafts or professions.

Che cosa si intende per redditi di lavoro autonomo?

Sono considerati **redditi di lavoro autonomo** quelli derivanti dall'esercizio di arti e professioni sia in forma individuale sia in forma associata, cioè da attività lavorative diverse da quelle di impresa o di lavoro dipendente. Si tratta di attività che devono essere svolte in modo abituale anche se non esclusivo, con lavoro prevalentemente proprio, senza vincolo di subordinazione.

Sono considerati assimilati a quelli di lavoro autonomo i redditi derivanti dalla utilizzazione economica, da parte dell'autore o inventore, di opere dell'ingegno, di brevetti industriali e simili, se non sono conseguiti nell'esercizio di imprese commerciali.

Come si determina il reddito di lavoro autonomo?

Il reddito imponibile derivante dall'esercizio di arti e professioni può essere determinato in base a uno dei regimi elencati nella tabella 4.

Tabella 4 - **Determinazione del reddito derivante dall'esercizio di arti e professioni**

Regime	Reddito	Imposte
Analitico	Compensi – Spese	Aliquote Irpef
Nuove iniziative produttive	Compensi – Spese	Imposta sostitutiva 10%
Minimi	Compensi × coefficiente di redditività (per i professionisti 78%)	Imposta sostitutiva 15%

Nel **regime analitico** il reddito imponibile è determinato dalla differenza tra i compensi percepiti nel periodo d'imposta e le spese inerenti all'esercizio di arti e professioni (criterio del **reddito netto**). Si tratta di un **reddito netto di cassa**, perché le spese sono quelle sostenute nel periodo d'imposta in cui queste vengono effettivamente pagate. Ai fini della determinazione del reddito imponibile possono essere dunque portate in deduzione le spese effettivamente sostenute nel periodo d'imposta, purché inerenti all'attività svolta e comprovate da un documento fiscalmente valido. Sono però previste alcune **deroghe al principio di cassa**, in quanto è ammessa la deduzione di quote di spesa imputabili per competenza, cioè maturate anno per anno, per quanto riguarda le quote di ammortamento dei beni strumentali (mobili e immobili) per l'esercizio dell'arte e della professione, i canoni di leasing e le quote delle indennità di quiescenza e previdenza maturate nel periodo d'imposta. Solo se il costo unitario dei beni strumentali non supera i 516,46 euro è ammessa la deduzione integrale nell'esercizio in cui è stato sostenuto.

Per evitare comportamenti elusivi, inoltre, sono previste alcune norme specifiche che consentono di dedurre solo in parte determinate spese.

Per esempio sono previsti dei tetti per la deducibilità di spese di rappresentanza, prestazioni alberghiere, partecipazioni a congressi; così pure per la deducibilità delle spese di telefonia e di quelle relative agli autoveicoli e agli altri mezzi di trasporto a motore.

Nel caso di beni strumentali usati promiscuamente (cioè sia per l'attività professionale, sia per uso personale) è ammessa una deducibilità al 50% del canone di locazione.

Che cosa si intende per redditi di impresa?

Sono considerati **redditi d'impresa** quelli che derivano dall'esercizio di imprese commerciali.

Il reddito d'impresa può essere prodotto sia da un imprenditore individuale, sia da una società, di persone o di capitali. Sono, però, assoggettati

Business revenues
Redditi d'impresa
Money income from activities that are ordinary for a particular corporation, company, partnership, or sole-proprietorship.

all'Irpef, salvo opzione per l'Iri, soltanto i redditi d'impresa che si riferiscono agli imprenditori individuali e alle società di persone (società semplice, società in nome collettivo, società in accomandita semplice). Il reddito prodotto da una società di persone, come abbiamo visto, viene accertato in capo alla società stessa e poi, ai fini fiscali, imputato a ciascun socio in proporzione alla quota di partecipazione agli utili, indipendentemente dalla effettiva distribuzione (**criterio di competenza**). Il reddito prodotto da una società di capitali è invece assoggettato a Ires (imposta che sarà trattata in questa stessa unità in un apposito paragrafo), tuttavia i criteri per la sua determinazione sono sostanzialmente gli stessi previsti per l'Irpef.

Come si determina il reddito d'impresa?

Il reddito d'impresa è determinato apportando ai risultati del **conto economico** (utile netto o perdita), che si riferiscono all'esercizio chiuso in un determinato periodo d'imposta, le variazioni in aumento o in diminuzione imposte dalla normativa fiscale, che non sempre coincide con la disciplina dettata dal codice civile. Il reddito imponibile viene definito in base a un **criterio di competenza**, anche se a partire dal 2017 le imprese in contabilità semplificata devono applicare il criterio di cassa. Nel 2008, nell'ottica di una semplificazione degli adempimenti fiscali, è entrata in vigore la riforma della tassazione del reddito d'impresa che riduce, ma non elimina, le divergenze fra utile civilistico e utile fiscale. Il permanere di una diversa normativa dipende dal fatto che le norme del codice civile tendono a tutelare soprattutto l'interesse dei terzi che entrano in rapporto con l'impresa; le norme fiscali, invece, tendono a garantire l'interesse dell'Amministrazione finanziaria ad accertare compiutamente il reddito d'impresa, riducendo la possibilità di evadere ed eludere l'imposta. Nel reddito d'impresa si distinguono le componenti positive da quelle negative.

Esempio

Dal reddito contabile al reddito fiscale

A. Calcolo del reddito risultante dal conto economico

Componenti positivi (+)	10.000
Componenti negativi (–)	6.000
Utile (secondo i criteri del codice civile)	*4.000*

B. Calcolo del reddito fiscale

Utile netto risultante dal conto economico	4.000
Variazioni in aumento (+)	1.000
Variazioni in diminuzione (–)	400
Imponibile fiscale	*4.600*

Quali sono le componenti positive del reddito d'impresa?

Gli elementi positivi del reddito sono:

- i **ricavi derivanti dalla cessione di beni e dalla prestazione di servizi** prodotti dall'impresa. Rientrano tra i ricavi anche i corrispettivi derivanti dalla cessione di azioni, obbligazioni e altri titoli iscritti nello stato patrimoniale non come "immobilizzazioni finanziarie" ma come "attivo circolante"; le indennità conseguite a titolo di risarcimento e i contributi spettanti in base alla legge o a contratti (art. 85 Tuir);
- le **plusvalenze patrimoniali** relative ai beni dell'impresa diversi da quelli alla cui produzione e scambio è volta l'attività imprenditoriale (per esempio impianti, automezzi, attrezzature). La plusvalenza diventa imponibile nel momento in cui si realizza: questo accade quando il bene viene ceduto a un prezzo maggiore rispetto a quello contabile, costituito dalla differenza fra il costo storico e il costo ammortizzato. L'imprenditore può scegliere di ripartire la plusvalenza realizzata mediante cessione a titolo oneroso, in base a quote costanti, a partire dall'esercizio in cui è realizzata e non oltre il quarto, a condizione che il bene sia posseduto da almeno tre anni. Le plusvalenze realizzate in seguito alla cessione di partecipazioni in società, se ricorrono determinate condizioni, sono sottoposte a un trattamento fiscale più favorevole. In particolare le plusvalenze realizzate da imprenditori individuali e società di persone sono tassate per una percentuale pari al 49,72% del loro ammontare;
- le **sopravvenienze attive**, ossia componenti del reddito non derivanti dalla gestione ordinaria. Esse consistono nel conseguimento di ricavi o altri proventi a fronte di costi od oneri dedotti o di passività iscritte in bilancio in precedenti periodi d'imposta. Le sopravvenienze attive possono anche derivare dalla sopravvenuta insussistenza di costi od oneri dedotti o di passività iscritte in bilancio in precedenti esercizi (ad esempio, un credito ritenuto inesigibile che successivamente viene riscosso). Sono assimilate alle sopravvenienze anche le somme ricevute a titolo di liberalità o di contributi (con esclusione di quelli a cui si è tenuti per legge o per contratto) e le indennità percepite a titolo di risarcimento;
- i **dividendi e gli utili** derivanti dalla partecipazione in altre società per una percentuale pari al 49,72% del loro ammontare (in quanto percepiti da soggetti sottoposti a Irpef);
- gli **interessi attivi da capitali dati a prestito**. Essi si computano al saggio legale se la loro misura non è determinata per iscritto;
- i **proventi immobiliari**, cioè i redditi degli immobili che non costituiscono beni strumentali per l'esercizio dell'impresa e che non sono l'oggetto della sua attività di produzione o di scambio. Essi sono determinati in base ai criteri stabiliti per i redditi fondiari. Per gli immobili dati in locazione si possono portare in deduzione le spese di manu-

METODI PER LA VALORIZZAZIONE DELLE RIMANENZE DI MAGAZZINO

LIFO (Last In First Out)

Le materie o le merci entrate per ultime (last in) sono le prime a essere prelevate dal magazzino (first out): ciò implica che le rimanenze siano valorizzate ai costi storici.

- Nel **LIFO continuo** il valore delle scorte è aggiornato a ogni variazione del magazzino.
- Nel **LIFO a scatti** il valore delle scorte è aggiornato a determinati intervalli di tempo (mese, anno).

FIFO (First In First Out)

Le materie o le merci entrate per prime (first in) sono le prime a essere prelevate dal magazzino (first out): ciò implica che le rimanenze siano valorizzate ai costi correnti.

tenzione, solo se documentate, entro un massimo del 15% del canone. Poiché si tratta di redditi d'impresa, non è applicabile il regime della cedolare secca;

- le **variazioni delle rimanenze**, ossia delle materie prime e dei prodotti giacenti in magazzino a fine esercizio. La loro valutazione costituisce uno degli aspetti più delicati nella redazione del conto economico, per i suoi riflessi sull'ammontare delle imposte. La normativa vigente, tuttavia, favorisce decisamente l'impresa grazie alla possibilità che essa ha di scegliere all'interno di una gamma molto vasta i suoi criteri di valutazione: FIFO, LIFO a scatti, LIFO continuo. I commercianti al dettaglio possono adottare il metodo dei **prezzi al dettaglio**, che è particolarmente favorevole;
- le **rimanenze di titoli** (azioni, obbligazioni, ecc.) che vanno valutate con criteri analoghi a quelli previsti per le rimanenze di esercizio.

Quali sono le componenti negative del reddito d'impresa?

Le principali componenti negative, deducibili purché effettivamente sostenute e documentate in modo idoneo, sono:

- i **costi di esercizio** relativi alle retribuzioni e all'acquisto di beni e servizi necessari per lo svolgimento dell'attività d'impresa;
- le **minusvalenze** effettivamente realizzate a seguito della cessione del bene o del risarcimento per la perdita o il danneggiamento. Come le plusvalenze, anche le minusvalenze devono riferirsi ai beni dell'impresa diversi da quelli alla cui produzione e scambio è volta la sua attività. Esse sono integralmente deducibili, salvo l'applicazione di specifiche norme volte a contrastare forme di evasione e di elusione. Le minusvalenze relative a partecipazioni che hanno i requisiti per dar luogo a plusvalenze parzialmente esenti sono deducibili nella stessa misura in cui le plusvalenze sono invece tassabili, e cioè al 49,72% del loro ammontare;
- le **sopravvenienze passive** che, come quelle attive, devono essere generate al di fuori della gestione ordinaria dell'impresa;
- gli **interessi passivi**, che, tuttavia, sono deducibili soltanto entro determinati limiti stabiliti dalla legge, per evitare che il finanziamento tramite indebitamento diventi uno strumento di elusione fiscale. Spieghiamo con un esempio il contenuto della norma. Un'impresa che consegua, in un certo esercizio, ricavi tassabili pari a R e ricavi esenti pari a S e abbia sostenuto interessi passivi per un mutuo bancario pari a I, può dedurre dalle componenti positive del reddito gli interessi passivi nella percentuale R/(R+S). In altre parole, è consentita la deducibilità degli interessi passivi solo in proporzione ai ricavi tassabili;

- gli **ammortamenti**: sono ammessi in considerazione del logorio e dell'obsolescenza dei beni strumentali dell'impresa. La quota di ammortamento imputata al conto economico applicando i criteri del codice civile può essere diversa rispetto a quella deducibile fiscalmente (in sede di dichiarazione dei redditi). Il valore massimo deducibile è calcolato applicando al costo storico del bene determinati coefficienti, stabiliti con decreto del Ministro dell'Economia, variabili in relazione al tipo di beni e al settore di attività. Nel primo anno di vita del bene la quota massima deducibile è ridotta alla metà. Per esempio, un automezzo acquistato a 10.000 euro nell'anno 2016, il cui coefficiente di ammortamento è del 20%, potrà essere interamente ammortizzato in non meno di sei anni, secondo il seguente piano:

2016	2017	2018	2019	2020	2021
1.000	2.000	2.000	2.000	2.000	1.000

Per favorire la ripresa economica, la legge di Stabilità 2016 ha introdotto un incentivo fiscale per i nuovi investimenti in impianti e macchinari, il cosiddetto **superammortamento** (eventualmente rinnovabile per gli anni successivi). Esso consiste nella maggiorazione degli ammortamenti fiscali per i nuovi investimenti effettuati dalle imprese (oltre che dagli esercenti arti e professioni) nella misura del 40% del costo ammortizzabile dei beni acquistati. La spesa sostenuta per l'acquisto di beni il cui costo unitario non è superiore a 516,46 euro può essere dedotta interamente nell'anno in cui è sostenuta. È consentito anche l'ammortamento delle immobilizzazioni immateriali in misura pari a una certa percentuale del costo (per esempio, per i diritti di utilizzazione di opere dell'ingegno, l'ammortamento non può superare il 50% del costo). In linea di massima le norme fiscali stabiliscono un periodo minimo di ammortamento (in genere superiore rispetto a quello civilistico), nei cui limiti può essere liberamente determinata la quota di ammortamento;
- le **spese di manutenzione e riparazione**: sono deducibili fiscalmente nei limiti del 5% del costo complessivo dei beni materiali ammortizzabili, iscritto nell'apposito registro. Se eccedono il limite di deducibilità del 5%, possono essere dedotte nei cinque esercizi successivi in quote costanti;
- **Allowance for Corporate Equity (Ace)**: è un meccanismo introdotto dal 2012 con lo scopo di ridurre lo squilibrio, agli effetti fiscali, tra imprese che si finanziano con debito (le quali possono dedurre gli interessi passivi) e imprese che si finanziano con capitale proprio (le quali solo in modo alterno sono state agevolate fiscalmente). Si tratta di uno strumento che premia gli aumenti di capitale e le politiche di trattenimento degli utili. Questo strumento sarà analizzato più specificatamente in questa stessa sezione nella parte dedicata all'Ires;
- gli **accantonamenti**: sono deducibili soltanto quelli espressamente previsti dalla legge. Ricordiamo: fondo per il trattamento di fine rapporto (Tfr), fondi di previdenza del personale dipendente, Tfr destinato a forme

ACE (aiuto alla crescita economica o, in inglese, *Allowance for corporate equity*, più focalizzato sull'impresa), è una agevolazione fiscale prevista all'art. 1, d.l. n. 201/2011 - Decreto Monti Salva Italia che premia gli imprenditori "virtuosi" e la capitalizzazione dell'azienda in proprio.

pensionistiche complementari, fondo svalutazione crediti e accantonamento per rischi su crediti, altri accantonamenti previsti dall'art. 107 Tuir;

- **spese relative a più esercizi**: le spese per studi e ricerche e le spese di pubblicità e propaganda sono deducibili nell'esercizio in cui sono state sostenute o, in quote costanti, nell'esercizio stesso e nei quattro successivi;
- **oneri di utilità sociale**: rientrano in questa categoria, principalmente, diverse tipologie di erogazioni liberali, nonché le spese relative a opere o servizi utilizzabili dalla generalità dei dipendenti o categorie di dipendenti sostenute per finalità di educazione, istruzione, ricreazione, assistenza sociale, sanitaria o culto. I criteri di deducibilità sono stabiliti dall'art. 100 Tuir;
- **oneri fiscali e contributivi**: non sono deducibili le imposte sui redditi e quelle per le quali è prevista la rivalsa (come l'Iva). L'Irap pagata sulle spese per personale dipendente è pienamente deducibile; quella relativa agli interessi passivi dà diritto a una deduzione pari al 10%.

Sono previste norme per evitare comportamenti elusivi nella deducibilità dei costi?

Per evitare comportamenti elusivi sono inoltre previste norme specifiche, in analogia con quelle relative al lavoro autonomo. Per esempio:

- le spese di rappresentanza, le spese per prestazioni alberghiere e di somministrazione di bevande e alimenti sono deducibili entro i limiti massimi stabiliti dalla legge;
- non è ammessa la deducibilità dei compensi dati all'imprenditore (nelle imprese individuali); così come sono indeducibili i compensi riconosciuti al coniuge, ai figli e ai familiari per il lavoro prestato nell'impresa familiare;
- gli imprenditori individuali che utilizzano un bene strumentale in modo promiscuo (sia per le necessità dell'impresa, sia per quelle personali e familiari) possono portare in deduzione le quote di ammortamento nella misura del 50%;
- sono previsti limiti per la deducibilità delle spese relative alla telefonia (deducibili in genere nella misura dell'80%), agli autoveicoli e agli altri

mezzi di trasporto a motore (tutti i costi relativi sono deducibili nella misura del 20%, elevata all'80% per agenti e rappresentanti di commercio).

Dopo avere determinato il reddito d'impresa, come si calcola l'imposta?

Il reddito d'impresa imputato all'imprenditore individuale e ai soci di società di persone, al netto di eventuali perdite, viene sommato agli altri redditi del contribuente e assoggettato a Irpef, secondo il regime ordinario. Tuttavia, al fine di attenuare le differenze nella tassazione dei redditi d'impresa derivanti dalla diversa forma giuridica, come abbiamo visto, la legge prevede, per le imprese individuali e per i soci delle società di persone in contabilità ordinaria, la possibilità di scegliere una tassazione analoga a quella riservata alle società di capitali (Iri): in questo caso, il reddito d'impresa viene tassato separatamente, rispetto agli altri redditi del soggetto, con l'aliquota proporzionale del 24%.

Qual è la disciplina relativa al riporto della perdita d'esercizio, eventualmente risultante in sede di determinazione del reddito d'impresa?

Se al momento della determinazione del reddito risulta una perdita, essa può essere portata in deduzione dall'ammontare dei redditi d'impresa e dei redditi di partecipazione (a una snc o a una sas) conseguiti dal contribuente (imprenditore individuale o socio di società di persone) nello stesso periodo d'imposta. Se la perdita è superiore ai redditi, può essere portata in deduzione anche negli esercizi successivi, non oltre il quinto. Le perdite d'esercizio non possono compensare altri redditi del contribuente. Al fine di agevolare le nuove iniziative imprenditoriali, la legge dispone che le perdite realizzate nei primi tre anni dalle **imprese di nuova costituzione** possano essere riportate agli esercizi successivi senza limiti di tempo. Va detto, infine, che le perdite conseguite da **imprese in contabilità semplificata** possono essere compensate con gli altri redditi del contribuente, ma non possono essere riportate nei periodi successivi.

A quali condizioni un'impresa può essere assoggettata al regime di contabilità semplificata?

Possono fruire del **regime di contabilità semplificata** le imprese con fatturato sino a 400.000 euro se hanno per oggetto un'attività inerente alla prestazione di servizi, nonché le imprese con fatturato sino a 700.000 euro se operanti in altri settori come il commercio, la produzione o la trasformazione di beni. Pertanto il regime di contabilità semplificata è riservato a imprese minori e comporta, per coloro che lo scelgono, l'esonero da alcuni obblighi contabili e semplificazioni relative alla determinazione dell'imponibile. Tali imprese, infatti, non devono tenere il libro giornale e il libro degli

Torno da mia madre

Film-commedia di Eric Lavaine, 2016

La 40enne Stéphanie ha perso il lavoro ed è dovuta tornare a vivere, suo malgrado, a casa con sua madre Jacqueline. Nonostante la calorosa accoglienza e le comodità, la convivenza tra le due richiede una buona dose di pazienza. Tutto fila più o meno liscio fino a che una serie di segreti di famiglia e regolamenti di conti portano scompiglio... Il film affronta il problema degli individui adulti che, dopo avere provato la vita da soli e, in qualche caso, la stabilità professionale, si ritrovano costretti a tornare a vivere in casa dei genitori a causa della crisi economica e coniugale.

- Guarda il film e discutine con i compagni e l'insegnante.

inventari, ma soltanto i registri Iva opportunamente integrati con i dati che sono rilevanti per la determinazione del risultato d'esercizio (per esempio plusvalenze, minusvalenze, ecc.).

La scelta fra regime ordinario e regime semplificato si desume dalle modalità con cui vengono tenute le scritture contabili; al contribuente è richiesto di darne comunicazione nella successiva dichiarazione Iva e di aderire al regime prescelto per almeno un anno. Oltre al regime semplificato, sono stati introdotti anche un regime forfetario, riservato ai contribuenti minimi, e un regime agevolato per le nuove iniziative.

☐ Come viene determinato il reddito dell'impresa in contabilità semplificata?

Per queste imprese il reddito si determina sottraendo al totale dei ricavi, risultanti dai **registri Iva**, le spese documentate. Il saldo, risultante dalla differenza fra i ricavi e le spese, deve essere aumentato (o diminuito) dell'importo che risulta tenendo conto delle rimanenze finali e iniziali, delle plusvalenze e delle sopravvenienze attive, delle minusvalenze e delle sopravvenienze passive (art. 66 Tuir). Gli ammortamenti sono deducibili soltanto se il contribuente ha regolarmente tenuto il **registro dei beni ammortizzabili**. Sono deducibili soltanto gli accantonamenti per il Tfr e per i fondi di previdenza. Le imprese in contabilità semplificata non sono tenute a redigere il bilancio; di conseguenza il risultato economico dell'esercizio viene rilevato direttamente dai dati contenuti nelle scritture contabili.

☐ Come viene determinato il reddito nei regimi forfetari e agevolati?

Le persone fisiche che esercitano un'attività di lavoro autonomo o di impresa, in possesso di determinati requisiti, possono applicare i seguenti regimi:
- regime dei contribuenti minimi;
- regime agevolato per le nuove iniziative.

☐ A chi si applica e come funziona il regime riservato ai contribuenti minimi?

Il **regime dei contribuenti minimi** si applica alle persone fisiche che esercitano un'attività d'impresa, arte o professione, con i seguenti requisiti:
- i ricavi (o compensi) conseguiti nell'anno precedente non devono essere superiori a determinate soglie, che variano a seconda dell'attività esercitata: per esempio 25.000 euro per gli intermediari di commercio,

30.000 euro per i professionisti, 50.000 euro per i commercianti all'ingrosso o al dettaglio, e così via;
- le spese per lavoratori dipendenti, collaboratori o associati in partecipazione non devono superare i 5.000 euro lordi;
- il costo complessivo, al lordo degli ammortamenti, dei beni strumentali utilizzati alla chiusura dell'anno precedente non deve superare i 20.000 euro;
- l'importo dei redditi da lavoro dipendente (o assimilati), percepiti nell'anno precedente, non deve essere superiore ai 30.000 euro.

Il reddito viene calcolato in modo forfetario, applicando ai ricavi e compensi percepiti nel periodo d'imposta un coefficiente di redditività variabile in base all'attività svolta: per esempio, 78% per i professionisti, 40% per i commercianti, ecc. Su di esso si calcola un'unica imposta sostitutiva dell'Irpef, delle addizionali regionali e comunali e dell'Irap, in misura pari al 15%.

Per i primi cinque anni di attività, però, l'aliquota è pari al 5% (anziché al 15%).

I contribuenti minimi non addebitano l'Iva sulle operazioni attive, ma non possono detrarre l'Iva pagata sugli acquisti.

A chi si applica e come funziona il regime agevolato per le nuove iniziative?

Il **regime agevolato per le nuove iniziative** è un regime in vigore dal 2001 allo scopo di incentivare le nuove iniziative imprenditoriali e produttive e di contenere, in questo modo, il fenomeno della disoccupazione giovanile.

È rimasto in vigore nonostante l'introduzione del regime dei contribuenti minimi esposto nel punto precedente. Il regime agevolato per le nuove iniziative si applica alle persone fisiche che intraprendono nuove attività di impresa (o di lavoro autonomo), a condizione che l'ammontare dei ricavi per le imprese che hanno per oggetto la prestazione di servizi (o dei compensi, se si tratta di lavoratori autonomi) non superi 30.987,41 euro; per le imprese che hanno per oggetto altre attività l'importo da non superare è di euro 61.974,83. L'agevolazione consiste, innanzitutto, nel tassare il reddito d'impresa (o di lavoro autonomo) con un'imposta sostitutiva dell'Irpef in misura pari al 10%, limitatamente al primo anno di attività e ai due anni successivi. Sono previste, inoltre, diverse semplificazioni nella tenuta della contabilità. I contribuenti sono comunque tenuti a conservare i documenti contabili ricevuti ed emessi e a presentare le dichiarazioni annuali.

IN PILLOLE

Regimi contabili delle imprese (individuali e società di persone)

Ricavi (nell'anno precedente)	Regimi adottabili	Contabilità
Da € 0 a € 25.000/50.000 (soglie di reddito variabili in base all'attività svolta)	Regime contribuenti minimi Regime imprese minori Regime ordinario	Nessuna Semplificata Ordinaria
Oltre € 25.000/50.000 e fino a € 700.000 (o € 400.000 per le imprese aventi come oggetto la prestazione di servizi)	Regime imprese minori Regime ordinario	Semplificata Ordinaria
Oltre € 700.000	Regime ordinario	Ordinaria

Che cosa si intende per redditi diversi?

Sotto questa denominazione sono raggruppate categorie di reddito di diversa natura, non riconducibili a quelle precedentemente analizzate, accomunate dal fatto che derivano da attività o situazioni occasionali.

I **redditi diversi** si possono così classificare:

- **plusvalenze realizzate mediante operazioni immobiliari speculative**;
- **plusvalenze derivanti da guadagni in conto capitale** (*capital gains*);
- **redditi aventi un carattere più eterogeneo** (per esempio vincite di lotterie, concorsi a premi, giochi e scommesse, redditi occasionali derivanti da attività commerciali e di lavoro autonomo non esercitate abitualmente, ecc.).

In generale si tratta di redditi che vengono tassati secondo criteri eterogenei; in molti casi non vengono sottoposti a Irpef, ma a imposta sostitutiva.

Sundry income
Redditi diversi
Income generated from sources other than a company's normal income-generating business operations (i.e. incomes from the sale of land or financial assets, intellectual property, foreign exchange gains, foreign stakeholding gains).

Capital gains: plusvalenze derivanti da guadagni in conto capitale.

Un esempio di calcolo dell'Irpef

Il signor Ricchi nel corso del 2016 ha percepito i seguenti redditi:

a) reddito da lavoro dipendente, al lordo delle ritenute effettuate dal datore, per 50.000 euro;

b) interessi su titoli pubblici per 4.000 euro.

La rendita catastale dell'immobile adibito ad abitazione principale è di 1.750 euro.

Nel corso dell'anno il signor Ricchi ha sostenuto spese mediche per 2.000 euro (franchigia euro 130).

Ha il coniuge a carico.

Calcoliamo l'Irpef netta e l'Irpef da versare (o a credito), sapendo che le ritenute effettuate dal datore di lavoro ammontano a euro 14.715.

Procedimento

Gli interessi percepiti sui titoli pubblici sono sottoposti a imposta sostitutiva del 12,5%, perciò non rientrano nel calcolo dell'imponibile Irpef.

La rendita catastale dell'abitazione principale concorre alla formazione del reddito complessivo (in quanto reddito di fabbricato, anche se di tipo figurativo), ma il suo importo viene poi dedotto per l'intero ammontare.

Le detrazioni spettanti per familiari a carico (coniuge) e per fonte di reddito (lavoro dipendente) decrescono all'aumentare del reddito complessivo fino ad annullarsi in presenza di redditi elevati. Esse vengono calcolate attraverso l'applicazione di una formula, i cui parametri possono variare ogni anno. In questo esempio vengono indicati gli importi finali delle suddette detrazioni senza evidenziare lo sviluppo dei calcoli.

La detrazione per oneri è pari al 19% delle spese sanitarie sostenute, al netto della franchigia di euro 130 (come spiegato nel paragrafo 1).

Reddito complessivo:
50.000 + 1.750 = **51.750 euro**

Reddito imponibile:
51.750 – 1.750 = **50.000 euro**

Applicando la scala delle aliquote si ottiene la seguente **Irpef lorda**:
(15.000 × 0,23) + (13.000 × 0,27) + (22.000 × 0,38) = **15.320 euro**

Per il calcolo **dell'Irpef netta** occorre considerare le seguenti **detrazioni**:

- detrazione per coniuge a carico: 487 euro
- detrazione per lavoro dipendente: 118 euro
- detrazione per oneri:
  (2.000 – 130) × 0,19 = 355 euro

Totale detrazioni: 487 + 118 + 355 = **960 euro**

Irpef netta: 15.320 – 960 = **14.360 euro**

Irpef da versare/a credito:
14.360 – 14.715 = **– 355 euro (a credito)**

RINFORZO

3 L'IMPOSTA SUL REDDITO DELLE SOCIETÀ (IRES)

Il sistema tributario italiano prevede, accanto all'imposta sul reddito delle persone fisiche (Irpef), un'**imposta sul reddito delle società** (Ires).

Corporate income tax
Imposta sul reddito delle società
An assessment levied by a government on the profits of a corporation. It is direct, personal and proportional.

Quali sono i caratteri generali dell'Ires?

L'**Ires** è un'imposta:

- **diretta**, perché colpisce in modo immediato il reddito, quale manifestazione immediata della capacità contributiva del soggetto;

- **generale**, perché, come l'Irpef, viene applicata all'insieme dei redditi posseduti dagli enti o dalle società;
- **personale**, perché viene applicata tenendo conto della natura, dello scopo e della forma organizzativa dell'ente (anche l'Irpef, come abbiamo visto, è personale, ma, dato che i soggetti passivi sono persone fisiche, prende in considerazione le situazioni personali e familiari dei soggetti);
- **proporzionale** (a differenza dell'Irpef che è progressiva): l'aliquota dell'imposta è costante e si applica nella misura del 24% (fino al 31 dicembre 2016 era del 27,5%).

L'introduzione dell'Ires si è resa necessaria per l'esigenza di adeguare la normativa tributaria nazionale alla evoluzione del diritto e della giurisprudenza comunitaria, in direzione di una sempre maggiore armonizzazione fiscale, con effetti positivi anche nei rapporti con l'estero. A tale scopo, come si vedrà in seguito, l'Ires recepisce taluni istituti di riconosciuto interesse comune e di cultura comunitaria come la "**participation exemption**" (esenzione da partecipazione), di tipo tedesco e olandese, il "**consolidato fiscale**" e la "**trasparenza fiscale**" ispirata al modello britannico.

Quali sono i soggetti passivi dell'Ires?

Trust
Il trust è un istituto, mutuato dal diritto anglosassone, con cui un soggetto costituisce con uno o più beni un patrimonio separato, finalizzato a uno scopo determinato o a più scopi.

L'Ires è un'imposta che colpisce il reddito complessivo netto delle società, degli enti e delle associazioni e organizzazioni non soggette a Irpef.

I **soggetti passivi** sono:

- **le società di capitali** (società per azioni, società in accomandita per azioni, società a responsabilità limitata), **le società cooperative** e **le società di mutua assicurazione residenti** nel territorio dello Stato;
- **gli enti commerciali**, cioè gli enti pubblici e privati **diversi dalle società**, compresi i **trust**, **residenti** nel territorio dello Stato, che hanno per oggetto esclusivo o principale l'esercizio di attività commerciali;
- **gli enti non commerciali**, cioè gli enti pubblici e privati diversi dalle società, nonché i trust, **residenti** nel territorio dello Stato, che non hanno per oggetto esclusivo o principale l'esercizio di attività commerciali (per esempio partiti politici, sindacati, enti previdenziali, aziende sanitarie locali);
- **le società e gli enti di ogni tipo**, compresi i trust, con o senza personalità giuridica (quindi anche le società di persone), **non residenti** nel territorio dello Stato. Tali organizzazioni sono assoggettate all'Ires per i redditi prodotti nel territorio dello Stato.

Gli enti pubblici territoriali (come Regioni, Comuni e loro consorzi) anche se gestiscono servizi pubblici direttamente in regime di monopolio non sono assoggettati a Ires.

Sono **esclusi** dall'Ires:

- i Comuni, le Province, le Regioni, le Comunità montane, i Consorzi tra enti locali;
- gli organi e le amministrazioni dello Stato, anche se dotati di personalità giuridica;
- i fondi comuni di investimento mobiliare, chiusi e aperti, e gli organismi di investimento collettivo del risparmio.

Il trust

RINFORZO

Il trust è uno strumento giuridico che, nell'interesse di uno o più beneficiari, o per uno specifico scopo, permette di mettere dei beni sotto il controllo di un soggetto (*trustee*). Non esiste un rigido e unitario modello di trust, ma tanti possibili schemi che è possibile costruire in vista di una finalità ultima da raggiungere. L'istituto trova legittimazione all'ingresso nell'ordinamento giuridico italiano a seguito dell'adesione dell'Italia alla Convenzione dell'Aja del 1° luglio 1985, resa esecutiva e in vigore dal 1° gennaio 1992.

Come si determinano il reddito imponibile e l'imposta?

La determinazione del reddito imponibile e dell'imposta dovuta avviene con regole diverse a seconda che i soggetti passivi siano:

- società di capitali ed enti commerciali residenti;
- enti non commerciali residenti;
- società ed enti non residenti.

REDDITO IMPONIBILE

IRPEF
Reddito complessivo (è dato sommando tutte le categorie di reddito per le persone fisiche).
– Oneri deducibili (ad es. assegni al coniuge, contributi previdenziali obbligatori e per la previdenza complementare)
REDDITO IMPONIBILE IRPEF

IRES
Reddito fiscale d'impresa.
– Perdite non compensate nei periodi d'imposta precedenti
REDDITO IMPONIBILE IRES

Quali sono le principali norme che riguardano le società di capitali e gli enti commerciali residenti?

Per questi soggetti il reddito complessivo, da qualsiasi fonte provenga, è considerato reddito d'impresa.

I criteri per la determinazione della base imponibile sono quelli analizzati per le imprese individuali e le società di persone, salvo alcune significative differenze. In sostanza, all'utile netto (o perdita netta) risultante dal conto economico, redatto secondo le norme del Codice civile e relativo al periodo d'imposta considerato, si apportano le variazioni in aumento o in diminuzione previste dalle norme fiscali. È bene ricordare che, per i soggetti che redigono il bilancio in base ai principi contabili internazionali, le differenze fra disciplina civilistica e fiscale sono minime.

Quali sono le principali differenze fra società di capitali e società di persone (o imprese individuali) relative alla determinazione del reddito d'impresa?

Si devono ricordare, in particolare, le norme relative:

- alla deducibilità degli interessi passivi;
- al trattamento riservato ai dividendi e alle plusvalenze che rientrano nel **regime di esenzione da partecipazione**.

Per quanto riguarda gli interessi passivi, va detto che essi sono deducibili fino a concorrenza degli interessi attivi. L'importo eccedente è deducibile nella misura massima del 30% del **Rol** (**risultato operativo lordo**) che è costituito dalla differenza fra il valore della produzione e i costi della produzione, al lordo

Participation exemption
Esenzione da partecipazione
Exemption from taxation for a stakeholder in a company on dividends received, and capital gains (so called share negotiations deed) arising on the sale of shares.

degli ammortamenti, a cui vanno aggiunti i canoni di leasing dei beni strumentali. Gli interessi passivi che non possono essere dedotti in un determinato periodo d'imposta sono deducibili nei periodi successivi, entro i limiti sopra descritti. Se gli interessi passivi relativi a un periodo d'imposta sono inferiori a quelli potenzialmente deducibili, potrà essere aumentata (per la parte di Rol non utilizzata) la quota di interessi passivi deducibili nell'anno successivo.

RINFORZO

La deducibilità degli interessi passivi

Prendiamo in considerazione una società di capitali con interessi attivi pari a 200 e un Rol di 10.000.

Gli interessi passivi deducibili vanno così calcolati:

200 + 0,3 × 10.000 = 3.200

a) se la società ha interessi passivi pari a 4.000, avrà interessi passivi indeducibili pari a 800 (4.000 – 3.200) che potrà dedurre negli esercizi successivi;

b) se la società ha interessi passivi pari a 2.000, non sfrutta l'importo potenzialmente deducibile (3.200). Potrà allora aumentare per la parte di Rol non utilizzata, e cioè 1.200 (3.200 – 2.000), la quota di interessi passivi deducibili nell'anno successivo.

☐ Come funziona il regime di esenzione da partecipazione?

Il regime di **esenzione da partecipazione** (*participation exemption*) è stato introdotto nel 2004 con la riforma Tremonti. Esso comporta:

- **l'esenzione al 95% dei dividendi e delle plusvalenze** realizzate a seguito della cessione di partecipazioni in società (residenti e non residenti, con o senza personalità giuridica);
- **l'indeducibilità delle minusvalenze e degli oneri finanziari** relativi alle partecipazioni aventi i requisiti per godere dell'esenzione da partecipazione.

Per usufruire del sistema agevolato relativo alle plusvalenze, sono necessari i seguenti requisiti:

1. la società cui si riferisce la partecipazione non deve avere sede in un Paese a fiscalità privilegiata;
2. la società partecipata deve svolgere un'effettiva attività commerciale;
3. la partecipazione deve essere iscritta nel bilancio, chiuso durante il periodo di possesso, tra le immobilizzazioni finanziarie;
4. la partecipazione deve essere posseduta ininterrottamente per un periodo di almeno 12 mesi.

☐ Per quali ragioni è stato introdotto il regime di esenzione da partecipazione?

Lo scopo è quello di introdurre un **correttivo alla doppia tassazione degli utili**. Molto spesso, infatti, le società di capitali hanno partecipazioni in altre società da cui traggono dividendi (oltre a minusvalenze e plusvalenze). Poiché anche le società partecipate pagano l'Ires, si pone il problema di evitare (o ridurre) la doppia tassazione degli utili, sia in capo alla società partecipata sia alla società partecipante.

La doppia tassazione degli utili ha tuttavia il pregio di disincentivare strutture societarie piramidali, in cui una società è controllata da un'altra società a sua volta controllata da un'altra società e così via, con un effetto di scarsa trasparenza idoneo a incentivare attività elusive.

È stata mantenuta una **parziale doppia tassazione** proprio per rendere il sistema di controllo delle società più trasparente, anche se il problema è quasi completamente eliminato, dato che è esente il 95% degli utili percepiti dai soggetti Ires.

☐ Se dal calcolo del reddito d'impresa risulta una perdita, è possibile portarla in deduzione dal reddito degli esercizi successivi?

La perdita relativa a un determinato periodo d'imposta può essere portata in diminuzione del reddito degli esercizi successivi, senza limiti temporali, in misura non superiore all'80% del reddito imponibile di ciascuno di essi. Le perdite subite entro tre anni dalla costituzione, purché si riferiscano a una nuova attività produttiva, possono essere portate in diminuzione del reddito degli esercizi successivi, senza vincolo temporale, entro il limite del 100% del reddito imponibile di ciascuno di essi. Il riporto delle perdite viene però limitato qualora siano presenti redditi esenti.

☐ Sono previsti meccanismi idonei a evitare che scelte di finanziamento tra loro diverse, da parte delle società di capitali, incidano sul livello della tassazione?

Le società che si finanziano con capitale proprio, nel nostro ordinamento, sono state in genere penalizzate rispetto a quelle che ricorrono all'indebitamento, in quanto per queste ultime è prevista la possibilità di portare gli interessi passivi in deduzione dal reddito imponibile.

Come si è visto in precedenza a proposito del reddito d'impresa sottoposto a Irpef, l'introduzione a partire dal 2012 della cosiddetta ***Allowance for Corporate Equity*** (**Ace**), come forma di "Aiuto alla crescita economica", ha consentito di premiare le imprese che si finanziano con capitale proprio e rendere così possibile la neutralità della tassazione rispetto alle scelte di finanziamento delle società di capitali. A tali imprese è stato consentito di portare in deduzione dall'imponibile la rimunerazione ordinaria del capitale proprio (in altre parole, il **costo-opportunità del capitale proprio**).

Per l'**anno 2016** l'aliquota di rimunerazione ordinaria del capitale proprio è stata fissata al **4,75%**. Pertanto, il costo-opportunità da dedurre è il

Tax transparency
Trasparenza fiscale.
The way an organisation clarifies the taxation of its profits and the amount of tax it actually pays.

4,75% sull'incremento del capitale proprio rispetto a quello esistente al 31 dicembre 2010, realizzato tramite conferimenti in denaro da parte dei soci o destinazione di utili a riserva. La rimunerazione ordinaria sarà in seguito calcolata sulla base dei rendimenti finanziari medi dei titoli pubblici e di una percentuale ulteriore che tenga conto del rischio di impresa.

Participation exemption (di tipo tedesco e olandese)
Si tratta dell'esenzione da tassazione dei componenti positivi di reddito derivanti da partecipazioni societarie.

Consolidato fiscale
Consente ai gruppi di imprese di consolidare i redditi, cioè di determinare un'unica base imponibile pari alla somma algebrica degli imponibili di ciascuna delle società appartenenti al gruppo.

Trasparenza fiscale
Ispirata al modello britannico, consiste nella detassazione delle società di capitali alle quali partecipino altre società di capitali, con una % non inferiore al 10% e non superiore al 50%. Pertanto, per i redditi prodotti dalla società partecipata che richiede questa opzione (trasparente) si tassano i soci e non si tassa la società.

Costo opportunità
L'alternativa a cui si deve rinunciare quando si effettua una scelta economica.

La disciplina dell'Ires prevede soltanto un regime di tassazione ordinario?

Accanto al regime ordinario, che abbiamo sopra esaminato, sono previsti due **regimi opzionali**, fra loro alternativi:

- il **regime di trasparenza fiscale**;
- il **consolidato fiscale**.

Come funziona il regime di trasparenza fiscale?

La **tassazione per trasparenza** consente di applicare alle società di capitali un sistema analogo a quello previsto per le società di persone. Esso consiste nella possibilità di imputare ai soci il reddito prodotto dalle società di capitali in proporzione alla quota di partecipazione di ogni socio agli utili, indipendentemente dalla effettiva percezione degli stessi e senza che alla società sia applicata l'Ires. Questo regime consente di evitare la doppia tassazione degli utili. Questi, infatti, anziché essere tassati presso la società e successivamente in capo ai singoli soci mediante una ritenuta a titolo d'imposta del 26% (oppure mediante l'inclusione, in misura pari al 49,72%, nel reddito imponibile di ogni singolo socio), vengono sottoposti a prelievo fiscale una sola volta in capo ai soci. Anche le perdite della società partecipata, relative al periodo in cui è in vigore la tassazione per trasparenza, sono imputate ai soci in proporzione alle rispettive quote di partecipazione.

RINFORZO

Il problema della doppia tassazione degli utili: un esempio

La società di capitali Alfa ha conseguito nell'esercizio X un utile lordo pari a 100 su cui ha pagato l'Ires al 24%. Ha poi distribuito l'utile netto (100 – 24 = 76) a un azionista soggetto a imposta sostitutiva del 26%. L'ulteriore prelievo è pari a: 76 × 0,26 = 19,76.

L'imposta complessiva diventa pari a 24 + 19,76 = 43,76, costituendo il 43,76% dell'utile lordo. Il carico fiscale diventa pertanto molto più gravoso rispetto a quello riservato ai rendimenti di altre forme di investimento finanziario, che sono sottoposti alla sola tassazione sostitutiva del 12,5% o del 26%.

Possono scegliere questo regime:

- le società di capitali i cui soci sono esclusivamente altre società di capitali;
- le srl i cui soci sono persone fisiche.

Come funziona il regime del consolidato fiscale?

Il regime del **consolidato fiscale** è stato introdotto per consentire una tassazione a livello di gruppo, sia **nazionale** sia **mondiale**, in quanto riconduce in capo alla società controllante tutti i redditi delle controllate. In tal modo il gruppo costituisce un unico soggetto passivo, la cui base imponibile è data dalla somma algebrica dei redditi della società controllante e delle società controllate che hanno espresso l'opzione. Il vantaggio fiscale prodotto da questo sistema di tassazione è quello di attribuire alla società controllante la possibilità di scomputare dal reddito complessivo di gruppo le eventuali perdite di alcune società del gruppo stesso, con il risultato di abbassare il reddito imponibile. È previsto, però, che le perdite degli esercizi precedenti all'inizio della tassazione di gruppo possano essere utilizzate solo dalle società che le hanno prodotte.

Quali soggetti sono ammessi al regime del consolidato fiscale nazionale?

L'art. 117 del Tuir stabilisce i requisiti necessari per essere ammessi al regime del **consolidato nazionale**. Le società controllate devono essere tutte residenti nel territorio dello Stato. La società controllante, se non è residente nel territorio dello Stato, deve però risiedere in un Paese con cui vige un trattato contro le doppie imposizioni e deve, comunque, esercitare in Italia un'attività d'impresa mediante una stabile organizzazione. L'adesione al regime di consolidato fiscale è ammessa in base a opzione irrevocabile di durata triennale, esercitata in modo congiunto dalla società controllante e da ciascuna società controllata. L'opzione non deve necessariamente riguardare tutte le controllate. Il requisito del controllo deve sussistere fin dall'inizio dell'esercizio al quale si applica l'opzione.

Si considerano **controllate** le spa, le sapa, le srl:

- al cui **capitale sociale** la controllante partecipa, direttamente o indirettamente, per più del 50%, senza tener conto delle azioni prive di voto, ma considerando l'effetto demoltiplicatore della catena di controllo (per cui se A partecipa in B al 70% e B in C all'80%, A controlla C per il 56%);
- al cui **utile di bilancio** la controllante partecipa, direttamente o indirettamente, per più del 50% (come descritto nel punto precedente).

Domestic tax consolidation
Consolidato nazionale
Group of companies in the country that combine or offset the respective taxable profit of each company into the group. This way they accept to be taxed on the overall sum, as if they were a single taxpayer. This means that losses incurred by some consolidated companies are offset by the profits made by others.

Quali sono le principali disposizioni relative al consolidato mondiale?

L'opzione per il **regime del consolidato mondiale** può essere espressa dalla società capogruppo al fine di includere nella propria base imponibile i redditi (e le perdite) prodotti da tutte le controllate estere non residenti, proporzionalmente alla quota di partecipazione detenuta dalla controllante stessa. Al contrario, nel consolidato nazionale, che si riferisce a gruppi formati solo da società controllate residenti, i redditi e le perdite delle società controllate vengono imputati alla controllante per il loro intero ammontare. Il reddito delle controllate estere deve essere calcolato in base alle disposizioni che si riferiscono alla determinazione del reddito delle società di capitali e degli enti commerciali soggetti a Ires. Inoltre, l'opzione per il consolidato fiscale mondiale, che spetta soltanto alla società controllante, deve riguardare necessariamente i redditi prodotti da tutte le controllate estere non residenti e vincola almeno per cinque esercizi. Al fine di evitare una doppia tassazione, è riconosciuto un **credito d'imposta** per le imposte pagate dalle controllate estere nel proprio Paese di residenza: trattasi di una disposizione che rende particolarmente conveniente il consolidato fiscale con società controllate residenti in Paesi ad alta tassazione.

Come viene determinato il reddito imponibile per gli enti non commerciali residenti e per le società ed enti non residenti?

Per le regole relative alla determinazione della base imponibile di questi soggetti rimandiamo al seguente schema di sintesi.

IN PILLOLE

Soggetti passivi Ires: la determinazione della base imponibile

Soggetti	Criteri generali	Determinazione base imponibile
Società di capitali ed enti commerciali residenti	Il reddito, da qualunque fonte provenga, è considerato reddito d'impresa.	Al risultato del conto economico, redatto secondo i criteri del codice civile, si devono apportare le variazioni imposte dalle norme fiscali. Per i soggetti che redigono il bilancio sulla base dei principi contabili internazionali, le differenze fra disciplina civilistica e fiscale sono minime.
Enti non commerciali residenti	Il reddito complessivo è ottenuto sommando le seguenti categorie di reddito previste per l'Irpef: redditi fondiari, di capitale, d'impresa, diversi.	I redditi sono determinati in modo analitico, in base alle regole proprie di ognuna delle categorie.
Società ed enti non residenti	Il reddito complessivo comprende soltanto i redditi prodotti nel territorio dello Stato.	**a. Società ed enti commerciali**: tutto il reddito prodotto è considerato reddito d'impresa se esiste una stabile organizzazione; in caso contrario, si sommano i singoli redditi appartenenti alle diverse categorie. **b. Enti non commerciali**: il reddito complessivo è dato dalla somma dei singoli redditi.

MAPPA UNITÀ F1

IL SISTEMA TRIBUTARIO

IMPOSTE DIRETTE STATALI

Irpef

caratteri generali

- diretta
- personale
- progressiva
- generale

soggetti passivi

- persone fisiche, sia residenti sia non residenti, nel territorio dello Stato
- società di persone ed enti equiparati (soggetti passivi impropri)

base imponibile

reddito complessivo del contribuente, al netto di determinati oneri e spese che incidono sulla capacità contributiva

determinazione dell'imposta

reddito complessivo
- oneri deducibili

reddito imponibile

↓

applicazione scala delle aliquote

↓

imposta lorda
- detrazioni

imposta netta

categorie di redditi

- redditi fondiari
- redditi di capitale
- redditi di lavoro dipendente
- redditi di lavoro autonomo
- redditi d'impresa
- redditi diversi

Ires

caratteri generali

- diretta
- generale
- personale
- proporzionale

soggetti passivi

- società di capitali, società cooperative, società di mutua assicurazione, nonché società europee e società cooperative europee residenti nel territorio dello Stato
- enti commerciali, compresi i trust, residenti nel territorio dello Stato
- enti non commerciali, compresi i trust, residenti nel territorio dello Stato, che non hanno per oggetto esclusivo o principale l'esercizio di attività commerciali
- società ed enti di ogni tipo, compresi i trust, con o senza personalità giuridica, non residenti nel territorio dello Stato per i redditi prodotti nel territorio dello Stato

base imponibile

la determinazione del reddito imponibile e dell'imposta dovuta avviene con regole diverse a seconda che i soggetti passivi siano:
- società di capitali ed enti commerciali residenti
- enti non commerciali residenti
- società ed enti non residenti

determinazione del reddito di impresa delle società di capitali ed enti commerciali residenti

- deducibilità degli interessi passivi fino a un certo importo
- regime di esenzione da partecipazione
- deduzione dall'imponibile della rimunerazione del capitale proprio
- regime di tassazione per trasparenza
- consolidato fiscale

Verifiche 1

1) TROVA L'ERRORE IN OGNI FRASE

Competenza: acquisire e riconoscere i contenuti chiave

A. L'introduzione dell'imposta sul reddito d'impresa (Iri) interesserà soltanto le società di capitali.

B. Il Trattamento di fine rapporto di lavoro subordinato (Tfr) è incluso nella base imponibile Irpef.

C. Il reddito agrario è quello che deriva dal possesso, a titolo di proprietà o di altro diritto reale, di terreni idonei all'esercizio di attività agricole.

D. I guadagni di Borsa sono classificati come redditi di capitale.

E. Il reddito imponibile dei lavoratori dipendenti viene determinato applicando un criterio di competenza.

F. La differenza fra il costo storico di un bene e il costo ammortizzato dello stesso costituisce una sopravvenienza attiva.

G. L'Ace danneggia gli aumenti di capitale e le politiche di trattenimento degli utili.

H. I contribuenti minimi non addebitano l'Iva sulle operazioni attive e possono detrarre l'Iva pagata sugli acquisti.

I. Il regime agevolato per le nuove iniziative consiste nel tassare il reddito di capitale con un'imposta sostitutiva dell'Irpef.

2) COLLEGA LE ESPRESSIONI CONTRASSEGNATE DA UNA LETTERA CON QUELLE INDICATE DA UN NUMERO

Competenza: individuare collegamenti e relazioni

A. Soggetti passivi impropri
B. Iri
C. Redditi diversi
D. Redditi di lavoro dipendente
E. Componenti negativi
F. Oneri deducibili
G. Detrazioni
H. Ritenute alla fonte

1. Contributi previdenziali
2. Oneri personali
3. Sostituti d'imposta
4. Società di persone
5. Snc, sas, imprese individuali
6. Vincite di lotterie
7. Pensioni
8. Ammortamenti

A	B	C	D	E	F	G	H

3) INDICA SE LE SEGUENTI AFFERMAZIONI SONO VERE O FALSE. SE LE RITIENI FALSE GIUSTIFICA LA RISPOSTA

Competenza: acquisire, interpretare l'informazione e comunicare

	VERO	FALSO
A. Con il sistema delle ritenute alla fonte con obbligo di rivalsa, l'obbligo di pagare l'imposta spetta al contribuente, il quale poi deve rivalersi sul soggetto che gli corrisponde il reddito.		
B. La cedolare secca è un'imposta proporzionale pari al 21%.		
C. Se i dividendi sono percepiti da una società di persone o da una impresa individuale, vanno esclusi dalla base imponibile Irpef.		
D. Il sistema Ace consente una deduzione piena del costo-opportunità del capitale proprio.		

	VERO	FALSO
E. Le spese mediche per l'assistenza ai portatori di handicap e agli invalidi permanenti non sono oneri deducibili.		
F. Le detrazioni per carichi di famiglia hanno l'obiettivo di realizzare il principio dell'equità verticale.		
G. Il Trattamento di fine rapporto è un reddito soggetto a tassazione separata.		
H. I guadagni di Borsa sono considerati redditi di capitale.		
I. I *fringe benefits* sono redditi di lavoro dipendente.		
J. Per le imprese in contabilità semplificata il reddito si determina sottraendo al totale dei ricavi, risultanti dai registri Iva, le spese documentate.		
K. Tra i soggetti passivi Ires vi sono le Comunità montane.		

4) RISOLVI I SEGUENTI PROBLEMI

Competenza: risolvere problemi

A. Supponiamo che un'impresa mercantile acquisti, nel corso dell'esercizio, merci per 7.000 euro, pagandole in contanti. Nel corso dello stesso esercizio tutta la merce è stata venduta per un importo pari a 10.000 euro, anche se una parte di tale importo sarà incassato nell'esercizio successivo. Per semplicità, supponiamo che questa sia l'unica operazione compiuta dall'impresa. Dovendosi applicare il principio di competenza, e non quello di cassa, a quanto ammonta il reddito dell'impresa?

B. Il signor Rossi nel corso di un anno ha percepito i seguenti redditi: a) reddito da lavoro dipendente, al lordo delle ritenute effettuate dal datore, per 50.000 euro; b) reddito da lavoro autonomo, al lordo delle ritenute effettuate dal sostituto d'imposta, per 10.000 euro; c) interessi su BTP per 4.000 euro. Egli vive in una casa di sua proprietà (rendita catastale 2.000 euro). Ha il coniuge a carico, per il quale compete la detrazione di euro 310. Nel corso dell'anno ha sostenuto spese mediche specialistiche per un totale di euro 800 (franchigia euro 130).
Calcola l'Irpef netta per il signor Rossi (che non ha diritto ad alcuna detrazione per lavoro dipendente).

C. Nel corso di un anno, la società Alfa spa ha ricavi per 480.000 euro, spese per salari e stipendi per 270.000 euro, spese per contributi sociali per 90.000 euro, interessi passivi pari a 50.000 euro, ammortamenti per 60.000 euro e acquisiti di materie prime e prodotti intermedi per 100.000 euro. Il Rol (risultato operativo lordo) è pari a 20.000 euro. L'Irap, pari a 10.000 euro, è deducibile al 10%. Calcola l'Ires dovuta dalla società in questione (ai dati indicati non sono da apportare variazioni previste da norme fiscali).

5) RISPONDI AI SEGUENTI QUESITI IN UN MASSIMO DI 5/6 RIGHE

Competenza: saper organizzare e sintetizzare i contenuti

A. Quale funzione ha il regime opzionale per i redditi d'impresa o di partecipazione a società di persone?

B. Perché i redditi soggetti a tassazione separata vengono chiamati redditi a formazione pluriennale?

C. Qual è la differenza tra oneri deducibili e detrazioni?

D. Qual è la funzione del sistema di ritenuta alla fonte con obbligo di rivalsa?

E. Che cosa s'intende per redditi fondiari?

F. Con la cedolare secca come viene tassato il reddito dei fabbricati?

G. Che cos'è l'Isos?

H. Nel regime analitico, come viene determinato il reddito imponibile derivante da lavoro autonomo?

I. Quali sono le principali componenti negative del reddito d'impresa?

J. A quali imprese e con quali vantaggi è riservato il regime di contabilità semplificata?

ENGLISH EXERCICES 1

1) True or False questions

	TRUE	FALSE
A. Taxable income is the sum of incomes held by a taxpayer in a tax period.		
B. Tax credits are expenses that can be subtracted from the gross income due by the taxpayer.		
C. Substitute tax must be assessed by the recipient himself when he completes the annual tax return unless he opts for retention at source.		
D. Earnings deriving from practising crafts or professions are corporate income.		
E. Corporate income tax is direct, personal and progressive.		
F. Natural persons income tax is direct, personal and progressive.		
G. An example of incomes subject to separate taxation are the sums acquired in cases of employee withdrawal.		
H. Participation exemption refers to Corporate income tax.		
I. The cadastral value corresponding to the main residence can be deducted from the taxable income.		
J. Domestic tax consolidation refers to the income of some companies established in the territory of the State considered as a single taxable income.		

2) Choose the right words among the ones listed below and fill in the gaps

With regard to tax, financial .... can generate the following types of .... income:

- capital income;
- other income of a .... nature.

"Capital income" is interest, ... and income deriving from the use of the capital (such as interest from the bank and shares).

"Other income of a financial nature" is the appreciation deriving from share negotiation deeds (the so called " .... ") or reimbursements of these and other profits.

Taxation of financial incomes is imposed according to the principle of .... without the possibility of deducting the .... incurred in their production.

Incomes from capital are subject to taxation by the withholding .... that pay them.

Capital income and capital gains are taxed, with certain .... , at the 26 percent rate.

Exceptions are, among others, the income from .... securities (issued by the State and government departments, regions, provinces, municipalities etc.) and .... bonds issued by Cassa depositi e prestiti, subject to the substitute tax at 12.5 percent.

Except for particular cases, the .... of 26% (or 12,5%) is generally applied by .... of final retention tax (therefore definitively) to .... persons who do not have .... activities and businesses.

In this case, the taxpayer is exonerated from reporting them in the income tax ....

[agents, capital gains, acerual, commercial, costs, tax rate, exceptions, financial, government, incomes, natural, postal, profits, return, taxable, way]

UNITÀ 2

Le imposte indirette statali

1 Le imposte sugli affari

2 Le imposte sulla produzione (o sul consumo)

3 I monopoli fiscali: tabacchi e lotto

All'Italia il record europeo di evasione Iva

Un ammanco da 36 miliardi l'anno. Il commissario Moscovici: «Numeri inaccettabili»

C'è una classifica europea in cui l'Italia primeggia, ma non c'è da vantarsi. È infatti nostro il record europeo di evasione dell'Iva, che nei conti pubblici pesa per 36,9 miliardi di euro. Una quota enorme [...]. Il problema è piuttosto diffuso tra i Paesi Ue, e la Commissione ha calcolato nel 2014 una perdita pari a 159,5 miliardi di euro. Ma le differenze tra Stato e Stato sono enormi. In Svezia, per esempio, l'evasione non va oltre l'1,2% del totale. Mentre la maglia nera spetta alla Romania in termini percentuali (37,89% di evasione) e all'Italia in termini assoluti. Numeri «inaccettabili» secondo il commissario europeo agli Affari economici Pierre Moscovici.

Così la Commissione ha rinnovato l'invito agli Stati a seguire il piano Ue per armonizzare i vari sistemi nazionali e per la creazione di un'area Iva comune, presentato lo scorso aprile. Uno schema che permetterebbe di abbattere le differenze per gli acquisti transfrontalieri e che, secondo la Commissione, renderebbe più difficile farla franca. Il tasso italiano di evasione Iva è del 27,55%, dati peggiori si registrano solo in Grecia (27,99%), Lituania (36,84%), Malta (35,32%), Romania (37,89%) e Slovacchia (29,97%). Il tasso medio di evasione nell'Ue è invece del 14,03%. L'unica, magra, consolazione è che rispetto al 2013 qualche passo avanti è stato fatto in Italia (il tasso era del 29,27%, pari a 37,87 miliardi di euro). Ma quasi una fattura (o uno scontrino) su tre resta invisibile.

Marco Bresolin
«La Stampa», 6 settembre 2016

attività

1. Metti a confronto il tasso italiano di evasione Iva con quello medio dell'Unione europea.
2. A che cosa è dovuto, a tuo avviso, il dato della Svezia? E quello dell'Italia?
3. Nel nostro Paese quali conseguenze provoca l'entità di questo fenomeno?
4. Prova a suggerire alcuni rimedi.

1 LE IMPOSTE SUGLI AFFARI

Le imposte indirette sono in genere classificate in imposte sugli affari, imposte sulla produzione, monopoli fiscali (vedi tabella 1 della precedente Unità).

Le **imposte sugli affari** comprendono tributi che si applicano al momento degli scambi di beni o servizi, della cessione di attività patrimoniali, del compimento di determinati atti giuridici.

Vengono tradizionalmente distinte nei due seguenti gruppi:

- **imposte generali sugli scambi** (occupano il posto di maggior rilievo nei moderni sistemi tributari: a questa categoria appartiene l'Iva);
- **imposte sui trasferimenti**.

A • Le imposte generali sugli scambi di beni e servizi: l'Imposta sul valore aggiunto (Iva)

Value added tax (Vat)
Imposta sul valore aggiunto (Iva)
Tax which is imposed on the value additions of goods and services at each stage of production starting from raw materials to final product. Its total burden is on the final consumer, who pays the entire amount.

L'**Iva** (**Imposta sul valore aggiunto**) è disciplinata dal d.p.r. 26 ottobre 1972, n. 633, sottoposto a numerose modifiche nel corso degli anni. L'Iva è entrata in vigore il 1° gennaio 1973, in ritardo rispetto agli altri Stati europei che avevano già adempiuto gli obblighi imposti da precedenti direttive comunitarie, volte ad armonizzare i sistemi tributari dei Paesi membri della Comunità europea, in particolare il trattamento fiscale delle esportazioni e delle importazioni.

L'Iva si applica sulle cessioni di beni nel territorio dello Stato e sulle prestazioni di servizi da parte di soggetti residenti effettuati nell'esercizio di imprese, di arti e professioni. L'Iva, inoltre, si applica sugli acquisti intracomunitari e sulle importazioni da chiunque effettuate. L'aggettivo "**intracomunitario**" deve essere riferito agli scambi che avvengono all'interno della Ue. Il concetto di **importazione**, invece, si riferisce alle operazioni aventi per oggetto beni introdotti definitivamente nel territorio dello Stato, provenienti da Paesi che non sono membri della Ue.

Quali sono i caratteri generali dell'Iva?

VALORE AGGIUNTO
È il valore dei beni e servizi prodotti in un determinato periodo di tempo (in genere un anno) da un soggetto economico, al netto dei costi sostenuti per i beni intermedi e le materie prime.

L'**Iva** è un'imposta:

- **indiretta**, poiché colpisce le manifestazioni mediate della capacità contributiva, cioè la ricchezza spesa per l'acquisto di beni e servizi;
- **generale**, in quanto si applica sulla quasi totalità di cessioni di beni e prestazioni di servizi;
- **proporzionale con aliquote differenziate**, in quanto sono previste aliquote diverse per tenere conto delle diverse caratteristiche dei beni colpiti, che però si applicano sull'imponibile in modo costante;
- **plurifase sul valore aggiunto**, perché si applica a ogni fase del ciclo produttivo-distributivo e ogni volta colpisce non il valore pieno, ma il

solo incremento di valore che il bene acquisisce nel passaggio da un operatore all'altro. Si differenzia a tal proposito dall'Ige (Imposta generale sulle entrate), l'imposta preesistente che, per la sua caratteristica di imposta plurifase sul valore pieno, creava distorsioni a danno dei consumatori di beni sottoposti a un elevato numero di scambi;
- **neutra**, in quanto il suo ammontare non dipende dal numero di passaggi che il bene subisce prima di arrivare al consumatore finale;
- **trasparente**, perché è possibile conoscere in ogni fase l'effettivo ammontare dell'imposta che grava sul bene o servizio, in modo semplice e rapido.

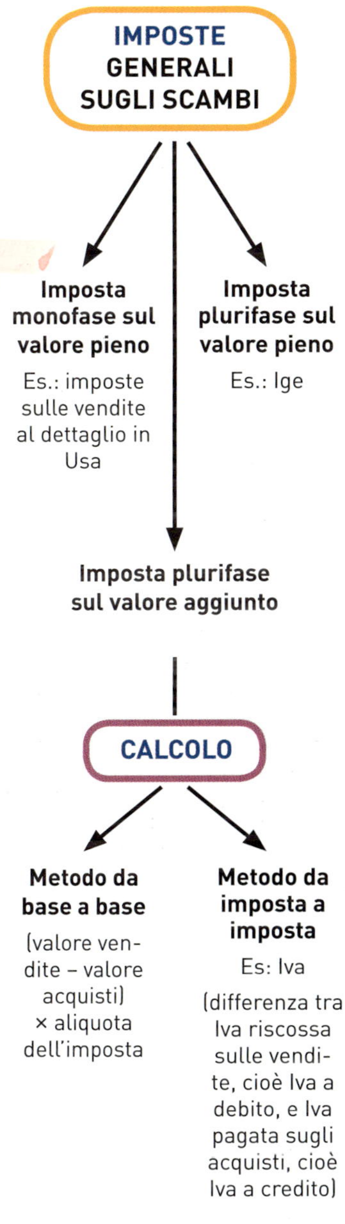

☐ Quali sono i presupposti dell'Iva?

L'Iva è dovuta se sono soddisfatti contemporaneamente alcuni requisiti, che ne costituiscono i **presupposti**. Questi riguardano:
- l'**oggetto dell'operazione** (**presupposto oggettivo**). Deve trattarsi di una cessione di beni o di una prestazione di servizi;
- il **soggetto che effettua l'operazione** (**presupposto soggettivo**). Le cessioni di beni e le prestazioni di servizi sono sottoposte a Iva se effettuate nell'esercizio di imprese o di arti e professioni;
- il **territorio nel quale è effettuata l'operazione** (**presupposto territoriale**). Le cessioni di beni e le prestazioni di servizi per essere assoggettate a Iva devono essere effettuate nel territorio dello Stato. I criteri per verificare il **principio della territorialità** sono i seguenti:
  - per quanto riguarda **le cessioni di beni**, si considera il luogo di esistenza fisica dei beni stessi. Se i beni, mobili o immobili, si trovano nel territorio dello Stato, la cessione è sottoposta a Iva, altrimenti è "fuori campo". I beni mobili possono essere, oltre che nazionali, anche comunitari o vincolati al regime della temporanea importazione. Il requisito della territorialità è presente anche nel caso di beni mobili spediti da un altro Stato membro, installati o assemblati nel territorio dello Stato da parte del fornitore o per suo conto;
  - per quanto riguarda le **prestazioni di servizi**, esse sono rilevanti ai fini Iva se rese da soggetti aventi il domicilio nel territorio dello Stato, oppure la residenza, a condizione che non abbiano stabilito il domicilio all'estero.

Condizioni per l'assoggettamento a Iva

IN PILLOLE

Oggetto dell'operazione (artt. 2 e 3, d.p.r. 633/72)	Cessione di beni, prestazione di servizi
Soggetto che la effettua (artt. 4 e 5, d.p.r. 633/72)	Imprenditori, esercenti arti e professioni, soggetti che effettuano importazioni o acquisti intracomunitari
Territorio nel quale è effettuata (art. 7, d.p.r. 633/72)	All'interno dello Stato italiano

Dall'esame dei presupposti dell'Iva è possibile ricavare la definizione di **soggetti passivi** e di **base imponibile**.

Chi sono i soggetti passivi dell'Iva?

I **soggetti passivi** dell'imposta sono:

- **gli imprenditori**, ossia tutti coloro che esercitano per professione abituale anche se non esclusiva un'attività agricola o commerciale (artt. 2135 e 2195 del codice civile), anche se non organizzata in forma di impresa. Rientrano pertanto in questa categoria non solo gli imprenditori individuali e le società, ma pure gli enti pubblici e privati per le cessioni di beni e prestazioni di servizi effettuati nell'esercizio di attività agricole o commerciali;
- **gli esercenti arti o professioni**, ovvero coloro che svolgono attività di lavoro autonomo: artisti (come attori, cantanti, pittori), professionisti iscritti ad albi professionali (per esempio avvocati, architetti, commercialisti, ingegneri), professionisti non iscritti (quali consulenti fiscali, amministratori di condominio, ecc.);
- **gli importatori**, indipendentemente dall'attività abitualmente esercitata;
- **gli acquirenti intracomunitari**.

Da che cosa è costituita la base imponibile?

La **base imponibile** è costituita dall'ammontare complessivo dei corrispettivi dovuti a chi cede il bene o a chi presta il servizio. Il cedente del bene (o prestatore del servizio) dovrà fatturare ogni operazione, applicando alla base imponibile le relative **aliquote**.

L'ammontare complessivo dei ricavi (al netto dell'imposta) derivanti dalle cessioni di beni o prestazioni di servizi, effettuate da un soggetto passivo nel corso di un anno solare, costituisce il **volume d'affari**.

Sales volume
Volume d'affari
Total value of goods and services distributed in a solar year. The term is referred as net sales, which means revenues without VAT.

Come funziona più precisamente il meccanismo operativo dell'Iva?

In ogni fase del ciclo produttivo-distributivo, per ogni operazione effettuata, il soggetto passivo, dopo che ha determinato l'ammontare dell'imposta dovuta, deve interamente addebitarlo all'acquirente del bene o al committente del servizio. È questo il **meccanismo della rivalsa**. In seguito, deve versare all'erario la differenza fra l'imposta a debito, che è quella da lui addebitata a tutti i clienti, e l'imposta a credito, che gli è stata addebitata dai fornitori, per rivalsa, sugli acquisti effettuati. In questo modo si attua il principio della **deduzione imposta da imposta**.

L'importo dell'Iva da versare viene calcolato sul totale delle operazioni effettuate in un determinato periodo, in genere il mese: ogni operatore dovrà calcolare la differenza fra l'**Iva a debito** (che è l'Iva incassata, che deve essere versata allo Stato) e l'**Iva a credito** (che è quella pagata a un altro soggetto passivo, che la verserà all'erario) inerente alle fatture registrate nel mese precedente. Un **saldo positivo** costituisce il **debito d'imposta**, che dovrà essere versato; viceversa, un **saldo negativo** rappresenta un **credito d'imposta**, da riportarsi nel periodo successivo.

Esempio

Dalla contabilità di un imprenditore si desume che, nel mese di settembre dell'anno 2016, sono state effettuate le seguenti operazioni:

Acquisti 50.000 euro Iva 22% pari a euro 11.000
Vendite 80.000 euro Iva 22% pari a euro 17.600

L'Iva da versare è pari a 17.600 – 11.000 = 6.600 euro

Essendo un'imposta plurifase, l'Iva viene calcolata e prelevata in modo frammentato in ogni fase del ciclo produttivo-distributivo. L'imposta complessivamente riscossa dallo Stato per ogni operazione è pari al prodotto fra il valore del corrispettivo risultante nell'ultima fase e l'aliquota applicata.

Quali sono le aliquote dell'Iva?

L'Iva è un'imposta proporzionale, quindi la sua aliquota è costante e si applica su tutto l'imponibile, qualunque ne sia l'ammontare. Le aliquote, differenziate in relazione alla natura del bene o del servizio oggetto dell'operazione, hanno però subito numerose variazioni: attualmente sono previste un'aliquota ordinaria del 22% e tre aliquote ridotte (4%, 5% e 10%) da applicarsi nei casi espressamente disciplinati.

Aliquota 22%	**Aliquota ordinaria** da applicare a tutte le cessioni di beni e prestazioni di servizi per i quali non sia espressamente prevista un'aliquota ridotta.
Aliquota 10%	**Aliquota ridotta** prevista per determinate cessioni di beni e prestazioni di servizi, in genere di largo consumo, quali per esempio: energia elettrica per uso domestico, case di abitazione non di lusso, piante, latte conservato, carni, pesci, somministrazione di alimenti e bevande. Si applica anche alle ristrutturazioni edilizie.
Aliquota 5%	**Aliquota ridotta** da applicare alle prestazioni socio-sanitarie, educative e assistenziali rese da cooperative sociali e loro consorzi.
Aliquota 4%	**Aliquota ridotta** da applicare in genere a beni e servizi di prima necessità. Per esempio: abitazioni adibite a residenza principale, burro, latte, pasta e pane, frutta, ortaggi, libri, periodici, quotidiani, veicoli e poltrone per invalidi, apparecchi ortopedici, ausili e protesi per menomazioni.

Per quale ragione si ricorre alla differenziazione delle aliquote?

Con la differenziazione delle aliquote si può introdurre, anche nel settore delle imposte indirette, un effetto di progressività, in quanto vengono colpiti con aliquota ridotta i beni di prima necessità che assorbono una quota particolarmente rilevante del reddito dei ceti meno abbienti. Le recenti normative dell'Unione europea hanno però limitato fortemente la possibilità, per i singoli Stati, di ricorrere a questa pratica: l'aliquota del 4% non può essere estesa a nessun nuovo bene o servizio, l'aliquota del 10% può essere applicata solo a beni e servizi inclusi in un elenco elaborato a livello comunitario (per esempio pesce, carne, uova, zucchero, miele), a cui sono stati aggiunti i "servizi ad alta intensità di lavoro" (per esempio le ristrutturazioni edilizie).

Non è più possibile, inoltre, l'applicazione di un'aliquota "maggiorata" per i beni di lusso, che l'Italia, fino al 31 dicembre 1992, aveva previsto nella misura del 38%.

Come vengono classificate le operazioni Iva?

Le operazioni Iva vengono classificate in due categorie:
- operazioni che rientrano nel campo di applicazione dell'Iva, distinte in **operazioni imponibili**, **non imponibili**, **esenti**;
- operazioni fuori campo di applicazione (cosiddette **operazioni escluse**).

A ogni categoria è collegato un particolare regime giuridico-fiscale, sintetizzato nella tabella 1:

Tabella 1 - Classificazione delle operazioni Iva

		Assoggettamento a Iva	Detrazione dell'Iva sugli acquisti	Adempimenti Iva
Operazioni in regime Iva	Imponibili	Sì	Sì	Sì
	Non imponibili	No	Si	Sì
	Esenti	No	No	Sì
Operazioni estranee al regime Iva	Escluse	No	No	No

Quali operazioni sono classificate come imponibili?

Le **operazioni imponibili** sono quelle in cui si ritrovano contemporaneamente i presupposti soggettivo, oggettivo e territoriale, ossia:
- **le cessioni di beni e le prestazioni di servizi effettuate nel territorio dello Stato** nell'esercizio d'imprese o di arti e professioni;
- **le importazioni da chiunque effettuate**.

Le operazioni imponibili sono soggette al pagamento dell'imposta, concorrono a formare il volume d'affari, consentono la detraibilità dell'Iva pagata sugli acquisti e comportano l'assoggettamento a una serie di adempimenti, quali fatturazione, registrazione, liquidazione, dichiarazione, ecc.

Quali operazioni sono classificate come non imponibili?

Sono classificate come **operazioni non imponibili** quelle prive del requisito della territorialità. Ai sensi dell'art. 7, d.p.r. 633/72, "**non si considerano effettuate nel territorio dello Stato**":

- le **cessioni all'esportazione**, ossia le cessioni eseguite mediante trasporto o spedizione dei beni fuori dal territorio della Ue. Tra le esportazioni rientrano sia le operazioni **di esportazione definitiva** sia quelle di **esportazione temporanea** e di **riesportazione**;
- le **operazioni assimilate** alle esportazioni, ossia le cessioni effettuate nel territorio dello Stato di una serie di beni, fra i quali le navi destinate alle attività commerciali e alla pesca, le navi militari e da guerra, gli aeromobili se ceduti a organi dello Stato e a imprese di navigazione aerea, ecc.;
- i **servizi internazionali** o connessi agli scambi internazionali, come i trasporti di persone eseguiti parzialmente in Italia e parzialmente all'estero, anche da più vettori, in dipendenza di un unico contratto; i trasporti relativi a beni in esportazione o in transito; i servizi prestati in porti, aeroporti, scali ferroviari di confine e altri indicati dalla legge.

Le operazioni non imponibili non sono soggette al pagamento dell'imposta, concorrono alla formazione del volume d'affari, danno diritto all'intera detrazione dell'Iva pagata sugli acquisti, sono assoggettate a tutti gli adempimenti inerenti alla registrazione, fatturazione, ecc.

Principle of country of origin
Principio del Paese di origine
Principle that refers to cross-border trade, which assumes that the tax is levied in the Country where the goods are produced, not in the Country where they are consumed.

Destination principle
Principio del Paese di destinazione
Principle that refers to cross-border trade, which assumes that the tax is levied in the Country where the goods are consumed, not in the Country where they are produced.

In base a quale principio le esportazioni non sono soggette a Iva?

Negli scambi internazionali la tassazione delle merci può avvenire o in base al **principio del Paese di origine**, secondo il quale i beni e i servizi sono tassati nel Paese che li produce e li esporta, o in base al **principio del Paese di destinazione**, secondo cui essi sono tassati nel Paese che li importa e in cui vengono consumati. Attualmente a livello comunitario è in vigore quest'ultimo principio, di conseguenza le esportazioni si considerano non imponibili e le importazioni, al contrario, sono assoggettate all'imposta. Siamo ancora nell'ambito di un regime transitorio, iniziato al momento dell'abolizione delle barriere doganali (1° gennaio 1993), che avrebbe dovuto accompagnare un processo di armonizzazione della disciplina Iva all'interno della Ue e concludersi con l'introduzione del principio di **tassazione nel Paese di origine** (previsto dalla Direttiva Cee 91/680, non ancora attuata).

APPROFONDIMENTO ONLINE
Il coordinamento Iva all'interno dell'Unione Europea

Quali operazioni sono classificate come esenti?

Le **operazioni esenti** riguardano cessioni di beni e prestazioni di servizi che non vengono assoggettate all'Iva per ragioni di carattere economico-sociale o di adeguamento alle normative comunitarie. A titolo esemplificativo ricordiamo le prestazioni sanitarie, le prestazioni educative e didattiche, i trasporti pubblici urbani, le operazioni di assicurazione.

Le operazioni esenti non sono soggette al pagamento dell'imposta, concorrono alla formazione del volume d'affari, non consentono la detrazione dell'Iva pagata sugli acquisti e comportano il rispetto di tutti gli adempimenti formali richiesti per le operazioni imponibili.

Nel calcolare l'ammontare dell'Iva da portare in detrazione, come si deve comportare un soggetto che, accanto alle operazioni esenti, compia anche operazioni imponibili?

Se un soggetto compie sia operazioni esenti (che non danno diritto alla detrazione dell'Iva sugli acquisti), sia operazioni imponibili e non imponibili (che invece la prevedono), la detrazione è ammessa in una percentuale pari al rapporto fra operazioni con diritto alla detrazione (imponibili e non imponibili) e volume d'affari complessivo (costituito dalla somma di tutte le operazioni in regime Iva). Si tratta della regola cosiddetta del **pro-rata**:

$$\textbf{\% di Iva detraibile} = \frac{\textbf{operazioni con diritto alla detrazione}}{\textbf{operazioni con diritto alla detrazione} + \textbf{operazioni esenti}}$$

Il calcolo del pro-rata può essere effettuato correttamente solo a fine anno. Nel corso dell'anno il contribuente calcola l'Iva detraibile utilizzando la percentuale di detrazione relativa all'anno precedente; a fine anno effettuerà l'eventuale conguaglio.

RINFORZO

Esempio di calcolo del pro-rata

Supponiamo che un imprenditore abbia effettuato acquisti per 20.000 euro con Iva al 22%. Il suo volume d'affari è pari a 50.000 euro ed è formato da:

operazioni imponibili	30.000 euro
operazioni non imponibili	4.000 euro
operazioni esenti	16.000 euro

$$\text{Percentuale di detraibilità (pro-rata)} = \frac{(30.000 + 4.000) \times 100}{50.000} = 68$$

Iva su acquisti = 20.000 × 22% = 4.400
Iva detraibile = 4.400 × 68% = 2.992

Quali operazioni sono considerate estranee al regime Iva?

Pur essendo l'Iva un'imposta generale sugli scambi, alcune cessioni di beni o prestazioni di servizi sono **estranee** al suo campo di applicazione. Si tratta di operazioni per le quali manca almeno uno dei presupposti richiesti (soggettivo, oggettivo, territoriale) o che sono considerate tali al fine di agevolarle, per espressa disposizione di legge.

Per esempio sono estranee al campo di applicazione Iva, per mancanza del presupposto soggettivo, le cessioni di beni fra privati non imprenditori e, per esplicita scelta del legislatore, le cessioni di denaro e di crediti, di aziende, di terreni agricoli.

Le operazioni estranee al campo di applicazione dell'Iva non sono soggette all'imposta, non danno luogo alla detraibilità dell'Iva pagata sugli acquisti, non concorrono alla formazione del volume d'affari, non sono soggette agli obblighi di fatturazione e registrazione.

L'Iva rappresenta un costo per gli operatori economici?

L'evasione dell'Iva avviene in genere attraverso la vendita di beni o la prestazione di servizi senza emissione di fattura o di scontrino.

L'Iva non rappresenta un costo per gli operatori che intervengono nel ciclo di produzione e distribuzione di beni e servizi proprio perché, attraverso il meccanismo della rivalsa esercitato nei vari passaggi, l'onere dell'imposta viene continuamente scaricato in avanti, fino a quando si arriva al consumatore finale sul quale grava per intero. In pratica, a ogni operatore economico (imprenditore o libero professionista) è consentito sottrarre, dall'imposta da lui addebitata al cliente, l'imposta che a lui stesso era stata trasferita dal proprio fornitore e versare la differenza; la catena si interrompe con il consumatore finale che, in quanto tale, non cede a nessuno il bene o servizio acquistato. Questo spiega il frequente ricorso a comportamenti illegali da parte di chi cede il bene o presta il servizio: è purtroppo diffuso, per esempio, il caso di artigiani e professionisti, che propongono al cliente di non emettere la fattura magari in cambio di uno sconto, alimentando così ampie sacche di evasione fiscale. In altri casi ci si sottrae agli adempimenti previsti dalla legge ricorrendo a comportamenti che costituiscono forme di elusione dell'imposta.

A partire da quale momento inizia a decorrere il termine per gli adempimenti Iva previsti dalla legge?

Si tratta del cosiddetto **momento impositivo**, cioè del momento in cui le operazioni si considerano effettuate, a partire dal quale inizia a decorrere il termine per gli adempimenti previsti dalla legge (fatturazione, registrazione, ecc.) e contestualmente sorge il diritto alla detrazione dell'Iva pagata sugli acquisti. Il momento impositivo, salvo casi particolari, si determina come segue:

Tax point (or Time of supply)
Momento impositivo
The moment when VAT is due. The tax becomes chargable from the moment of stipulation in case of immovable properties and from the moment of delivery or of supply in case of movable properties; for the provision of services: from the moment the payment is made.

Operazione	Effettuazione
Cessione di beni immobili	Stipulazione contratto
Cessione di beni mobili	Consegna/spedizione
Prestazione di servizi	Pagamento

Nel momento in cui le operazioni si considerano effettuate, l'Iva diventa esigibile per l'erario. Il diritto alla detrazione può essere fatto valere in sede di dichiarazione periodica o di dichiarazione annuale, però non oltre la scadenza fissata per la presentazione della dichiarazione Iva relativa al secondo anno successivo.

La detraibilità dell'Iva sugli acquisti può essere sottoposta a limiti per evitare forme di elusione dell'imposta?

Al fine di evitare elusioni dell'imposta, la legge vieta totalmente o parzialmente la detraibilità dell'Iva pagata su una serie di beni, in particolare beni di lusso, o su spese di rappresentanza (ristoranti, alberghi, viaggi, ecc.) che potrebbero dare luogo ad abusi da parte del contribuente. Esiste inoltre una disciplina relativa agli **acquisti destinati a uso promiscuo**, come le spese telefoniche, di riscaldamento, per l'energia, sostenute da soggetti che svolgono l'attività professionale nella propria abitazione; oppure le spese relative all'utilizzo dell'automobile sia per attività lavorativa sia per motivi personali. La detrazione dell'Iva è consentita in relazione all'utilizzo del bene per l'attività imprenditoriale o di lavoro autonomo, determinato secondo criteri possibilmente oggettivi. Per esempio, nel caso delle spese telefoniche, la documentazione relativa al traffico può consentire di determinare con precisione l'ammontare di quelle inerenti all'attività professionale e di quelle personali. Per le spese inerenti alle auto a uso promiscuo e al relativo carburante, è prevista la detraibilità dell'Iva nella misura forfetaria del 40%.

L'Iva è un'imposta soggetta al fenomeno dell'evasione anche a causa del suo meccanismo?

L'Iva è una delle imposte più evase e, probabilmente, il motivo risiede proprio nel **meccanismo attuale**: in genere il cedente di beni o il prestatore di servizi, con l'incasso della fattura, intasca anche l'Iva. Egli sarà poi obbligato a provvedere al versamento dell'imposta a debito nelle casse dell'erario. Qualcuno, però, dopo l'incasso della fattura "**dimentica**" **di versare il tributo** allo Stato: è proprio da qui che si deve partire per contrastare questa forma di evasione fiscale.

Le azioni introdotte per contrastare il fenomeno consistono nell'estensione del *reverse charge* e nell'adozione di un sistema di *split payment* per la riscossione dell'Iva nei rapporti con la Pubblica amministrazione.

In che cosa consiste il reverse charge?

Il **reverse charge** (**inversione contabile**) è un particolare meccanismo che trasferisce una serie di obblighi, relativi alle modalità con cui viene assolta l'Iva, dal venditore di beni o di servizi all'acquirente di beni o di servizi. Per applicare il *reverse charge* è necessario che entrambe le parti siano soggetti passivi Iva di imposta e che il destinatario del bene risieda nel territorio dello Stato. Il meccanismo prevede che il venditore emetta la fattura senza addebitare l'Iva (come invece normalmente dovrebbe fare), indicando la norma che prevede l'applicazione del regime del *reverse charge* (art. 17, comma 6 del d.p.r. 633/1972). L'acquirente dovrà inserire nella fattura ricevuta l'integrazione dell'Iva con l'indicazione dell'aliquota Iva di riferimento per il tipo di operazione fatturata, dell'importo dell'operazione e della dicitura "autofatturazione". La fattura integrata (autofattura) deve essere registrata sia nel registro delle fatture emesse o dei corrispettivi, sia nel registro degli acquisti, in modo da rendere neutro il tributo. L'acquirente registrerà quindi in partita doppia due operazioni, una per l'acquisto del bene/servizio (per l'importo senza applicazione Iva) e una per l'autofattura. Con l'emissione dell'autofattura è l'acquirente a corrispondere l'Iva all'erario, anziché il venditore, in quanto quest'ultimo non entrerà mai in possesso dell'Iva. Viene così eliminato il rischio che egli ne ometta il versamento all'erario.

I settori in cui è possibile applicare il *reverse charge* sono disciplinati dall'Unione europea: previsto dal 2007 per il settore immobiliare, il meccanismo è stato poi esteso ad altri campi ritenuti fortemente esposti al rischio di frode (edilizia specializzata, cessioni di cellulari, personal computer). Dal 2015 e fino al 2018 il *reverse charge* si applica anche a ulteriori comparti dell'edilizia (prestazioni di servizi di pulizia, di demolizione, di installazione di impianti) e al settore energetico (cessioni di gas e di energia elettrica a un rivenditore).

Il reverse charge *si applica anche alle prestazioni di pulizia di uffici, appartamenti, ecc.).*

Reverse charge
Inversione contabile

VAT Reverse Charge moves the responsibility for the recording of a VAT transaction from the EU business seller to the EU business buyer of a good or service. The recipient of the goods or services makes the declaration of both his purchase (input VAT) and the supplier's sale (output VAT) in both his VAT books. In this way, the two entries cancel each other from a cash payment perspective in the Vat return.

Reverse charge (inversione contabile)

L'acquirente di beni o il destinatario di prestazioni di servizi è tenuto all'assolvimento dell'imposta al posto del venditore o del prestatore di servizi.

Che cos'è lo split payment?

Si tratta di un meccanismo che riguarda i beni e servizi ceduti alla Pubblica amministrazione. Esso ha le stesse finalità del *reverse charge*, ossia evitare che l'Iva pagata dall'acquirente non sia poi versata allo Stato dal venditore.

Lo **split payment** prevede che al fornitore del bene o del servizio venga pagato, da parte della Pubblica amministrazione debitrice, il solo importo del corrispettivo al netto dell'Iva indicata in fattura. L'imposta verrà quindi versata direttamente dall'Amministrazione pubblica all'erario e sarà così sottratta alla disponibilità del fornitore. In sostanza per le operazioni effettuate nei confronti della Pubblica amministrazione è l'ente pubblico, e non il fornitore del bene o del servizio, a versare l'Iva direttamente al fisco.

Split payment

Versamento diretto all'Erario, da parte delle pubbliche amministrazioni acquirenti, dell'Iva addebitata dai fornitori, pagando a questi ultimi solo la quota imponibile (e le altre somme diverse dall'Iva).

A quali obblighi è sottoposto il contribuente?

Secondo quanto disposto dall'art. 35, d.p.r. 633/72, i soggetti che intraprendono l'esercizio di una impresa, arte o professione devono entro 30 giorni presentare all'ufficio Iva competente una **dichiarazione di inizio attività**. Al contribuente viene attribuito un **numero di partita Iva** che ha la funzione di identificarlo e deve essere riportato su una serie di atti e di documenti (dichiarazioni e comunicazioni all'Ufficio Iva, fatture, scontrini fiscali, ecc.). In caso di **variazione o cessazione dell'attività** il contribuente deve presentare, sempre entro 30 giorni, un'apposita dichiarazione (mantiene, comunque, il diritto al rimborso del suo credito Iva).

Sono previsti anche ulteriori adempimenti che variano in relazione al **regime** applicato al contribuente: **normale**, **semplificato**, **speciale**.

Quali sono i principali adempimenti cui sono sottoposti i contribuenti in regime normale?

I contribuenti devono eseguire i seguenti adempimenti allo scopo di assicurare l'osservanza delle disposizioni legislative inerenti all'imposta:
- fatturazione;
- registrazione delle operazioni effettuate su appositi registri;
- liquidazione e versamenti periodici e annuali;
- comunicazione e dichiarazione annuale.

Come viene disciplinato l'obbligo della fatturazione?

Per ogni operazione imponibile, non imponibile ed esente deve essere emessa una **fattura in duplice copia**. Ogni fattura deve essere datata e numerata progressivamente e deve essere tale da individuare i soggetti fra cui l'operazione è svolta (ditta, denominazione o ragione sociale, residenza o domicilio, partita Iva, ecc.); la natura, qualità e quantità dei beni ceduti o dei servizi prestati; la base imponibile, l'aliquota applicata e l'ammontare dell'imposta dovuta.

Per le operazioni non imponibili o esenti occorre fare riferimento al relativo articolo di legge.

Dal 1° aprile 2015 i fornitori delle Pubbliche amministrazioni possono inviare le loro fatture solo in formato elettronico, equiparato a quello cartaceo. La fatturazione elettronica, da un lato, consente di semplificare gli obblighi di comunicazione di dati al fisco; dall'altro, permette la tracciabilità delle operazioni e, quindi, fornisce all'amministrazione finanziaria un importante strumento di controllo sulla regolarità delle operazioni.

Rispetto al momento di emissione, la fattura può essere **immediata** o **differita**.

La **fattura differita**, da emettere entro il 15 del mese successivo, è ammessa per cessioni di beni mobili risultanti da documento di trasporto o da altro documento idoneo a identificare i soggetti contraenti. Nel caso di operazioni effettuate nello stesso mese nei confronti del medesimo committente, è consentita l'emissione di un'unica fattura differita.

Adempimenti meno gravosi sono stabiliti per i commercianti al minuto e per coloro che esercitano attività assimilate (pubblici esercizi, ambulanti) per i quali non vige l'obbligo dell'emissione della fattura, a meno che non sia esplicitamente richiesta dal cliente nel momento in cui l'operazione è effettuata. Gli incassi relativi alle cessioni di beni e prestazioni di servizi per le quali non è obbligatoria l'emissione della fattura devono, comunque, essere certificati mediante il rilascio della **ricevuta fiscale** o dello **scontrino fiscale**.

☐ Con quali modalità deve avvenire la registrazione delle fatture?

Le **fatture emesse** (non differite) devono essere annotate nell'ordine di numerazione, nell'apposito registro, entro 15 giorni dall'emissione. Le fatture **differite** devono essere annotate entro lo stesso mese di emissione. Le **fatture di acquisto** e le **bollette doganali** relative alle importazioni vanno numerate in ordine di ricevimento e annotate nell'apposito registro entro il termine previsto per la liquidazione periodica o per la dichiarazione annuale nella quale è esercitato il diritto alla detrazione dell'Iva a credito.

I commercianti al minuto (e i soggetti assimilati) devono tenere, in luogo del registro delle fatture emesse, un apposito **registro dei corrispettivi** sul quale devono essere annotati, giorno per giorno, gli incassi giornalieri.

☐ Quali regole disciplinano le liquidazioni, e i versamenti periodici e annuali?

- **Entro il giorno 16 di ciascun mese** il contribuente deve provvedere a liquidare l'imposta dovuta, data dalla differenza fra il totale dell'Iva a debito, diventato esigibile nel mese precedente, e il totale dell'Iva a credito in relazione al quale è sorto, nello stesso periodo, il diritto alla detrazione. Entro lo stesso termine stabilito per la liquidazione deve essere effettuato anche il versamento dell'imposta risultante a debito.
- **Entro il 27 dicembre di ogni anno** il contribuente deve versare a titolo di acconto un importo pari all'88% del versamento dovuto relativamente al mese di dicembre (o all'ultimo trimestre) dell'anno precedente.
- **Entro il 16 marzo dell'anno successivo** il contribuente deve versare l'eventuale saldo risultante dal conguaglio fra l'Iva dovuta per l'intero anno solare e i versamenti periodici effettuati.

Le **imprese** e i **professionisti** che fatturano meno di 2 milioni di euro all'anno hanno la possibilità di liquidare l'Iva secondo la **contabilità di cassa**. Si tratta di un regime facoltativo con il quale è possibile versare l'Iva sulle vendite solo quando si incassa il corrispettivo dal cliente (e non al momento dell'effettuazione dell'operazione, che può anche non coincide-

The millionaire

Film drammatico
di Danny Boyle, 2008

Jamal, un ragazzo indiano cresciuto nelle baraccopoli di Bombay, partecipa alla versione locale di *Chi vuol essere milionario?* con la speranza di rintracciare la ragazza di cui è innamorato, grande fan dello show.
Prima di affrontare l'ultima domanda, che potrebbe fargli vincere la somma di 20 milioni di rupie, Jamal, sospettato di imbrogliare, viene arrestato e interrogato dalla polizia. Tra domande e risposte che raccontano il suo Paese, Jamal arriverà alla vittoria per scoprire quanto è difficile sconfiggere i pregiudizi e farsi apprezzare al di là delle apparenze.

- Guarda il film e discutine con i compagni e l'insegnante.

re con il pagamento del corrispettivo), mentre la detrazione dell'Iva sugli acquisti può avvenire quando si paga il fornitore. L'imposta, comunque, diventa esigibile e detraibile trascorso un anno dall'operazione.

In che cosa consistono gli ulteriori adempimenti annuali?

I contribuenti, ogni anno, devono presentare in via telematica una **dichiarazione annuale** riguardante l'anno solare precedente. Essa contiene il riepilogo delle operazioni attive e passive e la liquidazione definitiva del debito o del credito d'imposta, necessaria per effettuare l'eventuale versamento di conguaglio. La dichiarazione annuale Iva deve essere presentata nel periodo compreso tra il 1° febbraio e il 30 settembre. I termini per le dichiarazioni delle varie imposte (Irpef, Ires, Irap, Iva) sono stati unificati al 30 settembre; tuttavia, per quanto riguarda l'Iva, è possibile scegliere tra le seguenti due opzioni:

- **dichiarazione unificata**, utilizzando lo stesso modello previsto per le imposte sul reddito (Irpef, Ires, Iva). In questo caso, qualora dalla dichiarazione annuale Iva risulti l'obbligo di un versamento a conguaglio, questo, anziché il 16 marzo, può essere effettuato entro il termine previsto per il pagamento delle somme dovute in base alla dichiarazione unificata. In tale ipotesi, però, deve essere applicata una maggiorazione pari allo 0,40% per ogni mese, o frazione di mese, successivo al 16 marzo. Se invece dalla dichiarazione annuale Iva risulta una differenza a credito, il contribuente può utilizzarlo, in sede di versamento unificato, per compensare somme dovute per gli altri tributi (Irpef, Ires, Irap, ecc.); altrimenti l'importo del credito può essere portato in detrazione l'anno successivo e, solo in alcuni casi, ne può essere chiesto il rimborso. I contribuenti che scelgono la dichiarazione unificata devono comunque presentare in via telematica, entro il mese di febbraio di ciascun anno, una Comunicazione annuale Iva, che contiene una serie di dati e notizie rilevanti, ma non richiede il calcolo definitivo dell'imposta;
- **dichiarazione autonoma**, da presentare entro il 28 febbraio dell'anno successivo al periodo d'imposta preso in considerazione. In questo caso il contribuente ha il vantaggio di vedere accelerare i tempi dei rimborsi e delle compensazioni che, per importi superiori ai 10.000 euro, sono possibili solo in epoca successiva alla presentazione della dichiarazione. Per evitare gli abusi spesso verificatisi, consistenti nel compensare i debiti di imposta con crediti inesistenti, sono stati fissati limiti massimi ai crediti compensabili. Inoltre il diritto al rimborso, che in passato era ampiamente riconosciuto, è stato notevolmente ridimensionato a causa delle difficoltà dell'amministrazione finanziaria a far fronte all'entità delle somme richieste. La legge ammette la possibilità di rimborso soltanto in circostanze tassativamente indicate.

I contribuenti che optano per il regime semplificato da quali adempimenti contabili sono esonerati?

Come abbiamo visto nell'Unità precedente, i regimi di contabilità semplificata, per i quali il contribuente può esercitare l'opzione, si applicano contestualmente alle imposte sui redditi e all'Iva. Ne possono usufruire le imprese con fatturato sino a 400.000 euro se effettuano prestazione di servizi, e sino a 700.000 euro se operano in settori come il commercio, la produzione e la trasformazione di beni. I soggetti che optano per tale regime (o che, come gli esercenti arti e professioni, vi rientrano in modo naturale) sono esonerati da alcuni adempimenti contabili e possono effettuare la liquidazione e il versamento dell'Iva con periodicità trimestrale anziché mensile, pagando, in aggiunta all'imposta, gli interessi maturati al tasso trimestrale dell'**1%**. **Il termine scade il giorno 16 del secondo mese successivo al trimestre considerato**, pertanto le scadenze sono: per il primo trimestre il 16 maggio, per il secondo il 16 agosto, per il terzo il 16 novembre, per il quarto il 16 marzo (in coincidenza con il versamento annuale).

Per i contribuenti che svolgono particolari attività sono previsti regimi speciali?

Per alcune categorie di contribuenti sono stati introdotti **regimi speciali**, con lo scopo di agevolare il calcolo dell'imposta, in considerazione della natura e delle caratteristiche dell'attività esercitata. Ne ricordiamo alcuni:

- regime per gli esportatori abituali;
- regime per i contribuenti minimi.

Che cosa prevede il regime speciale per gli esportatori abituali?

Vengono definiti **esportatori abituali** gli operatori economici il cui volume d'affari è prevalentemente costituito da esportazioni, cioè da operazioni non imponibili, non soggette al pagamento dell'Iva. Supponiamo che un esportatore, in un certo periodo d'imposta, abbia effettuato esclusivamente operazioni non imponibili; al momento della liquidazione dell'imposta, l'Iva a debito sarà nulla, mentre egli avrà diritto al rimborso dell'Iva sugli acquisti. Ne risulterà un saldo a credito verso l'erario che potrebbe ripetersi anche nei successivi periodi d'imposta, determinando un danno economico dovuto all'immobilizzo di somme anche rilevanti. Al fine di prevenire il formarsi di situazioni di questo genere, il legislatore ha dato la possibilità agli esportatori abituali che hanno compiuto operazioni non imponibili per più del 10% del volume d'affari di **acquistare in sospensione d'imposta** (cioè senza pagamento dell'Iva) un volume di beni e servizi pari all'ammontare delle vendite all'estero registrate nel corso dell'anno solare precedente (**plafond fisso**) o, a scelta, dei dodici mesi precedenti (**plafond mobile**). Costoro, tuttavia, devono inviare ai fornitori una apposita **dichiarazione d'in-**

tento prima di avvalersi della facoltà di effettuare le operazioni senza applicazione d'imposta. Nella dichiarazione annuale devono poi annotare, distintamente per mese, l'ammontare di riferimento delle esportazioni e quello degli acquisti effettuati senza pagamento dell'imposta.

Come funziona il regime speciale per i contribuenti minimi?

Il **regime speciale per i contribuenti minimi** si applica anche ai fini dell'Iva, benché sia possibile esercitare l'opzione per il regime normale.

Tale regime è riservato alle persone fisiche residenti in Italia che esercitano attività d'impresa o di lavoro autonomo con un volume annuo di ricavi o compensi non superiore a **determinate soglie di reddito comprese fra euro 25.000 ed euro 50.00**. Il contribuente "minimo" è esonerato dagli obblighi inerenti alla liquidazione e ai versamenti periodici e annuali e da tutti gli altri adempimenti contabili, salvo l'obbligo di emissione della ricevuta o dello scontrino fiscale (senza addebito dell'imposta) e di conservazione delle fatture sugli acquisti.

B • Le imposte sui trasferimenti

Le imposte sui trasferimenti colpiscono la ricchezza del contribuente nel momento in cui viene trasferita o comunque utilizzata per il compimento di un affare.

Si distinguono in base alle modalità di trasferimento della ricchezza, che possono essere **a titolo gratuito** (da cui deriva l'imposta sulle successioni o donazioni) o **a titolo oneroso** (imposte di registro, bollo, ipotecarie e catastali e alcuni tributi minori).

Si applicano sui **singoli atti di trasferimento**, in quanto considerati esplicite manifestazioni di capacità contributiva.

Vengono riscosse mediante la **registrazione di atti**, oppure mediante il **bollo**.

Comprendono le imposte di registro, ipotecarie e catastali, di bollo, sulle successioni e donazioni, sulle assicurazioni.

Quali sono le principali caratteristiche delle diverse imposte sui trasferimenti?

La tabella 2 le elenca e mette in evidenza gli aspetti principali.

Tabella 2 – Le imposte sui trasferimenti

IMPOSTE SUI TRASFERIMENTI	DESCRIZIONE SINTETICA
IMPOSTA DI REGISTRO	• L'**imposta di registro** è la principale imposta indiretta sui trasferimenti. • Il **presupposto** è la stipulazione di un atto soggetto all'obbligo di registrazione. • Si applica al momento della registrazione di determinati atti su pubblici registri e colpisce: - gli atti soggetti a **registrazione obbligatoria** (per esempio atti di trasferimento della proprietà di beni immobili, locazioni e affitti di immobili, atti di società quali costituzioni, fusioni, ecc.); - gli atti **registrati volontariamente**. • **Soggetti passivi** sono coloro che pongono in essere l'atto soggetto a registrazione o che traggono beneficio dallo stesso: i contraenti dell'atto o il pubblico ufficiale che lo ha redatto e chiunque richieda la registrazione. • L'imposta è **proporzionale** e le aliquote sono numerose, in relazione ai diversi tipi di atti. In alcuni casi l'imposta è dovuta in misura **fissa**. Particolari agevolazioni sono previste per l'acquisto della prima casa (aliquota 4%). • La **base imponibile** generalmente è costituita dal corrispettivo pattuito per l'intera durata del contratto, oppure dal valore dei beni dichiarati nell'atto.
IMPOSTA DI BOLLO	• L'**imposta di bollo** colpisce l'aspetto formale dell'atto, ossia l'atto in quanto tale, ed è richiesta per rendere ufficiali documenti, ricevute, certificati, registri indicati in un apposito elenco (tariffa). • Il **presupposto** è costituito dalla formazione per iscritto di determinati atti indicati dalla legge. • Gli **atti**, i **documenti** e i **registri soggetti all'imposta** sono raggruppati in due categorie: - **atti soggetti fin dall'origine all'imposta**, cioè dal momento della loro formazione; - **atti soggetti solo in caso d'uso**, situazione che si verifica quando gli atti sono presentati all'ufficio competente dell'Agenzia delle entrate per la registrazione. • La **riscossione** può avvenire: - **con modalità telematiche**, presso intermediari convenzionati con l'Agenzia delle entrate (per esempio, tabaccai) che rilasciano apposito contrassegno sostitutivo delle marche da bollo; - **in modo virtuale**, con il versamento dell'importo all'Ufficio dell'Agenzia delle entrate (direttamente allo sportello, o tramite banca, o mediante conto corrente postale), senza la materiale applicazione del bollo.

Imposta di registro
Colpisce atti di trasferimento della proprietà di beni immobili, locazioni e affitti di immobili, ecc.

Imposta di bollo
È applicata alla produzione, richiesta o presentazione di determinati documenti.

Registration fee
Imposta di registro
Sum of money required to enroll property transactions on an official register. Deeds are subject to tax proportionally to the value registered; in some cases there is a fixed tax.

Stamp duty
Imposta di bollo
Tax charged on written documents (i.e. deeds, registers, licenses, certificates) to give official approbation and which historically required a physical stamp to be attached. Such documents are listed by law.

DIFFERENZA TRA IMPOSTE IPOTECARIE E CATASTALI E IMPOSTA DI SUCCESSIONE:

- **le imposte ipotecarie e catastali** colpiscono solamente gli immobili, senza tener conto di eventuali passività;
- **l'imposta di successione** va a colpire l'effettivo arricchimento dell'erede, per cui tiene conto delle passività e, oltre a colpire gli immobili, colpisce anche i beni mobili e la liquidità.

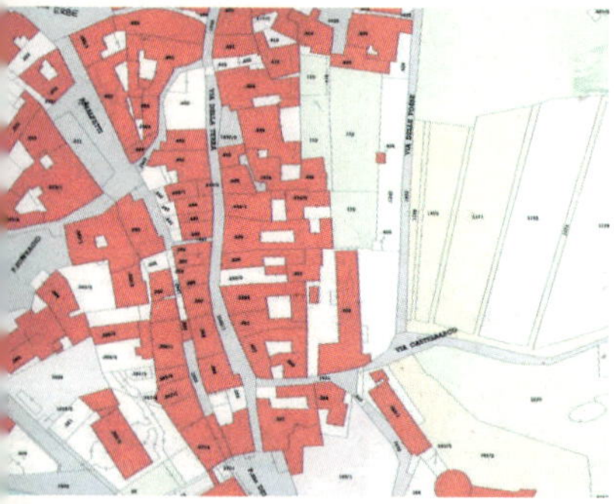

Mappa catastale.

Mortgage and cadastral fees
Imposte ipotecarie e catastali

Taxes applied whenever there is a formal transcription, registration, renewal, cancellation and annotation in the public mortgage registers or cadastral maps. The government requires a home loan to be registered so that all claims on a property can be checked by any future buyers of that property.

Inheritence and gift tax
Imposta sulle successioni e donazioni

Inheritance tax is imposed on the assets inherited from a deceased person. A donation is anything of value recieved gratuitously from a live person. The tax rate on both inheritance and gift depends on the value of the property received by the heir or beneficiary.

IMPOSTE SUI TRASFERIMENTI	DESCRIZIONE SINTETICA
IMPOSTA DI BOLLO	• **Le marche da bollo tradizionali** (così come pure l'uso della carta bollata) **non hanno più alcun valore** e sono state sostituite da **contrassegni telematici**. • L'imposta è dovuta **in misura fissa o proporzionale**: in quest'ultimo caso è calcolata sul valore dell'atto (per esempio sull'importo della cambiale). • Dal 2012 **è stato ampliato il campo di applicazione dell'imposta di bollo**, attraverso un **prelievo proporzionale sulle attività finanziarie** detenute da persone fisiche in Italia e all'estero. Un esempio è costituito dall'imposta di bollo per le comunicazioni degli istituti finanziari relative a strumenti e prodotti finanziari, pari al 2 per mille. • L'imposta di bollo **viene anche applicata alle attività finanziarie che hanno beneficiato dei provvedimenti noti come "scudi fiscali"** (ossia sanatorie volte a favorire la regolarizzazione di attività finanziarie detenute illegalmente all'estero). L'aliquota è pari al 4 per mille e non è dovuta dai contribuenti che scelgano di rinunciare all'anonimato. • Dal 2013 è stata introdotta un'**imposta sul trasferimento di azioni e altri strumenti finanziari partecipativi, nota come Tobin tax**, per certi versi equiparata all'imposta di bollo. Essa colpisce, salvo alcuni casi di esclusione, il **trasferimento della proprietà** di azioni e di altri strumenti finanziari partecipativi (l'aliquota è pari allo 0,2% del valore della transazione). L'imposta si applica anche sugli strumenti finanziari derivati (*futures*, *certificates*, *covered warrants*, contratti di opzione): in questo caso l'imposta è definita in misura fissa.
IMPOSTE IPOTECARIE E CATASTALI	• Le **imposte ipotecarie e catastali** hanno per oggetto i trasferimenti immobiliari e acquistano rilevanza giuridica in occasione delle formalità poste in essere presso i registri immobiliari. • L'imposta **ipotecaria** ha come **presupposto** le formalità di trascrizione, iscrizione, rinnovazione, cancellazione e annotazione eseguite nei pubblici **registri immobiliari** in seguito a cessioni, successioni, donazioni o costituzioni di ipoteche o di diritti reali (per esempio usufrutto, servitù, ecc.). • L'imposta **catastale** ha come **presupposto** l'esecuzione di operazioni di **voltura** catastale in seguito a cessioni, successioni, donazioni o costituzione di ipoteche e di diritti reali (usufrutto, ecc.).
IMPOSTA SULLE SUCCESSIONI E DONAZIONI	• L'**imposta sulle successioni e donazioni** si applica al complesso di beni o diritti trasferiti per donazione o successione (escludendo i titoli di Stato) al netto dei debiti. • Per il **calcolo dell'imponibile** è riconosciuta una **franchigia** in relazione al rapporto di parentela (per esempio di un milione di euro per il coniuge e i parenti in linea retta) o alla presenza di particolari circostanze (per esempio se l'erede o il donatario è portatore di un handicap grave). • Le **aliquote** sono **differenziate** e variano in funzione del vincolo familiare fra successore (o beneficiario) e defunto (o donante).

IMPOSTE SUI TRASFERIMENTI	DESCRIZIONE SINTETICA
IMPOSTA SULLE ASSICURAZIONI	• Ha per oggetto la maggior parte dei contratti di assicurazione. • **Soggetti passivi** sono gli assicuratori, che sono sostituti d'imposta con diritto di rivalsa sull'assicurato. • La **base imponibile** è costituita dall'importo dei premi pagati. • Le **aliquote** sono proporzionali, variabili in funzione del ramo assicurativo.
ALTRI TRIBUTI MINORI	**Imposta sugli intrattenimenti** • Riguarda l'organizzazione di esecuzioni musicali registrate, giochi e attività di intrattenimento che si svolgono nel territorio dello Stato. • **Soggetti passivi** sono coloro che organizzano le attività di intrattenimento o che esercitano case da gioco. • La **base imponibile** è data dall'introito lordo (se gli introiti sono destinati a finalità non lucrative, essa è ridotta del 50%). • Le **aliquote** sono **proporzionali**, variabili in funzione del tipo di attività. **Tassa sulle concessioni governative** • Colpisce gli atti che consentono ai richiedenti l'**esercizio di diritti e facoltà** (licenze, autorizzazioni, concessioni, ecc.). Ne sono esempi le tasse per il rilascio di passaporti, porto d'armi, nonché quelle relative alla bollatura e numerazione dei libri sociali. • L'imposta si applica in misura **fissa**.

Licence fee
Tassa sulle concessioni governative
A form of a use tax charged by state or regional officies for the granting of a license to conduct an activity, such as driving a car, operating a business, hunting, etc.

2 LE IMPOSTE SULLA PRODUZIONE (O SUL CONSUMO)

Le imposte sulla produzione (o sul consumo) sono imposte monofase applicate nei confronti di produttori, venditori e importatori di determinati beni previsti dalla legge. A differenza dell'Iva non comportano obbligo di rivalsa, anche se in genere vengono trasferite, per traslazione, sul consumatore finale, che di fatto ne sopporta l'onere. Comprendono:

- le imposte di fabbricazione;
- i dazi doganali.

Quali sono le principali caratteristiche delle imposte sulla produzione o sul consumo?

La tabella 3 ne mette in evidenza gli aspetti principali.

Tabella 3 – Le imposte sulla produzione o sul consumo

IMPOSTE DI FABBRICAZIONE	• Le **imposte di fabbricazione** (chiamate anche **accise**) sono imposte indirette che colpiscono determinati prodotti industriali all'atto della loro produzione. Si prestano meglio a essere colpiti dall'imposta i beni la cui produzione è concentrata in poche grandi imprese, essendo l'accertamento del tributo più facile e meno oneroso. In Italia, in passato, le imposte di fabbricazione erano molto numerose e colpivano beni di largo consumo. Ora il loro numero si è notevolmente ridotto; le più importanti sono le **imposte sugli oli minerali**, ossia tributi che colpiscono benzina, gasolio, ecc. • Il **presupposto dell'imposta** è la fabbricazione o l'importazione del bene, anche se il pagamento può essere rinviato al momento dell'immissione in circolazione per il consumo. Dal momento della fabbricazione fino al consumo, il prodotto è soggetto a un regime di esenzione da imposta e può liberamente circolare nel territorio comunitario. • **Soggetti passivi** sono i produttori dei beni tassativamente indicati dalla legge (prodotti petroliferi, alcolici, energia elettrica, bitumi, carbone e derivati, ecc.), i quali, trasferendo l'onere dell'imposta nel prezzo di vendita dei prodotti, si rivalgono sui consumatori. • La **base imponibile** è costituita dalla quantità prodotta. • Le **aliquote** variano in funzione del prodotto considerato.
DAZI DOGANALI	• I **dazi doganali** sono imposte indirette che colpiscono le merci al momento del loro passaggio da uno Stato all'altro. A seconda dei loro fini, si distinguono in **fiscali** (volti a procurare un'entrata al fisco) e **protettivi** (volti a impedire l'ingresso di merci per tutelare la produzione nazionale dalla concorrenza estera). • Sono normalmente espressi in percentuale del valore delle merci (imposte ***ad valorem***) e sono prelevati all'atto delle operazioni doganali. • I **soggetti passivi**, obbligati in solido al pagamento dei diritti doganali, sono il proprietario (cioè colui che presenta la merce in dogana o la detiene all'atto dell'importazione) e tutti i soggetti per conto dei quali la merce viene esportata o importata. • I dazi vengono applicati in base alla **tariffa doganale**, che è costituita dall'elenco delle merci sottoposte al dazio con la specificazione, per ognuna di esse, del relativo dazio. • L'Unione europea si basa sul principio della libera circolazione delle merci e, al suo interno, è stata realizzata l'abolizione di tutte le barriere doganali. È in vigore una **tariffa doganale comunitaria** da applicare alle merci provenienti da Paesi extracomunitari: i dazi incassati da ogni Stato membro sono destinati al bilancio dell'Unione (vedi Sezione E, Unità 2, di questo volume).

Excise duty
Imposte di fabbricazione (accise)
A form of indirect tax generally collected by petrol stations and tobacco & spirits stores who act as intermediary bodies. The producer of the goods then pays this tax to the government. The tax is due from the moment of production (or import) or from the moment in which the product is made available for consumption. It is a ***per volume cost,*** therefore it is heavier than VAT.

Custom duty
Dazio doganale
Trade restriction aimed at preventing foreign goods from entering the internal market; it consists of a compulsory charge applied to goods crossing the international border.

3 MONOPOLI FISCALI: TABACCHI E LOTTO

Il **monopolio fiscale** è un istituto giuridico con cui lo Stato si riserva il diritto di produrre e/o vendere determinati prodotti, vietando a terzi l'esercizio di tali attività.

Oggi la funzione dei monopoli fiscali è solo quella di reperire entrate tributarie, che vengono ottenute inglobando nel prezzo una somma a titolo d'imposta. I monopoli fiscali riguardano:

- la fabbricazione e la vendita di tabacchi lavorati;
- l'estrazione e la produzione di sale;
- le attività di gioco (lotto, lotterie, scommesse, ecc.).

Government monopoly
Monopolio fiscale
Legal arrangement that reserves to a national administration to be the only producer of certain goods and services for the aim to obtain additional tax revenues. Any competition with their product is legally prohibited.

Quali sono le principali caratteristiche dei diversi monopoli fiscali?

La tabella 4 ne mette in evidenza gli aspetti principali.

Tabella 4 – I monopoli fiscali

MONOPOLI FISCALI	DESCRIZIONE SINTETICA
IMPOSTA SUI TABACCHI	• L'**imposta sui tabacchi** deriva dal monopolio sulla rivendita dei tabacchi lavorati che lo Stato (attraverso l'Ente tabacchi italiano -ETI Spa) assegna in esclusiva alle imprese titolari della relativa concessione amministrativa (tabaccherie). • I **soggetti passivi** sono i rivenditori autorizzati, che devono rifornirsi esclusivamente dai depositi fiscali.
IMPOSTE SULLE ATTIVITÀ DI GIOCO	• Le **imposte sulle attività di gioco** derivano dal gioco del lotto, dalle lotterie nazionali, dai giochi di abilità, dai concorsi pronostici, da altri giochi (Totocalcio, Totip, ecc.), che lo Stato esercita in condizione di monopolio. • È stata introdotta, con legge n. 662/1996, la possibilità per il Ministero delle Finanze di **istituire nuovi giochi** (SuperEnalotto, "Gratta e Vinci", ecc.) e di ricorrere a estrazioni del lotto in più giorni della settimana.
IMPOSTE SULLA PRODUZIONE DEL SALE	• L'**imposta sulla produzione del sale** colpisce l'estrazione del sale dall'acqua di mare, dalle sorgenti saline, dalle miniere, nonché la sua produzione in qualunque altro modo. • I **soggetti passivi** sono i titolari delle imprese a cui lo Stato assegna in esclusiva la concessione amministrativa per l'esercizio delle suddette attività.

MAPPA UNITÀ F2

IMPOSTE INDIRETTE STATALI

IMPOSTE SUGLI AFFARI

Imposte generali sugli scambi

- **Imposta monofase sul valore pieno**
- **Imposta plurifase cumulativa sul valore pieno** (per esempio l'Ige, sostituita dall'Iva a partire dal 1° gennaio 1973)
- **Imposta plurifase (non cumulativa) sul valore aggiunto**, a sua volta applicabile secondo due distinti metodi:
  - "**base da base**": in ogni fase del processo produttivo-distributivo l'aliquota dell'imposta è applicata alla differenza tra il valore delle vendite e il valore degli acquisti
  - "**imposta da imposta**": in ogni fase del processo produttivo-distributivo l'aliquota dell'imposta si applica all'intero valore delle vendite, poi si sottrae l'imposta pagata sugli acquisti e si versa la differenza all'Erario. A quest'ultima categoria appartiene l'**Iva**.

Imposte sui trasferimenti

- Imposta di registro
- Imposta di bollo
- Imposte ipotecarie e catastali
- Imposta sulle successioni e donazioni
- Imposta sulle assicurazioni
- Altri tributi minori (sugli intrattenimenti, sulle concessioni governative, ecc.)

IMPOSTE SULLA PRODUZIONE (O SUL CONSUMO)

Imposte di fabbricazione (accise)

- Imposta sugli oli minerali
- Imposta sul gas metano
- Imposta sull'energia elettrica
- Imposta su spiriti e birra
- Imposta sui bitumi
- Imposta sui fiammiferi

Dazi doganali

Si distinguono in:

- **fiscali** (volti a procurare un'entrata al fisco);
- **protettivi** (volti a impedire l'ingresso di merci per tutelare la produzione nazionale dalla concorrenza estera).

Vengono applicati in base a una **tariffa doganale**. Nella Ue è in vigore una **tariffa doganale comunitaria**.

MONOPOLI FISCALI

- Imposta sui tabacchi
- Imposta sulle attività di gioco
- Imposta sulla produzione del sale

IVA

Caratteri generali
È un'imposta:
- generale
- proporzionale con aliquote differenziate
- plurifase sul valore aggiunto
- neutra
- trasparente

Presupposti
- **Oggettivo**: deve trattarsi di una cessione di beni o di una prestazione di servizi
- **Soggettivo**: le cessioni di beni e le prestazioni di servizi se effettuate da soggetti nell'esercizio di imprese o di arti e professioni
- **Territoriale**: le cessioni di beni e le prestazioni di servizi per essere assoggettate a Iva devono essere effettuate nel territorio dello Stato

Soggetti passivi
- Imprenditori individuali
- Società iscritte nel Registro delle imprese, società semplici, società di fatto, società estere
- Enti pubblici e privati (comprese le associazioni non riconosciute) che hanno come oggetto esclusivo o principale l'esercizio di attività agricole o commerciali
- Enti pubblici e privati che non hanno come oggetto esclusivo o principale l'esercizio di attività agricole o commerciali
- Esercenti arti o professioni
- Associazioni (e società semplici) costituite fra professionisti o artisti per l'esercizio della loro attività
- Importatori, indipendentemente dall'attività abitualmente esercitata

Base imponibile
Ammontare complessivo dei corrispettivi dovuti a chi cede il bene o a chi presta il servizio.

Aliquote Iva
Sono differenziate in relazione alla natura del bene o del servizio oggetto dell'operazione.
Attualmente sono le seguenti:
- aliquota ordinaria del 22%;
- tre aliquote ridotte (4%, 5% e 10%) da applicarsi nei casi espressamente disciplinati.

Obblighi del contribuente
- Dichiarazione di inizio attività nel regime normale
- Fatturazione
- Registrazione delle operazioni effettuate su appositi registri
- Liquidazione e versamenti periodici e annuali
- Comunicazione e dichiarazione annuale

Operazioni
- Operazioni in regime Iva
  - imponibili
  - non imponibili
  - esenti
- Operazioni estranee al regime Iva
  - escluse

Per contrastare il fenomeno dell'evasione dell'Iva:
- estensione del ***reverse charge*** (inversione contabile);
- adozione di un sistema di ***split payment*** per la riscossione dell'Iva nei rapporti con la Pubblica amministrazione.

Regimi
- Normale
- Semplificato
- Speciale:
  - per gli esportatori abituali
  - per i contribuenti minimi

Verifiche 2

1) TROVA L'ERRORE IN OGNI FRASE

Competenza: acquisire e riconoscere i contenuti chiave

A. A livello comunitario la tassazione delle merci avviene in base al principio del Paese d'origine.
B. Le cessioni di beni fra privati non imprenditori rientrano nel campo di applicazione Iva.
C. Le operazioni non imponibili non sono soggette al pagamento dell'imposta e non concorrono alla formazione del volume d'affari.
D. L'Iva rappresenta un costo per gli operatori che intervengono nel ciclo di produzione e distribuzione di beni e servizi.
E. Per le cessioni di beni mobili il momento impositivo è la stipulazione del contratto.
F. Il *reverse charge* è un meccanismo che riguarda i beni e servizi ceduti alla Pubblica amministrazione.
G. Un saldo positivo fra l'Iva a debito e l'Iva a credito, inerente alle fatture registrate nel mese precedente, costituisce il credito d'imposta.
H. Le fatture emesse (non differite) devono essere annotate nell'ordine di numerazione, nell'apposito registro, entro lo stesso mese di emissione.
I. L'imposta sulle successioni si applica al complesso dei beni o diritti trasferiti per donazione o successione (compresi i titoli di Stato) al netto dei debiti.
J. Le imposte sulla produzione (o sul consumo) sono imposte plurifase applicate nei confronti di produttori, venditori e importatori di determinati beni previsti dalla legge.

2) COLLEGA LE ESPRESSIONI CONTRASSEGNATE DA UNA LETTERA CON QUELLE INDICATE DA UN NUMERO

Competenza: individuare collegamenti e relazioni

A.	Imposta plurifase cumulativa	1.	Plafond
B.	Operazioni non imponibili	2.	Pagamento prestazione di servizi
C.	Operazioni esenti	3.	Registro dei corrispettivi
D.	Operazioni estranee al regime Iva	4.	Servizi internazionali
E.	Momento impositivo	5.	Dichiarazione d'intento
F.	Cessione di beni mobili risultanti da documento di trasporto	6.	Ige
G.	Commercianti al dettaglio	7.	Detraibilità Iva ridotta
H.	Esportatori abituali	8.	Fatturazione differita
I.	Beni a uso promiscuo	9.	Prestazioni sanitarie
J.	Acquisti senza pagamento dell'Iva	10.	Cessioni di aziende

A	B	C	D	E	F	G	H	I	J

3) INDICA SE LE SEGUENTI AFFERMAZIONI SONO VERE O FALSE. SE LE RITIENI FALSE GIUSTIFICA LA RISPOSTA

Competenza: acquisire, interpretare l'informazione e comunicare

	VERO	FALSO
A. L'imposta sul valore aggiunto si applica sugli acquisti intracomunitari.		

	VERO	FALSO
B. Il volume d'affari è costituito dall'ammontare complessivo dei ricavi (al lordo dell'imposta) derivanti dalle cessioni di beni o prestazioni di servizi, effettuate da un soggetto passivo nel corso di un anno solare.		
C. Le imprese e i professionisti che fatturano più di 2 milioni di euro all'anno hanno la possibilità di liquidare l'Iva secondo la contabilità di cassa.		
D. Per le abitazioni adibite a residenza principale l'Iva è il 4%.		
E. Le operazioni esenti non sono assoggettate agli adempimenti Iva.		
F. Le cessioni all'esportazione sono operazioni non imponibili.		
G. In caso di cessazione di attività il contribuente non ha diritto al rimborso del suo credito Iva.		
H. Il contribuente che opta per la dichiarazione autonoma dell'Iva deve presentarla entro il 28 febbraio dell'anno successivo al periodo d'imposta preso in considerazione.		
I. I commercianti al minuto (e i soggetti assimilati) devono tenere il registro delle fatture.		
J. Le costituzioni e le fusioni di società sono soggette all'imposta di bollo.		

4) RISOLVI I SEGUENTI PROBLEMI

Competenza: risolvere problemi

A. Un imprenditore tessile ha effettuato, nell'anno 2016, acquisti per 40.000 euro con Iva al 22%. Il suo volume d'affari, pari a 100.000 euro, è così ripartito:
- Operazioni imponibili 60.000 euro
- Operazioni non imponibili 10.000 euro
- Operazioni esenti 30.000 euro

Calcola l'Iva a debito (o a credito), tenendo conto del pro-rata, per l'anno considerato.

B. Un contribuente, esportatore abituale, in sede di liquidazione Iva per l'anno 2016 dispone dei seguenti dati:
- Esportazioni per l'anno 2015: euro 125.000
- Operazioni imponibili per il 2016: euro 250.000
- Acquisti anno 2016: euro 175.000

Calcola l'Iva dovuta per il 2016, tenendo conto che per l'Iva pagata sugli acquisti il contribuente può beneficiare delle agevolazioni derivanti dalla sua qualifica di esportatore abituale (aliquota 22%).

5) RISPONDI AI SEGUENTI QUESITI IN UN MASSIMO DI 5/6 RIGHE

Competenza: saper organizzare e sintetizzare i contenuti

A. Ai fini Iva, che cosa si intende per importazione di beni e servizi?
B. Ai fini Iva, qual è la differenza tra operazioni imponibili, non imponibili ed escluse?
C. In che cosa consiste la regola del pro-rata?
D. Quali sono le finalità del *reverse charge* e dello *split payment*?
E. Quali sono gli adempimenti del contribuente in regime normale Iva?
F. A chi è riservato il regime speciale per i contribuenti minimi?
G. A quale imposta sono soggetti gli atti di trasferimento della proprietà di beni immobili?
H. Qual è l'imposta che colpisce l'aspetto formale dell'atto?
I. Cos'è la Tobin tax?
J. Qual è il presupposto delle imposte ipotecarie?

ENGLISH EXERCICES 2

1) Connect each letter with a number

A. Value added tax	1. Tax that has for object the premium paid.
B. Registration tax	2. Tax affecting administrative measures taken by state or regional offices.
C. Stamp duty	3. Tax whose total effect is on the final consumer, who has to pay the entire amount.
D. Mortgage and cadastral taxes	4. Tax that consists of a compulsory charge applied to goods crossing the border.
E. Succession and donation duty	5. Measure that reserves to the State the production or the sale of goods and services for the aim to obtain additional tax revenues.
F. Licence tax	6. Taxes regarding certain fuel products or alcohol that may be due from the moment of production or import.
G. Excise duty	7. Tax affecting free transfers and transfers due to death.
H. Custom duty	8. Taxes regarding a formal transcription, registration or cancellation in the public registers.
I. Tax monopoly	9. Tax levied on the transfer of wealth.
J. Tax of insurances	10. Tax linked to the formal aspect of deeds, documents and registers specifically identified by law.

A	B	C	D	E	F	G	H	I	J

2) Answer the following questions

- What is VAT?
- How does VAT work?
- Is there a common EU VAT rate?
- What is the difference between destination principle and origin principle?
- What are the transactions not subject to VAT?

UNITÀ

3 I tributi regionali e comunali

Tasse, quel modo (lecito) per non pagare quelle locali

Il "baratto amministrativo" si fa strada in cento Comuni: lavori sociali e servizi di decoro urbano in cambio dello sconto

Non hai i soldi per pagare le tasse locali? Le paghi prestando un servizio al Comune, per esempio spazzando le strade della tua zona. [...] Si va dalla pulizia delle strade alla manutenzione e abbellimento di aree verdi, piazze e vie. Dagli interventi di decoro urbano, recupero di aree e immobili inutilizzati a una più generale "valorizzazione" di zone del territorio, dice la legge.[1] In cambio, il Comune dispone a favore di questi cittadini l'esenzione o lo sconto su determinati tributi: Imu, Tasi, Tari, Consap, Tosap, ecc. Il baratto amministrativo, spiega l'Anci che è intervenuta con due circolari di chiarimento, può essere utilizzato anche per saldare in tutto o in parte debiti pregressi del contribuente, tasse locali ma anche multe, per esempio, con particolare riguardo a cittadini in stato di disagio.

A praticare lo scambio tasse-servizi hanno iniziato, l'anno scorso, alcuni piccoli comuni in Toscana (Massarosa il primo), Piemonte e Lombardia. Ma rapidamente il fenomeno si è esteso anche al Sud e ad alcune città (Genova, Bari, Olbia, Roma e, appunto, Milano) che, con diverse modalità, hanno già deliberato o pensano di farlo. Ovviamente non mancano i contrari. [...]

Ma alla fine chi meglio degli stessi cittadini può verificare se la cosa funziona?

Enrico Marro
«Corriere della Sera», 3 gennaio 2016

[1] *La fonte normativa di questo istituto giuridico si trova nell'art. 24 del cosiddetto decreto "Sblocca Italia" (decreto legge n. 133/2014, poi convertito con modificazioni nella legge n. 164/2014).*

attività

1. A tuo avviso, il baratto amministrativo può essere un'opportunità per valorizzare i beni comuni in attuazione del principio di sussidiarietà?
2. Quali sono le obiezioni di natura pratica che si potrebbero fare a questa iniziativa?
3. I giudici contabili della Corte dei conti, sezione Emilia Romagna, hanno espresso un parere critico nei confronti di questo provvedimento in quanto potrebbe provocare un danno erariale allo Stato. In che cosa consiste il danno in oggetto?

1 I PRINCIPALI TRIBUTI REGIONALI E COMUNALI

Con la riforma del Titolo V della Costituzione (Legge costituzionale 18 ottobre 2001, n. 3) si sono poste le basi per l'attuazione di un progetto di federalismo fiscale, in quanto sono stati modificati i principi costituzionali che regolavano alcuni rapporti tra Stato e livelli decentrati di governo.

Tax redistribution
Compartecipazioni (redistribuzione fiscale)
Percentage of yield of state taxes devolved to Regions and Municipalities according to local requirements.

In particolare, con la modifica dell'art. 119 Cost. è stato introdotto il principio dell'**autonomia finanziaria**, in quanto agli enti locali territoriali (o enti decentrati) è stato riconosciuto il diritto di avere risorse autonome, cioè **tributi ed entrate propri**, nonché **compartecipazioni** al gettito di tributi erariali relativo al loro territorio. Le addizionali e le sovrimposte non sono state espressamente citate, ma possono essere incluse nel primo gruppo di risorse.

RINFORZO

Entrate tributarie degli enti decentrati

Tributo proprio: l'ente decentrato istituisce un'imposta su materie diverse da quelle delle imposte statali, realizzando una situazione di vera autonomia finanziaria.

Tributo proprio derivato: lo Stato istituisce un'imposta il cui gettito è destinato a un ente decentrato, che tuttavia può disciplinarne alcuni aspetti (per esempio le aliquote).

Sovrimposta: l'ente decentrato fissa un'aliquota da applicare al gettito complessivo di un'imposta statale.

Addizionale: l'ente decentrato fissa a proprio favore un'aliquota che si somma a quella stabilita dal Governo centrale, da applicarsi alla base imponibile di un'imposta statale.

Compartecipazione: è costituita da una percentuale del gettito di un'imposta statale, che viene devoluta a un ente decentrato sulla base di criteri che tengono conto di aspetti locali (per esempio base imponibile, gettito) e di necessità locali.

Negli ultimi anni i principali tributi degli enti decentrati sono stati oggetto di diversi interventi, anche a seguito di processi di riforma non ancora del tutto compiuti (che hanno interessato in particolar modo le Province).

In questa sede analizzeremo soltanto i principali tributi comunali e regionali, partendo da un elenco degli stessi.

La sala del Consiglio comunale di Palazzo Marino, a Milano.

I tributi **regionali** sono:

Tributi propri (anche derivati)	• Irap • Addizionale Irpef • Tasse automobilistiche • Altri tributi (imposta regionale sulla benzina per autotrazione, imposta sulle emissioni sonore degli aeromobili civili, imposta regionale sul gas e l'energia elettrica per uso domestico, tassa per l'occupazione di spazi e aree pubbliche, tassa sulle concessioni regionali, imposta sulle concessioni statali dei beni del demanio e del patrimonio indisponibile, tassa regionale per il diritto allo studio, tributo speciale per il deposito di rifiuti solidi in discarica)
Compartecipazioni a tributi erariali	• All'Iva • All'accisa sulla benzina • All'accisa sul gasolio per autotrazione • All'imposta sostitutiva sul reddito dei titoli obbligazionari emessi dalla Regione

I tributi **comunali** sono:

Tributi propri (anche derivati)	• Imu (Imposta municipale unica) • Tasi (Tributo per i servizi indivisibili) • Tari (Tassa sui rifiuti) • Imposta di scopo • Imposta di soggiorno • Altri tributi (imposta sulla pubblicità e diritti sulle pubbliche affissioni, tassa sull'occupazione di spazi e aree pubbliche, Tosap, contributi di urbanizzazione, ecc.) • Addizionale Irpef
Compartecipazioni	• All'Irpef • Alla RC Auto • All'imposta sostitutiva sul reddito dei titoli obbligazionari emessi dai Comuni

2 L'IMPOSTA REGIONALE SULLE ATTIVITÀ PRODUTTIVE (IRAP)

L'**Imposta regionale sulle attività produttive** (**Irap**) è un'imposta entrata in vigore nel nostro ordinamento il 1° gennaio 1998, con lo scopo di rafforzare il grado di autonomia tributaria delle Regioni e di semplificare e razionalizzare il sistema tributario, in quanto ha sostituito ben sei tributi preesistenti.

Regional Tax on Production Activities
Imposta regionale sulle attività produttive (Irap)
A local tax that levies on the productive activities carried out in each regional territory, based on the value added produced.

Qual è il presupposto dell'imposta e quali sono i suoi caratteri?

Il **presupposto** dell'Irap è l'esercizio abituale di un'attività diretta alla produzione o allo scambio di beni e alla prestazione di servizi. L'Irap, infatti, colpisce la ricchezza allo stadio della sua **produzione**, e non a quello della sua **percezione** (come Irpef o Ires), né a quello del suo **consumo** (come l'Iva): per questo motivo ciò che legittima tale imposizione è il **principio del beneficio**, in quanto l'Irap si configura come il prezzo che l'impresa paga allo Stato per usufruire dei servizi pubblici, soprattutto di carattere locale, e per risarcire i costi arrecati alla collettività dall'attività produttiva (inquinamento ambientale, traffico stradale, ecc.).

IN PILLOLE

Presupposto Irap: esercizio di un'attività volta alla produzione o allo scambio di beni o servizi.

Presupposto imposte dirette sui redditi (Irpef e Ires): conseguimento di redditi.

Presupposto Iva: cessioni di beni e prestazioni di servizi.

Dati i suoi **caratteri**, si può affermare che l'Irap è un'imposta:
- **diretta**, perché colpisce la ricchezza nel momento in cui è prodotta, in seguito all'attività esercitata nel territorio regionale;
- **reale**, in quanto, nel colpire la materia imponibile, non considera la situazione personale del contribuente;
- **territoriale**, poiché ciascuna Regione può applicarla esclusivamente alle attività produttive localizzate nel proprio territorio;
- **generale**, in quanto colpisce tutte le attività produttive svolte in ambito regionale, pubbliche e private.

Chi sono i soggetti passivi?

I **soggetti passivi** Irap sono:
- imprenditori individuali (con esclusione di quelli agricoli);
- esercenti arti e professioni;
- società di persone;
- società di capitali;
- enti commerciali e non commerciali;
- enti e società non residenti (per il valore aggiunto prodotto nel territorio nazionale);
- amministrazioni pubbliche.

Sono tuttavia **esclusi** dall'applicazione dell'Irap i lavoratori autonomi e le imprese che rientrano nel regime dei contribuenti minimi, nonché i percettori di redditi derivanti da attività occasionali di lavoro autonomo o impresa.

Da che cosa è costituita la base imponibile?

La base imponibile è costituita dal **valore aggiunto netto** prodotto dall'attività esercitata nel territorio regionale. Come sappiamo, il valore aggiunto può essere calcolato in due modi:

- **come differenza fra il valore della produzione e il costo delle materie prime e dei beni intermedi** (dal costo della produzione, quindi, sono esclusi sia i costi del lavoro dipendente, sia le perdite finanziarie causate da crediti persi o interessi pagati). Il **valore aggiunto è netto** perché l'ammortamento è deducibile dal valore della produzione. Questo è il metodo di calcolo della base imponibile Irap;
- **come somma delle rimunerazioni spettanti a coloro che hanno fornito i fattori produttivi**: salari e stipendi, interessi, rendite e profitti. Se consideriamo il valore aggiunto in questo secondo significato, l'Irap colpisce i profitti, gli interessi passivi, i salari e gli stipendi.

A differenza delle imposte sui redditi (Ires e Irpef), l'Irap colpisce il **costo del lavoro** e gli **interessi passivi**, pertanto è stata oggetto di numerose critiche. Proprio per questo, gli interventi che si sono susseguiti negli ultimi anni hanno determinato una progressiva esclusione dalla base imponibile del costo del lavoro a tempo indeterminato, riducendo però in tal modo l'importanza del tributo in termini di gettito.

Quali sono i principali provvedimenti che hanno consentito una progressiva riduzione della base imponibile?

Sono stati progressivamente ammessi in deduzione i contributi per le assicurazioni obbligatorie contro gli infortuni, le spese relative agli apprendisti, ai disabili, al personale assunto con contratti di formazione e lavoro, e a quello addetto ad attività di ricerca e sviluppo.

Inoltre, sono state introdotte alcune deduzioni dalla base imponibile che hanno lo scopo di incentivare l'assunzione a tempo indeterminato, soprattutto di soggetti che si presentano sul mercato del lavoro in condizione di svantaggio (giovani, donne, residenti nel Sud).

Attualmente risulta tuttavia un quadro molto complesso, in quanto alcune norme recentemente introdotte si sono sovrapposte, senza eliminarle, alle precedenti.

In sintesi le **principali deduzioni** sono le seguenti:

- **una deduzione forfetaria**, riguardante le imprese individuali, le società di persone (escluse s.s.), esercenti arti e professioni, che decresce all'aumentare della base imponibile e si azzera quando il valore della produzione supera determinati importi (nel 2016 i 180.999,91 euro). Tale deduzione è diretta principalmente a favorire le piccole imprese;
- **l'integrale deduzione del costo del lavoro (dal 2015)** relativo ai dipendenti assunti con contratto a tempo indeterminato;
- **una deduzione parziale**, a partire dal 2016, nei limiti del 70% del costo del lavoro relativo a ogni dipendente stagionale, in presenza di de-

Le spese relative all'assunzione dei disabili sono ammesse in deduzione.

L'intrepido

Film drammatico
di Gianni Amelio, 2013

Antonio Pane, quarantenne separato con un figlio ventenne musicista, vive a Milano. In attesa di trovare un lavoro vero, poiché l'officina per cui lavorava ha chiuso i battenti, Antonio si ingegna facendo il "rimpiazzo": in pratica, per pochi spiccioli, sostituisce chi ha bisogno di assentarsi per qualche ora dal proprio posto di lavoro e non vuole essere scoperto. Lo troviamo allora tranviere, uomo-pupazzo di un centro commerciale, muratore e persino venditore ambulante di rose, pronto a qualsiasi occupazione e a cogliere sempre il lato positivo di ogni esperienza lavorativa. Il film è una commedia drammatica che offre numerosi spunti di riflessione sull'Italia di oggi.

- Guarda il film e discutine con i compagni e l'insegnante.

terminate condizioni. Il lavoratore stagionale è quel soggetto che svolge attività discontinua in determinati periodi dell'anno: il suo è a tutti gli effetti un contratto a termine, ma senza i limiti quantitativi e di durata stabiliti dalla contrattazione collettiva.

Per le **imprese senza dipendenti** il legislatore ha introdotto un credito d'imposta pari al 10% dell'imposta lorda di competenza del periodo.

L'assoggettamento all'Irap degli interessi passivi a quali finalità corrisponde?

Per quanto riguarda gli **interessi passivi**, l'inclusione degli stessi nella base imponibile risponde alla finalità di disincentivare, nei piani di finanziamento degli investimenti, il ricorso all'indebitamento esterno anziché al capitale proprio da parte delle imprese. A proposito di investimenti, si è detto che l'Irap colpisce il **valore aggiunto netto**, in quanto fra i costi che si detraggono è incluso l'ammortamento; tale scelta, che fu molto dibattuta, è stata dettata principalmente dall'esigenza di incentivare gli investimenti.

Che cosa accade quando il valore netto prodotto da un'impresa deriva da un'attività esercitata in più Regioni?

I soggetti che esercitano l'attività nel territorio di più Regioni devono ripartire il valore della produzione netta e attribuirlo a ogni territorio regionale in proporzione all'ammontare delle retribuzioni corrisposte al personale impiegato in ciascuna Regione. Si tratta di un metodo di riparto che, seppur grossolano, è di facile applicazione.

Esempio

Un'impresa che opera nel territorio di due Regioni ha ottenuto una produzione netta il cui valore ammonta a 1.000. Le retribuzioni corrisposte ammontano a 200 nella Regione X e a 600 nella Regione Y, quindi la base imponibile viene ripartita secondo il rapporto 1 (per la Regione X) a 3 (per la Regione Y). Facendo i calcoli:

$$\frac{\mathbf{1.000}}{\mathbf{1 + 3}} = \mathbf{250}$$

La base imponibile per la Regione X, dunque, è pari a 250 × 1 = 250, mentre per la Regione Y è pari a 250 × 3 = 750.

Qual è l'aliquota Irap?

L'aliquota ordinaria è del 3,9%. Sono però previste aliquote diverse, in considerazione dei diversi settori di attività, come evidenziato nella tabella 1.

Tabella 1 - Aliquote Irap

Soggetti	Aliquote
Banche e assicurazioni	4,65%
Amministrazioni pubbliche (sull'ammontare delle retribuzioni lorde)	8,50%
Altri soggetti	3,90%

Le Regioni possono variare l'aliquota in aumento o in diminuzione entro la misura massima dello 0,92% e differenziarla per categorie di soggetti e settori di attività. Ciascuna Regione a statuto ordinario potrà, con propria legge, ridurre le aliquote Irap (fino ad azzerarle) e introdurre deduzioni dall'imponibile, nel rispetto della normativa comunitaria, a condizione che non venga aumentata l'aliquota dell'addizionale Irpef oltre lo 0,5%.

L'Irap costituisce un onere deducibile dalla base imponibile Irpef o Ires?

La normativa vigente al momento dell'istituzione dell'Irap prevedeva che tale imposta non venisse dedotta né dall'Irpef né dall'Ires. Tuttavia, poiché l'Irap grava su interessi passivi e, in parte, sul costo del lavoro, che sono componenti negative deducibili dalla base imponibile dell'Irpef e dell'Ires, si è deciso di rivedere la normativa su questo aspetto.

Di conseguenza, l'Irap pagata sui costi sostenuti per il personale dipendente e assimilato è ora integralmente deducibile dalla base imponibile dell'Irpef e dell'Ires; quella relativa agli interessi passivi dà diritto a una deduzione pari al 10% dell'Irap residua.

Un esempio di calcolo dell'Irap

La società Alfa Spa, con sede a Bologna, opera nel settore manifatturiero. Nel 2016 ha avuto 10 lavoratori dipendenti a tempo indeterminato e 4 lavoratori a tempo determinato. Al 31 dicembre 2016 la situazione contabile (in euro) è la seguente:

1. Ricavi 1.400.000
2. Costi per materie prime 120.000
3. Salari e stipendi per lavoratori a tempo indeterminato 300.000
4. Salari e stipendi per lavoratori a tempo determinato 60.000
5. Contributi sociali per lavoratori a tempo indeterminato 120.000
6. Contributi sociali per lavoratori a tempo determinato 24.000
7. Ammortamenti 80.000
8. Interessi passivi 150.000
9. Utile (Ricavi – Totale costi) 546.000
10. **Valore aggiunto netto** 1.200.000, così calcolato:
    a. (1 – 2 – 7), ossia ricavi meno costi delle materie prime e ammortamenti
    b. (3 + 4 + 5 + 6 + 8 + 9), ossia somma delle rimunerazioni costituite da salari e stipendi (aumentati dei contributi sociali), interessi passivi e profitti (o utili).

Per calcolare la base imponibile, la società Alfa potrà dedurre dal valore aggiunto netto l'intero costo sostenuto per i lavoratori a tempo indeterminato:

Base imponibile Irap:
1.200.000 – (300.000 + 120.000) = 780.000

Irap da versare: 780.000 × 0,039 = 30.420

RINFORZO

3 I PRINCIPALI TRIBUTI COMUNALI: IMU, TASI, TARI

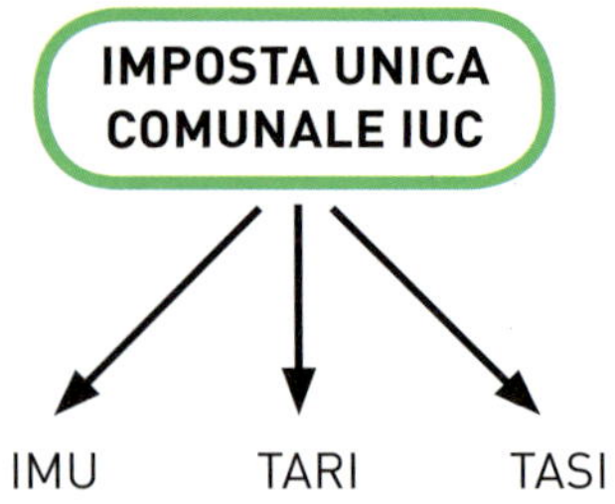

Ai Comuni è attribuito il prelievo fiscale gravante sugli immobili e sui terreni.

Sotto la denominazione di **Iuc** (**Imposta unica comunale**), sono ricompresi i seguenti tributi, fra loro differenti sotto molteplici aspetti:

- Imposta municipale unica (Imu);
- Tributo per i servizi indivisibili (Tasi);
- Tassa sui rifiuti (Tari).

La loro disciplina è stata profondamente modificata dalla legge di Stabilità 2016.

Multiple municipal tax
Imposta unica comunale (Iuc)
Imposition that comprises three elements: a) IMU - municipal property tax on real estate; b) TASI - tax for municipal services; c) TARI - tax on solid waste collection and disposal.

Tax on real estate
Imposta municipale unica (Imu)
Municipal property tax on real estate, generally not imposed on primary residence.

A • Imposta municipale unica (Imu)

L'**Imposta municipale unica** (**Imu**) è un'imposta patrimoniale introdotta in via sperimentale a partire dal 2012, ma continuamente modificata nel corso degli anni.

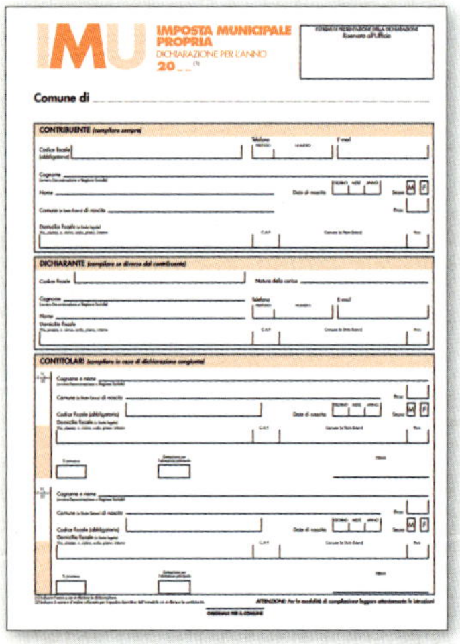
IMU IMPOSTA MUNICIPALE PROPRIA
DICHIARAZIONE PER L'ANNO 20__
Comune di

Qual è il presupposto dell'Imu?

Il **presupposto dell'Imu** è il possesso di fabbricati, aree fabbricabili e terreni agricoli, situati nel territorio del Comune e destinati a qualsiasi uso. Sono, pertanto, inclusi gli immobili strumentali o quelli alla cui produzione e scambio è rivolta l'attività dell'impresa.

Dalla base imponibile dell'Imu sono però escluse le seguenti categorie di beni:

- **l'abitazione principale e le sue pertinenze, ad eccezione delle abitazioni di lusso** (categorie catastali A1/A8/A9). Nel decreto legge n. 16/2012, l'abitazione principale è definita come "l'immobile, iscritto o iscrivibile nel Catasto edilizio urbano come unica unità immobiliare, nel quale il possessore e il suo nucleo familiare dimorano abitualmente e risiedono anagraficamente". Per gli immobili che vengono dati in comodato d'uso gratuito (art. 1803 Codice civile) a figli e genitori è disposta una riduzione pari al 50% della base imponibile;
- **una larga parte dei terreni agricoli**.

Chi sono i soggetti passivi?

I soggetti passivi dell'Imu sono:

- il proprietario dell'immobile o il titolare di un altro diritto reale (usufrutto, uso, abitazione, enfiteusi e superficie);
- il concessionario di aree demaniali;
- il locatario nel caso di contratto di locazione finanziaria.

Come si determina la base imponibile?

La base imponibile è costituita dal valore degli immobili, determinato con modalità diverse:

- il valore dei fabbricati si ottiene applicando alla rendita catastale, rivalutata del 5%, appositi moltiplicatori che variano in relazione alle diverse categorie catastali (160 è quello da applicarsi alla maggior parte degli immobili);
- il valore delle aree fabbricabili è quello di mercato al 1° gennaio di ciascun periodo d'imposta;
- il valore dei terreni agricoli è dato dal reddito dominicale rivalutato del 25% e moltiplicato per un coefficiente pari a 130.

Quali sono le aliquote dell'Imu?

Sono previste un'aliquota ordinaria e una ridotta.

L'**aliquota ordinaria**, pari al 7,6 per mille, può essere modificata in più o in meno nella misura dello 0,3% da parte dei Comuni. Si potranno pertanto avere in futuro aliquote Imu ordinarie che vanno da un minimo del 4,6 per mille a un massimo del 10,6 per mille.

L'**aliquota ridotta**, pari al 4 per mille, si applica alle abitazioni principali di lusso e relative pertinenze, ma i Comuni possono aumentarla o diminuirla dello 0,2%. Per l'abitazione principale di lusso, inoltre, è prevista una detrazione dall'imposta dovuta pari a 200 euro, che i Comuni possono innalzare fino ad annullare l'intera imposta.

Per alleggerire il prelievo fiscale su particolari categorie di immobili, però, sono state introdotte le seguenti deroghe:

- i Comuni hanno la facoltà di ridurre l'aliquota base dell'Imu fino al 4 per mille per gli immobili strumentali al lavoro autonomo o di proprietà di imprese commerciali, per gli immobili posseduti da soggetti passivi Ires, per gli immobili locati;
- l'Imu relativa agli immobili strumentali è deducibile, ai fini della determinazione del reddito d'impresa e del reddito derivante dall'esercizio di arti e professioni, nella misura del 20%;
- per gli immobili locati a canone concordato, l'aliquota, deliberata dai Comuni, dal 2016 è ridotta del 25%.

Sono previste esenzioni per alcune categorie di immobili?

È previsto un largo ventaglio di esenzioni; ricordiamo quelle relative a immobili:

- destinati esclusivamente a compiti istituzionali, posseduti dallo Stato o, nel proprio territorio, dalle Regioni, Province, Comuni, Comunità montane e dagli enti del servizio sanitario nazionale;
- destinati esclusivamente allo svolgimento di attività assistenziali, previdenziali, sanitarie, didattiche, ricettive, culturali, ricreative e sportive, che

non abbiano natura commerciale, posseduti da enti non commerciali, fra cui gli enti ecclesiastici;

- destinati al culto e posseduti dalla Santa Sede o appartenenti a Stati esteri;
- assegnati al coniuge, in quanto casa coniugale, a seguito di provvedimenti di separazione.

☐ Il gettito dell'Imu affluisce interamente ai Comuni?

Il gettito dell'Imu non affluisce interamente ai Comuni. Infatti il gettito calcolato applicando l'aliquota ordinaria del 7,6 per mille ai fabbricati di categoria D (fabbricati industriali, alberghi e pensioni, banche, ospedali con fini di lucro, ecc.) viene riservato allo Stato.

☐ Si possono evidenziare alcuni limiti dell'Imu?

Uno dei limiti fondamentali dell'Imu riguarda il fatto che la sua introduzione non è stata accompagnata da una riforma del Catasto. Siccome la valutazione degli immobili è basata su rendite catastali ormai superate, ne derivano situazioni di forte iniquità: è molto frequente, per esempio, che siano classificati come "popolari" immobili di ampia superficie, recentemente ristrutturati e situati in prestigiosi centri storici, il cui valore di mercato è sicuramente molto più elevato di quello catastale. Una prima operazione da compiere, per rendere più equa l'imposta, doveva essere la revisione del Catasto prevista dalla legge delega approvata dal Parlamento nel 2014, che avrebbe dovuto consentire una valutazione degli immobili prossima a quella di mercato, sulla base delle caratteristiche edilizie, della localizzazione, della superficie in metri quadri. La delega però non è stata esercitata nei tempi richiesti e il tema della riforma del Catasto è stato rimandato nel tempo.

Un altro elemento di critica riguarda il fatto che, per alcune tipologie di immobili, il passaggio dall'Ici all'Imu ha comportato un notevole aggravio d'imposta: basti pensare, per esempio, agli immobili locati che, a differenza di quelli non locati, continuano a essere sottoposti anche all'Irpef.

B • Tributo per i servizi indivisibili (Tasi)

Tax for municipal services
Tributo per i servizi indivisibili (Tasi)
Local tax implemented for basic city services (road maintenance, green areas, public lighting, police, sewage, public library, etc).

Il **tributo per i servizi indivisibili** (**Tasi**) è stato introdotto per finanziare i **servizi comunali indivisibili**, vale a dire quei servizi di cui beneficia l'intera collettività ma per i quali non è possibile effettuare una suddivisione in base all'effettiva percentuale di utilizzo individuale (per esempio l'illuminazione pubblica o il servizio di manutenzione delle strade), sulla base del presupposto che il beneficio che si trae dagli stessi si rifletterebbe sul valore degli immobili.

L'esclusione della Tasi dalle abitazioni principali, a partire dal 2016, rende difficoltosa la giustificazione del tributo, in quanto vengono esonerati dal pagamento proprio i principali beneficiari dei servizi comunali indivisibili, facendone ricadere l'onere sostanzialmente sui non residenti, proprietari di seconde case situate nel territorio di un dato Comune, e sulle imprese.

Quali sono le principali caratteristiche della Tasi?

Il **presupposto** della Tasi è il possesso o la detenzione, a qualsiasi titolo, di fabbricati e di aree fabbricabili, a eccezione dei terreni agricoli e dell'abitazione principale non di lusso.

Il **soggetto passivo** è sia il possessore sia il detentore delle suddette unità immobiliari; la **base imponibile** è la stessa prevista per l'Imu.

L'**aliquota base** è pari all'1 per mille, però il Comune può ridurla fino ad azzerarla, oppure innalzarla entro determinati limiti (vedi tabella 2).

La legge di Bilancio 2017 ha confermato quanto già disposto per il 2016: l'aliquota massima per la Tasi decisa dai Comuni non può superare il 2,5 per mille, comprensiva dell'aliquota base, con la possibilità di superare tale limite fino a un massimo del 3,3 per mille. Tuttavia, la somma delle aliquote Tasi e Imu non può superare il 10,6 per mille (elevabile al massimo all'11,4 per mille). La scelta delle aliquote da parte dei Comuni dipende dalla individuazione dei servizi indivisibili, e dei relativi costi, che la Tasi ha lo scopo di finanziare.

Il Comune può stabilire riduzioni di imposta basate sulla capacità contributiva della famiglia, anche attraverso l'**applicazione dell'Isee**.

Isee (Indicatore della situazione economica equivalente)
Consente ai cittadini di accedere a condizioni agevolate alle prestazioni sociali o ai servizi di pubblica utilità (vedi Unità 4).

Tabella 2 - Confronto Imu e Tasi

	Imu	Tasi
Presupposto	Possesso di fabbricati, aree fabbricabili e terreni agricoli, escluse le abitazioni principali non di lusso	Possesso o detenzione di fabbricati, aree fabbricabili e aree scoperte, escluse le abitazioni principali non di lusso
Soggetto passivo	Possessore	Possessore e detentore
Base imponibile	Rendite catastali moltiplicate per appositi moltiplicatori	Come Imu
Aliquote di base	Ordinaria: 7,6 per mille Prime case di lusso: 4 per mille	1 per mille
Margini di autonomia per i Comuni	Aliquota ordinaria ±3 per mille Prime case di lusso ±2 per mille con vincolo sulle aliquote totali Imu e Tasi	In diminuzione −1 per mille In aumento: ordinaria +6 per mille; prime case di lusso +3 per mille
Aliquote totali	La somma delle aliquote Imu e Tasi non può superare l'aliquota massima stabilita dalla legge statale ordinaria: 10,6 per mille; per l'abitazione principale 6 per mille	La somma delle aliquote Imu e Tasi non può superare l'aliquota massima stabilita dalla legge statale ordinaria: 10,6 per mille; per l'abitazione principale 6 per mille
% onere a carico del proprietario	100%	70-90% (complementare a quella del detentore)
% onere a carico dell'utilizzatore (che coincide con il proprietario nel caso di abitazione principale)	0%	30-10% (complementare a quella del possessore). 0% se utilizzata come abitazione principale
Detrazioni prima casa	Sì (prime case di lusso)	Sì
Detrazioni per capacità contributiva	No	Sì

Tax on waste
Tassa sui rifiuti (Tari)
Tax on solid waste collection and disposal.

C • Tassa sui rifiuti (Tari)

La **Tassa sui rifiuti** (**Tari**) è stata introdotta nel 2014 per finanziare i costi del servizio di raccolta e smaltimento dei rifiuti. In linea di massima, l'importo del tributo è commisurato alla quantità e qualità medie ordinarie di rifiuti prodotti per unità di superficie, in base alla tipologia delle attività svolte. I Comuni, tuttavia, attraverso regolamenti e delibere possono introdurre criteri differenziati, comunque idonei a garantire l'intera copertura dei costi di investimento e di gestione del servizio rifiuti.

Quali sono gli elementi peculiari della Tari?

Il **presupposto** della Tari è il possesso o la detenzione, a qualsiasi titolo, di locali o aree scoperte, suscettibili di produrre rifiuti urbani.

Il **soggetto passivo** è il possessore o il detentore a qualsiasi titolo dei suddetti locali e aree.

La **base imponibile** è costituita dalla superficie catastale dell'immobile nella misura dell'80% (transitoriamente è rappresentata dalla superficie calpestabile). In molti Comuni, tuttavia, oltre alla superficie si tiene conto della numerosità dei nuclei familiari. In alcuni casi sono stati introdotti sistemi di misurazione puntuale della quantità di rifiuti conferiti che danno la possibilità ai Comuni di applicare una tariffa precisa, come corrispettivo del servizio ricevuto, al posto della Tari. In quest'ottica possono essere introdotte riduzioni o esenzioni per tenere conto della raccolta differenziata o di situazioni particolari che generano una minore produzione di rifiuti, come nel caso di abitazioni occupate da una sola persona, o da persone che vivono prevalentemente all'estero. Analogamente a quanto accade per la Tasi, anche nell'applicazione della Tari, il Comune ha la possibilità di tenere conto della capacità contributiva della famiglia, attraverso l'**applicazione dell'Isee**.

4 ALTRI TRIBUTI COMUNALI

Sintetizziamo nella tabella 3 gli ulteriori tributi comunali.

Tabella 3 - Tributi comunali minori

Imposta di scopo	È stata introdotta nell'ordinamento tributario italiano dalla legge n. 296/2006. Ai Comuni è stata data la possibilità di istituirla per contribuire esclusivamente al finanziamento di specifiche opere pubbliche quali scuole, biblioteche, parcheggi pubblici, interventi per il trasporto urbano, opere viarie, ecc. L'imposta è determinata applicando alla base imponibile dell'Imu un'aliquota nella misura massima dello 0,5 per mille. Non la pagano pertanto i proprietari di prime case non di lusso ed è dovuta, per ogni opera pubblica, al massimo per dieci anni. Nel caso che l'opera non venga iniziata entro due anni dall'istituzione dell'imposta, i contribuenti hanno diritto al rimborso della stessa entro i due anni successivi.
Imposta di soggiorno	I Comuni capoluogo, le Unioni di Comuni e i Comuni inclusi negli elenchi regionali delle località turistiche o città d'arte hanno la facoltà di istituire un'imposta di soggiorno a carico di coloro che alloggiano nelle strutture ricettive presenti sul territorio. L'imposta ha un importo variabile, collegato al prezzo, e può arrivare fino a 5 euro per ogni notte di soggiorno. I Comuni possono prevedere esenzioni e agevolazioni. Si tratta, sostanzialmente, di un'imposta di scopo: il suo gettito servirà per finanziare interventi volti al sostegno del turismo, della manutenzione, fruizione e recupero dei beni culturali, paesaggistici e ambientali locali, e dei relativi servizi pubblici.
Tributi comunali minori	**Imposta comunale sulla pubblicità e diritti sulle pubbliche affissioni**: la prima colpisce ogni forma di diffusione di messaggi pubblicitari in luoghi pubblici o aperti al pubblico, diversa da quella editoriale, radiofonica e televisiva. I diritti sulle pubbliche affissioni si applicano alle affissioni effettuate dal Comune negli spazi a ciò appositamente riservati. **Tassa per l'occupazione di spazi e aree pubbliche (Tosap)**: ne sono oggetto le occupazioni effettuate nelle strade, piazze e, comunque, sui beni del proprio demanio e patrimonio indisponibile e sugli spazi sovrastanti e sottostanti il suolo pubblico (per esempio per il passaggio di cavi e condutture). I Comuni possono escludere con regolamento l'applicazione della Tosap sul proprio territorio e prevedere, in sostituzione, il pagamento di un canone determinato in base a tariffa. **Contributi di urbanizzazione**: hanno natura tributaria e sono richiesti in occasione del rilascio della concessione edilizia. La loro entità è determinata in base alla natura e alla tipologia delle opere di urbanizzazione.

Transient occupancy tax
Imposta di soggiorno
Tax that is charged to travelers when renting accommodations (a room, rooms, entire home or other living space) in a hotel, inn, tourist home or house, motel or other lodging (i.e. camping). It contributes to the preservation of the location and gives the opportunity to increment tourism.

5 ADDIZIONALI REGIONALI E COMUNALI ALL'IRPEF

Regional additional tax
Addizionale regionale
Supplemental tax rate imposed by a lower government unit, calculated by applying a levy on the same tax base of Irpef - the italian Natural personal income tax.

Municipal additional tax
Addizionale comunale
Supplemental tax rate in favour of Municipalities, calculated by applying a levy on the same tax base of Irpef.

Sull'Irpef gravano due addizionali:

- **addizionale regionale** (istituita con d.lgs. n. 446/97);
- **addizionale comunale** (istituita con d.lgs. n. 360/88 e Decreto interministeriale 31 maggio 2002).

Sono obbligati al pagamento di questi due tributi tutti i contribuenti residenti e non residenti nel territorio dello Stato per i quali, nell'anno di riferimento, risulta dovuta l'Irpef.

La base imponibile, fissata dallo Stato, viene così determinata:

Base imponibile = Reddito complessivo Irpef – Oneri deducibili Irpef

Le Regioni e i Comuni esercitano la loro autonomia tributaria manovrando l'aliquota dell'addizionale e, in parte, fissando soglie di esenzione.

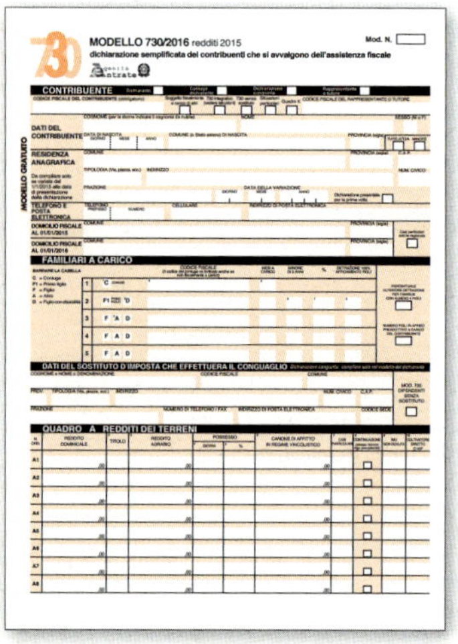

MODELLO 730/2016 redditi 2015

CONTRIBUENTE

FAMILIARI A CARICO

DATI DEL SOSTITUTO D'IMPOSTA CHE EFFETTUERÀ IL CONGUAGLIO

QUADRO A REDDITI DEI TERRENI

In che misura le Regioni e i Comuni possono applicare l'addizionale?

L'aliquota base dell'**addizionale regionale** all'Irpef è fissata all'1,23%, però è prevista la possibilità di variarla. Le Regioni hanno la possibilità di aumentare l'aliquota base entro il limite massimo del 2,1% (0,5% per le Regioni che introducono riduzioni dell'Irap e per le Regioni a statuto speciale). Non sarà però possibile un aumento dell'addizionale superiore allo 0,5% per la fascia di reddito compresa nel primo scaglione Irpef (15.000 euro). A ciascuna Regione, inoltre, è riconosciuta la possibilità di introdurre per finalità sociali detrazioni, esenzioni, differenziazione delle aliquote per scaglioni di reddito.

Ai Comuni spetta il gettito di un'addizionale Irpef, che possono manovrare entro l'intervallo 0-0,8%. È prevista la possibilità di articolare le aliquote per scaglioni di reddito e di definire una soglia di esenzione.

MAPPA UNITÀ F3

TRIBUTI REGIONALI E COMUNALI

Tributi regionali

Tributi propri
- Irap
- Addizionale Irpef
- Tasse automobilistiche
- Altri tributi

Compartecipazioni ai seguenti tributi erariali:
- Iva
- accisa sulla benzina
- accisa sul gasolio per autotrazione
- imposta sostitutiva sul reddito dei titoli obbligazionari emessi dalla Regione

↓

IRAP

↓

Presupposto
esercizio abituale di un'attività diretta alla produzione o allo scambio di beni e alla prestazione di servizi.

↓

Caratteri
- diretta
- reale
- territoriale
- generale

↓

Soggetti passivi
- imprenditori individuali
- esercenti arti e professioni
- società di persone
- società di capitali
- enti commerciali e non commerciali
- enti e società non residenti (per il valore aggiunto prodotto nel territorio nazionale)
- amministrazioni pubbliche

↓

Base imponibile
Valore aggiunto netto prodotto dall'attività esercitata nel territorio regionale

Tributi comunali

Tributi propri
- **Imu** (Imposta municipale unica)
- **Tasi** (tassa sui servizi indivisibili)
- **Tari** (Tassa sui rifiuti)

Imu + Tasi + Tari = Iuc (Imposta unica comunale)
- **imposta di scopo**
- **imposta di soggiorno**
- **altri tributi** (imposta sulla pubblicità, sull'occupazione di spazi e aree pubbliche, ecc.)

Compartecipazioni ai seguenti tributi erariali:
- Irpef
- RC Auto
- imposta sostitutiva sul reddito dei titoli obbligazionari emessi dai Comuni

↓

IMU

↓

Presupposto
possesso di fabbricati, aree fabbricabili e terreni agricoli, situati nel territorio del Comune e destinati a qualsiasi uso

↓

Caratteri
imposta patrimoniale

↓

Soggetti passivi
- il proprietario dell'immobile o il titolare di un altro diritto reale (usufrutto, uso, abitazione)
- il concessionario di aree demaniali
- il locatario nel caso di contratto di locazione finanziaria

↓

Base imponibile
Valore degli immobili: determinato con modalità diverse

1) TROVA L'ERRORE IN OGNI FRASE

Competenza: acquisire e riconoscere i contenuti chiave

A. L'Irap colpisce la ricchezza allo stadio della sua percezione.
B. Sono inclusi nell'Irap i fondi comuni d'investimento e i fondi pensione.
C. Il metodo di calcolo della base imponibile Irap è il valore aggiunto lordo.
D. Dal 2015, dalla base imponibile Irap è prevista l'integrale deduzione del costo del lavoro relativo ai dipendenti assunti con contratto a tempo determinato.
E. Il presupposto dell'Imu è la detenzione di fabbricati, aree fabbricabili e terreni agricoli, escluse le abitazioni principali non di lusso.
F. Gli immobili non locati sono sottoposti a Imu e Irpef.
G. Le addizionali comunali spettano a tutti i residenti e non residenti in Italia per i quali, nell'anno di riferimento, risulta dovuta l'Ires.

2) COLLEGA LE ESPRESSIONI CONTRASSEGNATE DA UNA LETTERA CON QUELLE INDICATE DA UN NUMERO

Competenza: individuare collegamenti e relazioni

A. Irap
B. Imposta di scopo
C. Imposta di soggiorno
D. Tari
E. Tosap

1. Città d'arte
2. Valore aggiunto netto
3. Opere pubbliche
4. Beni demanio e patrimonio indisponibile
5. Rifiuti urbani

A	B	C	D	E

3) INDICA SE LE SEGUENTI AFFERMAZIONI SONO VERE O FALSE. SE LE RITIENI FALSE GIUSTIFICA LA RISPOSTA

Competenza: acquisire, interpretare l'informazione e comunicare

	VERO	FALSO
A. Il principio del beneficio fornisce legittimazione all'imposizione Irap.		
B. L'Irap è un'imposta reale.		
C. L'Irap colpisce i percettori di redditi derivanti da attività occasionali di lavoro autonomo o impresa.		
D. L'Irap non colpisce gli interessi passivi.		
E. L'Irap pagata sui costi sostenuti per il personale dipendente e assimilato è integralmente deducibile dalla base imponibile dell'Irpef e dell'Ires.		
F. La Iuc comprende l'Imu e la Tasi.		
G. La deduzione forfetaria Irap riguarda i lavoratori stagionali.		
H. Il concessionario di aree demaniali è soggetto passivo Imu.		

	VERO	FALSO
I. La base imponibile Imu è costituita dal valore degli immobili, determinato con modalità diverse a seconda del tipo di immobile.		
J. Ai fini Imu, l'abitazione principale è quella in cui il contribuente dimora abitualmente.		

4) RISOLVI I SEGUENTI PROBLEMI

Competenza: risolvere problemi

A. La società Gamma Spa, con sede a Milano, opera nel settore manifatturiero. Nel 2016 ha avuto 10 lavoratori dipendenti a tempo indeterminato e 4 lavoratori a tempo determinato. Al 31 dicembre 2016 la situazione contabile è la seguente (valori in euro):

1. Ricavi	1.200.000
2. Costi per materie prime	100.000
3. Salari e stipendi per lavoratori a tempo indeterminato	320.000
4. Salari e stipendi per lavoratori a tempo determinato	70.000
5. Contributi sociali per lavoratori a tempo indeterminato	140.000
6. Contributi sociali per lavoratori a tempo determinato	20.000
7. Ammortamenti	90.000
8. Interessi passivi	160.000
9. Utile (Ricavi-Totale costi)	300.000

Calcola l'Irap da versare.

B. Il signor Pietro è proprietario di un appartamento (categoria A/2, rendita catastale € 380), che costituisce la sua abitazione principale, come risulta da iscrizione nell'anagrafe comunale di Macerata. È inoltre proprietario di un altro appartamento situato a Macerata, che tiene a disposizione (categoria A/2, rendita catastale 260). Il reddito complessivo del signor Pietro è assoggettato a un'aliquota marginale Irpef del 38%. Sapendo che i Comuni interessati adottano le aliquote di base, calcola le imposte sugli immobili dovute dal signor Pietro per l'anno 2016. (La rendita catastale dell'abitazione principale deve essere rivalutata del 5%. La rendita catastale dell'immobile tenuto a disposizione, poiché situato nello stesso Comune dell'abitazione principale, deve essere aumentata di 1/3 e sottoposta a Irpef per il 50% del suo ammontare)

5) RISPONDI AI SEGUENTI QUESITI IN UN MASSIMO DI 5/6 RIGHE

Competenza: saper organizzare e sintetizzare i contenuti

A. Quali sono i caratteri dell'Irap?

B. Come può essere calcolato il valore aggiunto?

C. Ai fini Irap, come avviene la ripartizione del valore della produzione netta per i soggetti che esercitano l'attività nel territorio di più Regioni?

D. In quale caso l'Irap è integralmente deducibile dalla base imponibile Irpef o Ires?

E. Chi sono i soggetti passivi Imu?

F. Chi deve pagare la Tasi?

G. Che cosa sono i servizi indivisibili?

H. Quali sono le principali differenze tra Imu e Tasi?

I. Chi è il soggetto passivo della Tari?

J. Come viene determinata la base imponibile, fissata dallo Stato, per le addizionali regionali e comunali?

ENGLISH EXERCICES 3

1) Fill in the blanks

Description	Name of the tax
A. A local tax which is applied to production activities carried out in each region.	
B. Tax paid by individuals not resident in a municipality amounting to maximum of € 5 per person per night.	
C. Supplemental tax to Irpef, in favour of Municipalities, calculated by applying a levy to the same taxable base.	
D. Tax implemented to help pay the costs for waste collection and disposal.	
E. Tax that has to pay whoever has ownership, usufruct, use, habitation, lease; it is not applied to main houses.	
F. New Council Tax that comprises three elements.	
G. Tax implemented to help pay for local services (road maintenance, green areas, public lighting, etc.).	
H. Supplemental to Irpef, in favour of Regions, calculated by applying a levy to the same taxable base.	

2) Answer the following questions

A. Regional Tax on Production Activities:
  - What are the reasons for this tax?
  - Who pays?

B. Tax on real estate:
  - What are the reasons for this tax?
  - Who pays?

C. What are the local additional taxes?

UNITÀ

4 Adempimenti e rapporti con il fisco

Il fisco sollecita 500mila contribuenti a mettersi in regola

Le comunicazioni di anomalia saranno pubblicate sul cassetto fiscale dei contribuenti interessati, che verranno avvisati tramite pec, mail o sms

Con i 160mila *alert* relativi alle anomalie da studi di settore l'Agenzia si avvicina ulteriormente all'obiettivo: inviare 500mila lettere ai contribuenti per invitarli a rimediare a errori o incongruenze nelle dichiarazioni. Lo scorso anno, infatti, le comunicazioni erano state 270mila. Raddoppiare il numero di avvisi era la *mission* di quest'anno, che è vicina al compimento, visto che le 160mila lettere relative agli studi di settore si sommano alle 220mila comunicazioni riguardanti le anomalie riscontrate nelle dichiarazioni dei redditi 2012 e a quelle inviate ai gestori di apparecchi da gioco, i cui compensi dichiarati non risultano in linea con le attese del fisco. Il provvedimento n. 85525/2016, varato ieri dalle Entrate, definisce le tipologie delle comunicazioni e le modalità di notifica ai contribuenti interessati.

Francesca Milano e Gian Paolo Ranocchi
«Il Sole 24 Ore», 2 giugno 2016

attività

1. Quali sono i motivi che hanno indotto l'Agenzia delle entrate a scrivere questa lettera?
2. Rispetto ai contenuti della nota, quale potrebbe essere il comportamento del contribuente?
3. Quale obiettivo vuole raggiungere l'Agenzia delle entrate?
4. A tuo avviso, l'invio di queste lettere quali effetti negativi potrebbe produrre?

1 LE DICHIARAZIONI TRIBUTARIE

Self-assessment taxation
Autotassazione
Calculation and payment of due taxes carried out directly by the taxpayer in cases envisaged by the law.

Income tax return
Dichiarazione dei redditi
The document with which the taxpayer states the income of the previous year. It must be submitted by using the forms provided every year by the Revenue Agency. There are several versions which depend on whether the tax return concerns natural persons, partnerships or corporations.

Il pagamento delle imposte avviene con due modalità:
- **versamento diretto del contribuente** (autotassazione dell'imposta);
- **versamento da parte dei sostituti d'imposta** (che hanno effettuato ritenute alla fonte).

Il sistema dell'**autotassazione** si basa sulla **dichiarazione del contribuente**.

DICHIARAZIONI TRIBUTARIE
- dichiarazione dei redditi ai fini Irpef, Ires
- dichiarazione Imu
- dichiarazione annuale Iva
- dichiarazione Irap

Quali sono le principali disposizioni riguardanti la dichiarazione dei redditi?

Sotto il profilo giuridico la **dichiarazione dei redditi** non è una manifestazione di volontà diretta a far nascere l'obbligo tributario, in quanto quest'ultimo nasce dalla legge, ricorrendone i presupposti, non dalla volontà del contribuente. Si tratta, pertanto, di una **dichiarazione di conoscenza**, perché espone una serie di situazioni di fatto che il soggetto afferma essere esistenti e che soltanto se sussistono danno luogo al debito d'imposta, tanto più che il contribuente può rettificare la sua dichiarazione se quella già presentata contiene errori, inesattezze, omissioni.

La dichiarazione dei redditi è **annuale**, a parte alcune eccezioni (per esempio la dichiarazione Imu deve essere presentata nell'anno di acquisizione del patrimonio e, successivamente, ogni volta che si verifica una variazione della situazione iniziale, come avviene per acquisto, vendita, donazione); **obbligatoria e analitica**, dovendo indicare tutti gli elementi attivi e passivi necessari per la determinazione degli imponibili e per il controllo, richiesti dai modelli di dichiarazione. Sono tenuti a presentarla all'Agenzia delle entrate sia le persone fisiche, sia le persone giuridiche che hanno percepito redditi da dichiarare, rispettivamente per il computo dell'**Irpef** (Imposta sul reddito delle persone fisiche) e dell'**Ires** (Imposta sul reddito delle società). Il d.p.r. n. 600/1973 stabilisce che essa deve essere presentata anche dai soggetti che, pur non avendo prodotto nel periodo d'imposta alcun reddito, sono obbligati alla tenuta delle scritture contabili: è il caso delle persone fisiche e degli enti non commerciali che esercitano attività professionali, artistiche, d'impresa, e di tutte le società commerciali, cooperative, nonché degli enti commerciali.

Inoltre, anche quando non si è obbligati, è sempre possibile presentare la dichiarazione dei redditi per far valere oneri sostenuti, deduzioni e/o detrazioni non attribuite o attribuite in misura inferiore a quella spettante, oppure per chiedere il rimborso di eccedenze di imposta derivanti dalla dichiarazione presentata nell'anno precedente o da acconti versati nello stesso anno.

Quali formalità deve seguire il contribuente nella redazione della dichiarazione dei redditi?

La dichiarazione dei redditi **deve essere sottoscritta** dal contribuente o da chi ne ha la rappresentanza legale o negoziale: dottori commercialisti, esperti contabili, consulenti del lavoro, CAF dipendenti e CAF imprese che prestano assistenza fiscale, altri soggetti. Per i soggetti diversi dalle persone fisiche (per esempio società) la sottoscrizione avviene a opera del rappresentante legale o da chi ne ha anche l'amministrazione di fatto.

Le **persone fisiche** la presentano, **salvo eccezioni**, **in via telematica**, cioè mediante l'uso di strumenti informatici, direttamente, o attraverso il servizio offerto dagli intermediari fiscali (commercialisti e altri professionisti abilitati a fornire servizi tributari, centri di assistenza fiscali - CAF).

Le **società di persone e tutti i soggetti Ires**, invece, la presentano **esclusivamente per via telematica** (o direttamente o tramite intermediari abilitati).

La **dichiarazione congiunta dei coniugi** è ammessa solo in caso di assistenza fiscale e deve essere firmata da entrambi i coniugi.

La **dichiarazione dei figli minori**, che sono obbligati a presentarla se posseggono redditi propri non assoggettati all'usufrutto legale dei genitori, deve essere firmata da uno dei due genitori o, se mancano entrambi, dal tutore.

Una dichiarazione non sottoscritta o sottoscritta da un soggetto non legittimato è **nulla**, ma la nullità può essere sanata qualora il contribuente provveda alla sottoscrizione entro trenta giorni dall'apposito invito da parte dell'Agenzia delle entrate.

Quali sono i modelli previsti per la dichiarazione dei redditi?

In sintesi, riportiamo nella tabella 1 i modelli utilizzati per la dichiarazione dei redditi.

Tabella 1 - I modelli delle dichiarazioni dei redditi

Modello Unico persone fisiche	È presentato all'Agenzia delle entrate da coloro che devono presentare sia la dichiarazione dei redditi (in alternativa al Modello 730), sia la dichiarazione Iva.
Modello Unico Società di capitali	È presentato all'Agenzia delle entrate dai soggetti Ires che devono presentare sia la dichiarazione dei redditi sia quella Iva.
Modello Unico società di persone	È presentato all'Agenzia delle entrate da soggetti che devono presentare, anche in questo caso, dichiarazione dei redditi e Iva. Tali soggetti sono società semplici, società in nome collettivo e accomandita semplice; società di armamento; società di fatto o irregolari; associazioni prive di personalità giuridica, aziende coniugali; gruppi europei di interesse economico.

Unified tax return form
Modello Unico
Standard form of tax return that includes, together with the income tax return, the annual VAT return.

Modello Unico enti non commerciali	È presentato all'Agenzia delle entrate da enti non commerciali, residenti o non residenti nel territorio dello Stato; organizzazioni non lucrative di utilità sociale (Onlus); società semplici, società e associazioni a esse equiparate non residenti nel territorio dello Stato; ecc. Sono esclusi gli organi e le amministrazioni dello Stato, dei Comuni, dei consorzi fra enti locali, delle associazioni e degli enti gestori di demanio collettivo, delle Comunità montane, delle Province e delle Regioni.
Certificazione unica (CU)	È il modello inviato per via telematica o in forma cartacea ai lavoratori dipendenti, assimilati e autonomi dai datori di lavoro con cui essi, nella loro veste di **sostituti d'imposta**, attestano i redditi di lavoro e quelli diversi corrisposti a tali soggetti nell'anno precedente e certificano le ritenute da essi operate su tali redditi. Dal 2015 il modello CU ha preso il posto del Certificato unico dipendente (CUD). La novità di questa sostituzione sta nel fatto che il compito dei sostituti di imposta è di certificare anche le ritenute operate sui redditi dei lavoratori autonomi della cui attività lavorativa si sono avvalsi (professionisti con partita Iva e collaboratori anche occasionali per lo svolgimento di prestazioni di lavoro autonomo), oltre a quelle effettuate sui redditi dei lavoratori dipendenti e pensionati. In tal modo queste aziende vengono intese come "datori di lavoro" del lavoratore autonomo e, quindi, considerate sostitute di imposta.
Modello 770 ordinario	È presentato all'Agenzia delle entrate dai **sostituti d'imposta**, dagli intermediari e da altri soggetti che intervengono in operazioni fiscalmente rilevanti, i quali hanno effettuato ritenute sui dividendi, sui proventi di partecipazione, sui redditi di capitale, sulle operazioni di natura finanziaria e sulle indennità di esproprio. È presentato congiuntamente alla Certificazione unica.
Modello 770 semplificato	È presentato all'Agenzia delle entrate dai **sostituti d'imposta**, comprese le amministrazioni statali, per comunicare i dati fiscali dei contribuenti relativi alle ritenute operate sui redditi di lavoro dipendente, autonomo e sulle provvigioni nell'anno solare precedente.
Modello 730	È presentato all'Agenzia delle entrate dai lavoratori dipendenti e dai pensionati **direttamente o tramite il sostituto d'imposta che presta assistenza fiscale**. Con esso il contribuente ottiene alcuni vantaggi: non deve eseguire calcoli e ha il rimborso dell'imposta direttamente nella busta paga o nella rata di pensione; se, invece, deve versare delle somme, queste vengono trattenute dalla retribuzione direttamente nella busta paga. Dal 2015 esistono due tipologie di 730: **a. precompilato** dall'Agenzia delle entrate attraverso i dati in suo possesso; **b. ordinario**: a differenza del precompilato, non può essere presentato autonomamente, pertanto occorrerà rivolgersi a un intermediario o al sostituto d'imposta che presta assistenza fiscale.

Certification of the withholding agent
Certificazione Unica (CU)
Certification released by withholding agents (who acted as tax intermediary throughout the fiscal year) to employees, retired workers, project work associates and self-employed to certify the sums paid and the taxes withheld from the payees on behalf of the government.

770 tax return form
Modello 770
The form of tax return used by wage tax-withholding agents.

730 tax return form
Modello 730
Simplified tax return form that is used mainly by employees and retired people with the advantage of obtaining promptly the reimbursement of any tax that may have been overcharged.

Possono utilizzare il Modello 730 i contribuenti che, nell'anno precedente, hanno percepito:

- redditi di lavoro dipendente e redditi assimilati a quelli di lavoro dipendente (per esempio contratti di lavoro a progetto);
- redditi dei terreni e dei fabbricati;
- redditi di capitale;
- redditi di lavoro autonomo per i quali non è richiesta la partita Iva (per esempio prestazioni di lavoro autonomo non esercitate abitualmente);
- redditi diversi (come redditi di terreni e fabbricati situati all'estero);
- alcuni dei redditi assoggettabili a tassazione separata, indicati nella sezione II del quadro D.

Non possono avvalersi della presentazione di questo Modello (e devono presentare la dichiarazione Modello unico) coloro che possiedono, oltre al reddito di lavoro dipendente, anche redditi di impresa e redditi derivanti dall'esercizio di arti o professioni.

Il Modello **730 integrativo** può essere presentato per modificare il Modello 730/2016 originario solo quando occorre correggere errori che sono a favore del contribuente.

☐ Per i soggetti interessati ad accedere a prestazioni sociali agevolate sono previste delle dichiarazioni particolari?

Ai fini dell'accesso alle prestazioni sociali agevolate, sono previsti due modelli:

1. il **Modello Red** (Modello reddituale);
2. il **Modello Isee** (Indicatore della situazione economica equivalente).

Il **Modello Red** è una dichiarazione annuale, prevista dalla legge, presentata dai pensionati che percepiscono prestazioni di sostegno al reddito a integrazione della pensione, il cui diritto ed entità sono collegati alla loro situazione reddituale. Con tale dichiarazione, redatta su un apposito modulo Inps (chiamato Modulo Red) e comunicata all'ente pensionistico di appartenenza, essi indicano i redditi percepiti durante l'anno. Sulla base di questa dichiarazione l'Inps è in grado di effettuare una verifica annuale del diritto del pensionato a usufruire di tali prestazioni e di determinare l'importo delle stesse per poi comunicare tale ammontare all'interessato. Non devono presentare il Modello Red i pensionati residenti in Italia che abbiano già dichiarato integralmente tutti i redditi tramite il Modello 730 o Unico e, quindi, non abbiano redditi esenti o esclusi dalla dichiarazione, propri e, se previsto, dei familiari.

Il **Modello Isee** è uno strumento di welfare perché consente ai contribuenti a basso reddito di accedere a prestazioni sociali agevolate o a servizi di pubblica utilità a condizioni agevolate. È una sigla dietro a cui si cela il calcolo della situazione economica e patrimoniale di chi fa tale richiesta. A seconda della prestazione richiesta, o della situazione in cui

PER SAPERNE DI PIÙ

Il **CAAF** è quel ramo del sindacato che si occupa di dichiarazioni di redditi (730, Isee, Unico, Red, ora anche di colf e badanti, controlli dei visti di conformità e contenziosi).

Il **patronato** è quel ramo del sindacato che si occupa di inabilità lavorativa, disoccupazione, pensioni di invalidità, verifiche su buste paga e contratti di lavoro, pratiche di immigrazione, ecc.

Logo dei consulenti del lavoro.

versa il nucleo familiare, variano i modelli da utilizzare. Come esempi di prestazioni collegate all'Isee, ricordiamo l'assegno per il nucleo familiare, l'assegno di maternità e il "bonus bebè", gli asili nido e altri servizi educativi per l'infanzia, le mense scolastiche, ecc.

Chi sono i soggetti che prestano assistenza fiscale?

Con l'entrata in vigore del d.lgs. n. 490 del 1998 possono prestare assistenza fiscale solo coloro che ne facciano espressa richiesta al Ministero dell'Economia e delle Finanze e, qualora abbiano i requisiti richiesti, vengano iscritti nell'Albo dei centri di assistenza fiscale. Le categorie di soggetti che si occupano di assistenza fiscale sono due, in particolare:

- i **CAAF** (**Centri autorizzati di assistenza fiscale**). Sono strutture sindacali dei lavoratori dipendenti e pensionati e strutture territoriali da esse delegate, oppure associazioni sindacali di categoria fra imprenditori, presenti nel Consiglio nazionale dell'economia e del lavoro, istituite da almeno dieci anni;
- i **CAF** (**Centri di assistenza fiscale**). Sono formati da soggetti legalmente abilitati alla professione di avvocato, consulente del lavoro, dottore commercialista, ragioniere e perito commerciale, regolarmente iscritti ai rispettivi albi professionali. Per legge devono costituirsi nella forma di società di capitali, designare un proprio responsabile e avere come oggetto sociale lo svolgimento delle attività di assistenza fiscale.

Tax preparation office
Centri di assistenza fiscale (CAF)
Organisations, listed in a specific register kept by the Revenue Agency, which give fiscal assistance to taxpayers who ask for it.

Automatic control
Controllo automatico
Initial inspection of all tax returns, carried out automatically by the Information System, in order to verify whether they are correct or not.

Formal inspection
Controllo formale
Activity carried out by the fiscal office concerning the tax returns selected on the basis of criteria established by the Director of the Revenue Agency.

Sulle dichiarazioni presentate quali controlli effettua l'Agenzia delle entrate?

Sintetizziamo tali controlli nella tabella 2.

Tabella 2 – Controlli sulle dichiarazioni

Controllo automatico	Si basa su una procedura completamente automatizzata, a cui vengono sottoposte tutte le dichiarazioni. Si provvede alla correzione degli errori materiali e di calcolo e al controllo della correttezza e tempestività dei versamenti.
Controllo formale	Il controllo formale si realizza attraverso la richiesta di documentazione al contribuente. Non avviene su tutte le dichiarazioni, ma è effettuato ogni anno sulla base di **liste selettive** che comprendono le categorie considerate a maggior rischio di evasione.

Controllo sostanziale	Il controllo sostanziale viene attuato attraverso un'attività di accertamento mediante la quale si entra nel merito dei dati dichiarati per verificare la loro veridicità. A tal fine, gli uffici fiscali possono: a. procedere ad accessi, ispezioni e verifiche in collaborazione con la Guardia di Finanza; b. effettuare indagini bancarie; c. invitare i contribuenti a trasmettere documenti, comparire di persona, compilare questionari; d. chiedere alle banche documenti attestanti i rapporti intrattenuti con il cliente. I controlli sostanziali devono essere effettuati in modo tale da assicurare il rispetto dei diritti fondamentali garantiti dallo **Statuto del contribuente** (vedi Sezione C, Unità 2, paragrafo 5). Se il contribuente ritiene che l'attività degli uffici fiscali sia avvenuta in modo non conforme alla legge, può rivolgersi al **Garante del contribuente** (art. 13 dello Statuto del contribuente).

Chi sono i Garanti del contribuente?

Sono organi monocratici, presenti in ogni Regione, con il compito di tutelare i diritti del contribuente e garantire un rapporto di fiducia tra cittadini e Amministrazione finanziaria.

In particolare, anche sulla base di segnalazioni, il Garante può:

- richiedere documenti o chiarimenti agli uffici competenti;
- rivolgere raccomandazioni ai dirigenti degli uffici;
- richiamare gli uffici al rispetto delle norme dello Statuto del contribuente;
- segnalare i casi in cui le disposizioni vigenti o i comportamenti dell'Amministrazione sono suscettibili di determinare un pregiudizio ai contribuenti;
- accedere agli uffici finanziari e controllare la funzionalità dei servizi di informazione e assistenza al contribuente.

Sono nominati dal Presidente della Commissione tributaria regionale tra gli appartenenti alle categorie dei magistrati, professori universitari di materie giuridiche ed economiche, notai, avvocati, ragionieri, dottori commercialisti.

Substantial inspection
Controllo sostanziale
Activity carried out by the Revenue Agency intended to rectify the individual incomes declared and to identify subjects who, although being obliged to submit the tax return, have not provided to do so.

Taxpayers' watchdog
Garante del contribuente
A monocratic body, granted by the "Taxpayers' bill of rights", located at every regional office of the Revenue Agency, that has the task of protecting and defending the rights of the taxpayer.

Assessment
Accertamento
Action taken by the Revenue Agency, within precise deadlines, to determine the taxable income and the tax amount legally due by the taxpayer.

2 ACCERTAMENTO DELLE IMPOSTE

In seguito ai controlli e alle indagini svolte, la dichiarazione può risultare incompleta, infedele o addirittura omessa. In tali casi il fisco procede con l'attività di **accertamento**.

Come abbiamo visto nella Sezione C, l'**accertamento fiscale** è una procedura amministrativa che permette agli uffici locali dell'Agenzia delle entrate di determinare la base imponibile effettivamente esistente e il relativo debito d'imposta sulla base delle informazioni da loro acquisite, oltre che su quelle fornite dal contribuente.

Il **fisco** effettua:

- l'**accertamento d'ufficio**, cioè di sua iniziativa, nel caso in cui il contribuente non abbia presentato la dichiarazione dei redditi o quando la dichiarazione è nulla (non è sottoscritta o non è redatta su apposito modello), oppure nel caso in cui intenda esercitare un controllo mediante "verifiche" su imprenditori o lavoratori autonomi;
- l'**accertamento mediante denuncia verificata** nel caso in cui il contribuente presenti la dichiarazione a cui è obbligato per legge. In tal caso l'ufficio "controlla" ed eventualmente "rettifica" la dichiarazione presentata dal contribuente che non ha rispettato le modalità e le forme prescritte dalla legge.

Quali sono i metodi utilizzati per effettuare gli accertamenti?

L'accertamento può essere di due tipi, **analitico o sintetico**, a seconda dei **metodi** utilizzati dagli uffici fiscali per determinare la base imponibile qualora si renda necessario effettuare una "rettifica" della dichiarazione presentata, oppure nel caso di dichiarazione nulla od omessa (accertamento d'ufficio). Esistono però anche alcune varianti e forme miste. La tabella 3 evidenzia le caratteristiche dei diversi tipi di accertamento.

Analytical assessment
Accertamento analitico
Assessment method used for the natural persons and based on the reconstruction of the various figures recorded and included in the tax return.

Presumptive assessment
Accertamento sintetico o indiziario
Assessment method based on the possibility of utilizing data and information collected in different manners, concerning natural persons and indicators of presumptive income.

Tabella 3 - Tipologie di accertamento fiscale

	CARATTERISTICHE
Accertamento analitico (art. 38, comma 2, d.p.r. n. 600/1973)	È utilizzato per l'accertamento dei redditi delle persone fisiche. La materia imponibile viene desunta direttamente, attraverso una ricerca analitica dei singoli elementi che compongono l'oggetto dell'imposta.
Accertamento sintetico o indiziario (art. 38, comma 4, d.p.r. n. 600/1973)	È utilizzato per l'accertamento dei redditi delle persone fisiche. La base imponibile viene desunta o attraverso la raccolta e la valutazione di elementi che sono esterni all'oggetto dell'imposta, ma che rappresentano indizi certi e non discutibili di esistenza della materia imponibile, o attraverso presunzioni. L'Agenzia delle entrate può procedere a rettificare la dichiarazione di un contribuente (persona fisica) se esistono presunzioni certe, precise e concordanti che portano a ritenere che il reddito accertato sinteticamente sia superiore almeno di un quarto rispetto a quello dichiarato dal contribuente. Una specie di accertamento sintetico è il **redditometro**, che si basa su indici di spesa presuntivi di reddito. La sua finalità principale è quella di permettere agli organi appositi di effettuare **controlli incrociati** tra il reddito e le spese effettuate, al fine di scoprire eventuali discrepanze tra l'effettivo tenore di vita e il reddito dichiarato.

	CARATTERISTICHE
Accertamento analitico-contabile (art. 39, comma 1, lett. a), b), c), d.p.r. n. 600/1973, modificato dalla legge 7 luglio 2009, n. 88)	È utilizzato per l'accertamento dei redditi d'impresa, dei redditi delle imprese minori e dei redditi degli esercenti arti e professioni. La materia imponibile viene desunta direttamente, determinando o rettificando singole componenti (attive o passive) del reddito. L'ufficio procede alla rettifica quando alternativamente: • gli elementi indicati nella dichiarazione non corrispondono a quelli riportati in bilancio; • non sono state rispettate esattamente le disposizioni di cui al Titolo I, Capo VI del Tuir (redditi d'impresa); • l'incompletezza, la falsità o l'inesattezza degli elementi indicati nella dichiarazione e nei relativi allegati risultano in modo certo e diretto: - dai verbali redatti in seguito all'invito rivolto al contribuente a comparire per fornire dati e notizie rilevanti ai fini dell'accertamento; - dai questionari inviati agli stessi fini, dagli atti, dai documenti, dai registri esibiti e trasmessi dal contribuente; - dalle dichiarazioni presentate dalle società di persone o da altri soggetti in qualità di sostituti d'imposta; - da altri dati e documenti in possesso dell'ufficio.
Accertamento analitico-induttivo (art. 39, comma 1, lett. d), d.p.r. n. 600/1973)	È utilizzato per l'accertamento dei redditi d'impresa, dei redditi delle imprese minori e dei redditi degli esercenti arti e professioni. La materia imponibile viene desunta attraverso presunzioni semplici, purché gravi, precise e concordanti; l'ufficio procede alla rettifica in caso di gravi incongruenze tra i ricavi, i compensi e i corrispettivi dichiarati, e quelli fondatamente desumibili dalle caratteristiche e dalle condizioni di esercizio della specifica attività svolta. Per valutare la capacità di produrre ricavi sono stati utilizzati gli **Studi di settore**, strumenti fiscali di carattere statistico-matematico impiegati dall'Agenzia delle entrate per valutare, ai fini dell'accertamento, i ricavi o i compensi che, con massima probabilità, possono essere attribuiti al contribuente. Il loro fine è quello di verificare l'esistenza di rilevanti incongruenze fra i ricavi o i compensi dichiarati dal contribuente e quelli desunti dalle caratteristiche dell'attività svolta dalle imprese. Con l'approvazione del decreto fiscale (**decreto legge n. 193/2016, convertito nella legge n. 225 del 1° gennaio 2016**), collegato alla legge di Bilancio 2017, gli studi di settore sono sostituiti, a partire dal 31 dicembre 2017, da **indici** sintetici di **affidabilità fiscale**, cioè da indici che delineano il grado di affidabilità del contribuente-impresa e a cui sono collegati anche dei meccanismi premiali, consistenti nella riduzione dei tempi di accertamento e nell'esclusione dall'accertamento per i contribuenti più virtuosi.

Analytical-accounting assessment
Accertamento analitico-contabile

Assessment method which the tax offices generally uses when the figures resulting from the database of the tax registers and information are both acquired directly (through direct access, inspections and verifications on the taxpayer's property) or indirectly.

Presumptive-analytical assessment
Accertamento analitico-induttivo

Assessment method based on the possibility of ignoring the accounting records and yet to utilize statistics and other information representing solid, precise and concurrent assumptions.

Presumptive non-accounting assessment
Accertamento induttivo extracontabile
Assessment method, used only in specified cases, based on the possibility of utilizing data and information non representing sound, precise and concurrent assumptions.

Billing notice
Avviso di accertamento
Warrant through which the tax office formally notifies the taxpayer of a debt.

	CARATTERISTICHE
Accertamento induttivo extracontabile (art. 39, comma 2, d.p.r. n. 600/1973)	È utilizzato per l'accertamento del reddito d'impresa, dei redditi delle imprese minori e dei redditi degli esercenti arti e professioni. La materia imponibile viene desunta attraverso presunzioni non qualificate, cioè prive di requisiti di gravità, precisione e concordanza, ma nei soli casi previsti tassativamente dalla legge: • in presenza di contabilità inattendibile; • quando il reddito d'impresa non è stato indicato nella dichiarazione; • quando dal verbale di ispezione risulta che il contribuente non ha tenuto o ha sottratto all'ispezione uno o più scritture contabili, ovvero quando le scritture contabili non sono disponibili per cause di forza maggiore; • quando il contribuente non ha dato seguito agli inviti dell'ufficio: - a comparire di persona o a mezzo di rappresentanti per esibire documenti e scritture o per fornire dati, notizie, chiarimenti rilevanti ai fini dell'accertamento; - a esibire o trasmettere atti e documenti rilevanti ai fini dell'accertamento nei suoi confronti o a esibire bilanci, rendiconti, registri, libri previsti dalle disposizioni tributarie.

Una volta effettuato l'accertamento, come procede il fisco?

L'accertamento si conclude con l'emanazione di un atto denominato **avviso di accertamento**, mediante il quale l'Ufficio delle entrate notifica formalmente la pretesa tributaria al contribuente, a seguito di un'attività di controllo sostanziale e dopo il contraddittorio con il contribuente.

Si tratta di un provvedimento amministrativo composto di due parti, il dispositivo e la motivazione. Il **dispositivo** deve contenere tutti gli elementi prescritti dalla legge: imponibile accertato, aliquote applicate, imposte liquidate al lordo e al netto delle detrazioni, delle ritenute d'acconto e dei crediti. La **motivazione** evidenzia i presupposti di fatto e le ragioni giuridiche che hanno determinato la decisione dell'Amministrazione finanziaria e, se manca o è contradditoria o insufficiente, l'accertamento è **nullo**.

Per semplificare e velocizzare la riscossione dei tributi relativi a Irpef, addizionali, Ires, ritenute, imposte sostitutive, Irap e imposte liquidate mediante tassazione separata, Iva e provvedimenti connessi di irrogazione delle sanzioni, la **legge 15 luglio 2011, n. 111** ha stabilito che gli **avvisi di accertamento** riguardanti tali tributi, **emessi dal 1° ottobre 2011, diventano esecutivi** decorsi sessanta giorni dalla notifica, a condizione che abbiano a oggetto i periodi d'imposta dal 2007 in poi. Gli avvisi di accertamento danno luogo pertanto a riscossione coattiva e possono essere oggetto di impugnazione e richiesta di sospensiva con differenti termini.

Prima di inviare l'avviso di accertamento, l'Agenzia delle entrate deve attivare un **contraddittorio** con il contribuente, sia ai fini di maggiore tutela di questo soggetto, sia per rendere più trasparente il suo operato. Il contraddittorio è diventato requisito di validità dell'avviso di accertamento, tanto che quest'ultimo non può essere emanato prima della scadenza dei 60 giorni, salvo casi di particolare e motivata urgenza.

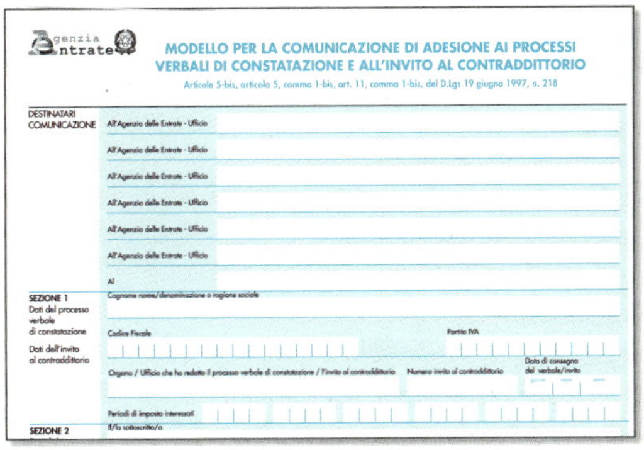
Agenzia Entrate

MODELLO PER LA COMUNICAZIONE DI ADESIONE AI PROCESSI VERBALI DI CONSTATAZIONE E ALL'INVITO AL CONTRADDITTORIO

DESTINATARI COMUNICAZIONE — All'Agenzia delle Entrate - Ufficio

SEZIONE 1 — Dati del processo verbale di constatazione — Dati dell'invito al contraddittorio

Codice Fiscale — Partita IVA

SEZIONE 2

3 RISCOSSIONE DELLE IMPOSTE

Le norme sulla riscossione sono contenute nel d.p.r. n. 602/73 e successive modificazioni. La riscossione delle imposte coincide con l'atto del loro effettivo pagamento da parte del contribuente: nel nostro sistema tributario va scomparendo, a tale proposito, la distinzione fra imposte dirette e imposte indirette, essendo comuni le modalità seguite.

Con quali modalità si effettua la riscossione?

La riscossione si effettua nei diversi modi elencati nella tabella 4.

Tabella 4 - I vari tipi di riscossione

	Caratteristiche
Ritenuta diretta	Si verifica quando lo Stato, nel pagare al contribuente i compensi che gli sono dovuti, ne trattiene una parte a titolo di imposta (o, a seconda dei casi, a titolo d'acconto sull'imposta che dovrà essere accertata in un secondo momento).
Ritenuta con rivalsa	Si verifica quando il versamento non viene effettuato dal contribuente ma dal sostituto d'imposta, che è il soggetto giuridicamente tenuto al pagamento del tributo, con l'obbligo di rivalersi nei confronti del contribuente (per esempio l'imposta sui redditi di lavoro dipendente viene addebitata al datore di lavoro che, a sua volta, effettua la ritenuta sul reddito dei propri dipendenti).
Versamento diretto (autotassazione del contribuente)	In questo caso il contribuente è tenuto non solo a dichiarare la materia imponibile, ma anche a effettuare il calcolo dell'imposta dovuta e il relativo versamento agli uffici fiscali, tramite banca, ufficio postale o presso i concessionari. Questo sistema trova applicazione per le principali imposte come Irpef, Ires, Irap, Iva, Imu.

Il signore della truffa

Miniserie televisiva in due puntate di Luis Prieto, 2011

Federico Sinacori, un truffatore di lungo corso ancora oggi ricercato dalla Polizia, è un uomo affascinante dal piglio deciso e dai gusti raffinati. Nel corso della sua esistenza ha assunto le più svariate identità e oggi a Verbania – dove si è ritirato a vivere in un condominio, in attesa di poter scappare in Svizzera – i vicini di casa lo conoscono come il Generale della Finanza Nicola Persico, attualmente in pensione.
Vittime di una truffa ai loro danni, i condomini si rivolgono a Nicola Persico convinti di chiedere aiuto a un ex Generale della Finanza...

- Guarda il film e discutine con i compagni e l'insegnante.

	Caratteristiche
Iscrizione a ruolo	Il **ruolo** è un mezzo di riscossione di tutti i tributi (erariali, locali e regionali) e anche di entrate non tributarie (per esempio una multa). Le imposte sui redditi sono riscosse a mezzo ruolo in tutti i casi nei quali non è prevista (o non è avvenuta) la riscossione mediante ritenuta diretta o versamento diretto. Il ruolo è un atto amministrativo collettivo, predisposto dagli uffici fiscali, che racchiude un elenco di somme dovute per imposte, interessi e sanzioni dai contribuenti che hanno il domicilio fiscale in Comuni compresi nell'ambito territoriale a cui il ruolo si riferisce. Il ruolo è sottoscritto dal titolare dell'ufficio o da un suo delegato. La sottoscrizione attribuisce al ruolo effetti di titolo esecutivo e, quindi, consente l'inizio della procedura esecutiva. Il ricorso contro il ruolo non sospende la riscossione.
Attraverso agenti della riscossione	La riscossione nazionale dei tributi è espletata dagli agenti di riscossione. Per quanto riguarda i tributi locali, dal 2013 i Comuni devono operare, o direttamente o tramite società delegate, emettendo un'ingiunzione di pagamento a cui potranno seguire le azioni esecutive. Il decreto legge n. 193/2016 ha stabilito che, a decorrere dal 1° luglio 2017, le società del gruppo **Equitalia** sono sciolte e cancellate dal Registro delle imprese. Le funzioni relative alla riscossione nazionale sono riattribuite all'Agenzia delle entrate e svolte mediante un nuovo ente pubblico economico di natura strumentale, denominato "Agenzia delle entrate-riscossione". Il nuovo ente subentra in tutti i rapporti giuridici di cui erano titolari le società del gruppo Equitalia e assume la qualifica di agente della riscossione, con tutti i poteri previsti dal d.p.r. n. 602/1973.

Entro quali termini devono essere pagate le principali imposte?

Il sistema ordinario per la riscossione delle imposte sui redditi è il versamento diretto da parte del contribuente. Le norme in vigore, relative alle diverse imposte, richiedono diversi versamenti nel corso dell'anno: uno o più in acconto e un versamento a saldo.

Si tratta di un sistema non del tutto soddisfacente, in primo luogo perché gravoso a causa dell'elevato numero di adempimenti e, in secondo luogo, per l'elevata probabilità che per il contribuente si formino crediti d'imposta dovuti alle maggiori ritenute subite alla fonte (o ai maggiori acconti versati) rispetto alle imposte dovute. Pertanto c'è il rischio che, a causa dei ritardi nei rimborsi, questi crediti si trasformino in prestiti forzosi dei contribuenti allo Stato.

4 I RAPPORTI FISCO-CONTRIBUENTE

L'Agenzia delle entrate ha avviato una serie di iniziative volte al miglioramento dei canali di comunicazione preventiva e di collaborazione fra essa stessa e i contribuenti e alla promozione dell'**adempimento spontaneo** degli obblighi tributari (la cosiddetta **tax compliance**). Innanzi tutto, al contribuente viene data la possibilità di consultare tutti i dati e gli elementi in possesso dell'Agenzia sulla propria posizione tributaria. Per raggiungere questo obiettivo, l'Agenzia ha predisposto e sta inviando ai contribuenti persone fisiche vari tipi di comunicazioni con le informazioni utili per permettere loro di rimediare agli errori commessi nelle dichiarazioni dei redditi. Tra le diverse comunicazioni, assume particolare importanza la **lettera di "compliance"**, un invito alla collaborazione e alla trasparenza con cui il contribuente viene messo nelle condizioni di regolarizzare gli errori e le omissioni eventualmente commessi (e di evitare in tal modo l'avviso di accertamento) con le modalità previste dall'**istituto del ravvedimento operoso**.

Con il d.lgs. 5 agosto 2015, n. 128, è poi stato istituito un **regime di adempimento collaborativo** (**cooperative compliance**) a cui possono aderire i contribuenti in possesso, alla data di presentazione della domanda, di un sistema di controllo del rischio fiscale in grado di garantire un presidio costante su tali rischi. Con l'adesione a tale regime un'azienda di grandi dimensioni mantiene un confronto costante con l'Agenzia delle entrate, una sorta di **dialogo preventivo** che le consente di ridurre al minimo i rischi fiscali. In fase di prima attuazione, al regime di **cooperative compliance** possono partecipare i contribuenti che hanno ricavi o volume d'affari superiori ai 10 miliardi di euro.

☐ Cos'è l'istituto del ravvedimento operoso?

Si premette che le controversie tra i contribuenti e il fisco danno luogo al **contenzioso tributario**, costituito dall'insieme delle procedure e delle disposizioni che disciplinano il processo tributario nelle diverse fasi, e che la tutela giurisdizionale in materia tributaria spetta alle **Commissioni tributarie provinciali e regionali**, giudici speciali, nominati con decreto del Presidente della Repubblica su proposta del ministro dell'Economia e delle Finanze, previa deliberazione del Consiglio di presidenza della giustizia tributaria (CPGT), organo di autogoverno delle Commissioni tributarie.

Il contribuente, tuttavia, ha a disposizione molteplici strumenti, chiamati **istituti deflativi del contenzioso tributario**, aventi lo scopo di comporre le liti sorte con l'Amministrazione finanziaria, prevenirne l'insorgere ovvero accelerarne il decorso. Tra di essi l'**istituto del ravvedimento operoso** prevede per il contribuente la possibilità di regolarizzare spontaneamente violazioni e omissioni con il versamento di sanzioni

Tax compliance
Adempimento spontaneo
The level of spontaneous fulfilment of tax obligations by taxpayers, which the Public Administration obtains by wisely using two implementations: on the one hand the service, assistance and information it provides to the individual, on the other hand the repression of tax evasion.

Volontary re-assessment of tax return
Ravvedimento operoso
The possibility of rectifying voluntarily omissions or irregularities made by the taxpayer when completing and submitting the income tax return or when making the payments. A reduction of the minimum sanctions may be available.

LE GARANZIE COSTITUZIONALI

Art. 24 Cost.: «Tutti possono agire in giudizio per la tutela dei propri diritti e interessi legittimi. [...]»

Art. 101 Cost.: «La giustizia è amministrata in nome del popolo. I giudici sono soggetti soltanto alla legge».

Art. 102 Cost.: «La funzione giurisdizionale è esercitata da magistrati ordinari [...]».

Art. 108 Cost.: «Le norme sull'ordinamento giudiziario e su ogni magistratura sono stabilite con legge. [...]».

Art. 111 Cost.: «La giurisdizione si attua mediante il giusto processo regolato dalla legge. Ogni processo si svolge nel contraddittorio tra le parti [...]».

Art. 113 Cost.: «Contro gli atti della pubblica amministrazione è sempre ammessa la tutela giurisdizionale dei diritti e degli interessi legittimi dinanzi agli organi di giurisdizione ordinaria o amministrativa [...]».

ridotte, la cui entità varia a seconda della tempestività del ravvedimento e del tipo di violazioni, ma a condizione che non siano stati notificati controlli fiscali da parte degli organi preposti. È prevista anche la possibilità di usufruire del cosiddetto **ravvedimento sprint**, in base al quale l'importo della sanzione viene ridotto allo 0,1% dell'imposta non versata, moltiplicato per il numero di giorni di ritardo (più gli interessi calcolati al tasso legale vigente), se il pagamento avviene entro 14 giorni dalla scadenza. Tale istituto presenta alcuni aspetti problematici che saranno chiariti con l'emanazione di apposita circolare da parte dell'Agenzia delle entrate.

Altri due strumenti molto importanti sono il reclamo e la mediazione.

Tax mediation
Mediazione (tributaria)
Alternative dispute resolution of tax litigations aiming to prevent and avoid disputes that can be settled without going to court.

Il **reclamo** è la richiesta che il contribuente rivolge all'Agenzia delle entrate affinché essa riesamini il provvedimento emesso nei suoi confronti, di cui denuncia vizi di illegittimità e/o di infondatezza, verifichi pertanto la possibilità o meno di annullamento dello stesso e gli comunichi il motivato esito del riesame. Il contribuente è obbligato a effettuare il reclamo prima di presentare ricorso alla Commissione tributaria provinciale, pena l'improcedibilità del ricorso stesso. Il contribuente ha la facoltà, non l'obbligo, di inserire nel reclamo una **proposta di mediazione**. Con la proposta di mediazione (art. 17-bis del d.lgs. n. 546/92) il contribuente prospetta all'organo destinatario del reclamo una rideterminazione dell'ammontare dell'imposta. Con tale proposta il contribuente e l'Amministrazione finanziaria rinunciano alle rispettive richieste. La proposta di mediazione può essere contenuta nello stesso atto di reclamo o presentata in un momento successivo e può essere avanzata anche dall'Agenzia delle entrate nel caso in cui non accolga il reclamo volto all'annullamento totale o parziale dell'atto.

Il reclamo riguarda le controversie con l'Agenzia delle entrate di valore non superiore a 20.000 euro. In un'ottica di semplificazione è stato disposto che, a decorrere dal 1° gennaio 2016, il procedimento di reclamo/mediazione sia introdotto automaticamente con la presentazione del ricorso notificato dal contribuente. In altre parole, non è più necessario presentare un'apposita istanza di reclamo-mediazione.

MAPPA UNITÀ F4

DICHIARAZIONI TRIBUTARIE

sono

documenti contabili attraverso i quali il cittadino-contribuente comunica al fisco quanto ha guadagnato, ovvero il proprio reddito, ed effettua di conseguenza i versamenti delle imposte relative, a partire dal calcolo della base imponibile e dalle rispettive aliquote fiscali

modelli

- Modello unico (persone fisiche, società di capitali, società di persone, enti non commerciali)
- Modello 770 ordinario
- Modello 770 semplificato
- Modello 730 precompilato o ordinario

modalità di presentazione

- **persone fisiche**: in forma telematica (o direttamente tramite Internet, o tramite intermediari abilitati come per esempio i CAAF), tranne alcune eccezioni;
- **società di persone e tutti i soggetti Ires**: esclusivamente per via telematica (o direttamente o tramite intermediari abilitati)

controlli del fisco

- **automatico**: effettuato su tutte le dichiarazioni con procedura automatizzata
- **formale**: effettuato sulla base di liste selettive – richiesta di documentazione
- **sostanziale**: effettuato attraverso accessi, ispezioni, verifiche, indagini bancarie, ecc.

ACCERTAMENTO DELLE IMPOSTE

- accertamento d'ufficio
- accertamento mediante denuncia verificata

tipologie d'accertamento

- analitico (per persone fisiche)
- sintetico o indiziario (per persone fisiche)
- analitico-contabile (per redditi d'impresa)
- analitico-induttivo (per redditi d'impresa)
- induttivo-extracontabile (per redditi d'impresa)

l'accertamento si conclude

con l'emanazione di un atto denominato **avviso di accertamento**, preceduto dal contraddittorio. Per i periodi di imposta dal 2007 in poi, gli avvisi di accertamento hanno efficacia esecutiva e quindi hanno assunto la funzione di cartella di pagamento

RISCOSSIONE DELLE IMPOSTE

- ritenuta diretta
- ritenuta con rivalsa
- autotassazione
- iscrizione a ruolo
- concessionari per la riscossione

RAPPPORTI FISCO/CONTRIBUENTE

Per la promozione dell'adempimento spontaneo degli obblighi tributari (la cosiddetta **tax compliance**):

- **lettera di compliance** con le modalità previste dall'**istituto del ravvedimento operoso**
- regime di adempimento collaborativo (**cooperative compliance**)

Verifiche 4

1) TROVA L'ERRORE IN OGNI FRASE

Competenza: acquisire e riconoscere i contenuti chiave

A. L'obbligo tributario nasce dalla volontà del contribuente.
B. Il Modello 770 può essere ordinario o precompilato.
C. Il Modello unico enti non commerciali è presentato da società semplici, società in nome collettivo e accomandita semplice.
D. I CAF per legge devono costituirsi nella forma di società di persone.
E. Il redditometro è una specie di accertamento analitico-induttivo.
F. Se nell'avviso di accertamento manca il dispositivo l'accertamento è nullo.
G. Il ruolo è un atto amministrativo individuale che non ha effetti di titolo esecutivo.
H. Il reclamo riguarda le controversie con l'Agenzia delle entrate di valore non superiore a 30.000 euro.

2) COLLEGA LE ESPRESSIONI CONTRASSEGNATE DA UNA LETTERA CON QUELLE INDICATE DA UN NUMERO

Competenza: individuare collegamenti e relazioni

A. Dichiarazione unificata annuale
B. Sostituti d'imposta
C. Assistenza fiscale
D. Controllo formale
E. Controllo sostanziale
F. Accertamento d'ufficio
G. Accertamento sintetico
H. Accertamento redditi d'impresa

1. Indagini bancarie
2. Studi di settore
3. Modello unico
4. Redditometro
5. Modello 770
6. Liste selettive
7. Modello 730
8. Mancata presentazione della dichiarazione

A	B	C	D	E	F	G	H

3) INDICA SE LE SEGUENTI AFFERMAZIONI SONO VERE O FALSE. SE LE RITIENI FALSE GIUSTIFICA LA RISPOSTA

Competenza: acquisire, interpretare l'informazione e comunicare

	VERO	FALSO
A. La nullità di una dichiarazione non sottoscritta o sottoscritta da un soggetto non legittimato non può essere sanata.		
B. La dichiarazione Iva è contenuta nella dichiarazione unificata.		
C. La dichiarazione dei redditi deve essere redatta dai contribuenti su appositi moduli predisposti dall'Agenzia delle entrate.		
D. I titolari di partita Iva che non hanno prodotto redditi non devono presentare la dichiarazione.		
E. Uno dei vantaggi del 730 è che il contribuente ha il rimborso dell'imposta direttamente nella busta paga o nella rata di pensione.		

	VERO	FALSO
F. I contribuenti persone fisiche sono obbligati a presentare il Modello unico esclusivamente per via telematica.		
G. Il controllo dell'Agenzia delle entrate effettuato ogni anno sulla base di liste selettive è il controllo formale.		
H. Prima di inviare l'avviso di accertamento, l'Agenzia delle entrate deve attivare un contraddittorio con il contribuente.		
I. Con l'accertamento induttivo extracontabile la materia imponibile viene desunta attraverso presunzioni semplici, purché gravi, precise e concordanti.		

4) RISOLVI IL SEGUENTE PROBLEMA

Competenza: risolvere problemi

L'Agenzia delle Entrate ha rettificato, in aumento, il reddito dichiarato dal signor Ferrari per il 2016, sulla base del suo possesso di un'automobile di grossa cilindrata. Che tipo di accertamento è stato fatto in questo caso?

5) RISPONDI AI SEGUENTI QUESITI IN UN MASSIMO DI 5/6 RIGHE

Competenza: saper organizzare e sintetizzare i contenuti

A. Quali sono le caratteristiche della dichiarazione dei redditi?
B. Chi sono i sostituti d'imposta e quali modelli di dichiarazione devono presentare?
C. Chi sono i soggetti che redigono il Modello Red?
D. Qual è la differenza tra CAAF e CAF?
E. Come si attuano, rispettivamente, il controllo formale e sostanziale sulle dichiarazioni dei redditi?
F. Chi è il Garante del contribuente?
G. Per quali tipi di reddito è previsto l'accertamento analitico-contabile?
H. Che cosa sono gli indici sintetici di affidabilità fiscale?
I. Che cosa stabilisce la legge n. 111/2011 a proposito degli avvisi di accertamento?
J. In quali casi le imposte sono riscosse mediante ruolo?
K. Che cosa prevede l'istituto del ravvedimento operoso?
L. Che tipo di procedimento è il reclamo/mediazione?

ENGLISH EXERCICES 4

1) Choose the right words among the ones listed below and fill in the gaps

The tax return processing consists of a set of actions taken by the Revenue Authorities, within precise .... , to .... the taxable income and .... the taxpayer. Compliance and enforcement can be of various .... (analytical, synthetic, inferential, etc.) depending on the way in which it is pursued. As for the processing, the tax.............. generally use the figures resulting from the .... of the tax .... and the information acquired directly (also through direct.............. , inspections and verifications on the taxpayer's ....) or indirectly. The processing procedure is normally concluded with the .... of the charges through a specific ....
There is usually only one processing, which is all .... and, therefore, cannot be "integrated" with the filing of ....redetermination, except on the basis of the subsequent discovery of new .... However, the Internal Revenue offices can notify the taxpayer of a .... re-assessment, based on information collected in the tax register or through a dispatch sent from the .... Police or from other public administrations offices, or resulting from the .... -based equalization tables. The partial re-assessment may, for example, ...unreliable income from company stocks, from miscalculated .... , undue deductions, ... and reductions. All this does not exclude the possibility of .... re-assessments of a general nature, always within the established deadlines of course.

(access, property tax liability, concern, database, deadlines, determine, elements, encompassing, exemptions, Tax Crime, further, notice, billing, departments, partial, property, registers, statistics, subsequent, charge, types)

2) True or False questions

	TRUE	FALSE
A. Certification of the withholding agent is a standard form of tax return that includes, together with the income tax return, the annual declaration of VAT return.		
B. 770 tax return form is the model of tax return used by wage tax withholding agents.		
C. Taxpayers' watchdog is a collegial body granted by the Taxpayers' bill of rights, that has the task of protecting and defending the rights of the taxpayer.		
D. Formal inspection is an activity carried out by the tax officers concerning the tax returns selected on the basis of criteria established by the Director of the Revenue Agency.		
E. Presumtive assessment is based on the reconstruction of the various figures booked and included in the tax return.		
F. Presumtive-analytical assessment is based on the possibility to ignore the accounting records and to utilize data and information representing sound, precise and concurrent assumptions.		
G. Tax compliance is the possibility of rectifying voluntarily omissions or irregularities.		
H. Tax mediation is a alternative dispute resolution of tax litigations aiming to prevent and avoid disputes at court.		
I. Self-assessment taxation is the calculation and payment of due taxes carried out directly by the taxpayer in the cases envisaged by the law.		
J. 730 tax return form is a simplified model of tax return that can be used by employees and retired people with the advantage of obtaining promptly the reimbursement of any tax.		

Verifica Finale F

ZTE ONLINE
Mettiti alla prova
con gli esercizi interattivi

1) INDICA A QUALI CATEGORIE APPARTENGONO I VARI TIPI DI IMPOSTE

Competenza: individuare collegamenti e relazioni

Per ciascuna delle imposte sotto riportate, indica se si tratta di imposte dirette (D), indirette (I) o di tributi locali (L):

Registro	
Tabacchi	
Tasi	
Ires	
Addizionale Irpef	
Iva	
Isos	
Imu	
Irap	
Tosap	

Per ciascuna delle imposte indirette sotto riportate, indica se rientra nella categoria delle imposte sugli affari (A), sui consumi (C), o dei monopoli fiscali (M):

Bollo	
Attività di gioco	
Iva	
Fabbricazione	
Ipotecarie	
Concessioni governative	
Dazi doganali	
Successioni	
Tabacchi	
Assicurazioni	

Per ciascuno dei tributi sotto riportati, indica se rientra nella categoria dei tributi regionali (R) o comunali (C):

Imposta di scopo	
Irap	
Imposta di soggiorno	
Tasse automobilistiche	
Imposta sulla pubblicità	
Compartecipazione all'accisa sulla benzina	
Imu	
Compartecipazione all'Iva	
Tari	
Contributi di urbanizzazione	

2) RISPONDI AI SEGUENTI QUESITI IN UN MASSIMO DI 5/6 RIGHE

Competenza: organizzare e sintetizzare i contenuti

A. Individua i principali obiettivi che hanno ispirato la riforma tributaria del 1971.

B. Spiega in base a quali principi vengono tassati i soggetti passivi Irpef, distinguendo fra residenti e non residenti.

C. Chiarisci la differenza, ai fini Irpef, fra: a) reddito complessivo e reddito imponibile; b) imposta lorda e imposta netta.

D. Illustra le modalità con cui vengono tassati gli interessi e i dividendi.

E. Illustra le norme sulla deducibilità, ai fini Ires, degli interessi passivi per le società di capitali.

F. Illustra le modalità con cui vengono classificati i contribuenti in relazione al loro volume d'affari.

G. Illustra i presupposti dell'Iva.

H. Spiega le due modalità con cui si può determinare l'imponibile Irap.

I. In che cosa consiste l'autotassazione?

J. Spiega in quale caso il contribuente può proporre ricorso alla Corte di cassazione.

3) RISOLVI I SEGUENTI PROBLEMI

Competenza: risolvere problemi

A. Nel corso del 2016 il signor Forti ha percepito un reddito da lavoro dipendente, al lordo delle ritenute effettuate dal datore, pari a 28.000 euro. Ha percepito interessi su depositi bancari per 2.000 euro. Vive in un'abitazione di sua proprietà, con rendita catastale di 500 euro. Inoltre possiede un appartamento che ha affittato, con un contratto a canone libero, a 5.000 euro (l'appartamento ha rendita catastale di 750 euro; tenere presente che il reddito effettivo deve essere ridotto in modo forfetario del 5%). Gli conviene o no pagare la cedolare secca?

B. Nel 2016 la società di capitali Omega Spa ha registrato le seguenti operazioni (dati in migliaia di euro):

- ricavi per 4.200;
- spese per personale per 850;
- interessi passivi per 230;
- ammortamenti rilevanti a fini fiscali per 420;
- acquisti di materie prime per 610;
- nuovi investimenti per 270;
- distribuzione di utili ai propri azionisti per 560;
- il Rol è pari a 2.740.

Calcola l'Ires dovuta dalla società Omega (senza considerare la deducibilità dell'Irap dalla base imponibile dell'Ires).

C. Nell'anno 2016, la società Papaveri rossi Spa, che ha alle sue dipendenze 25 lavoratori a tempo indeterminato, ha registrato ricavi per 580 mila euro, spese per salari e stipendi per 270 mila euro, spese per contributi sociali per 90 mila euro, interessi passivi pari a 50 mila euro, ammortamenti per 60 mila euro e acquisiti di materie prime e prodotti intermedi per 100 mila euro.

Calcola l'Irap dovuta dalla società in questione.

D. Un imprenditore ha effettuato, nel 2016, nell'esercizio della propria attività:

- Operazioni esenti € 12.000
- Operazioni imponibili € 188.000
- Acquisti € 111.000

Calcola la percentuale di Iva detraibile e l'imposta a debito (o a credito), aliquota 22%.

4) ANALIZZA LA TABELLA E RISPONDI ALLE DOMANDE

Competenza: analizzare ed interpretare dati economici

DEF 2016 - Conto consolidato di cassa delle Amministrazioni locali (anni 2013-2015)

(milioni di euro)

	Valori assoluti	Valori assoluti	Valori assoluti	% del PIL	% del PIL	% del PIL
	2013	2014	2015	2013	2014	2015
Incassi correnti	228.105	231.717	235.117	14,2	14,4	14,4
Tributari	105.780	108.162	108.467	6,6	6,7	6,6
Contributi sociali	17	20	21	0,0	0,0	0,0
Trasferimenti da Amministrazioni pubbliche	97.612	98.910	101.723	6,1	6,1	6,2
Trasferimenti da altri soggetti	718	869	671	0,0	0,1	0,0
Trasferimenti da famiglie	189	119	126	0,0	0,0	0,0
Trasferimenti da imprese	516	737	527	0,0	0,0	0,0
Trasferimenti da estero	13	13	18	0,0	0,0	0,0
Altri incassi correnti	23.978	23.756	24.235	1,5	1,5	1,5
Incassi in conto capitale	14.503	8.499	8.213	0,9	0,5	0,5
Trasferimenti da Amministrazioni pubbliche	9.978	4.950	4.871	0,6	0,3	0,3
Trasferimenti da altri soggetti	2.999	2.529	2.371	0,2	0,2	0,1
Trasferimenti da famiglie	704	688	620	0,0	0,0	0,0
Trasferimenti da imprese	2.269	1.793	1.702	0,1	0,1	0,1
Trasferimenti da estero	26	48	50	0,0	0,0	-
Altri incassi in conto capitale	1.526	1.021	971	0,1	0,1	0,1
Incassi partite finanziarie	15.509	14.829	10.968	1,0	0,9	0,7
Incassi finali	**258.117**	**255.044**	**254.299**	**16,1**	**15,8**	**15.5**

Analizza i dati e rispondi alle domande:

A. Calcola le variazioni assolute e in % degli incassi correnti nel periodo 2014-2013 e 2015-2014.

B. Come spieghi l'andamento degli incassi tributari nel periodo 2013-2015?

C. Come spieghi l'andamento dei trasferimenti in conto capitale nel periodo 2013-2015?

D. Come spieghi l'andamento degli incassi partite finanziarie nel periodo 2013-2015?

ECONOMY HIGHLIGHTS CLIL

5) LEGGI E RISPONDI ALLE DOMANDE

Competenza: comprendere testi di natura economica in lingua inglese

Taxes are an open secret in Scandinavia

Want to know what your boss earns? Or your future husband? In Sweden, Norway and Finland everyone's income and tax details are published online, for anyone to see.

What do the very rich really pay in taxes? Newspaper reports on Tuesday have suggested that the British Chancellor George Osborne is "shocked" that they often hardly pay anything at all.

In the United States, President Obama will be making the case for a fairer tax system, promoting what's known as the Buffet rule. The idea, named after the billionaire tycoon Warren Buffet, argues that the wealthiest earners shouldn't pay a lower percentage of their income in tax than ordinary people.

At the moment, thanks to **loopholes** and clever accounting, the Congressional Research Service estimates that around 25% of America's millionaires end up paying a lower effective tax rate than ten percent of middle class households. A **handfu**l end up paying no federal income tax at all. Righting that balance has become a key plank of Obama's re-election campaign.

His Republican rival, Mitt Romney, didn't **boos**t his own cause when it emerged that in 2011, he only paid around 15% of his multi-billion dollar income in taxes, far less than the standard rate.

Other Republicans were more forthcoming about their own details. But it's all up to individuals to decide what goes public: United States law prohibits releasing anyone's income or tax information to a third party without their consent: they were last on public record in the 1920s.

Not so Scandinavia, where the US satirist PJ O' Rourke once commented – "(It)works, but it shouldn't." In the grand tradition of "jantelag", where no-one is better than anyone else, Sweden, Norway and Finland publish everyone's income and tax details, every year. Sweden's 'tax calendars' are published in stages, starting with ordinary taxpayers, then high income earners from company bosses to celebrities.

Norway's been making similar details open to the public since 1863. Its "skatteliste", or tax list, includes personal income, tax burden, and where people **rank** on a list of national averages. Searching for a particular individual used to require a host of lengthy paperwork, but under the new rules it all became instantly available online through a searchable database.

That provoked an **outcry** from privacy campaigners, who claimed it had sparked a "frenzy of snooping", as people rushed to find out exactly how much their neighbours and co-workers made. Newspapers and media outlets swiftly compiled their own "Top 10" lists, comparing the earning power of celebrity couples, and revealing details of top-earning footballers, actors, and business tycoons.

With details on everyone from reindeer herders to top lawyers freely available, the list seemed to symbolise the best of Nordic **openness**. As Jan Omdahl, from the tabloid Dagbladet, wrote at the time: "Isn't this how a social democracy ought to work, with openness, transparency and social equality as ideals?" However a poll carried out in 2007 found most of his countrymen disagreed: just 32% thought the list should be published, while 46% were opposed.

Italians aren't keen on seeing their financial information aired in public either.

In 2008 the minister heading the fight against tax evasion, Vincenzo Visco, released the 2005 tax year details online, days before he left office, causing an instant outcry. "This is an act of transparency, similar to what happens elsewhere in the world", Visco proclaimed, as the site swiftly crashed under the sheer **deluge** of clicks.

It was just as swiftly shut down by Italy's privacy office, amid concerns about the risks of identity theft and fraud. But not before the media had managed to pull out key details, like Silvio

Berlusconi's £21.9m earnings, or the even greater financial clout of fashion moguls like Giorgio Armani, who topped the list with just over £35m.
Italian comic Beppe Grillo wasn't so thrilled to see his £3m income made public: "This is **madness**", he declared at the time, "People will be kidnapped, and **ransom**s can be calculated in proportion to incomes. The Mafia don't need to investigate, they can just go to the tax site", he said.
Clearly the spirit of transparency, when it comes to money at least, doesn't translate into every culture. What some see as an honest commitment to fairness is for others, an invasion of personal privacy, and a licence for what the Norwegian tabloid Dagbladet described as "tax porno".
But for Scandinavia's political leaders, though, it seems the wealth and wellbeing of everyone is more important than the risk of a bit of gossip.

Tuesday 10 April 2012

A. Read the text, divide it into 3 paragraphs and give each a title.

B. Explain why: "Taxes are an open secret in Scandinavia".

C. What does the "Buffet rule" mean?

D. Explain why: "Italians aren't keen on seeing their financial information aired in public either".

E. Do you think that this transparency should be transfered into all States? What are the advantages and disadvantages?

COPYRIGHT

123RF

jordano2000, *pag 19* - nito500, *pag 34* - Ivan Kruk, *pag 38* - rido, *pag 41* - macfromlondon, *pag 42*.

Alamy

incamerastock, *pag 301*.

iSTOCK

alxpin, *pag 1* - erhui1979, *pag 2* - Zerbor, *pag 4* - acilo, *pag 5* - shapecharge, *pag 13* - andresr, *pag 23* - dcdebs, *pag 24* - gkuna, *pag 35* - Violka08, *pag 72* - tonefotografia, *pag 72* - enricopiscopo, *pag 82* - ozgurkeser, *pag 87* - lucadp, *pag 99* - Gajus, *pag 102* - lucadp, *pag 103* - ilbusca, *pag 104* - fotograv, *pag 104* - Jorgenmac, *pag 105* - bizoo_n, *pag 110* - darval, *pag 122* - Aslan Alphan, *pag 131* - adrian825, *pag 143* - Vaselena, *pag 147* - rzoze19, *pag 157* - FeelPic, *pag 159* - Tuned_In, *pag 161* - StockImages_AT, *pag 163* - AVNphotolab, *pag 164* - scanrail, *pag 165* - fotostorm, *pag 185* - polarica, *pag 191* - chombosan, *pag 223* - chombosan, *pag 224* - wildpixel, *pag 252* - Fabiano Mesquita, *pag 253* - xijian, *pag 254* - konradlew, *pag 263* - barbacane64, *pag 303* - MattKay, *pag 320* - AndreyPopov, *pag 322* - BernardaSv, *pag 324* - Highwaystarz-Photography, *pag 325* - CGinspiration, *pag 328* - borzaya, *pag 333* - Sadeugra, *pag 339* - milindri, *pag 340* - Jay_Zynism, *pag 346* - gemenacom, *pag 347* - max-kegfire, *pag 348* - kadmy, *pag 349* - dziewul, *pag 350* - pixinoo, *pag 354* - Bet_Noire, *pag 355* - tostphoto, *pag 357* - OlegGr, *pag 368* - izusek, *pag 369* - ArturKo, *pag 373* - JayKay57, *pag 375* - AlexStepanov, *pag 376* - MJ_Prototype, *pag 377* - AndreyPopov, *pag 383* - elenaleonova, *pag 384* - Dutko, *pag 384* - peepo, *pag 389* - alicat, *pag 394*.

Shutterstock

Big Pants Production, *pag 21* - Luca Lorenzelli, *pag 36* - Kenshi991, Fernando Eusebio, Pensiri, Energy icons, shaineast, Rvector, Marina9, Netkoff, Panda Vector, *pag 47* - Photo Veterok, *pag 57* - kirill_makarov, *pag 59* - mozakim, *pag 62* - donfiore, *pag 64* - Everett Historical, *pag 65* - iQoncept, *pag 70* - TasfotoNL, *pag 71* - Rawpixel.com, *pag 73* - Sira Anamwong, *pag 84* - David Fowler, *pag 85* - perfectlab, *pag 86* - Aaban, *pag 88* - Ditty_about_summer, *pag 88* - sheff, *pag 88* - ProStockStudio, *pag 89* - Rawpixel.com, *pag 97* - arka38, *pag 101* - ESB Professional, *pag 103* - cs_stockphoto, *pag 106* - Gordon Bell, *pag 109* - Nattakit Jeerapatmaitree, *pag 109* - Golden Brown, *pag 114* - View Apart, *pag 117* - lucadp, *pag 119* - GzP_Design, *pag 120* - Sergey Nivens, *pag 124* - Lightspring, *pag 129* - Romolo Tavani, *pag 131* - LEHOSHCHINA HALYNA, *pag 132* - iQoncept, *pag 132* - Simone Voigt, *pag 135* - Erce, *pag 137* - igorstevanovic, *pag 140* - rudall30, *pag 145* - RomanR, *pag 170* - Gil C, *pag 172* - mikecphoto, *pag 177* - wavebreakmedia, *pag 184* - Paolo Bona, *pag 195* - Sira Anamwong, *pag 205* - thodonal88, *pag 207* - Filip Bjorkman, *pag 209* - Byjeng, *pag 209* - Sean Pavone, *pag 231* - Botond Horvath, *pag 250* - Drop of Light, *pag 250* - Image Point Fr, *pag 251* - MattiaATH, *pag 251* - Hein Nouwens, AVA Bitter, bioraven, ekler. Geanine87, *pag 258* - maxuser, *pag 262* - Kernowphoto, *pag 265* - Rawpixel.com, *pag 266* - Paolo Querci, *pag 268* - TUM2282, *pag 287* - SFIO CRACHO, *pag 289* - katjen, *pag 298* - matthi, *pag 299* - kurhan, *pag 307* - Valentin Valkov, *pag 314* - kurhan, *pag 316* - Philip Lange, *pag 319*.